Cover Images

1 **Florida** American alligator, Everglades National Park
2 **Puerto Rico** Lace making with a **mundillo** in Old San Juan
3 **Florida** Heliconius butterfly, Ft. Lauderdale
4 **Spain** Puerta Bisagra, Toledo
5 **Dominican Republic** Dominican villagers riding to market
6 **Mexico** Sea stacks on beach, San Lucas
7 **Florida** Flagler College, St. Augustine
8 **Peru** Sunday Indian market, Chinchero
9 **Florida** Waterlilies, Everglades National Park

Back cover: **Peru** Teens in native costumes

HOLT **SPANISH 3** *FLORIDA*

¡Exprésate!®

Nancy Humbach

Sylvia Madrigal Velasco

40221000455711

HOLT, RINEHART AND WINSTON

A Harcourt Education Company

Orlando • **Austin** • New York • San Diego • London

Requests for permission to make copies of any part of the work should be mailed to the following address: Permissions Department, Holt, Rinehart and Winston, 10801 N. MoPac Expressway, Building 3, Austin, Texas 78759.

Acknowledgments appear on pages FL16 and R106, which are extensions of the copyright page.

Printed in the United States of America

ISBN 0-03-045123-X

1 2 3 4 5 6 7 8 9 048 10 09 08 07 06

FL2

La Florida
antes

El crecimiento de la población hispana en Estados Unidos se ha convertido en un fenómeno de gran importancia. Entre 1990 y 2000 la población hispana de la Florida creció en un 70%.

▲ **Barco de "marielitos"**
Los "marielitos" fueron parte de una impresionante inmigración desde Cuba a Miami — casi 125.000 personas en apenas 5 meses — de abril a septiembre de 1980. Se los llamó "marielitos" porque partían del puerto cubano de Mariel. En 1994 se produjo un nuevo movimiento, el de los "balseros". En esta oleada migratoria, más de 36.000 cubanos salieron de Cuba en balsas para atravesar los peligrosos 60 kilómetros hasta llegar a Estados Unidos.

▲ **Refugiados cubanos en Miami, 1965**
El 85% de los cubanos que han dejado la isla — algo más de un millón — ha ido a Estados Unidos. La gran mayoría decidió vivir en el Gran Miami; los cubanos allí constituyen hoy algo más de un 70% de los hispanohablantes de la ciudad. Este grupo está constituido por los cubanos establecidos en la Florida desde 1958 por medio de su trabajo arduo y programas del gobierno de Estados Unidos.

◄ **La Torre de la Libertad, en Miami** Este edificio se llama así porque en ese lugar fueron procesados miles de cubanos recién llegados a la Florida durante la segunda mitad del siglo XX.

AMÉRICA DEL NORTE

Países de origen de los hispanos en la Florida

- México
- Puerto Rico
- Cuba
- Otros países hispanoamericanos

Crecimiento de la población hispana de la Florida 1970-2000

	1970	1980	1990	2000

(Gráfica de barras: eje vertical de 0 a 3,000,000)

MÉXICO

FLORIDA

CUBA

PUERTO RICO (EE.UU.)

REP. DOMINICANA

OCÉANO PACÍFICO

OCÉANO ATLÁNTICO

GUATEMALA
EL SALVADOR

HONDURAS

NICARAGUA

COSTA RICA

PANAMÁ

VENEZUELA

COLOMBIA

ECUADOR

PERÚ

BOLIVIA

AMÉRICA DEL SUR

▲ **Aumenta la población hispana**
La Florida figura, desde 1920, entre los cuatro estados con mayores aumentos de población del país. Sólo el 13% de este aumento se debe a nacimientos. El resto es producto de la inmigración. Los mexicanos y los caribeños son los grupos de inmigrantes hispanos más numerosos. Miami-Dade es hoy el condado de mayor concentración hispana de todo el país; la población hispana alcanza 1.291.737 individuos.

▲ **Ceremonia de naturalización** La cubana, la puertorriqueña y la mexicana son las comunidades hispanas más numerosas en la Florida, pero también son importantes la dominicana, la colombiana, la venezolana y la peruana. La inmigración de países centroamericanos tales como El Salvador, Honduras y Nicaragua experimentó un importante aumento a partir de los años 80 debido a problemas políticos y económicos.

¿Qué tanto sa

1. ¿De qué nacionalidad principales grupo en la Florida

2. ¿Por cuban

3. En tu op predomina en 2025 y p

FL4

La Florida ahora

La Florida representa un lugar singular de encuentro entre dos regiones culturales diferentes: Estados Unidos y Latinoamérica. El intercambio entre ambas regiones se manifiesta en el comercio y el turismo.

El comercio

La intensidad del intercambio se expresa en numerosos foros, exposiciones, festivales y encuentros de política regional. Como ejemplo, la Cumbre de Miami, realizada en el 2003, llevó la propuesta del Área de Libre Comercio de las Américas a todo el continente.

▲ **Los puertos de la Florida** El Aeropuerto Internacional de Miami recibe más carga internacional que cualquier otro aeropuerto de Estados Unidos. Miami también es el principal puerto marítimo de la Florida con respecto a las cargas internacionales, seguido de Jacksonville y Everglades. El comercio internacional aéreo y marítimo de la Florida tuvo un valor de 73,2 mil millones de dólares en 2003 y se proyecta que tendrá un valor superior a los 97 mil millones de dólares para el año 2008.

▼ **Ciudad de Miami** Miami es un principal centro para el comercio entre Estados Unidos y Latinoamérica. Tiene la ventaja de estar cerca geográficamente y muy bien comunicada con todos los países de Latinoamérica. Pero igualmente importante es la influencia de la población hispana del sur de la Florida, que hace que la distancia cultural sea menor.

El turismo

Las playas y bellezas naturales de la Florida, así como su ambiente cultural, resultan un atractivo irresistible para los turistas latinoamericanos. Aquí los visitantes encuentran vínculos estrechos entre su país de origen y el *American way of life*.

▲ **Negociar en dos lenguas** Numerosas empresas estadounidenses de distintos sectores tienen oficinas en Miami o la Florida para desde allí dirigir sus operaciones en Latinoamérica. Las exportaciones incluyen desde alimentos hasta la electrónica de última generación. También hay muchos visitantes que no sólo quieren conocer la península, sino también comprar cosas que no encuentran en sus países de origen.

▲ **Los parques de atracciones** A su vez, la Florida cuenta con parques temáticos y de diversiones que atraen al público infantil en especial.

▲ **Belleza natural** La riqueza natural de la Florida, como este manatí, es otro atractivo para los visitantes latinoamericanos.

▲ **El Centro Espacial Kennedy** El Centro Espacial Kennedy es un sitio único para aprender sobre la industria aeronáutica. Recibe miles de visitas al año.

 ¿Qué tanto s

1. La Florida es un estado encuentran dos c estadounid

2. ¿Por comer Latinoa

3. ¿Cuáles so aportes de

FL6

Hispanos que triunfan

◄ **Hilda Perera** Hilda Perera es una escritora y ensayista cubana que reside en la Florida desde los años sesenta. Ha publicado sus obras tanto en Cuba como en Estados Unidos y España. Nacida en 1926 en La Habana, está considerada entre las escritoras cubanas más destacadas en literatura infantil. Su obra fue reconocida con el Premio Planeta en 1972, dos veces con el Lazarillo de España (1975 y 1978) y ella fue nominada al premio Nóbel de literatura en 1993.

► **Jorge Nel Giraldo** está considerado como el bailarín que introdujo el tango argentino en el sur de la Florida, donde dirige la Tango Company. Nació en 1956 en Colombia e hizo su debut artístico a los ocho años. En 1978 fundó su propia escuela de danza folklórica. En 1985 ganó el Primer Campeonato Nacional de Tango en Colombia y al año siguiente viajó a Estados Unidos. En 1994 su compañía estrenó el espectáculo *Tango Fever*. En 1998 fue premiado en el condado Dade. A lo largo de casi veinte años llevó su espectáculo a todo el país con gran éxito.

◄ **Charo Oquet, artista dominicana** Según ella, el arte ayuda a crear una comunidad fuerte y sólida. Nacida en Santo Domingo, República Dominicana, Oquet ha estudiado pintura, grabado y escultura en la República Dominicana, Florida y Nueva Zelanda. Exhibió sus trabajos en Estados Unidos, España, Nueva Zelanda y la República Dominicana. Charo vive en Miami donde muestra sus propias obras y organiza exhibiciones de artistas residentes en el área de Miami. También ha organizado festivales y talleres artísticos y ha enseñado arte en el sistema judicial de menores.

▼ **Tiempo Libre** La historia de este exitoso grupo de música cubana tiene que ver con encuentros, destinos y vocaciones. Todos sus integrantes nacieron en Cuba, todos partieron en algún momento al exilio y todos llegaron, por distintos caminos, a Miami. El director de la formación, Jorge Gómez, se graduó en la Escuela Nacional de Arte, donde se hizo amigo de otros dos integrantes. En Miami se reencontraron y empezaron a tocar los ritmos de su país natal en sus ratos libres; de allí proviene el nombre del grupo. Tiempo Libre combina con éxito uno de los característicos ritmos musicales del Caribe, la *timba*, con el jazz y la música tradicional cubana.

La cultura hispana de la Florida

Integración y bilingüismo

Los hispanos en la Florida conservan una fuerte identidad cultural y lingüística de la cual se sienten orgullosos. Muchos de ellos han tenido mucho éxito y tienen influencia no sólo en la comunidad de la Florida, sino también en la política nacional. Todos estos factores produjeron un fenómeno llamado *transnacionalismo*. Es decir, una comunidad que se adapta a un país extranjero pero que al mismo tiempo conserva una fuerte identidad cultural y una lealtad lingüística con su país de origen.

En Miami, el español es casi lengua corriente junto con el inglés. El hecho de que tanto hospitales (por ejemplo, el Jackson Memorial) como oficinas públicas, juzgados y hasta la policía ofrezcan sus servicios en inglés y español, facilita las gestiones a los hablantes de una u otra lengua. Las transacciones bancarias y el sistema electoral también son bilingües.

El intercambio humano y comercial con Latinoamérica hacen fundamental el uso de ambos idiomas. Las personas bilingües en Miami ganan al año, en promedio, entre 3.000 y 5.000 dólares más que los que sólo hablan un idioma. Ser bilingüe es, entre otras cosas, un negocio y una fuente de trabajo. Pero más que nada, ser bilingüe es formar parte de una nueva cultura que está creciendo con infinitas posibilidades.

Los medios de comunicación

A lo largo de los años, la Florida, y en especial Miami, ha llegado a ser un importante centro para la industria de los medios de comunicación en español. Los principales productores de televisión y radio tienen sus sedes en la Florida. Los cantantes latinos famosos graban su música en Miami y la Florida es cada vez más el sitio común para filmar series televisivas y películas.

▲ **Periodistas Jorge Ramos y María Elena Salinas, en Univisión** Miami se transformó en el centro de la comunicación entre la cultura angloparlante y el público de América latina. En esto ha jugado un papel la televisión, que cuenta con varios canales importantes en español, y gran parte de la industria musical latinoamericana, cuyas oficinas se encuentran en Miami.

La televisión

▲ **El Show de Cristina** Algunas de las empresas televisivas de lengua española más importantes se encuentran en la Florida, como Univisión, Telemundo y Artear.

La radio

▲ **Lourdes de Jesús, "La Gitana de la Salsa", locutora de la Florida** Entre 1999 y 2004, el número de estaciones de radio en español en la Florida se duplicó y ahora hay más de 50. Estas estaciones incluyen toda clase de música en español, programas informativos y deportivos.

Amarte así
Una historia de amor vista a través de los ojos de un niño
lunes a viernes 7pm/6c
TELEMUNDO

◄ **Las telenovelas** Muchos productores de telenovelas graban sus programas en la Florida. El Centro Internacional de Formación —Luz Columba— dedicada a la formación de actores de telenovelas, abrió sus puertas en el 2003.

¿Qué tanto

1. ¿Qué es el *transnaci*

2. ¿Qué ventai residen

3. ¿Cuáles canales español en

FL10

What's in your textbook?
¡Exprésate! for Florida

Here are some special features in *¡Exprésate!* that will help you as you study Spanish and learn more about Florida. Any time you see 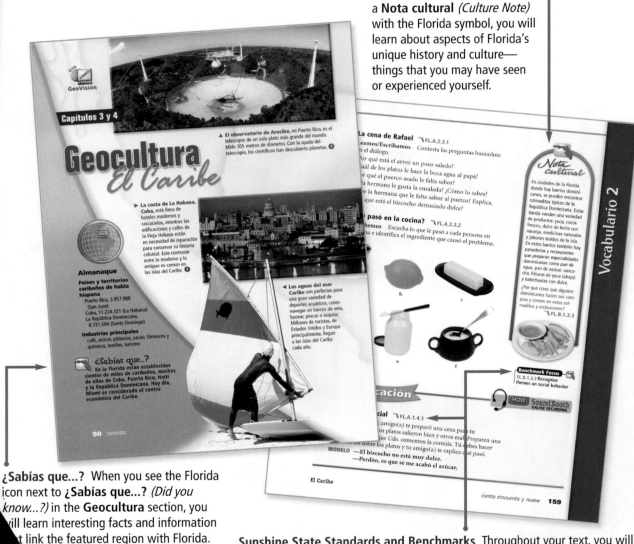 you'll know there is special information in that section for Florida students.

Nota cultural When you see a **Nota cultural** *(Culture Note)* with the Florida symbol, you will learn about aspects of Florida's unique history and culture—things that you may have seen or experienced yourself.

¿Sabías que...? When you see the Florida icon next to **¿Sabías que...?** *(Did you know...?)* in the **Geocultura** section, you will learn interesting facts and information that link the featured region with Florida.

Sunshine State Standards and Benchmarks Throughout your text, you will see this symbol followed by a series of numbers. These references will show you exactly which Florida Sunshine State Standards Benchmark you are working towards with each activity. You will find descriptions of the different benchmarks throughout your textbook. Knowing what these benchmarks are will help you get the most out of your Spanish class.

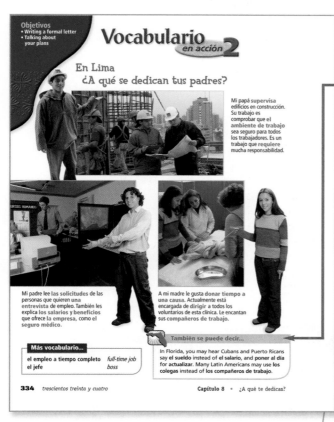

Objetivos
• Writing a formal letter
• Talking about your plans

Vocabulario en acción 2

En Lima
¿A qué se dedican tus padres?

Mi papá supervisa edificios en construcción. Su trabajo es comprobar que el **ambiente de trabajo** sea seguro para todos los trabajadores. Es un trabajo que requiere mucha responsabilidad.

Mi padre lee las **solicitudes** de las personas que quieren una **entrevista de empleo**. También les explica los salarios y beneficios que ofrece la empresa, como el seguro médico.

A mi madre le gusta donar tiempo a una causa. Actualmente está encargada de dirigir a todos los voluntarios de esta clínica. Le encantan sus compañeros de trabajo...

Más vocabulario...

el empleo a tiempo completo	full-time job
el jefe	boss

También se puede decir...

In Florida, you may hear Cubans and Puerto Ricans say **el sueldo** instead of **el salario**, and **poner al día** for **actualizar**. Many Latin Americans may use **los colegas** instead of **los compañeros de trabajo**.

334 *trescientos treinta y cuatro* **Capítulo 8** • ¿A qué te dedicas?

También se puede decir... Spanish speakers from all over the world live in Florida, and sometimes they use different words to talk about the same things. In **También se puede decir...** *(You can also say...)*, you will learn some of these words and expressions that you might hear on the street in Florida.

Comunidad en la Florida connects what you're learning to the Spanish-speaking community in Florida. These may even present opportunities for you to use Spanish in your own community or use Spanish to help you in a career.

Nelson
Miami, Florida

¿Tú tienes parientes que vivan en otros países?
Sí, tengo parientes que viven en otros países, en Cuba particularmente.

¿Quiénes son?
Son mis tíos, mis primos, mis hermanos, mis abuelos.

¿Cómo se mantienen en contacto?
Bueno nos mantenemos en contacto por teléfono, por el Internet. Hablamos así de vez en cuando.

¿Con qué frecuencia se ven?
Nos vemos cada dos años. Ellos nos visitan. Nosotros los visitamos.

Para ti, ¿es importante que los parientes se mantengan en contacto aunque vivan aparte?
Sí. Es muy importante ya que la familia es algo muy importante para mí. Me gusta mantener una buena relación con la familia. Y uno siempre tiene que contar con la familia. Por eso es que lo veo importante.

Para comprender ⟍FL.C.2.3.2

1. ¿Quiénes de la familia de Inés viven en España?
2. ¿Con qué frecuencia ve Inés a su familia de España?
3. ¿En dónde tiene Nelson familia?
4. ¿Tiene Nelson una buena relación con su familia de Cuba?
5. Para Inés y Nelson, ¿por qué son importantes los lazos familiares? Explica.

Para pensar y hablar ⟍FL.A.3.3.2

¿Estás de acuerdo con Inés y Nelson en que la familia se debe mantener en contacto? ¿Por qué? ¿Cuáles son dos ventajas y dos desventajas de tener familiares en otros países? ¿Qué pasa si se pierde el contacto con un pariente lejano?

Cultura

Comunidad en la Florida

Alimentos importados ⟍FL.E.1.4.1

En la Florida se encuentra una gran variedad de comestibles de países hispanohablantes: chorizos, azafrán y mariscos enlatados de España, yuca y frutas tropicales congeladas del Caribe, mate del Cono Sur y chiles de México. Diversas entidades participan en la importación de estos productos, como las compañías distribuidoras, las empresas de transporte y los bancos. En tu supermercado, busca un producto de un país hispanohablante e investiga la compañía que lo distribuye. ¿Dónde se halla? ¿De qué países importa comestibles? ¿Cuenta con personal hispanohablante? ¿Con qué otras compañías trabaja? Haz un cartel que explique la ruta que ha seguido el producto que escogiste, desde tu país de origen hasta tu supermercado.

En la poscosecha del azafrán, los estigmas se separan del interior de las flores. Esta labor manual requiere de mucho tiempo.

El Caribe

ciento cincuenta y tres **153**

FCAT
Preparation

FCAT Even though there is no Florida Comprehensive Assessment Test (FCAT) for Spanish, studying Spanish can help you prepare for the Language Arts FCAT. In your Spanish class, you will learn and practice different reading and writing skills. As you learn to read and write in Spanish, you will learn many things that will help you in English as well.

In the **Leamos y escribamos** *(Lets Read and Write)* sections, you will read a short piece and then do some original writing—all in Spanish! In these sections, look for the FCAT Reading Focus and FCAT Writing Focus icons. All of the skills and strategies you use for reading and writing in Spanish can help you perfect your reading comprehension and writing skills in English, too!

Leamos y escribamos

FCAT Reading Focus
LA.A.1.4.2
Select and use strategies to understand words and text, and to make and confirm inferences from what is read

ESTRATEGIA

para leer Drawing inferences about a poem or a story is useful when you don't understand every word. You can read the title of the work or the first paragraph and make an inference of what the work might be about. Context clues can also help.

Antes de leer   FL.B.1.3.5, FL.D.2.4.4

A Luis Palés Matos nació en Puerto Rico en 1898. En sus obras, trata los temas de la gente de origen africano en Cuba y en Puerto Rico. Utiliza el habla local combinada con palabras inventadas para captar la musicalidad y el ritmo típicos de los africanos.

Lee el verso del poema: "El cerdo en el fango gruñe…" Es probable que no conozcas todas las palabras en este verso pero al usar las que sí conoces, puedes adivinar el significado de las palabras desconocidas. Por ejemplo, si conoces "cerdo" y no conoces "fango" puedes pensar en el lugar favorito de un cerdo, el lodo *(mud)*, que es otra manera de decir "fango". Usa este método mientras lees el poema como ayuda con las palabras que no conoces.

Danza negra

de Luis Palés Matos

Calabó y bambú.
Bambú y calabó.
El Gran Cocoroco° dice: tu–cu–tú.

5 La Gran Cocoroca dice: to–co–tó.
Es el sol de hierro que arde en Tombuctú°.
Es la danza negra de Fernando Póo°.

3 chief of some African tribes 5 city in the Republic of Mali 6 island in the Gulf of Guinea

218 *doscientos dieciocho*   Capítulo 5 • El arte y la música

---

FCAT Writing Focus
LA.B.1.4.1 Select and use appropriate prewriting strategies, such as brainstorming, graphic organizers, and outlines

Taller del escritor

ESTRATEGIA   FL.A.3.4.2

bir It's best to have a plan ...in writing. Your plan will be ...nding on what you're writ... always include things such ...s for your theme, a list of ...s you can use, and an

escribir
...iensa en el tema de tu canción ...que quieres desarrollar. Luego ...las palabras que quieres usar, ...algunas de ellas deben rimar. ...o si es necesario.

orrador
...e tu canción. Desarrolla ...nte de combinar las ...para que tu canción

...te. Haz las correcciones ...e tu canción en voz alta ...ve como imaginaste.

...séntala en vivo. La ...o y votará por la

¡A escribir una canción!
¿Cómo se escribe una canción? Aquí tendrás la oportunidad de escribir tu propia canción. Puedes elegir el tema de tu canción, pero ten en cuenta que necesita rimar. Puedes buscar ideas en "Danza negra" para empezar.

El Suroeste y el norte de México

doscientos veintiuno **221**

Leamos y escribamos

Búsqueda de tesoros

This **Búsqueda de tesoros** will help you become familiar with the different sections of your textbook, as well as give you a taste of what you'll be learning this year!

1 On which page of each chapter will you find all the objectives for that chapter?

2 On which pages will you learn about the culture and history of the Andes?

3 Use the Table of Contents to find where you will learn about objects of prepositions in Spanish.

4 What is the Sunshine State Standards Benchmark Focus for page 211? Can you find another page with the same Benchmark Focus?

5 Name two categories of expressions you will find in the **Expresiones de ¡Exprésate!** section beginning on page R21. In what chapter will you learn to talk about the future?

6 In which section toward the end of your book will you find a collection of short grammar explanations?

7 What kind of information will you find in the **En inglés** feature? What do you learn in the **En inglés** feature on page 106?

8 Find a feature called **¡Exprésate!** in Chapter 4. What section are the **¡Exprésate!** features found in? What kind of information is presented in the **¡Exprésate!** features?

9 In what section toward the end of the book will you find additional vocabulary in Spanish?

10 Where could you look to find out the name of the capital of El Salvador?

11 Where do you find the **Repaso de vocabulario** section in each chapter?

12 What section in each chapter helps you prepare for the Chapter Test?

Sunshine State Standards
Spanish 3 Benchmarks

The activities in *¡Exprésate!* will help you develop the skills outlined in each Foreign Language benchmark of the Florida Sunshine State Standard for Spanish 3. Each activity in your book correlates to one or more of the benchmarks.

1. Engage in conversation in Spanish to express feelings and ideas and exchange opinions.

FL.A.1.2.3 recognize and appropriately use oral syntax (grouping of words into sentences and phrases) and inflection in spoken target language.

FL.A.1.3.1 exchange information with peers and familiar adults orally and in writing about topics of common interest and about the target culture (e.g., personal relationships, events in the past, or academic and cultural interests).

FL.A.1.3.2 interact with fluent native or neo-native users of the target language, with sufficient skill to gather information necessary for a simple project. (Note: The teacher of a Level III or above foreign language course may be considered a near-native speaker of the language.)

FL.A.1.4.1 interact in the target language in a number of true-life situations chosen from a variety of contexts (e.g., asking for information).

FL.A.1.4.2 rephrase and use indirect expressions to communicate a message in the target language.

2. Demonstrate understanding of spoken and written Spanish on a variety of topics.

FL.A.2.2.4 listen and read in the target language for leisure and personal enrichment (e.g., listen to, read, or view age-appropriate stories, plays, poems, films, or visual works of art).

FL.A.2.2.7 recognize the multiple ways in which an idea may be expressed in the target language and use them appropriately.

FL.A.2.3.1 comprehend and interpret the content of authentic, written materials selected according to the familiarity of the topic and the scope of vocabulary and structure (e.g., personal letters and notes, pamphlets, newspapers and magazine articles, and advertisements).

FL.A.2.3.2 comprehend and interpret the main ideas and details from television, movies, videos, radio, or live presentations produced in the target language.

FL.A.2.3.3 formulate and answer questions about the literary elements (e.g., plot, characters, main ideas, and supporting details) of authentic target-language literary selections.

FL.A.2.3.4 recognize the relationship between verbal and nonverbal signals in communication, while listening to a live speaker of the target language or while viewing and listening to a mass-media product (i.e., film, video, or concert).

3. Present information and ideas to an audience through speaking and writing in Spanish.

FL.A.3.3.1 write various types of texts (e.g., simple letters and essays) for a defined audience (e.g., teacher, peers, or pen pal) about topics of personal interest or experience (in terms of, e.g., ideas, opinions, attitudes, and feelings).

FL.A.3.3.2 provide information in spoken and written form on a variety of topics of personal, academic, and cultural interest (e.g., descriptions of popular or historical characters, expressions of opinion, personal conclusions about general-interest topics, and comparisons and contrasts between the target culture and his or her own culture).

FL.A.3.4.1 effectively communicate orally in the target language regarding a past, present, or future event.

FL.A.3.4.2 communicate in writing using a variety of vocabulary for past, present, and future events and feelings about those events (e.g., by writing a letter to a native speaker of the target language).

4. Demonstrate understanding of social interaction patterns within Spanish culture(s) through participation in cultural activities.

FL.B.1.3.2 participate in age-appropriate cultural activities (e.g., sports-related activities, music, television, and games).

FL.B.1.3.3 recognize simple themes, ideas, or viewpoints on social behavior or social interaction in various settings (e.g., school, family, and immediate community).

FL.B.1.3.4 identify and discuss various aspects of the target culture (e.g., educational systems or institutions, means of transportation, and various rules).

FL.B.1.3.5 know various expressive forms of the target culture such as popular music, dance, children's magazines, comic books, children's literature, and common or everyday artwork (e.g., designs typical of the culture and used in clothing, pottery, ceramics, paintings, and architectural structures) and the influence of these forms on the larger community.

FL.B.1.4.1 interact in a variety of situations that reflect the activities of teenagers in the target culture, using appropriate verbal and nonverbal communication.

FL.B.1.4.2 identify and discuss various patterns of behavior or interaction and the values and mindsets typical of youth in the target culture.

5. Apply knowledge of Spanish language and culture(s) to further knowledge of other disciplines.

FL.C.1.3.1 use new information from a target language class (e.g., knowledge gained through a film or discussion in language class) to enhance study of a topic in another class.

FL.C.1.3.2 use sources in the target language to assemble specific information about topics of personal interest in connection with ideas being studied in another class.

FL.C.2.2.1 use information from a story being studied in the target language and connect elements from the story (e.g., color symbolism, geographic setting, and genre characteristics) to similar life situations.

FL.C.2.2.4 restate and share information acquired from written texts in the context of a group discussion.

FL.C.2.3.1 use the target language to establish contact with members of the target culture (e.g., to obtain information about a hobby, sport, or topic of general interest).

FL.C.2.3.2 use the target language to gain access to information and perspectives that are only available through the target language or within the target culture (e.g., target-language tourism publications or target-language sources about the target-language community).

FL.C.2.3.3 use films or texts produced in the target language to gain knowledge and understanding of various aspects of the arts, music, literature, history, or economics of the target culture.

FL.C.2.4.3 use target-language skills to obtain information and perspectives from speakers of the target language.

FL.C.2.4.4 use target-language sources (e.g., members of the target culture) to obtain information (in person or via the Internet) about a hobby, sport, or topic of personal, community, or world interest.

6. Analyze and use different patterns of communication and social interaction appropriate to the setting.

FL.D.1.3.1 understand how idiomatic expressions have an impact on communication and reflect culture, by using them correctly in both oral and written form.

FL.D.1.3.2 identify and use typical patterns of communication in the target language (e.g., cognates and syntax variations) both orally and in written form.

FL.D.1.4.1 know elements of the target language that signify time, and the similarities and differences between comparable linguistic markers in the target language and in his or her own language.

FL.D.2.3.1 understand cultural traditions and celebrations that exist in the target culture and in the native culture (e.g., holidays, birthdays, "coming of age" celebrations, and recreational gatherings).

FL.D.2.3.2 recognize the similarities and differences between music and songs from the target culture and those in the native culture.

FL.D.2.3.3 recognize the similarities and differences between attitudes about various topics found among teenagers in American culture and attitudes among teenagers in the target culture (e.g., surveys conducted through face-to-face contact or written exchanges).

FL.D.2.3.4 understand selected economic, political, and social events that have shaped the target culture and its relationship with the United States across time.

FL.D.2.4.4 recognize the contributions of other parallel cultures (e.g., Native American, African, and European) to the target culture.

7. Demonstrate knowledge of use of the Spanish language within and beyond the school setting.

FL.E.1.3.2 know professional organizations or individuals who use the target language (e.g., foreign consulates, corporations, and educational institutions) that he or she could contact to request information about possible employment opportunities.

FL.E.1.4.1 understand that knowing more than one language allows people to function effectively in multilingual communities.

FL.E.1.4.2 know the benefits that being able to communicate in more than one language can have on one's career.

¡Exprésate!®

Nancy Humbach

Sylvia Madrigal Velasco

HOLT, RINEHART AND WINSTON

A Harcourt Education Company

Orlando • **Austin** • New York • San Diego • London

Florida Teacher Contributors

We thank the following Florida educators who generously contributed their talent and time to help develop and review materials for the Florida Student Edition of *¡Exprésate!*
¡Muchísimas gracias!

Enrique Acosta
Stoneman Douglas High School
Parkland, FL

Alejandro Avendaño
Eastside High School IB Program
Gainesville, FL

Clementina Bassi
Eastside High School
Gainesville, FL

María Isabel Bentine
Palm Beach Lakes Community
High School
West Palm Beach, FL

Vivian Bosque, Ed. D.
Nova Southeastern University
Miami, FL

Ana I. Carmona-Torres
Winter Park High School
Winter Park, FL

Debbie Chraibi
William R. Boone High School
Orlando, FL

Nitza Cochran
Nathan B. Forrest High School
Jacksonville, FL

Carmen Gómez
George Washington Carver
Middle School
Miami, FL

Meruchy Haedo
Eastside High School IB Program
Gainesville, FL

Connie M. Heiselman
William R. Boone High School
Orlando, FL

Janice Karkis
Estero High School
Estero, FL

Rosa B. Leal
Palm Beach Lakes Community
High School
West Palm Beach, FL

Rebekah Lindsey
Campbell Middle School
Daytona Beach, FL

Gudrun Martyny
Timber Creek High School
Orlando, FL

Antonio Román-Pérez
River Ridge High School
New Port Richey, FL

Vladimir Sanmiguel
Palm Beach Lakes Community
High School
West Palm Beach, FL

Jessica Shrader
Riverview High School
Sarasota, FL

María Turrón
Ferguson High School
Miami, FL

Holt Teacher Advisory Panel

As members of the **Holt World Languages Teacher Advisory Panel,** the following teachers made a unique and invaluable contribution to the *¡Exprésate!* Spanish program. They generously shared their experience and expertise in a collaborative group setting and helped refine early materials into the program design represented in this book. We wish to thank them for the many hours of work they put into the development of this program and for the many ideas they shared.
¡Muchísimas gracias a todos!

Erick Ekker
Bob Miller Middle School
Henderson, NV

Dulce Goldenberg
Miami Senior High School
Miami, FL

Beckie Gurnish
Ellet High School
Akron, OH

Bill Heller
Perry High School
Perry, NY

MilyBett Llanos
Westwood High School
Austin, TX

Rosanna Perez
Communications Arts
High School
San Antonio, TX

Jo Schuler
Central Bucks High School East
Doylestown, PA

Leticia Schweigert
Science Academy
Mercedes, TX

Claudia Sloan
Lake Park High School
Roselle, IL

Judy Smock
Gilbert High School
Gilbert, AZ

Catriona Stavropoulos
West Springfield High School
Springfield, VA

Nina Wilson
Burnet Middle School
Austin, TX

Janet Wohlers
Weston Middle School
Weston, MA

Authors

Nancy Humbach

Nancy Humbach is Associate Professor and Coordinator of Languages Education at Miami University, Oxford, Ohio. She has authored or co-authored over a dozen textbooks in Spanish. A former Fulbright-Hayes Scholar, she has lived and studied in Colombia and Mexico and has traveled and conducted research throughout the Spanish-speaking world. She is a recipient of many honors, including the Florence Steiner Award for Leadership in the Foreign Language Profession and the Nelson Brooks Award for the Teaching of Culture.

Sylvia Madrigal Velasco

Sylvia Madrigal Velasco was born in San Benito, Texas. The youngest of four siblings, she grew up in the Rio Grande Valley, between two cultures and languages. Her lifelong fascination with Spanish has led her to travel in many Spanish-speaking countries. She graduated from Yale University in 1979 and has worked for over 20 years as a textbook editor and author at various publishing companies. She has written bilingual materials, video scripts, workbooks, CD-ROMs, and readers.

Contributing Writer

Marci Reed
Austin, TX
Ms. Reed wrote material for the **Geocultura** pages.

Field Test Participants

We express our appreciation to the teachers and students who helped field test *¡Exprésate!*

Kathleen Neal Carroll
Johnny G. Economedes High School
Edinburg, TX

Inés Loveras
Port Richmond High School
Staten Island, NY

Jenny L. Wilton
Roosevelt High School
St. Louis, MO

Yadira Gonzáles
Memorial High School
McAllen, TX

Nitza T. Cochran
Nathan B. Forrest High School
Jacksonville, FL

Doris Muñoz Fuentes
Fort Hamilton High School
Brooklyn, NY

Diane Mackenzie
Atherton High School
Louisville, KY

Sara Kate Perkins
Andrews High School
High Point, NC

María E. Negrón
John F. Kennedy High School
Richmond, VA

Ms. Luz M. Vasquez
Thomas Jefferson High School
San Antonio, TX

Zulema Silva
Dudley High School
Greensboro, NC

Hank Cline
Jamesville-Dewitt High School
Jamesville, NY

Yvonne L. Harrell
Englewood High School
Jacksonville, FL

Reviewers

We'd like to thank the following teachers for having reviewed one or more chapters of *¡Exprésate!*

Elizabeth Baird
Independence High School
Independence, OH

Laura Grable
Riverhead Central School District
Riverhead, NY

Manuel Hernández
Presentation High School
San Jose, CA

Christine M. Lord
Dracut High School
Dracut, MA

Pablo Oliva
Arendell Parrott Academy
Kinston, NC

Sharon Strait
Mukwonago High School
Mukwonago, WI

Dora Villani
High School for American Studies
Bronx, NY

Contenido en breve

Castilla-La Mancha

Capítulo 1 ¡Adiós al verano! 6

Molinos de viento en las llanuras
de Castilla-La Mancha

OBJETIVOS

In this chapter, you will learn to
- express interest and displeasure
- invite someone to do something
- describe the ideal friend
- express happiness and unhappiness

Vista de las famosas casas colgadas
en Cuenca, Castilla-La Mancha

En video

Geocultura **GeoVisión**
Gramática 1 y 2 **GramaVisión**
Cultura **VideoCultura**
VideoNovela **Clara perspectiva**

Variedades

El Caribe

Vista de la ciudad de La Habana, Cuba

En video

Geocultura **GeoVisión**
Gramática 1 y 2 **GramaVisión**
Cultura **VideoCultura**
VideoNovela **Clara perspectiva**

Variedades

OBJETIVOS

In this chapter, you will learn to
• ask about the latest news
• react to news
• comment on food
• explain and give excuses

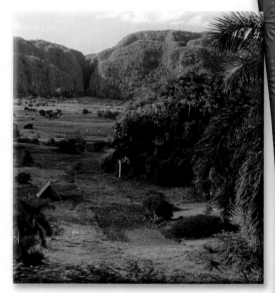

Zona agrícola en el oeste de Cuba

En video

Geocultura **GeoVisión**
Gramática 1 y 2 **GramaVisión**
Cultura **VideoCultura**
VideoNovela **Clara perspectiva**

Variedades

El Suroeste
y el Norte de México

El Álamo, San Antonio, Texas

En video

Geocultura **GeoVisión**
Gramática 1 y 2 **GramaVisión**
Cultura **VideoCultura**
VideoNovela **Clara perspectiva**

Variedades

Capítulo 6 ¡Ponte al día! 228

OBJETIVOS

In this chapter, you will learn to
• express certainty
• express doubt and disbelief
• ask about information and explain where you found it
• talk about what you know and don't know

Vista del Río Grande

En video

Geocultura	**GeoVisión**
Gramática 1 y 2	**GramaVisión**
Cultura	**VideoCultura**
VideoNovela	**Clara perspectiva**
	Variedades

Los Andes

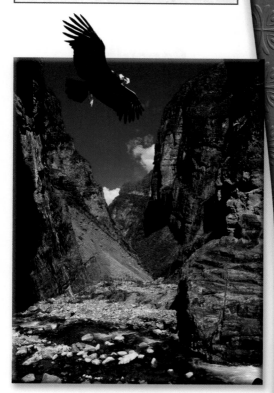

Vista del cañón del Colca, Perú

En video

Geocultura **GeoVisión**
Gramática 1 y 2 **GramaVisión**
Cultura **VideoCultura**
VideoNovela **Clara perspectiva**

Variedades

El Cono Sur

Capítulo 10 El mundo en que vivimos 408

OBJETIVOS

In this chapter, you will learn to
• talk about past events
• express and support a point of view
• make predictions and give warnings
• express assumptions

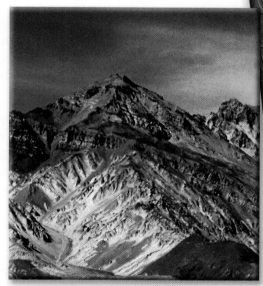

Picos del cerro Aconcagua en la cordillera
de los Andes, Argentina

En video

Geocultura **GeoVisión**
Gramática 1 y 2 **GramaVisión**
Cultura **VideoCultura**
VideoNovela **Clara perspectiva**

Variedades

Estrategias para leer
Reading Strategies

As you read the texts in this book, you will be asked to use certain skills, such as **paraphrasing, summarizing, making inferences,** and **determining the main idea.** Here are some strategies that may help you work with the skills that are presented.

Paraphrasing A paraphrase is a summary in which the author's ideas are restated in the reader's own words. Paraphrasing is a good way to check your understanding; if you can state someone else's ideas in your own words, then you have understood what you read.

Summarizing is similar to paraphrasing. While paraphrasing is retelling a story in your own words, summarizing is retelling the most important information or details of a text.

After you have read a story, for example, practice retelling it to a partner. Before you retell it, make a checklist of the things to include in the retelling, such as title, setting, main characters and their relationship to each other, main events, conflict, and resolution of the conflict.

Making inferences As readers, we make inferences when we combine information in the text with what we already know in order to understand things the writer has not stated directly. Understanding a text or story well enough to be able to make such connections can be a matter of reading the text several times, focusing each time on what you didn't understand with the previous reading. Here are some steps that may help.

1. Read the text one time through, rate your understanding on a scale of 1–10, and write down any questions you have. Discuss your questions with a partner and see if he or she understood some things that you did not.

2. Read the text again, rate your understanding, and see if you find the answers to some of your questions.

3. If you still have questions, read the text a third time, rate your understanding, and discuss any remaining questions with your partner.

Determining the main idea The main idea is what the writer wants readers to remember about the topic—the message, opinion, insight, or lesson that is the focus or key idea of the text. Sometimes the main idea is directly stated; at other times, it is implied.

One way to figure out the main idea is to break the reading into small chunks, and then decide what one word conveys the message of that chunk. Discuss your decisions with a partner or small group. Your group may come to a consensus about what the most important word is.

Finding the most important word in each of the passages, and putting all of these words together, will help you figure out the most important word, and thought, of the entire passage.

There are many other strategies that will help you develop the skills you need to become a good reader. As a general rule, re-reading a text and breaking it down into smaller pieces will make it easier to use these skills.

Sugerencias para continuar tus estudios
Tips for studying Spanish

Do you remember everything you learned last year? It's easy to forget your Spanish when you don't use it for a while. Here are some tips to help you in Spanish class this year.

¡Escucha!

When someone else is speaking, ask yourself what that person is saying. Listen for specific words or phrases that either support or do not support your guess. If you don't hear or understand a word, don't panic or give up. Try to figure out its meaning from the sentences that follow it.

¡Habla!

Have you ever tried to say something in English, but then you forgot a certain word? Chances are you did not let that stop you. You simply thought of another way of saying the same thing. Use that same trick when speaking Spanish.

With a classmate, practice short conversations on topics you learned about last year. If you can't remember how to say something in Spanish, look in the glossary or ask someone, **"¿Cómo se dice...?"** You can also try using words you do know or gestures to explain what you mean.

¡Lee!

Sometimes you might feel anxious when you read in Spanish, because understanding the entire text seems to be an overwhelming task. One easy way to reduce this anxiety is to break the reading up into parts. With the reading divided into small sections, you can focus all your attention on one section at a time.

If you look up specific words or phrases in an English-Spanish dictionary, be careful about choosing the meaning. Many words can have several different meanings in English or in Spanish. Be sure to look closely at the context, if one is given, before choosing a word.

¡Escribe!

Before you begin writing, organize your ideas. Write a sentence that states the main ideas. Then choose the details that support them. List them in an order that makes sense to you. After you have listed all of your ideas, you can write about the ones that appeal to you most.

One way to make the task of writing easier is to make sure you know most of the words you will need to use. With a classmate, make a list of the words you will probably need to complete your task. Then look up the words you don't know in the dictionary. Look at the charts in the back of this book to refresh your memory on important grammar points.

Learning a foreign language is like any other long-term project, such as getting into shape or taking up a new sport: it will take some time to see the results you want. Remember, knowing another language is a valuable asset, and you've already come a long way. Keep up your Spanish and . . . **¡Exprésate!**

DVD VIDEO
GeoVisión

Geocultura
Castilla-La Mancha

Francia
ESPAÑA
Portugal
Castilla-La Mancha
Mar Mediterráneo
Marruecos
Argelia

▲ **La ciudad de Toledo** está ubicada en un precipicio a orillas del río Tajo. La ciudad es testigo de la rica historia de una región en la que los cristianos, musulmanes y judíos se han entremezclado, dejando cada uno sus huellas.

Talavera de la Reina ●

Montes de Toledo

TOLEDO

Almanaque

Provincias de la comunidad autónoma
Guadalajara, Toledo, Cuenca, Ciudad Real, Albacete

Idioma castellano

Industrias importantes
turismo, agricultura, ganadería

Nota de interés
Durante mucho tiempo el azafrán valió su peso en oro. Hoy sigue siendo la especia más cara del mundo.

▼ **Las extensas llanuras de Castilla-La Mancha** son el escenario perfecto para los molinos de viento en uso desde el siglo XVI, en los tiempos de Miguel de Cervantes. En su obra *El ingenioso hidalgo don Quijote de la Mancha,* el héroe, don Quijote, ataca a los molinos, confundiéndolos con gigantes. El castillo es de origen musulmán.

¿Sabías que...?
El Parque Nacional Everglades y el Parque Nacional de las Tablas de Daimiel son humedales designados por la UNESCO como Reservas de la Biosfera. En ambos parques se encuentran muchas especies de aves acuáticas, como las garzas y garcetas.

▲ **El azafrán,** uno de los importantes productos agrícolas de Castilla-La Mancha, viene de una pequeña flor de color lila. Para obtener un kilo de azafrán hay que recoger a mano los estigmas de casi 85.000 flores.

GUADALAJARA

Guadalajara

Centro Astronómico de Yebes

★ **MADRID**

Embalse de Buendía

Serranía de Cuenca

Río Tajo

Segóbriga

Cuenca

CUENCA

Toledo

Río Algodor

Embalse de Alarcón

Belmonte

Consuegra

Calderina (1208 m)

Río Guadiana

Parque Nacional de las Tablas de Daimiel

Río Júcar

Ciudad Real

Albacete

ALBACETE

Río Jabalón

CIUDAD REAL

Campo de Montiel

▲ **El Parque Nacional de las Tablas de Daimiel,** en la provincia de Ciudad Real, acoge una cantidad enorme de aves acuáticas.

▲ **Las Casas Colgadas,** en la ciudad de Cuenca, fueron construidas al borde de un precipicio. Durante el siglo XIV servían de lugar de veraneo para la Familia Real.

◄ **El Centro Astronómico de Yebes,** en la provincia de Guadalajara, es una de las diez instituciones más grandes de investigación científica en España.

La historia
de Castilla-La Mancha

Siglos VIII–XI   FL.D.2.4.4

Los musulmanes expulsaron a los visigodos y ocuparon el terreno de Castilla-La Mancha durante cuatro siglos. Construyeron mezquitas elaboradas y fundaron **escuelas superiores** de matemáticas y lenguas. Hoy día usamos el sistema numérico árabe. **Investiga qué otras influencias dejaron los árabes en España.**

Siglos V–VIII

La tribu germánica de los visigodos invadió la península y nombró Toledo su capital. *La Corona de Recesvinto* es uno de los tesoros que queda de los tiempos de ocupación visigoda en España. **¿Cuánto tiempo dominaron España los visigodos?**   FL.C.2.3.2

Siglos II a.C.–III d.C.   FL.C.2.3.3

La ciudad romana de Segóbriga sirve como testigo de la ocupación romana en España. Las ruinas de un anfiteatro y baños públicos atraen a cantidades de turistas a este pequeño pueblo cada año. **Investiga qué otros sitios en España tienen ruinas romanas.**

FL.C.2.3.3   1085

Alfonso VI «el Bravo» (antes de 1040–1109) encabezó la reconquista cristiana de España contra los musulmanes, capturando Toledo en 1085. Su vasallo Rodrigo Díaz de Vivar, «el Cid», capturó Valencia en 1094. **En tu opinion, ¿por qué se llamó «el Bravo»?**

¿Sabías que...?

José Bonaparte, el hermano de Napoleón, fue el rey de España durante la ocupación francesa.

| 1100 | 1200 | 1300 | 1400 | 1500 | 1600 | 1700 | 1800 | 1900 | 2000 |

FL.C.1.3.1 1561

Felipe II (1527–1598) trasladó la capital de España de Toledo a Madrid en 1561. Debido a esto y a la inflación causada por la abundancia de oro traído desde las Américas, Toledo dejó de ser un centro intelectual y artístico para convertirse en provincia agrícola. **¿Conoces una región en Estados Unidos que se transformó drásticamente como Toledo?**

FL.C.2.3.3 1808–1814

La Guerra de la Independencia

Napoleón Bonaparte controló la mayoría de Europa, incluyendo España, Italia, Alemania y Austria, entre 1804 y 1814. **La Batalla de Talavera,** en La Mancha, constituyó una de las primeras victorias de las fuerzas españolas aliadas con las de Gran Bretaña contra Napoleón. **¿Por qué fue importante para España la Batalla de Talavera?**

FL.C.2.3.3 1936–1939

El Alcázar de Toledo fue el lugar de una batalla clave en la **Guerra Civil de España** en 1936. El General Francisco Franco marchó a Madrid después de la victoria de sus tropas nacionalistas en Toledo. **¿Cuánto tiempo estuvo en el poder el dictador Franco?**

FL.C.2.3.2 1982–presente

Castilla-La Mancha se convirtió en región autónoma en 1982. Las Cortes de Castilla-La Mancha, con sede en este monasterio, tienen función legislativa. Las Cortes, el Presidente de la Junta y el Consejo de Gobierno forman las **tres ramas administrativas** del gobierno de Castilla-La Mancha. **¿Cuáles son las ramas administrativas de tu estado?**

El arte de Castilla-La Mancha

100 a.C.	1200	1300	1400	1500

Siglo I a.C. ⌐FL.C.2.3.3

Los romanos reconocieron la alta calidad de la elaboración del acero en Toledo y llevaron su fama a Roma. La belleza y calidad de las **espadas y puñales de Toledo** tienen fama mundial. **¿Hay alguna artesanía famosa en tu región o comunidad?**

⌐FL.C.2.3.3 1226–1493

La construcción de la **Catedral de Toledo** duró de 1226 hasta 1493. Por eso el monumento refleja varios estilos de arquitectura. El exterior es un ejemplo de arquitectura gótica francesa, mientras los estilos mudéjar y barroco decoran la mayoría de su interior. **¿Por qué crees que tardaron tanto en construir la catedral?**

⌐FL.D.2.4.4 Siglo XIV

En **la Sinagoga del Tránsito** los arcos y los diseños geométricos son típicos del arte mudéjar. **Mudéjar** se refiere a los árabes que permanecieron en España después de la reconquista y su arte es preponderante en muchos edificios en Castilla-La Mancha. **¿Quién hizo el arte mudéjar?**

⌐FL.B.1.3.5 Siglo XV–presente

El arte del **damasquinado** es el arte de origen árabe de incrustar hilo de oro, plata o cobre sobre acero. Los platos, broches, pulseras y anillos damasquinados de Toledo son famosos por todo el mundo. **¿Qué materiales se usan para este arte?**

⌐FL.C.2.3.3 Siglo XV

El Castillo de Belmonte fue construido en el siglo XV. Es uno de los castillos mejor preservados de la región. Es principalmente gótico en estilo, con arte mudéjar y renacentista. **Investiga en Internet quién construyó el castillo.**

¿Sabías que...?

Hasta hoy día algunos países usan las espadas de Toledo en sus uniformes militares.

Visit Holt Online

go.hrw.com
KEYWORD: EXP3 CH1

Photo Tour

1600　　**1700**　　**1800**

⟍ FL.B.1.3.5
Siglo XVI–presente

La cerámica y los azulejos de Talavera han decorado las casas ilustres de la región. **¿Crees que la cerámica fue fabricada para usar o para decorar?**

Siglo XVIII ⟍ FL.C.2.3.3

El altar de la Catedral de Toledo fue elaborado entre 1721 y 1732. Es un buen ejemplo del estilo barroco del siglo XVIII, el cual se caracteriza por líneas onduladas y el contraste entre la luz y la oscuridad. **¿Por qué crees que muchas obras de arte tienen motivo religioso?**

1620 ⟍ FL.C.2.3.3

Un discípulo de El Greco, **Luis Tristán** (1586–1624) sigue las tradiciones de la Escuela de Arte de Toledo. En *Adoración de Los Reyes Magos* (1620) su uso predominante del claroscuro refleja la influencia de su maestro. **¿Te gustaría ser discípulo de un artista? ¿Con quién te gustaría estudiar?**

1597 ⟍ FL.C.2.3.3

El Greco, Domenikos Theotocopoulos (1541–1614), llegó a Toledo en 1577. Se enamoró de la ciudad y se quedó en Toledo hasta su muerte en 1614. Es considerado el primer genio de la escuela española de pintura. *Vista de Toledo* (1597) demuestra colores intensos y contrastes dramáticos de luz. **¿De qué país vino El Greco?**

¡Adiós al verano!

OBJETIVOS

In this chapter you will learn to
- talk about the past
- talk about what you liked and used to do
- ask for and give advice
- talk about the future

And you will use
- preterite and imperfect
- **ser** and **estar**
- subjunctive for hopes and wishes
- pronouns
- comparisons, demonstrative adjectives and pronouns
- negative words and time constructions

¿Qué ves en la foto?

- ¿Qué hacen los jóvenes en la foto?

- ¿Cómo es el clima en este lugar?

- ¿Te gustaría viajar a un lugar como éste? ¿Por qué?

Look for the next to each activity and the **Benchmark Focus** to help you achieve the goals of the **Florida Sunshine State Standards**, found on pages FL14–FL16.

Los molinos de viento de Consuegra

Objetivos
- Talking about the past
- Talking about what you liked and used to do

Vocabulario *en acción* 1

Hice muchas cosas en España este verano.

Archivo Editar Ver Herramientas Ayuda

Atrás Adelante Actualizar Detener Página Inicial Buscar Favoritos Correo Imprimir

Dirección:

Mis vacaciones

Mi familia

Mis amigos

Di una caminata con mi familia cerca de Toledo. Almorzamos en un lugar con una vista hermosa a **la ciudad.** Luego **acampamos** en **el bosque.**

Hacía calor en Toledo y no había **brisa.** Pero el sábado **llovió a cántaros,** cayeron **relámpagos** y escuché **truenos.** Luego, cuando solamente caía una **llovizna,** fuimos a un concierto al aire libre.

Pasamos un fin de semana muy bueno en Toledo. Tomamos un autobús desde la estación de autobuses hasta la Plaza Zocodover. Visitamos la catedral y varios monumentos. Paseamos por el río Tajo y nos divertimos mucho.

Toda la familia disfrutó de las vacaciones porque hicimos actividades interesantes. Un día todos montamos a caballo y ¡hasta intentamos el patinaje en línea!

Vocabulario 1

Más vocabulario...

Actividades

trotar — *to jog*

Tiempo

los grados Fahrenheit/centígrados — *degrees Fahrenheit/centigrade*

la tormenta — *storm*

Al día siguiente fuimos a la **estación de trenes** para regresar a Madrid.

Nos aburrimos un poco en el tren. Mamá **hizo crucigramas,** papá y yo **jugamos naipes** y mi hermana **conversó** con una chica que también viajaba a Madrid. Vimos las **montañas** por la ventanilla.

Pasamos dos semanas en la **costa. Coleccioné caracoles** e **hice windsurf. Cuando me cansé de hacer windsurf,** practiqué el **esquí acuático** y la **natación.**

¡Exprésate!

To talk about the past	To respond
¿Qué hiciste el verano pasado? *What did you do last summer?*	**Viajé a...** *I traveled to . . .*
¿Qué tal lo pasaste? *Did you have a good time?*	**Lo pasé de película/de maravilla.** *I had a great time.*
¿Adónde fuiste? *Where did you go?*	**Fui a...** *I went to . . .*
¿Qué te pareció...? *How was . . . ?*	**Lo/La encontré muy interesante.** *I found it very interesting.*

Interactive TUTOR

Vocabulario y gramática, pp. 1–3

Online workbooks

▶ **Vocabulario adicional** — Los viajes, p. R15

1 ¿Quién es? FL.A.2.3.2

Escuchemos Escucha los comentarios y escoge la foto que corresponde a cada comentario.

A

B

C

D

Nota cultural

La región de Castilla-La Mancha está dominada por una extensa llanura, pero también tiene montañas como la Cordillera Central al norte, el Sistema Ibérico al noreste, la Sierra Morena y los Montes de Toledo al sur. Hay muchas lagunas, como las lagunas de Ruidera y de Cañada del Hoyo, y dos ríos grandes, el Tajo y el Guadiana.

¿Cómo se compara la geografía variada de Castilla-La Mancha con la de tu región?
FL.C.1.3.1

El Lago Una en la Reserva Nacional de la Serranía de Cuenca

2 ¿Qué significa? FL.A.2.2.7

Leamos/Escribamos Escribe la palabra de **Vocabulario** que corresponde a cada definición.

1. Cuando esto ocurre, hay lluvia, viento y relámpagos.
2. Para hacer esta actividad necesitas una silla especial.
3. Un lugar con muchos edificios y calles.
4. En este lugar se puede nadar y coleccionar caracoles.
5. Correr lentamente como ejercicio.
6. Un edificio donde se celebran ritos religiosos.

3 ¿Lo pasaron bien? FL.A.2.3.1

Leamos/Escribamos Completa el diálogo con las palabras del cuadro.

la catedral	divertimos	Fahrenheit	qué tal
hiciste	tormenta	bosque	una caminata

CARMEN   ¡Hola Miguel! ¿Qué ___1___ este verano?

MIGUEL   Acampé en el ___2___ con mi familia.

CARMEN   ¿Hizo mucho calor?

MIGUEL   Sí. Hizo mucho calor... cien grados ___3___.

CARMEN   ¿Y ___4___ lo pasaron?

MIGUEL   Bueno, la primera noche hubo una ___5___ y llovió a cántaros.

CARMEN   ¡Qué desastre! ¿Qué hicieron el segundo día?

MIGUEL   Decidimos ir a un hotel en la ciudad. Fuimos a un concierto y nos ___6___ mucho. Al día siguiente dimos ___7___ por la ciudad y tomamos fotos de ___8___.

CARMEN   Me parece que disfrutaron su viaje a la ciudad.

4 Guía turística FL.A.2.2.7

Escribamos Escribe lo que se puede ver o hacer en cada lugar de Castilla-La Mancha, según las fotos.

MODELO **En Talavera de la Reina, puedes ver la famosa cerámica, pintada de muchos colores.**

Talavera de la Reina

Un viaje a Castilla-La Mancha

1 el Río Henares

2 Albacete

3 Toledo

4 Cuenca

5 Ciudad Real

5 Adivina la pregunta FL.A.2.3.1

Leamos/Hablemos Lee las siguientes respuestas y haz una pregunta para cada una.

1. Viajé por Europa con mis papás.
2. Fuimos a España, Francia e Inglaterra.
3. Lo pasé de película.
4. ¿España? Lo encontré fascinante.
5. Comimos muchos mariscos.
6. Viajamos en tren.

> **Benchmark Focus**
> **FL.A.2.3.1** Comprehend and interpret the content of authentic, written materials

Comunicación

HOLT **SoundBooth**
ONLINE RECORDING

6 ¿Qué hiciste el verano pasado? FL.A.1.4.1

Hablemos Túrnense tú y un(a) compañero(a) para hablar de lo que hicieron el verano pasado. Usen las palabras y las expresiones de **Vocabulario** y **Exprésate.**

Archivo   Editar   Ver   Herramientas   Ayuda

Atrás   Adelante   Actualizar   Detener   Página Inicial | Buscar   Favoritos   Correo | Imprimir

Dirección:

Las fiestas en el pueblo de Felipe

Querido Jorge:

Aquí ves una foto de las fiestas de mi pueblo. Son del 4 al 11 de agosto, todos los años. Siempre me han encantado estas fiestas. De niño me gustaba ver a los payasos y comer tortilla de patata. Ahora me gustan los bailes que dan por la noche, pero de niño me gustaba jugar con mis primos en la plaza. Jugábamos todo tipo de juegos y nos lo pasábamos bomba. También solía participar en el desfile el primer día de las fiestas. Lo encontraba genial. Usaba ropa tradicional y tocaba la flauta. La última noche de las fiestas, disfrutaba de los fuegos artificiales. Esa noche, solía dormir en casa de mis primos, y pasábamos toda la noche hablando de lo que habíamos hecho.

Mándame una foto de las fiestas de tu pueblo. Me gustaría ver cómo son.

Saludos, Felipe

¡Exprésate!

To talk about what you liked and used to do

De niño(a), me gustaba... *As a child, I liked to . . .*	**Cuando tenía diez años, me encantaba...** *When I was ten, I loved to . . .*
Cuando era joven, solía... *When I was young, I usually . . .*	**Siempre disfrutaba de...** *I always enjoyed . . .*
De pequeño, me lo pasaba bomba... *When I was little, I had a great time . . .*	**Lo encontraba genial...** *I thought . . . was great . . .*

Vocabulario y gramática, pp. 1–3

Online workbooks

7 **¿Cierto o falso?** ➘ FL.A.2.3.1

🖊 **Leamos/Escribamos** Di si cada oración es **cierta** o **falsa** según la carta de Felipe. Corrige las oraciones falsas.

1. De niño, a Felipe le gustaban los bailes que daban por la noche.
2. Felipe nunca comía tortilla de patata durante las fiestas.
3. Cuando era pequeño, Felipe disfrutaba de las fiestas.
4. A Felipe no le gustaba participar en el desfile.
5. Felipe encontraba geniales los fuegos artificiales.
6. De joven, a Felipe le encantaba jugar con sus primos durante las fiestas.

8 **Haz el cuento** ➘ FL.A.2.3.1

Leamos/Escribamos Completa el diálogo con las palabras del cuadro.

genial	aburría	bomba
disfrutaba	solía	gustaba

MARTÍN De niño, me ___1___ dar caminatas por el bosque o acampar en las montañas.

TERESA ¿De verdad? A mí no me gustaba el bosque. Mi familia ___2___ ir a la playa.

MARTÍN Me ___3___ mucho en la playa de joven. No había nada que hacer.

TERESA Pues, yo lo encontraba ___4___. Cuando tenía cinco años, me encantaba coleccionar caracoles.

MARTÍN Es que yo nunca ___5___ de la natación.

TERESA ¡Yo tampoco! Pero me lo pasaba ___6___ practicando el esquí acuático.

Nota cultural

Castilla-La Mancha es una comunidad rica en cultura y folclor. La región tiene muchas tradiciones populares: fiestas, romerías *(pilgrimages)*, bailes y carreras para celebrar los ciclos agrícolas, momentos históricos, milagros o acontecimientos religiosos. En el Baile de la Soldadesca en Toledo (abajo), la gente se viste con ropa típica y baila danzas folclóricas, llamadas animeros, en la plaza.

¿Conoces algo de las tradiciones y el folclor de tu región? ➘ FL.D.2.3.1

Benchmark Focus

FL.D.2.3.1 Understand cultural traditions and celebrations that exist in the target culture and in the native culture

Comunicación

HOLT **SoundBooth** ONLINE RECORDING

9 **Lo que me gustaba hacer** ➘ FL.A.1.4.1

Hablemos Túrnense tú y un(a) compañero(a) para hablar de lo que les gustaba hacer de niños. Luego, resuman para la clase lo que le gustaba hacer a su compañero(a).

MODELO —**Cuando tenía siete años, me encantaba patinar.**
—**Yo solía jugar al escondite con mis amigos.**

Objetivos
• Preterite and imperfect
• **Ser** and **estar**
• Subjunctive for hopes and wishes

Gramática en acción 1

GramaVisión

Interactive TUTOR

Repaso Preterite and imperfect

1 You already know that the **preterite** and the **imperfect** are used to talk about past events or situations.

2 Use the **preterite** to talk about something that happened

• on a specific occasion or a specific number of times

> El verano pasado **viajé** a España y **acampé** cerca del Río Tajo.

• in a sequence of events

> Cuando **llegué, busqué** alojamiento y **llamé** a mis amigos. Al día siguiente nos **reunimos** en un café y luego **paseamos** por Toledo.

• for a specific period of time, even if it happened repeatedly

> **Pasé** un mes en Toledo y **fui** todos los días a las playas de Cádiz.

3 Use the **imperfect** to talk about a situation or event in the past to say

• what used to happen for an unspecified period of time

> De niño, **viajaba** a España con mis padres todos los veranos y **visitábamos** a mis abuelos en Cádiz.

• what people, places or things were generally like or to describe the setting

> Mis abuelos **eran** muy activos y simpáticos.

> En las playas **había** pocos turistas. Siempre **hacía** calor.

• how someone felt or what he or she liked or disliked

> No me **gustaba** ir a la playa porque le **tenía** miedo al mar.

4 You can use the **preterite** to say what people, places or things were like, how people felt, and what they liked or disliked *in order to sum up a particular occasion.* Use it also to talk about someone's reaction, or to say that a state or condition changed.

> ¿Fuiste a Cádiz? ¿Qué tal **estuvo?**

> Llevé a mi hermanito a la playa y no **tuvo** miedo. ¡Al contrario, le **gustó** mucho bañarse en el mar!

> Ayer miré algunas fotos de España y **sentí** mucha nostalgia.

¿Te acuerdas?

These are the regular **preterite** endings of **-ar** and **-er** or **-ir** verbs.

compr**é**	compr**amos**
compr**aste**	compr**asteis**
compr**ó**	compr**aron**
volv**í**	volv**imos**
volv**iste**	volv**isteis**
volv**ió**	volv**ieron**

Before **e** or **é**, verbs ending in **-car, -gar,** or **-zar** have a spelling change.

bus**car:**	bus**qué**
lle**gar:**	lle**gué**
organi**zar:**	organi**cé**

Vocabulario y gramática, pp. 4–6
Actividades, pp. 1–3

Online workbooks

10 ¿Qué hiciste el verano pasado? ⤷ FL.A.2.3.2

 Escuchemos Escucha la conversación y di si se habla de **a)** una situación en particular o de **b)** cómo son o eran las cosas en general.

11 Cuéntame más ⤷ FL.A.2.3.1

Escribamos Completa la conversación con el pretérito o imperfecto de los verbos según el contexto.

MATEO ¿Qué tal las vacaciones? ¿Adónde __1__ (ir)?

SONIA Mi familia y yo __2__ (visitar) a mis abuelos en Santander, en la playa.

MATEO ¿Y qué tal __3__ (estar)?

SONIA Genial. Fíjate que de niña no me __4__ (gustar) ir a la playa, pero ahora me encanta. __5__ (Venir) mis primos y nos lo __6__ (pasar) bomba.

MATEO ¿Por qué no te __7__ (gustar) ir a la playa de niña?

SONIA __8__ (Preferir) jugar en casa de mis abuelos. __9__ (Haber) muchas cosas antiguas—muebles, pinturas, muñecas, libros. __10__ (Fascinarme) los dibujos en los libros. Y tú, ¿qué hiciste?

MATEO Pués…

12 ¿Qué hicieron? ⤷ FL.A.3.3.2

Escribamos Escribe dos o tres oraciones acerca de cada foto. Explica adónde fueron las personas y qué hicieron. Luego describe qué había en el lugar y cómo era.

Adriana

MODELO Adriana fue al campo y montó a caballo. El caballo era grande y hermoso. El campo estaba verde.

1. Sergio

2. Clara y sus amigos

3. Mis amigos y yo

Benchmark Focus

FL.A.3.3.2 Provide information in spoken and written form on a variety of topics of personal, academic, and cultural interest

Comunicación

13 Tus vacaciones de verano ⤷ FL.A.1.4.1

Leamos/Hablemos Pregúntale a tu compañero(a) qué hizo durante sus vacaciones de verano. Luego pregúntale adónde iba de vacaciones de niño y qué hacía. Túrnense.

 HOLT SoundBooth ONLINE RECORDING

Repaso — Ser and estar

Interactive TUTOR

1 As you have learned, both **ser** and **estar** have specific uses and cannot be used interchangeably.

2 **Ser** is used:

- to describe or identify people, places, or things
  Tomás y Elena **son** listos.
- to tell time
  Son las dos y media.
- to say what someone's profession is
  Mario **es** bombero.
- to talk about nationality and origin
  Soy de España, pero mi mamá **es** francesa.

3 **Estar** is used:

- to say where something or someone is located
  Luis **está** en Cuenca.
- to describe physical conditions, emotions or feelings, or how something tastes
  Marta **estuvo** enferma la semana pasada.
  Hernán **estaba** preocupado por el examen.
  El bistec **está** un poco salado.
- with the present participle to form the present or past progressive
  Ellos **están** esperando el autobús.
  ¿Qué **estabas** haciendo cuando te llamé?

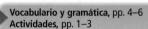 Vocabulario y gramática, pp. 4–6
Actividades, pp. 1–3 **Online** workbooks

Nota cultural

Cuenca es un pueblo pequeño en Castilla-La Mancha, construido sobre los acantilados *(cliffs)* de una montaña. Es famoso por sus Casas Colgadas *(abajo)*, que fueron construidas en los acantilados y están situadas de tal forma que parecen estar colgantes. Este pueblo antiguo, establecido durante el imperio romano, está tan bien conservado que Cuenca ha sido nombrado Patrimonio de la humanidad *(World Heritage Site)*.

¿Qué sitios históricos hay en tu ciudad o pueblo?

↘ **FL.C.1.3.1**

---

14 A Cuando estoy de vacaciones... ↘ FL.A.2.2.7

Leamos/Escribamos Completa las oraciones según tus propias experiencias. Después explica por qué se utiliza **ser** o **estar** en cada oración.

1. Mi lugar preferido para ir de vacaciones es ▬▬▬.
2. Durante las últimas vacaciones de verano, mis amigos y yo estuvimos en ▬▬▬.
3. Cuando estoy de viaje con mi familia, me gusta ▬▬▬.
4. Mi playa favorita está en ▬▬▬.
5. El año pasado, viajé a ▬▬▬ y estuve allí por ▬▬▬ días.
6. Antes de salir para un viaje, casi siempre estoy ▬▬▬.
7. Para mis próximas vacaciones, estoy pensando en ir a ▬▬▬.

14 B De vacaciones FL.A.2.3.1

Leamos/Escribamos   Completa el diálogo con la forma correcta de **ser** o **estar**.

GRACIELA   ¿Adónde vas de vacaciones?

ANDRÉS   Siempre vamos a la costa. ¡———1——— un lugar muy hermoso! La playa a la que vamos ———2——— muy grande.

GRACIELA   ¿Te lo pasas bien allí?

ANDRÉS   Sí. Allí conocí a Begoña, una chica española. Ella ———3——— de Sevilla. La vi en la playa y la saludé. Ella me presentó a sus hermanos. Ellos ———4——— estudiantes. Los dos ———5——— estudiando medicina.

GRACIELA   ¡Qué bien! ¿Qué pasó cuando tuviste que regresar a casa?

ANDRÉS   Mira, cuando terminaron las vacaciones, Begoña regresó a Sevilla, donde ———6——— su familia. Pero nosotros estamos en contacto por correo electrónico. Me dice que ahora ella ———7——— de nuevo en el colegio.

GRACIELA   ¿Me la presentas?

ANDRÉS   ¡Claro!

15 ¿Ser o estar? FL.A.2.2.7

Escribamos   Describe lo que ves en cada foto. Usa **ser** o **estar**.

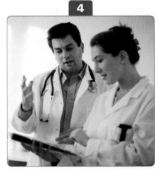

Comunicación

HOLT **SoundBooth** ONLINE RECORDING

16 ¿Qué está pasando? FL.A.1.3.1

Hablemos   Dile a tu compañero(a) algo que ves y algo que está pasando en el salón de clase. Describe algo verdadero y algo falso. Tu compañero(a) debe corregir lo falso. Sigan el modelo y túrnense.

MODELO   —**Son las doce. El profesor no está en el salón de clase.**
—**El profesor sí está en el salón de clase. Está escribiendo algo en la pizarra.**

Benchmark Focus
FL.A.1.3.1 Exchange information orally and in writing about topics of common interest and about the target culture

Repaso · Subjunctive for hopes and wishes

Interactive TUTOR

1 You already know that the subjunctive mood is used to express hopes and wishes with **esperar que, querer que,** and **preferir que,** and to give advice and opinions with **es mejor que, es buena idea que, es importante que, aconsejar que, recomendar que,** and **sugerir que.**

2 In Spanish the **subjunctive** usually appears in the **dependent** or **subordinate clause,** and is introduced by the conjunction **que** after the **main clause.**

Main clause   *Subordinate clause*

Espero que el viaje a Toledo sea divertido.
I hope the trip to Toledo is fun.

Main clause   *Subordinate clause*

Te recomiendo que des una caminata por la ciudad.
I recommend you take a walk around the city.

3 The **subjunctive** is used when the subjects of the **main clause** and the **subordinate clause** are different.

different subjects

Espero que Carmen pueda acompañarnos a Guadalajara.
I hope Carmen can come with us to Guadalajara.

different subjects

Óscar sugiere que nosotros llevemos un picnic al lago.
Oscar suggests we bring a picnic to the lake.

4 When there is no change of subject, an **infinitive** follows the verb in the **main clause.**

Gloria prefiere ir al bosque.

Vocabulario y gramática, pp. 4–6
Actividades, pp. 1–3

Online workbooks

¿Te acuerdas?

To form the present subjunctive, add these endings to the **yo**-form stem of regular verbs.

-AR VERBS	-ER / -IR VERBS
habl**e**	le**a**
habl**es**	le**as**
habl**e**	le**a**
habl**emos**	le**amos**
habl**éis**	le**áis**
habl**en**	le**an**

17 **Otros planes**   ⬗FL.A.2.2.7

Leamos/Escribamos   Completa las oraciones con la forma correcta del verbo en paréntesis.

1. Fabián y Lorenzo quieren que nosotros ===== (ir) al lago con ellos.
2. Ellos nos recomiendan que ===== (hacer) windsurf en el lago.
3. Quiero ===== (practicar) el esquí acuático también.
4. Mis amigos prefieren ===== (dar) caminatas por el bosque.
5. Esperamos que el viaje al lago ===== (ser) divertido.

18 A Te recomiendo que... ➘ FL.A.2.3.1

Leamos/Hablemos Lee las oraciones y da una recomendación u opinión a cada persona. Usa las expresiones del cuadro.

Te recomiendo que...	Te aconsejo que...
(No) Es una buena idea que...	Es mejor que...
Es importante que...	Te sugiero que...

1. Ana quiere aprender a patinar pero no tiene patines.
2. Gabriela quiere montar a caballo pero no sabe hacerlo.
3. Tus amigos quieren ir al bosque pero hay una tormenta.
4. Margarita quiere saber si es mejor viajar en autobús o en tren.
5. Marcos quiere ir a un lugar donde se pueda acampar.
6. Tus padres quieren ir a un lugar histórico.

➘ FL.A.3.3.1

18 B ¡Nuestra clase va a España!

Escribamos La clase de español ha planeado un viaje a Castilla-La Mancha. Escribe ocho oraciones sobre las recomendaciones, preferencias y sugerencias de todos acerca del viaje.

MODELO **El profesor recomienda que vayamos primero a Toledo. Marta y yo sugerimos que...**

Dos hermanas van de pesca en los Cayos.

Comunicación

HOLT SoundBooth
ONLINE RECORDING

Benchmark Focus

FL.A.1.3.1 Exchange information orally and in writing about topics of common interest and about the target culture

19 ¿Qué les recomiendas? ➘ FL.A.1.3.1

Hablemos Hagan tú y un(a) compañero(a) un cuento basándose en los dibujos. Usen por lo menos tres recomendaciones con el subjuntivo en sus oraciones.

a.

b.

c.

Cultura

Benchmark Focus
FL.E.1.4.2 Know the benefits that being able to communicate in more than one language can have on one's career

VideoCultura

Comparaciones

Interactive TUTOR

La playa y la bahía de Tamariu, Costa Brava, España

El trabajo sin reposo convierte al hombre en un soso FL.D.2.3.1

En algunos países de habla hispana, muchas familias dejan la ciudad y van a la playa o al campo a pasar las vacaciones de verano. Muchas familias de clase media compran una segunda vivienda en estos lugares, o si no, la alquilan por un mes. Los chicos hacen amigos allí que ven todos los veranos. A veces, la vida en la ciudad se paraliza durante todo el mes, y las tiendas y bancos tienen horarios reducidos. Compara esto con el efecto que tienen las vacaciones en tu ciudad, en tu vida y la de tus compañeros.

María
Madrid, España

¿En tu país es común hacer un viaje durante el verano?

Sí, nosotros nos solemos ir de vacaciones sobre el julio y agosto.

¿Hay un lugar que sea muy popular?

Sí, casi todo el mundo suele ir a las playas.

De niña, ¿qué hacías durante las vacaciones de verano?

Yo me iba sobre julio con mis padres a la playa y luego en agosto me venía, me bañaba en la piscina.

¿Qué hiciste durante el verano el año pasado?

El año pasado estuve en Galicia haciendo una visita turística, y luego me vine aquí a la playa.

¿Qué planes tienes para el verano que viene?

El verano que viene pienso irme con mis tías y con mi prima al Caribe y Disneyworld®.

Francia

Portugal

★ Madrid

ESPAÑA

Mar Mediterráneo

Marruecos   Argelia

Brando
Buenos Aires, Argentina

En tu país, ¿es común hacer un viaje durante el verano?

Sí, durante el verano se va a las costas del mar argentino: Mar de Tuyú, Villa Gesell, Miramar, Mar de Plata.

¿Hay un lugar popular?

Sí, mayormente se va a Mar de Plata, que es una de las costas que tiene el centro más grande acá en Buenos Aires.

De niño, ¿qué hacías durante las vacaciones de verano?

Construía castillitos en la arena, salía con mis primos.

¿Qué hiciste durante el verano el año pasado?

Estuve en las costas de lo que es el Mar de Tuyú.

¿Y qué planes tienes para el verano que viene?

Pienso hacer unos tours de Mendoza en febrero y en enero ir a una costa.

Para comprender FL.B.1.3.4

1. Según María, ¿adónde van muchos españoles durante el verano?

2. Cuando María era niña, ¿cómo pasaba los meses de julio y agosto? ¿Hizo algo parecido el año pasado?

3. ¿Adónde van los argentinos durante el verano? De niño, ¿qué hacía Brando durante las vacaciones?

4. María y Brando hablan de ir a la playa. ¿Adónde va la gente de tu ciudad durante el verano?

Para pensar y hablar FL.A.3.3.2

Para ti, ¿es el viajar una manera de reunirse con la familia y conocer nuevos amigos o lugares? ¿Cómo te diviertes durante las vacaciones? Compara lo que haces hoy con lo que hacías de niño. ¿Qué te gustaría hacer en unas vacaciones futuras?

Comunidad en la Florida
 FL.E.1.4.2

Turistas hispanohablantes en la Florida

Cada año, millones de turistas hispanohablantes vienen a la Florida, especialmente a Miami, Fort Lauderdale, Orlando y Tampa. Ya que el turismo es una de las bases de la economía del estado, muchos sitios de atracción (como museos, parques, playas y centros comerciales) promueven el turismo entre los visitantes hispanohablantes proporcionando publicidad e información en español. Averigua el porcentaje de hispanohablantes que visita anualmente los principales sitios turísticos de tu región. ¿Cuáles de estos lugares tienen guías o folletos en español? Con el resultado de tu investigación, diseña una guía turística de tu región para visitantes hispanohablantes.

KEY LARGO
La capital internacional del buceo con equipo.

Usted puede olvidarse del mundo en Los Cayos en menos de una hora viajando hacia el sur desde Miami.

Folleto sobre los Cayos, dirigido a turistas hispanohablantes

Objetivos
- Asking for and giving advice
- Talking about the future

Vocabulario en acción 2

¡Ayúdame, Amparo!

¿¿? Querida Amparo

? Querida Amparo:

Necesito su ayuda. Voy a empezar un nuevo año escolar y quiero que este año sea el mejor. El año pasado tenía ganas de participar en las actividades del colegio, pero no lo hice. Mi vida es solitaria y muy aburrida. ¿Qué puedo hacer para cambiar esto?

Joaquín

Querido Joaquín:

No te preocupes, hay una solución. ¿Te interesa discutir ideas? Debes participar en el club de debate. ¿Te gusta correr? Debes practicar atletismo. ¿Te gusta la música? Debes participar en la banda escolar. ¿Eres creativo? ¿Por qué no haces diseño por computadora o diseñas páginas Web? En fin, hay muchas cosas que puedes hacer para tener una vida más interesante.

Amparo

? Querida Amparo:

Sé que necesito mantenerme en forma pero no sé cómo empezar. Sigo una dieta balanceada pero, ¡no tengo tiempo para hacer nada! ¿Qué consejos me da?

Ana Luisa

Querida Ana Luisa:

No necesitas tener mucho tiempo para mantenerte en forma. Busca una actividad que puedas hacer con una amiga, como los ejercicios aeróbicos, para que te diviertas más. Puedes saltar a la cuerda por unos minutos todos los días o ir a un centro recreativo y hacer gimnasia.

Amparo

Vocabulario 2

Querida Amparo

Querida Amparo:

Soy una persona bastante **nerviosa** e **impaciente**. Me siento muy ansioso todo el tiempo y no sé por qué. ¿Qué puedo hacer para llevar una vida más calmada?

Fernando

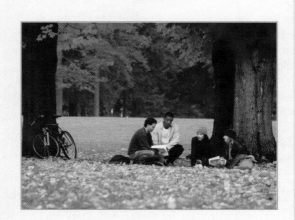

Querido Fernando:

¡Hay mucho que puedes hacer! Algunas personas **coleccionan estampillas, observan la naturaleza** o se ocupan con una actividad tranquila como **jugar al golf.** Vas a ver cómo cambia tu vida.

Amparo

Más vocabulario...

coleccionar pósters/monedas	to collect posters/coins
crear (quemar) CDs	to make (burn) CDs
escribir poemas y cuentos	to write poems and stories
hacerse amigo(a) de alguien	to make a friend
la oratoria	speech (class)

¡Exprésate!

To ask for advice	To give advice
¿Qué consejos tienes?	**Hay que...**
What advice do you have?	*One has to . . .*
¿Puedes darme algún consejo?	**Te aconsejo que...**
Can you give me some advice?	*I advise you to . . .*
¿Qué debo hacer?	**Debes...**
What should I do?	*You should . . .*
¿Qué me recomiendas?	**Te recomiendo que...**
What do you recommend (to me)?	*I recommend that you . . .*

Interactive
TUTOR

➡ Vocabulario y gramática, pp. 7–9

Online workbooks

Nota cultural

La primera parte del nombre Castilla-La Mancha viene de la palabra "castillo". Los expertos creen que la palabra "Mancha" viene de la palabra árabe "Mantxa" *(dry land),* aunque algunos dicen que es una contracción de la frase "La más ancha" *(the widest).* Las dos interpretaciones son aptas para describir esta región ancha, seca y llena de castillos.

¿Qué regiones de Estados Unidos tienen extensas llanuras y un clima seco, como Castilla-La Mancha?

🔖 **FL.C.1.3.1**

Vista de las murallas de Alarcón

20 **¿Qué me aconsejas?** 🔖 FL.A.2.3.2

🔊 **Escuchemos** Escucha los problemas y escoge el consejo que corresponde a cada uno.

a. Te recomiendo que participes en el equipo de golf.

b. Debes quemar CDs con la información y llevarlos al colegio.

c. Mi consejo es que aprendas a jugar al golf. Así puedes relajarte.

d. Si estás nerviosa durante una presentación, toma clases de oratoria.

e. Te aconsejo que te hagas amigo de alguien que coleccione las mismas cosas.

f. Debes escribir cuentos o poemas en tu tiempo libre.

21 **¿Se relaciona?** 🔖 FL.A.2.3.1

Leamos Indica la palabra o frase que no se relaciona lógicamente con las otras dos.

1. diseñar páginas Web   hacer diseño por computadora   jugar al golf

2. quemar CDs   hacer gimnasia   practicar atletismo

3. el club de debate   mantenerse en forma   la oratoria

4. saltar a la cuerda   escribir cuentos   escribir poemas

5. las estampillas   las monedas   la banda

6. hacer gimnasia   los ejercicios aeróbicos   la naturaleza

22 **Un discurso** 🔖 FL.A.2.3.1

Leamos/Escribamos Completa el diálogo con las palabras del cuadro.

| impaciente | poemas | mantenerme |
| recomiendas | naturaleza | aeróbicos |

MÓNICA   Quiero ___1___ en forma este año, pero no tengo ganas de practicar atletismo.

FERNANDO   Debes hacer algo divertido, como los ejercicios ___2___.

MÓNICA   Tampoco sé cómo estar más tranquila. Es que soy una persona muy ___3___.

FERNANDO   Puedes ir al bosque y observar la ___4___.

MÓNICA   ¿Y qué me ___5___ si no me gusta dar caminatas?

FERNANDO   Pues, te gusta escribir. Te aconsejo que escribas ___6___ o cuentos en un lugar tranquilo.

MÓNICA   ¡Buena idea!

23 **¿Qué les recomiendas?** FL.A.3.3.2

Benchmark Focus

FL.A.3.3.2 Provide information in spoken and written form on a variety of topics of personal, academic, and cultural interest

Leamos/Escribamos Vas a ser un(a) "hermano(a) mayor" de varios estudiantes del primer año en el colegio. Dales consejos sobre qué deben hacer, según lo que les interese.

MODELO **Guille/la literatura**
Guille, te recomiendo que escribas poemas para la revista del colegio.

1. Sara/correr
2. José/tocar música
3. Fátima/hablar en público
4. Jorge/mantenerse en forma
5. Alicia/practicar español
6. Andrés/aprender a usar la computadora
7. Emilio/conocer a más gente
8. Luisa/buscar un pasatiempo

24 **¿Qué le aconsejas?** FL.A.3.3.2

Leamos/Hablemos Mira las fotos y da un consejo o una recomendación a cada persona. Usa las palabras de **Vocabulario** y las expresiones de **Exprésate**.

Comunicación

HOLT **SoundBooth** ONLINE RECORDING

25 **¿Qué debo hacer?** FL.A.1.3.1

Hablemos Hablen tú y un(a) compañero(a) de dos actividades que les guste hacer. Luego, pídanse consejos sobre otras actividades que puedan hacer para pasar el tiempo o para mantenerse en forma.

MODELO —**A mí me gusta jugar al golf para relajarme.**
—**A mí me relaja hacer gimnasia. Te la recomiendo.**

Este año será diferente

ALBERTO   Manuela, ganaste un campeonato importante de fútbol y todo el mundo quiere saber: ¿Qué vas a hacer ahora? ¿Vas a dedicarle todo tu tiempo al deporte? ¿Vas a dejar el colegio y entrenarte para los Juegos Olímpicos?

MANUELA   No, voy a regresar al colegio. Tal vez en el futuro sí me entrenaré para los Juegos Olímpicos. Pero ahora lo más importante para mí es la educación.

ALBERTO   ¿Y qué cambios vas a hacer este año?

MANUELA   Pues, voy a estudiar más. También quiero participar en actividades como el club de debate y la banda escolar. El año pasado no hice más que hacer gimnasia y jugar al fútbol, y por eso no pude hacer otras cosas.

ALBERTO   ¿Y cómo vas a mantenerte en forma para el próximo campeonato?

MANUELA   Iré al gimnasio por las mañanas y así tendré tiempo por las tardes para participar en otras actividades y para estudiar. El año pasado siempre me entrenaba por las tardes también, y por eso no estudié lo suficiente.

ALBERTO   ¿Qué piensas hacer cuando te gradúes del colegio?

MANUELA   Pienso ir a la universidad. Si estudio más este año, creo que lo puedo lograr.

ALBERTO   Bueno, te deseo mucha suerte.

¡Exprésate!

To ask about the future	To respond	
¿Qué vas a hacer...? *What are you going to do . . . ?*	**Voy a estudiar...** *I'm going to study . . .*	Interactive TUTOR
¿Adónde piensas ir...? *Where do you plan to go . . . ?*	**Pienso ir...** *I plan to go . . .*	
¿Qué cambios vas a hacer? *What will you do differently?*	**De hoy en adelante participaré en...** *From now on I'll participate in . . .*	
¿Cómo vas a mantenerte en forma? *How will you stay in shape?*	**Voy a practicar...** *I will practice . . .*	

Vocabulario y gramática, pp. 7–9   **Online** workbooks

26 **Mis planes** ↘ FL.A.2.3.1

Leamos/Escribamos Basándote en el diálogo, determina si cada oración es **cierta** o **falsa**. Corrige las oraciones falsas.

1. Manuela ganó un campeonato de gimnasia.
2. Manuela va a dedicarle más tiempo al deporte.
3. A Manuela no le interesa participar en las actividades del colegio.
4. Manuela piensa estudiar más este año.
5. A Manuela le gustaría ir a la universidad.
6. Manuela irá al gimnasio por las tardes.

27 **¿Qué harás?** ↘ FL.A.2.3.1

Leamos/Hablemos Contesta las preguntas con las frases en paréntesis.

1. ¿Piensas participar en algún club este año? (participar en el club de debate)
2. ¿Qué van a hacer esta tarde? (hacer ejercicios aeróbicos)
3. ¿Cómo vas a sacar una A en historia? (estudiar todos los días)
4. ¿Adónde piensas ir para observar la naturaleza? (ir a las montañas)
5. ¿Qué harás en tu tiempo libre? (escribir cuentos)
6. ¿Qué harás cuando te gradúes del colegio? (ir a la universidad)

28 **¿Qué van a hacer?** ↘ FL.A.3.4.2

Escribamos Escribe una oración con el tiempo futuro para decir lo que harán las personas en las fotos la próxima semana.

Comunicación

HOLT **SoundBooth** ONLINE RECORDING

29 **El mejor año** ↘ FL.A.1.3.1

Hablemos Túrnense tú y un(a) compañero(a) para entrevistarse sobre qué van a hacer este año para que sea el mejor año del colegio.

Objetivos
- Pronouns
- Comparisons, demonstrative adjectives and pronouns
- Negative words and time constructions

Gramática en acción 2

GramaVisión

Interactive **TUTOR**

Repaso Pronouns

1 In Spanish, as in English, the **subject (sujeto)** of a verb does the action and the **object (complemento)** of a verb receives the action.

> **María** llama a **Juan.**   **Alberto** lleva una **mochila.**

2 Spanish speakers don't often use **subject pronouns** because the verb ending usually indicates the subject. However, the pronoun may be used to clarify or emphasize the subject.

> **Yo** iré al concierto, no Paco.   **¡Tú** tienes que hacerlo!

3 Pronouns used after prepositions such as **a, de,** and **para** are known as **objects of prepositions.** They have the same form as subject pronouns, except for **mí** and **ti,** which are used instead of **yo** and **tú.** These pronouns join **con** to form **conmigo** and **contigo.**

> Carlos me habló **de usted.**   Tienes un regalo **para mí?**

4 **Direct objects** receive the action of the verb. **Indirect objects** usually stand for people who *receive the direct object* or who *experience* the action of the verb. Before **lo(s)** and **la(s), le(s)** changes to **se.**

> Mi hermano compró **un boleto** extra y **se lo** regaló a **su novia** en vez de a mí. **Me** parece injusto.

Vocabulario y gramática, pp. 10–12
Actividades, pp. 5–7

Online workbooks

30 **Sujeto y complemento** ⟋ FL.A.2.3.1

Leamos/Hablemos   Indica el **sujeto** y el **complemento** de cada oración. Luego, vuelve a decir cada una utilizando pronombres.

1. Paulina y Ana ven a Nacho.
2. Ricardo ayuda a sus amigos.
3. Carolina trae la comida.
4. Mi amiga y yo llamamos al director.
5. Tú y Roberto leen los libros para mañana.
6. Mi profesor tiene los exámenes.

31 Pronombres ⟍ FL.A.2.3.1

Leamos/Escribamos Completa el diálogo con los pronombres correctos.

JORGE   Oye, Carmen, ¡ ___1___ (ella/tú) llegaste tarde hoy!

CARMEN   Ya lo sé, Jorge. ¡___2___ (Nos/Me) levanté muy tarde hoy porque no sonó el despertador *(alarm)*!

JORGE   Pues, tengo algo para ___3___ (ti/nosotros). Es un libro de matemáticas que puedes usar en la clase.

CARMEN   ¡Gracias, Jorge! Esto ___4___ (me/te) va a ayudar mucho.

JORGE   De nada. ¿Tú y Alejandra van a ir al ensayo para el club de drama esta tarde?

CARMEN   ___5___ (Ustedes/Yo) sí voy a ir, pero Alejandra no puede. ___6___ (Él/Ella) tiene que cuidar a sus hermanos. Voy a ayudarla después.

JORGE   Ustedes siempre ___7___ (se/les) ayudan con todo. Qué suerte que sean tan buenas amigas. ¿Puedo ir ___8___ (contigo/conmigo) a su casa?

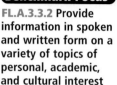

> **Benchmark Focus**
>
> **FL.A.3.3.2** Provide information in spoken and written form on a variety of topics of personal, academic, and cultural interest

32 ¿Qué pasa? ⟍ FL.A.3.3.2

Escribamos Describe en una oración lo que pasa en cada foto. Usa por lo menos un pronombre en cada oración.

1. Víctor   2. Fernanda y yo   3. Cristina y Tito   4. Rosa y Andrea

Comunicación

HOLT **SoundBooth** ONLINE RECORDING

33 Adivina quién ⟍ FL.A.1.3.1

Hablemos Túrnense tú y un(a) compañero(a) para describir a las personas de tu colegio y adivinar a quién se describe. Usen pronombres en su descripción para no decir quién es.

MODELO   —**La ves todos los días y está en el club de debate.**
    —**¿Es María Eugenia?**
    —**¡Exactamente!**

Gramática 2

Repaso — Comparisons, demonstrative adjectives and pronouns

1 To compare two unequal things, actions, or quantities, use the constructions **más** (+ noun/adjective/adverb +) **que** and **menos** (+ noun/adjective/adverb +) **que**.

> Tengo **más** planes **que** Fernanda para este año.
>
> Seremos **menos** perezosos **que** el año pasado.
>
> Tú llegaste al colegio **más** tarde **que** Sara.
>
> Berta nada **más que** nadie.

2 Use a form of the demonstrative adjective that agrees in gender and number with what the speaker is pointing out and shows how far someone or something is in distance or in time.

	this	*these*	*that*	*those*	*that* *(farther away)*	*those*
masculine	**este**	**estos**	**ese**	**esos**	**aquel**	**aquellos**
feminine	**esta**	**estas**	**esa**	**esas**	**aquella**	**aquellas**

> ¿Te gusta **este** centro recreativo?
>
> Voy a hacer gimnasia con **esas** chicas que entraron.
>
> ¿Te acuerdas de **aquel** chico que trabajaba aquí?

3 You can also use a demonstrative pronoun with an accent mark on the stressed syllable (**éste, ése, aquél**) to avoid repeating a noun. Use the neutral forms (**esto, eso, aquello**) to refer to an idea or to something that was said or done.

agrees with

> Ese diseño para el póster es mejor que **aquél** (aquel diseño).

Vocabulario y gramática, pp. 10–12
Actividades, pp. 5–7

Online workbooks

¡Te acuerdas?

The following comparisons are irregular.

más + bueno → **mejor**
más + malo → **peor**
más + joven → **menor**
más + viejo → **mayor**

Soy **mayor que** mi prima.
Cantan **peor que** mi perro.

El Cine Callao en la Gran Vía de Madrid tiene pósters que miden más de veinte pies.

34 ¿Quieres ver mi colección? FL.A.2.2.7

Leamos Completa cada oración con las palabras correctas.

1. Tere, ¿qué opinas de (esta/aquél) estampilla?
2. ¿(Ésa/Este) que está en la primera página de tu álbum?
3. No, (esta/ésta) que acabo de sacar.
4. Es muy bonita. Pero prefiero (aquélla/ésta) que me enseñaste ayer.
5. Te la doy por (esas/éstas) estampillas de España que tú tienes.
6. Vale. ¿Quieres ver (aquellos/aquél) pósters que te mencioné?

35 ¿Cierto o falso? FL.A.2.3.1

Leamos/Escribamos Indica si cada oración es **cierta** o **falsa** en tu caso. Corrige las oraciones falsas.

1. Este año, tengo mucho más tarea que el año pasado.
2. Me interesan más los deportes en equipo que los deportes que se practican individualmente.
3. Hago menos actividades ahora que hace dos años.
4. Para mí, es más difícil seguir una dieta balanceada que mantenerme en forma.
5. Saco mejores notas en oratoria que en matemáticas.
6. Estudiar mucho es más importante que hacer amigos.

36 Tus comparaciones FL.A.3.3.1

Escribamos Escribe una oración para comparar cada par de cosas que se menciona abajo. Usa **más que** y **menos que** en tus oraciones. Sigue el modelo.

> MODELO la natación/el esquí acuático
> **Me gusta más la natación que el esquí acuático.**

1. la música rock/la música clásica
2. diseñar páginas Web/coleccionar estampillas
3. el golf/el atletismo
4. la clase de inglés/la clase de matemáticas
5. los poemas/las novelas
6. el club de debate/el club de español
7. el centro recreativo/el colegio
8. observar la naturaleza/participar en un deporte

37 Comparte tus opiniones FL.A.3.3.2

Hablemos Con un(a) compañero(a), comenta y compara varios libros, películas o programas de televisión que hayan leído o visto recientemente. Usen adjetivos o pronombres demostrativos para describirlos, y compárenlos utilizando **más que** y **menos que**.

> MODELO —Ayer vi la nueva película "El terror", y hace un mes vi "Una boda en el campo". "El terror" me gustó más que "Una boda en el campo" porque tiene más suspenso.
>
> —A mí esas películas no me gustan. Prefiero las películas cómicas...

FL.A.3.3.2 Provide information in spoken and written form on a variety of topics of personal, academic, and cultural interest

---

Nota cultural

El idioma oficial de España es el español, pero varias regiones españolas tienen sus propios idiomas además del español. En Galicia se habla *gallego*, un idioma parecido al portugués, en Cataluña se habla *catalán* y en el País Vasco se habla *euskera*, un idioma que no tiene nada que ver con ningún idioma europeo. El español moderno, el idioma oficial de toda España, se conoce como *castellano*.

¿En qué otros países se habla más de un idioma? FL.B.1.3.4

Letrero en catalán y castellano

Gramática 2

Interactive TUTOR

Repaso · Negative words and time constructions

1 Negative words can go before or after the verb. If they go after the verb, **no** is used before the verb. Use **ninguno(a)** to say *none, not (a single) one*. It is generally used only in the singular and matches the noun it describes in gender. It can stand alone or go in front of a noun. **Ninguno** changes to **ningún** before a masculine singular noun.

> **Ninguno** de ellos me saludó.
> **No** tenemos **ningún** examen mañana.
> Jaime **no** quiere practicar atletismo **jamás.**
> Ella **nunca** llega a tiempo a **ninguna** parte.

2 The time construction **hacer + time + que + verb** is used to describe an event that began in the past and is still going on.

> Hace **un año** que **participo** en el club de debate.
> *I have been participating in the debate club for a year.*

For an event that *has not happened* for a period of time up to the present, put **no** in front of the verb.

> Hace **un año** que **no participo** en el coro.
> *I haven't participated in choir for a year.*

3 Hacer + time can also be used to describe how long ago an event or situation took place.

> Hace **dos años,** me hice amigo de Juan.
> *Two years ago, I became friends with Juan.*

> Vi a Ricardo **hace dos días.**
> *I saw Ricardo two days ago.*

Vocabulario y gramática, pp. 10–12
Actividades, pp. 5–7

Online workbooks

¿Te acuerdas?

Other negative words include **nada, nadie, tampoco,** and **ni.**

No quiero hacer **nada.**
Yo **tampoco.**
Nadie quiere ir al centro recreativo.
No quiero hacer gimnasia **ni** saltar la cuerda.

---

38 ¿Hace cuánto tiempo? FL.A.2.3.2

Escuchemos Coloca estas actividades en orden cronológico según las oraciones que vas a escuchar.

a. ayudar en la tienda familiar
b. conocer a mi mejor amiga
c. venir a este pueblo
d. ir a Taiwán
e. estudiar chino
f. decidir asistir a la universidad

39 **Por favor, necesito...** FL.A.3.3.2

Escribamos Imagina que es tu primera semana en la universidad y hay varias cosas que no tienes. Escribe una oración para cada imagen, usando las expresiones de **Gramática**.

MODELO No tengo microondas. Mi compañero de cuarto tampoco tiene uno. (Ni mi compañero de cuarto ni yo tenemos microondas.)

40 **Mi vida** FL.A.3.3.2

Escribamos Completa las oraciones con algo importante o interesante que hiciste o que sucedió.

1. Hace quince años...
2. Hace diez años...
3. Hace un año...
4. Hace un mes...
5. Hace una semana...
6. Hace una hora...

Comunicación

41 **¿Qué quieres hacer?** FL.A.1.3.1

Hablemos Dramatiza la siguiente conversación. Tú y tu compañero(a) quieren hacer algo juntos, pero que a ti no te interesa hacer lo que él o ella sugiere. Responde con expresiones negativas hasta que ustedes lleguen a un acuerdo.

MODELO —¿Por qué no participamos en el club de debate?
—No quiero participar en ese club jamás.

Clara perspectiva
Episodio 1

Benchmark Focus

FL.A.2.3.2 Comprehend and interpret the main ideas and details from television, movies, videos, radio, or live presentations produced in the target language

ESTRATEGIA

Analyzing the opening Usually in any story, an incident at the beginning gets the plot going. The main character is faced with a problem that sets him or her off on some sort of journey. As you go through **Episodio 1,** decide who you think the main character is and why. What is that character's problem? What does the character see on the journey to solving the problem? What events in the episode are unexplained? Can you tell from these unexplained events who else might be a central part of the story? Why? **FL.A.2.3.3**

En la universidad

Profesor Luna, necesito hablar con usted. Es urgente.

Ahora no puedo, Clara. Haz una cita con mi secretaria, Mercedes.

1

En el café una semana después

Clara Le pedí la recomendación al profesor Luna hace una semana. Y todavía no la escribe.
Graciela ¿Cuándo la tienes que entregar?
Clara En dos días. De todos los puestos que solicité, éste, el de la revista *Chile en la Mira,* es el que más quiero.

2

3

Graciela Sí, entiendo por qué. Es una revista buenísima. El otro día leí allí un artículo súper interesante sobre el medio ambiente.
Clara ¡No sé qué voy a hacer!

Graciela ¿Por qué no le pides la recomendación a la profesora del Valle? O pídesela al profesor Matías.
Clara Tienes razón. Los llamo apenas llegue a mi casa, pero no te he contado lo más interesante.

4

5

Tiene que ver con el profesor Luna. Cuando me dijo que no podía hablar conmigo, decidí seguirlo. No sé, lo vi muy raro. Se encontró con un señor de traje oscuro. Discutieron un buen rato.

6

Ay, Clara, por favor. Ya te estás haciendo la periodista y todavía ni te dan el puesto. A lo mejor se peleó con un amigo no más. No le des cuerda a tu imaginación; mira que no hace falta.

Graciela Bueno y entonces, ¿qué pasó?

Clara No, nada. Se separaron sin despedirse. El profesor Luna se fue por un lado y el hombre por otro.

Graciela Clara, Clara, Clara. ¿Qué voy a hacer contigo?

7

En la universidad

Dos personas le dan un sobre al profesor Luna.

8

¿COMPRENDES?

1. ¿Qué quiere Clara con el profesor Luna? ¿Es importante? ¿Cómo lo sabes?

2. ¿Qué le pide Clara al profesor Luna? ¿Para qué es? ¿Él se la da?

3. ¿Qué dice Graciela de la revista?

4. ¿Qué más le cuenta Clara a Graciela sobre el profesor Luna?

5. ¿Qué cree Clara del incidente? ¿Qué cree Graciela?

6. ¿Crees que las dos personas que le dieron el sobre al profesor Luna al final tienen algo que ver con el hombre de traje oscuro? ¿Por qué sí o por qué no?

FL.A.2.3.2

Próximo episodio

Clara empieza a trabajar en la revista Chile en la Mira. *¿Crees que va a olvidarse del asunto con el profesor Luna?*

PÁGINAS 76–77

Novela en video

Benchmark Focus

FL.C.2.3.2 Use the target language to gain access to information and perspectives that are only available through the target language or within the target culture

Una visita a Castilla-La Mancha

El azafrán se recolecta de pequeñas flores color lila.

Los castillos de Castilla-La Mancha

Durante siglos, varios ejércitos lucharon por el control de la región de Castilla-La Mancha. En la Edad Media, Castilla-La Mancha era una zona neutral entre los cristianos del norte de lo que hoy es España y los musulmanes del sur, por lo tanto, construyeron muchos castillos fortificados. Hoy en día estos castillos son un recuerdo impresionante de la historia de la región, y todos los años los turistas siguen la "Ruta de los castillos" para verlos.

Arte y arquitectura de Toledo

Toledo, una ciudad de Castilla-La Mancha muy popular entre los turistas, es un centro importante de la historia medieval de Europa. Su arquitectura incluye edificios de muchas épocas, de estilos morisco, mudéjar, gótico y del renacimiento[1]. También tiene una tradición artística importante; el famoso pintor El Greco vivió allí desde 1577 hasta su muerte en 1604.

A lo largo de la historia las espadas de Toledo eran reconocidas como las mejores del mundo y fueron usadas por Aníbal y su ejército, los romanos, los ejércitos musulmanes e incluso los samurai japoneses.

El azafrán de Consuegra

El mes de octubre es buen momento para visitar Castilla-La Mancha. Ésta es la época de la cosecha de la uva[2] y no solamente los viñedos[3] están llenos de colores, sino que la tierra al sur de Toledo está cubierta de crocos[4]. Los moros trajeron a España esta flor que produce una de las especias más caras del mundo, el azafrán[5]. Esta especia es la que se usa en la famosa paella de España y la que le da el color amarillo intenso. La mayor cosecha de azafrán se realiza alrededor del pueblo de Consuegra. Una vez al año se celebra el Día de la Rosa de Azafrán y una chica es elegida para presidir el festival. La llaman Dulcinea de La Mancha, por la enamorada de Don Quijote en el libro de Cervantes.

La Crestería Manchega

1 de estilos... Moorish, Mudejar, Gothic, and Renaissance styles 2 grape harvest 3 vineyards 4 crocus flowers 5 saffron

Para la Fiesta de la Endiablada, en Almonacid del Marquesado, los jóvenes se cuelgan cencerros *(cow-bells)* del cuello y corren por el pueblo.

Los festivales de La Mancha

Otro festival importante en la región es la Fiesta del Olivo[6], en Mora. Las aceitunas[7] son uno de los productos más importantes de la región. También están el Festival de San Isidro que se celebra en Talavera de la Reina entre mayo y junio y la Fiesta de la Amistad[8] que se celebra en Polán en el mes de junio.

La cerámica de Talavera de la Reina

Talavera de la Reina tiene una rica tradición artesanal. Hay muchos talleres[9] que producen trabajos en cuero, entre los que se destacan las sillas de montar. También hay talleres que producen velas y figuras de cera[10] y otros que se especializan en la elaboración de muebles y la talla de madera[11]. Pero los talleres más importantes son los de cerámica. Por la cantidad, calidad y variedad de su producción cerámica, Talavera de la Reina es conocida en toda España como la Ciudad de la cerámica. La gente viene de todas partes del mundo para comprar azulejos[12], platos, jarrones[13], candelabros, cuencos[14] y otras piezas elaboradas y pintadas a mano.

6 Olive Festival 7 olives 8 Festival of Friendship 9 workshops
10 wax 11 wood carving 12 tiles 13 vases 14 bowls

Lectura informativa

Comprensión

🔍 FL.C.2.3.3

A **Cierto o falso** Basándote en lo que leíste, contesta **cierto** o **falso**.

1. En la Edad Media, los musulmanes vivían en el norte de España.
2. Se puede encontrar arquitectura mudéjar en Toledo.
3. Toledo es famoso por sus espadas.
4. La cosecha de la uva se realiza en Castilla-La Mancha en junio.
5. Las aceitunas y el azafrán son productos importantes de Castilla-La Mancha.
6. El Festival de San Isidro se celebra en Talavera de la Reina.

B **Detalles importantes** Contesta las preguntas. 🔍 FL.C.2.3.3

1. ¿Qué pintor famoso vivía en Toledo en el siglo XVI?
2. ¿De qué planta se obtiene el azafrán?
3. ¿Quiénes trajeron el azafrán a España?
4. ¿Cuándo se celebra la Fiesta de la Amistad?
5. ¿Qué festivales rinden honores a productos importantes de Castilla-La Mancha?

Actividad 🔍 FL.A.1.3.1, FL.C.2.3.2

Un viaje ¿Qué parte de Castilla-La Mancha te interesa ver? ¿A qué festival quieres ir? Habla con un(a) compañero(a) sobre qué hacer en un viaje a Castilla-La Mancha. Busquen más información por Internet para compartir con la clase.

Leamos y escribamos

FCAT Reading Focus

LA.A.2.4.2
Determine the author's purpose and point of view and their effects on the text

ESTRATEGIA

para leer Determining the narrator's point of view is an important strategy. When the story is told in the first person, the narrator tells the events from his or her point of view. When the story is told in the third person, the narrator describes the actions of the characters from a distance. Before reading the story, scan the verbs in the first paragraph to determine the point of view of the narrator.

Antes de leer   FL.A.2.3.3

A Ana María Matute nació en Barcelona en 1926 y su juventud fue marcada por la Guerra Civil española. En 1984 Matute obtuvo el Premio Nacional de Literatura Infantil con la obra *Sólo un pie descalzo*. El cuento "El árbol de oro" es uno de los cuentos más populares de la colección *Historias de la Artámila*. Mientras lees el cuento, determina quién es el narrador y considera por qué la autora escogió a este personaje para narrar el cuento. ¿Cuántos años tiene el (la) narrador(a)? ¿Qué papel *(role)* tiene este personaje en el cuento?

El árbol de oro

de Ana María Matute

Asistí durante un otoño a la escuela de la señorita Leocadia, en la aldea, porque mi salud no andaba bien y el abuelo retrasó mi vuelta a la ciudad. Como era el tiempo frío y estaban los suelos embarrados y no se veía rastro de muchachos, me aburría dentro de la casa, y pedí al abuelo asistir a la escuela. El abuelo consintió, y acudí a aquella casita alargada y blanca de cal, a las afueras del pueblo.

La señorita Leocadia era alta y gruesa, tenía el carácter más bien áspero. Las clases en la escuela, con la lluvia rebotando en el tejado y en los cristales, tenían su atractivo. Recuerdo especialmente a un muchacho de unos diez años, hijo de un aparcero[1] muy pobre, llamado Ivo. Era un muchacho delgado, de ojos azules, que bizqueaba[2] ligeramente al hablar. Todos los muchachos y muchachas de la escuela admiraban y envidiaban un poco a Ivo, por el don que poseía de atraer la atención sobre sí, en todo momento. No es que fuera ni inteligente ni gracioso, y, sin embargo, había algo en él, en su voz quizás, en las cosas que contaba, que conseguía cautivar a quien le escuchase. También la señorita Leocadia se dejaba prender de aquella red de plata que Ivo tendía a cuantos atendían sus enrevesadas[3] conversaciones, y —yo creo que muchas veces contra su voluntad— la señorita Leocadia le confiaba a Ivo tareas deseadas por todos, o distinciones que merecían alumnos más estudiosos y aplicados.

---

1 tenant farmer   **2** to squint, to be cross-eyed   **3** intricate, complicated

Quizá lo que más se envidiaba de Ivo era la posesión de la codiciada[4] llave de *la torrecita.* Ésta era, en efecto, una pequeña torre situada en un ángulo de la escuela, en cuyo interior se guardaban los libros de lectura. Allí entraba Ivo a buscarlos, y allí volvía a dejarlos, al terminar la clase.

Ivo estaba muy orgulloso de esta distinción, y por nada del mundo la hubiera cedido. Un día, Mateo Heredia, el más aplicado y estudioso de la escuela, pidió encargarse de la tarea —a todos nos fascinaba el misterioso interior de la torrecita, donde no entramos nunca—, y la señorita Leocadia pareció acceder. Pero Ivo se levantó, y acercándose a la maestra empezó a hablarle en su voz baja, bizqueando los ojos y moviendo mucho las manos, como tenía por costumbre. La maestra dudó un poco, y al fin dijo:

—Quede todo como estaba. Que siga encargándose Ivo de la torrecita.

A la salida de la escuela le pregunté:

—¿Qué le has dicho a la maestra?

Ivo me miró de través y vi relampaguear sus ojos azules.

—Le hablé del árbol de oro.

Sentí una gran curiosidad.

—¿Qué árbol?

—Si no se lo cuentas a nadie...

—Te lo juro, que a nadie se lo diré.

Entonces Ivo me explicó:

—Veo un árbol de oro. Un árbol completamente de oro: ramas, tronco, hojas... ¿sabes? Las hojas no se caen nunca. En verano, en invierno, siempre. Resplandece[5] mucho; tanto, que tengo que cerrar los ojos para que no me duelan.

—¡Qué embustero[6] eres! —dije, aunque con algo de zozobra[7]. Ivo me miró con desprecio.

—No te lo creas —contestó—. Me es completamente igual que te lo creas o no... ¡Nadie entrará nunca en la torrecita, y a nadie dejaré ver mi árbol de oro! ¡Es mío! La señorita Leocadia lo sabe, y no se atreve a darle la llave a Mateo Heredia, ni a nadie... ¡Mientras yo viva, nadie podrá entrar allí y ver mi árbol!

Lo dijo de tal forma que no pude evitar el preguntarle:

—¿Y cómo lo ves...?

—¡Ah, no es fácil —dijo, con aire misterioso—. Cualquiera no podría verlo. Yo sé la rendija[8] exacta. Una que hay corriendo el cajón de la derecha: me agacho y me paso horas y horas... ¡Cómo brilla el árbol! ¡Cómo brilla! Fíjate que si algún pájaro se le pone encima también se vuelve de oro. Eso me digo yo: si me subiera a una rama, ¿me volvería acaso de oro también?

No supe qué decirle, pero, desde aquel momento, mi deseo de ver el árbol creció de tal forma que me desasosegaba[9]. Todos los días, al acabar la clase de lectura, Ivo se acercaba al cajón de la maestra, sacaba la llave y se dirigía a la torrecita. Cuando volvía, le preguntaba:

—¿Lo has visto?

—Sí —me contestaba. Y, a veces, explicaba alguna novedad:

—Le han salido unas flores raras. Mira: así de grandes, como mi mano lo menos, y con los pétalos alargados.

Ocurrió entonces algo que secretamente yo deseaba; me avergonzaba sentirlo, pero así era: Ivo enfermó, y la señorita Leocadia encargó a otro la llave de la torrecita. Primeramente, la disfrutó Mateo Heredia. Yo espié su regreso, el primer día, y le dije:

---

4 much desired, coveted   **5** shines   **6** liar   **7** anxiety   **8** crack   **9** made me uneasy

Leamos y escribamos

—¿Has visto un árbol de oro?

—¿Qué andas graznando[10]? —me contestó de malos modos, porque no era simpático, y menos conmigo. Unos días después, me dijo:

—Si me das algo a cambio, te dejo un ratito la llave y vas durante el recreo. Nadie te verá...

Vacié mi hucha[11], y, por fin, conseguí la codiciada llave. Mis manos temblaban de emoción cuando entré en el cuartito de la torre. Allí estaba el cajón. Lo aparté y vi brillar la rendija en la oscuridad. Me agaché y miré.

Cuando la luz dejó de cegarme, mi ojo derecho sólo descubrió una cosa: la seca tierra de la llanura alargándose hacia el cielo. Nada más. Tuve una gran decepción y la seguridad de que me habían estafado[12].

Olvidé la llave y el árbol de oro. Antes de que llegaran las nieves regresé a la ciudad.

Dos veranos más tarde volví a las montañas. Un día, pasando por el cementerio — era ya tarde y se anunciaba la noche en el cielo: el sol, como una bola roja, caía a lo lejos — vi algo extraño. De la tierra pedregosa[13], entre las cruces caídas, nacía un árbol grande y hermoso, con las hojas anchas de oro: encendido y brillante todo él, cegador[14]. Algo me vino a la memoria, como un sueño, y pensé: "Es un árbol de oro". Busqué al pie del árbol, y no tardé en dar con una crucecilla de hierro negro, mohosa[15] por la lluvia. Mientras la enderezaba[16], leí: IVO MÁRQUEZ, DE DIEZ AÑOS DE EDAD.

Y no daba tristeza alguna, sino, tal vez, una extraña y muy grande alegría.

---

10 squawking about **11** piggy bank **12** cheated, tricked **13** rocky **14** blinding **15** moldy **16** straightened

Comprensión ⟍FL.A.2.3.3

B **Los acontecimientos** Contesta las preguntas.

1. ¿Quién era Ivo? ¿Cómo era?
2. ¿Qué tenía Ivo que les daba envidia a los demás?
3. ¿Qué veía Ivo en la torrecita?
4. ¿Cómo entró la narradora por fin a la torrecita?
5. ¿Qué vio la narradora en la torrecita?
6. Cuando la narradora volvió después de varios años, ¿qué descubrió?

Pasó así ⟍FL.A.2.3.3

C **¿Es cierto?** Determina si cada oración es **cierta** o **falsa.**

1. La narradora estaba en las montañas porque había estado enferma.
2. Ivo era de una familia pobre.
3. Los estudiantes admiraban a Ivo.
4. Muchas personas habían visto el árbol de oro.
5. La narradora siempre creía en el árbol de oro.
6. Ivo quería que la narradora entrara a la torrecita.

Después de leer ⟍FL.A.2.3.3

D Repasa el cuento y busca las descripciones de la casa de la narradora, del colegio, de la señorita Leocadia y del cementerio. Escribe los adjetivos en una lista. ¿Cómo es el ambiente? ¿Cuál es el efecto del árbol de oro en este ambiente? Comenta la importancia de la fantasía en este cuento.

Taller del escritor

Leamos y escribamos

ESTRATEGIA

FL.A.3.4.2

para escribir When writing a story, it's important to decide what point of view will best communicate your ideas. If you want readers to feel a closer connection with one character, you may want to use the first person. If you'd like to communicate the thoughts of all of the characters, the third person omniscient narrator may be the best choice. The word *omniscient* means all-knowing; the narrator knows what all of the characters say, do, and think.

El punto de vista

Vas a escribir un cuento sobre algo que te pasó de niño(a) o algo que le pasó a otro(a) niño(a). Puedes escribir un cuento realista o puedes añadir algunos elementos de fantasía.

punto de vista → acontecimientos → resultados

1 Antes de escribir

Antes de empezar tu cuento, decide quiénes van a ser los personajes. Determina qué acontecimientos vas a describir y qué personajes vas a incluir. Escribe una lista de los personajes y sus características y decide qué punto de vista vas a usar.

2 Escribir un borrador

Empieza a escribir el cuento. Describe a los personajes y sus acciones desde el punto de vista que escogiste.

3 Revisar

Revisa tu borrador y corrige los errores de gramática y ortografía si los hay. Lee tu borrador para ver si se mantiene el mismo punto de vista a través de todo el cuento. ¿Están bien descritos los personajes? ¿Está claro el orden de los sucesos?

4 Publicar

Comparte tu cuento con un(a) compañero(a) para que lo lea. Túrnense para comentar los puntos de vista que escogieron para sus cuentos. Da tu opinión de los personajes. Compartan sus cuentos con la clase y comparen el efecto de la primera persona con el de la tercera persona.

Prepárate para el examen

Interactive
TUTOR

1 Escucha los comentarios y escoge la foto que corresponde a cada uno. ◥**FL.A.2.3.2**

| A | B | C | D |

1 Vocabulario 1
• talking about the past
• talking about what you liked and used to do
pp. 8–13

2 Gramática 1
• preterite and imperfect
• **ser** and **estar**
• subjunctive for hopes and wishes
pp. 14–19

3 Vocabulario 2
• asking for and giving advice
• talking about the future
pp. 22–27

2 Completa las oraciones con la forma correcta de los verbos. ◥**FL.A.2.2.7**

1. Yo (fui/iba) con mi amigo Julio a España en junio.
2. Julio (conocía/conoció) a su novia en España.
3. Él dice que su novia española (es/está) muy bonita.
4. Espero que (puedo/pueda) conocerla algún día.
5. Julio quiere que ella (viene/venga) a visitarnos aquí.
6. Parece que ellos (están/son) la pareja perfecta.

3 Completa el diálogo con las palabras del cuadro. ◥**FL.A.2.3.1**

| consejo | coleccionar | interesa | aburrida | hacerte | atletismo |

TINA   Siempre estoy muy ___1___ después del colegio. No tengo nada que hacer.

CARMELA   A mí me encanta correr, y pienso practicar ___2___ este año. ¿Por qué no lo practicas también?

TINA   No me gusta correr. ¿Qué otro ___3___ me puedes dar?

CARMELA   Pues, también me gusta ___4___ cosas, y tengo un álbum lleno de estampillas. Si quieres, te ayudo a empezar un álbum.

TINA   Gracias, Carmela, pero la verdad es que no me ___5___. Pero sí me gusta hacer diseño por computadora.

CARMELA   Entonces debes ___6___ amiga de Emilio; él sabe diseñar páginas Web y te puede enseñar.

4 Completa las oraciones con la palabra correcta.   ⬎ FL.A.2.2.7

1. (Hace/Hacemos) una semana que estamos en Toledo.

2. Mamá (se/le) regaló una espada de Toledo a mi hermano.

3. Nunca he visto una espada más bonita que (aquélla/aquél).

4. Luego mi papá (nos/se) invitó a comer.

5. Mi hermano comió mucho más (de/que) yo.

6. (Nunca/Ninguno) de nosotros dejó nada en el plato.

5 Contesta las preguntas.   ⬎ FL.C.1.3.1

1. ¿En qué ciudad de Castilla-La Mancha vivía El Greco?

2. ¿Qué especia que se usa en las paellas se produce en Castilla-La Mancha?

3. ¿Por qué es famosa la ciudad de Cuenca?

4. ¿Cómo se llama el famoso dulce de almendra de Toledo?

⬎ FL.A.2.3.2

6 Escucha el diálogo entre Ramón y Patricia y escribe una lista de las actividades que Ramón le sugiere a ella.

7 Mira los dibujos y describe los personajes. Cuenta lo que pasa.

⬎ FL.A.3.4.1

Visit Holt Online

go.hrw.com
KEYWORD: EXP3 CH1

Chapter Self-test

4 Gramática 2
- pronouns
- comparisons, demonstrative adjectives and pronouns
- negative words and time constructions
  pp. 28–33

5 Cultura
- **Comparaciones**
  pp. 20–21
- **Lectura informativa**
  pp. 36–37
- **Notas culturales**
  pp. 10, 13, 16, 24, 27, 31

Prepárate para el examen

a.

b.

c.

d.

Gramática 1

- preterite and imperfect
  pp. 14–15
- **ser** and **estar**
  pp. 16–17
- subjunctive for hopes and wishes
  pp. 18–19

Repaso de Gramática 1

For the uses of the preterite and imperfect, see page 14.

For the uses of **ser** and **estar,** see page 16.

The subjunctive mood is used to express hopes and wishes or to give advice and opinions. The subjunctive is used when the subjects of the main clause and the subordinate clause are different. The subjunctive is introduced by the conjunction **que.**

Te recomiendo que vayas al lago.   **¿Prefieres que hagamos un crucigrama?**

Gramática 2

- pronouns
  pp. 28–29
- comparisons, demonstrative adjectives and pronouns
  pp. 30–31
- negative words and time constructions
  pp. 32–33

Repaso de Gramática 2

For a review of pronouns, see page 28.

To compare two unequal things, actions, or quantities, use the constructions **más** (+ noun/adjective/adverb +) **que** and **menos** (+ noun/adjective/adverb +) **que.**

Soy **más alta que** Ernesto.

Marisa corre **más rápido que** Ana.

Use a form of the demonstrative adjective **este** to say *this,* a form of **ese** to say *that,* and a form of **aquel** to indicate a person or thing that is even farther away from the speaker.

¿Estos pósters son tus favoritos?

You can also use a demonstrative pronoun (**éste, ése, aquél**) to avoid repeating a noun. The neutral forms (**esto, eso, aquello**) refer to an idea or to something that was said or done.

Yo prefiero **aquéllos.**

For negative constructions, see page 32.

The time construction hacer **+ time +** que **+ verb** is used to describe an event that began in the past and is still going on.

Hace **un año que estudio** español.

Hacer + time can also be used to describe how long ago something happened.

Hace **dos días,** regresé de España.

Repaso de Vocabulario 1

Talking about the past

aburrirse	to get bored
acampar	to camp
¿Adónde fuiste?	Where did you go?
el bosque	woods/forest
la brisa	breeze
cansarse de	to get tired of
la catedral	cathedral
la ciudad	city
coleccionar caracoles	to collect seashells
conversar	to converse
la costa	coast
dar una caminata	to take a walk
disfrutar de	to enjoy
divertirse	to have fun
el esquí acuático	water skiing
la estación de trenes/ autobuses	train/bus station
Fui a...	I went to . . .
los grados Fahrenheit/ centígrados	degrees Fahrenheit/centigrade
hacer calor	to be hot
hacer crucigramas	to do crossword puzzles
hacer windsurf	to windsurf
jugar naipes	to play cards
Lo/La encontré muy interesante.	I found it very interesting
Lo pasé de película/ de maravilla.	I had a great time.
llover a cántaros	to pour rain
la llovizna	drizzle
las montañas	mountains
los monumentos	monuments
montar a caballo	(to go) horseback riding
la natación	swimming
pasear	to go for a walk
el patinaje (en línea)	(inline) skating
¿Qué hiciste el verano pasado?	What did you do last summer?
¿Qué tal lo pasaste?	Did you have a good time?
¿Qué te pareció...?	How was . . . ?
el relámpago	lightning
el río	river
la tormenta	storm
trotar	to jog
el trueno	thunder
Viajé a...	I traveled to . . .

**Talking about what you liked
and used to do** . . . . See p. 12.

Repaso de Vocabulario 2

Asking for and giving advice

aburrido(a)	bored, boring
la banda escolar	school band
el centro recreativo	recreation center
el club de debate	debate club
coleccionar estampillas/ pósters/monedas	to collect stamps/posters/coins
crear (quemar) CDs	to make (burn) CDs
Debes...	You should . . .
la dieta balanceada	balanced diet
diseñar páginas Web	to design Web pages
escribir poemas y cuentos	to write poems and stories
los ejercicios aeróbicos	aerobic exercise
hacer diseño por computadora	to do design on the computer
hacer gimnasia	to do gymnastics
hacerse amigo(a) de alguien	to become friends with someone
Hay que...	One has to . . .
impaciente	impatient
interesar	to interest
jugar al golf	to play golf
mantenerse en forma	to stay in shape
nervioso(a)	nervous
observar la naturaleza	to observe nature
la oratoria	speech (class)
participar	to participate
practicar atletismo	to do track and field
¿Puedes darme algún consejo?	Can you give me some advice?
¿Qué consejos tienes?	What advice do you have?
¿Qué debo hacer?	What should I do?
¿Qué me recomiendas?	What do you recommend (to me)?
saltar la cuerda	to jump rope
solitario(a)	lonely
Te aconsejo que...	I advise you to . . .
Te recomiendo que...	I recommend that you . . .
tener ganas de (hacer)	to feel like (doing)

Talking about the future . . . . See p. 26.

Prepárate para el examen

Integración

capítulo 1

1 Escucha lo que dice cada persona y escoge la foto que corresponde. ◥FL.A.2.3.2

A	B	C	D

2 Cristóbal viajó a España este verano y trajo una guía turística para mostrársela a sus amigos. Léela y contesta las siguientes preguntas. ◥FL.A.2.3.1

Viaja a España, el país del sol, donde hay algo para todos.

¿Te gusta la playa? Visita la Costa del Sol y disfruta de actividades como el esquí acuático y el windsurf. **Si prefieres las montañas,** la Sierra Nevada es el lugar para ti. Se puede acampar o dar una caminata por sus pequeños pueblos, blancos como la nieve. Aquí hace menos calor que en la costa. Siempre ha sido uno de los lugares preferidos de los turistas. Te recomiendo que pases algunos días también en **Castilla-La Mancha.** Puedes viajar desde una estación de trenes tan bonita como la de Toledo o ver unas casas tan impresionantes como las de Cuenca. Haz un viaje que no vas a olvidar nunca. ¡Ven a España!

1. ¿Adónde puedes ir si te gusta la playa?
2. ¿Qué región se recomienda a las personas que prefieren las montañas?
3. ¿Qué se puede hacer en las montañas?
4. ¿Dónde hace más calor, en las montañas o en la costa?
5. ¿Dónde está la estación de trenes que se menciona en el anuncio?

Repaso cumulativo

3 En grupos, hablen de lo que les gustaba hacer de niños durante el verano. Luego, expliquen lo que hicieron este verano pasado y lo que piensan hacer este año. ⟍FL.A.3.4.1

4 Observa la pintura y escribe por lo menos ocho oraciones sobre la obra. ¿Qué ves en la pintura? ¿Qué pasa o qué va a pasar? ¿Has visto un toro alguna vez? Si no, ¿es algo que deseas ver? En tu opinión, ¿cómo son los toreros y los toros? ⟍FL.A.3.3.2

Fondos de Arte de Telefónica/Fundación Telefónica; © 2006 Artists Rights Society (ARS), New York/ADAGP, Paris.

Torero y toro de Óscar Domínguez

5 Imagina que eres el (la) director(a) del colegio. Escribe una carta a los estudiantes de primer año para explicarles todas las actividades que se ofrecen en el colegio. Explica lo que vas a hacer para que este año sea el mejor y dales recomendaciones para el nuevo año escolar. ⟍FL.A.3.3.2

6

Situación Acabas de conocer a un(a) estudiante español(a) en una fiesta. En parejas, dramaticen una conversación. Los dos deben hablar un poco sobre cómo son y qué les gusta hacer. Luego el (la) estudiante español(a) puede explicar lo que desea hacer en Estados Unidos y tú puedes darle consejos. ⟍FL.A.1.3.1

2

¡A pasarlo bien!

OBJETIVOS

In this chapter you will learn to
- express interest and displeasure
- invite someone to do something
- describe the ideal friend
- express happiness and unhappiness

And you will use
- imperfect
- **ir a** + infinitive in the imperfect
- **nosotros** commands
- object pronouns
- subjunctive with the unknown or nonexistent
- subjunctive with expressions of feelings

¿Qué ves en la foto?

- **¿Qué hacen estos chicos?**

- **¿Qué están mirando?**

- **¿Te gustaría hacer una excursión a esta ciudad? ¿Por qué?**

 Look for the 🗺 next to each activity and the **Benchmark Focus** to help you achieve the goals of the **Florida Sunshine State Standards**, found on pages FL14–FL16.

Dos chicos disfrutan la vista en Toledo, España.

49

Vocabulario *en acción* 1

Objetivos
- Expressing interest and displeasure
- Inviting someone to do something

En España

Los pasatiempos y los deportes

Soy un **fanático** de los deportes. El fútbol, el béisbol, el volibol... me gustan casi todos los deportes. Por ejemplo, **practico ciclismo** a menudo con un grupo de amigos. ¡Es **genial!**

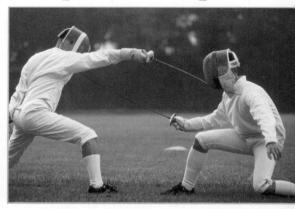

El verano pasado aprendí a **esgrimir** con un amigo. **Me lo paso bien** practicando **esgrima.**

La escalada deportiva es **estupenda.** Voy a **escalar** este fin de semana con unos amigos.

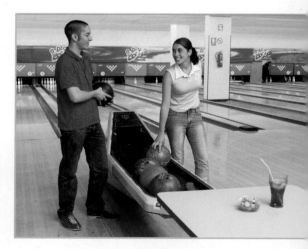

Hay unos deportes que, francamente, **me aburren. No aguanto el boliche.** Pero tengo que confesar que cuando hace mal tiempo y quiero estar adentro con los amigos, no es tan malo.

También se puede decir...

In Florida, you may hear Ecuadoreans use **la arquería** instead of **el tiro con arco**. Puerto Rican might say **pista y campo** for **el atletismo.**

Más vocabulario...

el jai-alai	*jai-alai*
jugar al boliche	*to bowl*
el senderismo	*hiking*
el tiro con arco	*archery*

Me gusta **remar** con el club de **remo** de mi ciudad. Como ejercicio para todo el cuerpo, es formidable.

No practico **el atletismo** pero es algo que me gusta ver, por ejemplo, durante los Juegos Olímpicos. Me gusta sobre todo **el salto de altura**.

Pienso tomar clases de **kárate** algún día. **Las artes marciales** te enseñan mucha disciplina.

Claro, uno no puede pasar todo el tiempo practicando deportes. Hay pasatiempos que me interesan mucho, como, por ejemplo, …

el dominó

los juegos de computadora

los rompecabezas

¡Exprésate!

To express interest and displeasure	To respond
Soy un(a) gran aficionado(a) a... **¿Qué deporte te gusta a ti?** *I'm a big . . . fan. What sport do you like?*	**Pues, la verdad es que...** *Well, the truth is that . . .*
Eres muy bueno(a) para... ¿verdad? *You're really good at . . . aren't you?*	**Sí, me la paso... Estoy loco(a) por...** *Yes, I'm always doing . . . I'm crazy about . . .*
Los/Las... me dejan frío(a). *The . . . don't do anything for me.*	**¿Ah, sí? Pues, yo creo que...** *Really? Well, I think . . .*

Interactive TUTOR

Vocabulario y gramática, pp. 13–15

Online workbooks

▶ **Vocabulario adicional** — Los deportes, p. R15

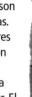

1 **¿A quién le gusta?** FL.A.2.3.2

Escuchemos Mira las fotos y escucha los comentarios. Decide qué comentario corresponde a cada foto.

A

B

C

D

E

F

G

H

Nota cultural

Para los aficionados al senderismo, los Pirineos en el norte de España son las montañas preferidas. Otros destinos populares para los senderistas son los Picos de Europa al norte de Santander o la Sierra Nevada, en el sur. El llano en el sur y la meseta central presentan otros paisajes bonitos para ir de excursión.

¿Dónde te gusta hacer senderismo?

FL.B.1.3.4

2 **Los deportes preferidos** FL.A.2.3.1

Leamos/Escribamos Completa la conversación entre Sonia y Ernesto con las palabras y expresiones del cuadro.

escalar	remo	fanático	geniales
me deja	bueno para	juegos de computadora	senderismo
aficionada	me la paso		

SONIA   Ernesto, eres muy ___1___ la natación, ¿no?

ERNESTO   No, la natación ___2___ frío. Pero estoy loco por otros deportes acuáticos, como el esquí acuático y el ___3___.

SONIA   Yo también prefiero los deportes al aire libre. Me encanta hacer ___4___ en el bosque y en las montañas.

ERNESTO   ¿Ah, sí? El senderismo me aburre, pero soy un ___5___ de la escalada deportiva. Me encanta ___6___.

SONIA   No soy una gran ___7___ a la escalada deportiva. Me da miedo. ¿Lo haces a menudo?

ERNESTO   Sí, ___8___ escalando durante el verano.

SONIA   ¿Y qué vas a hacer esta tarde? Está lloviendo.

ERNESTO   Voy a quedarme en casa jugando a los ___9___. ¿Te gustan?

SONIA   ¡Claro que sí! Creo que son ___10___.

3 **Es lo opuesto** ⟍ FL.A.2.3.1

Leamos/Escribamos Escribe las oraciones de nuevo para comunicar el sentido opuesto. Utiliza las expresiones de **Exprésate.**

> **MODELO** Bernardo cree que los programas de deportes en la tele son geniales.
> A Bernardo le dejan frío los programas de deportes en la tele.

1. A mi hermano le aburren los juegos de computadora.
2. Marta, eres una gran aficionada al senderismo, ¿verdad?
3. Luis es muy bueno para el jai-alai.
4. Mi amiga Catarina es una fanática de los rompecabezas.
5. Paulina se la pasa jugando al boliche.
6. Pablo cree que la esgrima es genial.

4 **Las actividades preferidas** ⟍ FL.A.2.2.7

Escribamos Usa una palabra o expresión de cada columna para escribir seis oraciones completas sobre tus propias experiencias.

> **MODELO** Mi hermano se la pasa practicando el kárate.

yo	(no) ser bueno(a) para	el ciclismo	el senderismo
mi mejor amigo(a)	estar loco(a) por	la escalada deportiva	el kárate
el profesor/la profesora	(no) ser aficionado(a) a	el remo	la esgrima
mi hermano(a)	pasársela practicando	la pelota	los juegos de computadora
mis compañeros de clase		el boliche	el tiro con arco

Comunicación

HOLT **SoundBooth** ONLINE RECORDING

5 **Los gustos de la clase** ⟍ FL.A.1.3.1

Hablemos/Escribamos Con un(a) compañero(a), haz una encuesta de cuatro o cinco preguntas sobre los gustos en cuanto a los deportes. En grupos, túrnense para hacer las preguntas y contestarlas. Después, hagan una gráfica o tabla que represente los resultados de la encuesta.

> **MODELO** —¿Qué deporte te gusta más?
> —Pues, el deporte que más me gusta es la escalada deportiva.

ningún deporte 3%
el básquetbol 17%
el ciclismo 32%
el remo 12%
el kárate 14%
la escalada deportiva 22%

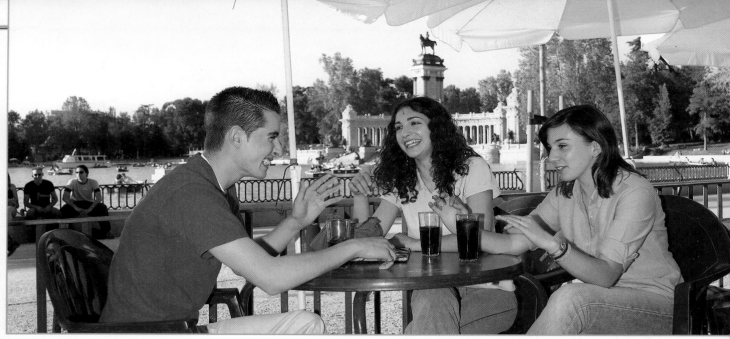

En el Parque del Retiro, Madrid

¿Qué planes tenéis?

ROSALÍA ¿Qué planes tenéis vosotros para este fin de semana?

CARMEN Pues, la verdad es que no tengo planes. ¿Por qué?

ROSALÍA ¿Os gustaría ver la Vuelta a España en la tele? Va a ir mucha gente a casa de Marisol a verla.

ANTONIO No, gracias. Iba a remar con unos amigos. Además, el ciclismo me aburre.

ROSALÍA ¿En serio? ¡Pero es genial! Estoy loca por el ciclismo.

CARMEN No veamos la Vuelta a España. No aguanto estar sentada sin hacer nada los sábados. Si vamos a estar sentados, mejor me quedo en casa jugando al dominó con mi hermanito.

ROSALÍA Bueno, no seas dramática. ¿Sabes? Podríamos ver el campeonato de kárate o la competencia de atletismo, pero no... seríamos espectadores nada más.

CARMEN Tengo una idea. ¿Por qué no jugamos al boliche?

ROSALÍA ¿Al boliche? Bueno, como quieras. Me da lo mismo. ¡Simplemente no quiero quedarme en casa!

¡Exprésate!

To invite someone to do something	To respond
¿Te gustaría...? Yo te invito. *Would you like to . . .? My treat.*	**No, gracias. Iba a...** *No, thanks. I was going to . . .*
No vayamos a... No aguanto... *Let's not go to . . . I can't stand . . .*	**Como quieras. Me da lo mismo.** *Whatever you want. It's all the same to me.*

Interactive TUTOR

→ Vocabulario y gramática, pp. 13–15

Online workbooks

6 **¿Qué hacemos?** ⟋ FL.A.2.3.1

Leamos/Escribamos Basándote en la conversación en la página 54, contesta **cierto** o **falso**. Corrige las oraciones falsas.

1. Carmen ya tiene muchos planes para el fin de semana.
2. Antonio es un gran aficionado al ciclismo.
3. Antonio va a remar con unos amigos.
4. A Rosalía le deja fría el ciclismo.
5. Carmen no quiere quedarse sentada el sábado.
6. Rosalía está loca por el boliche.

7 **¿Aceptarás la invitación?** ⟋ FL.A.2.3.1

Leamos/Escribamos Responde a cada invitación, según tus propios gustos. En algunas respuestas, explica por qué no puedes aceptar la invitación. Usa las frases de **Exprésate** en tus respuestas.

MODELO —**Voy a ir a un partido de fútbol mañana.**
  ¿Quieres ir?
  —**Gracias, pero no puedo. Iba a ir al lago.**
  —**(Sí, gracias. Me fascina el fútbol.)**

1. ¿Te gustaría ver la nueva película española conmigo este viernes?
2. ¿Por qué no jugamos al dominó?
3. ¿Te gustaría ver el campeonato de básquetbol en la tele con nosotros este domingo?
4. ¿Quieres hacer un rompecabezas conmigo este sábado?
5. ¿Te gustaría ir a un concierto el viernes? Yo te invito.
6. ¿Te gustaría acompañarme a la competencia de esgrima el sábado?
7. ¿Te gustaría hacer senderismo conmigo este fin de semana?
8. ¿Por qué no hacemos windsurf hoy?

El equipo Real Madrid celebra después del partido contra Barcelona.

Comunicación

HOLT **SoundBooth** ONLINE RECORDING

8 **¿Qué vamos a hacer?** ⟋ FL.A.1.2.3, FL.B.1.4.1

Hablemos Haz una lista de cuatro actividades que te gustaría hacer con un(a) amigo(a). Luego, invita a un(a) compañero(a) a acompañarte. Tu compañero(a) debe aceptar dos de las invitaciones y rechazar (*turn down*) dos. Si tu compañero(a) rechaza la invitación, entonces debe ofrecer una explicación o alternativa.

MODELO —**¿Te gustaría remar conmigo esta semana?**
  —**No gracias, el remo me aburre. ¿Por qué no...?**

Benchmark Focus

FL.B.1.4.1 Interact in a variety of situations that reflect the activities of teenagers in the target culture, using appropriate verbal and nonverbal communication

▶ **Vocabulario adicional** — Los deportes, p. R15

Gramática en acción 1

Interactive TUTOR

Repaso Imperfect

1 The **imperfect** tense is used to talk about past events. It tells what one used to do, how things used to be, or what happened in general.

> De niño, me **fascinaban** los rompecabezas.
> *When I was a boy, puzzles used to fascinate me.*

> En la escuela primaria, las niñas **jugaban** al fútbol cada día.
> *In elementary school, the girls would play soccer every day.*

> En esos días, **teníamos** más tiempo libre.
> *Back in those days, we had more free time.*

2 The verb endings in the **imperfect** are:

-ar verbs		-er/-ir verbs	
-aba	-ábamos	-ía	-íamos
-abas	-abais	-ías	-íais
-aba	-aban	-ía	-ían

3 **Ir, ver,** and **ser** are the only verbs that are irregular in the imperfect.

> De niño, David **iba** a clases de kárate todos los lunes.

> Cuando **era** joven, María practicaba el atletismo.

> Silvia **veía** los partidos de básquetbol en la tele todos los sábados.

4 The imperfect is often used with expressions such as **muchas veces, a veces, (casi) siempre,** and **todos los años/días.**

Vocabulario y gramática, pp. 16–18
Actividades, pp. 11–13
Online workbooks

¿Te acuerdas?

The **present tense** is often used to say what happens *on a regular basis.*

> **Juego** al fútbol los lunes.

The **present progressive** is used with most verbs to say what is *going on at the moment.*

> Marcelo **está estudiando.**

With **ir** and *verbs that refer to states or conditions,* use the **present tense** instead of the present progressive.

> Ana **va** al centro recreativo.

> Me **fascinan** los trenes.

9 **¿Les gustaba o no?** FL.A.2.3.2

Escuchemos Escucha mientras varias personas hablan de las cosas que hacían de niño o que hacen ahora. Escribe el nombre de la persona y escribe **presente** si la persona hace la actividad ahora o **pasado** si la hacía de niño(a).

1. Elena
2. Juan Luis
3. Victoria
4. Alejandro
5. Carolina
6. José Miguel
7. Sara
8. Guillermo

10 **¿Qué hacían todos?** FL.A.2.2.7

Escribamos Basándote en los dibujos, escribe qué actividad hacía cada persona de niño y qué opinaba de la actividad.

MODELO **De niño, Jaime tenía que practicar el violín todos los días. No le gustaba para nada.**

Jaime

1. mi hermano y yo   2. Emilio y Marcos   3. Martín

4. mi familia y yo   5. Teresa y su abuelo   6. mi mejor amigo(a) y yo

11 **Antes y ahora** FL.A.2.2.7

Escribamos Escribe dos oraciones para cada número. La primera oración debe decir qué hacía la persona de niño(a) y qué opinaba de la actividad, y la segunda oración debe decir qué opina ahora de esta actividad.

MODELO **yo/nadar**
Cuando era niña, no me gustaba nadar porque...
Ahora creo que...

1. mi mejor amigo/tomar clases de piano
2. mi hermano(a)/trepar a los árboles
3. mis amigos y yo/ver dibujos animados en la televisión
4. tú/jugar al béisbol
5. mis primos/montar en bicicleta
6. mi mamá/coleccionar animales de peluche

omunicación

HOLT **SoundBooth**
ONLINE RECORDING

12 **Yo hacía lo mismo** FL.A.1.2.3

Hablemos Piensa en cuatro actividades que te gustaba hacer o que odiabas hacer de niño. En grupos de tres, traten de encontrar a alguien con los mismos gustos que tú de niño(a). Túrnense para hacerse preguntas sobre sus gustos.

Benchmark Focus

FL.A.1.2.3 Recognize and appropriately use oral syntax and inflection in spoken target language

Gramática 1

Repaso

Ir a + infinitive in the imperfect

Interactive TUTOR

1 Use **ir a + infinitive** in the **imperfect** to state what someone *was going to do.*

2 **Ir a + infinitive** is followed by a verb in the **preterite** when the second verb refers to a completed action or to a condition that ended.

Iba a llamarte, pero se me **olvidó.**

Mis padres **iban a ver** la película, pero **llegaron** tarde.

3 **Ir a + infinitive** is followed by another verb in the **imperfect** when the second verb refers to an ongoing state or condition in the past.

Nosotros **íbamos a jugar** al fútbol, pero **teníamos** mucha tarea.

Eduardo **iba a salir,** pero se **sentía** muy cansado.

Vocabulario y gramática, pp. 16–18
Actividades, pp. 11–13

Online workbooks

13 **¿Por qué no fuiste?** FL.A.2.3.2

Escuchemos Escucha mientras las personas de los dibujos explican por qué no fueron a tu partido de béisbol. Identifica a cada persona según lo que dice.

a.

b.

c.

d.

e.

f.

14 Un fin de semana muy movido FL.A.2.3.1

Leamos/Escribamos   Lee el diario de José y contesta las preguntas.

Tenía muchos planes para este fin de semana pero no tuve el tiempo suficiente para hacerlo todo. El sábado por la mañana iba a ir al parque a jugar al fútbol, pero me desperté tarde. Me quedé en casa jugando juegos de computadora. Por la tarde mis padres querían hacer senderismo, pero mi mamá se enfermó. Así que fui al parque a jugar al básquetbol. Luego, iba a ver una película con mis primos, pero ellos tuvieron que ayudar a mi tía en casa. El domingo por la tarde Marcos y yo queríamos ver un partido de fútbol, pero llegamos tarde y ya no había boletos. Fuimos a un restaurante a comer. Después, regresé a casa para hacer la tarea. ¡Los fines de semana pasan demasiado rápido!

1. ¿Qué iba a hacer José temprano el sábado? ¿Por qué no lo hizo?
2. ¿Qué querían hacer los padres de José? ¿Qué pasó?
3. Después de jugar al básquetbol, ¿que iban a hacer José y sus primos? ¿Por qué no pudieron ir sus primos?
4. ¿Qué iban a hacer José y Marcos el domingo? ¿Qué hicieron?

Benchmark Focus

FL.A.2.2.7 Recognize the multiple ways in which an idea may be expressed in the target language and use them appropriately

15 Excusas y más excusas ⟍ FL.A.2.2.7

Escribamos   Todos en la familia Mercado iban a hacer varias cosas ayer, pero no las hicieron. Explica por qué.

MODELO   **La señora Mercado/hacer las compras/tener que llevar a la bebé al médico**

La señora Mercado iba a hacer las compras, pero tuvo que llevar a la bebé al médico.

1. Daniel y Rita/organizar sus cuartos/tener mucha tarea
2. El señor Mercado/lavar el carro/sentirse muy cansado
3. Fernanda y yo/preparar la cena/(yo) cortarme con el cuchillo
4. Yo/jugar al dominó con mi abuelo/tener que estudiar
5. La señora Mercado/tomar una siesta/no tener tiempo
6. La abuela/leer un libro/no poder encontrar los anteojos

16 ¿Qué les pasó? ⟍ FL.A.1.2.3

Hablemos   Hiciste una fiesta el sábado, pero dos de tus amigos no vinieron. En grupos de tres, creen una conversación en que uno de Uds. les pregunta a los otros dos qué pasó. Los dos amigos deben explicar por qué no fueron a la fiesta. Después, hagan planes para reunirse en otro momento.

Nosotros commands

1 You've used **vamos a** + **infinitive** to say what a group of people is going to do. To suggest that a group of people do or not do something *(Let's [not] . . .)*, use **nosotros commands.**

> **No hablemos** con el director; **hablemos** con Sergio mejor.
> *Let's not speak to the principal; let's speak to Sergio instead.*

2 Use the **nosotros** form of the present subjunctive for **nosotros commands.** The verb **ir** has an irregular affirmative form: **vamos.**

> **No vayamos** al lago hoy; que está lloviznando. **Vamos** al cine.
> *Let's not go to the lake today; it's drizzling. Let's go to the movies.*

3 **Object** or **reflexive pronouns** are attached to the end of a verb in affirmative commands or go between **no** and the verb in negative commands.

> —¿Hacemos la fiesta esta semana? ¿Invitamos a los vecinos?
> —Sí, **hagámosla** el viernes. No, **no los invitemos** esta vez.

Note that the final **-s** is dropped before adding **nos**.

> **No nos preocupemos** por eso. **Vámonos** ya.

Vocabulario y gramática, pp. 16–18
Actividades, pp. 11–13

 Online workbooks

¿Te acuerdas?

Verbs ending in **-car, -gar,** and **-zar** have the same spelling change in **nosotros commands** as in the present subjunctive.

> sa**c**ar ⟶ sa**qu**emos
> lle**g**ar ⟶ lle**gu**emos
> organi**z**ar ⟶ organi**c**emos

Verbs having irregular present subjunctive forms will have the same irregular **nosotros command** forms.

> dar ⟶ demos
> ser ⟶ seamos

---

17 **Sugerencias** FL.A.2.3.2

Escuchemos Escucha las conversaciones y determina si la persona que habla primero sugiere **a)** hacer algo con la otra persona o **b)** que la otra persona haga algo solo(a).

18 **Un buen equipo** FL.A.2.3.1

Escribamos Eres el capitán del equipo de volibol de tu colegio. Escribe las metas *(goals)* del equipo. Anima a todos a hacer las siguientes cosas.

MODELO practicar con el equipo de la universidad (sí)
Practiquemos con el equipo de la universidad.

Sí	No
1. llegar a tiempo a los partidos	5. ser maleducados durante los partidos
2. invitar a los nuevos estudiantes a participar	6. olvidarnos de darle las gracias al director
3. organizar un campeonato para abril	7. faltar a los entrenamientos
4. hacer una fiesta o un baile en mayo	8. sacar malas notas en clase

Benchmark Focus

FL.A.2.3.1 Comprehend and interpret content of authentic, written materials selected according to familiarity of topic and scope of vocabulary and structure

19 Tú eres el líder FL.A.2.3.1

Leamos/Escribamos Contesta las preguntas con mandatos afirmativos o negativos.

> **MODELO** —No hay nada interesante que hacer este fin de semana. ¿Qué hacemos?
>
> —Hagamos una excursión al lago el sábado y alquilemos un bote.

1. Estoy harto de ver televisión todas las tardes. ¿Por qué no hacemos algo más interesante?

2. Dicen que no va a haber un club de español el año que viene porque no hay suficientes estudiantes interesados. ¿Qué podemos hacer?

3. No me gusta practicar escalada deportiva en esta montaña porque es peligroso. ¿Adónde podemos ir?

4. El jai-alai es un deporte genial. ¿Qué podemos hacer para ver un partido?

5. El club de ajedrez tiene muy poca publicidad en el colegio. ¿Crees que podemos hacer algo para mejorarla?

6. Vamos a hacer senderismo el sábado, pero hay gente de diferentes niveles en el grupo. ¿Cómo podemos organizar la excursión?

Nota cultural

El **jai-alai,** o la pelota vasca, es un deporte típico del norte de España. En el idioma vasco, jai-alai significa «fiesta alegre». Los vascos jugaban a la pelota durante los festivales de los pueblos y usaban las paredes de las iglesias como cancha. Hoy en día, hay canchas de pelota, llamadas **frontones,** en todas las ciudades grandes del norte de España. Se juega al jai-alai entre octubre y junio.

¿En qué parte de Estados Unidos hay partidos de jai-alai también?

FL.B.1.3.4

Gramática 1

Comunicación

FL.A.1.4.1, FL.B.1.4.1

20 ¿Qué hacemos este fin de semana?

 Leamos/Hablemos En parejas, escojan actividades que les interesen de la guía de ocio. Creen una conversación en que Uds. hablen de qué van a hacer. Túrnense para sugerir dos actividades y respondan a ellas con mandatos afirmativos o negativos.

> **MODELO** —Vamos al Museo del Prado, ¿quieres?
>
> —No, gracias. Vamos al cine mejor.

Películas:	Cine Alcalá	pág. 2
	Cine Méndez	pág. 3
Restaurantes:	italianos	pág. 4
	chinos	pág. 5
Exposiciones de arte:	Museo del Prado	pág. 6
	Museo Reina Sofía	pág. 6
Conciertos:	Guitarra clásica	pág. 8
	Flamenco	pág. 8
Deportes:	Fútbol	pág. 9
	Jai-alai	pág. 9
Teatro:	Centro cultural	pág. 10
	Bellas Artes	pág. 10

Cultura

Benchmark Focus

FL.B.1.4.2 Identify and discuss various patterns of behavior or interaction and the values and mindsets typical of youth in the target culture

Comparaciones

Interactive **TUTOR**

FL.B.1.4.2, FL.D.2.3.1

A buen amigo, buen abrigo

En muchas partes del mundo hispano, muchas amistades que se hacen en el colegio duran toda la vida. La gente no cambia tanto de ciudad, y se mantiene en contacto con sus amigos y amigas de la escuela o del colegio. Crecen juntos y tienen experiencias parecidas que los unen para el resto de sus vidas. Compara esto con la experiencia de tu pueblo o ciudad. ¿Crees que seguirás en contacto con todos tus amigos? ¿Cómo crees que será la vida de tus amigos dentro de 10 años?

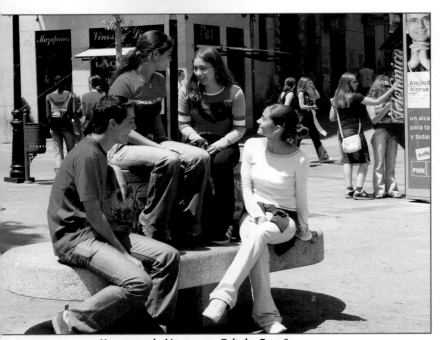

Un grupo de jóvenes en Toledo, España

Lucía

Madrid, España

Para ti, ¿qué es un buen amigo?

Es una persona con la que compartir diversiones, una persona que te escucha, es una persona que está ahí en todo momento.

¿Qué haces para no tener un malentendido con un amigo?

Intento ser siempre yo, comunicar todo lo que pienso y lo que siento.

¿Alguna vez has tenido un malentendido con un amigo?

Sí, una vez una amiga me contó algo importante para ella y yo no pude juzgarlo de esa manera, y entonces yo se lo conté a otra amiga, y a ella le sentó muy mal.

¿Cómo lo resolvieron?

Hablando. Ella me dijo que le había sentado mal y yo le pedí disculpas.

¿Qué buscas en un novio?

Una persona que te escuche, que comparta diversiones, que comparta malos ratos, que te acepte como eres.

REPÚBLICA
DOMINICANA

Océano
Atlántico

★ Santo
Domingo

Visit Holt Online

go.hrw.com

KEYWORD: EXP3 CH2

Online Edition

☀ **Pamela**
Santo Domingo, República Dominicana

Para ti, ¿qué es un buen amigo?

Es una persona que me comprenda, que sea sincera, que esté conmigo en los buenos y los malos momentos.

¿Qué haces para no tener un malentendido con un amigo?

Pues, nos tenemos una muy buena comunicación y si hay algo que nos molesta, nos hablamos.

¿Alguna vez has tenido un malentendido con un buen amigo?

Sí, [un amigo y yo] tuvimos un malentendido porque se suponía que debía de decirle algo y no lo hice. Entonces se sintió traicionado.

¿Qué buscas en un novio?

Una persona sincera y honesta, y que tenga buenos sentimientos hacia mí.

Para comprender ⟍ FL.C.2.3.2

1. Busca cinco palabras que describan un buen amigo para Lucía. ¿Y un novio?

2. ¿Lucía hizo bien o mal al contarle a otra persona lo que le dijo la amiga? Explica.

3. Busca cinco palabras que describan un buen amigo para Pamela. ¿Y un novio?

4. ¿El amigo de Pamela tenía derecho a sentirse traicionado por lo que no hizo Pamela? Explica.

5. ¿Estás de acuerdo con Lucía y Pamela en que la mejor manera de resolver un malentendido es hablando? ¿Qué pasa si uno guarda para sí los sentimientos?

Para pensar y hablar ⟍ FL.B.1.4.2

¿Crees que es muy difícil encontrar amigos que cumplan con los requisitos de Lucía y Pamela? ¿Qué buscas tú en un amigo y qué no aguantas? ¿Cómo es un buen amigo tuyo en comparación con los de Pamela y Lucía?

Comunidad en la Florida
⟍ FL.E.1.4.2

Las noticias deportivas en español

En la Florida hay reporteros que se especializan en presentar las noticias deportivas en español. Hay también una variedad de medios de difusión para los aficionados hispanohablantes. En las cadenas de televisión se puede ver a locutores como Fernando Fiore y Leti Coo. En Miami, se pueden escuchar los informes locales de Felo Ramírez o leer los artículos deportivos de Roberto Cortijo. Investiga la difusión de noticias deportivas en español en la Florida. Averigua quiénes son algunos de los locutores o reporteros y cuáles son los deportes más populares entre los hispanohablantes. En los medios de difusión en español, ¿se informa también sobre las noticias deportivas fuera de Estados Unidos?

Rafael «Felo» Ramírez, locutor en español de los Florida Marlins

Cultura

Objetivos
- **Describing the ideal friend**
- **Expressing happiness and unhappiness**

Vocabulario *en acción* 2

La amistad

¿Cómo debe ser un buen amigo? Pues, te voy a dar un ejemplo de cómo es un buen amigo o una buena amiga. (¡Y te voy a dar un ejemplo de alguien que no es un buen amigo!)

A veces me ayuda a **resolver problemas.** No siempre está de acuerdo conmigo pero **respeta mis sentimientos** y es completamente **honesta** conmigo.

Ésta es mi amiga Pilar. Es una buena amiga y **tenemos mucho en común.** Es **generosa.** Comparte sus discos compactos conmigo, y si necesito algo, lo que sea, me lo presta.

Es muy **leal** a sus amigos. Sé que puedo **contar con** ella para todo.

Más vocabulario...

atento(a)	*helpful*
confiar en	*to trust*
un(a) conocido(a)	*acquaintance*
grosero(a)	*rude, vulgar*
maleducado(a)	*rude*
mentir (ie, i)	*to lie*
querer (ie) a	*to love (someone)*
seco(a)	*cold, unfriendly*
tolerante	*tolerant*
(no) valer la pena	*to (not) be worth it*

Pilar es **abierta** y **amigable.** Se lleva bien con todo el mundo; es muy **solidaria.**

Vocabulario 2

Y éste es Julio. Fuimos amigos por un tiempo pero siempre tuvimos problemas. Él dice que sólo «**tuvimos malentendidos**».

Podía ser muy **terco**. Además, **tenía fama de ser creído**, de considerarse superior a todo el mundo. La verdad es que era bastante **inseguro**.

Era bastante **chismoso** también. No me gustaba como **chismeaba** sobre nuestros amigos; eso me pareció muy **desleal**. Nunca sabías si iba a **guardar los secretos** de uno o no.

¡Y qué **celoso** era! Una vez **rompió con** una novia porque la vio hablando con otro chico. Hasta **tenía celos de** sus amigos.

Julio no era nada **confiable**. Muchas veces **me dejaba plantado** en un café o en el cine. Al final me cansé de su actitud y no lo volví a llamar. Todavía no **hemos hecho las paces**.

¡Exprésate!

Interactive TUTOR

To describe the ideal friend	
¿Cómo debe ser un(a) buen(a) amigo(a)? *What should a good friend be like?*	**Un(a) buen(a) amigo(a) debe apoyarme y... No debe...** *A good friend should support me and . . . He/She shouldn't . . .*
¿Qué buscas en un(a) novio(a)? *What do you look for in a boyfriend (girlfriend)?*	**Busco a alguien a quien le guste(n)... y que sepa algo de...** *I'm looking for someone who likes . . . and who knows something about . . .*

Vocabulario y gramática, pp. 19–21

Online workbooks

21 ¿Cómo son? ⬥ FL.A.2.3.2

🔊 **Escuchemos** Escucha a Pilar describir a unos conocidos y decide qué adjetivo corresponde a cada persona.

1. Laura
2. Sergio
3. Tomás
4. Tía Claudia
5. Juan Pablo
6. Marisa
7. Mónica
8. David

a. generoso
b. insegura
c. honesta
d. desleal
e. celoso
f. confiable
g. amigable
h. creído

Un joven de Buenos Aires observa la variedad de revistas internacionales.

Benchmark Focus

FL.A.2.3.1 Comprehend and interpret the content of authentic, written materials

22 ¿Qué tal se llevan Uds.? ⬥ FL.A.2.3.1

Leamos Evalúa la relación que tienes con tu mejor amigo(a) o novio(a) por medio de la siguiente encuesta *(poll)*. Escoge **A** si estás de acuerdo, **B** para decir "a veces" y **C** si no estás de acuerdo.

¿Qué tal se llevan uds.?

Encuesta

1. Mi amigo(a) y yo tenemos mucho en común.   A B C
2. Podemos resolver problemas y hacer las paces fácilmente.   A B C
3. Respetamos los sentimientos de la otra persona.   A B C
4. Puedo contar con mi amigo(a).   A B C
5. Tenemos malentendidos frecuentes, sobre cosas pequeñas.   A B C
6. Mi amigo(a) chismea sobre mis asuntos personales.   A B C
7. Tengo celos de los otros amigos de él/ella.   A B C
8. Me deja plantado(a) con frecuencia.   A B C

Evaluación

Preguntas 1 a 4

Mayoría de respuestas A: ¡Felicidades! Tienes una amistad verdadera. Guárdala como un tesoro.

Mayoría de respuestas B: Parece que Uds. tienen que cambiar algunos hábitos si quieren mejorar su relación.

Mayoría de respuestas C: ¡Ojo! Es hora de buscar otro(a) amigo(a).

Preguntas 5 a 8

Mayoría de respuestas A: ¿Qué pasa? Parece que esta relación no funciona bien en absoluto.

Mayoría de respuestas B: Mmmm... si Uds. de verdad quieren seguir siendo amigos, hay que analizar qué deben hacer para llevarse mejor.

Mayoría de respuestas C: ¡Muy bien! Uds. tienen una relación muy buena. Sigan así.

23 Avísame, por favor ⟍ FL.A.2.3.1

Leamos/Escribamos Completa la carta que escribió Marta al periódico, pidiendo ayuda con una relación problemática. Usa las formas correctas de las palabras del cuadro.

abierto	celoso	confiar en	dejar plantado
malentendido	resolver un problema	valer la pena	desleal

Querida Elena:

Te escribo porque quiero ___1___ que tengo con una amiga. Recientemente parece que no puedo ___2___ ella. Ayer quedamos en tomar café después del trabajo, pero ella me ___3___. Luego descubrí que estaba con otra amiga, y ahora estoy ___4___ de ella. ¿Crees que todo fue un ___5___, o crees que ella es ___6___? Quiero ser ___7___ con ella y explicarle mis emociones, pero no sé si ___8___ hacerlo. ¿Qué debo hacer?

24 ¿Qué opinas tú? ⟍ FL.A.3.4.2

Leamos/Escribamos Imagínate que vas a contestarle la carta a Marta. Escribe una carta de ocho oraciones en la que analices el problema y le des consejos.

 Comunicación

25 Un buen amigo es... ⟍ FL.A.1.3.1

Escribamos/Hablemos Completa las oraciones según tus opiniones sobre cómo debe ser un(a) buen(a) amigo(a). Después, compara tus respuestas con las de un(a) compañero(a). ¿Son similares o muy distintas sus opiniones?

MODELO **Un buen amigo es** ═══**.**
   —**Para mí, un buen amigo es leal y amigable.**
   —**Para mí, un buen amigo es honesto y respeta mis sentimientos.**

Un(a) buen(a) amigo(a)...
es ═══.
me ayuda a ═══.
sabe ═══.
(no) tiene ═══.
puede ═══.

¿Qué puedo hacer?

Dos amigas en Toledo

LUZ MARÍA ¿Qué te pasa, Fernanda? Te ves muy dolida. ¿Has estado llorando?

FERNANDA La verdad es que sí. Estoy completamente decepcionada con José Manuel. Ayer me mintió y...

LUZ MARÍA ¡Otra vez! Ay, chica, no entiendo por qué lo quieres tanto. Es grosero y además creidísimo. Bueno, ¿qué te dijo?

FERNANDA Que había estado estudiando en casa por la tarde, pero cuando lo llamé a las tres, su hermanita me dijo que estaba con Laura. Cada vez que lo pienso, me dan ganas de llorar.

LUZ MARÍA ¿Estaba con Laura? Pero ella es la persona más seca que he conocido en mi vida y tiene fama de ser desleal. Mira, no vale la pena estar celosa ni perder el tiempo llorando. Tienes que romper con él lo más pronto posible.

FERNANDA Tienes toda la razón. Lo he pensado bien y voy a llamarlo esta noche.

LUZ MARÍA Así tiene que ser.

FERNANDA Bueno, hablemos de algo menos trágico. Hoy te vi de buen humor.

LUZ MARÍA ¿Cuándo, en el colegio? Ah sí, estaba entusiasmada porque al fin voy a poder terminar mi proyecto para la clase de historia.

FERNANDA ¿No estabas haciendo ese proyecto con Hernán?

LUZ MARÍA Sí, aunque Hernán es poco confiable, ¿sabes? Estaba haciendo yo casi toda la investigación. Pero resolvimos el problema y vamos a trabajar juntos de nuevo.

FERNANDA ¿Cuál fue el problema?

LUZ MARÍA Me acusó de ser criticona, ¿te puedes imaginar? ¡Yo, criticona! Soy la persona más tolerante del mundo.

¡Exprésate!

Interactive **TUTOR**

To express happiness and unhappiness	
¿Qué te pasa? ¿Estás dolido(a)? *What's the matter? Are you upset?*	**Sí, estoy decepcionado(a) porque...** **Me dan ganas de llorar.** *Yes, I'm disappointed because . . .* *It makes me feel like crying.*
Te veo de buen humor. *I see you're in a good mood.*	**Sí, estoy entusiasmado(a) porque...** *Yes, I'm excited because . . .*

→ Vocabulario y gramática, pp. 19–21 · Online workbooks

26 **¿Qué les pasa a las dos amigas?** FL.A.2.3.1

Leamos/Escribamos Basándote en la conversación entre Fernanda y Luz María, contesta las preguntas.

1. ¿Por qué llora Fernanda?
2. ¿Cómo le parece Fernanda a Luz María?
3. ¿Quién es José Manuel?
4. ¿Cómo es José Manuel, según Luz María?
5. ¿Qué va a hacer Fernanda esta noche?
6. ¿Cómo es Hernán, según Luz María?
7. ¿Cómo es Luz María, según Hernán?
8. En la opinión de Luz María, ¿cómo es ella?

27 **¿Qué debo hacer?** FL.A.2.3.1

Leamos/Hablemos Lee lo que varios amigos te cuentan sobre sus problemas. ¿Qué le dirías *(would you say)* a cada uno? Utiliza las expresiones del diálogo y de **Exprésate.**

1. Me siento fastidiado porque mi amiga y yo tenemos muchos malentendidos. La quiero mucho y no quiero dejar de ser amigos. ¿Qué debo hacer?
2. ¡Ese Fernando! Últimamente estoy muy decepcionada con él. Me dejó plantada ayer por la tarde y no creo que siempre me diga la verdad. ¿Qué puedo hacer?
3. Ayer Laura me contó algo sobre Verónica, mi mejor amiga, pero no sé si es mentira o no. No me parece verdad, pero es posible. ¿A quién le debo preguntar?
4. Santiago me pasó una nota que dice que Jorge salió con otra chica anoche que no es su novia. ¿Debo decirle algo a Jorge? ¿O a su novia?

En la Florida, los jóvenes hispanos se reúnen en centros comerciales, parques o en las casas de sus amigos. Los mayores, por otro lado, a veces se reúnen en centros culturales hispanos, como por ejemplo la Asociación Uruguaya de West Palm Beach o el Centro Cultural Latinoamericano de Lake Worth. Y por supuesto, los parientes y amigos de todas las generaciones se reúnen en casas particulares para celebrar ocasiones especiales. ¿Dónde se reúnen los hispanos de tu área? FL.B.1.4.2

Círculo Cubano, Ybor City

Comunicación

HOLT **SoundBooth** ONLINE RECORDING

28 **¿En qué momentos te sientes así?** FL.A.1.3.1

Hablemos Júntate con dos o tres compañeros y pregúntales cuándo experimentan *(experience)* las siguientes emociones.

MODELO —¿En qué momentos te sientes fastidiada?
—Me siento fastidiada si tengo que esperar mucho.

decepcionado(a)	fastidiado(a)	dolido(a)
nervioso(a)	entusiasmado(a)	de buen humor

Objetivos
- Object pronouns
- Subjunctive with the unknown or nonexistent
- Subjunctive with expressions of feelings

Gramática
en acción 2

GramaVisión

Repaso Object pronouns

Interactive TUTOR

1 The **direct object (complemento directo)** is the noun on which an action is being performed. A direct object may be replaced by a **direct object pronoun (pronombre del complemento directo): me, te, lo, la, nos, os, los, las.** The direct object pronoun goes before the conjugated verb or is attached to the infinitive.

Susana busca **el nuevo libro.**   Susana **lo** busca.

Susana quiere ver **la película.**   Susana quiere ver **la**.

(Susana **la** quiere ver.)

2 The **indirect object (complemento indirecto)** is the person for whom or to whom an action is performed. The indirect object is used with a pronoun that refers to the noun, and is called the **indirect object pronoun (pronombre del complemento indirecto): me, te, le, nos, os, les.**

Susana **nos** regala el libro   Susana **nos** regala el libro.
a **nosotros.**

3 When both a direct object pronoun and an indirect object pronoun are used in the same sentence, the indirect object pronoun goes first.

Susana **nos** regala **el libro**   Susana **nos lo** regala.
a **nosotros.**

4 If the indirect object pronoun **le** or **les** comes before the direct object pronouns **la, lo, las,** or **los,** the indirect object pronoun changes to **se.**

Nosotros **le** regalamos **flores**   Nosotros **se las** regalamos.
a **Clara.**

Vocabulario y gramática, pp. 22–24
Actividades, pp. 15–17
Online workbooks

¿Te acuerdas?

These verbs are commonly used with **indirect object pronouns: comprar, contar, contestar, dar, decir, dejar, enviar, explicar, hablar, mandar, mentir, pagar, pasar, pedir, preguntar, prestar,** and **regalar.**

¿**Me** prestas ese disco compacto?

¿Qué **te** dijo Anabel?

Benchmark Focus

FL.A.2.2.7 Recognize multiple ways in which an idea may be expressed and use them appropriately

29 **¿Cuándo lo haces?** FL.A.2.2.7

Escribamos   Escribe una oración que explique cuándo hiciste estas actividades. Usa pronombres del complemento directo.

MODELO **hacer la tarea**
          ¿La tarea? La hice después de regresar a casa.

1. ver el partido
2. llamar a tu amigo(a)
3. visitar a tus abuelos
4. organizar tu cuarto
5. lavar el carro
6. leer las noticias

30 **¿Qué? ¿A quién?** FL.A.2.2.7

Leamos/Escribamos Escribe cada oración de nuevo, reemplazando los sustantivos con pronombres del complemento directo y del complemento indirecto.

> MODELO **Yo les digo la verdad a mis amigos.**
> **Yo se la digo.**

1. Mis padres me van a dar el regalo a mí.
2. Mi hermano nunca le presta sus discos compactos a mi hermana.
3. La profesora nos pidió la tarea.
4. Mi compañero le pasó el balón al entrenador.
5. Yo le pagué cuarenta dólares al cajero.
6. Mis tíos le regalaron la bicicleta a mi primo.
7. Mis tíos nos enviaron las fotos a mi familia y a mí.
8. Mi mejor amiga dejó la nota para mí.

31 **En tu experiencia** FL.A.3.3.1

Leamos/Escribamos Contesta las preguntas basándote en tus experiencias.

1. ¿A quién le prestas tus cosas? ¿A quién no le prestas nada?
2. Cuando sales, ¿tienes que pedirles permiso a tus padres?
3. ¿Siempre les dices la verdad a tus amigos?
4. ¿Quién te compra los mejores regalos de cumpleaños?
5. ¿Vas a ver a tus amigos hoy después de clase?
6. ¿Cuándo conociste a tu mejor amigo(a)? ¿Recuerdas dónde lo(la) conociste?
7. ¿Quién te da buenos consejos? ¿Qué te dice esa persona?

Un grupo de jóvenes camina por una calle de Toledo, España.

Comunicación

32 **¿Cómo pueden resolverlo?** FL.A.1.4.1

Hablemos Con un(a) compañero(a), dramatiza una conversación sobre un problema que tienes. Tu compañero(a) debe proponer una resolución. Usen por lo menos cuatro pronombres de complemento directo o indirecto.

> MODELO —**Tengo una amiga que me llama sólo cuando necesita algo.**
> —**Pues, dile que...**

Gramática 2

Subjunctive with the unknown or nonexistent

Interactive TUTOR

1 You already know that the **indicative** is generally used to talk about *what is;* whereas the **subjunctive** is often used to talk about *what should be,* or *what people think/feel about **what is.***

speaker talks about what is

Alonso **puede** ser muy terco, pero **es** generoso y leal también.

*what speaker thinks/feels about **what is***

Espero que Alonso **sea** generoso y leal conmigo.

No es bueno que Alonso **sea** tan terco.

2 In certain situations, the **subjunctive** is used to talk about *what is not.* It is used after expressions like **No hay nadie/nada que...** when the person or thing referred to, the **antecedent,** is *nonexistent.*

nonexistent: according to the speaker, such a person does not exist

No hay **nadie** que **confíe** en Marcos.

No hay **nada** que me **fastidie** más que un chiste grosero.

3 In other situations, the speaker *doesn't know **what is.*** He or she may be looking for someone or something with certain qualities, without having anyone or anything particular in mind. The **antecedent** is *unknown.*

unknown: the speaker doesn't know of anyone in particular with those qualities

Busco **una novia** que **sea** abierta y amigable.

¿Conoces a **alguien** que **hable** francés?

Quiero comprarte **algo** que te **guste.**

> Vocabulario y gramática, pp. 22–24
> Actividades, pp. 15–17
> **Online** workbooks

¿Te acuerdas?

The **indicative** is used to talk about **someone** or **something** that the speaker *does know about.*

Conozco a muchas **personas** que **hablan** francés. (Mi amigo Luc es de Francia. La mamá de Anne es francesa.)

Busco a **la señora** que **cuida** las plantas. ¿La han visto?

33 **¿Es real?** FL.A.2.2.7

Leamos Completa cada oración con la forma correcta del verbo.

1. ¿Conoces a alguien que (está/esté) de buen humor hoy?
2. Tengo un novio que (guarda/guarde) mis secretos.
3. No hay nada que me (alegra/alegre) más que la amistad.
4. Quiero confiar en alguien que (puede/pueda) resolver mis problemas.
5. Mi hermano quiere una novia que no (es/sea) criticona.
6. Cristina es muy graciosa; los chistes que (cuenta/cuente) son excelentes.
7. No conozco a nadie que (confía/confíe) completamente en Marcos.

34 **¿Existe o no?** FL.A.2.3.2

Escuchemos Escucha las oraciones y di si el narrador se refiere a algo o a alguien que **a)** sabe que existe o conoce o **b)** no sabe si existe o a no existe en absoluto.

35 **¿Cómo es el (la) novio(a) ideal?** FL.A.3.3.1

Benchmark Focus

FL.A.3.3.1 Write various types of texts for a defined audience about topics of personal interest or experience

Escribamos Basándote en los dibujos, escribe ocho oraciones sobre cómo son las personas ideales para Pilar y Miguel.

MODELO **Pilar quiere salir con alguien que le dé regalos.**

Pilar   Miguel

Comunicación

36 **¿Conoces a alguien que...?** FL.A.1.3.1

Hablemos Pregúntale a tu compañero si conoce a alguien que corresponda a la frase de uno de los cuadros. Si él o ella contesta que sí, puedes rellenar el cuadro. Si no, le toca a él o a ella hacer las preguntas.

MODELO —¿Conoces a alguien que sepa guardar un secreto?

—Sí, conozco a alguien que sabe guardar un secreto. ¡Es mi hermana!

ser de otro país	saber guardar un secreto	querer romper con su novio(a)
saber cocinar bien	tener problemas con sus amigos	tener dos novios(as)
tener mucho en común contigo	dejarte plantado(a) a veces	llevarse bien con todo el mundo

Subjunctive with expressions of feelings

Interactive TUTOR

1 The **subjunctive** is used in the subordinate clause after certain **expressions of feelings** in the main clause, when there is a change of subject.

expression of feelings

Me alegra que vengan mis amigos a nuestra fiesta.

expression of feelings

Siento que lleguemos tan tarde.

2 Some expressions of feelings that are followed by the subjunctive include **me gusta que, me molesta que, me frustra que, me sorprende que, me preocupa que, siento que,** and **me irrita que.**

3 However, if the main clause states a **fact or belief,** the **indicative** is used in the subordinate clause. If there is no change of subject, an **infinitive** is used.

fact or belief

Pienso que mi novia **va** a romper conmigo.

no change of subject

Me molesta llegar tarde.

> Vocabulario y gramática, pp. 22–24
> Actividades, pp. 15–17
> **Online** workbooks

Nota cultural

Hay mucha variedad geográfica en Castilla-La Mancha, y gran parte de la región está dedicada a parques y reservas naturales donde se puede ir de excursión. Una excursión popular en Castilla-La Mancha es la "Ruta de Don Quijote", que sigue los pasos del famoso personaje a los molinos de viento y a otros lugares de la obra maestra de Cervantes.

¿Conoces una obra literaria que represente sitios de interés de tu región?
FL.C.1.3.1

Molino de viento, Consuegra

37 **¿Cómo reaccionan?** **FL.A.2.3.2**

Escuchemos Basándote en lo que oyes, decide si
a) la segunda persona reacciona con una emoción, o si
b) reacciona diciendo lo que cree.
Presta atención al uso del subjuntivo.

38 **¿Subjuntivo o no?** **FL.A.2.2.7**

Leamos/Escribamos Completa las oraciones con la forma correcta del verbo entre paréntesis.

1. Me parece que tú no ===== (comer) mucho hoy.
2. No me sorprende que el profesor ===== (dar) un examen hoy.
3. ¿Por qué no te gusta que tu hermano ===== (hacer) eso?
4. Siento mucho que mi perro te ===== (molestar).
5. ¿No ves que ===== (haber) tres figuras en esa pintura?
6. A Laura le encanta que sus padres ===== (viajar) a París este verano.
7. Notamos que el carro no ===== (marchar) bien.
8. Mis padres temen que los resultados de la prueba no ===== (ser) muy buenos.

39 **Mezcla de oraciones** FL.A.2.2.7

 Escribamos Usa una palabra o frase de cada columna para escribir ocho oraciones completas.

MODELO **A mis padres no les gusta que yo llegue tarde.**

a mí	(no) molestar		mis amigos
a mis amigos	(no) preocupar		los profesores
al (a la) profesor(a)	(no) gustar		las clases
a mis padres	(no) frustrar	que	los adultos
a mi hermano(a)	(no) sorprender		los jóvenes
a los jóvenes			yo

Comunicación

40 **¿Qué me cuentas?** FL.A.1.2.3

 Hablemos Inventen tú y un(a) compañero(a) dos o tres chismes sobre algún actor o alguna actriz. Luego, dramaticen una conversación o llamada telefónica en que uno le cuenta el chisme al otro, y el otro reacciona. Usen las palabras de **Vocabulario.**

MODELO —Fíjate, me han dicho que...
—¡No me digas! ¿Es verdad que...?
—Oye, ¿has oído que...?
—Ay, pero no puede ser...

41 **Describe la situación** FL.A.3.3.2

 Hablemos Describan tú y un(a) compañero(a) lo que pasa en cada dibujo. Expliquen cómo reacciona o cómo se siente cada persona.

> **Benchmark Focus**
>
> **FL.A.3.3.2** Provide information in spoken and written form on a variety of topics of personal, academic, and cultural interest

Clara perspectiva
Episodio 2

Benchmark Focus

FL.A.2.3.4 Recognize the relationship between verbal and nonverbal signs in communication while viewing and listening to a mass media product

ESTRATEGIA

Looking for personality traits Character is best illustrated through behavior. What are Clara, Octavio, and Señor Ortega like? What actions do they take that make you think so? What a character is like may give you clues about what actions he or she might take in the future. Do you think Clara is curious? Do you think she's just going to let go of this matter with the professor? Do you think Octavio will help her? Why or why not? 🏴 FL.A.2.3.4

En las oficinas de *Chile en la Mira*

Clara Hola. Yo soy Clara de la Rosa.
Octavio Mucho gusto, Clara. Yo me llamo Octavio Medina.
Clara ¿Llevas mucho tiempo trabajando acá?
Octavio No, al contrario. Es mi primer día en la oficina.
Clara Ah, ¿tú también? ¡Qué alivio! No me voy a sentir tan sola.

Clara ¿Sabes algo del señor Ortega, nuestro jefe?
Octavio No mucho, pero mi compañero que trabajó acá el verano pasado me dijo que era un poco seco, pero muy atento.
Clara Menos mal. No me gustaría tener un jefe seco...

Sr. Ortega Buenos días, Señorita de la Rosa, Señor Medina.
Octavio Buenos días, Señor Ortega.
Clara Muy buenos días, Señor Ortega.
Sr. Ortega Por favor, pasen a mi oficina.

En la oficina del señor Ortega

Sr. Ortega Bienvenidos a *Chile en la Mira*. Ya sabrán que en esta revista tenemos estándares muy altos. Somos la revista de mayor circulación de todo el país. Necesito gente con la que pueda contar.
Clara Por supuesto, Señor Ortega.
Sr. Ortega Bien. Su primera tarea. Estamos preparando un artículo sobre la vida del universitario chileno.
Clara ¡Genial! Nosotros sabemos algo de ese tema.

Sr. Ortega Bien. Quiero que vayan a sitios típicos de universitarios. Allí quiero que hagan unas 30 entrevistas y que las graben con esta grabadora.

Octavio ¿Qué clase de preguntas debemos hacerles?

Sr. Ortega Buena pregunta, Octavio. La idea del artículo es identificar los pasatiempos o deportes más comunes entre los universitarios y los sitios de Santiago que se consideran más "en la onda" hoy día. Recuerden, el periodista es mitad detective. Queremos identificar pasatiempos, deportes y sitios que no se hayan mostrado jamás en nuestra competencia.

Octavio Sí señor, por supuesto.

Sr. Ortega Aunque yo sea un poco "seco", no quiero que los artículos de la revista lo sean. Los espero ver aquí a las cinco de la tarde, con las cintas en mano.

5

En la universidad

Octavio ¿Cuál es tu pasatiempo favorito?

Joven No tengo tiempo para pasatiempos, con mis estudios, y el trabajo, y mi polola, y mis amigos, y mi familia…

6

Octavio ¿Eres gran aficionado a los deportes?

Joven Sólo por televisión, nada más. Aunque soy muy bueno para la pelota.

Octavio ¿Hay algún sitio en Santiago que frecuentes con tus amigos?

Joven Sí.—"Café Tecno". Vamos allí a jugar videojuegos y a…

Octavio ¡¿Clara?!

7

Clara, por favor, ¡no nos queda mucho tiempo! Es la una de la tarde y ¡todavía nos faltan 29 entrevistas!

8

¡Quiero escuchar la cinta!

9

Novela en video

¿COMPRENDES?

1. ¿A quién se presenta Clara? ¿Para quién van a trabajar?

2. ¿Sabe Octavio algo del señor Ortega? ¿Qué sabe? ¿Cómo lo sabe?

3. ¿Sabe el señor Ortega que Clara cree que es "seco"? ¿Cómo lo sabes?
   FL.A.2.3.2

4. ¿Qué pasa durante la entrevista? ¿Qué hace Octavio? ¿Cómo se siente el hombre?

5. ¿Qué quiere hacer Clara? ¿Qué le dice Octavio?

6. Con base en sus acciones de Episodios 1 y 2, ¿cómo son las personalidades de Clara y de Octavio?

Próximo episodio
Clara, Graciela y Octavio se juntan para analizar la situación del profesor Luna. ¿Qué crees que grabó Clara en la cinta?

PÁGINAS 124–125 ▶

Lectura cultural

Benchmark Focus

FL.B.1.4.2 **Identify and discuss various patterns of behavior or interaction and the values and mindsets typical of youth in the target culture**

🔊 Una noche en España

A los españoles les encanta salir de noche. Lee este artículo sobre la vida nocturna en España y luego haz las actividades que siguen.

Estudiantes españoles e internacionales se reúnen con sus amigos en la Plaza Mayor de Salamanca.

Se dice que de todos los europeos, los españoles son los que menos duermen. En España, se cena alrededor de las diez o las once. Sin embargo, después de comer a esta hora, los españoles no se acuestan. Muchos jóvenes, especialmente los que viven en la ciudad, salen para reunirse con sus amigos y disfrutar de los varios restaurantes y clubes de su barrio. De esta manera se puede decir que los españoles tienen más tiempo para disfrutar de cada día. ¡Y lo pasan bien!

En España, hay muchos establecimientos que puedes visitar durante la noche. Los jóvenes españoles suelen salir en grupos e ir a tantos clubes o restaurantes como pueden, porque se considera descortés estar en un lugar toda la noche. Es preferible comer un poco en un lugar, tomar una bebida en otro, bailar un rato en un club y luego cambiar de lugar para relajarse un poco. Esto es lo que en España se llama la 'movida', porque muchas personas van de un solo lugar a otro durante una noche típica.

La música forma una parte importante de la vida española. Probablemente ya conoces el flamenco, que es la música más famosa de España. Pero los adolescentes escuchan todo tipo de música, incluso la música norteamericana y de otras partes del mundo.

Hay pocos conciertos de grupos internacionales en España, pero siempre se puede escuchar la música. Por la noche, especialmente en el sur, se pueden escuchar las tunas, grupos de estudiantes

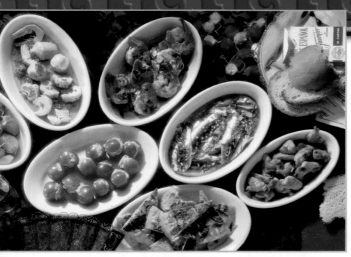

La gente comparte varios platos de tapas cuando sale. Las tapas más populares son la tortilla de patatas, las gambas, las alcachofas y las sardinas.

universitarios que andan por las calles y las plazas cantando y tocando guitarras, laúdes y otros instrumentos tradicionales. Y más tarde se puede escuchar música y bailar en los clubes, donde se tocan canciones populares europeas y de todo el mundo.

Después de tanto bailar uno tiene hambre. Las tapas son perfectas para calmar el hambre y socializar, y además hay cientos de variedades de tapas. Por lo general, las tapas se pueden comer con las manos. Casi todos los clubes o restaurantes en España ofrecen tapas como algo de picar mientras uno conversa con amigos. Cada persona típicamente compra un plato de tapas durante la noche, y así todos comparten el dinero y la comida.

Comprensión

FL.B.1.3.3

A Los pasatiempos ¿Sí o no?

1. Los españoles duermen más horas que los otros europeos.
2. A los españoles no les gusta la música norteamericana.
3. La cena se come muy tarde.
4. Las tapas son un tipo de bebida.
5. Es normal quedarse en un solo lugar toda la noche.
6. Las tunas tocan música tradicional.

FL.B.1.4.2, FL.C.2.3.3

B La noche Contesta las preguntas.

1. ¿Qué hacen los jóvenes después de cenar?
2. ¿Qué es "la movida"? ¿Por qué se llama así?
3. ¿De dónde es la música que se escucha en los clubes?
4. ¿Cuál es la música más famosa de España?
5. ¿Dónde se pueden escuchar las tunas?
6. ¿Cuándo se comen las tapas? ¿Cuántos platos de tapas compra cada persona del grupo?

Actividad **FL.A.3.3.1**

Folleto de viaje Prepara un folleto de viaje para tu pueblo o ciudad que tenga una lista de restaurantes y clubes. Describe lo que puedes comer, beber o hacer en estos establecimientos y añade tus recomendaciones de lugares favoritos.

FCAT Reading Focus

LA.A.2.4.1
Determine the main idea and identify relevant details

ESTRATEGIA

para leer One important strategy in understanding a story is to look for the main idea of the text. Remember that you do not always have to understand every word in a text to get the main idea of the story.

Antes de leer 🔖 FL.A.2.3.3

A Prepara una hoja de papel con el título "Idea principal del cuento". Cuando leas el cuento, apunta los detalles que te parezcan importantes para entender mejor la idea principal.

Un oso y un amor

de Sabine Ulibarrí

E ra ya fines de junio. Ya había terminado el ahijadero[1] y la trasquila[2]. El ganado iba subiendo la sierra. Abrán apuntando, dirigiendo. Yo, adelante con seis burros cargados. De aquí en adelante la vida sería lenta y tranquila.

Hallé un sitio adecuado. Descargué los burros. Puse la carpa[3]. Corté ramas para las camas. Me puse a hacer de comer para cuando llegara Abrán. Ya las primeras ovejas estaban llegando. De vez en cuando salía a detenerlas, a remolinarlas, para que fueran conociendo su primer rodeo.

El pasto alto, fresco y lozano. Los tembletes[4] altos y blancos, sus hojas agitadas temblando una canción de vida y alegría. Los olores y las flores. El agua helada y cristalina del arroyo. Todo era paz y harmonía. Por eso los dioses viven en la sierra. La sierra es una fiesta eterna.

Las ollitas hervían. Las ovejas pacían o dormían. Yo contemplaba la belleza y la grandeza de la naturaleza.

De pronto oí voces y risas conocidas. Lancé un alarido[5]. Eran mis amigos de Tierra Amarilla. Abelito Sánchez, acompañado de Clorinda Chávez y Shirley Cantel. Los cuatro estábamos en tercer año de secundaria. Teníamos quince años.

Desensillamos y persogamos[6] sus caballos. Y nos pusimos a gozar el momento. Había tanto que decir. Preguntas. Bromas. Tanta risa que reanudar.

1 sheep breeding season   2 sheep shearing   3 tent
4 aspen trees   5 a shout   6 we tied up

Ahora al recordarlo me estremezco[7]. ¡Qué hermoso era aquello! Éramos jóvenes. Sabíamos querer y cantar. Sin licor, sin drogas, sin atrevimientos soeces[8].

Cuando llegó Abrán comimos. Yo tenía un sabroso y oloroso costillar de corderito[9] asado sobre las brasas. Ellos habían traído golosinas que no se acostumbran en la sierra. La alegría y la buena comida, la amistad y el sitio idílico convirtieron aquello en un festín para recordar siempre.

Shirley Cantel y yo crecimos juntos. Desde niños fuimos a la escuela juntos. Yo cargaba con sus libros. Más tarde íbamos a traer las vacas todas las tardes. Jugábamos en las caballerizas o en las pilas de heno. Teníamos carreras de caballo. En las representaciones dramáticas en la escuela ella y yo hacíamos los papeles importantes. Siempre competimos a ver quién sacaba las mejores notas. Nunca se nos ocurrió que estuviéramos enamorados. Este año pasado, por primera vez, lo descubrimos, no sé cómo. Ahora la cosa andaba en serio. Verla hoy fue como una ilusión de gloria.

Shirley tenía una paloma[10] blanca que llamaba mucho la atención. Siempre la sacaba cuando montaba a caballo. La paloma se le posaba en un hombro, o se posaba en la crin[11] o las ancas del caballo. Llegó a conocerme y a quererme a mí también. A veces la paloma andaba conmigo. Volaba y volvía. La paloma era otro puente sentimental entre nosotros dos. Hoy me conoció. De inmediato se posó en mi hombro. Su cucurucú[12] sensual en mi oído era un mensaje de amor de su dueña.

Era gringa Shirley pero hablaba el español igual que yo. Esto era lo ordinario en Tierra Amarilla. Casi todos los gringos de entonces hablaban español. Eramos una sola sociedad. Nos llevábamos muy bien.

Chistes y bromas. Risas y más risas. Coqueteos[13] fugaces. Preguntas intencionadas. Contestaciones inesperadas. La fiesta en su apogeo[14].

De pronto el ganado se asusta. Se azota de un lado a otro. Se viene sobre nosotros como en olas. Balidos de terror. Algo está espantando al ganado.

Cojo[15] el rifle. Le digo a Shirley, "Ven conmigo." Vamos de la mano. Al doblar un arbusto nos encontramos con un oso. Ha derribado una oveja. Le ha abierto las entrañas. Tiene el hocico ensangrentado. Estamos muy cerca.

Ordinariamente el oso huye cuando se encuentra con el hombre. Hay excepciones: cuando hay cachorros, cuando está herido, cuando ha probado sangre. Entonces se pone bravo. Hasta un perro se pone bravo cuando está comiendo.

Éste era un oso joven. Tendría dos o tres años. Éstos son más atrevidos y más peligrosos. Le interrumpimos la comida. Se enfureció. Se nos vino encima[16].

Los demás se habían acercado. Estaban contemplando el drama. El oso se nos acercaba lentamente. Se paraba. Se sacudía la cabeza y gruñía[17]. Nosotros reculábamos[18] poco a poco. Hasta que topamos con un árbol caído. No había remedio. Tendríamos que confrontarnos con el bicho[19].

Nadie hizo por ayudarme. Nadie dijo nada. Las muchachas calladas. Nada de histeria. Quizás si hubiera estado solo habría estado muerto de miedo. Pero allí estaba mi novia a mi lado. Su vida dependía de mí. Los otros me estaban mirando.

Nunca me he sentido tan dueño de mí mismo. Nunca tan hombre, nunca tan macho. Me sentí primitivo, defendiendo a mi mujer. Ella y los demás tenían confianza en mí.

---

7 I shudder **8** vulgarities **9** side of lamb **10** dove **11** mane **12** cooing **13** flirtations **14** peak **15** I grab **16** charged us **17** was growling **18** backed up **19** animal

Alcé**20** el rifle. Apunté. Firme, seguro. Disparé. El balazo entró por la boca abierta y salió por la nuca. El balazo retumbó por la sierra. El oso cayó muerto a nuestros pies. Shirley me abrazó. Quise morirme de felicidad.

Desollé**21** al animal yo mismo. Sentí su sangre caliente en mis manos, y en mis brazos. Me sentí conquistador.

En una ocasión le había regalado yo a Shirley un anillo que mi madre me había dado a mí. En otra una caja de bombones. En esta ocasión le regalé la piel de un oso que ella conoció en un momento espantoso. Cuando se fue se llevó la piel bien atada en los tientos de la silla.

Pasaron los años. Yo me fui a una universidad, ella, a otra. Eso nos separó. Después vino una guerra que nos separó más. Cuando un río se bifurca en dos, no hay manera que esos dos ríos se vuelvan a juntar.

No la he vuelto a ver desde esos días. De vez en vez**22** alguien me dice algo de ella. Sé que se casó, que tiene familia y que vive muy lejos de aquí. Yo me acuerdo con todo cariño de vez en vez de la hermosa juventud que compartí con ella.

Recientemente un viejo amigo me dijo que la vio allá donde vive y conoció a su familia. Me dijo que en el suelo, delante de la chimenea tiene ella una piel de oso. También ella se acuerda.

20 I raised   **21** I skinned   **22** once in a while

Comprensión FL.A.2.3.3

B Contesta las preguntas basándote en lo que leíste.
1. ¿Cuántos años tenían los personajes del cuento?
2. ¿Qué hicieron cuando llegaron los amigos al campamento?
3. ¿Dónde conoció el narrador a su novia Shirley?
4. ¿Por qué no huyó el oso al ver al narrador con el rifle?
5. ¿Por qué se separaron el narrador y Shirley? ¿Con qué compara el narrador las vidas de estos jóvenes separados?
6. ¿Recordó Shirley esta experiencia años después?

Pasó así FL.A.2.3.3

C Contesta **cierto** o **falso**.
1. Abrán y el narrador guiaban caballos por la sierra.
2. Los amigos de Abrán y del narrador fueron a visitarlos en la sierra.
3. Shirley era la novia del narrador.
4. Shirley no hablaba español.
5. Un oso mató una oveja para comérsela.
6. El narrador lanzó piedras al oso y huyó.

Después de leer FL.A.3.4.2

D ¿Te has separado poco a poco de un(a) amigo(a) alguna vez? ¿Cómo ocurrió? ¿Cómo te sentiste? Compara tus experiencias con un(a) compañero(a). Revisen sus apuntes del cuento y hagan un resumen de la historia juntos.

Interactive
TUTOR

FCAT Writing Focus

LA.B.1.4.1 Select and use appropriate prewriting strategies, such as outlines

Taller del escritor

Leamos y escribamos

ESTRATEGIA

para escribir When writing an essay, write an outline first. Your outline should include a topic and subtopics. In an outline, subtopics are labeled with Roman numerals. The points you want to mention within these subtopics can be outlined with numerals or letters.

FL.A.3.4.2

La amistad es para siempre

¿Has tenido que separarte de un(a) amigo(a) alguna vez? ¿Qué pasó? ¿Cuál fue la razón por la que se dejaron de hablar o de verse? ¿Cómo te sentiste? ¿Has vuelto a ver a tu amigo(a) desde entonces? Escribe un ensayo de dos o tres párrafos sobre tus experiencias.

> **Amistades perdidas**
> I.   ¿Por qué se separan los amigos?
>   1. la familia se muda
>   2. forman nuevas amistades
>   3. se van a la universidad/cambian de colegio
>
> II. ¿Cómo me sentí?
>   1. extraño
>   2. triste
>
> III. El futuro
>   1. no he vuelto a saber de mi amigo(a)
>   2. me gustaría volver a ver a mi amigo(a)

1 Antes de escribir

Antes de empezar, haz una lista de las razones por las que se pueden separar los amigos. Después anota cómo te sentiste cuando te separaste de tu amigo(a). Luego apunta tus ideas sobre el futuro de tu amistad con él o ella.

2 Escribir un borrador

Empieza a escribir tu ensayo. Asegúrate de que tu ensayo tenga párrafos definidos y detalles relacionados a los temas.

3 Revisar

Revisa tu ensayo y corrige los errores de gramática u ortografía. Verifica que tus párrafos estén bien formados y que contengan las ideas de tu borrador.

4 Publicar

Comparte tu ensayo con tus compañeros de clase. Comparen sus experiencias y hablen de lo que aprendieron de su experiencia.

Prepárate para el examen

Interactive **TUTOR**

1 Di si a cada persona le gusta la actividad que está haciendo. Escribe una oración para cada foto. ➤ **FL.A.2.2.7**

1. Manolo

2. Olga

3. Emilio y Felipe

➤ **FL.A.2.2.7**

---

1 Vocabulario 1
• expressing interest and displeasure
• inviting someone to do something
pp. 50–55

2 Gramática 1
• imperfect
• **ir a** + infinitive in the imperfect
• **nosotros** commands
pp. 56–61

3 Vocabulario 2
• describing the ideal friend
• expressing happiness and unhappiness
pp. 64–69

---

2 Completa cada oración con la forma correcta del imperfecto.

1. De niña, me la ═══ (pasar) jugando al volibol.
2. lba a jugar ayer, pero ═══ (estar) muy cansada.
3. Nosotros ═══ (ver) los partidos de fútbol todos los días.
4. A veces nosotros ═══ (ir) a ver los partidos en vivo.
5. De niño yo ═══ (hacer) senderismo de vez en cuando.
6. Cuando tú ═══ (tener) cinco años, estabas loca por los rompecabezas.

3 Completa las oraciones con una palabra o una frase del cuadro.

➤ **FL.A.2.3.1**

celoso	tenemos mucho en común	creído
dejó plantado	tuvimos un malentendido	chismosa

1. A Lorenzo no le gustan las mismas películas ni las mismas actividades que a mí. Nosotros no ═══.
2. Tenía planes con Rosa el sábado. Íbamos a ver una película a las siete pero ella nunca llegó. Me ═══.
3. María siempre le está contando los secretos de otras personas a todo el mundo. Ella es muy ═══.
4. Pablo discute mucho con Diana porque no le gusta cuando sale con otros amigos. Creo que él es demasiado ═══.
5. Eduardo solamente habla de sí mismo y piensa que siempre tiene la razón. Es muy ═══.
6. Nancy estaba enojada porque pensó que no la invité a mi fiesta. Pero ═══. Yo pensé que ella no quería venir.

4 Completa cada oración con la palabra correcta. ⬎FL.A.2.2.7

1. (La/Le) quiero regalar algo a Julia para su cumpleaños.

2. Pero no hay nada en esta tienda que me (guste/gusta).

3. Me molesta que Andrés no me (ayude/ayuda) a buscar el regalo.

4. (Le/Lo) llamé hoy y me dijo que no tenía tiempo.

5. Tengo que buscarme un novio que (sea/es) más solidario.

6. (Le/Lo) voy a decir que no quiero seguir en esta relación.

5 Contesta las preguntas. ⬎FL.B.1.3.4

1. ¿A qué hora suelen cenar los españoles? ¿Cómo son las tapas?

2. Cuando los españoles salen por la noche, ¿qué suelen hacer?

3. ¿Qué tipos de música son populares en España?

4. Nombra dos lugares donde se puede hacer senderismo en España.

5. ¿De qué parte de España se origina el jai-alai?

⬎FL.A.2.3.2

6 Escucha mientras Maribel y Alejandro hablan sobre lo que buscan en un(a) novio(a). Escribe una lista de las cualidades que busca Maribel, y otra lista de las que busca Alejandro.

4 Gramática 2
- object pronouns
- subjunctive with the unknown or non-existent
- subjunctive with expressions of feelings
pp. 70–75

5 Cultura
- **Comparaciones** pp. 62–63
- **Lectura cultural** pp. 78–79
- **Notas culturales** pp. 52, 61, 74

Prepárate para el examen

7 Basándote en los dibujos, describe lo que pasa. ⬎FL.A.3.3.2

a.

b.

c.

d.

Gramática 1
- imperfect
  pp. 56-57
- **ir a** + infinitive in the imperfect
  pp. 58-59
- **nosotros** commands
  pp. 60-61

Repaso de Gramática 1

Use the imperfect to talk about what someone used to do, how things used to be, or what happened in general. The only verbs with irregular forms are **ir, ser,** and **ver.**

-ar verbs		-er/-ir verbs	
hablaba	hablábamos	salía	salíamos
hablabas	hablabais	salías	salíais
hablaba	hablaban	salía	salían

Use **ir a + infinitive** in the **imperfect** to state what someone *was going to do.* **Ir a + infinitive** is followed by a verb in the **preterite** when the second verb describes a specific completed action in the past, and by the **imperfect** when the second verb describes an ongoing condition or state in the past.

> **Íbamos a caminar** pero **empezó** a llover.

> **Iba a salir** pero **estaba** cansada.

Use the **nosotros** form of the present subjunctive for **nosotros commands.** When **nos** is attached to the end of a command form, drop the **-s** from the **-amos** or **-emos** ending and add an accent mark.

> **Veamos** la película primero y **almorcemos** luego en alguna parte.

> Tenemos que salir temprano mañana. **Despertémonos** a las seis.

The verb **ir** has an irregular affirmative nosotros command form, **vamos,** and a regular negative command form, **no vayamos.**

Gramática 2
- object pronouns
  pp. 70-71
- subjunctive with the unknown or non-existent
  pp. 72-73
- subjunctive with expressions of feelings
  pp. 74-75

Repaso de Gramática 2

For a review of object pronouns, see page 70.

The subjunctive is used when the person or thing being referred to (the antecedent) is unknown or nonexistent.

> Busco un **profesor** que **sepa** inglés.

> No hay **nadie** en la clase que **entienda** la tarea.

> ¿Conoces a **unos chicos** que **tengan** tiempo para ayudarnos?

The subjunctive is used with expressions that convey feelings: me alegra que, temo que, es triste que, siento que, me molesta que, me frustra que, me sorprende que, me preocupa que, me irrita que.

> **Es triste que** Paula **esté** enferma.

> **Me alegra que vayamos** todos juntos.

Repaso de Vocabulario 1

Expressing interest and displeasure

aburrir	*to bore*	los **juegos de computadora**	*computer games*
aguantar	*to stand, to tolerate*	el **kárate**	*karate*
¿Ah, sí? Pues, yo creo que...	*Really? Well, I think . . .*	Los/Las... me (te, le...) dejan frío(a).	*The . . . don't do anything for me (you, him/her . . .)*
las **artes marciales**	*martial arts*	Pues, la verdad es que...	*Well, the truth is that . . .*
el **atletismo**	*track and field*	pasarlo bien/mal	*to have a good/bad time*
el **boliche** (jugar al boliche)	*bowling (to bowl)*	remar	*to row*
el **ciclismo** (practicar ciclismo)	*biking (to bike)*	el **rompecabezas**	*puzzle*
el **dominó**	*dominoes*	el **remo** (remar)	*rowing (to row)*
Eres muy bueno(a) para... ¿verdad?	*You're really good at . . . aren't you?*	el **salto de altura**	*high jump*
la **escalada deportiva**	*rock climbing*	el **senderismo** (hacer senderismo)	*hiking (to hike)*
escalar	*to climb*	Sí, me la paso... Estoy loco(a) por...	*Yes, I'm always doing . . . I'm crazy about . . .*
la **esgrima**	*fencing*	Soy un(a) gran aficionado(a) a...	*I'm a big . . . fan.*
esgrimir	*to fence*	¿Qué deporte te gusta a ti?	*What sport do you like?*
estar loco(a) por	*to be crazy about*	el **tiro con arco**	*archery*
estupendo(a)	*marvelous*		
fanático(a)	*fan*		
genial	*great*		
el **jai-alai**	*jai-alai*		

Inviting someone to do something . . . . *See p. 54.*

Repaso de Vocabulario 2

Describing the ideal friend

abierto(a)	*open*	inseguro(a)	*insecure*
amigable	*friendly*	leal	*loyal*
la **amistad**	*friendship*	maleducado(a)	*rude, ill-bred*
atento(a)	*helpful*	mentir (ie, i)	*to lie*
apoyar	*to support*	¿Qué buscas en un(a) novio(a)?	*What do you look for in a boyfriend/girlfriend?*
Busco a alguien a quien le guste(n)... y que sepa algo de...	*I'm looking for someone who likes . . . and knows something about . . .*	querer (ie) a	*to love (someone)*
celoso(a)	*jealous*	resolver (ue) un problema	*to resolve a problem*
chismear	*to gossip*	respetar	*to respect*
chismoso(a)	*gossipy*	romper con	*to break up with*
un(a) **conocido(a)**	*acquaintance*	seco(a)	*cold, unfriendly*
confiable	*reliable*	los **sentimientos**	*feelings*
confiar en	*to trust*	solidario(a)	*supportive*
¿Cómo debe ser un(a) buen(a) amigo(a)?	*What should a good friend be like?*	tener celos de	*to be jealous of*
contar (ue) con	*to count on (someone)*	tener fama de ser	*to be known to be*
creído(a)	*arrogant*	tener un malentendido	*to have a misunderstanding*
criticón, criticona	*critical, judgmental*	tener mucho/algo/nada en común	*to have much/something/ nothing in common*
dejar plantado(a) a alguien	*to stand someone up*	terco(a)	*stubborn*
desleal	*disloyal*	tolerante	*tolerant*
generoso(a)	*generous*	Un(a) buen(a) amigo(a) debe apoyarme y... No debe...	*A good friend should support me and . . . He/She shouldn't . . .*
grosero(a)	*rude, vulgar*	(no) valer la pena	*to (not) be worth it*
guardar los secretos	*to keep secrets*		
hacer las paces	*to make up*		
honesto(a)	*honest*		

Expressing happiness and unhappiness. . . . . *See p. 68.*

Integración

capítulos 1–2

1 Escucha lo que dice cada persona y escoge el comentario **FL.A.2.3.2** que corresponde a cada foto. Luego, escribe el nombre del deporte que está practicando.

A

B

C

D

2 Lee la carta y contesta las preguntas. **FL.A.2.3.1**

Querida Pamela,

Siento no haber hecho senderismo con Uds. el sábado. Iba a ir, pero recordé que tenía planes con mi novio Tomás. Me invitó a un partido de jai-alai y no quería dejarlo plantado. De niña, estaba loca por el jai-alai, pero la verdad es que el partido el sábado me dejó fría. Él quiere ir el próximo sábado también. Le dije a Tomás que no quiero ir a otro partido porque me aburre el jai-alai y quiero hacer algo contigo. Él es muy celoso y se enfadó conmigo. Me dan ganas de llorar porque él debe respetar mis sentimientos. Creo que simplemente es muy inseguro. Pero no vale la pena hacer algo que no me gusta solamente porque él sea inseguro. Así que, hagamos algo tú y yo. Practiquemos ciclismo, ¿vale? Tengo una bicicleta nueva y es formidable.

Hasta pronto,
Carmen

1. ¿Por qué no hizo Carmen senderismo el sábado?
2. ¿Cómo ha cambiado la opinion de Carmen acerca del jai-alai?
3. ¿Por qué se enfadó Tomás con Carmen?
4. ¿Qué tipo de persona es Carmen?
5. ¿Crees que Tomás es un buen novio? ¿Por qué?
6. ¿Qué quiere hacer Carmen con Pamela? ¿Por qué?

3 En grupos de cuatro, dramaticen la siguiente situación. Una persona quiere salir este fin de semana y está buscando a alguien que lo/la acompañe. La persona invita a varios amigos a salir, pero todos tienen planes. ◥ **FL.A.1.2.3, FL.B.1.4.1**

4 Mira la pintura y escribe cuatro oraciones para describir lo que a la gente le gustaba hacer para divertirse en España en el siglo XIX. Luego, escribe cuatro oraciones para describir lo que a ti te gusta hacer para divertirte. ◥ **FL.B.1.3.4**

Benchmark Focus

FL.B.1.3.4 Identify and discuss various aspects of the target culture

Feria de Santiponce, 1855 by Manuel Rodríguez de Guzmán. 125 x 196 cm. Derechos Reservados ©Museo Nacional del Prado, Madrid.

Feria de Santiponce **de Manuel Rodríguez de Guzmán (1818–1867)**

5 Tus amigos quieren arreglar una cita *(date)* con alguien que no conoces. Pero quieren saber qué buscas en un(a) novio(a) para poder elegir a la persona perfecta. Describe en un párrafo a tu novio(a) ideal y lo que te gustaría hacer durante la cita. ◥ **FL.A.3.3.1**

6

Situación

En parejas, escojan una de las siguientes situaciones y dramatícenla. ◥ **FL.A.1.2.3**

A. Le contaste un secreto a tu novio(a) y él o ella se lo contó a todo el mundo. Habla con tu novio(a) y dile cómo te sientes.

B. Invitaste a un(a) amigo(a) a jugar al boliche, y te dejó plantado(a). Habla con tu amigo(a) y explícale cómo te sientes. Deja que tu amigo(a) te explique lo que pasó.

Capítulos 3 y 4

Geocultura
El Caribe

El Caribe

▲ **El observatorio de Arecibo,** en Puerto Rico, es el telescopio de un solo plato más grande del mundo. Mide 305 metros de diámetro. Con la ayuda del telescopio, los científicos han descubierto planetas. ❷

▶ **La costa de La Habana, Cuba,** está llena de hoteles modernos y rascacielos, mientras las edificaciones y calles de la Vieja Habana están en necesidad de reparación para conservar su historia colonial. Este contraste entre lo moderno y lo antiguo es común en las islas del Caribe. ❶

◀ **Las aguas del mar Caribe** son perfectas para una gran variedad de deportes acuáticos, como navegar en barcos de vela, bucear, pescar o esquiar. Millones de turistas, de Estados Unidos y Europa principalmente, llegan a las islas del Caribe cada año.

Almanaque

Países y territorios caribeños de habla hispana
Puerto Rico, 3.957.988 (San Juan)
Cuba, 11.224.321 (La Habana)
La República Dominicana, 8.721.594 (Santo Domingo)

Industrias principales
café, azúcar, plátanos, cacao, fármacos y químicos, textiles, turismo

¿Sabías que...?
En la Florida están establecidos cientos de miles de caribeños, muchos de ellos de Cuba, Puerto Rico, Haití y la República Dominicana. Hoy día, Miami es considerado el centro económico del Caribe.

▲ **El Alcázar de Colón** se construyó en 1509 con la llegada a Santo Domingo del gobernador Diego Colón, hijo de Cristóbal Colón. Hoy el Alcázar sirve de museo. Cada uno de los veintidós cuartos está amueblado con piezas históricas y antigüedades. ③

▼ La rana más pequeña del hemisferio norte, el **Eleutherodactylus iberia,** se descubrió en el bosque tropical de Cuba en 1996. Sólo mide un centímetro, lo que hace que su nombre sea tres veces más largo que su cuerpo. ④

FLORIDA
(EEUU)

⑤ ①

④

BAHAMAS

CUBA

OCÉANO ATLÁNTICO

G R A N D E S

REPÚBLICA
DOMINICANA

HAITÍ

③

HISPANIOLA

PUERTO
RICO

JAMAICA

A N T I L L A S

MAR CARIBE

▼ Tradicionalmente, los productos agrícolas, como el plátano, la piña, el azúcar y el café que ves en esta foto del oeste de Cuba, eran las exportaciones principales del Caribe. Hoy **la economía de las islas** se ha diversificado para incluir productos tecnológicos, textiles y equipo médico. ⑤

▲ **Huracanes** Cada año la gente del Caribe vive con la posibilidad de gran destrucción causada por las tormentas tropicales. Inundaciones, fallos de electricidad y la destrucción de casas ocurren con frecuencia, como se ve aquí en La Habana. ①

Época precolombina 🔾FL.C.1.3.1

Los taínos se establecieron en las Grandes Antillas hace más de dos milenios. Cazaban pequeños animales y cultivaban cosechas como la yuca, el maíz, la calabaza y los cacahuetes. Los caribes, una tribu más agresiva que había conquistado las Pequeñas Antillas, atacaban a los taínos con frecuencia. **Investiga la distancia que hay entre las Grandes y las Pequeñas Antillas.**

Siglo XVI 🔾FL.C.2.3.3

En el siglo XVI los españoles construyeron **fortalezas** en Puerto Rico, Cuba, la Hispaniola y Cartagena de Indias para protegerse de los ataques de Holanda, Inglaterra, Francia y de varios grupos de piratas. Los marineros de barcos cargados con oro se reunían en La Habana, y como medida de seguridad, cruzaban el Océano Atlántico en caravanas. **¿Por qué crees que era más seguro viajar en caravana?**

🔾FL.C.2.3.3 **1492**

Cristóbal Colón llegó a la isla de San Salvador en las Bahamas en 1492 y tomó posesión del archipiélago en nombre de los Reyes de España. **¿Qué significaba esto para España?**

1500–1880 🔾FL.D.2.4.4

Barcos llenos de esclavos provenientes del continente africano cruzaron el Océano Atlántico y llegaron a las islas del Caribe, cambiando la demografía de las islas. **La herencia africana** transformó la expresión artística, literaria y cultural de la región. **Investiga cómo se ve esta influencia hoy día en el Caribe.**

¿Sabías que...?

Los primeros habitantes de la Hispaniola llegaron a la isla en piraguas desde Sudamérica alrededor de 2.600 a.C., aprovechando la corriente del Atlántico.

| 1800 | 1900 | 2000 |

1959 FL.D.2.3.4

Después de la toma de poder de Fidel Castro en 1959, miles de cubanos se refugiaron en Estados Unidos. Entre 1965 y 1973 más de 260.000 refugiados cubanos llegaron a Estados Unidos. En la década de los ochenta de nuevo hubo un éxodo de gente en embarcaciones. **La flotilla de Mariel** trajo a más de 125.000 cubanos a las costas de la Florida. **¿Cómo cambiaron los refugiados cubanos la cultura de la Florida? Busca ejemplos.**

FL.C.1.3.1 1822

En 1822 los haitianos invadieron la República Dominicana y mantuvieron control de toda la isla durante veintidós años. La Trinitaria, un movimiento revolucionario encabezado por **Juan Pablo Duarte,** fue esencial en lograr la independencia de la República Dominicana en 1844. **¿Cómo se llama la isla que comparten Haití y la República Dominicana?**

1899–1953 FL.C.2.3.3

El Regimiento 65, fundado en 1899, fue un grupo de infantería compuesto de puertorriqueños que lucharon voluntariamente en **la Primera Guerra Mundial** al lado de Estados Unidos. También participó en campañas importantes de **la Guerra de Corea.** Cuatro soldados del regimiento recibieron la Cruz de Servicio Distinguido y 124 de ellos recibieron la Estrella de Plata. **¿Por qué crees que los soldados puertorriqueños se hicieron voluntarios estadounidenses en la Primera Guerra Mundial?**

FL.D.2.3.4 1898

España perdió las islas de Puerto Rico y Cuba a Estados Unidos en la **Guerra Hispano-norteamericana** de 1898. El acorazado de España, la Infanta María Teresa, salió derrotado del puerto de Santiago de Cuba, marcando el fin de la época colonial de España. **¿Qué países lucharon en la Guerra Hispano-norteamericana?**

El arte del Caribe

Precolombino ⟍ FL.B.1.3.5

Los taínos impresionaron a los españoles con su compleja y rica cultura. Ollas, joyas, muebles y otros artefactos precolombinos se encuentran en el Museo del Hombre Dominicano en Santo Domingo. **¿Para qué crees que los taínos usaban este mueble?**

Santos Figurines by Mariem Dalel

⟍ FL.C.2.3.3   Artesanía colonial

Las esculturas elaboradas de madera fina son muy típicas de la isla de Puerto Rico. **¿Por qué crees que la madera es tan usada en la artesanía de Puerto Rico?**

⟍ FL.C.2.3.3   1880

Jungla Cubana fue pintado por el artista cubano **Esteban Chartrand** (1840–1884). Educado en Francia, Chartrand era un pintor muy de moda por sus paisajes tropicales reflejando el romanticismo europeo. **¿Qué te parece «romántico» en este cuadro?**

1893   ⟍ FL.C.2.3.2

En *El Velorio,* pintado en 1893 por el puertorriqueño **José Francisco Oller y Cesteros,** se celebra la muerte de un niño con bailes. Pero también se ve la tristeza profunda de la familia. **¿Por qué crees que hay celebración y tristeza al mismo tiempo?**

¿Sabías que...?

La mañana verde (1943), obra de Wifredo Lam, alcanzó un precio de $1.267.500 en una subasta de Sotheby's en 1998.

Visit Holt Online

go.hrw.com

KEYWORD: EXP3 CH3

Photo Tour ⬍

1950   2000

1940

El gallo es uno de muchos cuadros con el mismo protagonista, el gallo, pintado por el artista cubano **Mariano Rodríguez** (1912–1990) en los años 1940. Mariano, como se le conoce, considera que sus obras son más expresionistas que abstractas porque al empezar sus obras observa la realidad de los objetos. **¿Qué detalles de *El gallo* te** FL.C.1.3.1 **parecen tomados de la realidad?**

FL.C.2.3.3 **2000**

El cuadro *Cuatro Vientos* del pintor dominicano **Ramón Oviedo** (1924–) es un ejemplo del arte abstracto contemporáneo. **Describe el movimiento que ves en *Cuatro Vientos*.**

FL.C.1.3.1 **2002**

Óscar de la Renta, oriundo de la República Dominicana, ganó fama en el mundo de la moda trabajando en la casa de Elizabeth Arden en Nueva York. **Investiga qué elementos de una educación artística son necesarios en la carrera de diseño de modas.**

FL.C.2.3.3 **1950**

El artista cubano **Wifredo Lam** (1902–1982) estudió arte en Madrid, España. Se ve la influencia del surrealismo de Pablo Picasso en esta obra, *Rumblings of the Earth* (1950). **Compara el estilo de este cuadro con *Guernica* de Picasso. Busca la obra de Picasso en la biblioteca. ¿En qué se parecen?**

Todo tiene solución

OBJETIVOS

In this chapter you will learn to
- complain
- express an opinion and disagree
- make suggestions
- apologize

And you will use
- verb + infinitive
- subjunctive with will or wish
- subjunctive with negation or denial
- future tense
- conditional

¿Qué ves en la foto?

- **¿Cómo se sienten estas personas?**

- **¿De qué están hablando?**

- **¿Has tenido una experiencia similar? ¿Qué hiciste?**

 Look for the next to each activity and the **Benchmark Focus** to help you achieve the goals of the **Florida Sunshine State Standards,** found on pages FL14–FL16.

Amigos discutiendo en la República Dominicana

Vocabulario
en acción 1

Lo que piensa la gente

Me molestan **los estereotipos** sobre la gente que estudia mucho; tenemos **fama** de ser todos muy serios y secos. Me parece que a veces algunas personas tienen **una impresión equivocada** de mí. En realidad, me gusta pasarlo bien como cualquier otro estudiante.

Uno de mis primos tenía **una actitud hacia** las mujeres que me chocaba. Pensaba que las chicas no debían ser atléticas. Imagínate... ¡qué **falta de respeto!** Le dije que eso era **un estereotipo** del pasado; para **combatirlo,** lo invité a jugar al tenis conmigo ¡y le gané 6 a 0! Ahora me **respeta** y no dice esas cosas.

Para mí, **la imagen** del latino en la televisión y el cine estadounidense es bastante negativa. Me parece que **la discriminación** y **el prejuicio** que hay contra nosotros en Estados Unidos se debe en parte a esto. Las personas que no conocen a ningún latino ven esas imágenes y por su **ignorancia,** ellos **juzgan** mal a todos los latinos.

Mis cursos para este semestre

Vocabulario 1

> Este **semestre** me estoy preparando para ir a **la universidad**. Tengo **un horario** difícil, y **la consejera** me dice que no puedo **suspender** ningún **curso** si quiero entrar a **la universidad**.

También se puede decir...

In Florida, you may hear different words for **suspender**. Hondurans might use **reprobar**, some Ecuadoreans prefer **fallar**, Puerto Ricans might say **colgar**, and among Venezuelans, you may hear **raspar**.

HORA	LUNES	MARTES	MIÉRCOLES	JUEVES
8:00 — 9:00	cálculo	cálculo	cálculo	cálculo
9:00 —10:00	ciencias sociales	geografía	ciencias sociales	geografía
10:00 —11:00	física	física	física	física
11:00 —12:00	música	arte	música	arte
12:00 —12:30	almuerzo	almuerzo	almuerzo	almuerzo
12:30 — 1:30	literatura caribeña	educación física	literatura caribeña	educación física
1:30 — 2:30	francés	francés	francés	francés

Más vocabulario...

el álgebra *(f.)*	*algebra*
aprobar (ue)	*to pass (a test, a class)*
el director, la directora	*principal*
la geometría	*geometry*
tomar apuntes	*to take notes*

¡Exprésate!

To complain

Me choca la actitud de... hacia... ¡No aguanto más!
I can't stand the attitude of . . . towards . . . I can't take it anymore!

El (La) consejero(a) insiste en que tome... ¡No me gusta para nada!
The guidance counselor insists that I take . . . I don't like it at all!

¿Mañana vamos a tener otra prueba en...? ¡Esto es el colmo!
We're going to have another test in . . . tomorrow? This is the last straw!

Interactive TUTOR

Vocabulario y gramática, pp. 25–27 | Online workbooks

▶ **Vocabulario adicional** — Los estudios, p. R16

1 Impresiones equivocadas · FL.A.2.3.2

Escuchemos Escucha la opinión de Kim. Basándote en lo que dice, indica si cada oración es **cierta** o **falsa.**

1. Kim está de acuerdo con los estereotipos sobre los asiáticos.
2. Los asiáticos tienen fama de ser muy extrovertidos.
3. La gente suele tener prejuicios sobre las cosas que no conoce.
4. Kim cree que sus compañeros tienen prejuicios porque son malas personas.
5. A Kim sólo le gusta estudiar matemáticas.
6. Kim cree que una manera de combatir la discriminación es conocer a personas de diferentes culturas.

2 Los estereotipos · FL.A.2.3.1

Leamos/Escribamos Un estudiante escribió este párrafo acerca de los estereotipos sobre los miembros de la banda. Completa el párrafo con las palabras del cuadro.

ignorancia	prejuicios	imagen negativa	equivocada
fama	respeto	estereotipo	juzga

No entiendo por qué los miembros de la banda tienen una ___1___. Mucha gente tiene una impresión ___2___ de ellos. Tienen ___3___ de ser muy aburridos, pero esto es un ___4___. Yo los ___5___ mucho porque tienen un talento especial y pasan mucho tiempo ensayando *(rehearsing)*. Además, los miembros de la banda son los estudiantes más divertidos e interesantes que conozco. La gente también los ___6___ mal y cree que no son deportistas, pero más de la mitad del grupo practica algún deporte. De hecho, ¡el capitán del equipo de béisbol está en la banda! Obviamente muchos estudiantes saben poco de los miembros de la banda y es por su ___7___ que tienen estos ___8___.

3 En mi opinión · FL.A.3.3.1

Escribamos/Hablemos Completa las oraciones con tus opiniones, usando las palabras de **Vocabulario** y las expresiones de **Exprésate.**

1. El estereotipo que más me molesta es...
2. Creo que tenemos que combatir...
3. Me parece que la gente a veces juzga...
4. Me choca la actitud de... hacia...
5. Es muy importante respetar a...
6. Muchas veces los prejuicios son el resultado de...
7. Cuando alguien tiene una impresión equivocada de mí...
8. Si queremos evitar la discriminación, es necesario...

Estudiantes puertorriqueños, Guánica

Benchmark Focus
FL.B.1.3.4 Identify and discuss various aspects of the target culture

Nota cultural

Desde 1898 hasta 1948, el gobierno de Estados Unidos insistió que en Puerto Rico sólo se dieran las clases en inglés. Hoy en día todos los estudiantes aprenden inglés y español en el colegio. Más del 20 por ciento de los puertorriqueños van a colegios privados, un porcentaje más alto que en Estados Unidos.

¿Es así donde tú vives?
· FL.B.1.3.4

4 **Mis cursos este semestre** FL.A.2.3.2

 Escuchemos Escucha lo que dice Roberto sobre los cursos que tiene este semestre. Escribe el nombre de los cinco cursos que menciona e indica si le gusta cada uno o no.

5 **¿Qué pasa aquí?** FL.A.2.3.1

Leamos/Hablemos Mira los dibujos y decide qué comentario va con cada uno.

a.

b.

c.

d.

e.

f.

1. Aunque mucha gente crea que no, a mi parecer los jóvenes de hoy sí respetan a los mayores.
2. Este rompecabezas es imposible. ¡No aguanto más!
3. Es un estereotipo que las mujeres no pueden competir con los hombres en los deportes.
4. Me choca la ignorancia de los estudiantes sobre la geografía.
5. Nuestra universidad es la más vieja del estado.
6. Tenemos cinco libros para la clase de literatura. ¡Esto es el colmo!

Benchmark Focus

FL.A.2.3.1 Comprehend and interpret the content of authentic, written materials selected according to the topic and vocabulary

 HOLT **SoundBooth** ONLINE RECORDING

6 **¡No sólo para hombres!** FL.A.1.3.1

Hablemos En parejas, dramaticen la siguiente situación. Una estudiante quiere tomar clases de cálculo, pero sus padres prefieren que tome clases de literatura porque ellos creen que las matemáticas son sólo para los hombres.

Jóvenes de San Juan, Puerto Rico

¡Las chicas toman la iniciativa!

CARMEN Ofelia, ¿ya invitaste a Miguel a salir?

OFELIA Todavía no, lo iba a hacer esta tarde.

DANIEL A mi parecer, las chicas no deben llamar a los chicos.

CARMEN ¿Nunca, dices?

OFELIA No le hagas caso a mi hermano, Carmen; es un tonto en estos asuntos.

DANIEL Bueno, si son amigos o si ya son novios, está bien. Pero si la chica llama al chico para invitarlo a salir, da muy mala impresión.

OFELIA ¡Qué va! Eso no es cierto, Daniel. Hay muchas chicas que toman la iniciativa.

DANIEL Quizás, pero vuelvo a repetir, da muy mala impresión.

CARMEN No estoy de acuerdo contigo. Al contrario, según lo que me han dicho muchos amigos, les gusta que las chicas los llamen para invitarlos a salir.

DANIEL Pues, no me parece que digan la verdad.

OFELIA ¿Ah, sí? ¡Pues, me dijo tu novia que ella tomó la iniciativa y te llamó primero!

¡Exprésate!

To express an opinion	To disagree
A mi parecer, no hay igualdad entre... *The way I see it, there's no equality between . . .*	**¡Qué va! Eso no es cierto.** *No way! That's not true.*
No me parece que sea justo. *I don't think it's fair.*	**¡Al contrario! No estoy de acuerdo.** *On the contrary! I disagree.*

Interactive TUTOR

Vocabulario y gramática, pp. 25–27

Online workbooks

7 **¿Las chicas pueden llamar a los chicos?** FL.A.2.3.1

Benchmark Focus
FL.A.2.3.1 Comprehend and interpret the content of authentic, written materials selected according to the topic and vocabulary

Leamos/Escribamos   Basándote en la conversación entre Carmen, Ofelia y Daniel, contesta las preguntas.

1. ¿Cuál es la opinión de Daniel sobre las chicas que llaman a los chicos para invitarlos a salir?

2. ¿Carmen está de acuerdo con Daniel? ¿Qué piensa ella?

3. Según Daniel, ¿cuándo puede una chica llamar a un chico para invitarlo a salir?

4. ¿Por qué a Ofelia le choca la actitud de Daniel hacia las chicas que llaman a los chicos?

5. ¿Crees que Daniel tiene una impresión equivocada? ¿Por qué?

8 **¿Estás de acuerdo?** FL.A.2.3.2

Escuchemos   Escucha las conversaciones y decide si la segunda persona **a)** está de acuerdo o **b)** no está de acuerdo con lo que dice la primera persona.

Comunicación

9 **¿Cómo respondes?** FL.A.1.2.3, FL.A.2.3.1

Leamos/Hablemos   Mira las fotos y lee la opinión de cada persona. En grupos de tres, túrnense para responder a cada opinión usando las expresiones de **Exprésate.**

Me parece que los jóvenes de hoy no aprenden nada en el colegio. Su ignorancia es terrible. No hacen su tarea nunca y se la pasan en fiestas con sus amigos. Deben ser más responsables.

Hoy en día, los estudiantes no respetan a nadie. No escuchan a sus profesores y su actitud hacia los estudios es terrible. Es importante que ellos conozcan a chicos de otros países para que aprendan cómo son los estudiantes de otros lugares. Ellos sí respetan a sus profesores.

Los atletas son los peores estudiantes. Suspenden todos los exámenes y no les interesa ir a la universidad. Pienso que deben tomar cursos especiales y hablar con un consejero para que entiendan que la educación es muy importante.

Vocabulario 1

Objetivos
- Verb + infinitive
- Subjunctive with will or wish
- Subjunctive with negation or denial

Gramática *en acción* 1

GramaVisión

Interactive TUTOR

Repaso   Verb + infinitive

1 Some conjugated verbs are followed by a **preposition** plus an **infinitive**.

> La señora Villalobos **sueña con viajar** por el mundo.
>
> Rosa **va a trabajar** esta tarde a las cuatro.
>
> Luis **acaba de regresar** de Italia.

2 Other conjugated verbs do not require a preposition and are followed directly by an **infinitive.**

> Mis tíos **piensan llegar** a las once en punto.
>
> Yolanda **debe estudiar** más para mejorar sus notas.

3 Even if the verb is normally followed by the subjunctive, if the subject does not change, the second verb remains in the **infinitive.** If the subject does change, the second verb is in the **subjunctive.**

> *same subject*
>
> Carlos **espera sacar** buenas notas el semestre que viene.
>
> *first subject*   *second subject*
>
> Los profesores **esperan que** Carlos **saque** buenas notas.

Vocabulario y gramática, pp. 28–30
Actividades, pp. 21–23

Online workbooks

¿Te acuerdas?

The verb immediately following a **preposition** is *always* in the **infinitive.**

Elena necesita su libro **para estudiar.**

Van a cenar después **de terminar** su tarea de cálculo.

---

10 **¿Cómo será este semestre?**   FL.A.2.3.1

Leamos   Completa el párrafo con las preposiciones correctas. Si el verbo no requiere preposición, escoge Ø.

Carolina está nerviosa por el comienzo del semestre. Mañana todos los estudiantes empezarán ____**1**____ (a/de) inscribirse. Está nerviosa porque sus profesores suelen ____**2**____ (Ø/en) asignar muchas tareas difíciles. Carolina espera ____**3**____ (a/Ø) sacar muy buenas notas este semestre. Ella se pondrá ____**4**____ (a/en) estudiar muy duro y piensa ____**5**____ (de/Ø) trabajar en las tardes. Este semestre, Carolina y su amiga Nancy insisten ____**6**____ (de/en) estudiar juntas porque acaban ____**7**____ (de/Ø) escoger la misma clase de álgebra y van ____**8**____ (con/a) comparar apuntes.

11 **¿Qué hicieron?** FL.A.2.2.7

Escribamos Escribe dos oraciones para cada foto. Explica lo que hicieron esas personas y lo que hacen usando las siguientes frases.

MODELO **Fernando comenzó a correr después de clases.**

1. Fernando
comenzar a/dejar de

2. Eugenia
ponerse a/insistir en

3. Paula
aprender a/acabar de

4. Jaime
ayudar a/enseñar a

12 **¡Hagamos publicidad!** FL.A.2.2.7

Hablemos/Escribamos Eres miembro del Club Internacional de tu colegio y estás trabajando en los letreros para la feria cultural. Escribe oraciones que puedan aparecer en los letreros usando las palabras del cuadro y el mandato de **nosotros**. ♻ ¿Se te olvidó?
Nosotros commands, pp. 60–61

MODELO **luchar por**
Luchemos por la diversidad en nuestra escuela.

tratar de	ayudar a	soñar con
aprender a	dejar de	comenzar a

Comunicación

HOLT **SoundBooth**
ONLINE RECORDING

13 **Un cambio** FL.A.1.4.1, FL.B.1.4.1

Hablemos Rodrigo está hablando con su hermano sobre su primer semestre de colegio. En parejas, dramaticen la conversación entre Rodrigo y su hermano. Sigan el modelo.

MODELO —**Este semestre me tiene muy preocupado. Quiero aprobar mis cursos pero son muy difíciles. ¿Qué hago?**
—**Tienes que...**

insistir en	aprender a	tratar de	ir a
el horario	la literatura	la universidad	el semestre
aprobar	el/la consejero(a)	los cursos	empezar a

Benchmark Focus

FL.A.1.4.1 Interact in the target language in a number of true-life situations chosen from a variety of contexts

Gramática 1

Repaso — Subjunctive with will or wish

1 Use the **subjunctive** in subordinate clauses when there is a change in subject between the main and subordinate clauses and when the main clause expresses **will** or **wish**.

first subject   *second subject*

Mis amigos **insisten en** que yo no **llegue** tarde a las juntas.

Alberto **necesita** que Alicia le **ayude** con la tarea.

El profesor nos **dice** que **trabajemos** en grupos.

La directora **pide** que los padres **hablen** con el consejero.

2 As you know, when there is no change in subject with a **verb of will or wish,** the first verb is followed by the **infinitive**.

same subject

Mis amigos **insisten en llegar** temprano.

Alicia **necesita ayudar** a Alberto con la tarea.

> Vocabulario y gramática, pp. 28–30
> Actividades, pp. 21–23   **Online** workbooks

En inglés

In Spanish, the word **que** is necessary to separate clauses.

Sé que el examen es hoy.

In English, however, the word *that* can be omitted.

I know (that) the exam is today.

Give another instance in English in which *that* can be omitted.
🔖 **FL.D.1.3.2**

En Cuba, el colegio es obligatorio, pero gratis, desde los seis años hasta los quince años. Después de los quince años, los jóvenes deciden si quieren trabajar o seguir con sus estudios. Pero sigue siendo gratis, no importa cuántos años estudien. Uno puede graduarse de la universidad sin pagar ni un centavo.

¿Cómo se compara este sistema con el de Estados Unidos? 🔖 **FL.B.1.3.4**

14 El nuevo semestre 🔖 FL.A.2.2.7

Leamos/Escribamos Completa las siguientes oraciones con la forma correcta del verbo entre paréntesis.

1. Los estudiantes esperan que sus horarios no ===== (ser) muy complicados.
2. Los profesores insisten en que los estudiantes ===== (tomar) buenos apuntes.
3. Los estudiantes esperan que los profesores no ===== (dar) muchos exámenes.
4. Los estudiantes piden que sus profesores ===== (tener) buen sentido del humor.
5. Los padres quieren que sus hijos ===== (sacar) buenas notas.
6. La directora espera que los alumnos ===== (ir) a la universidad después de graduarse.

15 Hablando del futuro 🔖 FL.A.2.3.2

Escuchemos Escucha las siguientes oraciones acerca de Antonio. Para cada oración, determina si se trata
a) de algo que Antonio quiere, espera o necesita, o
b) de algo que otra persona espera, quiere o necesita de Antonio.

16 **Un año nuevo** FL.A.2.2.7

Escribamos Escribe seis oraciones con las palabras de cada columna. Añade tus propios detalles.

MODELO **Mis amigos esperan que los profesores tengan paciencia.**

los padres	querer	las clases	estudiar
los hijos	preferir	los padres	ayudar
los profesores	necesitar	los estudiantes	limpiar
los estudiantes	pedir	yo	tener
yo	recomendar	tú	preparar
mis amigos	esperar	los profesores	salir
mi abuela	decir	el director	ser

Comunicación

17 A **Quiero que...** FL.A.1.4.1

Hablemos En parejas, dramaticen una posible conversación entre Malena y su mamá basándose en los dibujos. Usen el subjuntivo en su conversación.

Benchmark Focus

FL.A.1.4.1 Interact in the target language in a number of true-life situations chosen from a variety of contexts

MODELO —**Malena, ¡mira este cuarto! ¡Es un desastre! Quiero que lo limpies ahora mismo.**

17 B **¿Qué te piden a ti?** FL.A.1.2.3

Hablemos Con un(a) compañero(a), hablen de lo que los demás piden, quieren y necesitan de ustedes dos. ¿Tienen ustedes alguna situación o queja en común?

MODELO —**Mi hermano menor siempre me pide que le ayude con su tarea de matemáticas. Es una lata.**

—**¡Qué pesado! No tengo que ayudar a mi hermana con su tarea, pero mis padres sí insisten en que...**

Subjunctive with negation or denial

1 The **subjunctive** is used when the main clause expresses a **negation** (*negación*) or **denial** and when there is a change of subject. Phrases that express negation or denial include: **no es verdad que, no es cierto que, no creer que, no estar de acuerdo (en) que,** and **negar que.**

> **No es verdad que haya** tanta discriminación en nuestro país.
>
> **No creo que** José **sea** muy chismoso.
>
> **No es cierto que** él **tenga** una impresión equivocada de ti.

2 If the main clause expresses **affirmation** (*afirmación*) or **agreement,** the **indicative** is used.

> **Es verdad que hay** mucha discriminación en nuestro país.
>
> **Creo que** José **es** muy chismoso.
>
> **Es cierto que** él **tiene** una impresión equivocada de ti.

Vocabulario y gramática, pp. 28–30
Actividades, pp. 21–23

Online workbooks

¿Te acuerdas?

Remember that the verbs **saber** and **haber** are irregular in the subjunctive.

> No creo que esa chica **sepa** que estoy en su clase de biología.
>
> ¿Niegas que **haya** alguien más inteligente que tú?

18 **¿Están de acuerdo?** 🔖 FL.A.2.3.2

 Escuchemos Escucha las conversaciones e indica si lo que dice la segunda persona es
a) una **afirmación** o
b) una **negación**
de lo que dice la primera persona.

19 **La vida universitaria** 🔖 FL.A.2.3.1

Leamos/Escribamos Completa la conversación con la forma correcta del verbo entre paréntesis.

—Oye, ¿tú crees que los cursos en la universidad ___1___ (ser) muy difíciles?

—No creo que ___2___ (ser) difíciles. Si quieres sacar buenas notas en la universidad lo puedes ___3___ (hacer).

—Los profesores están ocupados todo el tiempo y es cierto que ___4___ (dar) mucha tarea. ¿Quién me podría ___5___ (ayudar)?

—No creo que los profesores ___6___ (estar) tan ocupados pero es verdad que dan mucha tarea.

—Primero tengo que ___7___ (enfocarse) en los cursos que tengo ahora. ¡Mis padres no creen que ___8___ (estudiar) suficiente!

20 **¿Qué crees?** FL.A.3.3.1

Escribamos Completa las oraciones con tus opiniones.

MODELO **No creo que...**
No creo que el álgebra
sea tan difícil.

1. No es cierto que...
2. No estoy de acuerdo en que...
3. Estoy seguro que...
4. No creo que...
5. Niego que...
6. Es verdad que...

Estudiantes dominicanos debaten
sus opiniones después de clases.

Comunicación

21 **¡No es cierto!** FL.A.2.3.1

Leamos/Hablemos Con un(a) compañero(a), lee los recortes *(clippings)* del periódico. Después de leer, túrnense para decir si están de acuerdo o no con las siguientes opiniones. Expliquen por qué.

Benchmark Focus

FL.A.2.3.1 Comprehend and interpret the content of authentic, written materials selected according to the topic and vocabulary

> Los jóvenes de hoy son todos unos irresponsables.

> Los jóvenes son unos perezosos y no ayudan en la casa.

> ¿Se debe jugar a los videojuegos en vez de ir al colegio?

> Los colegios deben ampliar el día escolar a nueve horas.

22 **¡Al debate!** FL.A.1.4.1

Hablemos Dos estudiantes aspiran a ser presidente de su clase. En parejas, dramaticen el diálogo entre ellos. Una persona menciona por lo menos tres opiniones o afirmaciones y la otra explica por qué no está de acuerdo. Sigan el modelo.

MODELO —Pienso que la directora debe darnos diez minutos más durante la hora del almuerzo.
—No estoy de acuerdo en que eso sea necesario, porque...

Gramática 1

Video/DVD

Cultura

Benchmark Focus
FL.B.1.4.2 Identify and
discuss various patterns
of behavior or interaction
and the values and mind-
sets typical of youth in
the target culture

VideoCultura

Comparaciones
Interactive TUTOR

Unos padres y su hijo se sientan para resolver un conflicto.

Quien no oye consejos, no llega lejos ↘ FL.B.1.4.2

En América Latina y en España, natural-
mente, los hijos también discuten con sus
padres. Los padres se preocupan de lo
que hacen sus hijos, y a veces intentan
controlar su comportamiento. Quieren
que sus hijos hagan la tarea, que lleguen
temprano a casa, que se vistan bien, que
sean responsables. Los hijos se resisten a
este control, y a veces hay problemas. ¿Se
parecen estos conflictos a los que tienen
tus padres y tú?

Océano Atlántico   **San Juan**
★
PUERTO RICO
Mar Caribe

 ## Zaida
San Juan, Puerto Rico

**¿Cuál es el problema más común que
tiene Ud. con sus dos hijos?**

Bueno, el grande, el mayor tiene el
problema de vestir desarreglado.

¿Cómo quiere Ud. que se vista su hijo?

Yo quiero que vista arreglado, que
se vea bien, porque siempre está con
los pantalones todos rotos y prefiero
que vista mejor.

**¿Y con su hijo pequeño, ¿tiene Ud.
algún problema?**

Sí, él siempre está pegado al
televisor. Yo prefiero que haga
ejercicio, que salga un rato porque a
él le viene bien para la salud, [pero]
no quiere.

**¿Y qué hacen ellos cuando Ud. les pide
que estudien más o que vistan mejor,
o que no vean tanto el televisor?**

Bueno, ellos se quejan y todo, pero
terminan obedeciendo porque yo
hablo con ellos y llegamos a un
acuerdo, y ya hacen lo posible por
obedecer.

Rafael
San José, Costa Rica

Tus padres y tú no siempre están de acuerdo, ¿no es cierto?

Por supuesto, en todas familias siempre hay algunos conflictos.

¿Me puedes decir cuál es el conflicto más común que tienen Uds.?

Bueno, por lo general, siempre discutimos un poco por las horas de llegada a la casa.

¿Qué quieren tus padres que hagas?

Bueno, mis padres quieren que llegue a una hora determinada a la casa y yo, por supuesto, trato de extenderla.

¿Qué hacen para resolver el problema?

Bueno, lo más común es sentarnos a conversar, y comunicando solucionamos el problema lo más pronto posible.

Cultura

Para comprender FL.C.2.3.2

1. ¿Qué conflictos tiene Zaida con sus hijos?
2. ¿Qué quiere Zaida que hagan sus hijos?
3. ¿Qué hace Zaida para que sus hijos le obedezcan al final?
4. ¿Por qué discuten Rafael y sus padres? ¿Qué hacen para resolver el problema?
5. ¿Te parece que Rafael y sus padres se llevan bien? ¿Por qué?
6. ¿Qué actitud tienen Rafael y Zaida hacia los conflictos entre familia?

Para pensar y hablar FL.A.3.3.2

En tu opinión, ¿cuál es la causa más común de los conflictos entre padres e hijos? ¿Cómo se resuelven más fácil y rápidamente los conflictos? En tu opinión, ¿cómo se puede evitar algunos conflictos entre padres e hijos?

Comunidad en la Florida

El español en la universidad FL.E.1.3.2

¿Sabías que en la Florida puedes continuar con tus estudios de español en casi todas las universidades? Hay diversos programas para estudiantes que quieran sacar una especialización en español o combinar el español con otra disciplina. La Universidad de la Florida ofrece un programa de Estudios Latinoamericanos; en la Universidad Estatal de la Florida, es posible combinar el programa de español con el de educación. Investiga los programas de español de otras dos universidades del estado. ¿Qué opciones hay para combinar el estudio del español con otra disciplina? ¿Cuáles son tres profesiones en las que un conocimiento del español, en combinación con otros estudios, sería una ventaja?

En el *Summer Health Professions Internship Program* del condado Miami-Dade, estudiantes de medicina practican su español a la vez que trabajan con la comunidad hispanohablante.

Vocabulario *en acción* 2

En Puerto Rico

¿Qué hacemos?

MARTA ¿Vas a la fiesta este sábado con Esteban?

ANA No, **discutimos** esta mañana.

MARTA ¿Qué pasó? ¿Por qué **se pelearon?**

ANA **Me ofendió** mucho con un comentario que hizo sobre mi hermana. Dijo que ella era muy chismosa y que siempre le estoy contando lo que él y yo estamos haciendo.

MARTA ¿Y por eso **discutieron?**

ANA Bueno, me **hirió** mucho; **estoy resentida** con él. Nunca más le voy a hablar.

MARTA ¡No seas exagerada! Ya verás que pronto vas a **olvidar** esto y van a **reconciliarse.**

Más vocabulario...

besar	*to kiss*
cometer un error	*to make a mistake*
la comunicación	*communication*
darle un abrazo	*to give (someone) a hug*
dejar de hablarse	*to stop speaking to one another*
la disculpa	*apology*
maltratar	*to mistreat*
la reconciliación	*reconciliation*
ser (in)fiel	*to be (un)faithful*

¡Qué idiota soy! Creo que **insulté** a Ana esta mañana. Qué bueno que mi amigo Héctor me pueda dar **consejos.**

Me dijo: «Para **hacer las paces** es necesario comunicarse. **Admite tu error** y ella te **perdonará.**» Tiene toda la razón.

También me dijo: «**Yo que tú,** le cantaría una canción.» ¡Lástima que canto tan mal!

Al final me dijo: «Debes **pedirle perdón** a Ana y **comprarle un regalo.** Las rosas siempre son un bonito **detalle.**» ¡Pero ella es alérgica a las flores!

¡Exprésate!

To make suggestions		Interactive TUTOR
No te olvides de... *Don't forget to . . .*	**Sugiero que no hagas caso a los rumores.** *I suggest that you not pay attention to rumors.*	
¿Has pensado en...? *Have you thought about . . . ?*	**No te conviene...** *It's not good for you . . .*	
Sería una buena/mala idea romper con... *It would be a good/bad idea to break up with . . .*	**Date tiempo para pensarlo.** *Give yourself time to think it over.*	

Vocabulario y gramática, pp. 31–33

Online workbooks

23 **¿Qué ocurrió aquí?** FL.A.2.3.2

Escuchemos Mira las fotos y escucha las oraciones. Elige la foto que corresponde a cada oración.

24 **Rumores y desacuerdos** FL.A.2.3.1

Leamos/Escribamos Completa las oraciones con la forma correcta de las palabras del cuadro.

cometer un error	hacer(le) caso	hacer las paces	olvidar
comprarle un regalo	insultar	romper con	el rumor

1. Después de un gran malentendido, Juan y Héctor intentaron ===== y dejar de pelear.
2. ¿Cómo pudiste ===== mi cumpleaños? ¡Te lo dije ayer!
3. Ana ===== Samuel después de tres años. Ahora se siente sola.
4. Quiero ===== a mi novia para el Día de San Valentín. ¿Qué me recomienda Ud., joyas o flores?
5. Oí ===== de que Verónica salió con Claudio anoche y no con Daniel. ¿Es verdad?
6. Todos creemos que Manuel ===== cuando se olvidó del cumpleaños de Lourdes.
7. Leonardo trata de convencer a Natalia de que salga con él, pero ella no =====.
8. No quería ===== a Catalina con lo que le dije; dile que lo siento mucho.

25 **Se oye que...** FL.A.2.3.1

Leamos Se oyeron estos diálogos en el autobús del colegio, pero eran muy confusos *(mixed up)* por el ruido. Lee el comienzo de cada diálogo y decide qué respuesta lo completa mejor.

1. Ayer ofendí a Mónica, ¿sabes? La acusé de tomar un libro mío, pero más tarde lo encontré en mi mochila.

2. ¿Oíste el último rumor? Dicen que Adela y Rafa se han reconciliado; él se disculpó por el error que cometió.

3. Chica, ¿qué les pasó? ¿Por qué Vicente y tú dejaron de hablarse?

4. ¿Todavía estás resentido con Carmen? ¿Qué te hizo?

5. Pablo y yo siempre discutimos, pero luego me da un abrazo y me pide disculpas. Ya no confío en él.

Estudiantes de preparatoria suben al autobús en Guánica, Puerto Rico.

a. Es que él me insultó ayer y todavía no me ha pedido perdón. Ya no puedo más.

b. Si Uds. siguen mis consejos, creo que se llevarán mejor, pero parece que te ha herido con sus comentarios.

c. Creo que debes admitir el error, y así hacer las paces.

d. ¡Qué bien! Si ella pudo perdonar ese error, es obvio que se dio tiempo para pensarlo.

e. Fíjate que ella y yo nos peleamos ayer por algo muy tonto, y ahora quiere romper conmigo.

26 **¡Ayuda, por favor!** FL.A.3.3.1

Escribamos Escribe una carta a un(a) amigo(a) en la que describas un problema imaginario que tienes con otro(a) amigo(a). Pídele ayuda a tu amigo(a). Usa al menos seis expresiones del cuadro.

Benchmark Focus

FL.A.3.3.1 Write various types of texts about topics of personal interest or experience

cometer un error	herir	la disculpa	discutir	olvidar
dejar de hablarse	insultar	ofender	pelearse	el rumor

Comunicación

27 **Tus consejos** FL.A.1.2.3

Leamos/Hablemos En parejas, intercambien las cartas que escribieron en la Actividad 26. Lee la carta de tu compañero(a) y luego ofrécele consejos. Usa las palabras de **Vocabulario** y las expresiones de **Exprésate** en la conversación.

En una casa de San Juan, Puerto Rico

La reconciliación

ESTEBAN   Lo siento, Ana. No sé por qué dije esas cosas.

ANA   No, no, lo siento yo. Fui muy tonta. Tienes razón, mi hermana puede ser un poco habladora y a veces le cuento información personal. No lo volveré a hacer.

ESTEBAN   No, dije algo muy feo. No quise ofenderte. Mira, te traje unas flores.

ANA   ¿Pero qué forma es ésta de pedirme perdón? ¿Se te ha olvidado que les tengo alergia a las flores?

ESTEBAN   ¡Bueno, dáselas a tu hermana y te compro un helado!

¡Exprésate!

To apologize	
Te juro que no lo volveré a hacer. *I swear I'll never do it again.*	**No lo hice a propósito.** *I didn't do it on purpose.*
Perdóname. No sé en qué estaba pensando. *Forgive me. I don't know what I was thinking.*	**No quise hacerte daño.** *I didn't mean to hurt you.*
Créeme que fue sin querer. *Believe me, I didn't mean to do it.*	**No quise ofenderte.** *I didn't mean to offend you.*

Interactive TUTOR

Vocabulario y gramática, pp. 31–33

Online workbooks

28 ¿Cómo pasó? FL.A.2.3.1

Leamos Pon las siguientes oraciones en orden cronológico según las conversaciones en las páginas 112, 113 y 116.

1. Esteban le da unas flores a Ana.
2. Ana admite su error en contarle cosas a su hermana.
3. Esteban le pide perdón a Ana.
4. Ana se ofende con Esteban por olvidar un detalle sobre ella.
5. Esteban le pide consejos a su amigo Héctor.
6. Ana se siente insultada por lo que dice Esteban sobre su hermana.
7. Héctor le da consejos a Esteban para que haga las paces con Ana.

29 ¿Quién lo dijo? FL.A.2.3.1

Leamos/Hablemos Basándote en las conversaciones, indica qué persona diría (would say) cada oración: **Ana, Marta, Esteban, Héctor** o **la hermana de Ana.** Una oración tiene más de una respuesta correcta.

1. Tal vez no le di buenos consejos a Esteban.
2. No puedo creer que no pueda confiar en mi hermana.
3. Qué lastima que yo no cante mejor.
4. Creo que se van a reconciliar.
5. ¡No es cierto que yo no sepa guardar un secreto!
6. ¡Qué error cometí! Olvidé que Ana era alérgica a las flores.

30 Tus reacciones FL.A.2.2.7

Leamos/Hablemos ¿Qué expresión de **Exprésate** usarías (would you use) en las siguientes situaciones?

1. Un amigo te prestó unos discos compactos y los perdiste.
2. No le mandaste una tarjeta de cumpleaños a tu mejor amigo(a).
3. Un amigo te invitó a salir, pero te olvidaste de la hora y lo dejaste plantado.
4. Le contaste un rumor a otra persona acerca de un amigo. Tu amigo lo oyó, y se ofendió.

Nota cultural

Las telenovelas de Latinoamérica son muy famosas. A diferencia de las telenovelas estadounidenses, no duran más de un año. Por lo general, pasan las telenovelas más populares entre las siete y las nueve de la noche. En algunos hogares, ver una telenovela juntos es una manera de convivir con la familia y los amigos. Además, hay telenovelas hechas para adolescentes y para adultos.

¿Has visto una telenovela latinoamericana?
FL.B.1.3.4

Filmando un segmento de una telenovela mexicana, Ciudad de México

Benchmark Focus
FL.B.1.3.4 Identify and discuss various aspects of the target culture

Comunicación

31 Escena dramática FL.A.1.2.3

Hablemos En grupos de tres, dramaticen una escena de una telenovela (soap opera). En la escena, unos amigos discutían, pero ya se están reconciliando. Expliquen qué causó el conflicto. Usen las palabras de **Vocabulario** y las expresiones de **Exprésate.**

Objetivos
- Future tense
- Conditional

GramaVisión

Interactive **TUTOR**

Repaso **Future tense**

1 The **future tense** can be used to talk about future events. The regular endings, added to the infinitive form, are:

yo comer**é**	nosotros(as) comer**emos**
tú comer**ás**	vosotros(as) comer**éis**
Ud., él, ella comer**á**	Uds., ellos, ellas comer**án**

No lo **volveré** a hacer.   **Hablaremos** sobre esto otro día.

2 The future tense can be used to express the **probability** of something happening or being true. It can be used with the **present participle** to say what is probably going on.

—¿Qué hora es?

—No sé, **serán** las nueve más o menos.

—No oigo nada. Los niños **estarán durmiendo**.

Vocabulario y gramática, pp. 34–36
Actividades, pp. 25–27

Online workbooks

¡Te acuerdas?

The following verbs are irregular in the future tense. Add the future endings to the following stems:

caber: **cabr-**	querer: **querr-**
decir: **dir-**	saber: **sabr-**
haber: **habr-**	salir: **saldr-**
hacer: **har-**	tener: **tendr-**
poder: **podr-**	valer: **valdr-**
poner: **pondr-**	venir: **vendr-**

Marta no **querrá** pelear.

Los chicos **podrán** hacer las paces mañana.

32 **Pasado, presente y futuro** ✎ FL.A.2.3.2

 Escuchemos Escucha las siguientes oraciones y decide si describen algo que ya ocurrió (**pasado**), algo que ocurre ahora (**presente**) o algo que ocurrirá en el futuro (**futuro**).

33 **¿Qué pasará?** ✎ FL.A.3.3.1

Leamos/Escribamos Lee las oraciones sobre qué va a pasar en tu colegio y en la sociedad. Indica si estás de acuerdo o no. Si no estás de acuerdo, escribe lo que tú crees que pasará.

1. Pondrán una pizzería y una heladería en la cafetería.
2. Empezarán un intercambio con estudiantes de otros países.
3. No usaremos libros, sólo computadoras.
4. Los estereotipos desaparecerán.
5. Todo el mundo irá a la universidad.
6. Las personas respetarán las culturas de personas de otros países.

118 *ciento dieciocho*   **Capítulo 3** • Todo tiene solución

Gramática 2

34 ¿Qué harán? FL.A.2.2.7

Leamos/Escribamos Escribe lo que cada persona hará cuando termine el año escolar.

1. los estudiantes/no estudiar
2. mis amigos y yo/hacer una fiesta
3. los profesores/poder viajar
4. la directora/descansar
5. tú/no tomar clases de verano
6. nuestros padres/ponernos a trabajar en casa

35 ¿Quién será? FL.A.2.2.7

Escribamos Mira las fotos y describe lo que estará pasando.

Silvia y Andrés

MODELO **Andrés será el novio de Silvia. Silvia estará resentida porque Andrés no llegó a tiempo.**

Benchmark Focus
FL.A.2.2.7 Recognize the multiple ways in which an idea may be expressed in the target language and use them appropriately

1. Mónica y Gerardo

2. Lisa, Juan y Miguel

3. Emilio y Beatriz

4. Patricia y David

Comunicación

HOLT SoundBooth
ONLINE RECORDING

36 ¿Qué crees que haré? FL.A.1.3.1

Escribamos/Hablemos Escribe cinco oraciones sobre lo que crees que hará tu compañero(a) en los próximos cinco años. Usa los verbos del cuadro. Después, trabaja con tu compañero(a) para compartir y responder a las predicciones.

MODELO —**Tú asistirás a la universidad después de graduarte.**
—**No, viajaré por el mundo durante un año.**

asistir a	ir	salir	trabajar
hacer	ver	hacerse	vivir
viajar	tener	conocer	casarse

The conditional

1 The **conditional** is used to express what *would happen* or what someone *would do* in a given set of circumstances.

En tu lugar, **estudiaría** más.	*In your place, I would study more.*
En esa situación, **pediría** más tiempo.	*In that situation, I would ask for more time.*

2 The endings, added to the infinitive form, are the same for **-er, -ar,** and **-ir** verbs.

yo hablar**ía**	nosotros(as) hablar**íamos**
tú hablar**ías**	vosotros(as) hablar**íais**
Ud., él, ella hablar**ía**	Uds., ellos, ellas hablar**ían**

3 Some expressions that are often used with the conditional include **yo que tú, en tu lugar,** and **en esa situación.**

Yo que tú, **trataría** de hacer las paces.	*If I were you, I would try to make up.*
En tu lugar, lo **llamaría** por teléfono.	*In your place, I would call him.*

4 Expressions that tell what you *would* or *would not like* are also used with the conditional.

Me **gustaría** darle tiempo para pensar.	*I would like to give her time to think.*
Te **molestaría** oír el rumor.	*It would bother you to hear the rumor.*

¿Te acuerdas?

Verbs that have irregular stems in the future tense have the same irregular stems in the conditional:

caber: **cabr-**	querer: **querr-**
decir: **dir-**	saber: **sabr-**
haber: **habr-**	salir: **saldr-**
hacer: **har-**	tener: **tendr-**
poder: **podr-**	valer: **valdr-**
poner: **pondr-**	venir: **vendr-**

Vocabulario y gramática, pp. 34–36
Actividades, pp. 25–27

Online workbooks

37 **Después de graduarme...** ✎FL.A.3.3.1

Hablemos/Escribamos Completa las siguientes oraciones sobre lo que te gustaría hacer después de tu graduación.

1. En mi opinión, sería interesante trabajar en ═══.
2. Creo que no me interesaría estudiar ═══ en la universidad.
3. Algún día me gustaría ir a ═══.
4. Allí podría ═══.
5. Me gustaría vivir en ═══.
6. Tendría una casa ideal, con ═══.

38 **Lo pasaría bien** FL.A.2.3.1

Leamos/Escribamos Completa el párrafo con la forma correcta del condicional de los verbos entre paréntesis.

Mi amigo Luis es muy tímido pero sé que le ___1___ (gustar) salir con Cristina. Pienso que ella ___2___ (aceptar) la invitación y que ellos lo ___3___ (pasar) muy bien. En esa situación, yo le ___4___ (escribir) una carta a la chica y la ___5___ (invitar) al cine o a comer. Yo ___6___ (ser) muy abierto con ella. Le ___7___ (decir) que es bonita y que me ___8___ (interesar) pasar tiempo con ella. ¡Seguramente ella ___9___ (estar) encantada!

39 **En esa situación...** FL.A.3.3.1

Benchmark Focus

FL.A.3.3.1 Write various types of texts about topics of personal interest or experience

Escribamos Mira los dibujos y escribe lo que tú harías en cada situación.

MODELO **En esa situación, estudiaría más para el próximo examen.**

1.

2.

3.

4.

Comunicación

40 **Como presidente...** FL.A.1.3.1

Escribamos/Hablemos ¿Qué harías como director(a) de tu colegio y como presidente del país? Escribe tres oraciones para cada situación. En parejas, comparen las respuestas.

MODELO —Como presidente, combatiría la discriminación.
—¿Sí? Pues, yo trataría de resolver...

la discriminación	el estereotipo	la ignorancia	combatir
suspender	el horario	los cursos	el semestre
disculpar	respetar a	el/la consejero(a)	resolver

More uses of the conditional

Use the **conditional** with the following **"if" statements** that express contrary-to-fact situations.

Si yo fuera la profesora, **daría** menos tarea.
If I were the teacher, I would give less homework.

Si tú fueras la profesora, ¿me **suspenderías?**
If you were the teacher, would you fail me?

Si yo tuviera más dinero, me **iría** de viaje.
If I had more money, I would go on a trip.

Si tú tuvieras más dinero, ¿**comprarías** una casa?
If you had more money, would you buy a house?

Si yo pudiera volver a presentar el examen, **estudiaría** más.
If I could take the exam again, I would study more.

Si tú pudieras volver a presentar el examen, **sacarías** una A.
If you could take the exam again, you would get an A.

You will learn more about this usage of the conditional in Chapter 8.

Vocabulario y gramática, pp. 24–36
Actividades, pp. 25–27

Online workbooks

Benchmark Focus
FL.A.2.3.2 Comprehend and interpret the main ideas and details from television, movies, videos, radio, or live presentations produced in the target language

41 **¿Quién lo dijo?** 🏳 FL.A.2.3.2

Escuchemos Mira las fotos y escucha los comentarios. Escoge la foto que corresponde a cada comentario.

A

B

C

D

E

F

42 Mis sueños ◥ FL.A.2.2.7

Escribamos Usa una palabra o expresión de cada columna para escribir seis oraciones. Sigue el modelo.

MODELO Si yo fuera famoso, iría a los premios Óscar.

Si yo (no) fuera → rico(a) / famoso(a) / presidente / estudiante → hacer / tratar de / ir a / gustar / comprar / salir / jugar

Si yo (no) tuviera → un millón de dólares / más tiempo / que hacer la tarea

43 Si pudiera… ◥ FL.A.3.3.1

Escribamos Contesta las preguntas.

1. Si pudieras viajar, ¿adónde irías y por qué?
2. Si tuvieras la oportunidad de conocer a cualquier persona, ¿a quién te gustaría conocer y por qué?
3. Si pudieras resolver un problema de nuestra sociedad, ¿qué problema resolverías? ¿Qué harías?
4. Si pudieras viajar en el tiempo a cualquier década *(decade)* del pasado, ¿qué década escogerías y por qué? ¿Qué harías?

Jóvenes voluntarias para los Special Olympics, Miami

Comunicación

HOLT **SoundBooth**
ONLINE RECORDING

44 ¡Un millón de dólares! ◥ FL.A.1.2.3

Hablemos Pregúntale a tu compañero(a) si él o ella haría lo que está haciendo la chica en cada uno de los dibujos. Si él o ella te dice que no, pregúntale «¿Qué harías en su lugar?» Túrnense.

Clara perspectiva
Episodio 3

Benchmark Focus
FL.C.1.3.1 Use new information from a target language class to enhance study of a topic in another class

ESTRATEGIA

Making deductions Making deductions based on what unfolds in a story is an important skill. The characters themselves make deductions as they learn more about their situation. You may or may not agree with their deductions, because you may have information that they don't have. Think about the information you have gathered about the professor's situation up to now. Do you agree with Clara's and Octavio's deductions about his situation? Have you seen anything happen that they have not seen happen? Do you have anything to add to their deductions? **FL.A.2.3.3, FL.C.1.3.1**

En el café

Graciela La cinta no se oye muy bien.
Octavio Tiene que ver con la región de Magallanes.
Graciela Sí, y el profesor tiene algo importante que ellos quieren.
Clara Y le ofrecen dinero para que se lo dé.

Graciela Pero, ¿qué es lo que quieren?
Octavio No está claro.
Clara La voz del profesor suena rara, ¿no? Parece que tenía mucho miedo, ¿no creen? Esos hombres lo insultaron.
Octavio A mi parecer, lo estaban amenazando. Pero el profesor no se dio por vencido.

Clara Pobre Profesor Luna. ¿En qué se habrá metido?
Graciela ¿Quién sabe?

Octavio Perdóname Clara, pero me tengo que ir. Podemos hablar más de esto mañana.
Clara No tienes por qué disculparte, Octavio. Nos vemos mañana.
Graciela Mucho gusto, Octavio.
Octavio Igualmente, Graciela.

Clara No sé qué hacer sobre el profesor. No sé cómo ayudarlo.

Graciela Mira, el profesor se puede cuidar perfectamente solo. Así que te sugiero que no te preocupes por él.

Clara No sé. Sería una buena idea tratar de comunicarme con él, ¿no crees?

Graciela ¡Al contrario! Deja de meterte en líos que no te importan. No te conviene ser tan terca.

Clara ¿Yo, terca? Yo soy la primera en admitir un error.

Graciela Creo que tienes una impresión equivocada de la conversación que grabaste. Olvídalo, por favor.

Clara No estoy de acuerdo. Quizás debería hablar con él.

Graciela Octavio es bien simpático, ¿no? Yo que tú lo invitaría a tu almuerzo familiar el fin de semana que viene.

Clara ¡Graciela! ¿Cómo se te ocurre que lo voy a invitar a mi casa? Apenas lo conozco.

Graciela Era sólo una idea.

En la universidad

Hombre Necesitamos ese estudio de impacto ambiental.

Mujer Sí. Pero no podemos entrar ahora. Pasa gente.

Hombre Tenemos que saber si el estudio favorece a la empresa *MaderaCorp,* o si nos favorece a nosotros.

Mujer Es verdad. Pero tenemos tiempo. No creo que el estudio se vaya a desaparecer dentro de 24 horas.

Hombre 1 Tiene que tenerlo en la computadora.

Hombre 2 Ése es un estereotipo.

Hombre 1 Estereotipo o no, allí es donde tenemos que empezar a buscar.

¿COMPRENDES?

1. Nombra tres cosas que puedes deducir de la conversación de la cinta. ¿Qué cosas no puedes deducir?

2. ¿Cómo suena el profesor?

3. ¿Cómo analiza Octavio a los hombres?

4. ¿Qué quiere hacer Clara para el profesor? ¿Cómo reacciona Graciela?

5. ¿Qué piensa Graciela que debe hacer Clara para su reunión familiar? ¿Está de acuerdo Clara? ¿Por qué sí o por qué no?

6. ¿Qué buscan el hombre y la mujer? ¿Qué buscan los hombres de traje oscuro? ¿Lo encuentran?

FL.A.2.3.2, FL.C.2.2.4

Próximo episodio
Octavio pasa por la casa de Clara durante su reunión familiar. ¿Crees que algo va a pasar en la reunión familiar que tenga que ver con el profesor Luna? ¿Quiénes serán las personas en la universidad?

PÁGINAS 166–167

Novela en video

Lectura informativa

Benchmark Focus

FL.E.1.3.2 Know professional organizations or individuals who use the target language that one could contact to request information about possible employment opportunities

América en Español

América en Español es una organización que ofrece cursos gratuitos de computación a los hispanos recién llegados a Chicago.

Más allá del sistema de educación formal, en Estados Unidos existe un sinnúmero[1] de organizaciones no gubernamentales[2] que promueven el aprendizaje de varias materias y oficios.

En particular, la comunidad latina es una de las más beneficiadas por este tipo de proyectos.

Un ejemplo es América en Español, una iniciativa sin fines de lucro[3] con sede en[4] Chicago, Illinois. Gracias a ella, cientos de latinos han aprendido nociones básicas de computación, por medio de cursos gratuitos en colegios comunitarios[5].

Los responsables de América en Español, Antonio Díaz y Rubén Legorreta, definen su actividad como una

América en Español ayuda a los latinos a desarrollar conocimientos de computación.

"misión y pasión" de tiempo completo, que iniciaron en 1999.

Antonio (39) nació en Los Ángeles de padres mexicanos. Lleva 20 años viviendo en Chicago.

Rubén (40) nació en Hidalgo, México, y llegó a Estados Unidos a los 18 años. Reanudó[6] sus estudios y se recibió de arquitecto.

No sólo procuran cerrar la brecha digital[7], sino que también aplican una buena dosis de motivación y participan en ferias de empleo para promover a sus alumnos.

América en Español se financia gracias a donaciones de comercios y otros benefactores que apuestan por su obra[8].

---

1 endless number
2 *organizaciones...* non-government organizations
3 *iniciativa...* non-profit initiative
4 *con...* based in
5 community schools
6 He resumed
7 *cerrar...*close the digital gap
8 believe in their work

Dos estudiantes hablan sobre un proyecto de computación.

Pero, según Antonio Díaz y Rubén Legorreta, su mayor recompensa es cuando uno de sus alumnos llega a la meta y pone en práctica sus nuevos conocimientos.

Al pedirles un ejemplo, citaron la historia de Moisés García, un chico pandillero[9] que un día se interesó por uno de los cursos que América en Español ofrecía sobre construcción de sitios de Internet. Gracias a ese curso, Moisés descubrió su vocación por el diseño gráfico y de páginas web; ahora trabaja en esa área, con gran éxito.

"De nada nos sirve tener inteligencia, tener un título universitario, si no utilizamos lo que hemos aprendido; el ayudar a la gente tiene grandes recompensas", cuenta García.

Legorreta asiente: "Yo creo que en este país el latino va a tener un mayor alcance a todo nivel si nos educamos; esto a la larga[10] va a hacer que todos nuestros hijos desarrollen la misma mentalidad", afirma.

---

9 gang member
10 in the long run

⟍ FL.A.3.3.2, FL.C.2.3.2, FL.E.1.3.2

Comprensión

A Los hechos Basándote en lo que leíste, contesta las preguntas.

1. ¿Quiénes son Antonio Díaz y Rubén Legorreta?
2. ¿Cuándo se fundó América en Español?
3. ¿Dónde se ofrecen los cursos?
4. ¿De dónde viene el dinero para América en Español?
5. ¿Cuánto cuestan los cursos de América en Español?
6. ¿Qué opina Moisés García de la importancia de ayudar a los demás?

B ¿Qué piensas? Basándote en tus experiencias, contesta las preguntas.

1. ¿Cómo podría ayudar un programa como éste a cambiar la actitud de la gente hacia la tecnología?
2. ¿Por qué es importante enseñar computación?
3. ¿Qué otros tipos de cursos serían útiles para los inmigrantes?
4. ¿Conoces otros programas como América en Español?

Actividad

Anuncia tu programa Imagina que eres el (la) director(a) de un programa como América en Español, y quieres comunicar tus nuevas ideas al público. Escribe un anuncio para las personas a quienes les interesaría tomar los cursos. Describe los cursos, el horario y otros detalles.

Leamos y escribamos

FCAT Reading Focus

LA.A.1.4.2
Select and use strategies to understand words and text, and to make and confirm inferences from what is read

ESTRATEGIA

para leer A good way to improve your understanding of a text is to paraphrase each section. Paraphrasing is telling what happened in your own words. Even if you don't know the meaning of specific words, paraphrasing will help you understand the content of the text. Once you understand the content, it will be easier for you to figure out the meaning of unfamiliar words.

Antes de leer ⟍ FL.A.2.3.3

A Augusto Monterroso (1921–2003), escritor guatemalteco nacido en Tegucigalpa, Honduras, tuvo una carrera de más de cuatro décadas y es reconocido como uno de los grandes escritores de habla hispana. Monterroso escribió prosa *(prose)*, sobretodo cuentos cortos y ensayos. De hecho escribió el cuento más corto en la historia de la literatura latinoamericana. La obra completa es: "Cuando despertó, el dinosaurio todavía estaba allí." El cuento que vas a leer ahora se llama "El eclipse". Busca el pasaje en el que el fraile muestra su arrogancia, y vuelve a contarlo con tus propias palabras.

El eclipse

de Augusto Monterroso

La jornada. México, 30 de diciembre.

Cuando fray Bartolomé Arrazola se sintió perdido aceptó que ya nada podría salvarlo. La selva poderosa de Guatemala lo había apresado[1], implacable y definitiva. Ante su ignorancia topográfica se sentó con tran-quilidad a esperar la muerte. Quiso morir allí, sin ninguna esperanza, aislado[2], con el pensamiento fijo en la España distante, particularmente en el convento de los Abrojos, donde Carlos V conde-scendiera[3] una vez a bajar de su eminencia para decirle que confiaba en el celo religioso de su labor redentora[4].

1. taken him prisoner   2. isolated, alone   3. had condescended   4. redeeming

Al despertar se encontró rodeado por un grupo de indígenas de rostro impasible que se disponían a sacrificarlo[5] ante un altar, un altar que a Bartolomé le pareció como el lecho en que descansaría, al fin, de sus temores, de su destino, de sí mismo.

Tres años en el país le habían conferido un mediano dominio[6] de las lenguas nativas. Intentó algo. Dijo algunas palabras que fueron comprendidas.

Entonces floreció en él una idea[7] que tuvo por digna de su talento y de su cultura universal y de su arduo conocimiento de Aristóteles. Recordó que para ese día se esperaba un eclipse total de sol. Y dispuso, en lo más íntimo, valerse de aquel conocimiento para engañar[8] a sus opresores y sal-

var la vida. —Si me matáis —les dijo— puedo hacer que el sol se oscurezca[9] en su altura. Los indígenas lo miraron fijamente y Bartolomé sorprendió la incredulidad en sus ojos. Vio que se produjo un pequeño consejo, y esperó confiado, no sin cierto desdén.

Dos horas después el corazón de fray Bartolomé Arrazola chorreaba[10] su sangre vehemente sobre la piedra de los sacrificios (brillante bajo la opaca luz de un sol eclipsado), mientras uno de los indígenas recitaba sin ninguna inflexión de voz, sin prisa, una por una, las infinitas fechas en que se producirían eclipses solares y lunares, que los astrónomos de la comunidad maya habían previsto y anotado en sus códices sin la valiosa ayuda de Aristóteles.

---

5. sacrifice him **6.** mastery **7.** an idea came to him **8.** to trick **9.** make the sun dark **10.** was gushing

Comprensión FL.A.2.3.3

B **¿Comprendiste?** Contesta las preguntas.

1. ¿Dónde estaba fray Bartolomé y cuál era su problema?
2. ¿Quiénes capturaron a fray Bartolomé?
3. ¿Cómo trató de salvar su vida?
4. ¿Qué hicieron los indígenas con fray Bartolomé?

Pasó así FL.A.2.3.3

C **Resumir** Indica cuál es el mejor resumen de los párrafos indicados.

1. **Párrafos 1 y 2**

   a. Fray Bartolomé era un indígena. Conocía la selva de Guatemala, y quería morir allí, solo. Unos indígenas lo encontraron y él decidió irse con ellos.

   b. Fray Bartolomé era un religioso español en Guatemala. No conocía la selva de Guatemala y se perdió. Unos indígenas lo encontraron y él sabía que lo iban a matar.

2. **Párrafos 3 y 4**

   a. Fray Bartolomé no hablaba la lengua nativa. Se consideraba muy ignorante y sabía que los indígenas eran inteligentes. Pensaba que si podía mostrar que quería aprender, no lo matarían.

   b. Fray Bartolomé sabía algunas palabras de la lengua nativa. Él pensó que los indígenas no sabían nada de los eclipses de sol, y quería asustarlos. Dijo que iba a haber un eclipse. Pensaba que con esta información no lo matarían.

3. **Párrafos 5 y 6**

   a. Fray Bartolomé tenía una actitud superior hacia los indígenas. Pero ellos sabían cuándo iban a ocurrir los eclipses. Ellos lo mataron y luego, anunciaron todas las fechas en que ocurrirían los eclipses.

   b. Fray Bartolomé respetaba mucho a los indígenas y les enseñó todo lo que sabía acerca de los eclipses. Después de aprender todo sobre los eclipses, lo mataron y repitieron todas las fechas en que ocurrirían los eclipses del futuro.

Después de leer FL.C.1.3.1, FL.C.2.2.4

D ¿Qué quiere comunicar el autor acerca de los españoles que llegaron a las Américas y su actitud hacia los indígenas? ¿Tenían una impresión equivocada de los indígenas? Explica.

FCAT Writing Focus

LA.B.1.4.1 Select and use appropriate prewriting strategies, such as brainstorming

Taller del escritor

Leamos y escribamos

ESTRATEGIA

para escribir When recalling a memory to write about, it's best to brainstorm your ideas. This will help you think of all possible options. Make a list of your ideas and then narrow them down until you find your favorite.

FL.A.3.3.1, FL.C.2.2.1
Una impresión equivocada

Es muy fácil tener una impresión equivocada de algo o de alguien. Hacemos observaciones de algo o de alguien y formulamos opiniones basadas en lo que suponemos. Escribe un párrafo sobre una impresión equivocada que hayas tenido de algo o de alguien y de cómo te diste cuenta de tu error.

1 Antes de escribir

Haz una lista de ocasiones en las que hayas tenido una impresión equivocada. En la lista, podrías tener varias categorías; por ejemplo, ropa, comida o personas. Apunta todo lo que puedas en cada categoría.

Impresiones equivocadas

	ropa	comida	personas
Idea 1			
Idea 2			
Idea 3			

2 Escribir un borrador

Escoge tu tema favorito de la lista. Piensa en por qué tuviste una impresión equivocada y cómo te diste cuenta de tu error. Empieza a escribir tu borrador con esta información e incluye lo que aprendiste de esta experiencia.

3 Revisar

Revisa tu borrador y corrige los errores de gramática u ortografía. Verifica que tu borrador tenga toda la información necesaria.

4 Publicar

Intercambia tu párrafo con un(a) compañero(a) para que lo lea. Comparen sus experiencias y luego, con la clase, comenten las impresiones equivocadas que hayan tenido otros compañeros.

Prepárate para el examen

Interactive
TUTOR

FL.A.2.3.2

1 Escucha los comentarios y escoge el dibujo que corresponde.

a.

b

c.

d.

① Vocabulario 1
• complaining
• disagreeing
pp. 98–103

FL.A.2.2.7

2 Completa las oraciones con la forma correcta del verbo.
1. Mis amigos van a ===== (tener) una gran fiesta.
2. Esteban quiere ===== (organizar) la fiesta.
3. Él quiere que la fiesta ===== (ser) una sorpresa.
4. Insiste en que todo el mundo =====(llegar) a tiempo.
5. Prefiere que cada persona ===== (traer) algo de comer.
6. No creo que mucha gente ===== (ir) a la fiesta.

② Gramática 1
• verb + infinitive
• subjunctive with will or wish
• subjunctive with negation or denial
pp. 104–109

FL.A.2.3.1

3 Completa las oraciones con la forma correcta de un verbo del cuadro.

estar resentida	pedirle perdón	hacer las paces
dejar de hablarse	dar un abrazo	

1. Celia y Manuel discutieron ayer y...
2. María dijo algo que ofendió a Miguel y ahora debe...
3. Sandra y Roberto se reconciliaron. Vi que Roberto le...
4. Cuando dos personas se pelean, deben...
5. Juana ofendió a Eva y no se disculpó. Por eso, Eva...

③ Vocabulario 2
• making suggestions
• apologizing
pp. 112–117

4 Completa las oraciones con la forma correcta del verbo.

1. Si pudiera, esta noche ===== (ir) al cine con mis amigos.

2. Y a las nueve ===== (regresar) a mi casa.

3. Después de regresar, me ===== (poner) a estudiar geografía.

4. Si no me pongo a estudiar ahora, mañana ===== (suspender) el examen.

5. Si tuviera más tiempo, ===== (leer) todo el libro.

6. Ni modo. ¡Presentaré el examen y ===== (sacar) un diez!

Visit Holt Online

go.hrw.com

KEYWORD: EXP3 CH3

Chapter Self-test

4 **Gramática 2**
• future tense
• conditional
pp. 118–123

5 Contesta las preguntas. FL.B.1.3.4

1. ¿Qué es América en Español y qué hace? ¿Qué opinas de esa organización?

2. ¿Te parece buena idea que los estudiantes de Puerto Rico aprendan el inglés y el español en el colegio? ¿Por qué?

3. ¿Hasta qué edad es obligatorio el colegio en Cuba? ¿Es así donde tú vives?

5 **Cultura**
• **Comparaciones**
pp. 110–111
• **Lectura informativa**
pp. 126–127
• **Notas culturales**
pp. 100, 106, 117

6 Escucha la conversación entre Marcela y Teresa. Apunta en listas separadas las clases que las dos chicas tienen. FL.A.2.3.2

7 Describe lo que pasa en los dibujos. ¿Qué harías o qué dirías tú en esa situación? FL.A.3.3.2

a.

b.

c.

d.

Preparate para el examen

Gramática 1
- verb + infinitive
  pp. 104–105
- subjunctive with will or wish
  pp. 106–107
- subjunctive with negation or denial
  pp. 108–109

Repaso de Gramática 1

Use a conjugated **verb +** infinitive in sentences where the subject for both verbs does not change, or after a **preposition.**

> **Quiero ver** el partido el sábado. Carlos **insiste en ir** mañana.

Use the subjunctive in subordinate clauses when there is a change in subject between the main and subordinate clause and when the main clause expresses **will** or **wish.**

> **Queremos** que las vacaciones **sean** divertidas.
>
> Mis padres **insisten en** que yo **llegue** a tiempo.

Use the subjunctive when the main clause in a sentence expresses **negation** or **denial** and when there is a change of subject in the subordinate clause.

> **No es cierto** que **vayan** a cambiar el horario.

If the main clause expresses **affirmation**, use the indicative.

> **Es cierto** que **van** a cambiar el horario.

Repaso de Gramática 2

Add these endings to the infinitive form of regular verbs to form the future tense: **-é, -ás, -á, -emos, -éis, -án.** The future tense can be used not only to predict what will happen, but also to say what is probably going on.

> Yo **seré** doctor y **ayudaré** a muchas personas.
>
> Nosotros **comeremos** mucho en la fiesta.

Use the conditional to express what *would happen* or what someone *would do* in certain circumstances and in expressions that tell what you *would like* or *not like*. The regular endings, added to the infinitive form, are: **-ía, -ías, -ía, -íamos, -íais, -ían.**

> En su lugar yo **llamaría** a la policía.   Me **gustaría** aprender otro idioma.

Use the conditional with the following **"if" statements** that express contrary-to-fact situations.

Si (yo) fuera	**Si fuera** presidente, **combatiría** el crimen.
Si (tú) fueras	**Si fueras** el director, **planearías** más eventos.
Si (yo) tuviera	**Si tuviera** una lancha, **pescaría** en el lago.
Si (tú) tuvieras	**Si tuvieras** un carro, **vendrías** a mi casa.
Si (yo) pudiera	**Si pudiera** hablar francés, **viajaría** a París.
Si (tú) pudieras	**Si pudieras** cantar, me **cantarías** una canción.

Repaso de Vocabulario 1

Complaining

el **álgebra** *(f.)*	algebra
aprobar	to pass
el (la) **consejero(a)**	guidance counselor
El (La) **consejero(a) insiste en que tome... ¡No me gusta para nada!**	The guidance counselor insists that I take . . . I don't like it at all!
el **cálculo**	calculus
las **ciencias sociales**	social sciences
combatir	to combat
los **cursos**	classes
el (la) **director(a)**	principal
la **discriminación**	discrimination
el **estereotipo**	stereotype
la **falta de...**	lack of
la **fama**	reputation
la **física**	physics
la **geografía**	geography
la **geometría**	geometry
el **horario**	schedule
la **ignorancia**	ignorance
la **imagen (positiva/negativa)**	(positive/negative) image
la **impresión equivocada**	wrong impression

juzgar	to judge
la **literatura**	literature
¿Mañana vamos a tener otra prueba en...? ¡Esto es el colmo!	We're going to have another test in . . . tomorrow? This is the last straw!
Me choca la actitud de... hacia... ¡No aguanto más!	I can't stand the attitude of . . . towards . . . I can't take it anymore!
el **prejuicio**	prejudice
respetar (a alguien)	to respect (someone)
el **respeto**	respect
el **semestre**	semester
suspender	to fail
tomar apuntes	to take notes
la **universidad**	university

Expressing an opinion and disagreeing

A mi parecer, no hay igualdad entre...	The way I see it, there's no equality between . . .
¡Al contrario! No estoy de acuerdo.	On the contrary! I disagree.
No me parece que sea justo.	I don't think it's fair.
¡Qué va! Eso no es cierto.	No way! That's not true.

Repaso de Vocabulario 2

Making suggestions

admitir un error	to admit a mistake
besar	to kiss
cometer un error	to make a mistake
comprarle un regalo	to buy (someone) a gift
la **comunicación**	communication
comunicarse	to communicate
el **consejo**	advice
darle un abrazo	to give (someone) a hug
Date tiempo para pensarlo.	Give yourself time to think it over.
dejar de hablarse	to stop speaking to one another
el **detalle**	detail
la **disculpa**	apology
disculparse	to apologize
discutir	to argue
estar resentido(a)	to be resentful
hacer las paces	to make up
¿Has pensado en...?	Have you thought about . . . ?
herir (ie, i)	to hurt (someone)
insultar	to insult
maltratar	to mistreat
No te conviene...	It's not good for you . . .

No te olvides de...	Don't forget to . . .
ofender	to offend
olvidar	to forget
pedir perdón	to ask for forgiveness
pelearse	to fight
perdonar	to forgive
la **reconciliación**	reconciliation
reconciliarse	to reconcile
ser (in)fiel	to be (un)faithful
Sería una buena/mala idea romper con...	It would be a good/bad idea to break up with . . .
Sugiero que no hagas caso a los rumores.	I suggest that you not pay attention to rumors.
Yo que tú...	If I were you . . .

Apologizing

Créeme que fue sin querer.	Believe me, I didn't mean to do it.
No lo hice a propósito.	I didn't do it on purpose.
No quise hacerte daño/ofenderte.	I didn't mean to hurt/offend you.
Perdóname. No sé en qué estaba pensando.	Forgive me. I don't know what I was thinking.
Te juro que no lo volveré a hacer.	I swear I'll never do it again.

Integración
capítulos 1–3

⌐FL.A.2.3.2

1 Escucha lo que dice cada persona y escoge la foto que corresponde a cada conversación.

a. Cecilia y Alejandro

b. Juan

c. Elvira y Pedro

2 Escribe cuatro opiniones en una hoja de papel. En parejas, intercambien papeles y túrnense para negar lo que escribió tu compañero(a). ⌐FL.A.1.3.1

MODELO —Todas las mujeres son muy chismosas.
—¡Qué va! No es cierto que todas sean chismosas.

3 Lee la conversación y contesta las preguntas. ⌐FL.A.2.3.1

FLOR	Julia, ¡estoy muy feliz de que me escribas desde Estados Unidos!
JULIA	Sí, qué bueno comunicarme al fin con mi amiga de Panamá.
FLOR	Supongo que eres alta, delgada y rica como todas las americanas.
JULIA	¡Qué va! Ésos son estereotipos, nada más. De hecho, soy muy bajita y morena. ¿Y rica? ¡Para nada! Me imagino que Uds. se pasan todo el día en la playa.
FLOR	Eso no es cierto. ¡Vaya! ¡Las dos tenemos mucho que aprender!
JULIA	Tienes razón. Dime, ¿qué estudias en la universidad?
FLOR	Estoy tomando cuatro cursos ahora: literatura, geografía, física e historia.
JULIA	Yo quiero enseñar educación física. Practico muchos deportes.
FLOR	A mí me gusta practicar ciclismo. Iba a ir con mi novio hoy, pero nos peleamos y ahora él está resentido. Nunca admite sus errores.

1. ¿De dónde es Flor? ¿Qué piensa de las americanas?
2. ¿Qué estereotipos tiene Julia sobre su amiga?
3. ¿Qué hace Julia en su tiempo libre?
4. ¿Qué cursos toma Flor en la universidad?
5. ¿Qué deporte practica Flor?

Repaso cumulativo

4 En parejas, describan lo que están haciendo las personas en la pintura. Luego, lean el título de la pintura y comenten lo que significa. ¿Qué más observas? **FL.A.1.3.1**

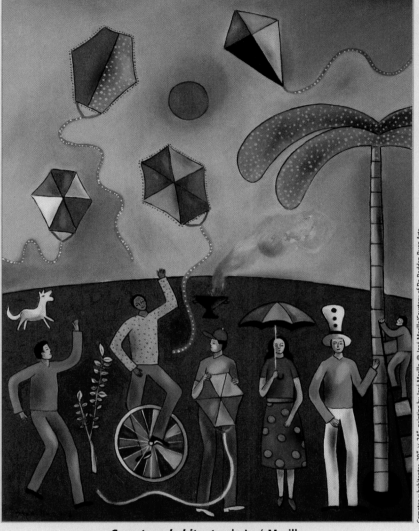

Cometas y habitantes, 30" × 24", painting by José Morillo. © José Morillo/Courtesy of De Bodden Buen Arte

Cometas y habitantes de José Morillo

5 Escribes una columna de consejos para un periódico. Recibiste una carta de una chica, Lola, que se ha peleado con su novio. Él es inseguro y se pone celoso cuando ella sale con sus amigas. Escríbele una carta a Lola y explica lo que tú harías en su lugar. **FL.A.3.3.2**

6

Situación Trabajen en grupos pequeños e imaginen que uno de ustedes es el (la) nuevo(a) gobernador(a). El (la) gobernador(a) se describe a sí mismo(a), y luego ustedes deben comentar lo que él (ella) hará como gobernador(a). **FL.A.1.2.3**

Capítulo 4

Entre familia

OBJETIVOS

In this chapter you will learn to
- ask about the latest news
- react to news
- comment on food
- explain and give excuses

And you will use
- present progressive
- present perfect indicative
- present perfect subjunctive
- preterite
- **se** + indirect object pronouns
- past progressive

¿Qué ves en la foto?

- ¿A qué miembros de la familia ves?

- ¿Qué ves en su sala de estar?

- ¿Qué tienen en común con tu familia?

 Look for the next to each activity and the **Benchmark Focus** to help you achieve the goals of the **Florida Sunshine State Standards**, found on pages FL14–FL16.

Una familia dominicana en casa

Objetivos
- Asking about the latest news
- Reacting to news

Vocabulario en acción 1

En Santo Domingo

A reunirse con la familia

Me llamo Carlos y quiero presentarles a mi familia. Mi familia es grande y me encanta pasar tiempo con ellos. ¡Vamos a conocerlos a todos!

Ésta es una foto familiar de hace diez años. Aquí estoy sentado con mis papás y mis hermanas. Hace cinco años mis papás decidieron **separarse** y luego **se divorciaron.**

Ésta es mi mamá. El año pasado, mi mamá se casó con Jorge. Jorge es mi **padrastro** y su hijo Miguel es mi **hermanastro.**

Mi papá **se casó con** Laura, mi **madrastra,** después del **divorcio.** Ella era **divorciada** y tenía una hija, Elisa. Elisa es mi **hermanastra.** Este año, Laura **dio a luz** a un niño, Alejandro, mi **medio hermano.**

Más vocabulario...

la cuñada	*sister-in-law*
el funeral	*funeral*
la medio hermana	*half sister*
separado(a)	*separated*
la suegra	*mother-in-law*
el suegro	*father-in-law*

También se puede decir...

In Florida, you may hear some Puerto Ricans use **la sortija de compromiso** instead of **el anillo de compromiso.** Some Cubans and Ecuadoreans may say **parir** for **dar a luz.**

Mi hermana Gabriela **está casada** con Alberto. Efraín, el hermano de Alberto, es **el cuñado** de Gabriela y es un buen amigo de la familia.

El año pasado **nació** Benjamín, el primer hijo de Gabriela y Alberto. Benjamín es mi sobrino.

Tengo otra hermana, Cristina. Ella y su novio Pablo **se comprometieron** justo después de **graduarse** de la universidad. Pablo le dio **un anillo de compromiso** muy bonito.

A mis parientes les encanta estar juntos. Nos reunimos todos para las bodas, los bautizos, los cumpleaños, la Nochebuena y ¡hasta buscamos pretextos para hacer una **reunión familiar!**

¡Exprésate!

To ask about the latest news	To respond
¿Qué sabes de...? *What do you know about . . . ?*	**Pues, sigue trabajando...** *Well, he's/she's still working . . .*
¿Qué me cuentas de...? *What can you tell me about . . . ?*	**Según tengo entendido,...** *From what I understand, . . .*
¿Qué anda haciendo...? *What's . . . up to?*	**Fíjate que se ha casado.** *Get this: he/she got married.*

Interactive TUTOR

Vocabulario y gramática, pp. 37–39

Online workbooks

▶ **Vocabulario adicional** — La familia, p. R16

El Caribe

ciento cuarenta y uno **141**

Vocabulario 1

1 ¡Una gran familia! 🔊 FL.A.2.3.2

Escuchemos Escucha mientras Alfonso habla de su familia y completa el diagrama con el parentesco *(relationship)* entre las personas mencionadas.

Eduardo ═══
de Enrique

Roberta ═══
de Enrique

Enrique

Paulina ═══
de Alfonso

Alfonso

Érica ═══
de Alfonso

2 ¿Qué significa? 🔊 FL.A.2.2.7

Leamos Lee las siguientes definiciones y escoge la palabra del cuadro que va con su definición.

divorciarse	dar a luz	un funeral
graduarse	casarse	comprometerse
una reunión familiar	un anillo de compromiso	

1. Una fiesta donde toda la familia está junta en un lugar.
2. Algo que se le da a una mujer para proponerle matrimonio.
3. El acto de completar los estudios de un colegio.
4. El acto de contraer matrimonio.
5. El acto de tener un bebé.
6. Una ceremonia después de la muerte de una persona.
7. El acto de proponerle matrimonio a otra persona.
8. El acto de terminar un matrimonio.

3 ¿Qué me cuentas? ⟍ FL.A.2.3.1

Leamos/Escribamos Completa la conversación entre doña Eva y doña Luz con las palabras del cuadro.

puedo creer	anda haciendo	se graduó	fíjate	casarse
qué sabes	cuñado	según	dio a luz	sigue

DOÑA EVA   Luz, ¿tu hijo Rubén ___1___ trabajando en el hospital?

DOÑA LUZ   No, ___2___ que tiene un trabajo nuevo, en la Clínica Central. Decidió cambiar de trabajo después de ___3___ con Cristina.

DOÑA EVA   ¿Y qué ___4___ Cristina? ¿Ellos tienen hijos?

DOÑA LUZ   Sí. Cristina ___5___ a su hijo, Esteban, en junio.

DOÑA EVA   ¿Y ___6___ de Memo, tu sobrino?

DOÑA LUZ   Pues, ___7___ tengo entendido, ___8___ de abogado y puso un negocio con su ___9___ Agustín.

DOÑA EVA   ¡Dios mío! El tiempo pasa muy rápido. No ___10___ que ya se haya graduado.

4 Una familia única ⟍ FL.A.3.3.1

Escribamos Imagínate que tu familia está formada sólo por personas famosas. Escribe un párrafo sobre ocho miembros de tu familia famosa y lo que han hecho últimamente *(lately)*. Sigue el modelo.

MODELO   **Tengo una familia interesante. Mi padre, Andy García, se divorció de mi madre, Salma Hayek, hace cuatro años. Se ha casado con...**

Comunicación

HOLT SoundBooth
ONLINE RECORDING

5 Cuéntame de tu familia ⟍ FL.A.1.2.3

Hablemos Con un(a) compañero(a), túrnense para hacer preguntas acerca de los familiares famosos que crearon en la Actividad 4. Cada uno debe hacer por lo menos tres preguntas acerca de la familia de su compañero(a).

MODELO   —¿Qué anda haciendo tu primo?
　　　　　—Fíjate que se casó de nuevo, ¡con una de las Ketchup!

Abuela y nieta charlando,
Santo Domingo

¡Tengo mucho que contarte!

ABUELA Cuéntame, hija, ¿cómo te fue en Nueva York con tus tíos?

MARCELA Muy bien, abuela. Han pasado muchas cosas desde la última vez que los visité. ¡Tengo mucho que contarle!

ABUELA Adelante, querida, te escucho.

MARCELA Para empezar, ¿sabía Ud. que mi primo Héctor le dio un anillo de compromiso a su novia Liliana?

ABUELA ¡Se han comprometido! ¡No me digas! Pues, me alegro mucho por los dos. ¿Y qué me cuentas de tu tío José?

MARCELA Según tengo entendido, renunció a su trabajo como banquero y se fue a Montana a trabajar en un rancho.

ABUELA ¿José? ¿En un rancho? ¡No me lo puedo creer!

MARCELA Pues, es verdad. Y es más, supe que mi primo Rubén y su esposa se han separado.

ABUELA Ay, qué pena, pero no me extraña que se hayan separado. Los dos son personas de carácter muy fuerte.

MARCELA Ya lo sé, pero un día tendrán que hacer las paces.

ABUELA Tienes razón, hija.

¡Exprésate!

To react to news

¡Qué sorpresa que se hayan...! *What a surprise that they have . . . !*	**¡No me digas!** *You don't say!*
Qué pena que se hayan... *What a shame that they have . . .*	**Me has dejado boquiabierto(a).** *You've left me speechless.*
¡No me lo puedo creer! *I can't believe it!*	

Interactive
TUTOR

Vocabulario y gramática,
pp. 37–39

Online
workbooks

6 **¿Qué fue lo que contó?** FL.A.2.3.1

Leamos/Escribamos Basándote en el diálogo entre Marcela y su abuela, determina si cada oración es **cierta** o **falsa.** Corrige las falsas. Luego coloca las oraciones en el orden en que se mencionaron.

1. Héctor fue a Montana a trabajar de banquero.
2. Liliana no aceptó el anillo de compromiso.
3. El tío José renunció a su trabajo como banquero.
4. La abuela no pudo creer las noticias acerca de Rubén.
5. Rubén y su esposa se separaron.
6. Marcela fue a Nueva York a visitar a sus tíos.
7. La abuela sintió mucha pena cuando supo lo de Liliana y Héctor.

Benchmark Focus

FL.A.2.3.1 Comprehend and interpret the content of authentic, written materials

7 **¡No me digas!** FL.A.2.3.2

 Escuchemos Escucha las conversaciones en que una persona le da noticias a la otra. Indica si la persona
a) está sorprendida o
b) no está sorprendida con las noticias.

Tiendas con letreros en español en el barrio de Washington Heights, Nueva York

Comunicación

HOLT **SoundBooth** ONLINE RECORDING

8 **Novedades familiares** FL.A.1.2.3

 Hablemos En grupos de tres, dramaticen una conversación basándose en las fotos. Túrnense para dar noticias nuevas y reaccionar. Sean creativos y usen las expresiones de **Exprésate.**

MODELO —Fíjate que Rodrigo le propuso matrimonio a mi hermana Marta.
—¡No me digas! ¡Qué emoción!

Objetivos
- Present progressive
- Present perfect indicative
- Present perfect subjunctive

Gramática en acción 1

GramaVisión

Interactive TUTOR

Repaso — Present progressive

1 The **present progressive** is used to describe actions that are in progress at the present time. It is formed by using **estar** with the present participle of the verb, which is formed by removing **-ar, -er,** or **-ir** from the infinitive, and adding **-ando** or **-iendo.**

2 Some verbs have spelling changes in their present participles, especially stem-changing verbs.

caer	→ cayendo		**mentir**	→ mintiendo
decir	→ diciendo		**morir**	→ muriendo
dormir	→ durmiendo		**pedir**	→ pidiendo
leer	→ leyendo		**traer**	→ trayendo

3 When an **object pronoun** is used with the **present progressive,** place it before the first verb, or after and attached to the participle. When the **object pronoun** is attached to the participle, an accent mark is added.

Alicia **lo** está escuchando.   *Alicia is listening to it.*

Juan está leyéndo**lo**.   *Juan is reading it.*

4 The **present progressive** can also be used with the verbs **andar** and **seguir. Andar + present participle** give the impression that someone goes around doing something continuously, sometimes with a slightly negative connotation.

Él **anda pidiendo** favores.   *He goes around asking for favors.*

Seguir is a spelling-change verb. Before **-e** or **-i**, the stem keeps the **gu: sigues.** Before **-a** or **-o**, the **gu** changes to **g: sigo. Seguir + present participle** is used to say that someone keeps on doing something, or is still doing something.

Sigo viviendo en París.   *I'm still living in Paris.*

Vocabulario y gramática, pp. 40–42
Actividades, pp. 31–33

 Online workbooks

En inglés

In English, it's common to hear *I am going* or *I am coming.*

In Spanish, ser, ir, and **venir** are never used in the present progressive with **estar** or **andar** to express this idea. Use the simple present: **soy, voy, vengo.**

¿**Vienes** conmigo?
No, **voy** con Laura.

Think of one common English verb that is not used in the present progressive.
↘ FL.D.1.3.2

Benchmark Focus
FL.D.1.3.2 Identify and use typical patterns of communication in the target language

9 **¿Sigue pasando?** ↘ FL.A.2.3.2

 Escuchemos   Escucha las conversaciones y decide si la actividad o situación que menciona la primera persona continúa o **sigue pasando,** o **no.**

10 **¡A la defensa!** FL.A.2.3.1

Leamos/Escribamos Completa el párrafo con la forma correcta de **estar, andar** o **seguir** y el participio presente del segundo verbo.

Algunos parientes ___1___ (andar) ___2___ (decir) que mi primo Luis es un estudiante perezoso, pero no es cierto. Él ___3___ (seguir) ___4___ (ser) muy aplicado, como siempre. Este semestre, ___5___ (estar) ___6___ (tomar) clases extra para avanzar más rápido. Y además, Luis ___7___ (seguir) ___8___ (trabajar) en la tienda familiar con su tío. Yo ___9___ (seguir) ___10___ (pensar) que ha cambiado, y que por fin ___11___ (estar) ___12___ (hacer) algo con su vida. Las personas que ___13___ (andar) ___14___ (criticarlo) deben prestar más atención, porque ellos no ___15___ (estar) ___16___ (verlo) como realmente es.

11 **Una excursión familiar** FL.A.3.3.2

Escribamos Describe en ocho oraciones la reunión familiar del dibujo. Usa **estar, andar, seguir** y el participio presente.

MODELO Como siempre, la tía Gloria anda sacando fotos de todo el mundo.

Comunicación

HOLT **SoundBooth**
ONLINE RECORDING

12 **Una reunión escolar** FL.A.1.2.3

Hablemos En parejas, dramaticen una reunión escolar que va a ocurrir dentro de diez años. Mencionen tres noticias usando el presente progresivo, y respondan a las de su compañero(a).

MODELO —¿Qué anda haciendo Inés?
—Está trabajando de modelo en Nueva York.
—¡No me digas!

Gramática 1

Repaso Present perfect indicative

1 To form the **present perfect indicative,** use the present tense of the helping verb **haber** followed by the **past participle** of the main verb.

yo	**he hablado**	nosotros	**hemos hablado**
tú	**has hablado**	vosotros	**habéis hablado**
Ud., él, ella	**ha hablado**	Uds., ellos, ellas	**han hablado**

If the stem of an **-er** or **-ir** verb ends in a vowel other than **u,** place an accent on the **i** in **-ido.**

leer ⟶ **leído**   **traer** ⟶ **traído**

2 The **present perfect indicative** is used to say what has or hasn't happened in a period of time up to the present or to talk about something that happened very recently. Use the **present perfect indicative** in Spanish when you would use the auxiliary verb "have" in English.

> No **he hablado** con tu suegra.
> *I haven't spoken with your mother-in-law.*

Use the **preterite** for past actions that are viewed as over and not connected to the present.

> **Hablé** con tu suegra ayer.
> *I spoke with your mother-in-law yesterday.*

3 When an **object pronoun** is used with the **present perfect indicative,** it should always go before the conjugated form of **haber.** Unlike the present progressive, a pronoun *cannot* be attached to the participle.

> Florencia **nos ha contado** las buenas noticias.
> **Me han invitado** a la boda.

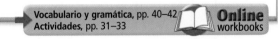
Vocabulario y gramática, pp. 40–42
Actividades, pp. 31–33
Online workbooks

¿Te acuerdas?

Remember that the past participles of these verbs are irregular.

abrir	⟶	**abierto**
cubrir	⟶	**cubierto**
decir	⟶	**dicho**
escribir	⟶	**escrito**
hacer	⟶	**hecho**
morir	⟶	**muerto**
poner	⟶	**puesto**
romper	⟶	**roto**
ver	⟶	**visto**
volver	⟶	**vuelto**

Compound forms of these verbs are also irregular; for example:

descubrir ⟶ **descubierto**

13 **Los mejores planes** ⟍ FL.A.2.3.2

Escuchemos Escucha mientras Luisa habla de los planes para una reunión familiar. Determina si habla de
a) algo que sucedió recientemente o está conectado al presente o de
b) algo que está sucediendo.

14 **¡Cuéntame qué pasa!** FL.A.2.2.7

Hablemos/Escribamos Estás hablando por teléfono con tu primo durante una boda y le dices lo que ha pasado. Completa tus observaciones usando las frases de abajo.

MODELO La tía Rosa/llorar mucho esta tarde
La tía Rosa ha llorado mucho esta tarde.

1. Sonia/llegar con su novio
2. El fotógrafo/sacarnos un montón de fotos
3. El primo Nicolás/hacer travesuras
4. Mamá/reírse con los chistes del tío Román
5. Abuelo/bailar con la novia
6. Nosotros/ver a muchos parientes

15 **Preparaciones para la fiesta** FL.A.2.2.7

 Escribamos Hay una gran lista de tareas que hacer para la fiesta. Explica cuáles se han hecho, basándote en las fotos que siguen.

MODELO Yo he traído la música.

yo/traer

1. yo/preparar   2. Mamá y papá/colgar   3. mis hermanos/poner   4. el pastelero/decorar

Comunicación

HOLT **SoundBooth** ONLINE RECORDING

16 **La encuesta** FL.A.1.2.3

Hablemos Trabaja en grupos pequeños. Busca a alguien de tu grupo que pueda responder "sí" a cada pregunta.

MODELO ir a Egipto alguna vez
—¿Has ido a Egipto alguna vez?

1. ver a su abuelo(a) este año
2. asistir a una reunión familiar alguna vez
3. ir a una boda recientemente
4. visitar a algún pariente en otro estado
5. decirle algo tonto a un amigo
6. comprar ropa nueva esta semana

Benchmark Focus

FL.A.1.2.3 Recognize and appropriately use oral syntax and inflection in spoken target language

Present perfect subjunctive

Interactive TUTOR

En inglés

In English, the words *would* or *should* can imply the same idea as the Spanish subjunctive mood.

> I'm surprised that he *would* do such a thing.

> It's funny that you *should* say that.

In Spanish, the subjunctive mood is used instead.

> Me sorprende que él *haga* tal cosa.

> Es curioso que *digas* eso.

In addition to the present subjunctive, what other two Spanish verb forms can correspond to the English verb *would*?

FL.D.1.3.2

1 Remember that the **subjunctive** is used with expressions that **convey feelings.**

> **Me alegra que vengan** mis amigos a nuestra fiesta.

> **Temo que** mi novia **vaya** a romper conmigo.

2 The **subjunctive** is also used with expressions that **convey judgments** about something.

> **Es natural que estés** enojado con la decisión.
> *It's natural that you're angry about the decision.*

> **Me sorprende que** Gilberto **se comporte** tan raro.
> *It surprises me that Gilberto behaves so strangely.*

3 Use the **present perfect subjunctive (el presente perfecto del subjuntivo)** to express an emotion, judgment, doubt, or hope about something that has happened. It's formed with the subjunctive of **haber** and the past participle of the main verb.

yo	**haya comido**	nosotros	**hayamos comido**
tú	**hayas comido**	vosotros	**hayáis comido**
Ud., él, ella	**haya comido**	Uds., ellos, ellas	**hayan comido**

> **Me choca que** ellos **hayan salido** tan de prisa.
> **Es una lástima que** nuestro equipo **haya perdido** otro juego.

Vocabulario y gramática, pp. 40–42
Actividades, pp. 31–33
Online workbooks

Some expressions that convey judgments or feelings

es bueno que	es natural que	me enoja que
es curioso que	es normal que	me gusta que
es horrible que	es triste que	me molesta que
es lógico que	me alegra que	me parece bien que
es maravilloso que	me choca que	me sorprende que

Una tienda para novias en la República Dominicana

17 **¿Le gusta o no?** **FL.A.2.3.2**

Escuchemos Escucha cómo reaccionan estas personas ante una noticia y decide si su reacción es **positiva** o **negativa.**

18 **Me sorprende que...** ↘FL.A.2.3.1

Leamos/Escribamos Completa las oraciones con el presente perfecto del subjuntivo del verbo entre paréntesis.

1. Me sorprende que el profesor ════ (dar) el examen tan pronto.

2. Al profesor no le gusta que los estudiantes no ════ (estudiar) para el examen.

3. Me da gusto que los estudiantes ════ (hablar) con el director.

4. Me alegra que mis amigos ════ (hacer) la tarea de historia.

5. A mis amigos les enoja que el entrenador ════ (cancelar) el partido de béisbol.

6. Es una lástima que mis compañeros no ════ (poder) terminar su trabajo.

19 **¿Cómo reaccionarías?** ↘FL.A.3.3.1

Leamos/Escribamos Lee cada situación y escribe una oración sobre cómo reaccionarías o qué dirías. Usa el presente perfecto del subjuntivo.

MODELO **Tu mejor amigo, que vive en otra ciudad, te ha visitado este verano.**
—**Me alegra mucho que hayas venido a visitarme.**

1. Tus padres no te han permitido salir con tus amigos.

2. Un grupo de amigos te ha hecho una fiesta sorpresa.

3. Tu tía ha venido a visitarte y ha traído un postre delicioso.

4. Tu amigo(a) te ha invitado al cine pero no tienes dinero.

5. Tu hermano te ha pedido ayuda con la música para su boda.

6. Algunos parientes no han llegado a la ceremonia a tiempo.

Nota cultural

En muchos países latinoamericanos, los novios tienen dos ceremonias de boda: una ceremonia civil y otra ceremonia religiosa. Durante la ceremonia civil, los novios firman los documentos legales en presencia de un juez y los testigos. Esta ceremonia es la que reconoce la ley pero la ceremonia religiosa es por lo general más importante para los novios.

¿Cómo son las bodas donde tú vives? ↘FL.D.2.3.1

Novios argentinos, Buenos Aires

Comunicación

HOLT **SoundBooth** ONLINE RECORDING

20 **A dramatizar** ↘FL.A.1.4.1, FL.A.3.3.2

Hablemos Dramatiza con un(a) compañero(a) tres de las situaciones de la Actividad 19. Usen las expresiones de **Gramática.**

MODELO **Un grupo de amigos te ha hecho una fiesta sorpresa.**
—**Me sorprende mucho que me hayan hecho una fiesta.**
—**Pues, me alegra que haya sido una sorpresa de verdad.**

Benchmark Focus

FL.A.3.3.2 Provide information in spoken and written form on a variety of topics of personal, academic, and cultural interest

Cultura

Benchmark Focus

FL.E.1.4.1 Understand that knowing more than one language allows people to function effectively in multilingual communities.

Video/DVD

VideoCultura

Comparaciones

Interactive TUTOR

Tíos, primos y abuelos se reúnen para cenar.

A casa de tu tía, mas no cada día FL.B.1.3.3, FL.C.2.3.2

En los países hispanohablantes, la vida en familia es muy importante, tanto en la familia inmediata como con los tíos, primos, y abuelos. Muchos de los hermanos acaban viviendo en la misma ciudad que sus padres, y forman sus familias que se reúnen en casa de los abuelos muy a menudo. Los niños suelen conocer bien a sus primos y tíos. ¿Se parece esto a la situación de tu familia? ¿En qué se diferencian? ¿Crees que tener mucho contacto tiene más ventajas o desventajas?

Océano Atlántico

REPÚBLICA DOMINICANA

★ Santo Domingo

Inés
Santo Domingo, República Dominicana

¿Tienes parientes que vivan en otras ciudades u otros países?
> Sí, en Zaragoza, España.

¿Quiénes son?
> Mi padre, mis tíos, mis primos, y mis abuelos.

¿Cómo se mantienen en contacto?
> Por el teléfono, por el correo, y por el Internet.

¿Con qué frecuencia se ven?
> Los veo todos los veranos.

Para ti, ¿por qué es importante que los parientes se mantengan en contacto aunque vivan lejos?
> Es importante compartir los asuntos de la familia.

Georgia

FLORIDA

Golfo de México

Miami

Nelson
Miami, Florida

¿Tú tienes parientes que vivan en otros países?

Sí, tengo parientes que viven en otros países, en Cuba particularmente.

¿Quiénes son?

Son mis tíos, mis primos, mis hermanos, mis abuelos.

¿Cómo se mantienen en contacto?

Bueno nos mantenemos en contacto por teléfono, por el Internet. Hablamos así de vez en cuando.

¿Con qué frecuencia se ven?

Nos vemos cada dos años. Ellos nos visitan. Nosotros los visitamos.

Para ti, ¿es importante que los parientes se mantengan en contacto aunque vivan aparte?

Sí. Es muy importante ya que la familia es algo muy importante para mí. Me gusta mantener una buena relación con la familia. Y uno siempre tiene que contar con la familia. Por eso es que lo veo importante.

Cultura

Para comprender ⟍FL.C.2.3.2

1. ¿Quiénes de la familia de Inés viven en España?
2. ¿Con qué frecuencia ve Inés a su familia de España?
3. ¿En dónde tiene Nelson familia?
4. ¿Tiene Nelson una buena relación con su familia de Cuba?
5. Para Inés y Nelson, ¿por qué son importantes los lazos familares? Explica.

Para pensar y hablar ⟍FL.A.3.3.2

¿Estás de acuerdo con Inés y Nelson en que la familia se debe mantener en contacto? ¿Por qué? ¿Cuáles son dos ventajas y dos desventajas de tener familiares en otros países? ¿Qué pasa si se pierde el contacto con un pariente lejano?

Comunidad en la Florida

Alimentos importados ⟍FL.E.1.4.1

En la Florida se encuentra una gran variedad de comestibles de países hispanohablantes: chorizos, azafrán y mariscos enlatados de España, yuca y frutas tropicales congeladas del Caribe, mate del Cono Sur y chiles de México. Diversas entidades participan en la importación de estos productos, como las compañías distribuidoras, las empresas de transporte y los bancos. En tu supermercado, busca un producto de un país hispanohablante e investiga la compañía que lo distribuye. ¿Dónde se halla? ¿De qué países importa comestibles? ¿Cuenta con personal hispanohablante? ¿Con qué otras compañías trabaja? Haz un cartel que explique la ruta que ha seguido el producto que escogiste, desde su país de origen hasta tu supermercado.

En la poscosecha del azafrán, los estigmas se separan del interior de las flores. Esta labor manual requiere de mucho tiempo.

Objetivos
• Commenting on food
• Explaining and giving excuses

Vocabulario *en acción* 2

En Santo Domingo   La comida casera

Mi mamá sabe cocinar muy bien. Hoy hizo **pollo frito** con **frijoles** negros y arroz, y **coliflor** con queso. ¡Está muy rica la comida!

Uno de mis platos favoritos es la ensalada de frutas. Una buena ensalada de frutas debe llevar **sandía,** naranja, un poco de **toronja,** melón y uvas frescas.

También me gustan mucho los postres. Me encantan **el dulce de coco** y **el bizcocho de chocolate.** Y, bueno, si quiero bajar de peso, ¡**el yogur** con **cerezas**!

Más vocabulario...

el apio	*celery*
la crema (agria)	*(sour) cream*
la lima	*lime*
el limón	*lemon*
las pasas	*raisins*
el pavo (con relleno)	*turkey (with stuffing)*
la salchicha	*sausage*

Vocabulario 2

En ocasiones especiales servimos **langosta** y **camarones**.

Aunque me gustan los mariscos, mi plato preferido es el **puerco asado** con arroz y **frijoles** negros.

A veces mi mamá sirve **calabacín** o **chícharos** con un poco de sal y mantequilla.

En el verano solemos hacer refrescantes ensaladas con **pepino** y **aguacate**.

 También se puede decir...

In Florida, instead of **la sandía**, you may hear Cubans use **el melón**, while some Venezuelans, Colombians, and Bolivians may prefer **la patilla**. Central Americans may say **el guajalote** for **el pavo**. Some Cubans and Venezuelans use **cochino asado** instead of **puerco asado**. Colombians and Nicaraguans may prefer **cerdo asado**, and Puerto Ricans might say **lechón asado**.

¡Exprésate!

To comment on food		Interactive TUTOR
Está para chuparse los dedos. *It's good enough to lick your fingers.*	**Al (A la)... le falta sabor, pero no sé qué le falta.** *The . . . lacks flavor, but I don't know what's missing.*	
Se me hace la boca agua. *It makes my mouth water.*	**Está pasada la leche.** *The milk has gone bad.*	
Sabe delicioso(a). *It tastes delicious.*	**¡Qué asco!** *That's disgusting!*	

Vocabulario y gramática, pp. 43–45 Online workbooks

¡Vamos a comer! ⟍ FL.A.2.3.2

Escuchemos Escucha las conversaciones. Escoge la conversación que corresponde a cada foto. Luego, escribe **sí** o **no** para indicar si a la persona le gusta la comida o no.

a.

b.

c.

d.

e.

f.

22 **Veamos el menú** ⟍ FL.A.2.3.1

Leamos Lee lo que le gusta o no a cada persona y decide qué puede pedir de comer. Algunas personas pueden tener más de una opción.

ENTRADAS	PLATOS PRINCIPALES	POSTRES
Ensalada de aguacate	Langosta con calabacín	Sandía
Caldo de pollo	Puerco asado con papas fritas	Yogur con o sin cerezas
Salchichas	Pavo relleno y chícharos	Dulce de coco

1. A Héctor le encantan los platos con carne, pero no le gustan las papas. ¿Qué puede pedir de plato principal?

2. Sofía prefiere no comer nada caliente para la cena. ¿Qué puede pedir?

3. A Patricia no le gustan las verduras. ¿Qué puede pedir de entrada y de plato principal?

4. Juan quiere postre, pero no puede comer productos lácteos *(dairy)*. ¿Qué puede pedir?

5. A Mónica no le gusta la fruta. ¿Qué puede pedir de postre?

6. Rosana no come carne. ¿Qué puede pedir de entrada y de plato principal?

23 Mis comidas favoritas ⟍ FL.A.2.3.1

Leamos/Escribamos Completa las oraciones según tus propios gustos.

1. Mi comida favorita es ▬▬▬.
2. No me gusta ▬▬▬. ¡Qué asco!
3. El plato de ▬▬▬ está para chuparse los dedos.
4. A veces en casa preparamos ▬▬▬. ¡Sabe delicioso!
5. Mi abuela siempre sirve ▬▬▬ de postre. ¡Qué rico!
6. En el verano, suelo comer frutas como ▬▬▬.
7. A mí me gusta preparar ▬▬▬ a mediodía.
8. Mi postre favorito es ▬▬▬ con ▬▬▬.

24 ¿Qué dices? ⟍ FL.A.3.3.1

Leamos/Hablemos Usa las palabras de **Vocabulario** y las expresiones de **Exprésate** para responder a cada situación.

> **MODELO** **Sacas la leche del refrigerador y huele horrible.**
> **—La leche está pasada. ¡Qué asco!**

1. La comida que preparó tu familia te encanta.
2. Tu novio(a) preparó el mejor bizcocho que has probado.
3. Tu hermano preparó un puerco asado y no tiene sabor.
4. En la cocina de tu abuela ves un pollo frito y un plato de papas fritas, tu comida favorita.
5. Unos amigos prepararon una cena y quieres decirles que es excepcional.
6. La sopa de verduras no te gustó para nada.
7. Preparaste una ensalada pero está muy salada.
8. Tu hermana preparó arroz con pollo, pero le falta algo.

Nota cultural

No es de extrañar que el pescado sea una parte importante en la dieta de las islas caribeñas. El pescado servido con moro de gandules con coco es un plato típico de Samaná, en República Dominicana. El chillo, un tipo de pescado frito o al horno servido generalmente con una salsa llamada mojo, es un plato típico de Puerto Rico. El ceviche es otro plato popular, hecho a base de pescado crudo en un adobo de limón, cebolla picada, sal y ají.

¿Por qué crees que el pescado es importante en el Caribe?

⟍ FL.B.1.3.4

Un ceviche de la República Dominicana

Comunicación

HOLT **SoundBooth**
ONLINE RECORDING

25 La cena de la clase ⟍ FL.A.3.3.2

Hablemos/Escribamos En parejas, organicen una cena para una reunión familiar. Túrnense para entrevistarse sobre qué quieren servir de entrada, plato principal, verduras y bebidas. Pónganse de acuerdo y escriban un plan para presentarlo a la clase.

> **MODELO** —¿Qué quieren preparar de entrada?
> —¿Qué tal si preparamos un ceviche y unas verduras?

Benchmark Focus

FL.A.3.3.2 Provide information in spoken and written form on a variety of topics of personal, academic, and cultural interest

¿Qué tal quedó la cena?

MAMÁ	Pásenme sus platos, voy a servir la comida. Rafael preparó la cena esta noche. Vamos a ver cómo le quedó.
PAPÁ	Pues, me imagino que está para chuparse los dedos.
HERMANO	Oye, Rafa, el arroz está un poco salado, ¿no crees?
RAFAEL	Ya lo sé, se me fue la mano con la sal. Es la primera vez que hago arroz.
MAMÁ	Está bien, hijo, sabe delicioso.
PAPÁ	Y al puerco asado le falta sabor, pero no sé qué le falta.
RAFAEL	Lo siento, papá, es que se me olvidó ponerle ajo.
HERMANA	A mí me gusta sin ajo.
PAPÁ	Pero la ensalada de pepino te quedó exquisita, hijo. Se me hace la boca agua sólo de verla.
HERMANA	Ay, ¿cómo pueden comer ensalada? ¡Qué asco!
	(Luego...)
MAMÁ	Me parece que el bizcocho está demasiado dulce.
RAFAEL	¡Lo sabía! Es que se me fue la mano con el azúcar.

Una cena en casa, Santo Domingo

¡Exprésate!

To comment on food	To explain and give excuses
El/La... está salado(a)/picante. *The . . . is salty/spicy.*	**Se me fue la mano con...** *I got carried away with . . .*
El/La... no sabe a nada. *The . . . doesn't taste like anything.*	**Es que se me olvidó ponerle...** *It's just that I forgot to add . . .*
El/La... está seco(a)/no está muy dulce. *The . . . is dry/isn't very sweet.*	**Es que se me acabó...** *It's just that I ran out of . . .*

Interactive TUTOR

Vocabulario y gramática, pp. 43–45

Online workbooks

26 La cena de Rafael 🔖 FL.A.2.3.1

Leamos/Escribamos Contesta las preguntas basándote en el diálogo.

1. ¿Por qué está el arroz un poco salado?
2. ¿Cuál de los platos le hace la boca agua al papá?
3. ¿Por qué al puerco asado le falta sabor?
4. ¿A la hermana le gusta la ensalada? ¿Cómo lo sabes?
5. ¿Cree la hermana que le falta sabor al puerco? Explica.
6. ¿Por qué está el bizcocho demasiado dulce?

27 ¿Qué pasó en la cocina? 🔖 FL.A.2.3.2

Escuchemos Escucha lo que le pasó a cada persona en la cocina e identifica el ingrediente que causó el problema.

a.   b.   c.

d.   e.   f.

Nota cultural

En ciudades de la Florida donde hay barrios dominicanos, se pueden encontrar colmaditos típicos de la República Dominicana. Estas tiendas venden una variedad de productos: yuca, cocos frescos, dulce de leche con naranja, medicinas naturales y jabones traídos de la isla. En estos barrios también hay panaderías y restaurantes que preparan especialidades dominicanas como pan de agua, pan de azúcar, sancocho, frituras de yuca (abajo) y habichuelas con dulce.

¿Por qué crees que algunos dominicanos hacen sus compras y comen en estos colmaditos y restaurantes?
🔖 FL.B.1.3.3

Benchmark Focus
FL.B.1.3.3 Recognize themes on social behavior

💬 Comunicación

HOLT **SoundBooth** ONLINE RECORDING

28 Una cena especial 🔖 FL.A.1.4.1

Hablemos Un(a) amigo(a) te preparó una cena para tu cumpleaños. Algunos platos salieron bien y otros mal. Preparen una conversación en la que Uds. comenten la comida. Tú debes hacer comentarios sobre los platos y tu amigo(a) te explica qué pasó.

MODELO —El bizcocho no está muy dulce.
—Perdón, es que se me acabó el azúcar.

Objetivos
- Preterite
- **Se** + indirect object pronouns
- Past progressive

Gramática *en acción* 2

GramaVisión

Repaso   Preterite

1 Use the **preterite** to show that actions were begun or completed at specific times in the past. Time markers such as **ayer, anoche, este fin de semana,** and **el verano pasado** are often used with the preterite.

> Eduardo **habló** con Ana **anoche.**

2 The **preterite** is used with **al + infinitive** or **en cuanto,** which mark the beginning of an event or situation.

> **Al oír** las noticias, se **puso** a llorar.
> *Upon hearing the news, she started crying.*

> **En cuanto supo** la verdad, **hizo** las maletas y se **fue.**
> *As soon as he found out the truth, he packed his bags and left.*

3 These verbs have irregular stems in the **preterite.**

estar	**estuv-**	saber	**sup-**	traer	**traj-**
poder	**pud-**	tener	**tuv-**	decir	**dij-**
poner	**pus-**	venir	**vin-**	querer	**quis-**

The verbs **ir** and **ser** have the same irregular preterite forms:
fui, fuiste, fue, fuimos, fuisteis, fueron.

4 The meaning of some verbs can change in the **preterite.**

	present		preterite
conocer:	*know(s)*	→	*met, first saw*
saber:	*know(s)*	→	*found out, realized*
querer:	*want(s)*	→	*tried to, meant to*
no querer:	*do not (doesn't) want*	→	*wouldn't, didn't mean to*

¿Te acuerdas?

When describing past habitual actions, past mental or physical states, telling time, or describing age in the past, the **imperfect** is used.

De niña, Paula **estudiaba** todos los días.

David **era** muy delgado.

Flor **tenía** catorce años en 1999.

Vocabulario y gramática, pp. 46–48
Actividades, pp. 35–37

Online workbooks

29 **En el restaurante...** ↘ FL.A.2.3.1

Leamos   Completa el párrafo con el pretérito de los verbos.

Ayer ___1___ (ser) el cumpleaños de mi mamá. La semana pasada, ella ___2___ (decir) que le gustaba la comida mexicana. Por eso, nosotros ___3___ (decidir) ir a un restaurante mexicano. Yo ___4___ (ir) temprano con mis hermanas. Cuando mi mamá ___5___ (llegar), nosotros ___6___ (gritar) "¡Feliz cumpleaños!"

Gramática 2

30 **Todos tienen una opinión** ⟍ FL.A.2.3.1

Leamos/Escribamos Completa las oraciones con la forma correcta del verbo entre paréntesis.

MODELO **En cuanto (ver) el menú, mis padres (querer) irse.**
En cuanto vieron el menú, mis padres quisieron irse.

1. La última vez que mis amigos ===== (ir) a este restaurante, ellos ===== (conocer) al cocinero.
2. En cuanto te ===== (ver) llegar, Arturo nos ===== (poner) a cantar.
3. Alejo ===== (venir) también, y le ===== (decir) a Arturo que el puerco asado estaba para chuparse los dedos.
4. Elvira ===== (traer) salsa picante y, a escondidas, les ===== (poner) un poquito a los tacos.

31 **Un restaurante cubano** ⟍ FL.A.2.3.1

Leamos/Hablemos Lee la reseña *(review)* del restaurante y contesta las preguntas usando el pretérito.

Anoche comí en el restaurante cubano "Buen Provecho". De entrada, pedí camarones en salsa roja, ¡pero el mesero me trajo una ensalada! Quise cambiarla, pero el mesero me dijo: "Se me olvidó decirle que hoy no tenemos camarones". Así que probé la ensalada ¡y me encantó! Luego llegó el plato principal: puerco asado con frijoles negros, arroz y chícharos. Eso me molestó porque había pedido calabacín en vez de chícharos.

— *reseña de Paco Ortiz*

1. ¿Dónde cenó Paco?
2. ¿Qué pidió de entrada? ¿Qué pasó?
3. ¿Pudo cambiar la entrada? ¿Por qué?
4. ¿Por qué no le dijo el mesero que no tenían camarones?
5. ¿Qué hizo Paco con la ensalada?
6. ¿Qué pasó cuando llegó el plato principal?

Nota cultural

El plato nacional de la República Dominicana es el **sancocho,** un estofado *(stew)* de carne y verduras que puede tener de todo: desde puerco y mariscos hasta ñame *(yam)* y yuca *(yucca)*. El sancocho prieto es un estofado de color oscuro hecho de siete tipos de carne. Pero el plato más popular del país es el arroz con pollo.

¿Cómo se refleja la mezcla de ingredientes americanos e europeos en estos platos dominicanos?
⟍ FL.B.1.3.5

Un sancocho dominicano

Benchmark Focus

FL.B.1.3.5 Know various expressive forms of the target culture and the influence of these forms on the larger community

Comunicación

HOLT **SoundBooth**
ONLINE RECORDING

32 **Una cena terrible** ⟍ FL.A.1.2.3

Hablemos Fuiste a un restaurante y todo salió mal. Explícale a tu compañero(a) cuatro cosas que no salieron bien.

Se + indirect object pronouns

Interactive TUTOR

1 Use **se** + **indirect object pronoun** + **verb** to talk about unintentional events.

> A Julia **se le olvidaron** las bebidas.   *Julia forgot the drinks.*
>
> A José **se le cayó** el libro.   *José dropped the book.*

The **indirect object pronoun** refers to the person the event happened to. The **verb** agrees with the object(s) involved, and is always in the third person singular or plural.

> *refers to*   *agrees*
>
> A ti **se te olvidó** la ensalada.
> *You forgot the salad.*
>
> *refers to*   *agrees*
>
> A nosotros **se nos olvidaron** los refrescos.
> *We forgot the soft drinks.*

2 Common verbs used in this construction are **quedar, quemar, perder, olvidar, caer, romper,** and **acabar.**

> **Se me rompieron** los vasos.   *I broke the glasses.*

Vocabulario y gramática, pp. 46–48
Actividades, pp. 35–37

 Online workbooks

En inglés

In English, to express unintentional events people might say:

The pizza (got) burned. (instead of *I burned the pizza.*)

In Spanish, people say:

Se me quemó la pizza. (instead of *Quemé la pizza.*)

In English, the possessive adjective is often used.

My books fell.

In Spanish, the definite article is used.

Se me cayeron **los** libros.

In what other situations does Spanish use the definite article where English uses the possessive adjective?
FL.D.1.3.2

33 **¿Fue un accidente?** **FL.A.2.3.1**

Leamos Lee las oraciones y decide si la persona hizo cada cosa **a)** a propósito *(on purpose)* o si fue **b)** un accidente.

1. Se me olvidó hacer la tarea anoche.
2. Esta mañana salí de mi casa a las siete.
3. Se me quedó la mochila en el salón de clases.
4. Llevé mis libros en las manos.
5. En la entrada del colegio, se me cayeron todos los libros.
6. Durante el examen, se me rompió el lápiz.

34 **No tengo la culpa** **FL.A.2.2.7**

Leamos/Escribamos Completa las oraciones con la forma correcta de **se + pronombre + verbo.**

1. A Lourdes ▦▦▦ las llaves en casa. (olvidar)
2. No sé qué vamos a cenar porque ▦▦▦ las pizzas. (quemar)
3. Tengo que tomar jugo porque ▦▦▦ la leche. (acabar)
4. Comparto mi comida contigo si ▦▦▦ el almuerzo en casa. (quedar)
5. A Javier ▦▦▦ un plato mientras ponía la mesa. (caer)
6. Mamá se enojó cuando a Toni y Ana ▦▦▦ los vasos de la abuela. (romper)

35 ¿Qué les pasó? FL.A.2.2.7, FL.A.3.3.2

Escribamos Mira las fotos y escribe una oración para explicar qué le pasó a cada persona.

1. Fabián y tú/quemar

2. Blanca/caer

3. Tina/olvidar

4. Diego/acabar

5. Lisa y yo/romper

6. Carla/caer

Comunicación

HOLT **SoundBooth** ONLINE RECORDING

36 ¡Se le complica todo! FL.A.3.3.2

Hablemos En parejas, cuenten la historia de lo que ven en los dibujos. Usen las palabras de **Vocabulario** y las expresiones de **Gramática**.

Benchmark Focus

FL.A.3.3.2 Provide information in spoken and written form on a variety of topics of personal, academic, and cultural interest

a.

b.

c.

Past progressive

Interactive TUTOR

1 The **past progressive (pasado progresivo)** is used to describe past actions in progress. It is formed with the **imperfect of estar** + the **present participle** of the main verb.

> Nosotros **estábamos hablando.**

2 When the **past progressive** and the **preterite** are used in the same sentence, the **past progressive** describes an action in progress, and the **preterite** describes completed actions or interrupting events within that setting.

action in progress   *interrupting event*

Estábamos comiendo cuando **llegó** Cristina.

3 As with the present progressive, the **past progressive** refers to actions in progress. Past actions, conditions, or states that were ongoing or habitual, rather than in progress, referred to with the **imperfect.**

> **Estaba lloviendo** cuando **salí** de casa.

> **Llovía** mucho en el pueblo donde **vivían** mis abuelos.

> **Vocabulario y gramática,** pp. 46–48
> **Actividades,** pp. 35–37
> **Online** workbooks

¡Te acuerdas?

1. The imperfect endings for **estar** are:

est**aba**	est**ábamos**
est**abas**	est**abais**
est**aba**	est**aban**

2. Object pronouns go before the verb or are attached to the participle and an accent is added.

> **Me** estaba bañando.
> Estaba bañándo**me.**

> **Lo** estaba leyendo cuando **me** llamaste.

37 **¿Qué estaban haciendo?** ⟍FL.A.2.3.1

Leamos/Escribamos Completa las oraciones.

1. Anoche yo estaba ═══ cuando ═══.
2. Ayer mis amigos y yo estábamos ═══ cuando ═══.
3. Esta mañana (yo) estaba ═══ cuando ═══.
4. Al mediodía mi amigo estaba ═══ cuando ═══.
5. Mi profesor(a) de español estaba ═══ cuando ═══.

38 **Una cosa interrumpe a la otra** ⟍FL.A.2.3.1

Leamos/Escribamos Completa las oraciones con el pasado progresivo o el pretérito del verbo.

1. Cuando sonó el teléfono yo ═══ (dormir).
2. Cuando ellos ═══ (llegar) a la casa de Elena, estaba lloviendo.
3. Jorge ═══ (estudiar) cuando de repente escuchó un ruido debajo de su escritorio.
4. Anoche estaba leyendo cuando ═══ (llamar) mi tía Clara.
5. A Diana se le ═══ (caer) una taza cuando estaba lavando los platos.
6. No nos vieron porque ═══ (hablar) con Manuel.

39 ¡Qué desastre! ⟍FL.A.3.3.1

Escribamos Para cada uno de los dibujos, escribe qué estaba haciendo cada persona cuando sucedió algo más.

1.

2.

3.

4.

Comunicación

 HOLT **SoundBooth** ONLINE RECORDING

40 Iba a hacerlo cuando... ⟍FL.A.1.4.1

Hablemos En parejas, dramaticen una conversación donde el papá o la mamá le pregunte a su hijo(a) por qué no hizo sus quehaceres. El hijo (o la hija) le da una explicación.

MODELO —¿Y el carro? ¿No lo ibas a lavar?
　　　　　—Estaba saliendo a lavarlo cuando…

Benchmark Focus
FL.A.1.4.1 Interact in the target language in a number of true-life situations chosen from a variety of contexts

Clara perspectiva
Episodio 4

Benchmark Focus

FL.A.2.3.2 Comprehend and interpret the main ideas and details from television, movies, videos, radio, or live presentations produced in the target language.

ESTRATEGIA

FL.A.2.3.2

Connecting the dots As a story unfolds, you get information in bits and pieces. You try to connect the dots in the most logical way possible. Write down everything you know up to now about Professor Luna's situation. See whether any information you gather in **Episodio 4** helps you to connect the dots. Who is following the professor? What information do they want? What is their stake in it? What is Professor Luna's role in their search?

En la casa de los de la Rosa

Clara ¡Octavio! Hola. ¡Qué sorpresa! ¿Qué me cuentas? ¿A qué se debe el honor de tu presencia?

Octavio Hola Clara. Mira. Vine a devolverte esto. Se te quedó en la oficina.

Clara Ay, ya. Se me quedó en la oficina. ¡Qué bruta! Bueno, muchas gracias. Bueno Octavio, pasa no más. Quiero que conozcas a mi familia.

Clara Papá, mamá, quiero que conozcan a mi colega Octavio Medina. Trabaja conmigo en la revista.

Papá Mucho gusto, Octavio.

Octavio Mucho gusto Señor de la Rosa, Señora de la Rosa.

Mamá Octavio, encantada de conocerte. Estás en tu casa.

Pablo ¡Prima! ¿Cómo has estado?

Clara Muy bien, Pablo. ¿Qué me cuentas de tu media hermana y su pololo, Alberto? ¿Siguen saliendo?

Pablo Fíjate que se han comprometido.

Clara ¿En serio? ¡Qué sorpresa que se hayan comprometido tan pronto!

Mamá Hija, Octavio, yo creo, debe estar muerto de hambre. ¿Por qué no le preparas un plato?

Pablo Sí, Clara. La carne está deliciosa. Y las empanadas están para chuparse los dedos.

Mamá Bueno, creo que se me fue la mano con la sal.

Clara Ay, mamá, por favor. Ella es la mejor cocinera del mundo, así que no le hagas caso.

Octavio Se me hace agua la boca.

Clara Papá, parece que el profesor Luna tiene un problema grave. Alguien lo está amenazando.

Papá Mira, Clara, ¿estás segura que hay un problema?

Clara No papá, pero tengo la obligación de dejarme llevar por mis intuiciones. Mencionaron la región de Magallanes.

Papá Tienes que hablar con tu tío Arnoldo. Tú sabes que él tiene propiedades en esa región. Si algo está pasando en Magallanes, tu tío sabrá qué es.

Tío Arnoldo ¡Clarita! ¿Cómo estás? ¡Siempre agradable verte, hija!

Clara Tío, le presento a mi amigo Octavio.

Tío Arnoldo Octavio, hombre, o tratas bien a mi sobrina, o tienes problemas conmigo, ¿me explico?

Clara Ay, tío, por favor.

Clara Tío, ¿usted todavía tiene esa propiedad en Magallanes?

Tío Arnoldo Sí, pero el otro día recibí una oferta agradable para esa propiedad. Hablé con el señor Reyes Rodríguez de la empresa MaderaCorp. El problema es que los ecologistas están tratando de convencer al Congreso que esas propiedades no se deben desarrollar.

En la oficina del profesor Luna

Ecologista 2 ¿Tú ves los documentos del archivo?

Ecologista 1 No, no los veo.

Ecologista 2 ¿Por qué no te metes a buscar?

Ecologista 1 ¿Yo? ¿Qué soy yo? ¿un hacker? Hazlo tú.

Hombre 1 No puedo conseguir los archivos.

Hombre 2 No importa. Mañana regresamos con un hacker.

¿COMPRENDES?

1. ¿Por qué vino Octavio a la casa de Clara? ¿A quiénes les presenta Clara a Octavio?

2. ¿Quién es Pablo? ¿Qué le pregunta Clara? ¿Qué le dice Pablo?

3. ¿Qué recibió el tío Arnoldo sobre su propiedad en Magallanes?

FL.A.2.3.2

4. ¿Quién le hizo la oferta al tío Arnoldo? ¿Qué problema hay con las propiedades?

5. ¿Qué hacen los ecologistas en la oficina del profesor Luna? ¿Y los hombres de traje oscuro? ¿Consiguen lo que buscan?

6. ¿Qué eventos de la trama puedes relacionar? ¿Cómo se conectan?

Próximo episodio
Clara y Octavio van a una exposición de arte chileno y se encuentran con alguien muy interesante. ¿Con quiénes crees que se van a encontrar?
PÁGINAS 214–215 ▶

Novela en video

Lectura cultural

Benchmark Focus

FL.C.1.3.2 Use sources in the target language to assemble specific information about topics of personal interest in connection with ideas being studied in another class

 ## Los postres

FL.C.2.3.3, FL.D.2.4.4

Cada postre, desde el flan hasta el tamal dulce tiene un sabor regional que hay que probar.

Aunque la mayor parte del azúcar del mundo se produce en las Américas, los postres de Latinoamérica no son tan azucarados (ni tan complicados) como los de Estados Unidos. Sin embargo, parece que cada país tiene una variedad de postres regionales. ¡Todos son tan sabrosos como para chuparse los dedos!

El flan

El flan es tal vez el postre más común de toda Latinoamérica, aunque su origen es europeo. Es un postre muy sencillo que se hace con huevos, leche y azúcar, pero se puede añadir otros sabores. También se hace el flan con frutas (coco, manzana), pasta de arroz, nueces molidas, ¡o hasta con cebollas licuadas!

el flan

El dulce de leche

Mientras que el flan es originalmente europeo, el dulce de leche es un auténtico postre latinoamericano. Se originó en Argentina, pero se come en varios países. El dulce de leche es aún más sencillo que el flan; se hace sólo con leche y azúcar. A los argentinos les gusta comerlo con panqueques o arepas (que son parecidas a las tortillas), pero también se come con pan o sobre una galleta. Hay otro tipo de dulce de leche que se vende en forma de bolas pequeñas; éstas se comen solas o sobre una galleta.

el dulce de leche

el dulce de papaya

El dulce de papaya

La papaya, también conocida como fruta bomba, es común en Cuba, donde se come este postre. El dulce de papaya se hace pelando[1] la papaya y quitándole las semillas. La fruta se corta en mitad, y se pone en agua durante medio día. Luego se hierve y se le agrega azúcar para formar un almíbar[2]. Este postre se sirve frío y se come con queso.

Los tamales dulces

Los tamales dulces son un postre muy mexicano. Estos tamales son populares en la región sureña de México. Los tamales se hacen con una masa de maíz molido[3] y se envuelven en hojas de maíz para cocinarlos al vapor[4]. A la masa de los tamales dulces se le añade azúcar o chocolate y a veces se rellenan con mermelada[5]. Por lo general, en México se come este postre acompañado con un café de olla[6].

---

1 peeling
2 syrup
3 ground corn
4 steam
5 they are filled with jam
6 coffee spiced with cinnamon and anise or cloves

Comprensión

A **¿Sí o no?** FL.C.2.3.3

1. El flan es un postre europeo.
2. Hay muchas variedades de flan.
3. El dulce de leche es un postre de Cuba.
4. El dulce de leche es difícil de hacer.
5. La papaya y la fruta bomba son dos frutas diferentes.
6. El dulce de papaya se come en Cuba.
7. Los tamales dulces no tienen azúcar.
8. Los tamales se envuelven en una hoja de maíz.

B **¿Qué aprendiste?** FL.C.2.3.3

Contesta las preguntas basándote en lo que leíste.

1. ¿Dónde se come el flan hoy en día?
2. ¿Cuáles son los ingredientes del flan?
3. ¿Con qué se come el dulce de leche?
4. ¿Dónde se originó el dulce de leche?
5. ¿Qué hay que hacer con las papayas antes de cortarlas en mitad?
6. ¿En qué región de México son populares los tamales dulces?

Actividad FL.C.1.3.2

Tu postre favorito Haz una lista de los ingredientes de tu postre favorito, o escribe una receta para prepararlo. Compara la lista o la receta con los postres latinoamericanos que ya conoces.

Leamos y escribamos

FCAT Reading Focus

LA.A.1.4.2
Select and use strategies to understand words and text, and to make and confirm inferences from what is read

ESTRATEGIA

para leer If you see words you don't understand in a text, try to guess their meanings by looking at their context—the other words and sentences surrounding the unknown word. This will allow you to guess what the unknown word could mean. Then look up the word in the dictionary to see if you were right.

Antes de leer FL.C.2.3.2

A El poeta cubano Nicolás Guillén nació en Camagüey, Cuba en 1902. Escribió el siguiente poema durante una estancia en Europa, para dos amigas cubanas que estaban en España. En el poema, Guillén habla de varias comidas de su isla nativa.

Lee las primeras diez líneas del poema y haz una lista de las palabras desconocidas. Trata de adivinar el significado de cada palabra por medio de las otras palabras en la misma oración o verso. Luego busca las palabras en un diccionario para verificar sus significados.

de *Epístola*

de Nicolás Guillén

A dos amigas cubanas que invernaban en Palma de Mallorca

Perdonad° al poeta
convertido en gastrónomo... Mas quiero
que me digáis si allá (junto al puchero°,
la fabada° tal vez o la munyeta°),
5   lograsteis decorar vuestros manteles
con blanco arroz y oscuro picadillo°,
orondos huevos fritos con tomate,
el solemne aguacate
y el rubicundo plátano amarillo.
10 ¿O por ser más sencillo,
el chicharrón de puerco° con su masa,
dándole el brazo al siboney° casabe
la mesa presidió de vuestra casa?
Y del bronco lechón el frágil cuero

---

1 Pardon   **3** soup with pork   **4** meat stew with beans   **4** seasoned bean paste   **6** dish of ground beef and vegetables
11 pork rinds   **12** pre-Hispanic Caribbean people

15 dorado en púa° ¿no alumbró algún día
bajo esos puros cielos españoles
el amable ostracismo°? ¿Hallar pudisteis,
tal vez al cabo de mortal porfía,
en olas navegando

20 en rubias olas de cerveza fría,
nuestros negros frijoles,
para los cuales toda gula° es poca,
gordo tasajo° y cristalina yuca°,
de esa que llaman en Brasil mandioca°?

25 El maíz, oro fino
en sagradas pepitas,
quizás vuestros ayunos°
a perturbar con su riqueza vino.
El quimbombó° africano,

30 cuya baba° el limón corta y detiene,
¿no os suscitó el cubano
guiso de camarones,
o la tibia ensalada,
ante la cual espárragos ebúrneos°,

35 según doctos varones,
según doctos varones en cocina,
según doctos varones no son nada?
Veo el arroz con pollo,
que es a la vez hispánico y criollo°,

40 del cual es prima hermana
la famosa paella valenciana.
No me llaméis bellaco
si os hablo del ajiaco°,

del cilíndrico ñame° poderoso,
45 del boniato° pastoso,
o de la calabaza femenina
y el fufú° montañoso.
¡Basta! Os recuerdo el postre. Para eso
no más que el blanco queso,

50 el blanco queso que el montuno alaba°,
en pareja con cascos de guayaba.
Y al final, buen remate° a tanto diente,
una taza pequeña
de café carretero bien caliente.

55 Así pues, primas mías,
esperaré unos días,
para saber por carta detallada
si esto que pido aquí debe tacharse
de ser una demanda exagerada,

60 o es que puede encontrarse
al doblar una esquina
en la primera casa mallorquina°.
Si lo hay, voy volando,
mejor dicho, corriendo,

65 que es como siempre ando.
Pero si no, pues seguiré soñando...
Y cuando al fin os vea
vueltas las dos de España
a París, esta aldea°,

70 os sentaré a mi costa
frente a una eximia° y principal langosta
rociada° con champaña.

---

15 rotisserie spit   17 banishment   22 gluttony   23 salted meat   23 yucca (also called manioc)   24 manioc, edible tubular root
27 fasts   29 okra   30 slime found in okra   34 (poetic) ivory-like   39 native to America   43 stew with tubular roots and
spices   44 yam   45 sweet potato   47 mashed plantain with garlic and oil   50 praised by people in mountains   52 the end
62 from Mallorca   69 village, hamlet   71 most excellent   72 basted

Leamos y escribamos

Comprensión FL.A.2.3.3

B Contesta las preguntas basándote en lo que leíste.

1. ¿Cómo se llama la yuca en Brasil?
2. ¿Con qué se compara el maíz en el poema?
3. ¿De dónde vendrá el quimbombó? Según el contexto, ¿cómo es?
4. ¿Cómo describe el autor el arroz con pollo?
5. ¿Qué quiere decir el autor con "prima hermana" al referirse a "la famosa paella valenciana"?
6. ¿Crees que el autor está en su país natal? ¿Cómo lo sabes?

C Busca en el poema el adjetivo que usó el autor para describir las siguientes cosas.

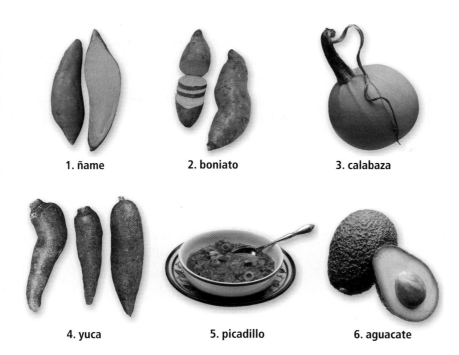

1. ñame   2. boniato   3. calabaza

4. yuca   5. picadillo   6. aguacate

Después de leer FL.A.2.3.3

D ¿Cuántas palabras nuevas aprendiste? ¿Cuántos significados adivinaste según el contexto? Recuerda verificar el significado de las palabras en el diccionario. Es recomendable escribir las palabras nuevas en un cuaderno con sus significados.

Taller del escritor

ESTRATEGIA — FL.A.3.3.1, FL.C.2.2.1

para escribir There are many types of rhyme you can use in a poem. For this activity you will use four-line verses. You can make lines 1 and 2 rhyme, then lines 3 and 4. You can also make line 1 rhyme with line 4 and line 2 rhyme with line 3, or alternate patterns between verses. Experiment and see what works best.

Tu comida favorita

Vas a describir tu comida favorita en un poema. Puedes usar metáforas y otras figuras retóricas, como el símil o la hipérbole, para describir tu comida favorita. Por ejemplo, compara tu comida favorita con con otros objetos u otras comidas para crear una imagen.

1 Antes de escribir

Escoge la(s) comida(s) favorita(s) que quieras describir en tu poema. Después puedes hacer varias listas de palabras relacionadas y escoger de estas listas las palabras que riman. Decide cómo quieres que rime tu poema y empieza a escribir.

2 Escribir un borrador

Empareja las palabras que riman de tus listas de palabras. Úsalas para escribir tus versos. Puedes cambiar el patrón *(pattern)* de la rima en cada verso.

3 Revisar

Lee tu poema en voz alta para ver cómo suena. Si es necesario, puedes ajustar la rima un poco. Corrige los errores de ortografía o de puntuación.

4 Publicar

Con un(a) compañero(a), túrnense para leer sus poemas en voz alta. Compara su comida favorita con la tuya. Puedes compartir tu poema con tus compañeros de clase para ver si otros escribieron acerca de la misma comida.

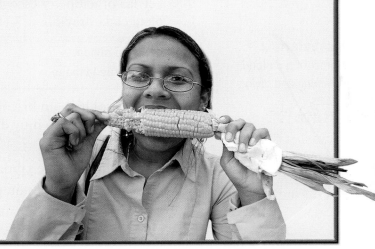

Leamos y escribamos

Prepárate para el examen

Interactive
TUTOR

FL.A.2.3.2

1 Escucha los diálogos y escoge la foto que corresponde a cada uno.

A

B

C

1 Vocabulario 1
• asking about the latest news
• reacting to news
pp. 140–145

2 Gramática 1
• present progressive
• present perfect indicative
• present perfect subjunctive
pp. 146–151

3 Vocabulario 2
• commenting on food
• explaining and giving excuses
pp. 154–159

2 Completa las oraciones con la forma correcta del verbo. **FL.A.2.2.7**

1. Raúl ===== (estar) ===== (organizar) la reunión del club deportivo.
2. El amigo de Raúl ===== (seguir) ===== (trabajar) en el programa.
3. Raúl ya ===== (haber) ===== (reservar) un salón para la reunión.
4. Todos ===== (andar) ===== (decir) que mucha gente irá a la reunión.
5. Yo ===== (estar) ===== (pensar) en no asistir a la reunión.
6. Es bueno que mucha gente ===== (haber) ===== (decir) que quería ir.

3 Lee las oraciones y escoge la frase del cuadro que mejor completa cada oración. **FL.A.2.3.1**

| se me olvidó | les falta algo | chuparse los dedos |
| se le fue la mano | se me acabó | |

1. Marisol hizo un bizcocho de chocolate pero ===== con el azúcar y quedó muy dulce.
2. A los camarones ===== pero no sabemos qué les falta.
3. La sopa no tiene sabor porque ===== ponerle limón.
4. Las papas fritas están para =====. ¡Qué ricas!
5. El arroz no sabe a nada porque ===== la mantequilla.

4 Completa las oraciones con la forma correcta del verbo.

Anoche yo ___1___ (estar) ___2___ (trabajar) en mi proyecto final cuando ___3___ (llamar) mi amigo Rodrigo. Rodrigo ___4___ (hablar) por media hora sin parar y ___5___ (olvidar) terminar mi proyecto. Luego, me ___6___ (dar) cuenta de la hora que era y ___7___ (empezar) a trabajar. La computadora ___8___ (estar) ___9___ (grabar) mi archivo cuando se fue la luz. Le dije al profesor que ___10___ (perder) el archivo.

5 Contesta las preguntas. FL.C.1.3.1

1. Nombra un país latinoamericano donde se come el dulce de leche.
2. ¿Qué es una fruta bomba?
3. ¿Qué es el ceviche y cómo se prepara?
4. ¿Dónde se produce la mayor parte del azúcar?

6 Escucha la conversación y escribe los cinco platos que se mencionan en una lista.
FL.A.2.3.2

7 Mira los dibujos y describe lo que pasó. FL.A.3.3.2

4 Gramática 2
- preterite
- **se +** indirect object pronouns
- past progressive
  pp. 160–165

5 Cultura
- **Comparaciones**
  pp. 152–153
- **Lectura cultural**
  pp. 168–169
- **Notas culturales**
  pp. 143, 151, 157, 161, 165

Prepárate para el examen

Gramática 1
- present progressive
  pp. 146–147
- present perfect indicative
  pp. 148–149
- present perfect subjunctive
  pp. 150–151

Repaso de Gramática 1

The **present progressive** is used to describe actions that are in progress at the present time. It is most often used with **estar + present participle** but can also be used with **andar** and **seguir.**

Carmen **está leyendo** un libro.	*Carmen is reading a book.*
Sigo jugando al fútbol.	*I'm still playing soccer.*

The **present perfect indicative** is used to say what has or hasn't happened in a period of time up to the present or to talk about something that happened very recently.

No **he hablado** con Ana.	*I haven't spoken with Ana.*

An **object pronoun** always goes before the form of **haber** in the **present perfect.**

El entrenador **nos ha puesto** a correr todos los días.	*The coach has made us run every day.*

Use the **present perfect subjunctive** to express an emotion, judgement, doubt, or hope about something that has happened. It is formed with the subjunctive of **haber + past participle.**

Me alegra que los Tigres **hayan ganado** el partido.	*I'm glad that the Tigers have won the game.*

Gramática 2
- preterite
  pp. 160–161
- **se** + indirect object pronouns
  pp. 162–163
- past progressive
  pp. 164–165

Repaso de Gramática 2

The **preterite** is used to show that actions happened at specific points in the past. Some phrases (**al + infinitive, en cuanto**) mark the beginning of an event. Verbs like **conocer, saber, (no) querer** have different uses in the preterite.

Use **se** + **indirect object pronoun** + **verb** to talk about unintentional events. The **indirect object pronoun** refers to the person the event happened to. The **verb** agrees with the object(s) involved, and is always in the third person singular or plural.

Se me quedaron los libros en casa.	*I left my books at home.*

The **past progressive** describes past actions in progress. It is formed with the imperfect of **estar** + the present participle of the main verb. The **preterite** is used with the past progressive to describe an interrupting or completed event within that setting.

Paulina **estaba durmiendo** cuando **sonó** el teléfono.	*Paulina was sleeping when the telephone rang.*

Repaso de Vocabulario 1

Asking about the latest news

el (anillo de) compromiso	engagement (ring)
casarse (con)	to marry
comprometerse	to get engaged
la cuñada	sister-in-law
el cuñado	brother-in-law
dar a luz	to give birth
divorciado(a)(s)	divorced
divorciarse (de)	to divorce
el divorcio	divorce
estar casado(a)(s)	to be married
Fíjate que se ha casado.	Get this: he/she got married.
el funeral	funeral
graduarse (de)	to graduate (from)
la hermanastra	stepsister
el hermanastro	stepbrother
la madrastra	stepmother
la medio hermana	half sister
el medio hermano	half brother
nacer	to be born
el padrastro	stepfather
Pues, sigue trabajando…	Well, he's/she's still working . . .
¿Qué anda haciendo…?	What's . . . up to?
¿Qué me cuentas de…?	What can you tell me about . . . ?
¿Qué sabes de…?	What do you know about . . . ?
la reunión familiar	family reunion
Según tengo entendido, …	From what I understand, . . .
separado(a)	separated
separarse (de)	to separate
la suegra	mother-in-law
el suegro	father-in-law

Reacting to news

Me has dejado boquiabierto(a).	You've left me speechless.
¡No me digas!	You don't say!
¡No me lo puedo creer!	I can't believe it!
Qué pena que se hayan…	What a shame that they have . . .
¡Qué sorpresa que se hayan…!	What a surprise that they have . . . !

Repaso de Vocabulario 2

Commenting on food

el aguacate	avocado
Al (A la)… le falta sabor, pero no sé qué le falta.	The . . . lacks flavor, but I don't know what's missing.
el apio	celery
el bizcocho de chocolate	chocolate cake
el calabacín	zucchini
el camarón, los camarones	shrimp
la cereza	cherry
los chícharos	peas
el coliflor	cauliflower
la crema (agria)	(sour) cream
el dulce de coco	coconut candy
Está para chuparse los dedos.	It's good enough to lick your fingers.
Está pasada la leche.	The milk has gone bad.
los frijoles	beans
la langosta	lobster
la lima	lime
el limón	lemon
las pasas	raisins
el pavo (con relleno)	turkey (with stuffing)
el pepino	cucumber
el pollo frito	fried chicken
el puerco asado	roast pork
¡Qué asco!	That's disgusting!
Sabe delicioso(a).	It tastes delicious.
Se me hace la boca agua.	It makes my mouth water.
la salchicha	sausage
la sandía	watermelon
la toronja	grapefruit
el yogur	yogurt

Explaining and giving excuses

El/La… no sabe a nada.	The . . . doesn't taste like anything.
El/La… está salado(a)/picante.	The . . . is salty/spicy.
El/La… está seco(a)/no está muy dulce.	The . . . is dry/isn't very sweet.
Es que se me acabó…	It's just that I ran out of . . .
Es que se me olvidó ponerle…	It's just that I forgot to add . . .
Se me fue la mano con…	I got carried away with . . .

Prepárate para el examen

Integración

capítulos 1–4

1 Explica cómo prepararías estos platos y qué ingredientes usarías.

⬦ FL.A.3.3.2

1.

2.

3.

4.

2 Esto es parte de un ensayo que Martín escribió acerca de su familia para la clase de español. Lee su ensayo y contesta **cierto** o **falso** a las siguientes preguntas. ⬦ FL.A.2.3.1

Tengo dos hermanastros. El mayor, Luis, estudia en la universidad y no vive en casa. Carlos es de mi edad; de hecho, él nació dos días antes que yo. Vamos al mismo colegio y tomamos una clase de geografía juntos. Es mi hermanastro pero también es mi mejor amigo. Cuando tengo problemas, me da consejos y siempre puedo confiar en él. Es más, somos fanáticos de los deportes y jugamos al fútbol los sábados. Nos encanta jugar a los videojuegos también. A veces nos peleamos como todos los hermanos, pero por lo general lo pasamos muy bien.

1. Luis trabaja en la universidad como profesor.
2. Martín nació dos días después de Carlos.
3. Martín y Carlos van a la misma clase de geometría.
4. Martín y Carlos son hermanastros.
5. Martín siente que se puede confiar en Carlos.
6. A Martín y a Carlos les gusta jugar al fútbol y a los videojuegos.
7. Martín y Carlos se la pasan peleando.

Visit Holt Online

go.hrw.com

KEYWORD: EXP3 CH4

Cumulative Self-test

3 En grupos de tres, hablen acerca de lo que les gusta hacer con sus amigos los fines de semana. Digan adónde les gusta ir, qué hacen, qué comen, etc. Luego, consideren qué hacen los jóvenes en los países latinoamericanos que han estudiado ustedes. Imaginen que viven en un país latinoamericano. ¿Qué harían ustedes con sus amigos en ese país? Expliquen.

FL.A.1.3.1, FL.D.2.3.1

Benchmark Focus

FL.D.2.3.1 Understand cultural traditions and celebrations that exist in the target culture and in the native culture

4 Observa la pintura y escribe por lo menos ocho oraciones sobre lo que ves. En tus oraciones debes contestar las siguientes preguntas: ¿Dónde está la familia? ¿Qué crees que hacen? ¿Qué te sugiere el título de esta obra? **FL.A.3.3.2**

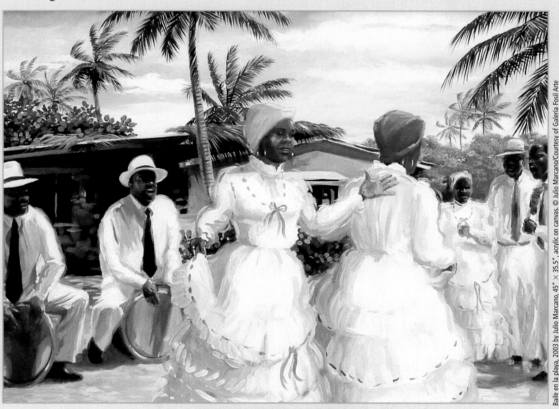

Baile en la playa, 2003 by Julio Marcano, 45" × 35.5", acrylic on canvas. © Julio Marcano/Courtesy of Galería Fosil Arte

Baile en la playa de Julio Marcano

5 Imagina que acabas de regresar a casa de una visita a la República Dominicana, donde visitaste a un(a) amigo(a) y conociste a su familia. Escribe un párrafo sobre los platos que probaste y cómo se hacen. **FL.A.3.3.1, FL.B.1.3.4**

6

Situación Conviertan el salón de clases en un restaurante. Escojan a dos o tres personas para ser meseros y una persona para ser cocinero. Con el vocabulario y la gramática que han aprendido, túrnense para pedir la comida y decirles a los meseros si les gustó la comida o no. **FL.A.1.2.3**

Capítulos 5 y 6

▲ **Las montañas Chisos,** en el Parque Nacional Big Bend en Texas, son la única cordillera que se encuentra en su totalidad dentro de un parque nacional en Estados Unidos.

Geocultura
El Suroeste
y el Norte de México

◄ **Ellen Ochoa** (1958–) de California es doctora en ingeniería eléctrica y fue la primera mujer latina que llegó a ser astronauta y a navegar en el espacio.

CALIFORNIA

Gran Cañón

ARIZONA

San Diego

Tijuana

Tucson

Desierto de Sonora

SONOR

Almanaque

Área del suroeste
Partes de California, Arizona, Utah, Nevada, Nuevo México, Texas y el norte de México

Idiomas principales
inglés, español

Industrias importantes
agricultura, tecnología, turismo, recursos naturales

¿Sabías que...?

En 1528, el explorador español Álvar Núñez Cabeza de Vaca se quedó sin recursos junto con 300 hombres de una expedición a la Florida dirigida por Pánfilo de Narváez. Cabeza de Vaca navegó hasta lo que es hoy Texas, deambulando por el Suroeste durante ocho años. En 1536 llegó a México con tan sólo tres sobrevivientes de la expedición original.

◄ **La Fiesta Internacional de Globos** en Albuquerque, Nuevo México, atrae a aficionados de todo el mundo cada octubre.

▼ **Eloy Rodríguez** (1947–), un tejano de herencia mexicana, es un investigador científico reconocido por haber inventado un campo de estudios completamente nuevo, la zoofarmacognosía. Él investiga la manera en que las plantas y los animales se curan cuando no están saludables.

▲ **El Río Grande** nace en las montañas de Colorado, pasa por Nuevo México, Texas y México y desemboca en el Golfo de México. Trece millones de personas viven en la cuenca del río y dependen de sus aguas.

COLORADO

Parque Nacional de Mesa Verde

Taos

Los Álamos

Santa Fe
Galisteo
Albuquerque

NUEVO
MÉXICO

◄ Científicos de todo el mundo trabajaron en el **Laboratorio Nacional de Los Álamos** en Nuevo México para crear la primera bomba nuclear del mundo.

ESTADOS
UNIDOS

El Paso

Ciudad
Juárez

Río Grande

TEXAS

San Jacinto

▶ El **desierto de Sonora** tiene una extensión de 310.800 kilómetros cuadrados, desde Sonora, México, hasta Arizona y el sur de California. El cactus Saguaro, una especie única de este desierto, puede llegar hasta 50 pies de altura y alberga muchos animales desérticos. Tarda 75 años en echar su primer brazo.

Desierto de Chihuahua

Montañas
Chisos

Río Bravo del Norte

San Antonio
El Álamo

Parque
Nacional
Big Bend

Kingsville

GOLFO DE MÉXICO

MÉXICO

▼ Miles de personas cruzan **la frontera** entre Estados Unidos y México cada día, algunos para trabajar y otros para hacer turismo. Tijuana, México, con San Diego, California, y Juárez, México, con El Paso, Texas, son las zonas metropolitanas más grandes en la frontera de México y Estados Unidos.

La historia
del Suroeste y del Norte de México

Época precolombina

Los grupos indígenas de la región de Santa Fé y Taos vivían en estructuras de adobe, o *pueblos*. **El Pueblo de Taos** ha cambiado poco desde la fecha en que lo descubrieron los españoles en 1540. **Investiga cómo viven los habitantes del Pueblo de Taos hoy. ¿En qué se diferencia su vida de la de sus** ⌐ **FL.C.2.3.3** **antepasados?**

1769 ⌐ **FL.D.2.4.4**

Durante los siglos XVIII y XIX los españoles construyeron misiones y presidios en el suroeste. **La Misión de San Diego de Alcalá** fue establecida en 1769 en San Diego, California. **¿Has visitado una misión o un presidio fundado por los españoles? ¿Cómo es?**

⌐ **FL.C.2.3.3** **1532–1536**

Álvar Núñez Cabeza de Vaca fue uno de los primeros exploradores europeos de la región de Texas. Vivió varios años entre los grupos indígenas de esta región y describió sus experiencias en un libro. En este cuadro, saca la punta de una flecha del pecho de un indígena. **¿Qué crees que sintió Cabeza de Vaca al vivir con los indígenas por primera vez?**

⌐ **FL.C.2.3.3** **1810–1821**

Con el **Grito de Dolores**, *¡Viva México!*, el padre **Miguel Hidalgo** montó la primera rebelión contra los españoles en la madrugada del 16 de septiembre de 1810. México ganó su independencia de España en 1821. Hoy día se celebra **el día de la independencia en México** con una representación del Grito de Dolores, actuado por el presidente de la república desde su balcón del palacio nacional. **¿Has visto una representación pública de un evento histórico? ¿Qué representaba?**

1850   1900   1950   2000

© North Wind Picture Archives

1846–1848   FL.C.1.3.2

En 1846 las tropas estadounidenses llegaron al río Bravo del Norte para defender su nuevo estado de Texas. México todavía disputaba la frontera con Texas lo cual resultó en la **Guerra entre Estados Unidos y México**. En 1848 México se rindió y firmó el **tratado de Guadalupe Hidalgo,** cediendo los territorios de California, Nuevo México, Arizona y partes de Colorado, Nevada y Utah a Estados Unidos. **Investiga en la biblioteca o en Internet si hubo otros tratados en que Estados Unidos ganó territorio de otro país. Describe uno.**

1909   FL.C.1.3.2

Gerónimo, de la nación Apache, fue el último líder indígena en rendirse al gobierno estadounidense después de enfrentarse contra una tropa de más de 5000 hombres en 1886. Murió prisionero de guerra, después de 23 años de encarcelamiento. **Investiga en Internet qué le pasó a la nación Apache de Gerónimo.**

USA 37
CESAR E. CHAVEZ
2003

FL.D.1.3.1
1962–presente

César Chávez (1927–1993) y **Dolores Huerta** (1930–) fundaron la Asociación Nacional de Campesinos (más tarde conocida como Los Campesinos Unidos) en 1962. Promovieron la identidad chicana para llamar a acción a otros grupos de hispanohablantes. **¿Qué significa *chicano* para ti, hoy día?**

1836–1845   FL.D.2.3.4

En marzo de 1836 las tropas mexicanas del general Santa Anna derrotaron completamente a los rebeldes tejanos en **la batalla del Álamo**. Un mes después de la derrota, los tejanos sorprendieron a las tropas de Santa Anna en **San Jacinto** y ganaron la batalla. Con esta victoria la República de Texas logró su independencia de México. En 1845 Texas fue anexado a Estados Unidos. **Investiga qué ventajas ganó Texas al unirse con Estados Unidos.**

El arte
del Suroeste y del Norte de México

1.500 A.C.–700 D.C.
Estas figuras, de Galisteo, Nuevo México, fueron pintadas hace miles de años por los Anasazi, uno de **los primeros grupos indígenas de la región.**
Figuras como éstas se encuentran en las piedras y los cañones del suroeste. **¿En qué se diferencian estas figuras de las imágenes encontradas**
FL.C.2.3.3 **en Altamira, España?**

FL.D.2.4.4 **Siglos XVIII–XIX**
La palabra *adobe* se refiere a ladrillos de arcilla secados al sol o a estructuras construidas de este material.
La arquitectura de adobe del suroeste y del norte de México es una síntesis de formas indígenas y españolas y de métodos de construcción usados durante el período colonial. **¿Por qué crees que utilizan el adobe en la arquitectura del suroeste?**

FL.D.2.4.4 **1797**
Los españoles dejaron sus huellas en la arquitectura del suroeste. **La Misión San Xavier del Bac,** construida en 1797 en Tucson, Arizona, es un ejemplo del estilo barroco del siglo XVIII. **Compara el estilo de esta misión con otras misiones que hayas visto.**

FL.A.3.3.2, FL.C.2.3.3 **1887–1986**
En 1929 la pintora **Georgia O'Keeffe** viajó a Taos, Nuevo México, y quedó enamorada de la región. O'Keeffe continuó pintando en el suroeste, revelando las bellezas de la región. **Describe a Georgia O'Keeffe en esta foto y busca una de sus obras en la biblioteca o en Internet.**

¿Sabías que...?

Se puede llevar casi todo un año para tejer una gran alfombra tradicional návajo.

Visit Holt Online

go.hrw.com

KEYWORD: EXP3 CH5

Photo Tour

1900   1950   2000

Presente ⌐FL.B.1.3.5

Hoy día los **artistas návajos del suroeste** tejen alfombras tradicionales con las mismas técnicas de sus antepasados. La artista convierte la lana en hilo que usará para tejer una preciosa alfombra. **¿En qué se diferencian las alfombras tradicionales de las que son hechas a máquina?**

⌐FL.B.1.3.5 **1970**

Desde 1970, el muralista **David Tineo** contribuye sus talentos a la comunidad de Tucson, Arizona. El mural *Para los niños,* como muchas de sus obras, fue pintado con la colaboración de jóvenes de la comunidad. **¿Hay murales en tu ciudad? ¿Cuentan una historia o representan algo simbólico?**

⌐FL.B.1.3.5 **1986**

Sandía fue pintado en 1986 por **Carmen Lomas Garza** (1948–). El arte narrativo de Lomas Garza refleja la niñez de la artista en Kingsville, Texas, con su familia mexicoamericana. Garza retrata los recuerdos alegres de la vida cotidiana. **¿Qué significa arte narrativo? ¿Puedes dar un ejemplo de lo narrativo en este cuadro?**

⌐FL.B.1.3.5 **1998**

Mario Torero, de San Diego, California, es un activista y artista que crea murales, cuadros y esculturas, como *Voladores,* que reflejan el espíritu mexicoamericano contemporáneo. El arte de Torero tiene influencia del surrealismo. **¿Qué efecto crees que puede tener el arte en revitalizar un barrio?**

Capítulo 5

El arte y la música

OBJETIVOS

In this chapter you will learn to
- ask for and give opinions
- introduce and change a topic of conversation
- make suggestions and recommendations
- turn down an invitation

And you will use
- comparisons of equality and superlatives
- passive voice
- subjunctive with hopes and wishes
- past perfect

¿Qué ves en la foto?

- ¿Dónde están estos chicos?

- ¿Qué están haciendo?

- ¿Qué es lo que más te llama la atención de este mural?

Look for the 🌞 next to each activity and the **Benchmark Focus** to help you achieve the goals of the **Florida Sunshine State Standards,** found on pages FL14–FL16.

Mural del Mercado de Mayapán, El Paso, Texas

Objetivos
• Asking for and giving opinions
• Introducing and changing a topic of conversation

Vocabulario en acción 1

Las artes plásticas y la arquitectura

Vamos a conocer **la arquitectura** y **las artes** del Suroeste de Estados Unidos y del norte de México.

A mí me **llaman la atención** los murales. Algunos son muy **modernos** e **imaginativos**.

La Ciudad de México es **impresionante**. Hay una mezcla de **arquitectura antigua** y **contemporánea**.

Hay **galerías** y museos de arte con pinturas típicas del Suroeste, pinturas **realistas** y otras de estilo **clásico**.

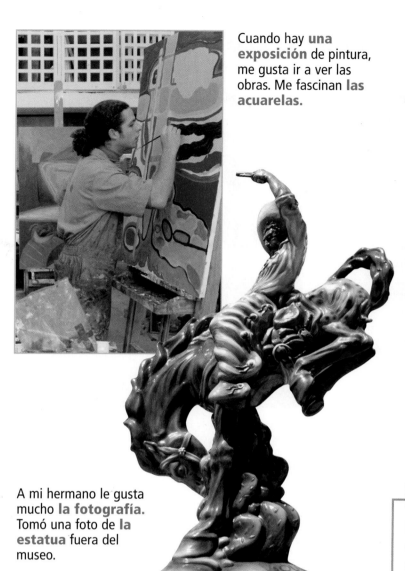

Cuando hay **una exposición** de pintura, me gusta ir a ver las obras. Me fascinan **las acuarelas.**

Me gusta **la escultura.** Para poder **esculpir,** hay que aprender a usar las herramientas necesarias, pero sólo un artista puede crear una obra **maravillosa.**

A mi hermano le gusta mucho **la fotografía.** Tomó una foto de **la estatua** fuera del museo.

Más vocabulario...

la cinematografía	*cinematography*
el dibujo	*drawing*
original	*original*
el puente	*bridge*
tallar en madera	*to carve wood*
la torre	*tower*

¡Exprésate!

Interactive **TUTOR**

To ask for an opinion	To respond
Este retrato fue pintado por... ¿Qué te parece? *This portrait was painted by . . . What do you think of it?*	**A decir verdad, me parece...** *To tell the truth, it strikes me as . . .*
¿Cuál de estas pinturas te gusta más, la de... o la de...? *Which of these paintings do you like better, the one of (by) . . . or the one of (by) . . . ?*	**En realidad, admiro...** *Actually, I admire . . .*
¿Qué opinas de...? *What do you think of . . . ?*	**Lo/La encuentro muy...** *I find it to be very . . .*

Vocabulario y gramática, pp. 49–51

Online workbooks

▶ **Vocabulario adicional** — Las artes y la arquitectura, p. R17

1 Críticos de arte FL.A.2.3.2

Escuchemos Escucha las conversaciones e identifica la obra que describen.

A **B** **C**

D **E** **F**

2 ¿Cómo se define? FL.A.2.3.1

Leamos Escoge la palabra del cuadro que va con cada definición.

un museo	tallar en madera	una fotografía
un puente	una escultura	una torre

1. Una obra de arte que se puede hacer con piedra.
2. Una construcción sobre un río o una carretera.
3. Un edificio de varios pisos o un monumento.
4. Un lugar donde hay exposiciones de arte.
5. Forma de trabajar una escultura de madera.
6. Forma de arte que requiere el uso de una cámara.

3 Una no es del grupo FL.A.2.2.7

Leamos Lee cada serie de tres palabras. Indica la palabra que no se relaciona lógicamente con las otras dos y explica por qué.

1. antiguo — contemporáneo — moderno
2. tallar en madera — esculpir — puente
3. torre — puente — clásico
4. escultura — estatua — dibujo
5. galería — arquitectura — exposición
6. clásico — cinematografía — fotografía

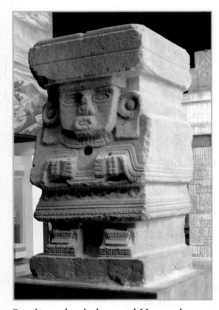

Escultura de piedra en el Museo de Antropología, México

4 **¿Cuál es tu opinión?** FL.A.3.3.2

Leamos/Escribamos Escribe una opinión sobre cada comentario según la información entre paréntesis. Sigue el modelo.

MODELO —Este retrato es maravilloso, ¿no crees? (no estás de acuerdo)
—A decir verdad, lo encuentro poco original.

1. ¿Qué te parece la última novela de Carlos Fuentes? Yo la encuentro muy imaginativa. (no estás de acuerdo)
2. ¿Qué opinas de esta pintura realista? Es muy original, ¿no? (estás de acuerdo)
3. Me dejan frío las exposiciones de arte. (no estás de acuerdo)
4. El arte moderno es imaginativo, ¿no crees? (estás de acuerdo)
5. Esta torre es impresionante. Es toda una obra de arte. (estás de acuerdo)
6. La fotografía no es nada interesante. (no estás de acuerdo)

5 **Mi arte preferido** FL.A.3.3.1

Escribamos/Hablemos Da tu opinión sobre los siguientes temas utilizando las expresiones de **Exprésate.**

1. tu música preferida
2. tu novela favorita
3. una galería de arte
4. un edificio que te gusta mucho
5. tu canción preferida
6. un(a) artista a quien admiras mucho

Comunicación

HOLT **SoundBooth** ONLINE RECORDING

6 **Comentemos el arte** FL.A.1.2.3

Hablemos Con un(a) compañero(a), túrnense para dar sus opiniones sobre las siguientes obras. Usen las expresiones de **Exprésate.**

Benchmark Focus
FL.A.1.2.3 Recognize and appropriately use oral syntax and inflection in spoken target language

una pirámide maya

una pintura abstracta

una escultura azteca

Vocabulario 1

El viaje de Kevin y Emily a la Ciudad de México

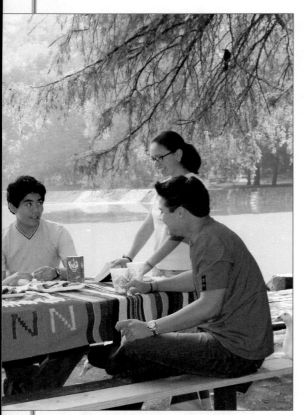

En el parque de Chapultepec, México

EDUARDO   ¡Hola, Kevin! ¡Hola, Emily! ¿Cómo están? ¿Qué les parece la Ciudad de México hasta ahora?

KEVIN   ¡Es una ciudad impresionante! Tiene muchas cosas que me llaman la atención. Hay ruinas antiguas y arquitectura moderna en la misma ciudad.

EMILY   Sí, es una mezcla de lo clásico con lo contemporáneo. Aquí hay edificios que me hacen pensar que estoy en otra época y hay otros que son muy modernos.

EDUARDO   ¡Qué bien! Y hablando de arquitectura antigua, ¿qué opinan del Templo Mayor y de la catedral en el Zócalo?

EMILY   Son edificios de verdad maravillosos.

KEVIN   ¡Y el Palacio Nacional es gigantesco!

EDUARDO   Cambiando de tema, muchachos, ¿qué más han visto de la ciudad?

EMILY   Fuimos al Palacio de Bellas Artes y vimos una exposición de la cinematografía mexicana, además de muchas esculturas, dibujos y pinturas en acuarela.

KEVIN   Luego, visitamos el Ángel de la Independencia. Me parece la estatua más bella de la ciudad. ¡La encontré fascinante!

EDUARDO   Estoy de acuerdo. A propósito, ¿no pasaron por el Museo de Antropología? Está cerca del bosque de Chapultepec. Si quieren, los llevo.

KEVIN   Sí, gracias, Eduardo.

EMILY   De acuerdo, ¡vámonos!

¡Exprésate!

To introduce and change a topic of conversation

Interactive **TUTOR**

Eso me hace pensar en... *That makes me think about . . .*	**Cambiando de tema, ¿qué me dices de...?** *Changing the subject, what do you have to say about . . . ?*
A propósito, ¿qué has oído de el/la...? *By the way, what have you heard about the . . . ?*	**Hablando de arte, ¿qué me cuentas de...?** *Speaking of art, what can you tell me about . . . ?*

Vocabulario y gramática, pp. 49–51   **Online** workbooks

7 **¿Quién lo dijo?** FL.A.2.3.1

Leamos Lee cada oración y decide si la dijo **Eduardo, Kevin** o **Emily**.

1. Me alegra que estén disfrutando la Ciudad de México.
2. ¡Me fascinó la estatua del Ángel de la Independencia!
3. Les recomiendo el Museo de Antropología.
4. El Palacio Nacional es el edificio más grande que hemos visto.
5. Algunos edificios me hacen pensar que estoy en otra época.
6. A mí me encantaron las exposiciones del Palacio de Bellas Artes.

La entrada del Museo Nacional de Antropología en la Ciudad de México

8 **Hablando de arte** FL.A.2.3.2

Escuchemos Escucha mientras Natalia y Octavio hablan de artistas y sus obras e indica cuántas veces cambian de tema.

9 **Novedades de la exposición** FL.A.2.3.1

Leamos/Escribamos Completa la conversación con las palabras de **Exprésate**.

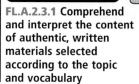

Benchmark Focus

FL.A.2.3.1 Comprehend and interpret the content of authentic, written materials selected according to the topic and vocabulary

CARMEN Oye, Saúl, ¿qué te ___1___ la exposición de ayer? Estuvo buenísima, ¿verdad?

SAÚL Sí, los cuadros realistas me gustaron mucho. ¿Te gustaron?

CARMEN La verdad, los ___2___ muy aburridos. Lo que me llamó la atención fue la escultura zapoteca.

SAÚL ___3___ de escultura, ¿qué ___4___ de las esculturas modernas que vimos?

CARMEN En realidad, me impresionaron mucho.

SAÚL A ___5___, ¿qué me ___6___ de la próxima exposición?

CARMEN Tengo entendido que es una exposición de fotografía.

Comunicación

HOLT **SoundBooth** ONLINE RECORDING

10 **Hablemos de otra cosa** FL.A.1.2.3

Hablemos Estás hablando con unos compañeros de clase acerca de la pintura y terminan hablando de la clase de arte. Dramaticen una conversación que abarque *(includes)* los siguientes temas. Usen las expresiones de **Exprésate** para cambiar de tema.

1. la pintura
2. varios tipos de pintura
3. la nueva galería de arte
4. la clase de arte

Objetivos
• Comparisons of equality and superlatives
• Passive **se**
• Passive voice with **ser**

Gramática
en acción **1**

GramaVisión

| Repaso | **Comparisons of equality and superlatives** |

Interactive TUTOR

1 Use **tan** + **adjective** + **como** to compare people and things. The adjective you use must agree in gender and number with the person or thing you compare.

> **Esta estatua** es **tan bonita como** la otra.
>
> **Estos dibujos** son **tan antiguos como** los que vimos ayer.

2 In the second part of your comparison, you can use an **article** + **adjective** phrase or a **pronoun** to avoid repetition.

> Este retrato es tan original como **aquél.**
>
> Las películas de acción no son tan divertidas como **las cómicas.**

3 There are two kinds of superlatives. One kind uses **el/la/los/las** + **más/menos** + **adjective** + **de** to mean *the most or the least.*

> La torre Eiffel es **la más alta de** todas las que he visto.
>
> Aquellos dibujos son **los menos creativos del** museo.

Adding **-ísimo/a/os/as** to the end of the adjective forms a superlative that intensifies the meaning of the adjective.

> **La exposición** de arte contemporáneo es **buenísima.**
> *The contemporary art exhibition is great (very good).*

➡ Vocabulario y gramática, pp. 52–54
Actividades, pp. 41–43

Online workbooks

¿Te acuerdas?

To demonstrate which object is being spoken about, use demonstrative adjectives.

> ¿No te gustó **esa** exposición?
>
> Me encantó **aquella** pintura de la rosa.

To talk about "this one" or "that one", use demonstrative pronouns.

> ¿Prefieres esta pintura o **ésa**?
>
> Me gusta más **ésta.**

11 **¿Cuál te gusta?** 🔊 FL.A.2.3.2

 Escuchemos Escucha las siguientes conversaciones. Indica si la opinión que da la persona es **positiva** o **negativa.**

Sección de un mural, Centro Cultural Pueblo, Albuquerque

12 Grandísimas en comparación ⟋ FL.A.2.3.1

Leamos/Escribamos Completa las oraciones con las dos formas del superlativo o con el adjetivo según corresponda.

1. Los jardines de Chapultepec son ═══. Son los jardines más ═══ ═══ México. (grande)
2. La Torre Sears en Chicago es ═══. Es la torre más ═══ ═══ Estados Unidos. (alto)
3. Fernando Botero es un pintor ═══. Es tal vez el pintor más ═══ ═══ Colombia. (conocido)
4. En mi opinión, las esculturas antiguas son ═══. Para mí, son las más ═══ ═══ todas. (extraño)
5. La Gran Muralla de China es ═══. Es la muralla más ═══ ═══ mundo. (largo)
6. Las comedias de Shakespeare son ═══. Para mí son las más ═══ ═══ todas las obras de teatro. (divertido)

13 ¿Cómo lo ves? ⟋ FL.A.3.3.2

Escribamos Escribe por lo menos dos oraciones con tu opinión sobre lo que ves en las fotos. Usa las dos formas del superlativo. Sigue el modelo.

MODELO Este puente es larguísimo.
Creo que es el más largo que he visto.

Comunicación

14 ¡Buenísima idea! ⟋ FL.A.1.2.3

Hablemos Dramatiza con un(a) compañero(a) una conversación en la que decidan qué hacer este fin de semana. Sugieran por lo menos tres ideas antes de llegar a un acuerdo y usen el superlativo. Sigan el modelo. ♻ *¿Se te olvidó?* **Nosotros** commands, p. 60

MODELO —¿Por qué no vemos la nueva película?
—Ay, no. Pasar tres horas sentado en el cine me parece la cosa más aburrida del mundo.
Hagamos una fiesta, mejor.

> **Benchmark Focus**
> **FL.A.1.2.3** Recognize and appropriately use oral syntax and inflection in spoken target language

Repaso — Passive se

Interactive TUTOR

1 The **passive voice with se** is used to state that something *is done or has been done* without mentioning the agent, the person or thing causing the action.

> **Se encontró** la pintura robada.
> *The stolen painting was found.*

> **Se vendieron** muchos boletos.
> *Many tickets were sold.*

In contrast, the **active voice** takes the agent(s) into consideration even though the agent is not always clearly identified.

> **Encontraron** los artefactos robados.
> *(They) found the stolen artifacts.*

> **Vendieron** muchos boletos.
> *(They) sold many tickets.*

2 You can express the **passive voice with se (se pasiva)** with the pronoun **se** plus a verb in the third person singular or plural. The verb agrees in number with the **recipient** of the action.

> *agrees*
>
> **Se presenta un concierto** gratuito en el parque este domingo.
> *A free concert is being given at the park this Sunday.*

> *agrees*
>
> **Se ofrecen clases** de baile en el Centro de Bellas Artes.
> *Dance classes are offered at the Centro de Bellas Artes.*

3 Unlike **se pasiva**, **se impersonal** is always used with a verb in the third person singular. Like **se pasiva**, **se impersonal** constructions do not mention the agent. The agent is often translated as an anonymous *one, you,* or *people.*

> **Se camina** mucho en esta ciudad.
> *One walks a lot in this city.*

> Vocabulario y gramática, pp. 52–54
> Actividades, pp. 41–43 **Online** workbooks

Nota cultural

Entre 1565 y 1650 los españoles establecieron más de 50 misiones en la Florida, las cuales, además de ser iglesias, servían como centros económicos y sociales. A principios del siglo XVIII, cuando los ingleses atacaron la Florida, muchas de estas misiones fueron quemadas o abandonadas. Otras fueron destruidas por la inclemencia del clima. Hoy en día, sólo se hallan en pie las ruinas de algunas misiones como la Misión del Nombre de Dios en San Agustín o la Misión de San Luis cerca de Tallahassee.

Compara lo que sabes de las misiones españolas de Texas y California con las de la Florida. **FL.B.1.3.5**

Reconstrucción de la iglesia de la Misión de San Luis

15 **¿Quién lo hizo?** **FL.A.2.3.2**

 Escuchemos Escucha las oraciones. Para cada una indica
a) si se menciona el agente o
b) si no se menciona.

16 ¿Qué se hace en tu colegio? FL.A.2.3.1

Benchmark Focus

FL.A.2.3.1 Comprehend and interpret the content of authentic, written materials selected according to the topic and vocabulary

Leamos/Escribamos Lee las siguientes oraciones acerca del colegio de Mónica. Escribe **cierto** si lo que dice la oración es cierto en tu colegio. Si no, escribe **falso** y corrige la oración.

1. En mi colegio, no se ofrecen clases de artes plásticas.
2. Todos los años se presenta una exposición de arte estudiantil.
3. En mi colegio se enseñan clases de español, francés y ruso.
4. En la orquesta estudiantil se interpreta música variada.
5. El himno del colegio se toca todos los días por la mañana.
6. En mi colegio, se ofrece una clase de fotografía.
7. Todos los años se hacen varias excursiones.
8. Se han pintado murales por los pasillos y en la cafetería.

17 Donde yo vivo FL.A.3.3.2

Escribamos/Hablemos Completa cada oración usando una frase con **se impersonal** y los verbos entre paréntesis.

MODELO **En mi casa... (comer, ver)**
En mi casa se come a las seis y media.
Se ve televisión casi todas las noches.

1. En la clase de escultura... (esculpir, observar)
2. En la clase de español... (leer, practicar)
3. En los partidos de fútbol... (gritar, correr)
4. En mi restaurante favorito... (preparar, pagar)
5. En el museo de arte... (ver, presentar)
6. En el centro comercial... (comprar, gastar)

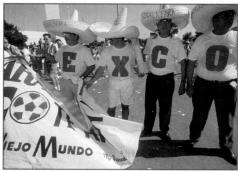

Aficionados mexicanos asisten a un partido de la Copa Mundial en Dallas, Texas.

Comunicación

18 ¿Cómo es en tu país? FL.A.1.2.3, FL.A.3.4.1

Hablemos En parejas, dramaticen una conversación entre un estudiante de Estados Unidos y un estudiante de intercambio de otro país. Túrnense para hacerle preguntas al estudiante de intercambio acerca de su país. Sigan el modelo y usen las palabras dadas como guía.

MODELO —**En tu país, ¿se comen las mismas cosas que aquí?**
—**No, para nada. En mi país se comen cosas distintas.**

comida	ropa	deportes	música
clases	pasatiempos	costumbres	televisión

Passive voice with ser

Interactive TUTOR

1 Another way to express a passive action is by using **ser + past participle.** This construction is similar to the **active voice** in that an agent can be specified. The **agent** is introduced by **por.**

Diego Rivera pintó el mural.
Diego Rivera painted the mural.

El mural **fue pintado por** Diego Rivera.
The mural was painted by Diego Rivera.

2 Sentences in the **passive voice** with **ser** are formed by combining the recipient of the action + **ser** + **past participle** + **por** + **agent.** The participle must agree in number and gender with the recipient.

agrees

El mural **fue pintado** por **Diego Rivera.**

agrees

Los murales **fueron pintados** por **Diego Rivera.**

agrees

Una escultura **será presentada** por **mi profesor de arte.**

agrees

Varias esculturas **serán presentadas** por **los estudiantes.**

Vocabulario y gramática, pp. 52–54
Actividades, pp. 41–43

Online workbooks

19 **El Museo de Arte de El Paso** **FL.A.2.3.2**

Escuchemos/Leamos Escucha el pasaje acerca del Museo de Arte de El Paso. Luego, lee las oraciones que siguen y contesta **cierto** o **falso** basándote en lo que escuchaste. Si una oración es falsa, corrige la oración con la información correcta.

1. El museo fue abierto en 1947.
2. El Museo de Arte de El Paso originalmente fue nombrado Museo Internacional de El Paso.
3. El museo fue convertido en *(turned into)* una institución pública en los años 50.
4. Las galerías adicionales fueron construidas en el año 1998.
5. El museo fue mudado a una casa renovada en el distrito de artes culturales.
6. El museo es visitado por miles de personas cada año.

20 Hecho por... FL.A.2.2.7

Escribamos Combina las frases para formar oraciones en voz pasiva. Sigue el modelo.

MODELO el cuadro del museo/pintar/un artista conocido
El cuadro del museo fue pintado por un artista conocido.

1. la sinfonía/interpretar/la orquesta juvenil
2. la obra de teatro/escribir/el club de drama
3. la torre de vidrio/diseñar/un arquitecto japonés
4. la ciudad de Machu Picchu/construir/los incas
5. el mural/pintar/unos artistas mexicanos
6. la estatua/tallar en madera/un estudiante de arte.

Exterior del Museo de Arte de El Paso

21 ¡De vacaciones! FL.A.2.2.7

Leamos/Escribamos Cambia cada oración de voz activa a voz pasiva. ♻ *¿Se te olvidó?* Past participle, p. 148

MODELO **Un arquitecto famoso diseñó el museo.**
El museo fue diseñado por un arquitecto famoso.

1. Los turistas visitaron el museo de arte.
2. El guía describió los dibujos más famosos.
3. El museo compró los cuadros hace cinco años.
4. El museo construyó una nueva sala de exposición.
5. El guía llevó a los turistas a la torre del castillo.
6. Mi hermano sacó varias fotos de la torre.
7. Alguien diseñó el castillo hace más de seiscientos años.
8. Un terremoto destruyó parte del castillo hace veinte años.

Comunicación

HOLT **SoundBooth**
ONLINE RECORDING

22 Los gustos del arte FL.A.1.4.2

Hablemos En grupos de tres, piensen en su canción, obra de teatro, novela y obra de arte favorita. Luego, túrnense para mencionar algo de su obra favorita. Sus compañeros(as) tienen que adivinarla *(guess it)*. Usen **ser + participio pasado** en sus oraciones. Sigan el modelo.

MODELO canción favorita
—**Mi canción favorita es contemporánea.
Fue escrita por el grupo El Gran Silencio.**
—**¿Es "Dormir soñando"?**

> **Benchmark Focus**
>
> **FL.A.1.4.2** Rephrase and use indirect expressions to communicate a message in the target language

Comparaciones

Interactive TUTOR

De la conquista a 1930 de Diego Rivera

Lo hermoso, a todos da gozo ⬦ FL.B.1.3.4

En los pueblos y ciudades de España y América Latina, siempre hay algún edificio antiguo o moderno que gusta a sus habitantes y a los visitantes. Algunas ciudades son monumentales. Tienen rascacielos, parlamentos, iglesias, palacios, museos, plazas o esculturas que atraen a muchos turistas a ver su arte y su arquitectura. Esto da trabajo a muchas personas que hacen de guías turísticos. Imagina que tú eres guía de tu ciudad o región. ¿Qué edificios son los sobresalientes? ¿Cómo es su arquitectura?

Estados Unidos

MÉXICO　Golfo de México

Ciudad de México ★

Océano Pacífico

Mario
Ciudad de México, México

¿Qué me puedes decir sobre el arte o la arquitectura de México?

México ha sido siempre un país muy rico en artistas plásticos y arquitectos, donde el mundo ha encontrado inspiración.

¿Quiénes son algunos artistas o arquitectos conocidos de México?

Pues, de los más famosos, tenemos Frida Kahlo, Diego Rivera, arquitectos como Barragán, Arazúa.

De ellos, ¿a quién prefieres y por qué?

Uno de mis artistas preferidos es Diego Rivera, no sólo por su trabajo artístico sino también social.

¿Cómo es su arte?

Su arte tiene mucho que ver con los movimientos sociales que han pasado aquí en México, desde los aztecas hasta la conquista, la revolución industrial, la expropiación de petróleo, los movimientos sindicalistas, etcétera.

Nicaragua

COSTA RICA

Mar Caribe

★ San José

Océano Pacífico

Panamá

Loriana
San José, Costa Rica

¿Qué me cuentas del arte o de la arquitectura de Costa Rica?

Bueno, tenemos muchos tipos. En ellos podemos destacar la arquitectura más antigua como el Teatro Nacional, el Melico Salazar o las casas antiguas del Barrio Amón, que son más que todo coloniales. Y para casas más modernas podemos mencionar lo que es el edificio de Arquitectos Ingenieros de Costa Rica.

¿Quiénes son algunos artistas o arquitectos conocidos de esta región?

Podemos mencionar a Jaime Rouillón, a Franz Beer, a Víctor Cañas, y también podemos mencionar a Bruno Stagno.

¿De ellos, a quién prefieres?

De ellos, me gusta Víctor Cañas.

¿Cómo es su arte?

Es un arte modernista. Es una nueva onda que se está usando en el país, que trata más que todo usar materiales como el aluminio y el concreto expuesto.

Para comprender ⟍ FL.C.2.3.3

1. ¿Quiénes son dos artistas que menciona Mario?
2. ¿Cómo es el arte de Diego Rivera?
3. ¿Quiénes son dos artistas costarricenses?
4. ¿Cómo es el arte de Víctor Cañas?
5. El arte que le gusta a Mario tiene un tema social mientras el que le gusta a Loriana tiene un tema modernista. ¿Qué crees que indica cada preferencia sobre los gustos o personalidades de ellos?

Para pensar y hablar ⟍ FL.C.1.3.1

¿Cómo pueden afectar los eventos políticos o culturales el arte de una comunidad? ¿En tu comunidad, la gente usa el arte como medio de expresión? Da unos ejemplos.

Comunidad en la Florida

Arte netamente hispano ⟍ FL.E.1.4.1

En la Florida hay muchas oportunidades de disfrutar de arte hispano. Se puede, por ejemplo, apreciar la colección de pinturas cubanas en el Museo de Artes y Ciencias de Daytona Beach o asistir a una obra teatral presentada por el *Hispanic Theater Project* de Orlando. En grupos de cuatro, escojan un género artístico que les interese. Investiguen qué museos, teatros y otros establecimientos de su región presentan obras o exposiciones o patrocinan festivales de ese género, enfocándose en los artistas hispanos. Con la información que encuentren hagan una guía artística para la comunidad hispana de su región y publíquenla en el periódico escolar.

En el Museo Dalí de St. Petersburg

Objetivos
- Making suggestions and recommendations
- Turning down an invitation

Vocabulario
en acción 2

En la Ciudad de México

La música y las artes dramáticas

La música y **las artes dramáticas** son **formidables.** Vamos a aprender un poco más de las expresiones **artísticas.**

Me encantan **las obras de teatro**, sobre todo **las comedias** porque son muy **entretenidas** y **creativas.**

Requiere mucho talento escribir una canción. Hay que escribir **la letra** y encontrar **el ritmo** adecuado además de **crear una melodía** bonita.

Más vocabulario...

el ballet	*ballet*
de buen/mal gusto	*in good/bad taste*
estridente	*shrill*
incomprensible	*incomprehensible*
pésimo(a)	*terrible*
la reseña	*(critical) review*
superficial	*superficial*
la tragedia	*tragedy*

Ésta es una clase de **drama**. Durante **una función** los actores **desempeñan sus papeles** para el **público**.

Es relajante escuchar **la orquesta** cuando toca una canción **hermosa** y **melodiosa**.

Los actores ensayan en **el escenario** antes de **presentar** la obra.

También se puede decir...

In Florida, you may hear Cubans and Ecuadoreans say **desempeñar un papel** instead of **actuar**. You may also hear **la crítica** instead of **la reseña** among Puerto Ricans.

¡Exprésate!

To make suggestions and recommendations

Interactive
TUTOR

Te aconsejo que vayas a la presentación de baile folclórico. Es muy...

I recommend that you go to the folk dance performance. It's very . . .

No te olvides de ir al ensayo de la banda.

Don't forget to go to band practice.

Es mejor que veas la ópera. Es formidable.

It's better for you to see the opera. It's great.

Sería buena idea ir al concierto de la sinfónica.

It would be a good idea to go to the symphony.

Vocabulario y gramática, pp. 55–57

Online workbooks

23 ¡Estuvo muy entretenido! FL.A.2.3.2

Escuchemos Escucha los comentarios, escoge la foto que corresponde al evento e indica si a la persona **le gustó** o **no le gustó**.

24 Tus gustos FL.A.3.3.2

Hablemos Da un ejemplo para cada uno de los temas.

1. un programa de mal gusto
2. una canción incomprensible
3. una comedia muy entretenida
4. un(a) cantante pésimo(a)
5. una persona muy creativa
6. una novela dramática

Benchmark Focus

FL.A.2.3.1 Comprehend and interpret the content of authentic, written materials selected according to the topic and vocabulary

25 El crítico lo dice todo FL.A.2.3.1

Leamos/Escribamos Completa la reseña con las palabras del cuadro.

aconsejo	concierto	función	sería buena idea
comedia	entretenida	es mejor	te olvides

Si quieres ver una obra de teatro, te ___1___ que vayas a ver "El chisme silencioso", una nueva ___2___ en el Teatro Nacional. Créeme, ¡te vas a morir de la risa! Pero si quieres conseguir un boleto para la ___3___, no ___4___ de llamar al teatro por lo menos un día antes. A quienes no les guste el teatro, ___5___ que vean la presentación de baile contemporáneo en el Centro de Cultura. Además de ser muy ___6___, su valor artístico es impresionante. Finalmente, ___7___ que los aficionados a la música clásica fueran al ___8___ de la sinfónica este sábado.

26 **¿Qué le dices?** FL.A.2.3.1

Leamos/Hablemos   Lee las oraciones y decide qué decirle a tu amigo(a) en las siguientes situaciones. Usa las frases del cuadro.

Es mejor que...	Te aconsejo que...
No te olvides de...	Sería buena idea

MODELO   **Tu amigo(a) no sabe qué museo visitar.**
   Te aconsejo que vayas al museo de arte contemporáneo.

1. Un(a) amigo(a) no sabe qué película ir a ver este fin de semana.
2. Quieres recomendarle un buen libro a tu amigo(a).
3. Un(a) amigo(a) piensa ir a un concierto que ya viste y que estuvo pésimo.
4. Tu amigo(a) quiere ver una presentación de baile pero no sabe adónde ir.
5. Escuchaste una canción muy buena y quieres recomendarle el CD a tu amigo(a).
6. Quieres recordarle a tu amigo(a) que vaya a la clase de teatro.

Unos amigos compran boletos para el cine.

27 **En tus palabras**   FL.A.3.3.2

Escribamos   Escribe una reseña de ocho o diez oraciones acerca de un evento artístico muy bueno o de uno pésimo que hayas visto este año. Usa las palabras del cuadro en tu reseña.

de buen/mal gusto	Sería buena idea...	estridente
Te aconsejo que...	el escenario	impresionante
pésimo	Es mejor que...	entretenido

Comunicación

HOLT **SoundBooth**
ONLINE RECORDING

28 **Una buena recomendación**   FL.A.1.3.1

Hablemos   Con un(a) compañero(a), dramaticen una conversación en que un estudiante de intercambio quiere saber a qué eventos culturales debe asistir durante su año de intercambio, y tú le das consejos y opiniones sobre varias actividades.

MODELO   —¿Puedes recomendarme un museo por aquí?
   —Claro. Te aconsejo que vayas a...

Cada quien tiene su gusto

Estudiantes de la Ciudad de México

Benchmark Focus

FL.B.1.3.5 Know various expressive forms of the target culture and the influence of these forms on the larger community

SOFÍA   Oigan, ¿no quieren ir a ver el estreno de "Invasores del universo II" este viernes?

ROQUE   No, el viernes no puedo. Tengo otro compromiso.

SOFÍA   ¿Y tú, Celeste? ¿Qué dices?

CELESTE   A decir verdad, no quiero ver esa película. Ramón me dijo que la primera parte estuvo pésima. ¿Por qué no vamos al teatro el sábado? Dicen que presentan una obra entretenida. ¿Les interesa ir a verla?

ROQUE   ¿No será "El baile de los elefantes"? Ya la he visto y la obra estuvo padrísima. Es una comedia y el público no dejó de reírse. A mí me gustaría ir a verla de nuevo. ¿A qué hora empieza la función?

SOFÍA   No sé, pero el sábado no puedo. Además, el título me da la impresión de que es una obra de muy mal gusto. Tengo otra idea. ¿Qué hacen el domingo? ¿Me acompañan al Museo Metropolitano? Hay una exposición de arte.

ROQUE   Pues, fíjate que sería buena idea. No es tan divertido como el teatro, pero sí, iré contigo. ¿Y tú, Celeste?

CELESTE   A mí me parece buena idea. Vamos al museo el domingo entonces.

¡Exprésate!

To invite someone to do something	To turn down an invitation
¿Quieres ir a ver…? *Do you want to go see . . . ?*	**Gracias por invitarme, pero ya lo/la he visto.** *Thanks for inviting me, but I've already seen it.*
¿Te interesa ir a…? *Are you interested in going to . . . ?*	**Lo siento, pero ya tengo otros planes/otro compromiso.** *I'm sorry, but I already have other plans/another engagement.*
¿Me acompañas a…? *Do you want to come to . . . with me?*	**Gracias, pero tengo mucho que hacer. La próxima vez iré.** *Thanks, but I have a lot to do. I'll go next time.*
¿Por qué no vamos a…? *Why don't we go to . . . ?*	**Hoy no, gracias. ¿Por qué no lo dejamos para la próxima semana?** *Not today, thanks. Why don't we wait and do it next week?*

Interactive TUTOR

Vocabulario y gramática, pp. 55–57

Online workbooks

29 **¿Cómo fue?** FL.A.2.3.1

Leamos/Escribamos Contesta las preguntas con base en el diálogo en la página 206.

1. ¿De qué hablan los tres amigos?
2. ¿Por qué no puede Roque ir a ver la película?
3. ¿Qué sugiere Celeste?
4. ¿Qué opina Roque de la obra que menciona Celeste?
5. ¿Por qué no puede ir Sofía al teatro?
6. ¿A dónde quiere ir Sofía el domingo?

30 **Me gustaría pero...** FL.A.2.3.2

Escuchemos Escucha las conversaciones e indica si la persona **acepta** o **no acepta** la invitación.

31 **Te invito...** FL.A.2.2.7

Hablemos/Escribamos Invita a cada persona al evento indicado.

1. tu mamá/un museo de arte
2. tu amigo(a)/una exposición de arte
3. tu novio(a)/una obra de teatro
4. tus compañeros de clase/una película
5. tu primo(a)/un concierto
6. tus abuelos/un restaurante

Nota cultural

La música más popular del norte de México es la música norteña, la cual tiene sus orígenes en las polkas de Europa y refleja la influencia alemana en el uso del acordeón. Algunos grupos norteños exitosos son Pesado, Los Tigres del Norte, y Los Tucanes de Tijuana. Otros géneros populares en el norte de México incluyen la banda, el grupero y la cumbia. ¿Cómo se compara la música del norte de México con la del suroeste de Estados Unidos?

FL.B.1.3.5

Comunicación

HOLT SoundBooth ONLINE RECORDING

32 **Tengo muchas cosas que hacer** FL.A.1.2.3

Leamos/Hablemos Tu amigo(a) te invita a salir, pero tienes mucho que hacer. Consulta tu agenda y acepta o rechaza (*refuse*) las invitaciones según tus actividades. Usa las expresiones de **Exprésate.**

21 lunes	22 martes	23 miércoles	24 jueves	25 viernes	26 sábado	27 domingo
• clase de pintura 4:00	• cine con Ruth 6:00	• examen de inglés 10:00 a.m.	• almuerzo con Juan Luis 1:30	• tarea con Sonia 4:00	• cena con la familia 5:00	• teatro con abuela 4:30
• ensayo de coro 6:00	• estudiar para el examen de inglés 8:30	• clase de pintura 4:00	• ensayo de coro 4:30	• ensayo de coro 5:00	• trabajar en la galería 6:00–8:00	• limpiar mi cuarto 6:30
• estudiar para el examen de inglés 7:30		• museo con Gabriel 6:00	• trabajar en la galería 6:00–8:00	• concierto de coro 7:00	• cine con mis amigos 8:30	• hacer tarea de ciencias 8:00

Gramática
en acción 2

GramaVisión

Repaso   Subjunctive for hopes and wishes

1 After verbs for hopes or wishes you can use a second verb in the **infinitive**. The subject of the infinitive or infinitive phrase is the same as that of the conjugated verb.

infinitive phrase; Ana is subject

Ana espera **ir** al museo.

2 If the subject of the second verb is different from that of the first verb, then add the word **que** and conjugate the second verb. The phrase formed using **que** is called a subordinate clause.

main clause   *subordinate clause, indicative*

Ana **cree que** María Elena **va** al museo.

change of subject

3 If the verb in the main clause expresses **a wish, suggestion,** or **recommendation** AND if there is a change of subject, use the **subjunctive mood** in the subordinate clause.

expresses hope   *subordinate clause, subjunctive*

Ana **espera que** María Elena **vaya** al museo.

change of subject

En inglés

In English, some verbs can take an infinitive even if there is change of subject. The word *for* sometimes comes before the second subject.

> Ana wants (for) Lili to go…

Other verbs take *that* + a verb in the **indicative** or subjunctive.

> Ana says that Lili goes…

> Ana prefers that Lili go…

Look at the verbs in the box. Which English verbs take an infinitive and which take *that* + a conjugated verb?

FL.D.1.3.2

Vocabulario y gramática, pp. 58–60
Actividades, pp. 45–47

Online workbooks

More expressions of wish, suggestion and recommendation

aconsejar que	*to advise*	**recomendar (ie) que**	*to recommend*
es mejor que...	*it's better . . .*	**sugerir (ie) que**	*to suggest*
querer (ie) que	*to want*		

33 **Consejos lógicos** FL.A.2.3.2

 Escuchemos   Escucha las conversaciones y decide si la segunda persona da consejos lógicos o no. Indica **sí** o **no.**

34 **¿Qué quieren hacer?** FL.A.2.3.1

Escribamos Combina las frases y describe lo que cada persona quiere hacer este fin de semana.

1. Enrique/querer/que todos/ir a un concierto
2. Yo/preferir/que nosotros/ver una película
3. Ana/esperar/que alguien/querer ir al partido
4. Alex/recomendar/que los chicos/practicar ciclismo
5. Tú/aconsejarnos/que todos/hacer algo juntos
6. Mamá/sugerir/que yo/estudiar el sábado

35 **Querida Paquita...** FL.A.3.3.2

Leamos/Escribamos Imagina que eres "Querida Paquita" y responde a cada carta con uno o dos consejos y recomendaciones.

♻ **¿Se te olvidó?** Subjunctive mood, p. 18

Querida Paquita:
Tengo un problema. Me encantan las artes, especialmente el baile. Mis amigas me dicen que bailo muy bien y quiero tomar clases de baile, pero mis padres no pueden pagármelas. ¿Qué debo hacer?

Inés

Querida Paquita:
Me interesa mucho estar en el coro de mi colegio, pero me da miedo hacer una audición frente a tantas personas. Creo que canto mejor en grupos. ¿Qué me aconsejas?

David

Comunicación

36 **¿Qué hago?** FL.A.1.3.1

Hablemos Dramaticen una escena entre dos amigos o amigas. Tú quieres salir con un(a) chico(a), y sabes que a él (ella) le gusta el arte y la cinematografía, pero no sabes adónde ir. Pídele consejos a tu amigo(a). Tu amigo(a) debe responder con algunas recomendaciones.

MODELO —Oye, Tomás, ¿crees que debo llevar a Sonia al cine?
—Pues, te sugiero que vayan al museo. Hay una nueva exposición allí que es bellísima.

Benchmark Focus

FL.A.1.3.1 Exchange information orally and in writing about topics of common interest and about the target culture

Gramática 2

More on subjunctive with hopes and wishes

Interactive TUTOR

1 You know that the **subjunctive** is used in sentences that express a **wish**, **suggestion**, or **recommendation** for another person or group of people. Other expressions used with the subjunctive are:

> **Propongo** que **hagamos** las dos cosas.
> *I propose we do both things.*
>
> Nos **dicen** que **compremos** los boletos.
> *They tell us to buy the tickets.*
>
> **Necesito** que **me ayudes.**
> *I need you to help me.*
>
> **Hace falta** que **practiques** más.
> *You have to practice more.*

**Vocabulario y gramática, pp. 58–60
Actividades, pp. 45–47**
Online workbooks

More expressions of wish, suggestion and recommendation	
es importante que... *it's important . . .*	**ojalá que...** *let's hope . . .*
es necesario que... *it's necessary . . .*	**pedir (i) que** *to ask for*

Photo by Nickolas Muray © Nickolas Muray Photo Archives/Courtesy George Eastman House

Nota cultural

Frida Kahlo es una de las artistas más conocidas de México. Lo popular, lo religioso y los símbolos mexicanos son parte del estilo de sus obras. Ella se casó con el famoso pintor Diego Rivera en 1929. Fue Diego quien le sugirió a Frida que usara ropa tradicional mexicana. Ella siguió su consejo y por eso se conoce por sus vestidos largos de colores brillantes (al estilo tradicional mexicano) y sus joyas exóticas.

Investiga una obra de esta artista y explica algunos de los símbolos mexicanos que encuentres en ella.
FL.B.1.3.5

37 **¿Estás de acuerdo?** **FL.A.2.3.1**

Leamos/Hablemos Lee las oraciones y di si **estás de acuerdo** o **no** con cada una. Si no estás de acuerdo, da tu propia opinión.

1. Propongo que veamos tu concierto favorito en televisión.
2. Para estudiar arte, es importante que seas muy creativo.
3. Para graduarte, es necesario que sepas hablar otro idioma.
4. Hace falta que el público esté callado durante la ópera.
5. Es necesario que una orquesta interprete música variada.
6. Te recomiendo que vayas al teatro si te gustan los dramas.

38 **El ensayo** **FL.A.2.3.1**

Leamos/Escribamos Completa el diálogo con la forma correcta de los verbos entre paréntesis.

PAULINA Quiero (participar) ___1___ en la orquesta, pero mis amigos me dicen que no lo (hacer) ___2___.

PROFESORA Es importante que tú misma (tomar) ___3___ la decisión; no es bueno que tus amigos (decidir) ___4___ por ti.

PAULINA Espero que ellos no me (poder) ___5___ convencer, porque me encanta la música. Creo que sólo desean (pasar) ___6___ más tiempo conmigo.

PROFESORA Ya veo. Los profesores y yo esperamos (empezar) ___7___ los ensayos pronto, y hace falta que tú (practicar) ___8___.

Opiniones **FL.A.2.2.7**

Leamos/Escribamos Haz una recomendación para las siguientes oraciones, usando las expresiones del cuadro.

Es importante que	Hace falta que	Les aconsejo que
Les recomiendo que	Es mejor que	Ojalá que

1. La presentación de bailes folclóricos estuvo formidable.
2. El escenario me pareció impresionante.
3. Recuerden que sólo hay una función diaria.
4. En cambio, la obra de teatro fue pésima.
5. Los actores no eran muy originales.
6. En realidad, toda la obra me pareció de mal gusto.

39 B **Oraciones revueltas** **FL.A.2.2.7**

 Escribamos Forma cinco oraciones con una palabra o frase de cada columna. Usa el subjuntivo.

los artistas	querer		el público...
el público	proponer		los alumnos...
el director del museo	recomendar	que	el colegio...
la profesora de arte	preferir		yo...
yo	decir		los críticos...

Benchmark Focus

FL.A.2.2.7 Recognize the multiple ways in which an idea may be expressed in the target language and use them appropriately

 Comunicación

HOLT **SoundBooth** ONLINE RECORDING

40 **Una entrevista de trabajo** **FL.A.1.3.1**

Hablemos Con un(a) compañero(a), dramaticen una conversación en la que una persona explica lo que le pasó en la entrevista y la otra le da consejos para mejorar en la próxima entrevista.

Gramática 2

Past perfect

1 To express a sequence of events in the past, use the **past perfect (pluscuamperfecto)** for the event that happened first, and the **preterite** or **imperfect** for the event that happened later.

3:00	3:45	6:45	7:00
estábamos en casa	salimos de casa	Luis llegó al cine	llegamos al cine

Luis nos **llamó** a las cuatro, pero ya **habíamos salido.**
Luis called us at four, but we had already left.

Llegamos al teatro a las siete. Luis ya **había llegado.**
We got to the theater at seven. Luis had already arrived.

2 The past perfect is formed by combining the **imperfect of haber** with the **past participle** of the main verb.

había	habíamos
habías	habíais
había	habían

+ **past participle**

3 The past perfect is frequently used with **cuando, ya, aún no,** or **todavía no.**

Cuando **llegué** al teatro, **aún no** había visto a Luis.
When I arrived at the museum, I still hadn't seen Luis.

Entró tarde pero **todavía no** había empezado la obra.
He went in late but the play had not yet started.

Vocabulario y gramática, pp. 45–47
Actividades, pp. 58–60

Online workbooks

¿Te acuerdas?

The following verbs have irregular past participles:

abrir: **abierto**
decir: **dicho**
describir: **descrito**
descubrir: **descubierto**
escribir: **escrito**
freír: **frito**
hacer: **hecho**
morir: **muerto**
poner: **puesto**
resolver: **resuelto**
romper: **roto**
satisfacer: **satisfecho**
ver: **visto**
volver: **vuelto**

41 **¿Qué pasó primero?** FL.A.2.3.2

 Escuchemos Escucha las oraciones que siguen y di cuál de las dos acciones ocurrió primero, basándote en lo que oyes.

1. llegar al teatro/empezar la obra
2. pedir refrescos Raúl/ver a Raúl
3. buscar los asientos/apagarse las luces
4. encontrar el asiento/salir al escenario los actores
5. sentarme/empezar la música
6. terminar la segunda escena/dormirse Raúl
7. salir/terminar la obra
8. llegar al carro/empezar a salir la gente

42 Preparativos 🔖 FL.A.2.2.7

Escribamos Combina las frases y describe los preparativos que se habían hecho antes del comienzo la feria de arte del colegio. Usa el pluscuamperfecto.

MODELO yo/mandar invitaciones a todos los padres
Yo había mandado invitaciones a todos los padres.

1. la profesora de arte/colgar las obras en el gimnasio
2. varios alumnos/llevar las esculturas a la cafetería
3. los estudiantes de arte/ponerles títulos a todas las obras
4. el director del colegio/escribir un anuncio para el periódico
5. el profesor de música/leer el anuncio en la radio
6. unos chicos creativos/hacer carteles para anunciar la feria

43 Mal planeado 🔖 FL.A.2.2.7, FL.A.3.3.2

Hablemos Mira los dibujos y describe las escenas usando el pluscuamperfecto. ♻️ *¿Se te olvidó?* Preterite, p. 160

MODELO **Cuando llegamos al cine para comprar las entradas, ya habían cerrado.**

1.   2.   3.   4.

Comunicación

HOLT **SoundBooth**
ONLINE RECORDING

44 Hablemos del pasado 🔖 FL.A.1.2.3

Hablemos Usa la siguiente información para entrevistar a un(a) compañero(a) de clase. Sigue el modelo.

MODELO **10 años/tomar clases de piano**
— **¿Ya habías tomado clases de piano cuando tenías 10 años?**

1. 5 años/leer un libro entero
2. 10 años/aprender a dibujar
3. 15 años/visitar un museo
4. 5 años/sacar una foto
5. 10 años/ver una película en el cine
6. 15 años/ver una obra de teatro

Benchmark Focus
FL.A.1.2.3 Recognize and appropriately use oral syntax and inflection in spoken target language

Clara perspectiva
Episodio 5

Benchmark Focus
FL.A.2.3.2 Comprehend and interpret the main ideas and details from television, movies, videos, radio, or live presentations produced in the target language

ESTRATEGIA

Getting confirmation As a story unfolds, it is important to decide whether the deductions and the connections you have made are correct. This allows you to move forward in the story. Take your list of deductions from **Episodio 3** and your connections from **Episodio 4**, and place a check mark by the ones that are confirmed in this episode. If they are not confirmed, decide whether they might still turn out to be true, or whether you think you can discard them. **FL.A.2.3.2**

En la oficina del señor Ortega

Sr. Ortega Espero que no tengan nada que hacer esta tarde. Se abre al público una exposición de artistas chilenos en el Museo de Artes Visuales. Es la exposición más esperada del año.

Clara No, Señor Ortega, por mi parte, estoy a su disposición.

Octavio Yo también.

1

2

Clara La compañía *MaderaCorp* es la patrocinadora de la exposición. Un porcentaje de las ganancias se va a donar al grupo *EcoChile,* el grupo ecologista de mayor influencia en Chile.

Sr. Ortega Aunque interesante, Clara, eso no tiene importancia para nuestro artículo. El artículo se va a concentrar en la reacción del público a la exposición. ¿Qué dice la gente sobre el arte moderno de Chile? ¿Es realista, o imaginativo?; ¿Es artístico, o incomprensible?; ¿Es de buen gusto, o pésimo? Éstas son las preguntas que queremos hacerle al público.

En el Museo de Artes Visuales

MUSEO DE ARTES VISUALES
· COLECCIÓN SANTA CRUZ · YACONI ·

Déjame ensayar mis preguntas contigo. Señor, ¿qué opina usted de esta pintura?

A decir verdad, me parece la menos interesante de la exposición.

Ahora yo. Señorita, dígame, ¿qué opina de esa acuarela?

¡Pésima! ¡Incomprensible! No sé quién es el artista, pero debe cambiar de profesión.

3

4

Octavio, ¡ese hombre es el mismo que grabamos discutiendo con el profesor Luna el otro día. ¡Te lo juro que es él!

¿Estás segura?

5

Muy buenas noches. Yo soy Domingo Reyes Rodríguez, presidente de la empresa *MaderaCorp*. Hoy nos da mucho gusto presentar la exposición "El arte del Chile de hoy" a ustedes, los aficionados del arte. Es para nosotros un motivo de harto orgullo poder patrocinar esta exposición que es de gran importancia para nosotros los chilenos. Muchas gracias por asistir…

6

¡Salvemos los bosques de Chile! ¡Digan no a *MaderaCorp!*

7

No entiendo. Yo pensaba que *MaderaCorp* apoyaba la preservación de los bosques.

Parece que ellos no están de acuerdo.

8

9

En un bosque de Chile

El profesor Luna trabaja en los bosques de Pirque, cerca de Santiago.

¿COMPRENDES?

1. ¿Adónde tienen que ir Clara y Octavio para su nueva tarea? ¿De qué se tratan las entrevistas?

2. ¿A quién ve Clara?

3. ¿Quién da un discurso? ¿Sobre qué? ¿Quién va a recibir alguna parte de las ganancias de la exposición?

4. ¿Quién mencionó al señor Reyes en el Episodio 4?

5. ¿Quiénes interrumpen la exposición? ¿Qué confirman sus acciones?

6. ¿Qué les parece raro a Octavio y a Clara?

FL.A.2.3.2, FL.C.2.2.4

Próximo episodio
Clara lee más en el periódico sobre el problema entre MaderaCorp y los ecologistas. ¿Quién crees que está al centro del debate?

PÁGINAS 256–257▶

Novela en video

Benchmark Focus

FL.C.2.3.3 Use films or texts produced in the target language to gain knowledge and understanding of various aspects of the arts, music, literature, history, or economics of the target culture

Los murales de Diego Rivera son conocidos a nivel internacional.

Diego Rivera

Diego Rivera, considerado el pintor mexicano más importante del siglo XX, tuvo una profunda influencia en el mundo artístico internacional. Rivera nació en Guanajuato, México en 1886. Empezó a estudiar pintura desde joven y en 1907 se fue a Europa. Vivió mucho tiempo en París, donde estudió las obras de artistas importantes como Cézanne, Gauguin, Renoir, y Matisse. Estaba buscando una nueva forma de pintar, una manera de expresar sus complejas ideas y a la vez hacerlas llegar al público. No fue hasta que vio los frescos de Italia que encontró lo que buscaba. Con una visión del futuro, regresó a México.

Los frescos

Los frescos son pinturas en murales hechas sobre yeso. Rivera creyó que el tamaño de los frescos era el lienzo perfecto para comunicar sus ideas sobre la historia y el futuro. Hizo su primer mural, "La Creación", en 1922, para el anfiteatro Simón Bolívar de la Escuela Nacional Preparatoria. Allí conoció a Frida Kahlo, con quién se casó el 21 de agosto de 1929. Rivera estaba particularmente interesado en la tecnología y el progreso y trató mucho el tema de los trabajadores de los años treinta y sus luchas contra la industria y la sociedad. Mucha gente de Estados Unidos estaba fascinada con el arte de Rivera, por lo que recibió el encargo de hacer grandes murales en San Francisco, en el Instituto de Arte de Detroit y en el Rockefeller Center de Nueva York. Este último mural fue muy criticado por la figura de Lenin que Rivera había pintado en él, y fue destruido por el Rockefeller Center. Luego, Rivera lo reprodujo en el Palacio de Bellas Artes de México.

Los últimos años

En sus últimas pinturas, Rivera desarrolló un estilo indigenista y social de gran atractivo popular. Por esa época empezó su proyecto más ambicioso, un mural épico sobre la historia de México, para el Palacio Nacional. Pero Rivera murió el 25 de noviembre de 1957, antes de terminar su gran proyecto.

Diego Rivera

El estudio de Diego Rivera en México

El proyecto del Mural de Diego Rivera

Una de las obras más importantes de Diego Rivera es el mural en el City College de San Francisco, California. Es una visión inspirada en la unidad panamericana con su síntesis de arte, religión, historia, política y tecnología del continente americano. El Proyecto del Mural de Diego Rivera tiene el propósito de acercar de nuevo al público a esta obra de arte que es tan válida hoy como lo fue en 1940 cuando miles de personas fueron a ver su inauguración. Entre otras cosas, los organizadores del proyecto quieren lograr tener un guía bilingüe que presente el mural al público, un folleto informativo y una presentación en multimedia que explique los temas, los personajes y el contenido histórico del mural.

Comprensión

A Los hechos Basándote en lo que leíste, contesta las preguntas. ⬲FL.C.2.3.3

1. ¿De dónde es Diego Rivera?
2. ¿Por qué es famoso?
3. ¿Cuándo vivió?
4. ¿Qué tipo de pinturas hizo?
5. ¿Adónde viajó para buscar su nueva forma de pintar? ¿Dónde la encontró?
6. ¿Qué temas toca Rivera en sus pinturas?

B ¿Qué piensas? Basándote en lo que leíste, contesta las preguntas. ⬲FL.C.2.3.3

1. ¿Crees que Rivera tenía miedo de expresar sus ideas políticas?
2. ¿Por qué fue destruido el mural de Rivera en el Rockefeller Center de Nueva York?
3. ¿En qué otras partes de Estados Unidos se encuentran murales de Rivera?
4. ¿Qué es el Proyecto del Mural de Diego Rivera?
5. ¿Qué quieren lograr los organizadores de este proyecto?

Actividad

Los murales Escribe un párrafo sobre un mural que hayas visto. ¿Cómo es? ¿En qué te hace pensar y cómo te hace sentir? Comparte tu párrafo con la clase. ⬲FL.A.3.3.1

Lectura cultural

Leamos y escribamos

FCAT Reading Focus

LA.A.1.4.2
Select and use strategies to understand words and text, and to make and confirm inferences from what is read

ESTRATEGIA

para leer Drawing inferences about a poem or a story is useful when you don't understand every word. You can read the title of the work or the first paragraph and make an inference of what the work might be about. Context clues can also help.

Antes de leer   FL.B.1.3.5, FL.D.2.4.4

A   Luis Palés Matos nació en Puerto Rico en 1898. En sus obras, trata los temas de la gente de origen africano en Cuba y en Puerto Rico. Utiliza el habla local combinada con palabras inventadas para captar la musicalidad y el ritmo típicos de los africanos.

Lee el verso del poema: "El cerdo en el fango gruñe…" Es probable que no conozcas todas las palabras en este verso pero al usar las que sí conoces, puedes adivinar el significado de las palabras desconocidas. Por ejemplo, si conoces "cerdo" y no conoces "fango" puedes pensar en el lugar favorito de un cerdo, el lodo *(mud)*, que es otra manera de decir "fango". Usa este método mientras lees el poema como ayuda con las palabras que no conoces.

Danza negra

de Luis Palés Matos

Calabó y bambú.
Bambú y calabó.
El Gran Cocoroco° dice: tu–cu–tú.

La Gran Cocoroca dice: to–co–tó.
5 Es el sol de hierro que arde en Tombuctú°.
Es la danza negra de Fernando Póo°.

3 chief of some African tribes   **5** city in the Republic of Mali   **6** island in the Gulf of Guinea

El cerdo° en el fango° gruñe: pru–pru–prú.
El sapo° en la charca° sueña: cro–cro–cró.
Calabó y bambú
10 Bambú y calabó.
Rompen los junjunes° en furiosa ú.
Los gongos° trepidan° con profunda ó.
Es la raza negra que ondulando va
en el ritmo gordo del mariyandá°.
15 Llegan los botucos° a la fiesta ya.
Danza que te danza la negra se da.

Calabó y bambú.
Bambú y calabó.
El Gran Cocoroco dice: tu–cu–tú.
20 La Gran Cocoroca dice: to–co–tó.

Pasan tierras rojas, islas de betún°:
Haití, Martinica, Congo, Camerún,
las papiamentosas° antillas° del ron°
y las patualesas° islas del volcán,
25 que en el grave son
del canto se dan.

Calabó y bambú.
Bambú y calabó.
Es el sol de hierro que arde en Tombuctú.
30 Es la danza negra de Fernando Póo.
El alma africana que vibrando está
en el ritmo gordo del mariyandá.

Calabó y bambú.
Bambú y calabó.
35 El Gran Cocoroco dice: tu–cu–tú.
La Gran Cocoroca dice: to–co–tó.

---

7 pig **7** mud **8** toad **8** puddle **11** violin-type musical instrument used by some African tribes **12** percussion instruments
12 shake, vibrate **14** dance of Africans in Puerto Rico **15** chiefs of the black tribes of Fernando Póo **21** pine tar, pitch
23 full of gibberish, slang **23** Antilles (West Indies) **23** rum **24** speaking **patualés**, a French dialect of the French Antilles

El Suroeste y el norte de México

doscientos diecinueve **219**

Leamos y escribamos

Comprensión ⟍ FL.A.2.3.3, FL.D.2.4.4

B Contesta las preguntas.
1. ¿Cuáles son los sonidos o las letras que aparecen con más frecuencia en este poema?
2. ¿Quiénes son el Gran Cocoroco y la Gran Cocoroca?
3. ¿Tiene ritmo este poema?
4. ¿Crees que hay influencia africana en Haití y Martinica? ¿Por qué?
5. ¿Te parece interesante que un hombre que no es de origen africano escriba poesía como "Danza negra"? Explica.

C Basándote en lo que leíste, determina si cada oración es **cierta** o **falsa.**
1. Este poema trata de una tribu africana del Congo.
2. El cerdo y el sapo están bailando.
3. La danza negra es de Fernando Póo.
4. El mariyandá es un baile de Puerto Rico.
5. Las tierras rojas que menciona el autor están en Estados Unidos.
6. Es el alma africana que vibra en esta danza.

Después de leer ⟍ FL.A.2.3.3, FL.B.1.3.2

D ¿Te gustaría aprender un baile como la "Danza negra"? Imagina que vas a crear la música para este poema. ¿Qué instrumentos musicales usarías? ¿Seguirías un ritmo similar al del poema? ¿Qué cambiarías?

Taller del escritor

ESTRATEGIA 🔖 **FL.A.3.4.2**

para escribir It's best to have a plan before you begin writing. Your plan will be different depending on what you're writing. You should always include things such as a list of ideas for your theme, a list of words or phrases you can use, and an outline.

¡A escribir una canción!

¿Cómo se escribe una canción? Aquí tendrás la oportunidad de escribir tu propia canción. Puedes elegir el tema de tu canción, pero ten en cuenta que necesita rimar. Puedes buscar ideas en "Danza negra" para empezar.

1 Antes de escribir

Para empezar, piensa en el tema de tu canción y en las ideas que quieres desarrollar. Luego haz una lista de las palabras que quieres usar, recordando que algunas de ellas deben rimar. Usa un diccionario si es necesario.

2 Escribir un borrador

Haz un borrador de tu canción. Desarrolla tus ideas y asegúrate de combinar las palabras que riman para que tu canción llame la atención.

3 Revisar

Revisa lo que escribiste. Haz las correcciones necesarias y luego lee tu canción en voz alta para ver si la rima fluye como imaginaste.

4 Publicar

Graba tu canción o preséntala en vivo. La clase tendrá un concurso y votará por la mejor canción. ¡Suerte!

Leamos y escribamos

Prepárate para el examen

Interactive **TUTOR**

1 Mira las fotos y lee las oraciones. Escoge la foto que corresponde a cada oración. ⬐FL.A.2.3.1

1 Vocabulario 1
• asking for and giving opinions
• introducing and changing a topic of conversation
pp. 188–193

===== **1.** Pilar ensaya mucho para desempeñar su papel.

===== **2.** Prefiero la pintura, pero Víctor admira las estatuas.

===== **3.** Te aconsejo que no vayas al concierto. La música es muy estridente.

2 Cambia cada oración a otra forma de la voz pasiva. ⬐FL.A.2.2.7

1. Se aplaudió la obra.

2. Un templo fue descubierto durante la excavación.

3. Se mostraron unas acuarelas en la exposición.

4. Se esculpió esa estatua en 1972.

5. Todas las figuras de madera fueron vendidas.

6. Unas casas muy modernas fueron construidas.

2 Gramática 1
• comparatives of equality and superlatives
• passive **se**
• passive voice with **ser**
pp. 194–199

3 Lee las oraciones y escoge la palabra del cuadro que mejor completa cada oración. ⬐FL.A.2.3.1

la comedia	el concierto de la sinfónica	creativo
de mal gusto	la letra	la orquesta

1. Te recomiendo que veas ===== porque estuvo divertida.

2. Enrique es muy =====. Sabe pintar, esculpir y cantar bien.

3. Lupe toca el violín en ===== del colegio.

4. Magda nos contó un chiste =====.

5. Cristóbal quería cantar pero se le olvidó ===== de la canción.

6. Siento haberme perdido =====. Me dijeron que fue hermoso.

3 Vocabulario 2
• making suggestions and recommendations
• turning down an invitation
pp. 202–207

4 Completa las oraciones con el presente del subjuntivo o el plus-cuamperfecto del verbo entre paréntesis. ◥FL.A.2.2.7

1. Diego me sugirió ir al museo, pero yo ya ===== (hacer) otros planes.
2. Quiero que Esteban ===== (ir) conmigo al baile.
3. Llamé a Luis a las seis, pero él ya ===== (irse) a las cinco.
4. Cristina me recomienda que ===== (invitar) a David.
5. Espero que él ===== (querer) ir.
6. Cuando hablé con él, todavía no ===== (terminar) la tarea.

5 Contesta las preguntas. ◥FL.B.1.3.5

1. ¿Qué tipo de pintura hacía Diego Rivera?
2. ¿Qué temas trató Rivera en sus pinturas?
3. ¿Con quién se casó Rivera?
4. ¿Cuáles son los orígenes de la música norteña?
5. ¿Cómo se vestía Frida Kahlo?

6 Escucha la conversación y escribe dos listas: una lista con dos cosas que se recomiendan y otra con dos cosas que no se recomiendan. ◥FL.A.2.3.2

7 Mira los dibujos y describe lo que pasa. ◥FL.A.3.3.2

4 Gramática 2
• subjunctive with hopes and wishes
• past perfect
pp. 208–213

5 Cultura
• Comparaciones
pp. 200–201
• Lectura cultural
pp. 216–217
• Notas culturales
pp. 191, 207, 210

Prepárate para el examen

Gramática 1

- comparisons of equality and superlatives
  pp. 194–195
- passive **se**
  pp. 196–197
- passive voice with **ser**
  pp. 198–199

Repaso de Gramática 1

Use **tan** + **adjective** + **como** to compare people or things. You can follow **como** with an **article** + **adjective** or a **pronoun** to avoid repetition.

Esta pintura es **tan creativa como las de Goya.**

There are two kinds of superlatives: **el/la/los/las** + **más/menos** + **adjective** + **de; -ísimo/a/os/as** added to the end of the adjective.

Es **la más bella de** todas las pinturas. Es **hermosísima.**

The **passive voice with se** (se pasiva) is used to state that something *is done or has been done* without mentioning the agent. It is expressed with the pronoun **se** plus a verb in the third person singular or plural. The recipient of the action must agree in number with the verb.

Se construyeron dos edificios modernos.

In the **passive voice with ser** the agent may or may not be indicated. When mentioned, it is introduced by **por**. The **passive voice with ser** is formed with **ser** + **past participle** + **(por)** + **(agent)**. **Ser** must agree in number, and the participle must agree in gender and number, with the recipient of the action.

Las fotografías **fueron tomadas por** un fotógrafo profesional.

La ópera **fue escrita** en 1778.

Repaso de Gramática 2

Use the **subjunctive** when the main clause in a sentence expresses a wish, suggestion, or recommendation, the subject changes between clauses, and the clauses are joined by **que**.

Dámaso **recomienda que practiquemos** todos los días.

When there is no change in subject between the main and subordinate clause in a sentence, omit **que** and use the **infinitive**.

Quiero cantar en el coro.

The **past perfect** (pluscuamperfecto) is used to express a sequence of events in the past. Use the past perfect for the event that happens first. It's formed by using the **imperfect of haber** with the **past participle** of the main verb.

El público quería más, pero la banda **se había ido** del teatro.

The past perfect is frequently used with words such as **cuando, ya, aún no,** or **todavía no.**

Repaso de Vocabulario 1

Asking for and giving opinions

A decir verdad, me parece...	To tell the truth , it strikes me as . . .
la **acuarela**	watercolor
antiguo(a)	antique
la **arquitectura**	architecture
las **artes plásticas**	plastic arts (sculpture, painting, architecture)
la **cinematografía**	cinematography
clásico(a)	classic
contemporáneo(a)	contemporary
¿Cuál de estas pinturas te gusta más, la de... o la de...?	Which of these paintings do you like better, the one of (by) . . . or the one of (by) . . . ?
el **dibujo**	drawing
esculpir	to sculpt
la **escultura**	sculpture
la **estatua**	statue
Este retrato fue pintado por...	This portrait was painted by . . .
la **exposición**	exhibit
la **fotografía**	photography
la **galería**	gallery
imaginativo(a)	imaginative
impresionante	impressive
llamar la atención	to attract one's attention
Lo/La encuentro muy...	I find it to be very . . .
maravilloso(a)	marvelous
moderno(a)	modern
original	original
el **puente**	bridge
¿Qué opinas de...?	What do you think of . . . ?
¿Qué te parece?	What do you think of it?
En realidad, admiro...	Actually, I admire . . .
realista	realistic
tallar en madera	to carve wood
la **torre**	tower

Introducing and changing a topic of conversation . . . . .See p. 192.

Repaso de Vocabulario 2

Making suggestions and recommendations

las **artes dramáticas**	dramatic arts
artístico(a)	artistic
el **ballet**	ballet
la **comedia**	comedy or play
crear	to create
creativo(a)	creative
de buen/mal gusto	in good/bad taste
desempeñar (el papel de...)	to play (the role of . . .)
el **drama**	drama
entretenido(a)	entertaining
Es mejor que veas la ópera. Es formidable.	It's better for you to see the opera. It's great.
el **escenario**	stage/scenery
estridente	shrill
formidable	great, tremendous
la **función**	performance
hermoso(a)	beautiful
incomprensible	incomprehensible
la **letra**	lyrics
la **melodía**	melody
melodioso(a)	melodic
No te olvides de ir al ensayo de la banda.	Don't forget to go to band practice.
la **obra** (de teatro)	play
la **orquesta**	orchestra
pésimo(a)	terrible
presentar	to present
el **público**	audience
la **reseña**	(critical) review
el **ritmo**	rhythm
Sería buena idea ir al concierto de la sinfónica.	It would be a good idea to go to the symphony.
superficial	superficial
Te aconsejo que vayas a la presentación de baile folclórico. Es muy...	I recommend that you go to the folk dance performance. It's very . . .
la **tragedia**	tragedy

Inviting someone to do something and turning down an invitation . . . . . .See p. 206.

Prepárate para el examen

Integración
capítulos 1–5

 1 Escucha las conversaciones y escoge la foto que corresponde.

 FL.A.2.3.2

A **B** **C** **D**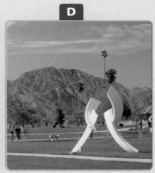

2 Elisa escribió esta reseña de un concierto de la sinfónica. Léela y contesta las preguntas. **FL.A.2.3.1**

Anoche fui con mi mamá a un concierto de la sinfónica. Cuando llegamos, el teatro estaba lleno y casi no había asientos. Mucha gente se quedó fuera del teatro. La orquesta interpretó algunas obras de Brahms, Mozart y Beethoven. Todas fueron interpretadas dramáticamente y el director de la orquesta estuvo formidable. Es un compositor de fama internacional. El público disfrutó mucho de todas las obras y aplaudió largo rato al final de cada una. Tanto mi mamá como yo quedamos muy impresionadas. Les aconsejo que no se pierdan ese concierto y que vayan temprano.

1. ¿A Elisa le gustó o no el concierto de la sinfónica?
2. ¿Qué música tocó la orquesta?
3. ¿Cómo fue la interpretación de la orquesta?
4. ¿Cuál fue la reacción del público?
5. ¿Cuál fue la reacción de Elisa y su mamá?
6. ¿Cuál es el consejo de Elisa?

3 En grupos de tres, hablen de la última exposición de arte, el último concierto, la última película o la última obra de teatro que vieron. Basándose en los comentarios, den sus recomendaciones al resto de la clase. **FL.A.3.4.1**

4 Observa la pintura y escribe tus reacciones en ocho oraciones. ¿Qué opinas de la obra? ¿Qué ves en la escena? ¿Qué pasa o qué va a pasar? ⬧ **FL.A.3.3.2**

Panel 1 de *Unidad panamericana* de Diego Rivera

5 Imagina que eres director(a) de una escuela de arte. Escribe un anuncio en el que expliques los cursos que se ofrecen, las destrezas que se aprenden, y menciona algunos graduados famosos. ¡Sé creativo(a) y exagera si quieres! ⬧ **FL.A.3.3.1**

6

Situación En grupos de cuatro, hagan una guía de actividades para el periódico escolar. La guía debe incluir información sobre películas, museos, restaurantes y otros eventos o centros culturales de su comunidad. Incluyan sus recomendaciones sobre qué hacer cada noche de la próxima semana. ⬧ **FL.A.3.3.1**

227

¡Ponte al día!

OBJETIVOS

In this chapter you will learn to
- express certainty
- express doubt and disbelief
- ask about and explain where you found information
- talk about what you know and don't know

And you will use
- indicative after expressions of certainty
- subjunctive after expressions of doubt and disbelief
- **haber**
- indefinite expressions
- gender of nouns
- indicative in compound sentences

¿Qué ves en la foto?

- ¿Qué están haciendo estos chicos?

- ¿Sobre qué asunto crees que está informando la chica?

- ¿Con qué frecuencia ves tú el noticiero?

 Look for the ⚑ next to each activity and the **Benchmark Focus** to help you achieve the goals of the **Florida Sunshine State Standards**, found on pages FL14–FL16.

Noticiero estudiantil en El Paso

Vocabulario
en acción 1

Los medios electrónicos

Me gusta **estar al tanto** de las noticias. Siempre leo el periódico y veo **los noticieros** en la televisión.

Leo a menudo **las noticias en línea.** Estoy convencida de que los que navegamos mucho por Internet **estamos bien informados.**

Este **reportero** nunca está bien informado. No **trata los temas muy a fondo.** El año pasado, por ejemplo, **investigó la crisis ambiental** y **el reportaje** que hizo fue muy superficial. **Pasó por alto** muchos detalles importantes.

En cambio, **la locutora** del **canal** 13 es mi favorita. Sus reportajes son **detallados** e **informativos.** Siempre presenta las noticias **de modo** muy **imparcial,** sobre todo los asuntos **controvertidos.** Por eso **me inspira confianza.**

Este señor **reseña** las últimas películas. Es evidente que sabe muchísimo de cinematografía.

Vocabulario 1

Mis programas preferidos son **los concursos** y **las telenovelas,** aunque también me interesan los programas **educativos** como los **documentales.**

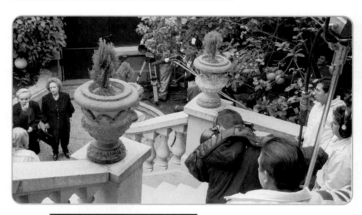

Me encanta escuchar **la radio.** En mi **emisora** favorita ponen música pop en español y **alguna que otra** canción en inglés.

Más vocabulario...	
estar mal informado(a)	to be poorly informed
informar	to report
parcial	biased
(poco) fiable	(un)trustworthy

¿Y tú? ¿Te consideras estar bien informado?

¡Exprésate!

Interactive TUTOR

To express certainty

Estoy convencido(a) de que...
 I'm convinced that . . .

Estoy seguro(a) (de) que...
 I'm positive that . . .

Es evidente que...
 It's evident that . . .

Vocabulario y gramática, pp. 61–63

Online workbooks

1 Estamos al tanto ⬦ FL.A.2.2.7

Leamos Completa las oraciones con la(s) palabra(s) correcta(s).

1. En mis clases ▭▭▭ diferentes temas por medio de Internet y los periódicos.

   a. investigamos **b.** nos consideramos

2. Es muy importante ▭▭▭ lo que está pasando en el mundo.

   a. pasar por alto **b.** estar al tanto de

3. Para saber algo sobre la política, mi profesor sugiere que veamos ▭▭▭.

   a. las telenovelas **b.** los noticieros

4. Voy a escuchar la radio esta noche porque mi ▭▭▭ favorita va a transmitir un programa sobre la situación económica.

   a. emisora **b.** telenovela

5. El locutor de este programa es muy justo; siempre explica los dos lados de cualquier tema de modo ▭▭▭.

   a. imparcial **b.** parcial

6. Algunos locutores solamente explican un lado del tema por lo que me parecen ▭▭▭.

   a. imparciales **b.** poco fiables

Varios documentales sobre la naturaleza investigan las crisis ambientales, como la falta de agua.

2 ¿Qué programa sugieres? ⬦ FL.A.2.3.1

Leamos/Hablemos Lee lo que a los miembros de la familia Montoya les gusta ver en la televisión y decide qué puede ver cada persona.

CANAL 5	¡Tenemos algo para todos!
4 p.m.	Dibujos animados: "El rey león"
5 p.m.	Concurso: "A millón"
6 p.m.	Béisbol en vivo: Los Rangers contra los Yankees
7 p.m.	Reportaje especial: "La crisis económica"
8 p.m.	Documental: "Animales de la selva tropical"
9 p.m.	Telenovela: "El sueño del amor"
10 p.m.	Noticiero: "Noticias internacionales"

1. Ernesto está loco por los deportes.
2. A la mamá le interesan las últimas noticias económicas.
3. A Inés le gustan los programas románticos.
4. Pepe tiene solamente siete años.
5. Al señor Montoya le fascina la naturaleza.
6. A Alejandra le gusta estar al tanto de las noticias de todo el mundo.
7. A la abuela le encantan los programas en los cuales se puede ganar dinero.

3 **¿Positivo o negativo?** FL.A.2.3.2

 Escuchemos Escucha los comentarios y determina si cada uno es **positivo** o **negativo.**

4 **¿Es cierto?** FL.A.2.3.1

Leamos/Escribamos Lee las oraciones. Si en tu caso una oración no es cierta, cámbiala.

1. Me encantan las telenovelas.
2. De vez en cuando veo concursos en la televisión.
3. Mi emisora favorita pone música en español.
4. Creo que hay demasiados programas violentos en la tele.
5. Antes de ver una película, me gusta leer las reseñas sobre ella.
6. Creo que estoy bien informado(a) de lo que pasa en el mundo.
7. No me gusta hablar de temas controvertidos.

En este quiosco mexicano se pueden comprar periódicos locales y nacionales y una variedad de revistas.

5 **En mi experiencia...** FL.A.3.3.1

Escribamos Usa una palabra o expresión de cada columna y escribe por lo menos cinco oraciones sobre los medios de comunicación en tu área.

MODELO **El periódico de mi ciudad reseña las últimas películas.**

El periódico de mi ciudad	informar	temas superficiales
Mi emisora favorita	estar al tanto	las noticias
Las noticias en línea	reseñar	las crisis ambientales
Los reporteros del canal...	investigar	los asuntos controvertidos
Una revista popular	tratar a fondo	las últimas películas

Benchmark Focus

FL.A.3.3.1 Write various types of texts for a defined audience about topics of personal interest or experience

Comunicación

6 **¿Estás bien informado(a)?** FL.A.1.2.3

Escribamos/Hablemos En grupos pequeños, túrnense para hablar sobre los medios de comunicación. Usen las expresiones del cuadro y de **Exprésate** para hacer y contestar cinco preguntas.

¿Con qué frecuencia lees...?

En tu opinión, ¿son parciales o imparciales...?

¿Qué tipo de programas...?

¿Te consideras...?

¿Te interesan...?

¡Un concierto a todo dar!

En un café Internet, Costa Rica

SEBASTIÁN Hola, Carolina. ¿Estás leyendo las noticias en línea?

CAROLINA Claro, me gusta estar bien informada. Oye, ¿has leído sobre el concierto de rock de esta noche?

SEBASTIÁN Sí, me imagino que va a haber poca gente.

CAROLINA ¿Poca gente? Según Guillermo Torres, el reportero que reseña películas y conciertos, va a haber miles de personas.

SEBASTIÁN ¡Qué va! No creo que eso sea verdad. Nadie va a ver un grupo como "Los de abajo". ¡Son pésimos! Estoy convencido de que Guillermo Torres es poco fiable en sus opiniones sobre los conciertos. Sólo un aburrido iría a ese concierto.

CAROLINA Pues, él no exagera, Sebastián. Ya se vendieron todos los boletos.

SEBASTIÁN ¿Y cómo lo sabes?

CAROLINA ¡Porque esta "aburrida" compró el último!

¡Exprésate!

To express doubt and disbelief

Interactive TUTOR

Dudo que estés bien informado(a) sobre.../que sepas... *I doubt that you're well informed about . . ./that you know . . .*	**Parece mentira que haya.../que digan...** *It's hard to believe that there are . . ./that they say . . .*
No creo que los periodistas/los noticieros sean... *I don't think that journalists/newscasts are . . .*	**No estoy seguro(a) (de) que tengas razón sobre...** *I'm not sure that you're right about . . .*

→ Vocabulario y gramática, pp. 61–63

🏷️ FL.A.2.3.1

7 ¿Quién está al tanto?

Leamos/Escribamos Basándote en el diálogo, contesta **cierto** o **falso.** Corrige las oraciones falsas.

1. Carolina no está al tanto de las noticias.
2. Ella cree que las noticias en línea no son informativas.
3. Sebastián está loco por el grupo "Los de abajo".
4. Él cree que Guillermo Torres está al tanto de la música.
5. Sebastián duda que mucha gente vaya al concierto.
6. Carolina está segura de que ya se vendieron todos los boletos.

8 ¿Qué dirías? 🏷️ FL.A.2.3.1

Leamos/Hablemos Usa las expresiones de **Exprésate** de las páginas 231 y 234 para responder a las siguientes situaciones.

MODELO **Tu amigo(a) nunca gana en los concursos que hacen las emisoras.**
—**Estoy seguro(a) de que vas a ganar la próxima vez.**

1. Tu hermano(a) te acaba de decir que el presidente va a visitar tu colegio.
2. Un(a) amigo(a) te pregunta si un reportero sabe mucho de un tema, pero no has visto sus informes.
3. Tu papá no cree que se pueda ver el partido de básquetbol en la televisión. Viste las noticias y sabes que van a televisar el partido en vivo.
4. Te sorprende que un locutor haya presentado un tema controvertido de modo imparcial.
5. El reportero del canal 8 dice que va a nevar hoy. Hace sol y la temperatura está muy alta.
6. Un(a) amigo(a) dice que las noticias del canal cinco son las más informativas. Estás de acuerdo.

Nota cultural

Los primeros programas en español transmitidos en Estados Unidos fueron producidos fuera del país (la mayoría venían de México) y comprados por compañías estadounidenses para usarlos en sus canales en español. Ahora, muchas empresas están invirtiendo dinero en desarrollar sus propias producciones en español, o por lo menos están intentando incorporar programas en español a su programación.

¿Qué programas en español conoces? 🏷️ FL.B.1.3.2

Benchmark Focus
FL.B.1.3.2 Participate in age-appropriate cultural activities (e.g., television)

Comunicación

HOLT **SoundBooth**
ONLINE RECORDING

9 ¿Es cierta la noticia? 🏷️ FL.A.1.2.3

Escribamos/Hablemos Nombra dos eventos de tu vida que van a suceder o que sucedieron de verdad y dos inventados. En parejas, túrnense para compartir sus noticias, reaccionar a las noticias y decidir si son de verdad.

MODELO —**Este año voy a China con mis padres.**
—**Dudo mucho que vayas a China. ¿Lo dices en serio?**
—**Sí, es verdad. Vamos a visitar a mis abuelos.**

Objetivos
• Indicative after expressions of certainty
• Subjunctive after expressions of doubt and disbelief
• Uses of **haber**

Gramática

en acción 1

GramaVisión

Interactive TUTOR

Indicative after expressions of certainty

1 **Expressions of certainty (expresiones de certeza)** are followed by a verb in the **indicative mood**. Expressions of certainty indicate that in the speaker's mind, the event described is a fact.

expressions of certainty followed by indicative

No cabe duda que José **está** bien informado.
There's no doubt that José is well-informed.

2 Remember to use the **subjunctive** when the main clause in a sentence expresses negation or denial.

expressions of negation/denial followed by subjunctive

No es verdad que esa reportera **sea** imparcial.

Vocabulario y gramática, pp. 64–66
Actividades, pp. 51–53
Online workbooks

Some common expressions of certainty	
claro que	estar seguro(a) (de) que
es cierto que	me/te/le/nos/les parece que
es evidente que	no cabe duda (de) que
es obvio que	por supuesto que
está claro que	sin duda alguna
estar convencido(a) de que	todo el mundo sabe que

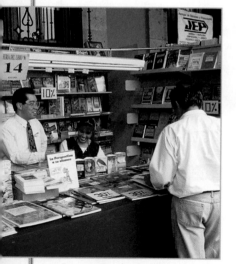

En una tienda de libros en Guadalajara, México

10 **¿Está seguro(a)?** ⬟ FL.A.2.3.2

Escuchemos Escucha las conversaciones y determina si la segunda persona **a)** está segura de lo que dice o **b)** no está segura de lo que dice.

11 **Por supuesto** ⬟ FL.A.2.2.7

Escribamos Contesta las siguientes preguntas usando una expresión de certeza.

MODELO ¿Ha cambiado la tecnología nuestras vidas?
No cabe duda de que ha cambiado nuestras vidas.

1. ¿Navega más por Internet ahora la gente?
2. ¿Tienen muchas universidades sus propios sitios Web?
3. ¿Los estudiantes pueden investigar en Internet?
4. ¿Hay sitios de Internet con contenido no apropiado para niños?
5. Hoy en día, ¿saben muchos jóvenes crear páginas Web?

12 ¿Qué diría el autor? FL.A.2.3.1

Leamos   Lee el artículo y decide si el doctor Centerwall estaría de acuerdo con los siguientes comentarios.

Claves para ver mejor

la televisión

El doctor Brandon Centerwall de la Escuela de Salud Pública de Seattle ha afirmado que "ver la televisión a menudo no debería ser dañino si los niños aprenden a interpretar lo que ven". Según él, restringir el acceso a ciertos programas es una solución eficaz pero pasajera *(temporary)*. "Lo más importante es enseñar al televidente desde pequeño a controlar la televisión. Esto significa explicar a los niños cómo funciona la tecnología audiovisual, quién diseña los programas, cómo se miden las audiencias y qué significa cada pieza del lenguaje televisivo".

1. No cabe la menor duda de que ver televisión les hace daño a los niños.
2. Estoy convencido de que los adultos deben controlar el acceso de los niños a ciertos programas.
3. Es evidente que restringir el acceso a la televisión es una solución permanente.
4. Está claro que debemos enseñarles a los niños cómo interpretar lo que ven en la televisión.
5. Sin duda alguna, los niños deben saber cómo funciona la tecnología audiovisual.
6. Me parece que no hace falta entender qué significa cada pieza del lenguaje televisivo.

Esta joven trabaja con una amiga en un "laboratorio migrante" en el colegio López de Brownsville, Texas.

Comunicación

HOLT **SoundBooth**
ONLINE RECORDING

13 Sin duda FL.A.1.4.1

Escribamos/Hablemos   Escribe tus opiniones sobre cada uno de estos temas: los profesores, las clases, la tarea, la comida en la cafetería y los equipos deportivos. En parejas, túrnense para compartir sus opiniones y afirmar o contradecir *(contradict)* las de su compañero(a). ♻ *¿Se te olvidó?* Subjunctive with negation or denial, pp. 108–109

 Benchmark Focus

FL.A.1.4.1 Interact in the target language in a number of true-life situations chosen from a variety of contexts

MODELO   —**Nunca como en la cafetería. Es obvio que la comida es mala.**
            —**¡Sin duda alguna! Todo el mundo sabe que es horrible.**
            (—**No, no es cierto que sea mala. A mí me gusta mucho.**)

Gramática 1

Subjunctive after expressions of doubt and disbelief

Interactive TUTOR

1 When an **expression of doubt or disbelief** is used in the main clause of a sentence, the **subjunctive mood** is used in the subordinate clause.

expressions of doubt/disbelief
followed by subjunctive

Dudo que mi prima **esté** al tanto.

2 The **present subjunctive** and **present perfect subjunctive** can both be used with expressions of doubt and disbelief.

Parece mentira que no **tengan** acceso a Internet en todos los colegios.

Es increíble que **hayan publicado** ese artículo tan parcial en el periódico.

Vocabulario y gramática, pp. 64–66
Actividades, pp. 51–53
Online workbooks

Some common expressions of doubt and disbelief

dudar que	no es cierto que
es dudoso que	no estar seguro(a) (de) que
es increíble que	no está claro que
es imposible que	no (poder) creer que
no pensar que	parece mentira que

¿Te acuerdas?

To form the **present perfect subjunctive**, use the subjunctive forms of **haber** followed by the past participle of the main verb.

haya	hayamos	
hayas	hayáis	+ past participle
haya	hayan	

Parece mentira que Tina **haya comprado** esa revista.

No es cierto que los vendedores **hayan bajado** los precios.

---

14 **¿Están de acuerdo?** FL.A.2.3.2

Escuchemos Escucha las conversaciones e indica si la segunda persona
a) está de acuerdo o
b) no está de acuerdo
con lo que dice la primera persona.

15 **¡No lo creo!** FL.A.2.2.7

Escribamos Mariel no cree en nada de lo que lee en el periódico sobre los políticos *(politicians)*. Forma oraciones completas para expresar lo que opina Mariel.

1. No puedo creer/el presidente/reseñar películas para ganar dinero
2. Es increíble/la senadora/participar en los concursos de televisión
3. Parece mentira/la esposa del presidente/ver telenovelas todo el día
4. Dudo/los políticos/tomar tres meses de vacaciones al año
5. No creo/el vicepresidente/ser miembro de un equipo de fútbol americano
6. Es imposible/la secretaria del presidente/haber robado un banco

16 ¿Podría ser? FL.A.2.3.1

Leamos/Hablemos   Estás leyendo los titulares *(headlines)* de un periódico sensacionalista *(tabloid)*. Usa las expresiones de duda o incredulidad y el presente perfecto del subjuntivo para dar tu opinión sobre cada uno.

 ¿Se te olvidó? Present perfect subjunctive, p. 150

> **MODELO**   Encuentran una nave espacial en España
> No es cierto que hayan encontrado una nave espacial en España.

Un artículo de política en *Crónica de Madrid,* un periódico de Madrid

1. **Dos leones se escapan del zoológico y se esconden en un banco**

2. **Niño de diez años gana el maratón de Boston**

3. **Bebé recién nacido aprende a leer y hablar**

4. **Vendedor de carros inventa un carro que puede volar**

5. Dos hombres dicen que llevan cinco años viviendo en la Luna

6. **Perro va en busca de su dueño desde Utah hasta Ohio**

Benchmark Focus

FL.A.2.3.1 Comprehend and interpret the content of authentic, written materials selected according to the familiarity of the topic and the scope of vocabulary and structure

Comunicación

17 ¡Increíble! FL.A.1.3.1

Escribamos/Hablemos   En parejas, preparen cinco titulares absurdos. Luego cambien de pareja y túrnense para leer sus titulares y dar su opinión usando expresiones de duda o incertidumbre.

> **MODELO**   —Un chico de catorce años se gradúa de médico de la Universidad Nacional.
> —Es imposible que un chico de catorce años se haya graduado de médico.

Uses of haber

1 The impersonal form of **haber** is always used in the third person singular. The present tense form is **hay** (there is, there are).

> Creo que **hay** tiempo para ver la tele.

> **Hay** muchas revistas en la mesa.

2 The impersonal form of **haber** in the preterite tense is **hubo.** The impersonal form of **haber** in the imperfect tense is **había.** Both forms mean *there was* or *there were.*

> **Hubo** un documental en la tele anoche.

> Ayer **hubo** dos reuniones.

> Todos los días **había** un reportaje especial sobre la crisis.

> **Había** dos periodistas en la sala cuando entré.

3 The impersonal form of **haber** in the present subjunctive is **haya.**

> Dudo que **haya** un periódico aquí.
> *I doubt there is a newspaper here.*

> No creo que **haya** telenovelas buenas.
> *I don't believe there are good soap operas.*

4 The future tense form **habrá** can be used to say or to predict what there will be, or to wonder or make a conjecture about what there is.

> En el futuro **habrá** menos concursos en la tele.

¿Te acuerdas?

The **preterite** tense is used to show that actions in the past had a specific beginning or end.

> **Hubo** un reportaje ayer sobre el robo.

The **imperfect** tense is used to express habitual or ongoing actions in the past or to describe the setting in the past.

> Cuando era niño, **había** concursos en la tele todas las noches.

Vocabulario y gramática, pp. 64–66
Actividades, pp. 51–53

 Online workbooks

---

18 **¿Qué hay?** ⟋ FL.A.2.3.2

 Escuchemos Escucha mientras Débora describe lo que hay en su colegio. Escribe una lista de las cosas que **hay** en su colegio y otra de las cosas que **no hay.**

19 **¿Cierto o falso?** ⟋ FL.A.2.3.1

Leamos Lee cada oración y decide si es **cierta** o **falsa** para ti.

1. Este fin de semana habrá un baile en nuestro colegio.
2. El mes pasado hubo un huracán en mi estado.
3. Es dudoso que haya una fiesta en la clase de español mañana.
4. El año pasado hubo un examen en la clase de ciencias todos los viernes.
5. Hay un parque muy bonito en el centro de mi ciudad.
6. Hubo un incendio en el bosque cerca de mi ciudad el verano pasado.

20 **¿Qué hubo?** FL.A.2.2.7

 Escribamos Combina las frases para escribir una oración con hubo.

> **MODELO** huracán/Golfo de México/el 2005
> **Hubo varios huracanes en el Golfo de México en el 2005.**

1. varios terremotos/suroeste de los Estados Unidos/el 2004
2. documental sobre México/canal cinco/anoche
3. descubrimiento importante/norte de México/el año pasado
4. carrera *(race)* de caballos/Chihuahua/el verano pasado
5. muchos tornados/Oklahoma/el 2003
6. festival cultural/Reynosa/la semana pasada

21 **Los colegios: antes y ahora** FL.A.2.2.7

Leamos/Escribamos Guillermo está comparando los colegios que hay ahora en su ciudad con los que había hace diez años. Usa la información de la tabla y escribe cinco oraciones comparando los colegios. ♻ *¿Se te olvidó?* Time constructions, pp. 32–33

> **MODELO** **Ahora hay seis colegios bilingües. Hace 10 años, sólo había uno.**

Colegios	Ahora	Hace 10 años
...bilingües	6	1
1. ...con acceso a Internet	8	2
2. ...que ofrecen clases por Internet	4	1
3. ...con salas de computadoras	10	3
4. ...que ofrecen clases de español	10	5
5. ...con programas de intercambio	7	2

 Comunicación

 HOLT **SoundBooth** ONLINE RECORDING

  22 **¡Noticias!** FL.A.1.3.1

Hablemos/Escribamos En grupos de tres, decidan qué noticias publicar en el periódico del colegio. Comenten lo que pasó, lo que pasa esta semana y lo que va a pasar en su colegio, usando el verbo **haber**. Después, escojan las tres noticias más importantes y escriban una oración para resumir cada una.

> **MODELO** —Hay una competencia de atletismo esta tarde.
> —Anoche hubo una reunión del club de español.

Benchmark Focus
FL.A.1.3.1 Exchange information orally and in writing about topics of common interest and about the target culture

Nota cultural

En 1983, un profesor de la Universidad de Nuevo México descubrió que con una radio de onda corta *(shortwave)* se podía escuchar los noticieros de emisoras de Latinoamérica. En esa época, no existían los medios de comunicación que tenemos ahora. El profesor sabía que tener acceso a estos noticieros sería muy útil para la gente que estudiaba Latinoamérica. Ahora gracias a Internet existen varios boletines de noticias en línea sobre Latinoamérica, que se conocen como *The Latin America Data Base.*

¿Cómo te enteras de las noticias de Latinoamérica?
FL.B.1.3.4

Gramática 1

Cultura

Video/DVD

VideoCultura

Comparaciones

Interactive TUTOR

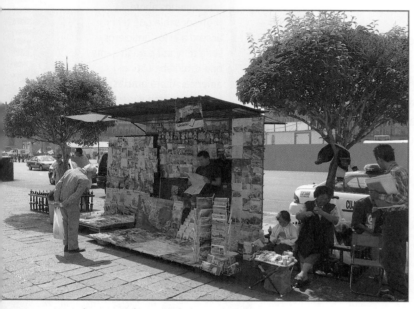

Un quiosco en el centro de la Ciudad de México

A la cama no te irás sin saber una cosa más ✎ FL.B.1.3.4

Hoy en día, la radio y la televisión llegan hasta el último rincón de América Latina. Las grandes ciudades tienen una gran oferta de medios de comunicación, como televisión por cable y por satélite, que sin embargo son servicios algo caros. Los noticieros incluyen noticias del país, y también bastantes noticias internacionales. También cada vez más, la gente se informa por medio de Internet. ¿Ves tú los noticieros de la televisión? ¿Te gustaría poder ver canales de otros países por televisión? ¿Has visto las páginas Web de algún periódico extranjero?

☼ Sumitsuki

El Paso, Texas

Vamos a hablar sobre los medios de comunicación de El Paso, Texas. ¿Estás bien informada sobre los eventos de tu país?

Sí, estoy muy bien informada.

¿Cómo te pones al tanto?

Yo veo las noticias, escucho el radio, y leo el periódico.

¿Cuántas veces por semana ves las noticias?

Cinco veces.

☀ Octavio
Santiago, Chile

¿Tú crees que las imágenes violentas en la televisión, el cine o las noticias nos afectan de modo negativo y por qué?

Yo creo que sí nos afectan, deberían no afectarnos, pero la mentalidad de los hombres, parece que no está preparada para recibir imágenes tan fuertes. Yo creo que el ejemplo claro está en los niños. Cuando un niño ve [a] dos hombres peleando, van con su amigo y lo repiten, lo recrean. Yo creo que todos tenemos algo de niño y todo lo hacemos recreándolo.

¿Tú crees que es verdad que los periodistas siempre tratan de dar informes de un modo imparcial? ¿Por qué sí or por qué no?

No, yo creo que es imposible que un periodista tenga una visión imparcial por muy profesional que sea, porque es humano y siente y se apasiona y tal como siente y se apasiona, se apasiona con ciertos temas. Es imposible que una persona que crea esto diga imparcialmente lo contrario.

Para comprender ➘ FL.C.2.3.2

1. ¿Qué hace Sumitsuki para estar al tanto?
2. ¿Con qué frecuencia ve Sumitsuki las noticias?
3. Según Octavio, ¿cómo reaccionan los niños y adultos después de ver imágenes violentas en la televisión?
4. ¿Por qué no cree Octavio que los periodistas traten siempre los temas de un modo imparcial?

Para pensar y hablar ➘ FL.A.3.3.2

En tu opinión, ¿hay una relación entre la violencia y los medios de comunicación y de entretenimiento? ¿Crees que las imágenes que se ven en la televisión, el cine o los periódicos deben ser controladas por la comunidad o el gobierno? ¿Por qué sí o por qué no?

Comunidad en la Florida ➘ FL.C.2.3.2, FL.E.1.3.2

Noticias del mundo hispanohablante

En la Florida reside un gran número de hispanohablantes de diversos países latinoamericanos. Muchos de ellos quieren mantener contacto con las noticias de sus respectivos países, y en la Florida se cuenta con una variedad de medios electrónicos para estar al tanto de las noticias internacionales. Por ejemplo, *El Caribe CDN* es una emisora que transmite noticias dominicanas en línea; *El vocero* es una revista electrónica puertorriqueña. Investiga en Internet una noticia de primera plana de un país latinoamericano y compara la difusión del suceso en ese país y en la Florida. Haz un informe para la clase sobre el sitio que encontraste y suceso que investigaste.

En un café Internet de Miami

Objetivos
- Asking about and explaining where you found information
- Talking about what you know and don't know

Vocabulario *en acción* 2

Los medios de comunicación impresos

En mi casa recibimos el periódico todos los días y **nos suscribimos a** varias revistas. Nuestro periódico tiene noticias con **enfoque local, nacional** y **mundial**.

A mi hermanito le encantan **las tiras cómicas**.

Si sólo tengo quince minutos leo **la primera plana** y si no tengo ni eso, no leo **los artículos**, ¡sólo leo **los titulares**!

Mi mamá siempre lee primero **la sección financiera** para saber cómo van nuestras inversiones y si hemos perdido dinero o no.

Mi hermana siempre lee **los editoriales** y las cartas al editor porque le gusta saber qué **opinan** la gente y **los periodistas** sobre asuntos políticos.

La sección deportiva es quizás mi favorita. ¿Qué sección te gusta más a ti?

Más vocabulario...

los anuncios clasificados	*classified ads*
la censura	*censorship*
el comentario	*commentary*
la prensa	*the press*
la sección financiera	*financial section*

Vocabulario 2

A mi hermanita le gusta leer **la sección de moda** para saber de los nuevos estilos de ropa.

A mi mamá también le gusta leer **la sección de cocina** para ver las recetas y para tener más ideas sobre qué platos servir cuando tenemos invitados.

Mi papá lee **la sección de ocio** para enterarse de las exposiciones de arte, los conciertos y las películas. Le gusta cuando **entrevistan** a algún artista o director de cine.

A ella también le gusta **la sección de sociedad** para saber quién se casó y quiénes asistieron a las fiestas de gala.

Mi abuela lee **los obituarios** para saber de los funerales.

También se puede decir...

In Florida, you may hear Cubans, Puerto Ricans and Hondurans use **los muñequitos** for **las tiras cómicas**. Some Hondurans may also say **los pachinguitos** for this section, and use **la sección de entretenimiento** instead of **la sección de ocio**.

¡Exprésate!

To ask about information	To explain where you found it
¿Cómo supiste el resultado?	**Lo leí en la sección deportiva.**
How did you find out the score?	*I read it in the sports section.*
¿Cómo te enteraste de...?	**Estaba en primera plana.**
How did you find out about . . . ?	*It was on the front page.*

Interactive TUTOR

Vocabulario y gramática, pp. 67–69

Online workbooks

▶ **Vocabulario adicional** — En las noticias, p. R17

El equipo mexicano celebra un gol durante la Copa Mundial.

Nota cultural

Por más de 40 años, Univisión, con sede en Miami, ha proporcionado programas de televisión en español. Tradicionalmente, las telenovelas han sido los programas favoritos transmitidos por Univisión, pero los noticieros, programas de deportes, charlas y espectáculos también son populares. Univisión también cuenta con estaciones de radio enfocadas a la comunidad hispana del sur de la Florida—el tercer grupo de hispanos más grande de Estados Unidos. Sólo en Coral Gables tienen cuatro emisoras. ¿Has visto algún programa en Univisión? ¿Has escuchado música o las noticias en español en una de sus estaciones de radio?

◥ FL.B.1.3.2

23 **¿Cómo lo supiste?** ◥ FL.A.2.3.2

 Escuchemos Escucha las conversaciones. Indica si cada persona supo la noticia a través de **a)** el periódico, **b)** la televisión o **c)** otra persona.

24 **¿Dónde lo leíste?** ◥ FL.A.2.2.7

Leamos/Hablemos ¿En qué sección del periódico puedes leer algo sobre los siguientes temas?

1. las noticias mundiales más importantes
2. la crisis económica en Argentina
3. la última moda francesa e italiana
4. una reseña de una película mexicana
5. una receta para una cena típica tex-mex
6. el resultado de un partido de fútbol
7. la boda de una vecina
8. las opiniones de los editores sobre las elecciones

25 **Las noticias del día** ◥ FL.A.2.3.1

Leamos/Escribamos Completa el diálogo con las palabras del cuadro.

suscribí	deportiva	enfoque local	supiste
titular	ocio	editoriales	anuncios clasificados

PAPÁ   Oye, hijo, pásame la sección ___1___. Quiero saber el resultado del partido de fútbol de anoche.

FELIPE   Ganó Cruz Azul, 5 a 2.

PAPÁ   ¿Cómo ___2___ el resultado?

FELIPE   Lo leí en las noticias en línea. Ahora estaba leyendo los ___3___ para saber la opinión de un comentarista sobre las peleas en los partidos de fútbol.

PAPÁ   Cambiando de tema, ¿has leído el artículo sobre el incendio en el cine del centro? El ___4___ estaba en la primera plana, pero todavía no he leído el artículo en el ___5___ para saber los detalles.

FELIPE   Ahora entiendo por qué no habían anunciado ninguna película en el cine del centro en la sección de ___6___.

PAPÁ   Bueno, Felipe, tengo que salir y me voy a llevar el periódico. Te dejo los ___7___ para que busques un apartamento. ¡Ya llevas dos meses aquí!

FELIPE   Gracias, Papá. Me ___8___ a un boletín en Internet y me mandan una lista de apartamentos todos los días.

26 **¿Qué leen?** FL.A.3.3.1

Escribamos Escribe una oración para explicar qué sección del periódico leen tus parientes y amigos, con qué frecuencia y por qué.

MODELO **Mi papá lee sólo la primera plana porque tiene prisa en las mañanas.**

la primera plana

1

2

3

4

5

6

7

8

Comunicación

HOLT **SoundBooth** ONLINE RECORDING

27 **El periódico del colegio** FL.A.1.2.3, FL.A.3.3.2

Hablemos Uds. son reporteros del periódico de su colegio. En grupos de tres, escojan qué secciones y temas quieren incluir en el periódico esta semana. Cada persona será responsable de sugerir ideas y titulares para los artículos de dos secciones. Luego, los grupos se turnarán para presentar sus ideas a la clase.

MODELO —**Necesitamos hacer una sección deportiva esta semana, porque hay un partido de básquetbol muy importante.**
—**¡Sí! ¿Y te enteraste del viaje que van a hacer los estudiantes de francés? Debemos incluir un artículo sobre eso en la primera plana.**

Benchmark Focus
FL.A.1.2.3 Recognize and appropriately use oral syntax and inflection in spoken target language

Vocabulario 2

Hay que estar al tanto de todo

MIGUEL Últimamente no he tenido mucho tiempo para leer el periódico.

CARMEN Pobre de ti, porque la profesora de ciencias sociales quiere que estemos al tanto de las noticias. Es más, pasado mañana tenemos un examen sobre las noticias de esta semana.

MIGUEL ¡Se me había olvidado! Oye, ¿me ayudas a estudiar? Sólo pude leer una que otra sección del periódico esta semana.

CARMEN Cómo no. ¿Ya supiste que se casa la hija del presidente?

MIGUEL No tenía la menor idea que se casaba, nunca leo la sección de sociedad.

CARMEN ¡Pero esa noticia estaba en primera plana!

MIGUEL No sé cómo me la perdí. Y espero que la profesora no nos pregunte sobre asuntos financieros porque yo no sé ni jota de economía.

CARMEN Bueno, yo entiendo poco de economía pero sé que hubo problemas financieros. ¿Ya te enteraste de quién ganó las elecciones en Guatemala?

MIGUEL Que yo sepa, empataron, ¿no?

CARMEN No, empataron el partido de béisbol. En las elecciones ganó una mujer. Ay, Miguel, ¡me tienes desesperada!

¡Exprésate!

To talk about what you know and don't know	Interactive TUTOR

Entiendo algo de..., pero nada de...
I understand a little about . . ., but nothing about . . .

No tengo la menor idea si...
I don't have the slightest idea if . . .

Que yo sepa, (no) hay...
That I know of, there is/are (isn't/aren't). . .

¿Qué sé yo de...? No entiendo ni jota de...
What do I know about . . .? I don't understand a thing about . . .

→ Vocabulario y gramática, pp. 67–69

 Online workbooks

Vocabulario 2

28 **¿Quién lo diría?** ⬩ FL.A.2.3.1

Benchmark Focus
FL.A.2.3.1 Comprehend and interpret the content of authentic, written materials selected according to the familiarity of the topic and the scope of vocabulary and structure

Leamos Basándote en el diálogo, decide quién diría las siguientes oraciones, **Miguel** o **Carmen.**

1. No tengo la menor idea de lo que está pasando en el mundo.
2. ¿Qué sé yo de economía?
3. Estoy al tanto de las elecciones en Guatemala.
4. Supe de los problemas financieros porque leí la sección financiera.
5. No me enteré de la boda de la hija del presidente.
6. Leí todas las secciones del periódico esta semana.

29 **Una entrevista** ⬩ FL.A.1.2.3

Leamos/Hablemos Eres el (la) presidente(a) de la clase y un(a) compañero(a) te está entrevistando para el periódico del colegio. Usa las expresiones de **Exprésate** para responderle.

> **MODELO** —¿Qué sabes de la crisis económica en los colegios?
> —Sé algo del problema, pero no conozco muchos detalles.

1. La directora dijo que necesitamos comprar nuevas computadoras para todas las clases. ¿Qué nos cuentas de eso?
2. ¿Hay planes de ofrecer clases durante el verano?
3. Algunos estudiantes piensan establecer una emisora estudiantil. ¿Qué nos puedes decir sobre eso?
4. Los profesores discutieron la censura de ciertos sitios de Internet en las computadoras del colegio. ¿Es verdad?
5. El club de español quiere empezar un programa de intercambio con un colegio de otro país. ¿Sabes qué país eligieron y cómo lo van a hacer?

Una emisora estudiantil en la Universidad de Veracruz, México

Comunicación

HOLT **SoundBooth** ONLINE RECORDING

30 **Un concurso** ⬩ FL.A.1.2.3

Hablemos Imaginen que participan en un concurso de conocimientos generales. En grupos pequeños, túrnense para hacerles preguntas a sus compañeros. Un(a) participante elige un tema del cuadro, y el (la) locutor(a) le hace una pregunta sobre el tema. Los participantes deben usar las expresiones de **Exprésate** para contestarlas.

> **MODELO** —¿Quién ganó la última Copa Mundial?
> —No sé. Yo no entiendo ni jota de deportes.

deportes
ciencias
programas de televisión
artes
palabras en español
actores famosos

Objetivos
• Indefinite expressions
• Gender of nouns
• Indicative in compound sentences

Gramática
en acción 2

GramaVisión

Interactive
TUTOR

Repaso Indefinite expressions

1 Indefinite words can be used in **affirmative** or **negative** expressions. You will often see **no** paired with a negative expression.

AFFIRMATIVE		NEGATIVE	
algo	some	**nada**	nothing, not . . . anything
alguien	someone	**nadie**	no one, not . . . anyone
algún, alguna	some, any	**ningún, ninguna**	none, (not . . .) any
alguno(a), algunos(as)	some, any	**ninguno(a), ningunos(as)**	none, (not . . .) any
también	also	**tampoco**	not . . . either
siempre	always	**nunca, jamás**	never
o	or	**ni**	nor

2 The words **o** *(or)* and **ni** *(nor)* can be used in pairs to express *either . . . or* and *neither . . . nor.*

O me pasas esa sección **o** me voy.

Esta locutora **no** es **ni** fiable **ni** imparcial.

3 Indefinite adjectives and pronouns must agree with the nouns they modify or represent. When a negative word precedes the verb, **no** is left out. **Alguno** and **ninguno** shorten to **algún** and **ningún** before a masculine singular noun. Plural forms are not used in the negative.

¿Tienes **algunas** ideas?

No tengo **ninguna** idea.

¿**No** sabe **nadie** la respuesta?

Ningún estudiante sabe la respuesta.

> Vocabulario y gramática, pp. 70–72
> Actividades, pp. 55–57
 Online workbooks

31 **¿Afirma o niega?** ⌐ FL.A.2.3.2

 Escuchemos Escucha las conversaciones e indica si la segunda persona **afirma** *(affirms)* o **niega** *(denies)* lo que dice la primera persona.

32 **¿Hay algo para mí?** FL.A.2.3.1

Leamos/Hablemos Usa las palabras de **Gramática** para contestar las preguntas.

Recetas mexicanas: enchiladas, arroz con leche, chiles rellenos	**Sección de cocina**
Jugador de tenis gana dos campeonatos	**Sección de deportes**
Cantantes famosos asisten a una fiesta de gala en Nueva York	**Sección de sociedad**
Opiniones: la crisis ambiental, los viajes del presidente	**Editoriales**
Miles de mujeres italianas compran nuevo estilo de zapatos	**Sección de moda**
Cine y teatro	**Sección de ocio**

1. ¿Hay algún artículo aquí que te interese? ¿Cuál es?
2. ¿Hay algún artículo sobre la moda? ¿Cómo se llama?
3. ¿Puedes encontrar algún artículo sobre deportes?
4. ¿Hay algún artículo sobre gente famosa?
5. ¿Alguien escribió algún editorial sobre la crisis política?
6. ¿Hay alguna receta que te apetezca?

Comunicación

HOLT **SoundBooth**
ONLINE RECORDING

33 **¿Sabes algo?** FL.A.1.2.3

Hablemos Haz una pregunta sobre cada tema del cuadro para averiguar cuánto saben tus compañeros del tema. En parejas, túrnense para hacer las preguntas y contestarlas.

MODELO —¿Sabes algo de...?
　　　　　—Pues, la verdad es que no sé nada de...
　　　　　(—Claro que sí. Entiendo que...)

el medio ambiente	las playas de Baja California
la política en México	la arquitectura maya
la música norteña	los escritores de Nuevo México

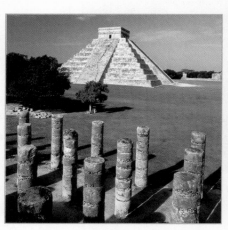

El Templo de Kukulcán, México

Gramática 2

Gender of nouns

1 These general rules will help you distinguish between **masculine** and **feminine** nouns that don't end in **-o** or **-a**. Remember, however, that there are always exceptions to these rules.

- Nouns ending in **-dad, -ión, -z, -is, -ie,** and **-umbre** are typically **feminine**.

  la verdad, la nación, la voz, la crisis, la serie, la costumbre

- Nouns ending in **-aje, -al, -és, -ín,** and **-ma** are typically **masculine**.

  el paisaje, el corral, el inglés, el boletín, el problema

- Compound nouns are usually **masculine**.

  el lavaplatos   **el abrelatas**   **el tocadiscos**

- Nouns ending in **-l, -n,** and **-r** can be **masculine** or **feminine**.

  el árbol   **el plan**   **el sur**

  la piel   **la razón**   **la labor**

2 Many nouns referring to people have **masculine** and **feminine** forms. The article changes depending on the gender of the person, but the form of the noun does not change.

  el/la estudiante   **el/la periodista**   **el/la testigo**

  el/la gerente   **el/la artista**   **el/la modelo**

3 The article used can change the meaning of some nouns.

la radio	radio as a medium	el radio	radio apparatus, radius, radium
la cura	cure	el cura	priest
la capital	government capital	el capital	money
la mañana	morning	el mañana	future
la orden	command	el orden	order, organization

4 **Feminine** nouns beginning with a stressed **a-** or **ha-** take **el** in the singular. In these cases, the article does not indicate the gender of the noun.

  el arte, las artes   **el** hacha, las hachas   **el** ala, las alas

Vocabulario y gramática, pp. 70–72
Actividades, pp. 55–57

Online workbooks

Nota cultural

Algunos concursos populares en español son *El gran juego de la oca,* basado en un juego de mesa, y *Dando y dando.* Varios canales están adaptando programas en inglés de Estados Unidos y creando nuevas versiones en español. Por ejemplo, Univisión tiene su propia versión del concurso *Who Wants to Be a Millionaire?* que se llama *A millón.* Televisa adaptó el concurso *Family Feud* para crear su programa *Cien mexicanos dijeron.*

¿Qué concursos en español puedes ver en tu comunidad? ¿En qué se parecen a los concursos en inglés? **FL.D.2.4.4**

El Bus, un concurso español

---

34 **¿Cuál es?** **FL.A.2.3.2**

 Escuchemos Escucha las oraciones y escribe la palabra que se define en cada oración.

El Congreso mexicano se reúne en el Palacio Nacional, México.

35 Más de un artículo ✎ FL.A.2.2.7

Leamos Completa las oraciones con las palabras correctas.

1. Esta mañana en (el/la) capital se anunció que dos científicos han descubierto (el/la) cura para el cáncer.

2. El gobierno de (el/la) comunidad creó (un/una) plan para mantener (el/la) orden durante (el/la) festival.

3. (El/La) presidente de (el/la) organización dice que va a visitar los estados que están en (el/la) sur del país.

4. Los estudiantes le mandan (un/una) mensaje (al/a la) artista Juan Gómez para darle las gracias por su visita.

5. (El/La) plan que propone el candidato no soluciona (el/la) problema.

6. El congreso de (la/el) nación se preocupa por (el/la) crisis ambiental.

7. (El/La) periodista Ignacio Rey escribió un artículo sobre (el/la) testigo Mónica López.

36 Defínelo ✎ FL.A.2.2.7

Leamos/Escribamos Escribe la palabra para cada definición y su artículo correspondiente.

1. Un territorio que tiene un solo gobierno.

2. Una persona que va al colegio y toma clases.

3. Otra palabra para referirse al "trabajo".

4. De esta planta que crece en el bosque obtenemos la madera.

5. Esta palabra describe un problema muy grande o serio.

6. Algo que se puede usar para escuchar discos.

Benchmark Focus

FL.A.2.2.7 Recognize the multiple ways in which an idea may be expressed in the target language and use them appropriately

Comunicación

HOLT SoundBooth ONLINE RECORDING

37 Un boletín ✎ FL.A.1.3.1, FL.A.3.3.2

Escribamos/Hablemos En parejas, preparen un boletín de noticias para el colegio usando las palabras del cuadro.

MODELO —**El presidente de Chile hablará en la ceremonia de graduación sobre el tema «La crisis del mañana».**

—**Mañana habrá una serie de presentaciones sobre nuevos programas de estudio.**

presidente	verdad	graduación	serie
problema	crisis	mañana	acción
artistas	arte	plan	radio

Gramática 2

Interactive TUTOR

Repaso — Indicative in compound sentences

1 As you know, compound sentences have two parts or clauses: a main clause and a subordinate clause. A subordinate clause often begins with **que.**

<u>main clause</u>   <u>subordinate clause</u>

Me parece que el periódico de nuestra ciudad es malo.

2 If the main clause indicates *doubt, denial, disbelief,* or *uncertainty,* among others, the verb in the subordinate clause is in the **subjunctive mood.**

<u>main clause</u>   <u>subordinate clause</u>

Ignacio no cree que ese locutor **sea** fiable.

3 If the main clause indicates *certainty* or *truth* in the speaker's mind, the verb in the subordinate clause is in the **indicative mood.**

<u>main clause</u>   <u>subordinate clause</u>

Cristina dice que Nora **tiene** la sección de moda.

4 Verbs typically followed by the **indicative** in the subordinate clause are: **decir, informar, anunciar, afirmar, contar, enterarse.**

La reportera **informó** que el comité **iba** a reunirse hoy.

Todos **afirman** que el periodista **sabe** mucho.

5 Verbs like **decir** and **pedir** are followed by the **subjunctive** in the subordinate clause when they mean *to order* or *to ask (someone to do something).*

Mis padres me **piden** que **escuche** el reportaje.

> Vocabulario y gramática, pp. 70–72
> Actividades, pp. 55–57
>
> **Online** workbooks

¿Te acuerdas?

Decir is often used in the **preterite** to report what someone said.

Agustín **dijo** que el documental fue muy educativo.

38 **La crisis económica** ⟋ FL.A.2.2.7

Leamos   Completa el párrafo con la forma correcta de los verbos.

Hoy el gobierno anunció que la crisis económica ___1___ (siga/sigue) siendo grave. Según dijo un experto, es probable que los precios ___2___ (suban/suben). El presidente dice que la crisis ___3___ (va/vaya) a durar poco tiempo, especialmente si todos mantenemos la calma. Los economistas afirman que ___4___ (sea/es) muy importante estar bien informado en este momento. Dicen que ___5___ (escuchemos/escuchamos) los noticieros todos los días. Hoy los locutores informaron también que los bancos ___6___ (están/estén) cerrados, pero no creen que ___7___ (cierren/cierran) mañana.

39 **¿Hecho o posibilidad?** FL.A.2.3.2

 Escuchemos Escucha los comentarios del locutor. Indica si el locutor está comentando **a)** un hecho o **b)** una posibilidad.

♻ *¿Se te olvidó?* Subjunctive with negation or denial, pp. 108–109

40 **¿Subjuntivo o indicativo?** FL.A.2.2.7

Escribamos Combina una palabra o expresión de cada columna y añade tus propias ideas para formar oraciones completas. Según el verbo, la segunda parte de la oración puede estar en el subjuntivo o el indicativo.

MODELO **El reportero informó que los problemas en los colegios son graves.**

el (la) profesor(a)	decir que	yo...
el (la) presidente	anunciar que	los estudiantes...
mis padres	esperar que	el gobernador...
el (la) reportero(a)	informar que	mis amigos...
mi amigo(a)	contar que	el gobierno...
el (la) director(a)	pedir que	el problema...

Comunicación

 HOLT **SoundBooth** ONLINE RECORDING

41 **¿Te enteraste?** FL.A.1.2.3

 Hablemos En parejas, dramaticen un diálogo basándose en los dibujos. Usen las expresiones de **Gramática** para reportar las noticias. ♻ *¿Se te olvidó?* To react to news, p. 144

Benchmark Focus

FL.A.1.2.3 Recognize and appropriately use oral syntax and inflection in spoken target language

a. Se cancelan clases mañana

b. El gobernador sugiere que nadie salga de casa.

c. Chicos atrapados por la nieve

Clara perspectiva
Episodio 6

Benchmark Focus

FL.A.2.3.2 Comprehend and interpret the main ideas and details from television, movies, videos, radio, or live presentations produced in the target language

ESTRATEGIA

FL.A.2.3.2

Analyzing viewpoints Every story has two sides. The two sides in this story are the ecologists' and the corporation's. In order to better understand the conflict between these two groups, analyze their viewpoints. Based on what you know so far about the land in **Magallanes,** list three things the ecologists might want for the property, and three things that the corporation might want. Argue both sides. After you watch the episode, compare your lists and your arguments with what Clara learns from the newspaper article.

En la casa de los de la Rosa

Clara Buenos días, papá. ¿Me prestas las noticias locales, por favor? Quiero saber si aparece algo sobre la exposición de artistas de ayer.
Papá Está bien, hija, toma. Yo sólo quiero la sección deportiva.

Clara ¡Mira! ¡El reportaje sobre la exposición está en la primera plana!
Papá Sí, hija, ya veo. ¿Qué dice?
Clara Ayer en la exposición de artistas chilenos en el Museo de Artes Visuales, el debate entre la empresa maderera *MaderaCorp* y un grupo de ecologistas culminó en un intercambio dramático entre el presidente de la empresa y dos ecologistas.

Clara La empresa maderera *MaderaCorp* quiere comprar 250 mil hectáreas de bosque nativo en la región de Magallanes. Según *MaderaCorp,* el proyecto estimularía la economía de la región generando empleos y otras actividades económicas.
Papá No cabe duda que la gente en esa región está a favor de mayores empleos… ¿cuál es el problema?

Clara Los ecologistas afirmaron que con el desarrollo del ecoturismo en la región se podrían obtener mayores utilidades en el uso del bosque.
Papá No estoy seguro que los ecologistas tengan la razón. Estoy convencido que es posible combinar la ecología con los negocios, ¿no crees, Clara?

Clara Armando Luna, profesor de estudios ambientales en la Pontificia Universidad Católica de Chile, es el encargado de realizar estudios de impacto ambiental.

Papá ¿Ése es tu profesor, no? Uy, no quisiera estar en sus zapatos. Está en una situación muy difícil. Sus estudios de impacto ambiental podrían afectar a muchas personas.

¡Con razón lo estaban amenazando!

En los bosques de Pirque

Profesor Luna ¿Quién habla?

Clara Clara de la Rosa, Profesor.

Profesor Luna ¿Qué pasa, Clara? No es un momento oportuno para hablar de tus estudios…

Clara No, Profesor…

Profesor Luna Clara, ¿recuerdas esa recomendación que me pediste? Ve a mi oficina e imprime todos los archivos bajo el título "Recomendaciones". Imprímelos, ¿me entiendes? No trates de copiarlos, imprímelos. Pídele la contraseña a Mercedes. Ella te la dará si le dices el apellido de soltera de mi madre: Contreras.

Ecologista 1 Termine la conversación, Profesor Luna. Tenemos que hablar.

¿COMPRENDES?

1. ¿Qué le pide Clara a su padre? ¿Qué encuentra ella ahí?

2. Según el artículo, ¿qué quiere la empresa *MaderaCorp*? ¿Qué quieren los ecologistas?

3. ¿Quién está en el centro del debate? ¿Por qué?

🔊 FL.A.2.3.2

4. ¿Qué información del artículo te ayuda a analizar el punto de vista de los ecologistas? ¿y el de la empresa *MaderaCorp*?

5. ¿Qué le pide el profesor a Clara? ¿Qué le dice que no haga?

6. ¿Qué tiene que saber ella para poder abrir los archivos? ¿Qué es?

Próximo episodio
Clara va a la oficina del profesor Luna para imprimir los archivos. ¿Crees que le va a resultar fácil hacerlo? ¿Por qué sí o por qué no?
PÁGINAS 304–305 ▶

Lectura informativa

🔊 Recuperar la tierra

Este editorial lo escribió María José Atiénzar en el periódico El Sol de Texas. *En el artículo, la autora comenta algunos problemas con las leyes que hay sobre el medio ambiente.*

"Nunca en la historia de la humanidad se ha hecho tanto, en tan corto tiempo, para destruir el maravilloso ecosistema que nos brinda sustento[1]". Con estas palabras, Kofi Annan, Secretario General de la Organización de las Naciones Unidas (ONU), comunica que las acciones destructivas sobre el medio ambiente van a afectar las generaciones futuras de modo que puede tomar miles de años corregir.

Hay muchos desafíos pendientes: la preservación de la capa de ozono, la lucha contra la desertificación, la protección de la diversidad biológica, la escasez[2] de agua y tantos otros.

Kofi Annan pronuncia un discurso en la ONU.

En el Protocolo de Kioto se ha tratado de regular algunos de esos temas. La dificultad está en que algunos de los países que cometen muchas de las ofensas ambientales no han firmado[3] el acuerdo.

Otro de los "agujeros"[4] del Protocolo de Kioto es la exclusión de las emisiones ocasionadas por el transporte aéreo y marítimo. La aviación representa el 4% de las

El barco *Prestige,* que cargaba millones de barriles de petróleo, se hundió en la costa de Galicia en noviembre del 2002.

1. sustains us   2. shortage   3. signed   4. loopholes

Docenas de soldados españoles llevaron cubos de petróleo crudo durante la limpieza. Duró varios meses y limpiaron cientos de millas de la costa de España y Francia.

emisiones de gases de invernadero[5]. En el mar, el accidente del barco *Prestige*[6] en la costa de Galicia es un ejemplo del peligro y daño irrecuperable de estas áreas. Por eso, el transporte aéreo y marítimo deberían estar incluidos.

Hacen falta mayores esfuerzos y voluntad para tomar acciones concretas. Son necesarios más control, la educación ambiental, la participación de las comunidades locales y la aplicación de tecnologías sostenibles.

---

5. greenhouse gases
6. The boat, carrying millions of barrels of oil, sank in November of 2002.

Lectura informativa

Comprensión

A **¿Sí o no?** FL.C.1.3.1

1. La ONU no está preocupada por la situación del medio ambiente.
2. Todos los países del mundo firmaron el Protocolo de Kioto.
3. Las acciones de un país afectan el clima o el ecosistema de otros países.
4. La aviación es responsable, en parte, de las emisiones de gases dañinos.
5. La autora del editorial piensa que el Protocolo de Kioto es muy completo y protege el medio ambiente.

B **¿Qué aprendiste?** FL.C.1.3.1

1. Nombra tres problemas ambientales que tenemos, según el artículo.
2. ¿Cuál es el propósito del Protocolo de Kioto?
3. ¿Qué es necesario hacer para mejorar el medio ambiente?

C **Tu opinión** ¿Cuál de los problemas del medio ambiente solucionarías primero? ¿Por qué? ¿Cómo lo harías? FL.A.3.3.2

Actividad FL.A.3.3.2, FL.C.1.3.1

Investigación Con un(a) compañero(a), investiguen un desastre que haya afectado el medio ambiente, como el accidente del barco *Prestige* que se menciona en el artículo. Resuman lo que pasó y hablen de las leyes que aprobarían (*you would pass*) para que no vuelva a suceder.

Leamos y escribamos

FCAT Reading Focus

LA.A.1.4.2
Select and use strategies to understand words and text, and to make and confirm inferences from what is read

ESTRATEGIA

para leer When you read a story like the *Popol Vuh,* it's important to know the order in which the events happened. The best way to follow and understand a story is to make a list of events in chronological order. This will help you keep track of events from the beginning to the end of the story.

Antes de leer

A El *Popol Vuh* es el libro sagrado maya que explica la creación del mundo y el desarrollo de la naturaleza y de los seres humanos. La selección que vas a leer trata de los hermanos Xbalamqué y Junajpú, que con la ayuda de la naturaleza y de poderes sobrehumanos, logran vencer el mal. Los hermanos llamaron la atención de los Señores del Infierno *(hell)* con su juego de pelota *(ball)* y por eso tuvieron que someterse a desafíos *(challenges)* imposibles. Mientras lees, escribe en orden cronológico los desafíos que enfrentaron los hermanos y las otras cosas que hicieron los Señores para hacerles daño, y cuáles fueron los resultados. **FL.A.2.3.3**

 del *Popol Vuh*

Los muchachos dijeron a los Señores del Infierno, los Ajawab de Xibalbá:

—A los dos primeros no los saludamos porque son muñecos[1] hechos de madera y trapos[2], pero a vosotros sí: Jun Camé, y Wukub Camé, Xiquiripat y Cuchumaquic, Ajalpuj y Ajalk'aná, Ajalmez y Ajaltok'ob, Chamiabac y Chamiajolom, Quicxic y Patán, Quicré y Quicrixcac[3]. Y tú, Jolomán, que estás sentado en un banco.

Nada gustaron de esto[4] los Ajawab y los invitaron a sentarse.

—Eso no, dijeron los muchachos, ese asiento es piedra que está quemando; no nos sentamos en ella.

—Ea, pues, dijeron los Señores, vayan a descansar a la posada[5].

Por orden de los Señores fueron conducidos[6] a la Casa Oscura, donde les llevaron dos ocotes[7] y dos cigarros y les advirtieron[8] que, ardiendo[9] toda la noche, los habían de devolver[10] enteros por la mañana. Ellos tomaron dos plumas[11] de la cola de la guacamaya y las pusieron en el ocote y en las puntas de los cigarros pusieron dos luciérnagas[12]. Así estuvieron haciendo como[13] que ardían toda la noche.

Los señores quedaron muy admirados de ver los cigarros y los ocotes enteros e invitaron a los muchachos a jugar a la pelota. Primero jugaron con una cabeza de puma y después con la pelota de hule[14] de Junajpú e Xbalamqué.

Otra noche los metieron[15] en la Casa del Fuego, pero éste no les hizo daño alguno sino salieron muy hermosos por la mañana.

---

1 figures, dolls   **2** rags, cloth   **3** *names of the lords of hell*   **4** didn't like that at all   **5** guest house   **6** were taken/led
7 sliver of ocote pine   **8** warned, advised   **9** (keeping them) burning   **10** they were to return them   **11** feathers
12 glow worms, fireflies   **13** pretending   **14** rubber ball   **15** put them

A la noche siguiente llevaron a los muchachos a la Casa de los Murciélagos**16**, donde había infinidad de ellos.

Junajpú e Xbalamqué se metieron dentro de sus cerbatanas a dormir, y aunque los murciélagos revoloteaban a su alrededor, no pudieron morderlos**17**. Junajpú quiso ver si ya había amanecido**18** y al sacar**19** la cabeza para certificarlo se la cortó**20** Camazotz, el Murciélago, quedando**21** sólo el cuerpo.

Los murciélagos fueron a poner la cabeza de Junajpú al atrio donde se jugaba a la pelota.

Xbalamqué llamó al pizote**22**, al puerco y a todos los grandes y pequeños animales, para que lo ayudaran a remendar**23** a Junajpú y todos acudieron**24**.

A lo último vino Coc, la Tortuga, balanceándose y dando vueltas a un lado y otro para caminar. Tomóla Xbalamqué**25** y labró de ella**26** la cabeza de Junajpú, la cual salió perfecta después de hacerle boca y ojos.

Esto fue hecho con mucha sabiduría**27** porque así lo dispuso Uc'ux Caj, el Corazón del Cielo.

Al terminar la cabeza se la pusieron al cuerpo de Junajpú y éste pudo hablar.

Puesta la cabeza de Junajpú en el atrio, los Señores fueron a celebrar el vencimiento**28** de los muchachos y se pusieron a jugar a la pelota.

Xbalamqué rebatió fuertemente la pelota que fue a caer junto a un tomatal**29** donde estaba un conejo, aconsejado por Xbalamqué, que salió corriendo y los Señores detrás de él creyendo que era la pelota.

Quedó solo todo el atrio e Xbalamqué tomó la cabeza de Junajpú y se la puso al cuerpo cambiándola por la cabeza de tortuga, la que colocó**30** en su lugar en el atrio.

Los Señores estaban admirados de ver el prodigio**31** que sucedía con Junajpú.

---

16 bats   **17** bite them   **18** if the sun had come up   **19** upon sticking out   **20** (the bat) cut it off   **21** leaving behind
22 coati, a raccoon-like animal   **23** to fix, to mend   **24** came to help   **25** Xbalamqué took her   **26** made out of her
27 wisdom   **28** defeat   **29** tomato patch   **30** put   **31** *prodigio* wonder, miracle

...Balamqué pasaron ...estos castigos[32] y en ...uno de ellos murieron, hasta que por fin los Ajawab de Xibalbá, los Señores del Infierno, hicieron una gran hoguera[33] en un hoyo[34] y llamaron a Junajpú y a Xbalamqué. Estos se pusieron uno frente al otro y, extendiendo los brazos, se dejaron ir sobre el fuego[35].

Molieron[36] sus huesos y hechos polvo[37] los arrojaron a[38] la corriente del río; pero el agua no se los llevó sino que, yéndose al fondo[39], se convirtieron en dos hermosos muchachos.

---

32 hardships, punishments   **33** bonfire   **34** hole, pit   **35** fire   **36** They ground   **37** (having been made into) dust
38 hurled them into   **39** sinking to the bottom

Comprensión FL.A.2.3.3

B Coloca los hechos en orden cronológico.

1. ≡≡≡   **a.** Xbalamqué le hizo una cabeza a Junajpú.
2. ≡≡≡   **b.** Los Señores de Xibalbá pensaron que un conejo era la pelota.
3. ≡≡≡   **c.** Xbalamqué les pidió ayuda a los animales.
4. ≡≡≡   **d.** Un murciélago le cortó la cabeza a Junajpú.
5. ≡≡≡   **e.** Junajpú sacó la cabeza de Junajpú del atrio y se la puso al cuerpo.
6. ≡≡≡   **f.** Xbalamqué y Junajpú pasaron la noche en la Casa Oscura.

Pasó así FL.A.2.3.3

C Indica si cada oración es **cierta** o **falsa.** Corrige las falsas.

1. Los Señores de Xibalbá querían castigar a los muchachos Junajpú e Xbalamqué.
2. Los Señores eran poco fiables.
3. Los muchachos pudieron descansar en las posadas.
4. Junajpú usó la cabeza del conejo para hablar.
5. El conejo ayudó a engañar (trick) a los Señores.
6. Los murciélagos ayudaron a los muchachos.
7. Los muchachos murieron en el juego de pelota.

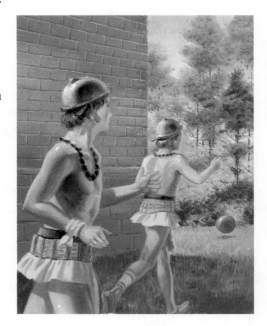

Después de leer FL.A.3.3.1

D ¿Qué aprendiste de esta historia? ¿Por qué crees que los mayas escribieron una historia de dos muchachos que juegan a la pelota?

Interactive TUTOR

FCAT Writing Focus

LA.B.1.4.1
Select and use appropriate prewriting strategies, such as brainstorming

Prepárate para el examen

Interactive
TUTOR

1 Escucha las conversaciones y escoge la foto que corresponde a cada una. ⚞ FL.A.2.3.2

A   B   C

D   E   F

1 Vocabulario 1
- expressing certainty
- expressing doubt and disbelief
  pp. 230–235

2 Gramática 1
- indicative after expressions of certainty
- subjunctive after expressions of doubt and disbelief
- uses of **haber**
  pp. 236–241

2 Escribe oraciones con **haber**. ⚞ FL.A.2.2.7

MODELO **la semana pasada/un concierto en el colegio**
La semana pasada hubo un concierto en el colegio.

1. no creo que/haber/un partido de fútbol esta noche
2. ayer/haber/un reportaje sobre las elecciones
3. ya no/haber/periódicos cuando llegué
4. hoy en la tarde/haber/un documental en el canal seis
5. no es posible que/haber/tantos exámenes hoy
6. dudo que/haber/programas educativos en la televisión

3 Vocabulario 2
- asking about and explaining where you found information
- talking about what you know and don't know
  pp. 244–249

3 Indica la sección del periódico que busca cada persona. ⚞ FL.A.2.3.1

1. Miguelito quiere divertirse con los cuentos sobre sus personajes favoritos.
2. La señora Ortiz quiere encontrar una receta para la cena.
3. Gustavo quiere saber cómo va la economía.
4. Mariana quiere información sobre sus actores favoritos.
5. Paulina está buscando una lista de películas.
6. El señor Flores quiere comprar una computadora usada.

4 Completa las oraciones con la palabra correcta.   ⬊FL.A.2.2.7

1. Escuchamos (el/la) radio para mantenernos informados sobre la crisis.

2. El reportero dice que el presidente (vaya/va) a hablar.

3. Vi un documental sobre (el/la) paisaje del desierto.

4. Quiero leer (algún/ningún) artículo de la sección de sociedad.

5. Esta emisora afirma que la princesa se (casa/case).

6. Leemos todas las noticias en (el/la) boletín del colegio.

5 Contesta las preguntas.   ⬊FL.C.1.3.1

1. ¿Qué adaptaciones de concursos estadounidenses han hecho algunos canales latinoamericanos?

2. ¿Qué le pasó al barco *Prestige* en la costa gallega en 2002?

3. ¿De dónde venían los primeros programas en español?

4. ¿Qué es el *Latin America Data Base*?

6 Escucha las conversaciones y determina si las personas se enteraron de las noticias que mencionan por **a**) la radio, **b**) la televisión o **c**) el periódico.   ⬊FL.A.2.3.2

7 Mira los dibujos y describe lo que ves.   ⬊FL.A.3.3.2

④ Gramática 2
• indefinite expressions
• gender of nouns
• indicative in compound sentences
  pp. 250–255

⑤ Cultura
• **Comparaciones**
  pp. 242–243
• **Lectura informativa**
  pp. 258–259
• **Notas culturales**
  pp. 235, 241, 252

Benchmark Focus 🔅

FL.C.1.3.1 Use new information from a target language class to enhance study of a topic in another class

Prepárate para el examen

Repaso de Gramática 1

Expressions of certainty are followed by a verb in the **indicative mood.**

> **Me parece que** hoy **va** a llover.

Other expressions of certainty are: **claro que, creo que, es cierto que, estoy convencido(a) de que, es obvio que, es evidente que,** etc.

When an **expression of doubt or disbelief** is used in a sentence, the **subjunctive mood** is used in the subordinate clause.

> **No creo que lueva** hoy.

The **present perfect subjunctive** can also be used with these expressions.

> **No creo que hayan hecho** un gran trabajo.

The impersonal forms of **haber** in the present, preterite, imperfect, present subjunctive, and future are: **hay, hubo, había, haya, habrá.**

Repaso de Gramática 2

There are **affirmative** and **negative** forms of indefinite expressions.

> No sé **nada** de política, pero hay **alguien** que te puede ayudar.

Indefinite adjectives and pronouns agree in gender and number with nouns.

> Tienen **algunas** idea**s** para solucionar el problema.

Nouns that refer to people can be **masculine** or **feminine.**

> **el/la** testigo   **el/la** modelo

Some nouns have a different meaning depending on the article used.

> **la orden** *command*   **el orden** *order, organization*

Use the article **el** with the singular of feminine nouns beginning with a stressed **a-** or **ha-.**

> **el** águila   **las** águilas

A subordinate clause often begins with **que.**

Use the **subjunctive** when the main clause expresses uncertainty, denial, or doubt, and the **indicative** when it indicates certainty or truth in the speaker's mind.

> No creo que **sea** muy informativo el programa.
> Daniel dice que el programa **es** bastante completo.

Repaso de Vocabulario 1

To express certainty

alguno(a) que otro(a) (cosa)	the occasional (thing)
el canal	channel
el concurso	game show
considerarse	to consider oneself
controvertido(a)	controversial
la crisis ambiental/ económica/política	environmental/economic/ political crisis
detallado(a)	detailed
el documental	documentary
de modo...	in a . . . way
educativo(a)	educational
la emisora	radio/TV station
Es evidente que...	It's evident that . . .
estar al tanto	to be up-to-date
estar bien/mal informado(a)	to be well/poorly informed
Estoy convencido(a) de que...	I'm convinced that . . .
Estoy seguro(a) (de) que...	I'm positive that . . .
imparcial	unbiased, objective
informar	to inform
informativo(a)	informative
inspirarle confianza	to inspire trust in (someone)

investigar	to research
el (la) locutor(a)	announcer, newscaster
las noticias (en línea)	(online) news
el noticiero	newscast
parcial	biased
pasar por alto	to overlook
(poco) fiable	(un)trustworthy
la radio	radio (as a medium)
el reportaje	news report
el (la) reportero(a)	reporter
reseñar	to review, critique
la telenovela	soap opera
tratar un tema a fondo	to cover a topic in depth

To express doubt and disbelief

Dudo que estés bien informado(a) sobre.../que sepas...	I doubt that you're well informed about . . ./that you know . . .
No creo que los periodistas/ los noticieros sean...	I don't think that journalists/ newscasts are . . .
No estoy seguro(a) (de) que tengas razón sobre...	I'm not sure that you're right about . . .
Parece mentira que haya.../ que digan...	It's hard to believe that there are . . ./that they say . . .

Repaso de Vocabulario 2

To ask about and explain where you found information

los anuncios clasificados	classified ads
el artículo	article
la censura	censorship
el comentario	commentary
¿Cómo supiste el resultado?	How did you find out the score?
¿Cómo te enteraste de...?	How did you find out about . . .?
los editoriales	editorial section
el enfoque local/nacional/ mundial	local/national/world perspective
entrevistar	to interview
Estaba en primera plana.	It was on the front page.
Lo leí en la sección deportiva.	I read it in the sports section.
los obituarios	obituaries
opinar	to think, to be of the opinion
el (la) periodista	journalist
la prensa	the press

la primera plana	front page
la sección de cocina	cooking section
la sección deportiva	sports section
la sección financiera	financial section
la sección de moda	fashion section
la sección de ocio	entertainment section
la sección de sociedad	society section
suscribirse a	to subscribe to
las tiras cómicas	comic strips
los titulares	headlines

To talk about what you know and don't know

Entiendo algo de..., pero nada de...	I understand a little about . . ., but nothing about . . .
¿Qué sé yo de...? No entiendo ni jota de...	What do I know about . . .? I don't understand a thing about . . .
No tengo la menor idea si...	I don't have the slightest idea if . . .
Que yo sepa, (no) hay...	That I know of, there is/are (isn't/aren't) . . .

Prepárate para el examen

Integración

capítulos 1–6

 1 Escucha las noticias e indica a qué persona se refiere cada una. **⌐FL.A.2.3.2**

A

B

C

D

2 Ésta es parte de un editorial que una periodista escribió sobre los equipos de deportes en los colegios. Lee el artículo y determina si la periodista **a)** estaría de acuerdo con los siguientes comentarios o **b)** si no estaría de acuerdo. **⌐FL.A.2.3.1**

Muchos directores han decidido que no quieren tener equipos deportivos en sus colegios porque creen que los estudiantes sacan malas notas a causa de los deportes. Personalmente, estoy muy decepcionada con su actitud hacia los deportes. Parece mentira que puedan tener una impresión tan equivocada. Los equipos deportivos son como el grupo de teatro y la banda. ¡El colegio no sería lo mismo sin estos grupos! Son pasatiempos importantes para los estudiantes y son una fuente de orgullo para ellos. Estoy convencida de que los estudiantes necesitan tiempo para descansar y pasarlo bien y tienen que hacer ejercicio. No creo que vayan a resolver el problema así.

1. No creo que sea importante tener equipos deportivos en los colegios.

2. Estoy segura de que los deportes no son la causa de las malas notas.

3. Me choca la actitud de los directores hacia los deportes.

4. Estoy convencida de que los ensayos de banda no valen la pena.

5. A mi parecer, los colegios deben ofrecer actividades para los estudiantes.

3 En grupos de tres, reseñen una película que hayan visto. Túrnense para responder a lo que dicen sus compañeros sobre los actores, la música, el tema, los acontecimientos y los detalles importantes de la película. ✎ FL.A.1.2.3

4 Describe lo que ves en esta parte del Códice Mendoza e imagina que tienes que leer el mensaje. Escribe ocho oraciones explicando qué crees que significa. ✎ FL.A.3.3.2

Codex Mendoza from modern copy of *Codex Mendoza*, c. 1541–1542 commissioned to Francisco Gualpuyogualca by Antonio de Mendoza. © National Anthropological Museum Mexico/Dagli Orti/Art Archive

Del *Códice Mendocino*, parte II (registro de tributos)

5 Tienes que escribir un editorial para el periódico de tu colegio explicando tu opinión sobre la comida en la cafetería. Describe las comidas que a los estudiantes les gustaría comer y por qué. ✎ FL.A.3.3.2

6

Situación En grupos de cuatro, preparen un noticiero de diez minutos con los siguientes temas: ✎ FL.A.1.2.3, FL.A.3.4.1

1. el enfoque local
2. una reseña de arte
3. un reportaje sobre el medio ambiente
4. las noticias mundiales

Benchmark Focus

FL.A.3.4.1 Effectively communicate orally in the target language regarding a past, present, or future event

Repaso cumulativo

DVD VIDEO

GeoVisión

▲ **El Huascarán** es la montaña más alta de Perú. Mide 6.768 metros de altura. En 1975 el Parque Nacional Huascarán se fundó para proteger las especies indígenas de la región. **2**

Geocultura
Los Andes
Ecuador, Perú y Bolivia

▶ **El Lago Titicaca,** a 3.810 metros sobre el nivel del mar, es el lago navegable más alto del mundo. Hay más de 40 islas en el lago, cada cual con sus propias costumbres. **1**

Almanaque

Países, poblaciones y capitales de los Andes centrales
Ecuador, 13.549.000 (Quito)
Perú, 27.949.639 (Lima)
Bolivia, 9.069.000 (Sucre, oficial), (La Paz, sede del gobierno)

Idiomas principales
español, quechua, aymara

Industrias importantes
agricultura, productos de madera, alimentos procesados, metales, textiles

¿Sabías que...?
Hernando de Soto, quien participó en la conquista de Perú, fue también uno de los primeros exploradores de la Florida y gobernador de Cuba. En la Florida, de Soto y sus hombres pasaron el invierno de 1539-1540 en un poblado de los indios apalaches cerca de lo que es hoy día Tallahassee.

QUITO ★
5
ECUADOR

PERÚ
Los Andes
2

LIMA ★

OCÉANO PACÍFICO

▶ **Los trajes folklóricos** del altiplano peruano tienen sus raíces en tradiciones españolas e incaicas.

▲ **Machu Picchu,** escondido del mundo hasta 1911, hoy atrae a miles de turistas a Perú. Probablemente la ciudad fue construida alrededor del año 1450 y abandonada unos 100 años después. **3**

► **La papa y el maíz** son las comidas principales en el altiplano andino. Los españoles llevaron los dos productos a Europa en el siglo XVI. Hoy día se comen papas en todo el mundo.

▲ **El cañón del Colca** en Perú es el cañón más profundo del mundo, con 3.182 metros de profundidad. En la Cruz del Cóndor los visitantes pueden observar el ave voladora más grande del mundo, el cóndor. **4**

Río Amazonas

BRASIL

3

1

4

LA PAZ

Altiplano Andino

BOLIVIA

★ SUCRE

CHILE

▲ **La Paz** es la ciudad andina de origen aymara más importante y es la sede del gobierno nacional de Bolivia. A una altura de 3.610 metros es la sede de gobierno más alta del mundo.

► **El Cinturón de Fuego del Pacífico** es una línea de volcanes que se extiende por la costa occidental de Sudamérica y por las costas orientales de Asia. El volcán Cotopaxi en Ecuador es el volcán activo más alto del mundo. **5**

La historia
de los Andes—Ecuador, Perú y Bolivia

Siglo XIII–1532

Cuzco, la capital del Imperio inca se estableció en el siglo XIII. El imperio se extendió desde el sur de Colombia hasta el norte de Chile. Atahualpa, el último emperador inca, cayó en manos de los españoles en 1532. **¿Cuál era la capital del Imperio** FL.C.1.3.1 **inca?**

FL.C.1.3.1
1569–1821

Durante la época colonial los españoles instituyeron el sistema de *la encomienda,* en el cual los indígenas tenían que trabajar los campos para los españoles. **¿Conoces sistemas similares que se usaban en otras partes del mundo?**

1821 FL.C.1.3.1

El venezolano **Simón Bolívar** y el argentino **José de San Martín** encabezaron la lucha por la independencia en Sudamérica. En 1822 se encontraron en Guayaquil, Ecuador, y anunciaron la formación de la Gran Colombia, que incluía Ecuador, Venezuela y Colombia. **¿De dónde eran Simón Bolívar y José de San Martín?**

1532–1533 FL.C.1.3.1, FL.D.2.4.4

Francisco Pizarro marchó a Cajamarca, Perú, con menos de 200 soldados para tender una emboscada a los incas. Después de capturar al emperador Atahualpa, los españoles pidieron 24 toneladas de oro y plata por su rescate. Pizarro traicionó a los incas y mató a Atahualpa en la plaza principal en 1533. **¿Cómo crees que Pizarro consiguió conquistar un imperio con sólo 200 hombres?**

¿Sabías que...?

Los incas se comunicaban por medio de mensajeros, o *chasquis*, que corrían unos 2.400 kilómetros por la carretera imperial que se extendía desde Quito, Ecuador, a Cuzco, Perú, en sólo cinco días.

Visit Holt Online

go.hrw.com

KEYWORD: EXP3 CH7

Photo Tour

| 1850 | 1900 | 1950 | 2000 |

⬐FL.C.1.3.1 1979

En 1979, después de muchos años de dictaduras militares y civiles, hubo elecciones en **Ecuador. Jaime Roldós** (1940–1981) fue el primer líder elegido por el voto popular después de la dictadura de **José María Velasco Ibarra.** Se estableció un nuevo gobierno y se implementó una nueva constitución. **Investiga en qué otros países latinoamericanos ha habido dictaduras.**

1879–1883 ⬐FL.C.2.3.3

La Guerra del Pacífico entre Chile, Perú y Bolivia empezó en 1879. Se quería tomar posesión de la provincia de Tarapacá, en el terreno del desierto de Atacama, el cual contenía valiosos minerales. En la **Batalla de Iquique,** Perú perdió su nave más moderna, la *Independencia,* cediendo control de la costa a Chile, que ganó la guerra en 1883. **¿Qué quería ganar Chile en la guerra?**

⬐FL.C.1.3.1 1998

Perú y Ecuador se levantaron en armas tres veces sobre territorio disputado en sus fronteras (1941, 1981 y 1995). En 1998 el presidente ecuatoriano, Jamil Mahuad, y el presidente peruano, Alberto Fujimori, firmaron **el tratado de paz final,** estableciendo fronteras definitivas entre los dos países por primera vez en medio siglo. **En el mundo actual, ¿dónde hay territorios disputados?**

El arte

de los Andes—Ecuador, Perú y Bolivia

ÉPOCA PRECOLOMBINA | 1500 | 1800 | 1850

➤ FL.C.2.3.3 Época precolombina

La cultura Chimú reinó en partes de Perú hasta su conquista por los incas en 1476. Los chimúes trabajaron el oro, la plata y el cobre empleando técnicas muy avanzadas, más tarde adoptadas por los incas. **Investiga cómo usaban los chimúes este cuchillo.**

➤ FL.D.2.4.4 1534

La construcción de la Iglesia de San Francisco en Quito, Ecuador, comenzó en 1534, pocos días después de la fundación de la ciudad. La fachada es una reproducción arquitectónica del palacio de El Escorial de España. **En Internet o en la biblioteca busca una foto de El Escorial y compáralo con la Iglesia de San Francisco.**

Siglo XVII–XVIII ➤ FL.D.2.4.4

Para decorar las iglesias y catedrales los **pintores indígenas** pintaron cuadros en la tradición europea del arte barroco. Desarrollaron un estilo propio añadiendo símbolos, seres e imágenes indígenas. Este cuadro, *Piscis,* de la **Escuela Cuzqueña,** pintado por Diego Quispe Tito, se encuentra en la Catedral de Cuzco. **¿Qué otro cuadro de la Escuela Cuzqueña conoces?**

➤ FL.C.2.3.3 1888–1956

José Sabogal (1888–1956) es uno de los pintores más reconocidos de Perú y uno de los fundadores del **estilo indigenista,** arte que tiene como meta hacer resaltar al indígena. Su obra *La Santusa* (1932) ejemplifica el estilo indigenista. **¿Qué es el arte indigenista?**

¿Sabías que...?

Oswaldo Guayasamín siempre se metía en problemas con las profesoras del colegio por las caricaturas que dibujaba.

Visit Holt Online

go.hrw.com

KEYWORD: EXP3 CH7

Photo Tour

1900   1950   2000

FL.B.1.3.5 Siglo XX

Oswaldo Guayasamín (1919–1999), de Ecuador, es reconocido como uno de los artistas más importantes de Sudamérica. Su colección *La edad de la ira* refleja el dolor, la miseria y la injusticia sufrida por la humanidad en el siglo XX. El cuadro *El Grito* (1983) es muestra de esta etapa artística. **Inventa otro título para esta obra.**

FL.B.1.3.5 1975

Miguel Andrango fundó la Escuela de Tejidos de Tahuantinsuyo en Otavalo, Ecuador, con el propósito de conservar las tradiciones textiles de la región. El artista viaja por todo el mundo dando clases, demostrando su técnica y asistiendo a festivales. **¿Hay un juego, un cuento, una canción o una artesanía que tus padres te hayan enseñado y que tú pienses continuar?**

2003 FL.B.1.3.5

La antigua Estación de Desamparados, en Lima, Perú, se usa hoy como museo de arte. La cerámica *Tinaja con cara 2 niveles* y el tallado en madera *Shipibos en madera* del artista Pablo Yuimachi se exponen en una exhibición especial. Las dos piezas se basan en diseños indígenas. **Al visitar un museo de arte, ¿qué tipo de arte esperas ver?**

FL.B.1.3.5 2000

Juan de la Cruz Machicado es un pintor peruano que se dedicó a pintar su ciudad adoptiva, Cuzco. Estudió arte en la Escuela Regional de Arte «Diego Quispe Tito» en Cuzco. Esta obra, óleo sobre lienzo, se llama *Familia cuzqueña en San Blas*. **En este cuadro, ¿qué te parece típico de la vida en Cuzco?**

Capítulo 7

Mis aspiraciones

OBJETIVOS

In this chapter you will learn to
- talk about challenges
- talk about accomplishments
- talk about future plans
- express cause and effect

And you will use
- preterite and imperfect of stative verbs
- grammatical reflexives
- **lo** and **lo que**
- subjunctive after adverbial conjunctions
- subjunctive with future actions
- indicative with habitual or past actions

¿Qué ves en la foto?

- ¿Quiénes son estas personas?

- ¿Cómo crees que se siente el estudiante en el centro? ¿Por qué?

- ¿Te gustaría asistir a una universidad en otro país? ¿Por qué?

 Look for the ⚜ next to each activity and the **Benchmark Focus** to help you achieve the goals of the **Florida Sunshine State Standards,** found on pages FL14–FL16.

Un graduado de la Universidad Nacional San Antonio Abad del Cusco, Perú

Objetivos
• **Talking about challenges**
• **Talking about accomplishments**

Vocabulario
en acción 1

En Perú
Los desafíos

En Perú existen muchos **grupos étnicos.** Cada grupo tiene su propio **modo de ser** y cada uno hace su **aporte** a la sociedad. Todos **contribuyen** con sus ideas, experiencias, **costumbres** y talentos a la rica y variada cultura de Perú.

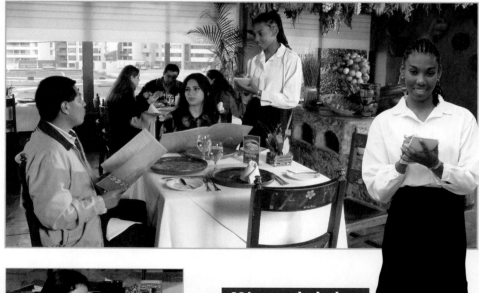

Cuando llegaron a este país, el sueño de mis abuelos era abrir un restaurante, y por fin lo **alcanzaron.** Mi **herencia** es **un orgullo** para mí, y con el restaurante podemos **mantener** algunas de **las tradiciones** de nuestro país de **origen.**

Soy de ascendencia quechua. Mis **antepasados** vivían en los Andes pero mis padres vinieron a la ciudad cuando yo era pequeña. **Estoy muy agradecida por** todos **los sacrificios** que hicieron al dejar su hogar y quiero **aprovechar** las oportunidades que tengo aquí.

Más vocabulario...	
apoyar	*to support*
el apoyo	*support*
el compromiso	*commitment, obligation*
las raíces	*roots*
tener éxito	*to be successful*

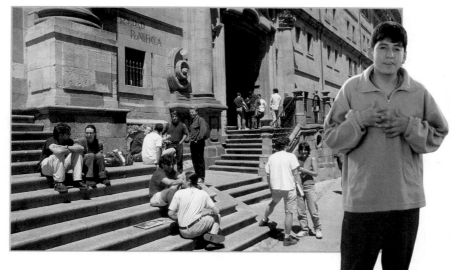

Me crié en un pueblo de los Andes. Cuando tenía doce años, mi padre tuvo que buscar trabajo en la ciudad y nos mudamos a Lima. Fue difícil **asimilar el estilo de vida** de la ciudad y a veces sentía que no **encajaba en** ningún grupo. Pero ahora tengo nuevos amigos en la universidad y siento que **pertenezco al** grupo.

Vivo en un pueblo de los Andes y hablo quechua. Cuando venía a la ciudad para vender mis productos, era difícil al principio **expresarme** en español. A veces la gente **discrimina** a los diferentes grupos étnicos porque no los entiende.

También se puede decir...

In Florida, instead of **el modo de ser**, you may hear Puerto Ricans use **la manera de ser**. Some Colombians may prefer **la forma de ser**.

¡Exprésate!

To talk about challenges	
Había muchos desafíos en... *There were many challenges in . . .*	**Poco a poco se adaptaron a...** *Little by little they adapted to . . .*
Mis... enfrentaron obstáculos cuando... *My . . . faced obstacles when . . .*	**Tuvimos que hacer un gran esfuerzo para...** *We had to make a big effort to . . .*
Nos costó trabajo acostumbrarnos a... *It took a lot of work for us to get used to . . .*	

Interactive TUTOR

Vocabulario y gramática, pp. 73–75

 Online workbooks

1 ¿Desafío o éxito? ⟋ FL.A.2.3.2

Escuchemos Escucha los comentarios y decide si la persona está hablando de **a**) un desafío o **b**) un éxito.

2 Grupos de palabras ⟋ FL.A.3.3.2

Leamos/Hablemos Determina qué palabra o frase no pertenece al grupo. Explica por qué no pertenece.

MODELO discriminar   acostumbrarse   asimilar
Discriminar no pertenece porque *acostumbrarse* y *asimilar* describen cómo una persona se adapta a un lugar.

1. el desafío   el origen   las raíces
2. alcanzar metas   tener éxito   criarse en
3. el aporte   contribuir   discriminar
4. la ascendencia   el sacrificio   los antepasados
5. el estilo de vida   el modo de ser   el grupo étnico
6. encajar en   estar agradecido por   pertenecer a

3 ¿Qué alcanzaron? ⟋ FL.A.2.3.1

Leamos/Escribamos Lee los comentarios y contesta las preguntas.

Javier Bravo
Soy de ascendencia peruana. Estoy muy orgulloso de mi herencia cultural y me gusta compartir las tradiciones y costumbres de mi familia. Estoy muy agradecido por los sacrificios de mis padres y quiero hacer un aporte a la sociedad también. Por eso encontré trabajo como profesor.

Susana Vera
Para mí, fue un gran desafío cambiar de colegio en el último año. No conocía a nadie y sentía que no encajaba en ningún grupo. Hablé con el consejero del colegio y él me ayudó mucho. Por ejemplo, me animó a inscribirme en el club de teatro porque me encanta el drama. Ahora siento que pertenezco a un grupo.

Benchmark Focus

FL.A.2.3.1 Comprehend and interpret the content of authentic, written materials selected according to the familiarity of the topic and the scope of vocabulary and structure

1. ¿De dónde son los antepasados de Javier?
2. ¿Cómo se siente Javier acerca de su herencia cultural?
3. ¿Qué hace Javier para contribuir a la sociedad?
4. ¿Por qué fue difícil para Susana adaptarse al nuevo colegio?
5. ¿Quién ayudó a Susana? ¿Qué hizo?
6. ¿Cómo se siente Susana ahora? ¿Por qué?

4 **Consejos** 🔖 FL.A.3.3.1

Escribamos Escribe una carta de 5 a 7 oraciones para responderle a una de las personas de la Actividad 3. En la carta puedes ofrecer consejos o comparar la experiencia de la persona con tus propias experiencias. Usa las expresiones del cuadro.

enfrentar obstáculos	me costó trabajo	poco a poco
hacer un gran esfuerzo	con el tiempo	acostumbrarse
superar	alcanzar mis metas	gracias al apoyo de

5 **Poco a poco...** 🔖 FL.A.3.3.2

Escribamos Cuenta la historia de esta familia usando las palabras de **Vocabulario** y las expresiones de **Exprésate**.

1.   2.   3.   4.

Comunicación

6 **¿Qué opinas?** 🔖 FL.A.1.3.1

Hablemos Indica si estás de acuerdo o no con las siguientes oraciones. Compara tus opiniones con las de tus compañeros. Usa las palabras de **Vocabulario**.

1. En nuestro país, la gente discrimina a los diferentes grupos étnicos.
2. Para tener éxito en nuestra sociedad, hay que ser rico.
3. Todas las personas que viven en Estados Unidos deben saber expresarse en inglés.
4. Los padres siempre deben apoyar a sus hijos y hacer sacrificios por ellos.
5. Es responsabilidad de los hijos adultos mantener a sus padres.
6. Es difícil ser amigo(a) de alguien que no es de mi grupo étnico.

Logros y sacrificios

Escenas de Cuzco y Lima

Querida Mayta:

¡Qué bueno que vengas a vivir a Cuzco! Me preguntas por qué vine y cómo logré tener éxito aquí. Pues, te contaré mi historia.

En mi pueblo natal, había desafíos. Era difícil encontrar empleo y no había muchas oportunidades para mis hermanos y para mí. Por eso, mis padres decidieron mudarse (move) a Cuzco, pero no fue fácil. Nos costó trabajo adaptarnos. Cuando llegué aquí, no sabía expresarme en español porque en mi pueblo se hablaba solamente quechua. Mi papá no tenía empleo y mi mamá no estaba acostumbrada a un pequeño apartamento.

Pero poco a poco nos adaptamos al nuevo hogar. Mi papá alcanzó su sueño de trabajar como profesor y mi mamá encontró trabajo en un restaurante. Trabajaron duro y por fin lograron comprar una casa más grande. Con el tiempo, pude aprender español y saqué buenas notas en la universidad. Me acuerdo de aquel día en que logré graduarme. Estoy muy agradecido por el apoyo de mis padres y de mis profesores.

Ahora trabajo como abogado. Mi familia ha hecho muchos sacrificios, pero hemos podido superar todos los obstáculos. Estoy seguro de que tú también podrás asimilar el estilo de vida aquí. Tienes que hacer un gran esfuerzo y te apoyaré en todo.

Con cariño,
Felipe

¡Exprésate!

To talk about accomplishments

Con el tiempo pude asimilar...
With time I was able to assimilate . . .

Gracias al apoyo de..., he podido superar...
Thanks to the support of . . . , I have been able to overcome . . .

Nos esforzamos en...
We made a big effort to . . .

Por fin, logré...
Finally, I managed to . . .

Trabajo duro... y por eso...
I work hard . . . and for that reason . . .

Vocabulario y gramática, pp. 73–75

Online workbooks

7 **¿Qué pasó primero?** FL.A.2.3.1

Leamos Coloca los eventos de la vida de Felipe en orden cronológico.

1. Felipe logra graduarse de la universidad.
2. Felipe trabaja como abogado.
3. La familia de Felipe enfrenta dificultades en su pueblo natal.
4. El papá de Felipe logra encontrar trabajo como maestro.
5. Felipe no sabe expresarse en español.
6. La familia se muda a una casa más grande.
7. La familia de Felipe se muda a Cuzco.

La iglesia de la Compañía de Jesús en la Plaza Mayor de Cuzco es conocida por su bella fachada colonial.

8 **Me costó trabajo...** FL.A.3.3.2

Escribamos Escoge cinco temas del cuadro y describe, en una o dos oraciones, los desafíos de cada uno. Puedes mencionar tu experiencia propia o puedes describir los desafíos que una persona enfrentaría en cada situación.

MODELO Al principio fue muy difícil para mí nadar con el equipo de natación de mi colegio. Me costó trabajo...

nadar con el equipo de natación
hacer una pintura en la clase de arte
sacar fotos para el anuario *(yearbook)*
resolver un problema con un(a) amigo(a)
sacar una A en la clase de matemáticas
participar en una obra de teatro
empezar un club de español
ser presidente de la clase

 Comunicación HOLT SoundBooth ONLINE RECORDING

9 **Lo que hemos logrado** FL.A.3.4.1

Hablemos En parejas, preparen un discurso *(speech)* corto sobre los desafíos que los estudiantes y su colegio han enfrentado y los éxitos que han tenido. Las parejas se turnarán para presentar sus discursos a la clase.

MODELO Este año, hemos tenido que superar varios obstáculos. Por ejemplo, hubo un huracán en septiembre que...

Benchmark Focus
FL.A.3.4.1 Effectively communicate orally in the target language regarding a past, present, or future event

Objetivos
- Preterite and imperfect of stative verbs
- Grammatical reflexives
- **Lo** and **lo que**

Gramática en acción 1

GramaVisión

Preterite and imperfect of stative verbs

1 **Stative verbs** express *situations* or *states of being* rather than actions. The **imperfect** is typically used to describe past situations or states. When the **preterite** is used, the change *into* or *out of* a state resembles an action and can require a different translation in English. The **preterite** is also used to express *the duration* of past situations or states.

	IMPERFECT	PRETERITE
estar	was (for an unspecified period of time)	was (for a specified period of time)
ser	was (for an unspecified period of time)	was (sums up a situation or event that ended)
tener	had	got
tener que	had to (but did not necessarily do it)	had to (and did)

Quería verte, pero no **estabas.**
I wanted to see you, but you weren't there.

Estuve en Perú en mayo.
I was in Perú in May.

Mis padres **eran** muy trabajadores.
My parents were very hardworking.

Su apoyo **fue** muy importante.
Their support was very important.

Isa y yo **teníamos** la misma idea para el proyecto.
Isa and I had the same idea for the project.

Leo **tuvo** una gran idea.
Leo got a great idea.

Yo **tenía que** hacer la tarea pero lo dejé para mañana.
I had to do my homework but I left it for tomorrow.

Como **tuve que** hacer la tarea, no salí.
Since I had to do homework, I didn't go out.

Vocabulario y gramática, pp. 76–78
Actividades, pp. 61–63

Online workbooks

¿Te acuerdas?

The verbs **conocer, saber, querer** and **poder** have different uses in the **preterite** and **imperfect** tenses.

Conocí al cantante.
I met the singer.

Conocía al cantante.
I knew the singer.

Supe la respuesta.
I found out the answer.

Sabía la respuesta.
I knew the answer.

Pepe no **quiso** ensayar.
Pepe refused to practice.

Pepe no **quería** ensayar.
Pepe didn't want to go to practice.

Pude lograr mi sueño.
I was able to achieve my dream.

Sabía que **podía** lograrlo.
I knew I could achieve it.

10 **¿Una reacción?** FL.A.2.3.2

Escuchemos Escucha lo que dice cada persona y determina si habla de **a**) cómo se sentía cuando ocurrió algo o **b**) su reacción ante algo que ocurrió.

11 **El sueño de Eduardo** ⬈ FL.A.2.3.1

Leamos/Escribamos Completa el párrafo con las formas correctas de los verbos en paréntesis.

Eduardo quería ser periodista. Así que se mudó a Lima. No (sabía/supo) ___1___ si allí (podía/pudo) ___2___ encontrar trabajo en un periódico o no. Primero consiguió trabajo repartiendo periódicos. Cuando (tenía/tuvo) ___3___ tiempo, escribía. Una noche, (conocía/conoció) ___4___ al director del periódico en una fiesta y le dio uno de sus escritos. Al día siguiente, (tenía/tuvo) ___5___ noticias del director. Le ofreció trabajo como periodista. Por fin Eduardo (podía/pudo) ___6___ realizar su sueño.

Benchmark Focus

FL.A.2.2.7 Recognize the multiple ways in which an idea may be expressed in the target language and use them appropriately

12 **¿Qué pasó?** ⬈ FL.A.2.2.7

Escribamos Completa las oraciones. Usa el pretérito o el imperfecto. ♻ *¿Se te olvidó?* Preterite and imperfect, pp. 160–161

1. Mis antepasados (tener que)...
2. Enfrenté muchos obstáculos cuando (estar)...
3. Mis papás (querer) alcanzar...
4. Cuando yo era niño(a), (conocer) a...
5. Mi mamá (estar)... cuando (saber)...
6. Mi mejor amigo(a) (poder)...

Estos bailadores con máscaras celebran el festival de la Virgen del Carmen en Paucartambo, Perú.

Comunicación

HOLT **SoundBooth**
ONLINE RECORDING

13 **¿Qué no quiso hacer?** ⬈ FL.A.3.3.2

Hablemos En parejas, hagan una historia de lo que ven en los dibujos. Usen las formas correctas de los verbos **tener (que)**, **estar**, **poder**, **saber** y **querer** en su historia.

Gramática 1

Grammatical reflexives

Interactive TUTOR

1 When a verb is used reflexively, the action is directed back on the subject and a **reflexive pronoun,** referring to the subject of the verb, is used.

Yo **me** peiné.	*I combed (my hair).*
Tú **te** bañaste.	*You bathed (yourself).*
Él **se** lavó los dientes.	*He brushed his teeth.*

2 Some verbs, known as grammatical reflexives, take a reflexive pronoun, but their action is not directed back on the subject: **criarse, expresarse, graduarse, preocuparse, casarse, comunicarse, acostumbrarse, esforzarse, quedarse, mudarse** *(to move),* **enojarse** *(to get angry),* **quejarse** *(to complain),* **burlarse** *(to make fun of).*

3 These verbs often express a process or change in state.

Nos **criamos** en el campo.	*We grew up in the country.*
Me **comunico** con mis padres por teléfono.	*I communicate with my parents by telephone.*
¿Te **casaste** con Raúl?	*Did you marry Raúl?*

> **Vocabulario y gramática,** pp. 76–78
> **Actividades,** pp. 61–63
>
> **Online** workbooks

Madre e hijos, Cuzco, Perú

14 **¿Cierto o falso?** **FL.A.2.3.2**

 Escuchemos Escucha las oraciones y determina si cada una es cierta o falsa.

15 **La vida en la ciudad** **FL.A.2.2.7**

Leamos/Escribamos Completa el párrafo con las formas correctas de los verbos en paréntesis. Usa el pretérito o el imperfecto.

Yo ___1___ (criarse) en el campo, pero mi familia ___2___ (mudarse) a la ciudad cuando yo tenía doce años. Hablábamos aymara en mi pueblo, y mi mamá no ___3___ (expresarse) bien en español. Mis hermanos y yo ___4___ (comunicarse) sin problema porque habíamos estudiado español en el colegio. Con dificultad nosotros ___5___ (acostumbrarse) al estilo de vida. Yo ___6___ (preocuparse) por todo. No me ___7___ (gustar) el ruido de los carros. Pero poco a poco, nostros ___8___ (asimilar) el modo de ser de la gente de la cuidad. Yo ___9___ (graduarse) de la universidad hace poco, mi hermano mayor ahora es arquitecto, y mi hermano menor ___10___ (casarse) el mes pasado.

16 Cómo cambian las cosas... FL.A.2.2.7

Escribamos Usa una palabra o expresión de cada columna para escribir seis oraciones.

MODELO **Mi abuelo se comunicaba bien en español.**

Mis antepasados	quejarse	las costumbres
Mis amigos y yo	enojarse	el modo de ser
Tú	burlarse	la gente que discrimina
Los inmigrantes	graduarse	el estilo de vida
Yo	comunicarse	la universidad
Mi familia	acostumbrarse	las tradiciones
Mi abuelo	preocuparse	en inglés/en español

17 Descríbelo FL.A.3.3.2

Escribamos Describe en una oración lo que pasa o lo que ha pasado en cada foto. Usa el verbo indicado.

1. Raúl/graduarse 2. Carolina/criarse 3. Leo/mudarse 4. Ricardo y Yolanda/casarse

Comunicación

HOLT SoundBooth ONLINE RECORDING

18 El futuro FL.A.1.3.1

Hablemos Imagina que estás veinte años en el futuro. En parejas, túrnense para explicar lo que lograron durante esos años y los obstáculos que superaron. Hablen también de lo que hicieron sus familias y sus amigos. Usen algunos de los verbos del cuadro.

Benchmark Focus

FL.A.1.3.1 Exchange information orally and in writing about topics of common interest and about the target culture

criarse	expresarse	graduarse	preocuparse	casarse
comunicarse	acostumbrarse	enojarse	mudarse	quedarse

Gramática 1

Lo and lo que

Interactive
TUTOR

Benchmark Focus

FL.D.2.4.4 Recognize the contributions of other parallel cultures to the target culture

1 The expression **lo** + **adjective** is used to express an abstract idea *(the . . . thing).*

> **Lo bueno** es que tuvimos éxito.
> *The good thing is that we were successful.*

> **Lo malo** es que gastamos mucho dinero.
> *The bad thing is that we spent a lot of money.*

2 The expression **lo que** + **verb** is also used to express an idea *(the thing that, what),* such as what was said or done, that will be defined in the same sentence.

> Ahora, **lo que necesitamos** hacer es entrenar.
> *Now what we need to do is train.*

> Hablemos de **lo que** me **contaste** ayer.
> *Let's talk about what you told me yesterday.*

> **Lo que** me **dijo** Ana fue increíble.
> *What Ana told me was incredible.*

> Eso no es **lo que hicimos** la vez pasada.
> *That is not what we did the last time.*

Vocabulario y gramática, pp. 76–78
Actividades, pp. 61–63

Online workbooks

19 **Lo que pasa...** FL.A.2.3.1

Leamos   Decide qué oración corresponde a cada foto.

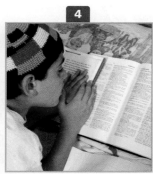

1. Lo que le cuesta trabajo a Antonio es recordar las palabras en español.
2. Lo bueno del trabajo de Pedro es que puede comer allí mismo.
3. Lo que tiene que aprender Gustavo es cómo usar este programa.
4. Lo malo es que no hay viento hoy.

20 Dos opiniones `FL.A.2.3.2`

Escuchemos/Leamos   Escucha la conversación entre Alberto y Fátima sobre las dificultades de mudarse a otro país e indica cuál de los dos estaría de acuerdo con las siguientes ideas: **Alberto, Fátima** o **ambos.**

1. Lo difícil es mantener las tradiciones de la familia.
2. Lo más importante es asimilar el estilo de vida de la gente de este país.
3. Lo que nunca olvidaré son los sacrificios de mis papás.
4. Lo malo es que muchas personas pierden sus costumbres y no están orgullosas de su herencia cultural.
5. Lo que no entiendo es por qué la gente discrimina a los grupos étnicos.
6. Debemos estar agradecidos por lo que hicieron nuestros papás.

21 El mercado en Otavalo   `FL.A.2.2.7`

Leamos/Escribamos   Completa cada oración con **lo** o **lo que.**

1. ══ venden los otavaleños son artesanías hechas a mano.
2. Los artistas quieren ganarse la vida con ══ pueden hacer ellos mismos.
3. ══ impresionante es que cada artículo es diferente.
4. ══ noto es que todo el mundo contribuye algo al negocio.
5. Ellos dicen que ══ importante es aprovechar las oportunidades que tienen.
6. Me parece increíble ══ han logrado en este mercado.

22 Lo que lograste `FL.A.3.3.2`

Escribamos   Escribe seis oraciones sobre los obstáculos que has enfrentado. Usa **lo** o **lo que** en cada oración. Puedes usar las expresiones del cuadro.

lo bueno...	lo malo...	lo más difícil...
lo que me costó trabajo...	lo que alcancé...	lo que logré...

Comunicación

HOLT **SoundBooth** ONLINE RECORDING

23 Lo bueno y lo malo   `FL.A.1.3.1`

Hablemos/Escribamos   En parejas, comenten lo bueno y lo malo de mudarse a otro país. Hagan una lista para compartir con la clase.

Cultura

 Comparaciones

FL.B.1.3.4

El que persevera, triunfa

En los países hispanos hay por lo general menos universidades que en Estados Unidos. Existen grandes universidades a nivel regional con miles de alumnos, y también algunas universidades privadas, tanto grandes como pequeñas. Sin embargo, no existen las pequeñas escuelas profesionales del tipo *community college,* y la educación para adultos no está tan desarrollada. Por otro lado, muchas veces ir a una universidad pública no es muy caro. ¿Cómo se compara este sistema con el sistema universitario estadounidense?

La Universidad Católica Boliviana, La Paz, Bolivia

Dana
Lima, Perú

¿En qué año del colegio estás?
Ya terminé el colegio el año pasado.

¿Tienes planes para el próximo año?
Sí, quisiera estudiar en la Universidad de Lima.

¿A qué te piensas dedicar algún día?
Quisiera estudiar comunicaciones y ser una cineasta.

Y para el futuro inmediato, ¿qué te gustaría hacer?
Me gustaría viajar a Estados Unidos y así poder aprender más inglés.

Matías
Santiago, Chile

¿En qué nivel estás en el colegio?

Ya egresé del colegio.

Tienes planes para el próximo año?

Sí, quizás estudiar. Aún no lo sé, no lo tengo muy claro.

¿Piensas asistir a la universidad?

Sí, me gustaría entrar a la Universidad de Chile... sería lo adecuado.

¿A qué te piensas dedicar algún día?

Pintor sería una de las cosas que me gustaría ser.

Y para el futuro inmediato, ¿qué te gustaría hacer?

Aún no lo sé pero me gustaría quizás viajar, estudiar, algo por el estilo.

Para comprender ⟍FL.B.1.3.4

1. ¿Qué quiere hacer Dana el año que viene? ¿A qué piensa dedicarse en el futuro?
2. ¿Por qué le gustaría viajar a Estados Unidos?
3. ¿A qué universidad le gustaría entrar a Matías? ¿A qué piensa dedicarse?
4. ¿Qué quiere hacer Matías para el futuro inmediato?

5. ¿Te parece que Dana y Matías tienen muy claros sus planes para el futuro? ¿Por qué?

Para pensar y hablar ⟍FL.A.3.3.2

En tu opinión, ¿por qué puede ser difícil seguir adelante con tus sueños y realizar las cosas que piensas hacer? ¿Qué es lo difícil de decidir lo que quieres hacer en el futuro?

Comunidad en la Florida ⟍FL.E.1.3.2

¡Celebremos la herencia hispana!

En la Florida, debido a su diversa población hispana, se encuentra una gran variedad de organizaciones que celebran y promueven las culturas hispanas. En Miami, por ejemplo, la organización Ifé Ilé promueve la enseñaza de música y bailes afrocubanos. CASA (*Colombian American Service Association*) ha patrocinado eventos como el *Latin American Heritage Reading Program* en la biblioteca pública regional West Randall de Miami. La organización Mujeres Latinas Impulsando Mujeres Latinas, de Weston, ayuda a las mujeres hispanas y a sus familias a adaptarse a la vida estadounidense. Investiga otras organizaciones culturales o cívicas que apoyan a la comunidad hispana. ¿Qué actividades patrocinan? ¿En cuáles te gustaría participar?

Presentación del grupo *Ifé Ilé* durante un festival de baile, Miami

Objetivos
• Talking about future plans
• Expressing cause and effect

Vocabulario *en acción* 2

En Perú
Las aspiraciones

Mis antepasados llegaron a Perú hace años. Tuvieron que **acostumbrarse** a una nueva vida y **luchar por** alcanzar sus **metas.**

La vida puede ser difícil en un país nuevo, pero tenemos que **seguir adelante** y no perder de vista nuestros **objetivos.**

Tenemos que **tomar la iniciativa** para poder **realizar** nuestros sueños.

Más vocabulario...

enfocarse en	*to focus on*
triunfar	*to triumph*

Vocabulario 2

Nos empeñamos en trabajar duro en nuestro negocio y **nos esforzamos por** realizar nuestras **aspiraciones.**

Sueño con ir a la universidad y **llegar a ser** profesora cuando sea mayor.

Sé que algún día **lograré** obtener un empleo en una gran compañía. **No me daré por vencido** hasta encontrarlo y **establecerme** en el mundo de los negocios.

¡Exprésate!

Interactive TUTOR

To talk about future plans	
Antes de que empiecen las clases, quiero... *Before classes start, I want to . . .*	**Voy a... con la idea de...** *I'm going to . . . with the intention of . . .*
Cuando sea mayor, me gustaría... *When I'm older, I'd like to . . .*	**Tan pronto como... pienso...** *As soon as . . . I plan on . . .*
En cuanto cumpla los... años, voy a... *As soon as I turn . . . years old, I'm going to . . .*	**Tengo la intención de...** *I intend to . . .*

Vocabulario y gramática, pp. 79–81

Online workbooks

24 Metas y aspiraciones �FL.A.2.3.2

Escuchemos Escucha los siguientes comentarios y escoge la foto que corresponde a cada uno.

A

B

C

D
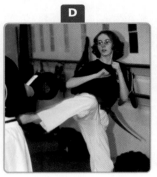

25 Lo que queremos hacer �FL.A.2.3.1

Leamos/Escribamos Completa las siguientes oraciones con las palabras del cuadro.

aspiraciones	empeñarnos	seguir adelante
luchar por	se enfoca	oportunidad

1. Mis amigos tienen muchas ═══ de ir a la universidad.
2. Ellos tienen que ═══ alcanzar su objetivo.
3. Paula ═══ mucho en sus estudios porque quiere ser abogada.
4. Joaquín tiene la ═══ de trabajar en otro país porque habla dos idiomas.
5. Para poder alcanzar nuestros sueños, tenemos que ═══ en el trabajo.
6. Cuando enfrentamos un obstáculo, tenemos que ═══ y superarlo.

26 Un discurso �FL.A.2.3.1

Escribamos Gustavo no puede terminar las oraciones de su discurso *(speech)*. Ayúdalo a terminarlas con las palabras de **Vocabulario** y **Exprésate**.

1. Nadie puede darse por vencido antes de realizar un sueño porque...
2. Hay que tener muchas aspiraciones en la vida porque...
3. Para lograr una meta, hay que...
4. Es bueno tener la oportunidad de...
5. A veces no es fácil acostumbrarse a algo nuevo porque...
6. Hay que luchar por nuestros objetivos porque...

27 Un lugar nuevo 🦩 FL.A.2.3.1

Leamos/Escribamos Eduardo le envió un correo electrónico a su amigo en el que le cuenta sus experiencias en un nuevo lugar. Completa su mensaje con las palabras del cuadro.

des por vencido	establecerme	acostumbrarme	realizar
seguir adelante	esforzarme	llegar a ser	la oportunidad

> Hola amigo:
>
> Te escribo desde mi nueva casa. Cuando llegué aquí, pensé que no tendría __1__ de participar en un club de ciclismo, pero fíjate que el nuevo colegio tiene uno. Quiero __2__ en el club y algún día, __3__ una parte importante del equipo. Ya sabes que no me es fácil __4__ al nuevo colegio pero el club me ayudará a __5__. Voy a __6__ mucho por __7__ mis metas este año. Según lo que me cuentas, tú también tienes muchas aspiraciones. Bueno amigo, no te __8__. ¡Buena suerte!
>
> –Eduardo

28 ¿Serán sus metas? 🦩 FL.A.2.2.7

Escribamos Usa una palabra o expresión de cada columna para escribir seis oraciones. Usa el futuro.

mis amigos	acostumbrarse	los problemas del país
yo	llegar a ser	mujer/hombre de negocios
tú	registrarse para	votar
el presidente	tomar la iniciativa	sacar buenas notas
los profesores	enfocarse en	ver televisión

 Comunicación

29 ¡Hablen de sus planes! 🦩 FL.A.1.2.3

Hablemos Con un(a) compañero(a), hablen de sus planes para el futuro. Pueden hablar de sus planes verdaderos o pueden inventar algo. Sean creativos y usen las palabras de **Vocabulario** y las expresiones de **Exprésate**.

MODELO —**En cuanto me gradúe de la universidad...**
—**¿Ah, sí? Pues, yo tengo la intención de...**

> **Benchmark Focus**
> **FL.A.1.2.3** Recognize and appropriately use oral syntax and inflection in spoken target language

Unos estudiantes de Cuzco

Una entrevista con Felipe

ALEJANDRA   Hola, Felipe. Gracias por venir. Me llamo Alejandra. Soy reportera del periódico de nuestro colegio y me gustaría hacerte algunas preguntas acerca de tus experiencias en la ciudad. ¿Qué me puedes decir?

FELIPE   Bueno, mi familia vino a la ciudad porque mis padres tenían aspiraciones de montar *(set up)* un negocio. Por lo tanto se establecieron aquí para realizar su sueño.

ALEJANDRA   ¿Tuvieron Uds. problemas en acostumbrarse a otro estilo de vida?

FELIPE   Bueno, sí. Imagínate, la vida en el campo es distinta a la de la ciudad; por consiguiente, tuvimos problemas en ajustarnos. Pero seguimos adelante, y todo lo que hemos logrado se debe al trabajo de toda la familia.

ALEJANDRA   ¿Y qué planes tienes ahora que te vas a graduar del colegio?

FELIPE   Tengo la intención de estudiar administración de empresas. En cuanto termine la carrera, voy a trabajar de tiempo completo en el negocio familiar. ¡Quiero que el negocio llegue a ser muy próspero!

ALEJANDRA   Muy bien, veo que tienes todo planeado para el futuro.

¡Exprésate!

To express cause and effect

Interactive TUTOR

Hablamos del tema; por consiguiente... *We discussed the issue; consequently, . . .*	**No estudié, así que...** *I didn't study, so . . .*
Mi éxito en... se debe a... *My success in . . . is due to . . .*	**Soy bilingüe; por lo tanto, tengo muchas oportunidades...** *I'm bilingual; therefore, I have many opportunities . . .*

→ Vocabulario y gramática, pp. 79–81

Online workbooks

30 **¿Así lo dijo?** FL.A.2.3.1

Leamos Basándote en el diálogo, indica si cada oración es **cierta** o **falsa**.

1. Alejandra trabaja para una revista de negocios.
2. Los papás de Felipe montaron un negocio en la ciudad.
3. La familia de Felipe se acostumbró a la ciudad sin problemas.
4. La vida en el campo es diferente a la vida en la ciudad.
5. La familia de Felipe ha trabajado mucho para lograr sus objetivos.
6. Felipe no quiere estudiar en la universidad.
7. Felipe va a trabajar de tiempo completo en el negocio familiar en el futuro.
8. Felipe piensa que a lo mejor el negocio no tendrá éxito.

31 **Consejos para todos** FL.A.2.3.1

Leamos/Escribamos Lee lo que varias personas dicen de sus aspiraciones. Para cada una, escribe un consejo.

MODELO **Me gustaría ser doctor cuando sea grande.**
Lo puedes lograr si trabajas muy duro.

1. Tengo la intención de montar un negocio.
2. Mi mayor aspiración es ser pintor.
3. No sé cómo lograr mi objetivo de jugar al béisbol profesional.
4. Me gustaría ir a la universidad y estudiar geografía.
5. Quiero acostumbrarme a vivir en esta ciudad pero no es fácil.
6. Mi meta es establecerme en mi nuevo país tan pronto como pueda.

Nota cultural

En las riberas del Lago Titicaca, el lago navegable más alto del mundo, se pueden encontrar varios artefactos de los antepasados de la población andina. Cerca de la ciudad de Puno, por ejemplo, hay pinturas antiguas en las cuevas y puntas de lanza *(spearheads)* en el suelo. Los Uros son un grupo de 40 islas en el lago formadas por totora *(large reeds)*. A los indígenas que habitan las islas también se les llama uros; su cultura es una de las más antiguas del continente.

¿Qué más sabes de los uros y de otras culturas indígenas de los Andes?
FL.D.2.4.4

Dos habitantes del lago Titicaca con su balsa fabricada de totora

HOLT **SoundBooth** ONLINE RECORDING

32 **Una cosa resulta de la otra** FL.A.1.3.1

Hablemos En grupos de tres o cuatro, hablen de algo que pasó a consecuencia de otro evento. Pueden mencionar, por ejemplo, tener reuniones de un club, aprobar un examen, ganar un trofeo o presentar una obra de teatro. Mencionen por lo menos cuatro consecuencias en su conversación y usen las frases de **Exprésate**.

MODELO —**Conseguimos un salón para el club de español, por lo tanto podemos tener reuniones cada semana.**
—**¡Excelente! Así que podemos reunirnos mañana.**

Benchmark Focus

FL.A.1.3.1 Exchange information orally and in writing about topics of common interest and about the target culture

Vocabulario 2

Objetivos
- Subjunctive after adverbial conjunctions
- Subjunctive with future actions
- Indicative with habitual or past actions

GramaVisión

Subjunctive after adverbial conjunctions

Interactive TUTOR

1 The **subjunctive** is always used following these expressions, called **adverbial conjunctions:**

a menos (de) que *unless*	**antes de que** *before*
con tal (de) que *provided that*	**en caso de que** *in case*
para que *in order that, so that*	**sin que** *without*

No iré al cine **a menos de que** Juan me **llame**.
I won't go to the movies unless Juan calls me.

Ayudo a mis padres **sin que** me **pidan** ayuda.
I help my parents without them asking for help.

Llegaremos temprano al cine **antes de que se acaben** las entradas.
We'll get to the movies early before the tickets run out.

Tomás, estudia **para que puedas** aprobar el examen.
Tomás, study so that you can pass the exam.

Les repito la información **en caso de que** no **hayan entendido**.
I'll repeat the information in case you haven't understood.

Van a la reunión **con tal de que tengan** tiempo.
They're going to the meeting provided they have time.

Vocabulario y gramática, pp. 82–84
Actividades, pp. 65–67

Online workbooks

33 **Una encuesta** 🏴 FL.A.2.3.1

Leamos Tus compañeros del colegio prepararon una encuesta. Para cada oración de la encuesta, indica **cierto** o **falso** según tu propio caso.

1. Me esfuerzo más cada día para que mi trabajo salga bien.
2. Siempre ayudo a mis padres con tal de que me lo paguen.
3. No me daré por vencido a menos de que sea muy difícil realizar mis sueños.
4. Trato de ayudar a mis amigos sin que me lo pidan.
5. Hay que tomar la iniciativa antes de que alguien más lo haga.
6. En caso de que no me gradúe, siempre puedo trabajar para mis padres.

Las ruinas de Machu Picchu quedan cerca de Cuzco. Aquí se ven desde el sendero Inca.

34 **Todo tiene propósito** FL.A.2.3.1

Leamos/Escribamos Completa el párrafo con la forma correcta del presente del subjuntivo. ♻ *¿Se te olvidó?* Present subjunctive, pp. 59–60

Hay que practicar mucho para que el equipo ——**1**—— (ganar) el partido. Queremos ganarlo sin que nos ——**2**—— (costar) demasiado esfuerzo. Raúl va a hablar con el entrenador antes de que ——**3**—— (empezar) las clases, con tal de que ——**4**—— (tener) tiempo. Quedó en ver al entrenador a las ocho a menos que los dos ——**5**——(llegar) tarde. Yo también pasaré por la oficina del entrenador a las diez en caso de que no ——**6**—— (estar) allí antes.

35 **Una entrevista** FL.A.2.3.1

Leamos/Hablemos A Jorge lo están entrevistando para entrar a la universidad. Completa sus oraciones.

1. Quiero tomar más clases de español para que...
2. Me gustaría estudiar en el extranjero a menos de que...
3. Tengo la intención de participar en los deportes sin que...
4. Deseo conocer al entrenador de tenis antes de que...
5. Voy a traer mi propia computadora con tal de que...
6. Quiero llegar a ser médico para que...
7. Tengo mi solicitud aquí en caso de que...
8. ¿Puedo dar un paseo por el campus antes de que...?

Visit Holt Online
go.hrw.com
KEYWORD: EXP3 CH7
Gramática 2 practice

Benchmark Focus

FL.A.2.3.1 Comprehend and interpret the content of authentic, written materials selected according to the familiarity of the topic and the scope of vocabulary and structure

Gramática 2

Comunicación

HOLT **SoundBooth**
ONLINE RECORDING

36 **Por si acaso** FL.A.1.2.3

Hablemos En parejas, túrnense para describir lo que dirían las personas en los dibujos. Usen las expresiones de **Exprésate.** ¿Cuántas expresiones pueden usar para cada dibujo?

MODELO **Vamos a casa antes de que empiece a llover.**

1. 2. 3.

Subjunctive with future actions

Interactive
TUTOR

1 The following **adverbial conjunctions** express time. Adverbial conjunctions join a dependent clause and an independent clause in the same sentence.

cuando	*when*	**hasta que**	*until*
después de que	*after*	**tan pronto como**	*as soon as*
en cuanto	*as soon as*		

2 Use the **subjunctive** with conjunctions that express time when the verb refers to an action that hasn't happened yet.

Voy a comprar un carro **en cuanto tenga** el dinero.
I'm going to buy a car as soon as I have the money.

Después de que Rosa **salga** de clases, iremos al parque.
After Rosa gets out of class, we'll go to the park.

Voy a esperar **hasta que lleguen** mis amigos.
I'm going to wait until my friends get here.

Tan pronto como Luis **termine** su tarea irá a su clase de natación.
As soon as Luis finishes his homework he'll go to his swimming class.

Vamos a salir con ellos **cuando pasen** por nosotros.
We're going to go out with them when they come for us.

3 The **indicative** can also be used with conjunctions of time when talking about habitual or past actions. You will see examples of this in the next grammar section.

Vocabulario y gramática, pp. 82–84
Actividades, pp. 65–67
Online workbooks

37 **El verano en Ecuador** FL.A.2.2.7

Leamos/Escribamos Completa cada oración con las formas correctas de los verbos en paréntesis.

1. Voy a buscar trabajo en cuanto ===== (terminar) las clases.
2. Vamos a viajar a Portoviejo después de que mi hermano ===== (graduarse).
3. Tan pronto como los estudiantes ===== (irse), vamos a descansar.
4. Cuando ===== (llegar) mi amiga de Ecuador, practicaré español con ella.
5. No podemos pasear por Portoviejo hasta que Mario nos ===== (traer) el mapa.
6. ¿Celia va a cuidar a tus animales cuando ===== (salir) de viaje?

38 **Una fiesta** FL.A.2.3.2

Escuchemos/Leamos Decide si cada oración es **cierta** o **falsa,** basándote en la conversación entre Pati y Leo. Corrige las oraciones falsas.

1. Pati quiere hacer la fiesta antes de que se gradúen.

2. Muchos estudiantes salen de viaje tan pronto como terminan las clases.

3. Los papás de Leo se van de vacaciones en cuanto empiecen los exámenes.

4. Pati va a mandar un correo electrónico en cuanto llegue al colegio.

5. Leo va a hacer la lista de compras después de que sepa cuántas personas vendrán.

39 **Cuando sea mayor...** FL.A.3.3.2

Escribamos Describe en dos oraciones lo que las personas de los dibujos quieren hacer. Usa las expresiones de **Gramática.**

1.

2.

3.

4.

Comunicación

40 **Hay mucho que hacer** FL.A.1.2.3

Hablemos Imagina que acabas de llegar a este país y tienes muchos planes. En parejas, túrnense para entrevistarse sobre sus planes. Usen expresiones como las del cuadro.

¿Cuándo vas a...?	¿En qué momento irás...?
¿Qué planes tienes para...?	Pienso... antes de que...
Empezaré a trabajar en cuanto...	Después de que... voy a...
Me gustaría... tan pronto como...	No haré... hasta que...

Indicative with habitual or past actions

Interactive
TUTOR

1 Use the **indicative** with **en cuanto, cuando, después de que, hasta que,** and **tan pronto como** when the verb refers to a habitual action.

> **Cuando visitábamos** a mis parientes mis primos y yo siempre jugábamos.
> *When we'd visit my relatives my cousins and I would always play.*

> **Tan pronto como termino** un examen me gusta escuchar música.
> *As soon as I finish an exam I like to listen to music.*

2 The **indicative** is also used when describing completed actions in the past.

> **En cuanto llegamos** a la clase, empezó el examen.
> *As soon as we arrived in class, the exam started.*

> No me interesaba la historia **hasta que fui** a Perú.
> *I wasn't interested in history until I went to Peru.*

> **Después de que** Alicia me **contó** lo que pasó, me sentí mejor.
> *After Alicia told me what happened, I felt better.*

3 Compare the use of the **indicative** to the **subjunctive** with **adverbial conjunctions of time.**

> *completed in the past*
>
> **Tan pronto como llegué,** todo el mundo se fue.

> *hasn't happened yet*
>
> **Tan pronto como llegue,** vamos a preparar la cena.

Vocabulario y gramática, pp. 82–84
Actividades, pp. 65–67

Online workbooks

Sección de una carretera incaica

41 **¿Pasado o futuro?** FL.A.2.3.2

Escuchemos Escucha los comentarios y determina si cada acción es **a)** del pasado, **b)** del futuro o **c)** habitual.

42 **El viaje de Miguel** FL.A.2.3.1

Leamos/Escribamos Completa el párrafo con las formas correctas de los verbos en paréntesis.

Estaba muy animado cuando ___1___ (llegar) a Ecuador. Tan pronto como ___2___ (bajarse) del avión, busqué un restaurante. En el restaurante pensé: "Después de que nosotros ___3___ (terminar) de comer, buscaré un mapa. Quiero ir a Otavalo, pero antes de que nosotros ___4___ (ir), aprovecharé para visitar los museos de Quito". Luego tomé un autobús a Otavalo. En cuanto ___5___ (ver) las artesanías, quise comprar algo. Caminé por todo el mercado hasta que ___6___ (encontrar) un suéter de lana para mi mamá.

43 Un intercambio en Lima · FL.A.2.2.7

Leamos/Escribamos Lee esta parte de una conversación entre un profesor de español y un estudiante de intercambio. Completa las oraciones con las formas correctas de los verbos en paréntesis.

1. Cuando tú ===== (llegar) a Lima, ¿fuiste a la casa de un estudiante peruano?
2. ¿Viviste con una familia peruana hasta que ===== (terminar) el viaje?
3. Hablábamos solamente en español después de que ===== (salir) de Estados Unidos.
4. No sabíamos cuántas clases íbamos a tomar hasta que ===== (hablar) con la directora.
5. Después de que yo ===== (descansar) un poco, tuvimos tiempo para conocer la ciudad.
6. Fuimos a los museos tan pronto como ===== (encontrar) un mapa.
7. Tendrás muchas experiencias para contarles a tus niños cuando ===== (ser) mayor.
8. Siempre traigo regalos para mi familia cuando ===== (volver) a casa.

Plaza de Armas, Lima, Perú

44 Prepárate para la entrevista · FL.A.1.3.1

Hablemos En parejas, dramaticen la siguiente situación. Un(a) amigo(a) tiene su primera entrevista de trabajo y te pide consejos. Explícale qué sueles hacer para una entrevista y qué crees que él o ella debe hacer. Pueden usar las frases del cuadro.

MODELO —Siempre me pongo ropa formal cuando voy a una entrevista.

—Debes llegar al lugar diez minutos antes de que comience la entrevista.

> Tan pronto como tú...
> Después de que ustedes...
> Antes de que (irse), siempre...
> No digas nada sobre...hasta que el jefe (la jefa)...
> Suelo tomar la iniciativa antes de que...

Benchmark Focus

FL.A.1.3.1 Exchange information orally and in writing about topics of common interest and about the target culture

Clara perspectiva
Episodio 7

Benchmark Focus

FL.A.2.3.2 Comprehend
and interpret the main
ideas and details from
television, movies, videos,
radio, or live presentations
produced in the target
language

ESTRATEGIA

Separating the essential from the non-essential A story often provides essential information as well as non-essential information. In **Episodio 7**, Clara must convince Mercedes, Professor Luna's secretary, to let her have access to his computer. What essential information does Clara have to use to persuade her? What essential information does Mercedes give Clara in her mission? What non-essential information does she give Clara? Write down the essential and the non-essential information that Mercedes gives Clara. Does the list give you any clues into Mercedes's character? ⬎ FL.A.2.3.2

En los bosques de Pirque

Ecologista 2 Profesor, si nos hace el favor.
Profesor Luna Parece que no tengo otra opción.
Ecologista 1 No lo tome a mal, profesor, sólo queremos hablar un rato con usted.

1

En la oficina del profesor Luna

Clara Buenos días, Mercedes.
Mercedes Buenos días. No hay clases y el profesor Luna no se encuentra ahora.
Clara Ya sé, Mercedes, pero…

2

Clara Mercedes, por favor, ¡es urgente! Necesito imprimir unos archivos del profesor Luna. Hablé con él hoy en la mañana. Por alguna razón, me pidió que imprimiera todos los archivos en su computadora bajo el título "Recomendaciones". No tenemos mucho tiempo. Parecía urgente hacerlo inmediatamente.

Mercedes No, el profesor Luna no permite que cualquier estudiante entre a su oficina a usar su computadora.

3

¡Contreras! El apellido de soltera de la madre del profesor es ¡Contreras!

Claro, niña. Es urgente. Si el profesor te dio esa contraseña es porque está en problemas. Vamos, ¡corre!

4

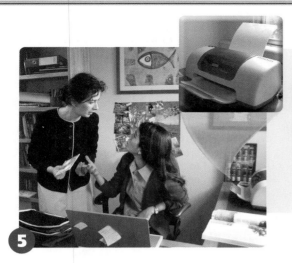

Clara No entiendo por qué el profesor quería que imprimiera los archivos en vez de copiarlos. No tengo mucho tiempo. Quizás no estaba pensando bien. Voy a copiarlos.

Mercedes ¡No! Si haces una copia de los archivos, ¡se autodestruyen! No sé cómo copiarlos sin que se autodestruyan. Hay mucha gente que está interesada en copiar los trabajos del profesor. Por eso el profesor creó un sistema tan complicado.

5

Mercedes ¿Sabías que no soy chilena? Soy de ascendencia ecuatoriana… Me crié en Quito. En mi país, había muchos problemas económicos. Por eso mis padres decidieron mudarse a Santiago. Al principio, nos costó trabajo adaptarnos. Todo aquí era distinto, la forma de ser, el estilo de vida, las tradiciones, las costumbres… Pero poco a poco nos fuimos acostumbrando y nos adaptamos a nuestro nuevo hogar. Hubo algunos obstáculos, pero nada que no pudiéramos superar… sólo tuvimos que hacer el esfuerzo.

6

Mercedes Estoy tan agradecida de la bienvenida que nos dieron los chilenos. No sentimos ninguna discriminación. Todos en mi familia, mis padres, mis hermanos, mis hermanas y yo tomamos la iniciativa de truinfar en nuestro nuevo país. Fue un desafío. Aprovechamos todas las oportunidades que se nos dieron. Yo, por ejemplo, tomé clases en inglés. Y ahora, soy bilingüe. Por lo tanto, tengo más oportunidades en el trabajo.

7

¡Qué pena! Todavía no termino de contarte la historia de mi vida. Usted se viene a tomar un cafecito conmigo. Nos sentamos en el café y termino de contarle.

Parece que ya acabamos.

8

¿COMPRENDES?

1. ¿Qué quieren los ecologistas? ¿Quiere irse con ellos el profesor Luna? ¿Cómo lo sabes?

2. ¿Qué le dice Clara a Mercedes que tiene que hacer?

3. Al principio, ¿cree Mercedes a Clara? ¿Qué le convence?

4. ¿Es Mercedes chilena? ¿De dónde es? ¿Es esencial esta información? ¿Cómo lo sabes?

5. Mientras imprimen los documentos, ¿qué historia le cuenta Mercedes a Clara? Escribe una breve descripción de su historia. ¿Es esencial esta información? ¿Cómo lo sabes?

FL.A.2.3.2

Próximo episodio

Clara sigue con su investigación mientras Octavio tiene que defender su ausencia en la revista. ¿Y dónde crees que está el profesor?

PÁGINAS 346–347 ▶

Novela en video

Lectura informativa

Benchmark Focus

FL.C.2.3.3 Use films or texts produced in the target language to gain knowledge and understanding of various aspects of the arts, music, literature, history, or economics of the target culture

Los grupos étnicos de Perú

Varios grupos étnicos viven en Perú. El grupo más grande son los indígenas (45%), luego los mestizos (37%), los de ascendencia europea (15%) y los africanos, japoneses y chinos (3%). El español y el quechua son los idiomas oficiales del país. Aproximadamente el 75% de los peruanos hablan español. Y además del quechua, hablado por casi 25% de los peruanos, el aymara es otro idioma indígena hablado en Perú con más de 200.000 hablantes. Se hablan más de 103 idiomas indígenas en Perú, pero solamente se hablan entre pequeños grupos étnicos del altiplano y las amazonas.

Los quechuas

Hoy en día hay más de 60 grupos distintos de indígenas peruanos.

El grupo más grande son los quechuas, que son descendientes de los incas. Los incas no hablaban el idioma quechua originalmente; lo adoptaron al establecerse en la región. Los quechuas se refieren a sí mismos con la palabra *runa* (la gente). En América del Sur, hay más de 10 millones de quechuas en siete países, y el quechua es el idioma amerindio más hablado del mundo. Hay varias palabras en inglés y en español que vienen del quechua, como *cóndor*, *puma* y *lima* (la legumbre).

El aporte de los japoneses

La emigración de los japoneses a Perú empezó el 3 de abril de 1899 cuando un grupo de 790 japoneses llegó a Perú para trabajar en los campos de caña de azúcar. Luego el número de inmigrantes creció

Esta mujer japonés-peruana prepara brochetas de pollo, Lima, Perú.

Una mujer afro-hispana vende vegetales locales en un mercado al aire libre.

Estas estudiantes mestizas asisten a la Universidad de San Marcos, la más grande de Perú.

a casi 20.000, y hoy en día hay alrededor de 100.000 habitantes de origen japonés en el país. Aunque vinieron para trabajar en la agricultura, la mayoría de los inmigrantes abandonaron el cultivo de la caña de azúcar y se mudaron a las ciudades. Poco a poco, los japoneses se integraron a la sociedad peruana, y en 1990 los peruanos eligieron al primer presidente de origen japonés, Alberto Fujimori.

Comprensión

A ¡Defínelo! Indica la palabra que va con la definición correcta. ⬆ **FL.C.2.3.3**

1. aymara   3. quechua   5. altiplano
2. Fujimori   4. mestizos

  a. la región donde se habla la mayoría de los idiomas indígenas

  b. el primer presidente de origen japonés en Perú

  c. un idioma indígena con más de 200.000 hablantes que no es un idioma oficial de Perú

  d. el segundo grupo étnico más grande de Perú

  e. uno de los idiomas oficiales de Perú

⬆ **FL.C.2.3.3**

B Datos de Perú Basándote en lo que leíste, contesta las preguntas.

1. ¿Cuántos idiomas se hablan en Perú? ¿Cuáles son los idiomas oficiales del país?
2. ¿Cuál es el grupo étnico más grande de Perú?
3. ¿Por qué emigraron los japoneses a Perú?
4. ¿Cuántos habitantes de origen japonés viven actualmente en Perú?

Actividad ⬆ FL.A.3.4.2

Otra cultura ¿Has vivido en o viajado a un país donde hayas tenido que adaptarte a la cultura? ¿Conoces a otras personas que hayan tenido que adaptarse a otra cultura? Escribe un párrafo sobre tu experiencia o la experiencia de alguien que conozcas.

Lectura informativa

FCAT Reading Focus

LA.A.1.4.2
Select and use strategies to understand
words and text, and to make and confirm
inferences from what is read

ESTRATEGIA

para leer When you read a
poem or a short story, sometimes
you might have to make inferences.
This means that you will be able to
make an informed guess or an
interpretation of what you think the
author is trying to say using the
information from the reading. Some
authors intentionally leave their writing open to these types of interpreta-
tions.

Antes de leer 🔖 FL.A.2.3.3, FL.C.2.3.3

A El poema que vas a leer, "Oda al presente" *(Ode to the present)*
es de Pablo Neruda. Neruda nació en Chile en 1904 y su
nombre legal era Ricardo Neftalí Reyes Basoalto. En 1946
adoptó Pablo Neruda como su nombre legal. Además de ser
escritor, también fue funcionario público y diplomático. Fue
elegido al senado de Chile en 1945 y en 1970 fue embajador de
Chile en París. Neruda ganó el Premio Nobel de literatura en
1971. El poeta murió en Chile el 23 de septiembre de 1973.
Antes de leer el poema entero, lee las primeras diez líneas, y
trata de adivinar de qué va a hablar. ¿Cómo será el poema?

Oda al presente

---

de Pablo Neruda

Este
presente
liso°
como una tabla,
5 fresco°,
esta hora,
este día
limpio
como una copa nueva
10 —del pasado

no hay una
telaraña°—,
tocamos
con los dedos
15 el presente,
cortamos
su medida,
dirigimos°
su brote°,
20 está viviente,

3 smooth **5** fresh **12** cobweb **18** we direct **19** bloom

Leamos y escribamos

vivo,
nada tiene
de ayer irremediable°,
de pasado perdido,
25 es nuestra
criatura,
está creciendo
en este
momento, está llevando
30 arena, está comiendo
en nuestras manos,
cógelo°,
que no resbale,
que no se pierda en sueños
35 ni palabras,
agárralo,
sujétalo
y ordénalo
hasta que te obedezca,
40 hazlo camino,
campana,
máquina,
beso, libro,
caricia°,
45 corta su deliciosa
fragancia de madera
y de ella
hazte una silla,
trenza°
50 su respaldo°,
pruébala,
o bien
escalera!

Si,
55 escalera,
sube

en el presente,
peldaño°
tras peldaño,
60 firmes
los pies en la madera
del presente,
hacia arriba,
hacia arriba,
65 no muy alto,
tan sólo
hasta que puedas
reparar
las goteras°
70 del techo,
no muy alto,
no te vayas al cielo,
alcanza
las manzanas,
75 no las nubes,
ésas
déjalas
ir por el cielo, irse
hacia el pasado.
80 Tú
eres
tu presente,
tu manzana:
tómala
85 de tu árbol,
levántala
en tu
mano,
brilla
90 como una estrella,
tócala,
híncale el diente° y ándate
silbando° en el camino.

---

23 without remedy **32** grab it **44** caress **49** braid, weave **50** back (chair) **58** step (of staircase) **69** leaks
92 sink your teeth into it **93** whistling

Comprensión   FL.A.2.3.3

B Contesta las siguientes preguntas basándote en el poema.
1. ¿Cómo es el presente, según el poema?
2. ¿Con qué se compara el presente?
3. Según el poema, ¿qué debemos hacer con el presente?
4. ¿Hasta qué punto se debe subir la escalera del verso 53? ¿Por qué?
5. ¿Qué son las nubes del verso 75? ¿Qué debemos hacer con ellas?
6. Al final del poema, ¿qué hay que hacer con el presente?

C Lee los siguientes fragmentos del poema y escribe con tus propias palabras lo que cada fragmento significa para ti.
1. «liso como una tabla, fresco, esta hora, este día»
2. «tocamos con los dedos el presente, cortamos su medida»
3. «es nuestra criatura, está creciendo en este momento»
4. «escalera, sube en el presente, peldaño tras peldaño»
5. «no te vayas al cielo, alcanza las manzanas, no las nubes»
6. «tu presente, tu manzana: tómala de tu árbol»

D Lee las palabras de la lista a la izquierda. Para cada palabra, indica qué expresión se usa en el poema para referirse a esa palabra.
1. manzana   a. perdido
2. fragancia de madera   b. liso
3. ayer   c. brilla como una estrella
4. tabla   d. irremediable
5. este día   e. deliciosa
6. pasado   f. limpio como copa nueva

Después de leer   FL.A.2.3.3

E Al leer este poema, ¿qué inferencias hiciste sobre los términos usados por el poeta? ¿Qué significa este poema para ti? ¿Piensas que el narrador tiene una actitud positiva hacia el presente? ¿Cómo lo sabes? ¿Estás de acuerdo con el narrador cuando dice que el pasado está perdido? Explica.

> **Benchmark Focus**
>
> **FL.A.2.3.3** Formulate and answer questions about the literary elements of authentic target-language literary selections

FCAT Writing Focus

LA.B.2.4.3 Write fluently for a variety of occasions, audiences, and purposes, making appropriate choices regarding level of detail and organization

Interactive TUTOR

Taller del escritor

Leamos y escribamos

ESTRATEGIA FL.A.3.3.1

para escribir In order to lead readers to make correct inferences, the author must be careful about what he or she reveals. The author needs to lead readers in the right direction in order for them to understand the intended meaning, without saying too much.

Un escrito que haga pensar

Para que el lector infiera el significado de algo que no está escrito en un texto, es necesario darle suficiente información por medio de palabras, ideas parecidas o comparaciones. Piensa en algo y sin mencionar su nombre, descríbelo de manera que el lector entienda de qué estás hablando.

obra de arte — **edificio** — monumento

estructura

pisos

torre

arquitectura

1 Antes de escribir

Escoge la palabra o concepto que el lector debe inferir y haz una lista de palabras relacionadas. Luego, piensa en una comparación que puedas hacer para que el lector pueda inferir correctamente la palabra que seleccionaste.

2 Escribir un borrador

Describe tu concepto en un párrafo usando las palabras y comparaciones de tu lista. Incluye suficiente información, pero no demasiada, para que el lector no vaya a confundirse.

3 Revisar

Revisa tu borrrador y corrige los errores de gramática y ortografía. Verifica que las palabras y comparaciones que usaste para definir tu concepto sean claras.

4 Publicar

Intercambien sus párrafos en grupos de cuatro estudiantes y traten de inferir la palabra o concepto que cada uno tenía en mente. ¿Cuántos hicieron las inferencias correctamente?

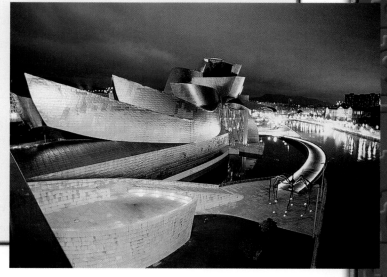

Los Andes

Prepárate para el examen

Interactive
TUTOR

🔊 **1** Escucha los comentarios y escoge la foto que corresponde a cada uno. 📐 **FL.A.2.3.2**

A

B

C

D

📐 **FL.A.2.3.1**

❶ Vocabulario 1
• talking about challenges
• talking about accomplishments
pp. 278–283

❷ Gramática 1
• preterite and imperfect of stative verbs
• grammatical reflexives
• **lo** and **lo que**
pp. 284–289

❸ Vocabulario 2
• talking about future plans
• expressing cause and effect
pp. 292–297

2 Completa el diálogo con las formas correctas de los verbos.

RITA   Oye, Carlos, ayer yo ___1___ (tenía/tuve) la oportunidad de leer una carta de Rosa.

CARLOS   Ay, hace tiempo que no hablo con ella. ___2___ (Lo que/Lo) primero que voy a hacer es llamarla cuando llegue a casa. Por cierto, ¿qué te cuenta?

RITA   Dice que fue difícil mudarse a otro país, pues ya sabes que ___3___ (crió/se crió aquí. ___4___ (Lo/Lo que) más trabajo le costó fue acostumbrarse al estilo de vida.

CARLOS   Escuché que ella trató de obtener un puesto político pero no ___5___ (podía/pudo). ¿Qué va a hacer?

RITA   Pues, ella no se dará por vencida hasta que logre ___6___ (lo/lo que) quiere.

📐 **FL.A.2.3.1**

3 Completa cada oración con una palabra o frase del cuadro.

sueña con	tan pronto como	luchar por
llegar a ser	aspiraciones	acostumbrarme

1. Para mí, fue muy difícil ═══ a un nuevo país.
2. Creo que es muy importante ═══ alcanzar nuestras metas.
3. Mi hermano ═══ ir a la universidad.
4. Yo quiero ═══ una actriz famosa.
5. Tenemos muchas ═══ y nos esforzamos por alcanzarlas.
6. ═══ me gradúe, voy a buscar trabajo en Hollywood.

4 Completa las oraciones con las formas correctas del verbo.

1. El entrenador siempre habla con el equipo antes de que (nosotros) ===== (empezar) a jugar.

2. ¡Hoy nadie quiere salir de aquí hasta que ellos nos ===== (haber) dado el trofeo!

3. El año pasado todos se pusieron tristes cuando otro equipo lo ===== (recibir).

4. Siempre como en cuanto ===== (terminar) un partido.

5. Después de que (nosotros) ===== (comer) hoy, nos acostaremos.

5 Contesta las preguntas. FL.C.2.3.3, FL.D.2.4.4

1. ¿Qué es el español andino?

2. ¿Cuál es el grupo étnico más grande de Perú?

3. ¿Por qué son conocidos los otavaleños y el pueblo de Otavalo?

4. ¿Quiénes son los uros y dónde viven?

6 Escucha mientras Fernando y Dora hablan de sus aspiraciones. Luego, escribe dos cosas que cada persona quiere hacer y cuándo quiere hacerlo. FL.A.2.3.2

7 Mira los dibujos. Indica cuál era la meta de Lisa y explica cómo la logró. FL.A.3.3.2

4 Gramática 2
- subjunctive after adverbial conjunctions
- subjunctive with future actions
- indicative with habitual or past actions

pp. 298–303

5 Cultura
- Comparaciones pp. 290–291
- Lectura informativa pp. 306–307
- Notas culturales pp. 286, 289, 297, 302

Prepárate para el examen

Gramática 1

- Preterite and imperfect of stative verbs
  pp. 284–285

- grammatical reflexives
  pp. 286–287

- **lo** and **lo que**
  pp. 288–289

Repaso de Gramática 1

Estar, tener (que), and **ser** are stative verbs that have different uses in the imperfect and the preterite tenses.

Yo **tenía** que ir a clase.	*I had to go to class.*
Ayer **tuvimos** una reunión.	*We had (held) a meeting yesterday.*

Some verbs that take a reflexive pronoun, but whose action is not directed back on the subject, are: **criarse, expresarse, graduarse, preocuparse, casarse comunicarse, acostumbrarse, esforzarse, mudarse, enojarse, quejarse, burlarse, quedarse.**

These verbs express a process or a change in state.

Me crié en otro país.

Mi primo **se casó** el verano pasado.

Lo + adjective expresses an abstract idea *(the . . . thing).*

Tenemos que ver **lo bueno** de la situación.

Lo malo es que no tenemos otra idea.

Lo que + verb is also to express an abstract idea *(the thing that, wha*

Lo que más **me preocupa** es el examen de geografía.

Gramática 2

- subjunctive after adverbial conjunctions
  pp. 298–299

- subjunctive with future actions
  pp. 300–301

- indicative with habitual or past actions
  pp. 302–303

Repaso de Gramática 2

Always use the subjunctive after these adverbial conjunctions: a m (de) que, antes de que, con tal (de) que, en caso de que, para que, and que.

Julio quiere viajar a Europa **sin que le cueste** mucho dinero.

Verónica no viene con nosotros **a menos que** la **hayas invita**

Tenemos que leer este capítulo **antes de que empiece** la clas

These conjunctions express time: **en cuanto, hasta que, cuando pronto como,** and **después de que.**

The subjunctive is used with these conjunctions when it refers action that hasn't happened yet.

En cuanto termine la película te llamaré. *(future)*

Use the indicative with these conjunctions when referring to I or past actions.

Cuando voy a la playa me gusta tomar el sol. *(habitual)*

Tan pronto como llegaron, empezó la función. *(past)*

...paso de Vocabulario 1

...g about challenges

...ar	to reach
...tepasados	ancestors
...rte	contribution
	to support
...yo	support
...char	to take advantage of
...r	to assimilate
...promiso	commitment, obligation
...uir	to contribute
...umbres	customs
...(en)	to grow up (in)
...ío	challenge
...nar	to discriminate
...(en)	to fit in
...estilo de vida	lifestyle
estar agradecido(a) por	to be thankful for
expresarse	to express (yourself)
el grupo étnico	ethnic group
Había muchos desafíos en...	There were many challenges in . . .
la herencia	heritage
mantener	to maintain
Mis... enfrentaron obstáculos cuando...	My . . . faced obstacles when . . .
el modo de ser	way of being

Nos costó trabajo acostumbrarnos a...	It took a lot of work for us to get used to . . .
el orgullo	pride
el origen	origin
pertenecer a	to belong to
Poco a poco se adaptaron a...	Little by little they adapted to . . .
las raíces	roots
el sacrificio	sacrifice
ser de ascendencia...	to be of . . . descent
la tradición	tradition
tener éxito	to be successful
Tuvimos que hacer un gran esfuerzo para...	We had to make a big effort to . . .

Talking about accomplishments

Con el tiempo pude asimilar...	With time I was able to assimilate . . .
Gracias al apoyo de..., he podido superar...	Thanks to the support of . . . I have been able to overcome . . .
Nos esforzamos en...	We made a big effort to . . .
Por fin, logré...	Finally, I managed to . . .
Trabajo duro... y por eso...	I work hard . . . and for that reason . . .

Repaso de Vocabulario 2

Talking about future plans

acostumbrarse	to get accustomed to
Antes de que empiecen las clases, quiero...	Before classes start, I want to . . .
las aspiraciones	aspirations
Cuando sea mayor, me gustaría...	When I'm older, I'd like to . . .
(no) darse por vencido(a)	to (not) give up
empeñarse en	to insist on, be determined to
En cuanto cumpla los... años, voy a...	As soon as I turn . . . years old, I'm going to . . .
enfocarse en	to focus on
esforzarse (ue) por	to make an effort to
establecerse	to get established
llegar a ser	to become
lograr	to achieve, to manage (to do something)
luchar por	to fight for
la meta	goal

el objetivo	objective
realizar (un sueño)	to fulfill (a dream)
seguir adelante	to move forward
soñar (ue) con	to dream of
Tan pronto como... pienso...	As soon as . . . I plan on . . .
Tengo la intención de...	I intend to . . .
tomar la iniciativa	to take the initiative
triunfar	to triumph
Voy a... con la idea de...	I'm going to . . . with the intention of . . .

Expressing cause and effect

Hablamos del tema; por consiguiente...	We discussed the issue; consequently . . .
Mi éxito en... se debe a...	My success in . . . is due to . . .
No estudié, así que...	I didn't study, so . . .
Soy bilingüe; por lo tanto, tengo muchas oportunidades...	I'm bilingual; therefore, I have many opportunities . . .

Integración

capítulos 1–7

1 Mira las fotos, escucha las descripciones e indica a qué persona se refiere cada una. ⌐FL.A.2.3.2

2 El profesor ha dejado instrucciones para el día del examen. Pon en orden los pasos que tus compañeros de clase y tú deben seguir. ⌐FL.A.2.3.1

No empiecen el examen hasta que hayan leído todo el cuento. Lean las preguntas antes de leer el cuento para que sepan en qué detalles enfocarse. Cuando hayan terminado de leer el cuento y contestar las preguntas, escriban un resumen corto. En cuanto terminen el resumen, entreguen la primera parte del examen y el asistente les dará el tema para el ensayo. Después de que hagan un esquema, escriban el ensayo. Cuando lo hayan revisado, pueden entregar la segunda parte del examen.

a. escribir el ensayo
b. leer las preguntas
c. leer el cuento
d. escribir un resumen

e. escribir un esquema
f. contestar las preguntas
g. revisar el ensayo
h. entregar la primera parte del examen

3 En grupos de tres, hablen de dos éxitos de los que estén orgullosos(as) y dos cosas que no hayan podido lograr. Expliquen la causa y el efecto de cada cosa. ⤺**FL.A.1.3.1, FL.A.3.4.1**

4 Describe lo que ves en esta pintura. Imagina que eres uno de los personajes en la escena y escribe seis oraciones sobre tu herencia, tus costumbres y tus aspiraciones en este momento. ⤺**FL.A.3.3.2**

Benito's Village, 10" x 13" by Benito Huillcahuaman. © Benito Huillcahuaman/Equator Gallery

***Benito's Village* de Benito Huillcahuaman**

5 Acabas de graduarte de la universidad. Tu prima comienza el colegio este año y sueña con ir a la misma universidad. Escríbele una carta dándole consejos sobre lo que debe hacer para lograr su sueño. Si quieres, puedes usar algunas de las frases del cuadro. ⤺**FL.A.3.3.1**

yo que tú	tomar la iniciativa	los objetivos
aprovechar	aprobar	sugiero que

6

Situación Junto con un(a) compañero(a), imaginen que Uds. son capitanes del equipo de básquetbol de su colegio. Piensen en las metas del equipo este año y cómo van a lograr estas metas. Luego, presenten las ideas a la clase. ⤺**FL.A.1.2.3, FL.A.3.3.2**

Capítulo 8

¿A qué te dedicas?

OBJETIVOS

In this chapter you will learn to
- say what you can and cannot do
- talk about what you do and do not understand
- write a formal letter
- talk about your plans

And you will use
- verbs with indirect object pronouns
- verbs that express "to become"
- uses of **se**
- conditional
- past subjunctive with hypothetical statements
- more past subjunctive

¿Qué ves en la foto?

- ¿Quiénes son estas personas y qué hacen?

- ¿Cómo ayuda este trabajo a la comunidad?

- ¿Qué haces tú para ayudar a tu comunidad?

 Look for the next to each activity and the **Benchmark Focus** to help you achieve the goals of the **Florida Sunshine State Standards**, found on pages FL14–FL16.

Un grupo de estudiantes siembra árboles en la Plaza San Francisco, Cuzco, Perú.

Objetivos
- Saying what you can and cannot do
- Talking about what you do and do not understand

Vocabulario *en acción* 1

Unos jóvenes peruanos
¡Manos a la obra!

Tengo **talento** para diseñar páginas Web. Me encanta **utilizar** los programas de diseño y entiendo las nuevas **tecnologías** fácilmente.

Yo **me decidiría a** trabajar con mi padre **en un santiamén.** Es un **hombre de negocios** que trabaja para una compañía internacional.

Quiero hacerme médica para ayudar a **mejorar** la calidad de vida de la gente. Con **los adelantos** de la medicina, podría curar a personas.

Me gusta trabajar como **voluntario.** Quiero ayudar a **cambiar** la vida de las personas. **Trataré de** unirme a algún grupo voluntario **inmediatamente** después de graduarme, porque quiero empezar a trabajar **enseguida.**

Más vocabulario...

la agenda electrónica	*electronic planner*
el (la) auxiliar administrativo(a)/ médico(a)/de laboratorio	*administrative/medical/ laboratory assistant*
el contestador automático	*answering machine*
la fotocopiadora	*photocopier*
la mujer de negocios	*businesswoman*
sembrar	*to plant*

Vocabulario 1

Creo que en el futuro, tendremos **robots** muy **competentes** que nos **facilitarán** todo en **la vida diaria**. Eso será una gran **ventaja**.

Pero **a la vez** habrá **desventajas**. **Hoy en día** somos muy activos, pero los robots pueden hacernos perezosos. Esto **empeorará** nuestra salud.

También se puede decir...

In Florida, you may hear Ecuadoreans use **el/la negociante** instead of **el hombre/la mujer de negocios**. Some Puerto Ricans may prefer **el asistente administrativo** to **el auxiliar administrativo**, and might say **la grabadora** instead of **el contestador automático**.

¡Exprésate!

To say what you can and cannot do	
Está fuera de/a mi alcance. *It's outside/within my reach.*	**Soy capaz de (hacer)...** *I'm capable of (doing) . . .*
Eso me resulta fácil/bastante difícil. *That's easy/pretty difficult for me.*	**Lo puedo hacer.** *I can do it.*
No me es nada difícil. *It's not hard for me at all.*	**Me cuesta trabajo (hacer)...** *It takes a lot of work for me (to do) . . .*

Interactive TUTOR

Vocabulario y gramática, pp. 85–87

 Online workbooks

▶ **Vocabulario adicional — La tecnología, p. R18**

Nota cultural

¿Qué oportunidades de empleo hay hoy en día en la Florida? Las profesiones en el campo de la salud, tales como los asistentes médicos y los fisioterapeutas, gozan de un incremento anual del 4% o más. El crecimiento en los campos de la ingeniería ambiental, la asesoría financiera y el análisis de sistemas ha sido parecido. Otros empleos que tienen una gran demanda actualmente son los abogados, farmacéuticos y pedagogos. En todos estos trabajos, un conocimiento del español es una ventaja para cualquier candidato.

¿Cuáles son tus metas profesionales? ¿Cómo se acoplan a las necesidades actuales de empleo en la Florida?
FL.E.1.4.2

Estudiante y profesora de un colegio de Tampa

1 Gracias a la tecnología... FL.A.2.3.2

Escuchemos Escucha los siguientes comentarios y determina a qué adelanto tecnológico se refiere cada uno.

1. **a.** el robot
   b. la agenda electrónica
   c. el teléfono celular

2. **a.** el contestador automático
   b. la fotocopiadora
   c. el robot

3. **a.** la agenda electrónica
   b. el teléfono celular
   c. la fotocopiadora

4. **a.** la fotocopiadora
   b. el robot
   c. el teléfono celular

2 El club de voluntarios FL.A.2.3.1

Leamos Lee lo que dice la presidenta del club de voluntarios y completa su discurso con las palabras del cuadro.

| sembrar talentos mejorar alcance tratar de decidirse a la vez |

Muchas gracias por ___1___ a ser miembros de nuestro club. Todos pueden contribuir con sus ideas y sus ___2___ especiales. Esta semana, queremos ___3___ cómo se ve nuestra comunidad. Vamos a ___4___ árboles en las aceras y en los parques. ___5___ que sembremos, vamos a poner basureros en estos lugares. Tenemos que ___6___ ayudar a mantener limpia la ciudad. Es un poco difícil, pero está a nuestro ___7___.

3 El mundo de los negocios FL.A.2.3.1

Leamos Basándote en lo que dice Teresa, indica si cada una de las siguientes oraciones es **cierta** o **falsa**.

Me llamo Teresa y soy la auxiliar administrativa de un hombre de negocios. No me es nada difícil hacer tres cosas a la vez, y cuando mi jefe pide algo se lo hago en un santiamén. Pero sueño con hacerme una mujer de negocios y sé que está a mi alcance. Sólo me falta tomar unas clases en la universidad por la noche. Estoy segura de que en cuanto me gradúe, encontraré trabajo enseguida porque tengo mucha experiencia y mi jefe me dará una recomendación muy buena. Además, con mi conocimiento de la tecnología, creo que sería capaz de empezar mi propio negocio algún día.

1. Teresa hace trabajo voluntario en un hospital.
2. Cuando su jefe le pide algo, ella siempre se lo hace inmediatamente.
3. Teresa no puede hacer más de una cosa a la vez.
4. A Teresa le resulta difícil usar las nuevas tecnologías.
5. Ella cree que no está a su alcance ser mujer de negocios.
6. Teresa es una mujer muy competente.

4 **Ventajas y desventajas** FL.A.3.3.2

Escribamos/Hablemos Describe las ventajas y las desventajas de los adelantos tecnológicos en las fotos.

5 **¿Puedes hacerlo?** FL.A.3.3.1

Leamos/Escribamos Usa las expresiones de **Exprésate** para indicar si puedes hacer cada actividad o no.

MODELO diseñar páginas Web
Soy capaz de diseñar páginas Web.

1. ser hombre (mujer) de negocios
2. usar las nuevas tecnologías
3. organizar las citas en una agenda electrónica
4. utilizar un contestador automático
5. hacer dos cosas a la vez
6. trabajar como auxiliar médico(a)

Comunicación

6 **¿Está a tu alcance?** FL.A.1.3.1

Hablemos En grupos pequeños, hablen de estos temas y expliquen sus puntos de vista. ¿Creen que serán capaces de hacer estas cosas en el futuro? ¿Por qué?

MODELO —**En el futuro no podremos trabajar sin computadora.**
—**Pues no estoy de acuerdo. Yo no necesito computadora.**

1. trabajar sin la computadora
2. vivir sin teléfono celular
3. usar un robot en la vida diaria
4. hacer trabajo voluntario
5. trabajar para una empresa internacional
6. mejorar la calidad de vida de la gente

> **Benchmark Focus**
> **FL.A.1.3.1** Exchange information orally and in writing about topics of common interest and about the target culture

¡No entiendo!

En un colegio de Lima

MARTÍN   Eres capaz de hacer esta tarea, Ricardo. Sólo tienes que concentrarte y lo captarás enseguida.

RICARDO   Trato de entenderla una y otra vez, pero no me cabe en la cabeza.

MARTÍN   No te preocupes; esto sí está a tu alcance. Mira, vuelve a la primera página y estudia los ejemplos.

RICARDO   A ver... creo que puedo hacer estos problemas... ¡Sí! Pues, el primer paso no me resultó tan difícil.

MARTÍN   ¿Está más claro ahora?

RICARDO   Un poco, pero sí me cuesta trabajo. Me parece que tú tienes ventaja, porque tu hermano mayor ya tomó este curso.

MARTÍN   Sí, tengo sus apuntes, pero me resulta casi imposible leer lo que escribió porque tiene muy mala letra.

RICARDO   Ya veo. Mira, ahora que lo dices, hay algo en mi tarea que se me escapa.

MARTÍN   ¿Qué es?

RICARDO   Mi propia letra. ¡No logro entenderla!

¡Exprésate!

To talk about what you do and do not understand

Hay algo que se me escapa. *There's something that I can't quite grasp.*	**No me cabe en la cabeza.** *I don't get it.*
No logro entender... *I can't seem to understand . . .*	**¡Vaya! Por fin capto la idea.** *Aha! I finally get the idea.*
¡Ya caigo! Está más claro ahora. *I get it! It's clearer now.*	

Interactive TUTOR

→ Vocabulario y gramática, pp. 85–87

Online workbooks

7 **¿Lograste entenderlo?** FL.A.2.3.1

Leamos/Escribamos Basándote en el diálogo entre Ricardo y Martín, contesta las preguntas.

1. ¿Cuál es la opinión de Ricardo sobre su habilidad para hacer la tarea?
2. ¿Qué le sugiere Martín a Ricardo para que logre entender la tarea?
3. Aunque el primer paso no le resultó tan difícil, ¿qué dice Ricardo del trabajo?
4. ¿Por qué cree Ricardo que Martín tiene ventaja?
5. ¿Crees que a Martín le resulta fácil hacer la tarea? ¿Por qué?
6. ¿Qué se le escapa a Ricardo al final?

8 **El mundo tecnológico** FL.A.2.3.1

Leamos/Escribamos Completa las oraciones con las palabras del cuadro.

caigo   logro   alcance   cabe   ventajas   captó

Una planta hidroeléctrica cerca de Baños, Ecuador

1. No ▭▭ entender las nuevas tecnologías.
2. Las nuevas tecnologías tienen muchas ▭▭.
3. Me han enseñado a usar la computadora pero no me ▭▭ en la cabeza.
4. Aprender a usar las nuevas tecnologías está al ▭▭ de todos.
5. Le expliqué a una amiga cómo mandar un correo electrónico y al fin ▭▭ la idea.
6. ¡Ya ▭▭! No sabía que había que hacerlo así.

Comunicación

9 **¡No me cuesta nada!** FL.A.1.2.3

Hablemos En parejas, comenten los siguientes temas. Túrnense para explicar si es algo que saben hacer bien o algo que les cuesta trabajo. Usen las expresiones de las páginas 321 y 324.

MODELO —No logro entender los nuevos programas de computación.
—A mí me pasa lo mismo. Siempre hay algo que se me escapa.

1. las matemáticas
2. las ciencias
3. la tecnología
4. los deportes
5. los idiomas
6. el teatro
7. la música y el arte
8. trabajar y ser estudiante a la vez

Benchmark Focus

FL.A.1.2.3 Recognize and appropriately use oral syntax and inflection in spoken target language

Los Andes

trescientos veinticinco **325**

Objetivos
- Verbs with indirect object pronouns
- Verbs that express "to become"
- Uses of **se**

Gramática
en acción

GramaVisión

Interactive TUTOR

Repaso **Verbs with indirect object pronouns**

1 An **indirect object pronoun** is used with some verbs to indicate *to whom* or *for whom* an action occurs. The verbs below are often used with indirect object pronouns.

> ¿Te **molesta** hacer dos cosas a la vez?
> *Does it bother you to do two things at once?*

> Me **resulta** fácil usar este programa.
> *It is easy for me to use this program.*

> No me **cabe** en la cabeza.
> *I can't get it into my head.*

> ¿Le **pusiste** tu número en su agenda electrónica?
> *Did you put your number in his electronic planner?*

> A Sara no **le es** fácil la geografía.
> *Geography is not easy for Sara.*

> A ellos **les cuesta** trabajo hacer la tarea.
> *It takes a lot of work for them to do the homework.*

2 The **indirect object pronoun** indicates *to whom* or *for whom* the action occurs. The **verb** must agree with the subject.

for whom   *agrees with subject*

¿A Uds. **les resultó** fácil el examen?

3 If the subject is an **infinitive,** the verb must be in the third person singular.   *agrees with subject*

Me **cuesta** trabajo **entender** este cuento.

¡Te acuerdas?

The direct object pronouns **me, te, lo, la, nos, os, los, las** stand for people or things that directly receive the action of the verb. Verbs like **gustar** and **molestar** do not take a direct object pronoun but rather an indirect object pronoun that stands for the person experiencing the action.

Vocabulario y gramática, pp. 88–90
Actividades, pp. 71–73

Online workbooks

10 **La tecnología** FL.A.2.3.2

Escuchemos Escucha la conversación entre Clara y María y determina si las siguientes oraciones son **ciertas** o **falsas.**

1. Clara dice que no le gusta la agenda de María.
2. A María le resulta difícil usar su agenda electrónica.
3. Gabriela tampoco sabe usar su agenda electrónica.
4. Todo le salió bien a Gabriela cuando usó su agenda electrónica.
5. Clara entiende por qué sus amigas no logran entender la tecnología.
6. Clara no sabe usar su teléfono celular.

11 En el trabajo FL.A.2.2.7

Leamos/Escribamos Completa las oraciones con la palabra correcta en paréntesis.

1. A Samuel ═══ (le/les) parece excelente el trabajo de Martín, su auxiliar administrativo.
2. Me ═══ (llamo/llama) la atención el talento de Martín.
3. A Samuel ═══ (se/ le) es imposible trabajar sin él.
4. A todos los empleados aquí, ═══ (le/les) resulta difícil hacer más de una cosa a la vez.
5. A Samuel y a Martín no les ═══ (importan/importa) trabajar hasta muy tarde.
6. A nosotros ═══ (nos/les) cuesta trabajo entender cómo ellos logran hacer tantas cosas.
7. Pero nos ═══ (gusta/gustan) observarlos.
8. Queremos dar═══ (les/nos) las gracias por su ayuda.

En una oficina de Lima

12 ¡A escribir! FL.A.3.3.1

Escribamos/Hablemos Combina las frases de las columnas para escribir seis oraciones. Usa los pronombres del complemento indirecto correctos.

A mí	gustar	usar las nuevas tecnologías
A mis padres	caber en la cabeza	usar una agenda electrónica
A mi abuelo	resultar fácil/difícil	tratar de hacer dos cosas a la vez
A ti	ser complicado	utilizar la nueva computadora
A mis amigos y a mí	costar trabajo	programar el contestador automático
A mi jefe	salir mal	cambiar su auxiliar por un robot

omunicación

HOLT **SoundBooth**
ONLINE RECORDING

13 La tecnología cambia la vida FL.A.1.3.1

Hablemos En parejas, hablen de cómo los siguientes adelantos tecnológicos cambiarían sus vidas en la casa o en el colegio. ♻ *¿Se te olvidó?* Conditional, pp. 120–121

MODELO acceso a la tarea por Internet
—**Nos sería más fácil hacer la tarea por Internet.**
—**Estoy de acuerdo. Me molesta llevar los libros a casa.**

1. un programa tecnológico interactivo para ayudar en las tareas
2. un robot para hacer los quehaceres
3. computadoras con acceso a Internet en todos los salones de clase
4. una agenda electrónica que habla

Benchmark Focus
FL.A.1.3.1 Exchange information orally and in writing about topics of common interest and about the target culture

Los Andes

trescientos veintisiete **327**

Gramática 1

Verbs that express "to become"

1 You can use the verbs **hacerse, volverse, ponerse, convertirse en, quedarse,** and **llegar a ser** to convey a change in state (*to get* or *to become*). The preterite is often used to talk about a particular change or reaction in the past.

2 **Hacerse** + adjective or noun describes *a change where a personal effort is involved.*

> Juan **se hizo** abogado.
> *Juan became a lawyer.*

3 **Ponerse** + adjective describes *a sudden physical or mental change.*

> Ana **se puso** triste cuando no pudo ir al concierto.
> *Ana became sad when she couldn't go to the concert.*

4 **Volverse** + adjective can describe *a more gradual change.*

> **Me estoy volviendo** loca con esta computadora.
> *I'm going crazy with this computer.*

5 **Convertirse en** + noun expresses *to change into* or *to turn into.*

> La tienda familiar **se convirtió en** un almacén grande.
> *The family store turned into a big department store.*

6 Use **quedarse** + adjective in some idiomatic expressions and with certain adjectives such as **ciego(a), sordo(a),** and **calvo(a)** to express *to be left, to wind up* a certain way.

> **Me quedé** boquiabierta.
> *I was left speechless.*

7 Use **llegar a ser** + adjective or noun to express *to become or to get to be after a series of events or after a long time.*

> Por fin **llegaron a ser** buenas amigas.
> *They finally got to be good friends.*

> Era pobre, pero **llegó a ser** rico.
> *He was poor but he became rich.*

Vocabulario y gramática, pp. 88–90
Actividades, pp. 71–73

Online workbooks

Tradicionalmente en Latinoamérica y España, las horas de trabajo han sido desde las nueve de la mañana hasta las dos, y otra vez desde las cuatro o cinco hasta las ocho. Entre las dos y las cuatro, la gente volvía a casa para comer con la familia y dormir la "siesta". Pero hoy en día esta tradición está cambiando. Ahora muchos empleados en estos países tienen un horario parecido al horario típico de trabajo de Estados Unidos.

¿Cuales serían las ventajas y desventajas de seguir las horas de trabajo tradicionales de España y Latinoamérica?

FL.B.1.3.4

Un café Internet en la República Dominicana

Benchmark Focus

FL.B.1.3.4 Identify and discuss various aspects of the target culture

---

14 **Los mejores planes** **FL.A.2.3.2**

Escuchemos Algunos estudiantes regresan a Cuzco, donde hicieron un programa de intercambio. Escucha cada comentario y determina si la persona

a) ha cambiado o

b) no ha cambiado.

15 ¿Cómo cambiaron? FL.A.2.2.7

Leamos Completa cada oración con la forma correcta del verbo.

1. Ellos ▬▬▬ furiosos por la mala noticia.
   a. se pusieron **b.** se volvieron **c.** se hicieron

2. El señor ▬▬▬ terco con el paso de los años.
   a. se convirtió en **b.** se hizo **c.** se volvió

3. Carlos y Memo ▬▬▬ ricos con su negocio por Internet.
   a. se convirtieron **b.** se hicieron **c.** se pusieron

4. Su hermano ▬▬▬ feliz cuando le cuentas un chiste.
   a. se vuelve **b.** se hace **c.** se pone

5. Este niño ▬▬▬ un problema.
   a. se ha convertido en **b.** se ha puesto **c.** se ha hecho

16 Antes y después FL.A.2.2.7

Leamos/Escribamos Escribe oraciones completas usando las siguientes frases. Utiliza el presente o el presente perfecto.

♻ *¿Se te olvidó?* Present perfect, pp. 148–149

1. yo/volverse/muy estudiosa porque ahora tengo clases por Internet
2. mi abuela/hacerse/mujer de negocios y vende cosas por Internet
3. mi papá/llegar a ser/muy competente con las nuevas tecnologías
4. mis hermanos/volverse/locos por los juegos de computadora
5. la tecnología/convertirse en/el centro de nuestra vida diaria

17 ¿Qué le pasó a Guillermo? FL.A.1.2.3

Hablemos En parejas, cuenten lo que le pasó a Guillermo en los siguientes dibujos. Usen los verbos de **Gramática.**

Repaso — Uses of se

Interactive
TUTOR

The pronoun **se** has many uses.

1 It is used with verbs that are used reflexively **(acción reflexiva).**

Caterina **se** compró un contestador automático.

2 It can indicate unintentional events **(acto no intencional).**

Se me olvidó la reunión.

3 It replaces **le** or **les** before the direct object pronouns **lo, los, la,** and **las.**

reemplaza le o les

—¿**Le** dijiste que no fuera?   —**Se** lo dije mil veces.

4 It is used in impersonal sentences **(acción impersonal).**

Se dice que ha habido muchos adelantos en la medicina.

5 It is used to express the passive voice **(acción pasiva).**

Se oyeron muchas opiniones sobre las ventajas del programa.

6 It is used with certain "process" verbs to show a change in status or in physical or emotional state **(un cambio).**

Carmela **se** graduó de la universidad.

Manolo **se** hizo hombre de negocios.

Vocabulario y gramática, pp. 88–90
Actividades, pp. 71–73

Online workbooks

Un doctor y una enfermera atienden a una paciente en Perú.

18 **¿Por qué se usa?** FL.A.2.3.1

Leamos   Lee las siguientes oraciones y determina qué indica el se: **a)** una acción reflexiva, **b)** un acto no intencional, **c)** una sustitución para *le* o *les,* **d)** una acción impersonal, **e)** una acción pasiva o **f)** un cambio.

1. Miguel se puso furioso cuando supo la noticia.
2. Se cancelaron las clases a causa de la nieve.
3. Francisco se baña dos veces al día.
4. Se lo mandé por correo ayer.
5. Se cree que la situación ha mejorado.
6. Se me rompió el vaso.
7. Pamela se acostumbró a la vida diaria después de unas semanas.

19 Oraciones con "se" ⬳ **FL.A.2.2.7**

Leamos/Escribamos Vuelve a escribir estas oraciones con **se.**

1. Todos dicen que la compañía tiene una crisis económica.
2. En esta compañía, la gente generalmente empieza a trabajar a las nueve.
3. Me olvidé de ir a la reunión.
4. Las fotocopias fueron encontradas en la sala de conferencias.
5. Marisol llegó a ser directora de la empresa.
6. Le di la información a la jefa ayer.

20 ¿Qué pasa? ⬳ **FL.A.3.3.2**

Hablemos Observa las fotos y expresa lo que pasa o lo que ha pasado en cada una, usando **se.**

Comunicación

HOLT **SoundBooth** ONLINE RECORDING

21 Se dice que… ⬳ **FL.A.1.3.1**

Hablemos En parejas, hablen sobre la tecnología. Comenten los siguientes temas, tratando de usar oraciones con **se.**

1. ¿Qué dice la gente sobre la tecnología?
2. ¿Cómo reacciona la gente cuando la tecnología no funciona bien?
3. ¿Has tenido algún problema con tu computadora alguna vez?

> **Benchmark Focus**
> **FL.A.1.3.1** Exchange information orally and in writing about topics of common interest and about the target culture

Cultura

Comparaciones
Interactive TUTOR

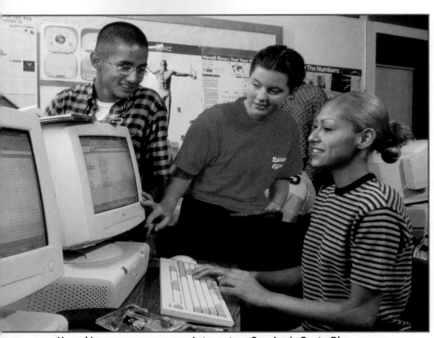

Unos jóvenes navegan por Internet en San José, Costa Rica.

Vale más una imagen que mil palabras ⚑ FL.B.1.3.4

El acceso de los ciudadanos a la tecnología moderna es uno de los retos que tienen los países hispanos. En general, es caro comprar una computadora, pero a los jóvenes les interesa mucho la tecnología. En algunos países como Perú, México y muchos otros, hay muchos cibercafés, donde se puede alquilar computadoras para Internet, y también para videojuegos, y resulta bastante barato. También, mucha gente usa el teléfono móvil. ¿Crees que la tecnología será más importante aún en el futuro? ¿Cómo cambiará nuestra vida, y la de otros países?

🌣 Omar
Cuzco, Perú

Vamos a hablar sobre la tecnología. ¿A qué tipo de tecnología tienes acceso?

Tengo acceso a la telefonía celular, a la televisión por cable y al Internet.

¿Te resulta fácil usar una computadora?

Me resulta fácil usar el Internet porque los sistemas cada vez son más amigables.

¿Cuáles son las ventajas y desventajas de depender tanto de la tecnología?

La principal ventaja de la tecnología es de que me permite acceder a

mucha información, conocer otros idiomas por ejemplo, así como muchas personas. Como desventaja, es de que a veces existe mucha saturación en mensajes publicitarios.

¿Crees que la tecnología te facilita la vida?

La tecnología me ayuda bastante porque me mantiene comunicado en cualquier momento y lugar, así puedo comunicarme con mis amigos y mis clientes.

Estados Unidos

MÉXICO   Golfo de México

Ciudad de México ★

Océano Pacífico

☼ Ulises
Ciudad de México, México

Vamos a hablar sobre la tecnología. ¿A qué tipo de tecnología tienes acceso?

A celular, a Internet, a mi mini-Palm, juegos de video.

¿Te resulta fácil usar tu celular?

Sí, muy sencillo. Bueno, últimamente, es... ya, de moda.

¿Cuáles son las ventajas y desventajas de depender tanto de la tecnología?

Bueno, las ventajas es que te ahorra tiempo, distancias y, por eso es muy práctico. Y desventajas, que estás un poco más flojo porque dependes mucho de eso y tú, como persona, ya no haces muchas cosas.

¿Crees que la tecnología te facilita la vida?

Sí, me facilita mucho porque ahorita últimamente, sin un celular o sin computadora, sería todavía mandar cartitas y ya no podría chatear. Entonces sí sería muy difícil.

Cultura

Para comprender ⟍ FL.B.1.3.4

1. ¿Qué tecnología usa Omar?
2. ¿Cómo le facilita la tecnología la vida a Omar?
3. ¿Qué dice Ulises sobre su celular y su uso?
4. Según Ulises, ¿cómo sería el no tener acceso al celular o a la computadora?
5. ¿Cómo se comparan Omar y Ulises en su uso de la tecnología? ¿Son parecidos o diferentes?

Para pensar y hablar ⟍ FL.A.3.3.2

¿Cuál es la tecnología más imprescindible *(indispensable)* para ti? ¿Te puedes imaginar la vida sin ella? ¿Cómo sería? ¿Cuáles son las ventajas y desventajas de vivir con esta tecnología?

Comunidad en la Florida

Empresarios hispanos ⟍ FL.E.1.3.2

En la Florida el número de empresarios hispanos ha crecido considerablemente en las últimas décadas. Según la revista *Hispanic Business*, 122 de los 500 negocios hispanos más notables de Estados Unidos se hallan en la Florida. Dos ejemplos de empresarios hispanos de renombre son Conchita Espinosa, la dueña de *Fru-Veg Marketing Inc.* en Miami, y Richard Cartagena, el dueño de *Nexxtworks Inc.,* un distribuidor de equipos de telecomunicaciones en Palm Harbor. Haz una investigación de otro empresario hispano prominente en la Florida. Investiga de dónde es, qué hace, cómo empezó su negocio y cómo contribuye a su comunidad.

Conchita Espinosa, empresaria de Miami

Objetivos
• **Writing a formal letter**
• **Talking about your plans**

Vocabulario en acción 2

En Lima
¿A qué se dedican tus padres?

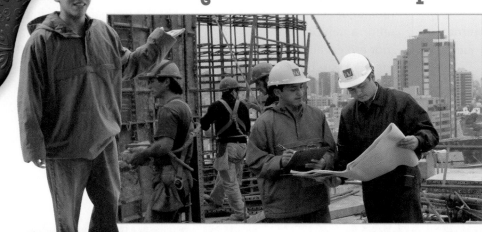

Mi papá **supervisa** edificios en construcción. Su trabajo es comprobar que **el ambiente de trabajo** sea seguro para todos los trabajadores. Es un trabajo que **requiere** mucha responsabilidad.

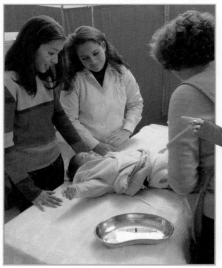

Mi padre lee **las solicitudes** de las personas que quieren **una entrevista** de empleo. También les explica **los salarios** y **beneficios** que ofrece **la empresa,** como el **seguro médico**.

A mi madre le gusta **donar tiempo a una causa.** Actualmente está encargada de **dirigir** a todos los voluntarios de esta clínica. Le encantan sus **compañeros de trabajo.**

Más vocabulario...

el empleo a tiempo completo	*full-time job*
el jefe	*boss*

También se puede decir...

In Florida, you may hear Cubans and Puerto Ricans say **el sueldo** instead of **el salario**, and **poner al día** for **actualizar**. Many Latin Americans may use **los colegas** instead of **los compañeros de trabajo**.

Vocabulario 2

Hace un mes, mi papá decidió cambiar de **carrera.** Ahora está tomando clases para **conseguir** otro título académico y también tiene **un empleo a medio tiempo** en un restaurante. Cuando termine sus estudios, va a poder **actualizar** su **currículum vitae.**

Mi mamá tiene **el puesto** más alto de su compañía: ¡es **la jefa!** Ella **solicita** las opiniones de todos sus empleados antes de tomar decisiones.

Mi papá es **gerente** de nuestro almacén familiar. Él habla con todos **los empleados** y les explica **los requisitos** y **el horario** de trabajo.

¡Exprésate!

To write a formal letter		Interactive TUTOR
Muy estimado(a) Sr./Sra./Srta.: *Dear Sir/Madam/Miss:*	**Reciba un cordial saludo,** *Kind regards,*	
Por medio de la presente... *The purpose of this letter is . . .*	**Muy atentamente,** *Most sincerely,*	
Le/Les adjunto un(a)... *I'm enclosing a . . .*		

Vocabulario y gramática, pp. 91–93

Online workbooks

Nota cultural

En partes de Latinoamérica, la **licenciatura** es el título que se recibe al graduarse de la universidad. Para recibir la licenciatura, el estudiante a veces tiene que aprobar un examen sobre todo lo que ha estudiado durante su carrera universitaria. En algunas universidades latinoamericanas, el estudiante tiene que hacer una tesis además de presentar el examen. A una persona que se ha graduado de la universidad y que ha cumplido con los requisitos, se le llama **licenciado(a)**.

¿Cómo se compara el proceso que hay que seguir para sacar la licenciatura en Latinoamérica con los requisitos universitarios de Estados Unidos?

FL.B.1.3.4

Anfiteatro de la Universidad de los Andes, Santiago

22 **La entrevista** FL.A.2.3.2

Escuchemos/Escribamos Escucha la entrevista y determina si cada oración es **cierta** o **falsa**. Corrige las oraciones falsas.

1. El señor Maldonado es el jefe de la empresa.
2. El señor Maldonado ha visto el currículum de la señorita Garza.
3. La señorita Garza ha solicitado empleo en un restaurante.
4. Si ella consigue el puesto, recibirá seguro médico enseguida.
5. La señorita Garza ha dirigido grandes proyectos.
6. La empresa tiene sólo un puesto vacante y es a medio tiempo.

23 **Anuncios clasificados** FL.A.2.3.1

Leamos/Hablemos Lee estos anuncios de trabajo y decide si el candidato **a)** cumple con los requisitos o **b)** no cumple con los requisitos. Si no cumple, explica por qué.

CANDIDATOS

1. Soy un estudiante recién graduado de la universidad y busco trabajo como auxiliar administrativo en una empresa internacional. Tengo títulos en tecnología y francés.

2. Soy ingeniera y quiero cambiar de carrera. Solicito trabajo como profesora de ciencias o de matemáticas a cualquier nivel. Título universitario.

3. Soy carpintero y quiero donar tiempo a una causa. Deseo usar mi talento para mejorar nuestra comunidad. Puedo trabajar por las noches. No requiero salario ni beneficios.

4. Soy artista y solicito trabajo a medio tiempo. Doy clases de pintura a adultos por las tardes y busco trabajo por las mañanas.

5. Tengo 10 años de experiencia supervisando oficinas de empresas grandes. Solicito un trabajo de cuarenta horas a la semana con beneficios.

ANUNCIOS

Empresa comercial busca empleado para contestar el teléfono y actualizar el sistema de computadoras. Requisitos: saber otro idioma y tener título en computación.

Colegio busca profesor(a) de química para estudiantes del tercer año. Requisitos: tres años de experiencia como profesor(a).

Oficina de trabajo social busca voluntario para construir residencias. Requisitos: que sepa construir y que desee mejorar la vida de personas sin hogar.

Museo de arte busca a alguien que pueda presentar exposiciones de arte de las 4 hasta las 6 de la tarde. Requisitos: conocimiento de la pintura.

Banco busca gerente de oficina para trabajar a tiempo completo en oficina central. Vacaciones y seguro médico. Requisitos: más de cinco años de experiencia como supervisor.

24 Una carta de solicitud ⟋FL.A.2.3.1

Leamos/Escribamos Completa la siguiente carta de solicitud con las palabras del cuadro.

adjunto	estimada	carrera	medio	empresa
entrevista	conseguir	gerente	saludo	capaz

Muy ___1___ Sra. Casas:

Por ___2___ de la presente, quisiera solicitar el puesto a medio tiempo como auxiliar del gerente de diseño. Actualmente estoy estudiando la ___3___ de diseño gráfico en la universidad. Me gustaría ___4___ un empleo relacionado con el diseño. He leído su página Web y estoy muy impresionado con los servicios que ofrece su ___5___. Soy ___6___ de hacer muchas tareas a la vez y sin duda podría facilitarle el trabajo al ___7___.

Le ___8___ mi currículum vitae con esta carta. Puedo reunirme con Ud. para una ___9___ a la hora que le sea conveniente.

Reciba un cordial ___10___ de,
Pablo Duque

25 Mi trabajo ideal ⟋FL.A.3.3.1

Leamos/Escribamos Completa las oraciones para describir tu trabajo ideal. ♻ *¿Se te olvidó?* Subjunctive with unknown or nonexistent, pp. 72–73

1. Busco un ambiente de trabajo que sea...
2. Me gustaría conseguir un puesto de...
3. Yo donaría tiempo a una causa como...
4. Es muy importante tener compañeros de trabajo que...
5. Prefiero un jefe (una jefa) que...
6. Requiero un empleo que ofrezca beneficios como...
7. Quiero un salario mínimo de...
8. En mi trabajo, quiero dirigir...

Los futuros dueños de esta casa colaboran con Hábitat para la Humanidad en su construcción en Tacna, Perú.

Comunicación

HOLT **SoundBooth**
ONLINE RECORDING

26 Solicito el puesto ⟋FL.A.1.4.1

Hablemos En parejas, escojan uno de los anuncios de trabajo de la Actividad 23. Dramaticen una entrevista entre la persona que solicita el puesto y el (la) gerente. Luego presenten la entrevista a la clase.

MODELO —Veo que acabas de graduarte de la universidad.
—Sí, y estoy muy interesado en el puesto de gerente de oficina que vi en su anuncio de trabajo.

Benchmark Focus
FL.A.1.4.1 Interact in the target language in a number of true-life situations chosen from a variety of contexts

Una solicitud de trabajo

Muy estimado Sr. Prieto:

Me dirijo a Uds. para solicitar un puesto en su compañía. Entiendo que su empresa tiene una vacancia en el departamento de seguros. Tengo mucha experiencia en este campo, porque llevo cinco años en un puesto similar. He asistido a varias reuniones y conferencias para actualizar mis conocimientos y creo cumplir con los requisitos que Uds. buscan.

Le adjunto mi solicitud de trabajo y el currículum vitae. Les agradecería que se comunicaran conmigo sobre las posibilidades de empleo en su empresa.

Muy atentamente,
Federico Villarreal

Estimado Sr. Villarreal:

Acusamos recibo de su atenta carta, y tengo el gusto de invitarlo a una entrevista el jueves próximo, 24 de marzo, a las 4:00 de la tarde. Después de la entrevista, que durará unos 30 minutos, me he permitido organizar una breve reunión con nuestro departamento de beneficios, para que Ud. tenga la oportunidad de informarse sobre el sueldo y los beneficios. Le ruego que traiga consigo una carta de recomendación de su jefe actual. Agradeciéndole el interés en nuestra empresa,

Reciba un cordial saludo de,

Alberto Prieto

¡Exprésate!

To ask about someone's plans	To talk about your plans
¿Qué te gustaría hacer? *What would you like to do?*	**Me gustaría ser un(a)...** *I would like to be a . . .*
	Me interesaría estudiar para ser un(a)... *I would be interested in studying to be a . . .*
	Siempre he querido ser un(a)... *I have always wanted to be a . . .*
Si tuvieras la oportunidad, ¿adónde irías? *If you had the chance, where would you go?*	**Si pudiera, iría a... a estudiar...** *If I could, I would go to . . . to study . . .*

Interactive TUTOR

Vocabulario y gramática, pp. 91–93

Online workbooks

27 La carta de Federico FL.A.2.3.1

Leamos/Escribamos Contesta las preguntas basándote en las cartas de la página anterior.

1. ¿Cuál es el puesto que Federico solicita?
2. ¿Cómo ha actualizado sus conocimientos?
3. ¿Cumple él con los requisitos que busca la empresa?
4. ¿Qué manda Federico con la carta?
5. ¿Qué información le van a dar a Federico después de la entrevista?
6. ¿Quién tiene que escribirle una carta de recomendación a Federico?

28 Me gustaría... FL.A.2.3.2

Escuchemos/Escribamos Escucha la conversación entre Juana y el consejero de su colegio y contesta las preguntas.

1. ¿Cuál es el problema de Juana?
2. ¿Qué le interesaría estudiar a Juana?
3. Si pudiera estudiar en otro país, ¿adónde iría?
4. Según Juana, ¿cuál es la desventaja de una carrera como profesora?
5. Según el consejero, ¿cuál es la ventaja de ser profesora?

29 La carrera ideal FL.A.1.2.3

Hablemos ¿Qué diría cada una de estas personas sobre sus planes para el futuro? Usa las expresiones de **Exprésate.**

1.

2.

3.

Comunicación

HOLT **SoundBooth**
ONLINE RECORDING

Benchmark Focus
FL.A.1.2.3 Recognize and appropriately use oral syntax and inflection in spoken target language

30 Mis planes para el futuro FL.A.1.2.3

 Hablemos En parejas, túrnense para entrevistar a su compañero(a) sobre qué carrera le gustaría seguir en el futuro.

Objetivos
• Conditional
• Past subjunctive with hypothetical statements
• More past subjunctive

Gramática en acción 2

GramaVisión

Repaso Conditional

Interactive TUTOR

1 As you know, the **conditional** is used to tell what *would happen* or what someone *would do* in a given set of circumstances, and to say what someone *would* or *would not like.*

> Yo **conseguiría** un trabajo.

> Me **gustaría** trabajar en un hospital.

2 The regular **conditional** endings, added to the infinitive form of **-ar, -er,** and **-ir** verbs, are:

yo	dirigir**ía**	nosotros(as)	dirigir**íamos**
tú	dirigir**ías**	vosotros(as)	dirigir**íais**
Ud., él, ella	dirigir**ía**	Uds., ellos, ellas	dirigir**ían**

3 The **conditional** is also used with the preterite of **decir** to express what someone said he or she *would or would not do.*

> Dijeron que **vendrían** a visitarme.
> *They said that they would come to visit me.*

4 The **conditional** can also be used to express the *probability* that something happened in the past.

> **Serían** las nueve cuando llegaron.
> *It was probably nine when they arrived.*

Vocabulario y gramática, pp. 94–96
Actividades, pp. 75–77

Online workbooks

¿Te acuerdas?

Verbs that have irregular stems in the future tense also have irregular stems in the conditional.

caber: **cabr-**   querer: **querr-**

decir: **dir-**   saber: **sabr-**

haber: **habr-**   salir: **saldr-**

hacer: **har-**   tener: **tendr-**

poder: **podr-**   valer: **valdr-**

poner: **pondr-**   venir: **vendr-**

31 **¿Estás preparada?** FL.A.2.3.2

Escuchemos Escucha la conversación entre Marcela y su mamá. Para las siguientes actividades indica si Marcela dijo que **a)** ya lo hizo o **b)** lo haría.

1. leer la página Web
2. escribir una lista de preguntas
3. poner una copia del currículum en la carpeta
4. actualizar el currículum
5. llamar a sus referencias
6. planchar el vestido

Gramática 2

32 **El ambiente de trabajo** 🔖 FL.A.2.3.1

Leamos/Escribamos Completa el diálogo con la forma correcta de los verbos en paréntesis. Usa el condicional.

NICOLÁS   No me gusta el ambiente de trabajo aquí. ___1___ (Tratar) de cambiarlo, pero no sé qué hacer.

ANDRÉS   La primera cosa que yo ___2___ (hacer) es hablar con los compañeros. ¿Cuál es el problema?

NICOLÁS   Es que todo el mundo se queja de los beneficios. Todos dicen que ___3___ (pedir) más días de vacaciones, pero le tienen miedo al jefe.

ANDRÉS   ¿El único problema es el de las vacaciones? ¿___4___ (Poder) hablar con el jefe tú solo?

NICOLÁS   Bueno, también nos ___5___ (gustar) pedir seguro médico.

ANDRÉS   En tu lugar, ___6___ (hablar) con el jefe inmediatamente para resolver estos problemas.

33 **¿Qué dijeron que harían?** 🔖 FL.A.2.2.7

Escribamos Imagina qué dijeron todas estas personas sobre lo que harían durante el verano. Usa los verbos del cuadro en el condicional.

MODELO   **Mi mejor amigo...**
Mi mejor amigo dijo que viajaría a España.

viajar	visitar	comprar	salir
trabajar	conseguir	dirigir	ir a

1. Mis compañeros de clase...
2. Mi profesor(a) de español...
3. Los vecinos...
4. El director del colegio...
5. Mi familia...
6. Mis amigos y yo...
7. Mi mejor amigo(a)...

La Universidad Nacional de San Marcos, Lima

 Comunicación

 HOLT **SoundBooth** ONLINE RECORDING

34 **Mis sueños** 🔖 FL.A.1.3.1

Hablemos Explícale a tu compañero(a) qué harías si pudieras realizar tus sueños. Recuerda lo que dice tu compañero(a) para poder contárselo luego a la clase. ♻ *¿Se te olvidó?* Contrary-to-fact situations, pp. 122–123

MODELO   —**Si yo pudiera, trabajaría para una empresa internacional.**

—**¿Sí? Pues yo trabajaría en un hospital.**

Benchmark Focus
FL.A.1.3.1 Exchange information orally and in writing about topics of common interest and about the target culture

Past subjunctive with hypothetical statements

Interactive
TUTOR

1 You have learned some expressions with **fuera(s), tuviera(s),** and **pudiera(s).** These verbs are in the **past subjunctive.**

> Si yo **fuera** el jefe, contrataría a más personas.
>
> Si yo **tuviera** la oportunidad, iría a España.
>
> Si **pudieras,** ¿estudiarías periodismo?

2 The **past subjunctive** is formed by removing the **-on** from the third person plural form of the preterite and adding the following endings. Note that an accent is added to the **nosotros** form of the verb. Any irregularities in the third person plural preterite are also reflected in the past subjunctive forms.

> pedir —→ pidier~~on~~ —→ pidier-

yo	pidier**a**	nosotros(as)	pidiér**amos**
tú	pidier**as**	vosotros(as)	pidier**ais**
Ud., él, ella	pidier**a**	Uds., ellos, ellas	pidier**an**

3 The **past subjunctive** is used after **si** *(if)* in hypothetical sentences *(oraciones hipotéticas)* that are contrary to fact or unlikely to happen. The **conditional** is used in the other clause.

> Si yo **pudiera, trabajaría** en un banco.
> *If I could, I would work in a bank.*
>
> **Viajaríamos** a México si **tuviéramos** más tiempo.
> *We would travel to Mexico if we had more time.*

Vocabulario y gramática, pp. 94–96
Actividades, pp. 75–77

Online workbooks

En inglés

In English, in hypothetical statements, the past subjunctive has the same form as the simple past for all verbs except *to be.*

> If I **knew** the answer, I'd tell you.

For *to be,* the past subjunctive forms for all persons is *were.*

> If Paul **were** angry, you would know it.

In English, what helping verb do you use in the clause that follows the past subjunctive?

In Spanish, the past subjunctive has a form different from other tenses and moods.

> Si **supiera** la respuesta, te la diría.
>
> Si Pablo **estuviera** enojado, lo sabrías.
> **FL.D.1.4.1**

Benchmark Focus

FL.D.1.4.1 Know elements of the target language that signify time, and the similarities and differences between comparable linguistic markers in the target language and in his or her own language

35 **El mundo de los negocios** ✎ FL.A.2.3.1

Leamos/Escribamos Completa las siguientes oraciones con los verbos correctos del cuadro.

> cumpliera   hablara   hicieras   supiéramos   tuviera   mandaran

1. Si yo ===== mejor el español, buscaría un trabajo en Ecuador.
2. Sara y Benito conseguirían más entrevistas si ===== más cartas de solicitud.
3. El gerente entrevistaría a esta mujer si ===== con los requisitos.
4. Si ===== mejor tu trabajo, el jefe te ofrecería un salario mejor.
5. Si Felipe ===== más tiempo, donaría un poco a una causa.
6. Nosotros trataríamos de escribir un artículo si ===== algo del tema.

36 Si pudiera... FL.A.2.2.7

Hablemos Usa el pasado del subjuntivo y el condicional para decir lo que están pensando las siguientes personas.

MODELO Si tuviera tiempo, jugaría al tenis todos los días.

yo/tener tiempo/jugar

1. Ana/poder/viajar

2. tú/tener dinero/ comprar

3. nosotros/estar en forma/competir

4. mis amigos/vivir en el campo/tener

37 En la oficina... FL.A.2.2.7

Leamos/Escribamos Cambia cada oración para formar una oración hipotética.

> **MODELO Si consigo el puesto, voy a trabajar muy duro.**
> **Si consiguiera el puesto, trabajaría muy duro.**

1. Si encuentras un trabajo a medio tiempo, podrás donar tiempo a una causa.
2. Va a facilitar el proceso si Teresa supervisa a los empleados.
3. Si Uds. cambian el horario, voy a poder trabajar a tiempo completo.
4. Vamos a comprar nuevas computadoras si podemos conseguir el dinero.
5. Si me dan el puesto de gerente, voy a tener más responsabilidad.
6. Si los compañeros de trabajo toman una actitud negativa, va a empeorarse el ambiente de trabajo.

38 Mi propio negocio FL.A.1.3.1

Hablemos En parejas, túrnense para comentar cómo sería su negocio si tuvieran la oportunidad de abrir una oficina.

> **MODELO —Si pudiera elegir a los empleados, les daría todos los puestos a mis amigos.**
>
> **—Yo también, y si tuviera el dinero les daría nuevas computadoras.**

More past subjunctive

Interactive TUTOR

1 When the verb in the main clause of a sentence requiring the subjunctive is in a **past tense**, the **past subjunctive** is used in the subordinate clause.

*past tense requires
past subjunctive*

Mis padres **preferían** que **estudiara** medicina.
My parents preferred that I study medicine.

*past tense requires
past subjunctive*

Insistí en que Rita **fuera** conmigo a la entrevista.
I insisted that Rita go with me to the interview.

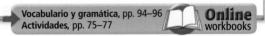

Vocabulario y gramática, pp. 94–96
Actividades, pp. 75–77

Online workbooks

Vocabulario y gramática, pp. 94–96

¿Te acuerdas?

Expressions that require the subjunctive include:

1. Expressions of doubt or disbelief
   Ellos dudaron que Adán **consiguiera** un puesto.

2. Expressions of emotion
   A mamá le alegró que la **ayudáramos** en la casa.

3. Expressions of will or wish
   Yo esperaba que mis amigos **llegaran** a tiempo.

4. Impersonal expressions
   Era importante que **donaras** tiempo a una causa.

5. Expressions with certain adverbial clauses
   Íbamos a salir para que **pudieras** dormir.

---

39 **¿Cuándo ocurrió?** ◥ FL.A.2.2.7

Leamos Lee las oraciones y decide si describen algo del **pasado** o del **presente**.

1. Quiero encontrar un puesto de trabajo antes de que empiecen las vacaciones.
2. Le pedí a Felipe que le entregara mi currículum al jefe.
3. Él dudaba que yo consiguiera un puesto en su compañía.
4. No creo que él tenga razón.
5. Le hice muchos cambios al currículum para que el jefe se impresionara.
6. Espero que me llame hoy para una entrevista.

40 **Un día de trabajo** ◥ FL.A.2.2.7

Leamos/Escribamos Adela está contándole a su amiga lo que pasó en el trabajo ayer. Completa sus oraciones con la forma correcta del verbo en paréntesis. ♻ *¿Se te olvidó?* Preterite, pp. 160–161

1. Era muy importante que nosotros ===== (tener) un buen artículo para la revista.
2. El jefe quería que nosotros ===== (preparar) una foto para la primera plana.
3. Yo esperaba que los compañeros de trabajo ===== (escoger) mi foto.
4. Miguel dudaba que a los editores les ===== (gustar) mi idea.
5. ¡A todos les sorprendió que el jefe ===== (decidir) usarla!
6. Mis compañeros de trabajo estuvieron muy felices de que yo ===== (poder) dirigir el proyecto.

41 Roberto solicita un trabajo ⟍ FL.A.2.2.7

✎ **Leamos/Escribamos** Usa las siguientes frases para escribir oraciones completas en el pasado.

1. Yo/dudar que/Roberto/conseguir el trabajo
2. Roberto/estar cansado de que/yo/no apoyarle
3. Los jefes/requerir que/los empleados/tener experiencia
4. Mis papás y yo/preferir que/Roberto/solicitar otro puesto
5. Tú/no creer que/nosotros/tener razón
6. Yo/querer que/alguien/aconsejarle a Roberto
7. Todos/estar sorprendidos de que/el jefe/darle el puesto a Roberto

Zona comercial Las Amazonas de Quito, Ecuador

42 El primer empleo ⟍ FL.A.2.3.1

Leamos/Hablemos Lee la página del diario que Alejandra escribió cuando se graduó de la universidad. Luego vuelve a contar, en el pasado, lo que sucedió cuando buscaba trabajo.

MODELO **Alejandra tenía una entrevista de trabajo con el periódico. Necesitaba que su profesor de periodismo le ayudara a actualizar su currículum vitae.**

> El miércoles tengo una entrevista de trabajo en el periódico. Necesito que mi profesor de periodismo me ayude a actualizar mi currículum vitae. Dudo que me ofrezcan un puesto a tiempo completo, porque no tengo experiencia. Pero espero que por lo menos me den algo a medio tiempo. Es importante que trabaje por lo menos veinte horas a la semana. Mis padres insisten en que solicite puesto en varios lugares.

Comunicación

43 Mi juventud ⟍ FL.A.1.3.1

 Hablemos En parejas, túrnense para contarle a su compañero(a) algunas cosas sobre su niñez. Usen las expresiones del cuadro.

Cuando era niño, esperaba que...
Me molestaba que...
Mi familia no pensaba que...
Era muy importante que...
(No) me gustaba que...
Mis padres preferían que...

> **Benchmark Focus**
> **FL.A.1.3.1** Exchange information orally and in writing about topics of common interest and about the target culture

Clara perspectiva
Episodio 8

Benchmark Focus
FL.C.2.2.1 Use information from a story being studied in the target language and connect elements from the story to similar life situations

ESTRATEGIA

FL.A.2.3.2, FL.C.2.2.1

Evaluating choices Clara has had to make a lot of tough choices in her quest to help her professor. Think back and write down all the choices she has made thus far. As you go through **Episodio 8,** add in the choices she makes here. Then decide which choices were smart, which ones were foolish, and which ones were dangerous. Where would you have made a different choice? Why? Do Clara's choices tell you something about her?

En la oficina del señor Ortega

Sr. Ortega Señor Medina, ¿me puede explicar qué sucede con su colega? ¿No se da cuenta que tiene responsabilidades? ¿que este empleo no es un voluntariado? ¿que tiene que cumplir con sus obligaciones?

Octavio Por favor, Señor Ortega, tiene que haber un problema muy serio... Clara no es la clase de persona que evita sus responsabilidades.

Sr. Ortega Este trabajo tiene muchas obligaciones, y la más importante es que uno tiene que presentarse todos los días, sin falta. Clara nunca se hará periodista si no toma sus responsabilidades en serio. Como su jefe, es mi responsabilidad supervisarla. Soy capaz de despedirla. Clara nunca va a tener una carrera en periodismo si no aparece en un santiamén.

Octavio Si yo pudiera, la traería aquí en seguida, Señor Ortega.

En un quiosco de Santiago

El profesor Armando Luna, profesor de estudios ambientales en la Universidad Pontificia Católica de Chile, no se ha visto en dos días. Su auto fue encontrado abandonado cerca del pueblo de Pirque y por eso, algunos están convencidos que ha sido secuestrado. Todo el mundo sabe que el profesor está programado para presentar una serie de estudios de impacto ambiental al Congreso la semana que viene. Al centro de los estudios está el proyecto controvertido de la empresa maderera *MaderaCorp.*

Graciela, ayúdame. El profesor Luna ha desaparecido. ¿Qué hago? Tengo las grabaciones y soy testigo de las conversaciones entre el profesor y los guardaespaldas de *MaderaCorp.* Tengo todos los documentos que el profesor me pidió que imprimiera.

Tienes que presentarte a las autoridades. No hay otra opción.

En una bodega

Profesor Luna La propuesta de la empresa *MaderaCorp* no es tan mala, tenemos que llegar a un acuerdo.

Ecologista 2 No se puede negociar con el enemigo. Nada de lo que ellos hagan puede ser ventajoso para el bosque, ni para la gente que vive en los alrededores.

5

Hombre 1 Profesor Luna. Espero que ahora esté feliz de vernos.

Profesor Luna No, en realidad no. ¿Qué quieren?

Hombre 2 Lo de siempre. El estudio de impacto ambiental.

Ecologista 1 No hay por qué dárselo a ustedes. Nosotros somos los jefes aquí.

6

7

Profesor Luna Tenemos que tener una reunión entre ustedes y el presidente de *MaderaCorp*.

Hombre 1 Esperen, voy a contactarlo... Sí, en sus oficinas... dentro de dos horas. Estaremos allí.

En la comisaría

Detective ¿Qué es esto?

Clara Son documentos. El profesor Luna me pidió que los imprimiera.

Sargento ¿Usted habló con el profesor Luna? ¿Usted sabe algo de su desaparición?

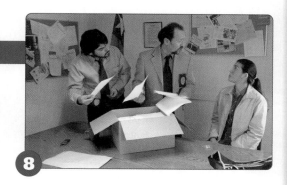

8

¿COMPRENDES?

1. ¿Qué piensa el señor Ortega sobre la ausencia de Clara? ¿Qué piensa Octavio?

2. ¿De qué se da cuenta Clara al escuchar el reportaje de la radio?

3. ¿Qué cree Graciela que debe hacer Clara? ¿Está de acuerdo Clara?

4. ¿Qué decide hacer Clara con la información que tiene? ¿Es buena decisión? ¿Por qué sí o por qué no?

5. ¿Qué quiere el profesor Luna? ¿Están de acuerdo los ecologistas?

6. ¿Adónde van a tener que ir los ecologistas y el profesor con los hombres? ¿Es buena decisión? ¿Por qué sí o por qué no? **FL.A.2.3.2**

Próximo episodio
Una reunión importante ocurre en las oficinas de MaderaCorp. ¿Crees que puede resolver Clara el misterio de la desaparición del profesor?

PÁGINAS 394–395 ▶

Novela en video

Lectura cultural

El trabajo en Latinoamérica

El ambiente de trabajo es diferente en Latinoamérica. El uso de títulos, la manera de vestir y los beneficios son algunas de las diferencias más marcadas.

El ambiente de trabajo

En muchos países de Latinoamérica, el ambiente de trabajo es más formal que en Estados Unidos. Los empleados no tratan al jefe o a la jefa de *tú*, sino de *Ud*. Además, mucha gente usa títulos como *doctor(a)* o *licenciado(a)*, o simplemente un título de respeto como Sr. Vázquez, don Antonio o doña Cecilia. La manera de vestir para ir al trabajo también suele ser más conservadora. Las empresas estadounidenses que hacen negocios en Latinoamérica tienen que seguir estas normas culturales para tener éxito.

Las oficinas de noche en Quito, Ecuador

Un grupo de políticos participa en una reunión formal.

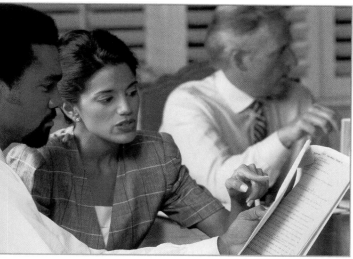

Una mujer de negocios trabaja con un compañero.

Las vacaciones

Las empresas de España y Latinoamérica suelen ofrecer más días de vacaciones que las empresas estadounidenses. Además, cuando un día festivo cae durante la semana, todo el mundo aprovecha para tomar vacaciones los otros días entre el día festivo y el fin de semana. Estas vacaciones se llaman el "puente festivo". Pero esta tradición, al igual que la famosa "siesta", está desapareciendo poco a poco mientras las empresas tratan de competir con las industrias internacionales.

Los beneficios

En algunos países de Latinoamérica, a las mujeres se les da más tiempo de licencia de maternidad que en Estados Unidos. En Chile, por ejemplo, las mujeres reciben 18 semanas pagadas por el estado, seis semanas antes de dar a luz y doce semanas después. En Estados Unidos los empleados del gobierno federal y de empresas grandes reciben 12 semanas de licencia de maternidad.

Lectura cultural

Comprensión FL.B.1.3.4, FL.C.2.3.2

A **¿Cierto o falso?** Contesta **cierto** o **falso**.

1. El ambiente de trabajo de los países latinoamericanos suele ser muy informal.

2. Los empleados de una empresa latinoamericana tratarían a su jefe de *tú*.

3. Es común escuchar a una persona usar el título "licenciado" cuando está hablando con su jefe o con un(a) compañero(a) de trabajo.

4. En Chile, las empresas ofrecen dieciocho semanas de licencia de maternidad.

5. En Estados Unidos no existe una política nacional sobre la licencia de maternidad.

B **¿Comprendiste?** Contesta las preguntas.

1. ¿Cómo suelen vestir los empleados para ir al trabajo en Latinoamérica?

2. ¿Cómo pueden las empresas estadounidenses tener más éxito en Latinoamérica?

3. ¿Qué es el "puente festivo"? ¿Te parece buena idea?

4. ¿Qué está pasando con las tradiciones de la siesta y el puente festivo?

Actividad

Comparaciones ¿Cuál es tu opinión sobre el ambiente de trabajo y los beneficios en Latinoamérica? Si pudieras trabajar en un país de Latinoamérica, ¿lo harías? ¿Qué país escogerías? ¿Qué otras diferencias crees que encontrarías? FL.A.3.3.2, FL.B.1.3.4

FCAT Reading Focus

LA.A.2.4.2
Determine the author's purpose and point of view and their effects on the text

ESTRATEGIA

para leer It's often important to ask yourself what motivated the author to write the story you're going to read. As you read, think of some reasons why the author wrote the story. You may want to find out more about Jiménez's experiences growing up. This will help you better understand an autobiographical work such as this one.

Antes de leer ✎ FL.A.2.3.3

A La historia que vas a leer es verdadera. Es de *Senderos fronterizos*, una novela de Francisco Jiménez en la que cuenta sus experiencias como hijo de inmigrantes mexicanos en California. La historia se narra desde la perspectiva del autor y nos cuenta los sacrificios que hizo la familia Jiménez y los problemas que enfrentó en Estados Unidos. Antes de leer, piensa en algunos temas que posiblemente encontrarás en esta lectura y en lo que le llevó al autor a escribir sobre su vida. Si tuvieras que narrar tu vida, ¿qué sucesos incluirías?

de *Senderos fronterizos*

de Francisco Jiménez

Como era de costumbre, al final del día escolar, Roberto y yo nos encontramos en el estacionamiento y nos dirigimos hacia Main Street Elementary School. Íbamos en el carro por Broadway, pasando al lado de estudiantes que llenaban las aceras[1] como vistosas hormigas en un desfile. Cuando dábamos la vuelta en la esquina hacia Main Street, Roberto dio un giro cerrado[2] y se estacionó junto a una camioneta[3] vieja y amarilla que tenía en sus costados un letrero que decía *Santa María Window Cleaners*. — Yo he visto antes a ese tipo, — dijo Roberto, señalando a un hombre que recién terminaba de lavar las ventanas exteriores de *Kress*, la tienda de cinco y diez centavos. El hombre metió el enjugador de goma[4] y el paño en el bolsillo posterior de su pantalón, recogió el balde[5] y la escoba y se dirigió hacia la camioneta.

—Hola — dijo mi hermano nerviosamente, mientras el hombre cargaba su equipo en la parte trasera de la camioneta —. Mi nombre es Roberto.

—Yo me llamo Mike Nevel — dijo el hombre con una voz ronca[6] y profunda.

---

1 sidewalks **2** *giro...* tight turn **3** pick-up truck **4** squeegee **5** bucket **6** hoarse

—Quisiera saber si... ¿no necesita usted algún ayudante?

—preguntó Roberto.

—¿Quieres decir que si yo quiero contratar[7] a alguien?

—Sí —respondió Roberto.

—Podría darle trabajo a un ayudante de tiempo parcial. ¿Tienes alguna experiencia?

—Oh, no es para mí —contestó Roberto—. Es para mi papá. Él necesita un empleo.

—¿Ha hecho alguna vez trabajo de limpieza?

—No, pero él es un buen trabajador.

—Bueno, tendría que verlo y conversar con él.

—Él no habla inglés —dije yo. —Sólo español.

—No me sirve. En este negocio necesito a alguien que sepa hablar inglés y que tenga experiencia. ¿No quieres ser tú?

—Mi hermano ya tiene un empleo —dije—. Yo tengo experiencia. He estado ayudándole a él a limpiar Main Street Elementary School.

—Tú estás muy pequeño, —dijo él, mirándome de arriba abajo y riéndose maliciosamente. Se volteó hacia Roberto y continuó: —Así que tienes experiencia en Main Street Elementary School...

—Soy conserje[8] de tiempo parcial ahí —dijo Roberto.

—¿Y los fines de semana? ¿Trabajas ahí los fines de semana?

—No, sólo de lunes a viernes.

—¿Qué te parecería trabajar para mí los fines de semana? Te pagaría un dólar y veinticinco centavos la hora.

—Bien —respondió Roberto inmediatamente.

—¿Y yo qué? —pregunté—. Yo puedo trabajar con él.

—Puedes ayudarle si quieres, pero a ti no puedo pagarte. Cuando vio nuestras expresiones de abatimiento[9], agregó rápidamente. —Muy bien, si él da buen resultado yo le pagaré. Pero sólo si da buen resultado.

—No hay duda. Lo logré —dije lleno de confianza.

Durante las siguientes cuatro semanas, Roberto y yo trabajamos con Mike Nevel, limpiando oficinas y lavando ventanas. El primer día, Mike trabajó muy de cerca con nosotros, mostrándonos qué cosa íbamos a limpiar y observando cómo trabajábamos. Eventualmente, Mike Nevel dejó que Roberto y yo hiciéramos el trabajo sin su ayuda.

---

7 to hire   **8** janitor   **9** discouragement

Cada sábado y domingo, mi hermano y yo íbamos en carro a la casa de Mike Nevel en West Donovan para recoger las llaves de la camioneta.

Un sábado por la noche, cuando llegamos a devolver[10] la camioneta, Mike Nevel nos invitó a entrar a su casa. Nos presentó a su esposa. Roberto y yo nos sentamos en un sofá grande frente a Mike, quien se sentó en una silla reclinable[11].

—¿Cómo van las cosas? —preguntó Mike.

—Bien —respondimos nosotros al mismo tiempo. Roberto se metió la mano en la bolsa y sacó un aro[12] lleno de llaves y se las entregó a Mike.

—No, guárdetelas tú —dijo Mike—. Tengo un juego extra. Roberto y yo nos miramos mutuamente y sonreíamos. Mike me dijo: —Me estoy poniendo demasiado viejo y estoy cansado de trabajar por las noches durante la semana. ¿Qué tal te parecería sustituirme?

—¡Seguro que sí! —respondí emocionado.

—Limpiarás unos cuantos de los lugares que tú y Roberto han estado limpiando los fines de semana.

Roberto y yo le dimos las gracias y regresamos a casa emocionados. "Papá va a estar orgulloso de nosotros", pensé.

---

10 return **11** recliner **12** key ring

Comprensión ⬎ FL.A.2.3.3

B Contesta las preguntas.
1. ¿Dónde trabajan Francisco y Roberto?
2. ¿A quién conocieron Francisco y Roberto en el estacionamiento?
3. ¿Quién está buscando trabajo en la familia Jiménez?
4. ¿Qué tipo de empleado está buscando Mike Nevel?
5. ¿Por qué dice Mike Nevel que no le va a pagar a Francisco?
6. ¿Cómo reaccionó Francisco cuando Mike Nevel le preguntó si quería sustituirlo?

Pasó así ⬎ FL.A.2.3.3

C Coloca las siguientes oraciones en orden cronológico.
a. Roberto y Francisco empezaron a trabajar con Mike Nevel.
b. Mike Nevel contrató a Roberto y a Francisco para ayudarle.
c. Roberto le preguntó al señor de la camioneta si necesitaba un ayudante.
d. Mike Nevel le preguntó a Francisco si quería sustituirlo.
e. Francisco vio a su hermano en el estacionamiento.
f. Mike Nevel invitó a Roberto y a Francisco a entrar en su casa.

Después de leer ⬎ FL.A.3.3.2

D Al leer esta historia, ¿qué aprendiste sobre la vida de Francisco? ¿Cómo era su vida? ¿Por qué tuvo que trabajar de niño? ¿Por qué crees que el autor decidió contar la historia de su familia? ¿Crees que hay otras familias que hayan tenido la misma experiencia en Estados Unidos?

FCAT Writing Focus

LA.B.2.4.3
Write fluently for a variety of occasions, audiences, and purposes, making appropriate choices regarding style and tone

Taller del escritor

ESTRATEGIA

para escribir A good way to bring your stories to life is through dialogue. Natural-sounding dialogues make your characters seem realistic. Dialogues can be used in a real-life story to tell what people said, or they can be used in fiction to help develop a character.

FL.A.3.4.2
Personajes con vida propia

Los personajes en *Senderos fronterizos* se desarrollan a través del diálogo. Imagina que tú y tu mejor amigo acaban de conocerse por primera vez. Escribe un diálogo entre ustedes dos de por lo menos diez líneas. Tu diálogo debe darle al lector una idea de cómo son ustedes.

1 Antes de escribir

Haz una lista de características de los personajes que vas a incluir en tu diálogo. Después piensa en lo que podrían decir para que el lector sepa cómo son. Por ejemplo, si un personaje es terco y el otro es abierto, eso se puede reflejar en su conversación.

2 Escribir un borrador

Ahora que tienes definidos los personajes, empieza tu borrador. Usa la lista que hiciste como guía.

3 Revisar

Revisa tu borrador y corrige los errores de gramática y ortografía, si los hay. Lee tu borrador para verificar que lo que dicen los personajes refleje cómo son. Identifica qué cambios hay que hacer para que los personajes sean más vivos.

4 Publicar

Intercambia tu diálogo con un(a) compañero(a). Lee el diálogo de tu compañero(a) y haz una lista de las características de los personajes. Tu compañero(a) hará lo mismo y te entregará su lista. Compara esta lista con la que hiciste antes de escribir tu diálogo para ver si tu compañero(a) identificó las mismas características.

Leamos y escribamos

Prepárate para el examen

Interactive
TUTOR

1 El jefe le pide varias cosas a su auxiliar. Escucha los comentarios y escoge la foto que corresponde a lo que debe usar el auxiliar para cumplir cada tarea. ◥ **FL.A.2.3.2**

a.　　　　　　b.　　　　　　c.　　　　　　d.

2 Completa el párrafo con la palabra correcta en paréntesis. ◥ **FL.A.2.3.1**

Ana quería cambiar de trabajo. Era una mujer muy competente, pero ____1____ (le/se) resultaba difícil trabajar en una oficina con tantos adelantos tecnológicos. ____2____ (Le/Se) era fácil crear diseños para los anuncios, pero no entendía cómo implementar estos diseños en la computadora. Trató de hacerlo mil veces y cada vez que ____3____ (le/se) salía mal, ____4____ (le/se) frustraba más. Así que decidió que ____5____ (le/se) haría pintora. Después de varios años, llegó a ser famosa. Era su propia jefa, y ____6____ (le/se) levantaba cada día a la hora que quería. Estaba feliz.

3 Varias personas están comentando sobre sus trabajos. Completa las oraciones con la palabra correcta del cuadro. ◥ **FL.A.2.3.1**

| solicitud | beneficios | medio | puesto | donar | superviso |

1. Estoy buscando empleo a ==== tiempo porque tomo clases por las mañanas.
2. Prefiero un ==== en una oficina grande.
3. Trabajo como voluntario porque me gusta ==== tiempo a los niños enfermos.
4. En mi empresa tengo ==== como seguro médico y vacaciones.
5. Soy el jefe y ==== a los empleados.
6. No tengo trabajo, pero voy a mandar unas cartas de ====.

4 Completa el párrafo con las formas correctas de los verbos.

Yo les pedí a mis papás que me ___1___ (pagar) un curso de francés. Pero mis papás querían que ___2___ (estudiar) español. Si pudiera, ___3___ (aprender) los dos idiomas. Pero mis profesores me sugirieron que me ___4___ (enfocar) en el español ahora. ___5___ (Ir) a España si ___6___ (tener) el dinero, porque así podría trabajar en una empresa donde se hablara solamente español. Pero por ahora, buscaré trabajo aquí.

4 Gramática 2
• conditional
• past subjunctive with hypothetical statements
• more past subjunctive
pp. 340–345

5 Contesta las preguntas. FL.B.1.3.4, FL.C.2.3.2

1. ¿Cómo se llama el título que se recibe en Latinoamérica cuando uno se gradúa de la universidad?
2. ¿Cómo es el horario de trabajo en Latinoamérica y en España?
3. ¿Qué efecto tiene el bajo precio de acceso a Internet en Perú?
4. ¿Por qué está desapareciendo la tradición de la siesta?

5 Cultura
• Comparaciones
pp. 332–333
• Lectura cultural
pp. 348–349
• Notas culturales
pp. 328, 329, 336

FL.A.2.3.2
6 Escucha la entrevista con Rosalía Bogantes. Basándote en la conversación, escribe en cinco oraciones lo que le gustaría hacer en la empresa y las ventajas que tiene.

7 Basándote en los dibujos, describe lo que pasa. FL.A.3.3.2

a.

b.

c.

d.

Gramática 1

- verbs with indirect object pronouns
  pp. 326–327

- verbs that express "to become"
  pp. 328–329

- uses of **se**
  pp. 330–331

Repaso de Gramática 1

An **indirect object pronoun** is used with some verbs to indicate *to whom* or *for whom* an action occurs.

> ¿**Te resulta** difícil usar esta agenda?
>
> A Toni **le cuesta** trabajo entender el problema.

The verbs **hacerse, volverse, ponerse, convertirse en, quedarse,** and **llegar a ser** can be used to express a change in state *(to get, to become)*. See page 328 for rules on when to use which verb.

A form of the pronoun se is used:

- with verbs that are used reflexively: **Se** lavó los dientes.
- to indicate unintentional events: ¿**Se** te perdió el libro?
- to replace **le** or **les** when they appear together with the direct object **lo, los, la,** and **las: Se** lo presté ayer.
- in impersonal sentences: **Se** dice que hubo un robo.
- to express the passive voice: **Se** hizo tarde.
- with certain "process" verbs: **Se** mudó a la ciudad.
- with verbs that express "to become": **Se** hizo abogado.

Gramática 2

- conditional
  pp. 340–341

- past subjunctive with hypothetical statements
  pp. 342–343

- more past subjunctive
  pp. 344–345

Repaso de Gramática 2

The **conditional** is used to tell what *would happen* or what someone *would do*. It is also used to express what someone *would* or *would not like*, or the probability that something happened in the past.

> Pablo **trabajaría** en un colegio.
>
> Me **gustaría** ir de viaje.
>
> **Serían** las ocho cuando llamó mi mamá.

The conditional endings, which are added to the infinitive, are:
-ía, -ías, -ía, -íamos, -íais, -ían.

The **past subjunctive** is used after **si** *(if)* in hypothetical sentences that are contrary to fact or unlikely to happen. The **conditional** is used in the other clause.

> Si **fuera** rico, **compraría** un carro.

The past subjunctive endings, added to the third person plural form of the preterite after removing the **-on,** are: **-a, -as, -a, -amos, -ais, -an.**

When the verb in the main clause of a sentence that requires the subjunctive is in a **past tense,** the **past subjunctive** is used in the subordinate clause.

> Yo **temía** que él **se enojara.**

Repaso de Vocabulario 1

Saying what you can and cannot do

a la vez	at the same time
los adelantos	advances
la agenda electrónica	electronic planner
el (la) auxiliar administrativo(a)/ médico(a)/de laboratorio	administrative/ medical/laboratory assistant
cambiar	to change
competente	competent
el contestador automático	answering machine
decidirse a + *infinitive*	to decide to
la desventaja	disadvantage
empeorar	to make worse
enseguida	right away
en un santiamén	instantly
Eso me resulta fácil/bastante difícil.	That's easy/pretty difficult for me.
Está fuera de/a mi alcance.	It's outside/within my reach.
facilitar	to facilitate
la fotocopiadora	photocopier
el hombre/la mujer de negocios	businessman/businesswoman
hoy (en) día	these days
inmediatamente	immediately
Lo puedo hacer.	I can do it.

Me cuesta trabajo (hacer)...	It takes a lot of work for me (to do) . . .
mejorar	to improve
No me es nada difícil.	It's not hard for me at all.
el robot	robot
sembrar	to plant
Soy capaz de (hacer)...	I am capable of (doing) . . .
tratar de + *infinitive*	to try to
el talento	talent
la tecnología	technology
utilizar	to utilize
la ventaja	advantage
la vida diaria	daily life
el (la) voluntario(a)	volunteer

Talking about what you do and do not understand

Está más claro ahora.	It's clearer now.
Hay algo que se me escapa.	There's something I can't quite grasp.
No logro entender...	I can't seem to understand . . .
No me cabe en la cabeza.	I don't get it.
¡Vaya! Por fin capto la idea.	Aha! I finally get the idea.
¡Ya caigo!	I get it!

Repaso de Vocabulario 2

Writing a formal letter

actualizar	to update
el ambiente de trabajo	work environment
los beneficios	benefits
la carrera	career
los compañeros de trabajo	colleagues
conseguir	to obtain
el currículum (vitae)	resumé
dirigir	to direct
donar tiempo a una causa	to donate time to a cause
el (la) empleado(a)	employee
el empleo a tiempo completo/medio tiempo	full-time/part-time job
la empresa	company
la entrevista	interview
Muy estimado(a) Sr./Sra./Srta.:	Dear Sir/Madam/Miss:
el (la) gerente	manager
el horario	schedule
el jefe, la jefa	boss
Le/Les adjunto un(a)...	I'm enclosing a . . .
Muy atentamente,	Most sincerely,
Por medio de la presente...	The purpose of this letter is . . .

el puesto (de trabajo)	position (for work)
Reciba un cordial saludo,	Kind regards,
requerir (ie)	to require
los requisitos	requirements
el salario	salary
el seguro (médico)	(medical) insurance
solicitar	to apply, to ask for
la solicitud	application
supervisar	to supervise

Talking about your plans

Me gustaría ser un(a)...	I would like to be a . . .
Me interesaría estudiar para ser un(a)...	I would be interested in studying to be a . . .
¿Qué te gustaría hacer?	What would you like to do?
Si pudiera, iría a... a estudiar....	If I could, I would go to . . . to study . . .
Si tuvieras la oportunidad, ¿adónde irías?	If you had the chance, where would you go?
Siempre he querido ser un(a)...	I have always wanted to be a . . .

Prepárate para el examen

FL.A.2.3.2

1 Escucha las conversaciones y determina de quién hablan.

A

B

C

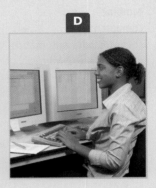
D

2 Mónica Corrales le mandó una carta de solicitud a un colegio y recibió esta respuesta. Lee la respuesta y contesta las preguntas.

FL.A.2.3.1

COLEGIO CENTRAL

Estimada Srta. Corrales:

   Muchas gracias por su carta de solicitud. Desafortunadamente, Ud. no cumple con los requisitos para el puesto de directora del departamento de español. Buscamos a alguien con por lo menos cinco años de experiencia y que además haya vivido en un país hispanohablante.

   De todos modos, nos gustaría invitarla a una entrevista para hablar del puesto de auxiliar de dirección. El puesto es a medio tiempo y consiste en dar clases de conversación a los estudiantes dos veces a la semana. Además, tendría la oportunidad de dirigir el programa de intercambio que tenemos en Ecuador.

   Es evidente que Ud. conoce muy bien el idioma y me parece que sería una auxiliar excelente.

Reciba un cordial saludo de,
Manolo Pérez
Director

1. ¿Cuál es el puesto que solicitó Mónica?

2. ¿Cuáles son los requisitos del puesto? ¿Cumple Mónica con los requisitos?

3. ¿Al director le interesa hablar con Mónica?

4. ¿Cuál es el puesto que el director le menciona a Mónica?

5. ¿Crees que el director le daría este puesto a Mónica si a ella le interesara? ¿Por qué?

Repaso cumulativo

③ En grupos de cuatro, hablen de su futuro. ¿Qué carrera les interesaría? ¿Dónde les gustaría vivir? Si pudieran vivir en otro país, ¿dónde vivirían? Luego, cada estudiante le explicará a la clase los sueños de un miembro del grupo. **FL.A.1.4.1, FL.A.3.4.1**

④ Observa la pintura llamada "A woman at a fruit stall, Mollendo, Peru" de A.S. Forrest y escribe ocho oraciones sobre lo que ves. En tus oraciones debes contestar las siguientes preguntas: ¿Cómo es la vida diaria de esta persona? ¿La afecta a su vida la tecnología? Si pudieras hablar con ella, ¿qué le preguntarías? **FL.A.3.3.2**

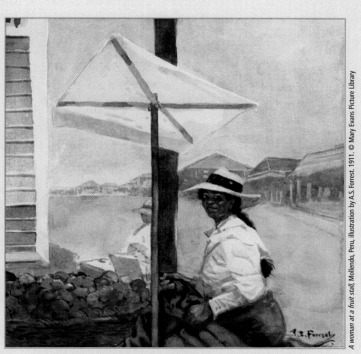

A woman at a fruit stall, Mollendo, Peru de A. S. Forrest

⑤ Piensa en el lugar donde trabaja alguien de tu familia. Escribe un párrafo sobre el ambiente de trabajo allí, qué hacen los empleados y qué tecnología usan. **FL.A.3.3.2**

⑥

Situación Imagina que tú y tus compañeros son profesores del colegio. Hablen de los problemas que ven y propongan soluciones. Decidan qué harían si tuvieran suficiente dinero y el apoyo del director. Hablen de cómo mejorarían el colegio para los estudiantes y también cómo mejorarían el ambiente de trabajo para los profesores. **FL.A.1.3.1**

Benchmark Focus

FL.A.3.3.2 Provide information in spoken and written form on a variety of topics of personal, academic, and cultural interest

Capítulos 9 y 10

Geocultura
El Cono Sur

▲ **El desierto de Atacama,** en el norte de Chile, es conocido como uno de los lugares más secos del mundo. Hay partes en las que nunca ha llovido. Artefactos arqueológicos, preservados por el clima árido, prueban que el desierto sostuvo varias civilizaciones durante miles de años. Actualmente está poblado por los trabajadores de las minas de plata, oro, hierro y cobre. ❸

▶ **Con cerca de 6.000 kilómetros de costa,** ningún lugar de Chile está lejos del mar. Gracias a las muchas especies de peces en la costa y a los criadores de salmón, Chile es uno de los mayores exportadores de pescado en el mundo. Valparaíso es uno de los mayores puertos de Chile. ❷

Almanaque

Países, poblaciones y capitales del Cono Sur
Chile, 15.116.435 (Santiago)
Argentina, 36.223.947
(Buenos Aires)
Uruguay, 3.163.763 (Montevideo)
Paraguay, 5.206.201 (Asunción)

Idioma principal
español

Industrias importantes
agricultura, ganadería, pesca, minería

▼ **Músicos de la tuna universitaria de la Universidad de Concepción,** en Concepción, Chile, cantan y tocan la pandera, la guitarra y el laúd durante uno de sus viajes por su país. La tradición de las tunas universitarias se remonta hasta el siglo XIII. ❶

¿Sabías que...?
Los países del Cono Sur han formado una alianza comercial parecida al TLCAN (NAFTA), llamada MERCOSUR (Mercado Común del Sur). Casi el 20% de las exportaciones de Estados Unidos a países del MERCOSUR tienen su origen en la Florida.

▲ La mayoría de **la población del Cono Sur** se halla en las grandes ciudades. En Buenos Aires, la capital de Argentina, reside más del 30% de la población del país. Con avenidas anchas, monumentos históricos, museos y parques, Buenos Aires es una ciudad moderna y cosmopolita.

▶ Dos científicos argentinos **Bernardo Alberto Houssay** y **Luis Federico Leloir** han recibido un premio Nobel. Houssay ganó el premio de Fisiología y Medicina en 1947. Leloir en 1970 fue el ganador del premio Nobel de Química.

▶ **Montevideo,** la capital de Uruguay, está ubicado en la embocadura del Río de la Plata. El viaje en barca de Buenos Aires a Montevideo tarda cerca de tres horas.

PERÚ

BOLIVIA

OCÉANO
PACÍFICO

3

PARAGUAY

4

★ **ASUNCIÓN**

CHILE

BRASIL

▼ **El Gran Chaco** es una gran llanura que cubre el 60% de Paraguay, partes del norte de Argentina y áreas de Brasil y Bolivia. Los veranos son muy calientes pero después de las lluvias las llanuras se convierten en un paraíso para los pájaros. **4**

5

URUGUAY

2 ★

SANTIAGO

★ ★ **MONTEVIDEO**

**BUENOS
AIRES**

RÍO DE LA PLATA

1

ARGENTINA

OCÉANO
ATLÁNTICO

▼ **El cerro Aconcagua,** en la cordillera de los Andes en Argentina, es la montaña más alta de las Américas. Mide 6.960 metros y constituye un desafío aun para los alpinistas más expertos. **5**

La historia
del Cono Sur

FL.C.2.3.3 Siglo XV

Los araucanos, o mapuches, organizados en clanes familiares descentralizados, poblaron gran parte de Chile antes de la llegada de los incas y, más tarde, los españoles. Pararon la conquista de los incas y resistieron la dominación hispánica hasta 1883. **¿Cómo crees que la organización descentralizada les ayudó a resistir la colonización?**

1541

En 1541 el conquistador **Pedro de Valdivia** fundó la ciudad de Santiago. Doce años después Valdivia murió en la guerra contra los araucanos. Chile, por su falta de grandes vetas de oro o plata, fue de poco interés para el gobierno español. **¿Crees que era una ventaja o una desventaja para el desarrollo de Chile, el no tener riquezas de oro o plata? FL.C.2.3.3 ¿Por qué?**

© The Granger Collection

FL.C.2.3.3 1813–1818

Chile ya había declarado su independencia, cuando en 1813 el virrey de Perú invadió a Chile para recuperar la colonia para España. En 1814, el líder revolucionario de Chile, **Bernardo O'Higgins,** huyó a Argentina para juntarse con **José de San Martín,** hoy conocido como el libertador de Chile, Argentina y Perú. O'Higgins y San Martín cruzaron los Andes a Chile en 1817 y ayudaron a lograr la independencia de Chile en 1818. **¿Cómo se comparan los hechos de O'Higgins y San Martín con los de algunos líderes estadounidenses?**

FL.C.2.3.3 1829–1852

En Argentina la lucha por el poder en las provincias dominó la política durante el siglo XIX. Los caudillos, poderosos terratenientes, controlaban regiones enteras llamadas republiquetas. En 1829 el **caudillo** más famoso, **Juan Manuel de Rosas,** fue elegido gobernador de Buenos Aires y en 1835 logró el control del resto del país. La dictadura de Rosas duró hasta 1852. **¿Por qué crees que tenían los caudillos tanto poder?**

¿Sabías que…?

El Cono Sur, especialmente sus capitales cosmopolitas, se considera la parte más europea de Sudamérica debido a la extensa inmigración de italianos, españoles, alemanes y otros europeos durante los siglos XIX y XX.

1900   **1950**   **2000**

↘FL.C.2.3.3 1946–1974

En Argentina **Juan Perón** triunfó en las elecciones presidenciales de 1946, 1951 y 1973. Su doctrina del «Justicialismo» concedió beneficios sociales a la clase obrera y marcó el curso de la industrialización argentina. Perón se casó con Eva Duarte, conocida como **Evita,** una actriz, quien se hizo famosa por ser la voz del público en muchos asuntos sociales. **Investiga qué es lo que hizo Evita por el pueblo argentino.**

1982 ↘FL.C.2.3.3

En 1982, el dictador argentino Leopoldo Galtieri montó una campaña para apoderarse de las **Islas Malvinas,** que habían pertenecido a Gran Bretaña desde 1833. **La guerra entre Argentina y Gran Bretaña** sólo duró 74 días y ocasionó el fin del gobierno militar en Argentina. Argentina volvió a celebrar elecciones democráticas en 1983. **Investiga a qué país pertenecen hoy las Islas Malvinas.**

↘FL.C.2.3.3 1973–1985

En Uruguay, después de años de prosperidad gracias a la exportación de lana y carne, **una crisis económica** causó que un gobierno militar asumiera el poder en 1973. En 1985 un gobierno civil se estableció. **Investiga qué otros países del mundo hispano tuvieron una dictadura militar en el siglo XX.**

1973–1990 ↘FL.C.2.3.3

En 1973 las fuerzas militares chilenas atacaron el Palacio de la Moneda en Santiago para derrocar al presidente **Salvador Allende.** Allende murió en el asalto y el **General Augusto Pinochet** tomó el poder. Su dictadura duró hasta 1990, cuando cedió la presidencia. **Investiga quién es el presidente de Chile hoy.**

El arte del Cono Sur

FL.C.2.3.3 1000–1400

Los geoglifos del Cerro Unitas, al norte de la ciudad de Iquique, Chile, son un conjunto de 21 figuras hechas mediante la acumulación de piedras y el raspado del terreno. *El Gigante de Atacama* mide 86 metros de altura y fue elaborado entre los años 1000 y 1400 d.C. **¿Cómo fueron creados los geoglifos del Cerro Unitas?**

FL.C.2.3.3 Siglo XVI–presente

Apropiándose de las técnicas traídas por los españoles, **la cultura mapuche** comenzó a desarrollar su fina artesanía de plata en el siglo XVI. Los mapuches continúan elaborando y luciendo orgullosamente sus joyas. **¿Has visto joyas indígenas donde vives tú? ¿De qué material son?**

FL.C.1.3.1 1858

La Catedral Basílica de Salta, Argentina, se construyó en 1858. La fachada es de estilo italiano clásico con columnas y arcos. **Busca la ciudad de Salta en un mapa de Argentina.**

FL.C.2.3.3 1865

Uno de los primeros artistas de Argentina fue el soldado **Cándido López** (1840–1902), quien participó en la guerra de Paraguay (1864–1870). A pesar de perder su brazo derecho en la guerra, López aprendió a pintar con su brazo izquierdo y dejó una representación visual de más de 50 óleos de escenas de guerra. **¿Por qué crees que López pintó imágenes de la guerra?**

¿Sabías que...?

Pedro Lira organizó clases especiales de anatomía para que los artistas entendieran mejor el cuerpo humano.

1900   1950   2000

1902 ✎ FL.C.2.3.3

Pedro Lira (1845–1912) es considerado el primer gran maestro del arte chileno. Se dedicó exclusivamente al arte, organizando exposiciones y fundando la Unión Artística en 1884. Su cuadro *El niño enfermo* (1902) pertenece a la etapa naturalista del pintor. **¿Por qué crees que el estilo de este cuadro se llama «naturalismo»?**

1995 ✎ FL.C.2.3.3

Carlos Federico Reyes (nacido en 1909), artista paraguayo, recrea en sus retratos de estilo naïf escenas de su niñez en las campiñas de Bejarano, Asunción. Un ejemplo es *La Primera Comunión*. **¿Qué crees que significa «estilo naïf»?**

1968 ✎ FL.C.1.3.1

El pintor chileno **Mario Toral** (1934–) es conocido por su estilo abstracto. Su obra *Torre de Babel II* (1968) muestra formas abstractas y colores vivos. Se encuentra en el Museo Nacional de Bellas Artes de Santiago, Chile. **En tu opinión, ¿qué significa «abstracto» en cuanto a la pintura?**

✎ FL.C.1.3.1 Siglo XX

Uno de los artistas predominantes del movimiento surrealista, **Roberto Matta** (1911–2002) contribuyó mucho al desarrollo del arte universal contemporáneo. **Investiga de qué país es Matta.**

Capítulo 9

Huellas del pasado

OBJETIVOS

In this chapter you will learn to
- set the scene for a story
- continue and end a story
- talk about your hopes and wishes
- express regret and gratitude

And you will use
- preterite and imperfect
- **por** and **para**
- subjunctive
- sequence of tenses

¿Qué ves en la foto?

- ¿Qué crees que están haciendo estas personas?

- ¿Qué tipo de ropa usan?

- ¿Has visto un evento similar a éste alguna vez?

 Look for the next to each activity and the **Benchmark Focus** to help you achieve the goals of the **Florida Sunshine State Standards**, found on pages FL14–FL16.

Fiesta de la Chilenidad, Parque Intercomunal, Santiago, Chile

Vocabulario *en acción* 1

Objetivos
• Setting the scene for a story
• Continuing and ending a story

Las leyendas

Las civilizaciones del presente y del pasado tienen sus **leyendas** y **mitos** para contar sus historias o para explicar algún fenómeno. En Latinoamérica hay tradiciones de las culturas indígenas, africanas y europeas. Aquí en Chile hay tradiciones y leyendas de los mapuches, también conocidos como los araucanos, y de la cultura europea, sobre todo la española.

Los aztecas en México, los incas en los Andes y los mapuches en Chile tenían **dioses** y **diosas**. Estas civilizaciones construyeron **templos** dedicados a sus dioses. **Aunque** estas civilizaciones **han desaparecido,** sus construcciones y mitos todavía existen.

Más vocabulario...

ahora bien	*well, nevertheless*
castigar	*to punish*
el castigo	*punishment*
la creación	*creation*
traicionar	*to betray*
el (la) traidor(a)	*traitor*

Vocabulario 1

Los cuentos de hadas vienen de Europa y en ellos los personajes a menudo se enamoran. En general, estos cuentos ocurren en lugares encantados. Muchas veces hay un personaje desconocido y misterioso o un fantasma.

Los hechos de los mitos pueden ser muy variados, al igual que sus personajes. En muchos mitos hay un sabio que aconseja a los demás, o un hechicero con poderes mágicos.

En muchas leyendas, el rey vive en un palacio que comparte con su esposa, la reina, y sus hijos, el príncipe y la princesa.

También se puede decir...

In Florida, you may hear Spanish speakers use **Había una vez** in addition to **Érase una vez**.

¡Exprésate!

To set the scene for a story	
Érase una vez, en un lugar muy lejano... *Once upon a time, in a faraway place, there was . . .*	**Hace muchos años,...** *Many years ago, . . .*
Según nos dicen, el malvado... *From what they tell us, the villain . . .*	**Se cuenta que de pronto...** *The story goes that all of a sudden . . .*

Interactive TUTOR

 Vocabulario y gramática, pp. 97–99

 Online workbooks

Nota cultural

Antes de la llegada de los europeos, existían en Argentina dos grupos principales de indígenas. En la parte noroeste, cerca de Bolivia y los Andes, vivían los diaguitas, y al sureste vivían los guaraníes. Los dos grupos desarrollaron el cultivo del maíz y se les recuerda porque tuvieron éxito en evitar la expansión del imperio inca en el resto de Argentina.

¿Qué más sabes de las civilizaciones precolombinas del Cono Sur?

FL.D.2.4.4

En Paraguay, este señor talla máscaras de madera para una ceremonia guaraní.

1 ¿Quién es? FL.A.2.3.2

Escuchemos Escucha las descripciones de los personajes y determina de quién están hablando.

1. **a.** el dios   **b.** el príncipe
2. **a.** el sabio   **b.** la reina
3. **a.** el traidor **b.** el hechicero
4. **a.** el rey   **b.** el traidor
5. **a.** el fantasma **b.** la reina
6. **a.** el dios   **b.** el malvado

2 El príncipe y la reina

Leamos/Escribamos Completa el párrafo con las palabras del cuadro. FL.A.2.3.1

príncipe	desapareció	poderes	aunque
desconocido	se enamorara	castigo	ahora bien
malvado	palacio		

Hace muchos años vivía una reina en un enorme ___1___. Ella les había dicho a sus hijos que no quería que nadie entrara. Pero el ___2___ desobedeció a su madre e invitó a un hombre ___3___ al palacio. Lo dejó entrar porque este hombre, a quien nadie había visto nunca, le dijo que usaría sus ___4___ mágicos para que la mujer más bonita del mundo ___5___ de él. Pero realmente era un ___6___ que quería apoderarse del palacio. Entró y de pronto ___7___. ¡El príncipe no sabía dónde estaba! ___8___, como la reina era muy inteligente, se dio cuenta de lo que estaba pasando y atrapó al malvado. ___9___ no quiso castigar a su hijo, al malvado le dio un duro ___10___. Según nos dicen, lo convirtió en una serpiente.

3 Mi cuento de hadas FL.A.3.3.1

Escribamos Completa las oraciones para crear tu propio cuento de hadas.

1. Érase una vez, en un lugar muy lejano...
2. Se cuenta que el príncipe se enamoró de...
3. De pronto un hechicero convirtió a la mujer en...
4. El sabio tenía una varita mágica (*magic wand*) que...
5. El príncipe castigó a...
6. Según la leyenda, el príncipe llegó a ser...
7. Ahora bien, la mujer...
8. Según nos dicen, al final...

4 Leyendas de Argentina y Chile

Leamos/Escribamos   Lee los resúmenes de las leyendas y contesta las preguntas.   **FL.A.2.3.1**

Según una leyenda chilena, los mapuches creían que sus antepasados vivían en el cielo. Cada estrella era uno de sus abuelos. Éstos vivían protegidos por los dioses el Sol y la Luna. Los llamaban Padre y Madre.

En un mito argentino, se cuenta que hubo un tiempo en que las hojas de los árboles eran siempre verdes. Pero Kamshout encontró un bosque mágico donde las hojas cambiaban de color en el otoño. Como nadie creyó su historia, él se convirtió en loro y volvió a su tierra para teñir las hojas. Desde entonces las hojas cambian de color cada otoño.

Los selknam de Tierra del Fuego estaban divididos en varios grupos. El hijo del jefe de un grupo se enamoró de una joven de ojos negros, pero el papá de ella era enemigo del jefe. Según nos dicen, un hechicero los descubrió y para castigarlos convirtió a la joven en una planta peligrosa para que el joven no pudiera tocarla.

1. ¿Quiénes eran los dioses de los mapuches?
2. ¿De dónde viene el mito sobre Kamshout?
3. ¿Por qué era mágico el bosque que descubrió Kamshout?
4. ¿De quién se enamoró el joven selknam?
5. ¿Cuál fue el castigo de los jóvenes enamorados?
6. ¿Quién castigó a la joven?

Comunicación

5 Mis leyendas favoritas   **FL.A.1.3.1**

Hablemos   En parejas, túrnense para resumir una leyenda o un cuento de hadas conocido, para ver si su compañero(a) puede adivinar cuál es. Cada persona debe resumir dos leyendas o cuentos.

MODELO   —**Érase una vez una princesa hermosa que...**

En un parque de Santiago

La mujer con poderes mágicos

DON PABLO ¿Quieren escuchar una leyenda de mi pueblo?

TODOS ¡Sí!

DON PABLO Se cuenta que esta leyenda está basada en hechos reales. ¡No se vayan a asustar!

FABIOLA ¡Cuéntenos!

DON PABLO Bueno, hace mucho tiempo, en mi pueblo, vivía una mujer con muchos poderes misteriosos para curar a la gente. Según nos dicen, era una mujer que parecía una diosa; no les miento, era como en un cuento de hadas. Bueno, hace muchos años vino esa mujer desconocida a mi pueblo. Y tan pronto como llegó, todos comenzaron a hablar mal de ella. Algunos dijeron que era una hechicera y que seguramente los castigaría con sus poderes. De hecho, resultó que era muy sabia y podía curar las enfermedades. Se cuenta que una vez salvó a un niño de la muerte. Pero con los cuentos de la gente chismosa, la mujer se ofendió y se fue. A partir de entonces, mucha gente del pueblo empezó a enfermarse. A causa de esto, muchos se asustaron y abandonaron el pueblo. Al final, los del pueblo se dieron cuenta de la importancia de tratar bien a la gente; porque si no, se puede recibir un castigo. Y ésa, muchachos, es la leyenda de mi pueblo.

¡Exprésate!

To continue and end a story		Interactive TUTOR
Hace tiempo, vino un desconocido... *Some time ago, a stranger came . . .*	**Al final, nos dimos cuenta de...** *In the end, we realized . . .*	
Tan pronto como llegó... *As soon as he/she arrived . . .*	**A partir de entonces, vivieron siempre felices.** *From then on, they lived happily ever after.*	
A causa de esto... *Because of this . . .*		

→ Vocabulario y gramática, pp. 97–99 Online workbooks

6 **¿Qué pasó primero?** FL.A.2.3.1

Leamos Basándote en la leyenda de Don Pablo, pon los hechos en el orden correcto.

a. La mujer salvó a un niño de la muerte.

b. La gente empezó a enfermarse.

c. La mujer desconocida llegó al pueblo.

d. Todos se dieron cuenta de la importancia de tratar bien a la gente.

e. La gente comenzó a hablar mal de la mujer.

f. La mujer se fue del pueblo.

7 **Haz el cuento** FL.A.3.3.1

Escribamos Basándote en los dibujos, escribe un cuento de hadas. Usa las expresiones del cuadro.

Había una vez...	Se cuenta que...	Tan pronto como...
A causa de esto...	A partir de entonces...	Al final, nos dimos cuenta de...

Comunicación

HOLT SoundBooth ONLINE RECORDING

8 **Un cuento del grupo** FL.A.3.3.2

Hablemos En grupos pequeños, inventen un cuento de hadas. La primera persona dice la primera oración y empieza la segunda. La segunda persona termina la oración y empieza otra. Sigan así hasta terminar el cuento. Usen las expresiones de **Exprésate**. Luego, un miembro del grupo tratará de resumir el cuento para la clase.

MODELO —Érase una vez, en un lugar muy lejano, un rey que vivía en un enorme castillo. Según nos dicen,...

—...el rey tenía dos hijos. El príncipe mayor...

Benchmark Focus

FL.A.3.3.2 Provide information in spoken and written form on a variety of topics of personal, academic, and cultural interest

Objetivos

- Preterite and imperfect in storytelling
- Preterite and imperfect contrasted
- **Por** and **para**

GramaVisión

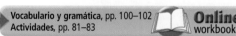

Interactive **TUTOR**

Repaso — Preterite and imperfect in storytelling

1 When telling a story, the **imperfect** is used to describe the setting or the background of the story.

> Una vez, **había** un rey con poderes mágicos.
>
> Se cuenta que **estaba** nublado aquel día.

2 The **preterite** is used to show that an event or situation in the story had a specific beginning or end.

> A causa de esto el rey **castigó** al malvado.
>
> A partir de entonces, nunca **volvió** al castillo.

3 The **preterite** and the **imperfect** often occur in the same sentence. The **imperfect** describes what was going on and the **preterite** indicates completed actions within that setting. The same occurs with the **past progressive (pasado progresivo)** and the **preterite**.

> **Había** mucha gente en el palacio cuando **habló** el rey.
>
> La reina **estaba** en el campo cuando el hechicero la **traicionó**.
>
> **Estaba leyendo** un cuento de hadas cuando **se fue** la luz.

Vocabulario y gramática, pp. 100–102
Actividades, pp. 81–83

Online workbooks

En inglés

In English, the simple past tense doesn't tell whether or not an action has ended.

> John said that there **was** a game today, and he still wants to go.
>
> John said that there **was** a game today, but our team lost.

In Spanish, the imperfect means that something may or may not have ended. The preterite means it already ended.

How would you express the two sentences above in Spanish?

FL.D.1.4.1

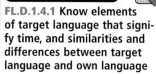

9 **Un pájaro misterioso** FL.A.2.2.7

Leamos Completa las oraciones con las formas correctas de los verbos en paréntesis.

1. Hace mucho tiempo vivía un joven que (tuvo/tenía) poderes mágicos.

2. Un día el joven (estaba/estuvo) caminando por el bosque cuando (veía/vio) un pájaro.

3. El pájaro (era/fue) muy colorido y misterioso.

4. De pronto, el pájaro le (decía/dijo) al joven que una princesa se había perdido cerca del lago.

5. (Estaba/Estuvo) oscuro cuando el joven (llegó/llegaba) al lago.

6. El joven (se enamoraba/se enamoró) enseguida de la princesa.

7. Los enamorados (se casaron/se casaban) poco después.

8. A partir de entonces, (fueron/iban) todos los días al bosque a hablar con el pájaro.

10 Iasá y Tupá FL.A.2.2.7

Leamos/Escribamos Completa el párrafo con el imperfecto o el pretérito de los verbos en paréntesis.

> Hace mucho tiempo ___1___ (vivir) Iasá, una joven tan bonita que todos los que la ___2___ (ver) ___3___ (enamorarse) de ella. Pero Iasá solamente ___4___ (amar) a Tupá, el hijo de un dios muy poderoso. Un día un malvado ___5___ (decidir) hablar con la mamá de Iasá mientras ella ___6___ (estar) en el campo. El malvado ___7___ (convencer) a la mamá de que él debía casarse con su hija. Cuando Iasá ___8___ (saber) la decisión de su mamá, ella ___9___ (empezar) a llorar sin parar. A partir de entonces, no ___10___ (querer) hablar con nadie.

11 La boda FL.A.2.2.7

Escribamos Combina los fragmentos para escribir oraciones. Usa las formas correctas del pretérito y del imperfecto o del pasado progresivo. ♻ ¿Se te olvidó? Past progressive, pp. 164–165

MODELO el príncipe/tener veinte años/enamorarse de una princesa
El príncipe tenía veinte años cuando se enamoró de una princesa.

1. el príncipe/ver a la princesa por primera vez/ella/estar bailando en una fiesta
2. los invitados/estar saliendo/el príncipe/hablar con ella
3. las estrellas/brillar en el cielo/el príncipe/pedir la mano de la princesa
4. el príncipe/esperar de rodillas/la princesa/dar su respuesta
5. el rey/estar en el palacio/la reina/darle la noticia
6. hacer buen tiempo/los enamorados/casarse

 Comunicación

12 ¡Cuéntame! FL.A.1.3.1

Hablemos En grupos de cuatro, inventen un cuento de hadas moderno. Usen el imperfecto para describir la escena y el pretérito para narrar lo que pasó. Cada miembro del grupo debe contribuir con tres oraciones. Luego compartan el cuento con la clase.

Visit Holt Online
go.hrw.com
KEYWORD: EXP3 CH9
Gramática 1 Practice

Interactive TUTOR

 Repaso | **Preterite and imperfect contrasted**

1 The **preterite** is used:

- to show that an event or situation had a clear beginning or end

  La niña **vio** un fantasma y **empezó** a llorar.

- to give special meanings to verbs like **saber** and **conocer** that usually refer to mental states without a particular beginning or end

  La reina **supo** la noticia ayer.

2 The **imperfect** is used:

- to describe habitual, ongoing past actions

  Los aztecas siempre **iban** al templo.

- to describe mental or physical states in the past without expressing their beginning or end

  La princesa **era** alta y morena.

- to indicate time or age in the past

  Eran las diez y media.

  El príncipe **tenía** ocho años.

Vocabulario y gramática, pp. 100–102
Actividades, pp. 81–83

Online workbooks

¿Te acuerdas?

The verbs **saber, querer, conocer, tener, poder,** and **estar** all have special meanings in the **preterite.**

Nunca **supimos** lo que pasó.
We never found out what happened.

La princesa no **quiso** casarse con el malvado.
The princess refused to marry the villain.

Benchmark Focus

FL.A.2.2.7 Recognize the multiple ways in which an idea may be expressed in the target language and use them appropriately

---

13 **La vida de la princesa** ✎ **FL.A.2.2.7**

Leamos/Escribamos Completa las oraciones con las formas correctas de los verbos en paréntesis.

1. De niña, la princesa ══ (fue/era) muy tímida.
2. Cuando ella ══ (tuvo/tenía) cinco años, ══ (empezó/empezaba) a estudiar con el sabio.
3. Cuando la princesa ══ (conoció/conocía) al sabio, ella supo que él la ayudaría.
4. El sabio le ══ (enseñó/enseñaba) a ser valiente y la ══ (ayudó/ayudaba) a ser fuerte.
5. Un día ella quiso buscar al malvado y lo ══ (hizo/hacía) sin miedo.
6. ══ (Fueron/Eran) las diez de la noche cuando ella ══ (regresó/regresaba) al palacio.
7. Su mamá se ══ (puso/ponía) muy feliz cuando ella ══ (llegó/llegaba).
8. A partir de entonces la princesa siempre ══ (enfrentó/enfrentaba) cualquier reto.

14 Las pirámides ⟍FL.A.2.2.7

Leamos/Escribamos Completa el párrafo con la forma correcta del verbo en paréntesis.

Hace mucho tiempo ——1—— (haber) varias civilizaciones indígenas en México. Todos los grupos ——2—— (tener) varios dioses. Los miembros de uno de los grupos ——3—— (decidir) crear un lugar especial en la ciudad de Teotihuacán para honrar a sus dioses. Así que les ——4—— (construir) algunos templos. Este grupo ——5—— (saber) mucho sobre la arquitectura y por eso ——6—— (hacer) los templos dentro de unas pirámides muy fuertes.

15 El Sol y la Luna ⟍FL.A.2.3.2

Escuchemos Escucha el mito y contesta las preguntas.

1. ¿Cómo eran el Sol y la Luna? ¿Cómo era su relación?
2. ¿Qué pasó que hizo cambiar su amistad?
3. ¿De qué tenía miedo la Luna?
4. ¿Qué le pidió al Sol?
5. ¿Por qué no le servía el vestido?
6. ¿Qué decidió el Sol al final de la historia?

Durante los equinoccios, el reflejo del Sol en esta pirámide de Chichén-Itzá produce una sombra de serpiente en las escaleras.

Comunicación

16 ¿Qué hizo el hechicero? ⟍FL.A.1.2.3, FL.A.3.3.2

Hablemos En parejas, inventen un cuento basándose en los dibujos. Usen el pretérito y el imperfecto.

Gramática 1

Repaso · Por and para

Interactive TUTOR

1 ▸ **Por** can be used to express

• *through* or *by:*	El sabio pasó **por** el bosque.
• by, by means of:	Mandaron los libros **por** avión.
• a period of time:	La princesa durmió **por** cien años.
• a time of day:	El rey desapareció **por** la mañana.
• in exchange for:	Le pagó en oro **por** el secreto.
• *per:*	Tenemos que leer un cuento **por** día.
• the agent of action, *by:*	Fue construido **por** los aztecas.

2 ▸ **Para** can be used to express

• purpose or intention:	Vino **para** buscar al rey.
• a recipient:	El templo es **para** el dios del sol.
• destination:	Salieron **para** un lugar lejano.
• employment:	El malvado trabaja **para** el hechicero.
• a deadline:	La tarea es **para** mañana.
• an opinion:	**Para** mí, la leyenda es muy intere-sante.

Vocabulario y gramática, pp. 100–102
Actividades, pp. 81–83

Online workbooks

¿Te acuerdas?

Por is also used in idiomatic expressions such as:

por ahora	*for now*
por cierto	*by the way*
por consiguiente	*consequently*
por favor	*please*
por fin	*finally*
por lo tanto	*as a result*
por supuesto	*of course*
por todas partes	*everywhere*

Para is also used in idiomatic expressions such as:

para nada	*not at all*
para siempre	*forever*

17 **Un nuevo libro** FL.A.2.2.7

Leamos Completa las oraciones con **por** o **para**.

1. Diego compró un libro de mitos y leyendas ===== su hija, Ángela.
2. Sólo pagó cinco dólares ===== el libro porque estaba en oferta.
3. Ángela quería el libro ===== saber más sobre sus leyendas favoritas.
4. A ella le fascinaba el libro porque tenía dos dibujos ===== página.
5. Ángela miró los dibujos de los templos ===== mucho tiempo.
6. Diego le explicó que estos templos fueron construidos ===== los mayas.
7. El libro dice que también construyeron palacios ===== los reyes.
8. Ángela quería escuchar los cuentos ===== aprender más sobre los mayas.
9. ===== Ángela, lo más interesante fue la descripción de los dioses.
10. Ella quería leer más, pero Diego dijo que dejarían un poco ===== el día siguiente.

18 Vamos al parque ⟍ FL.A.2.2.7

Leamos Completa el diálogo con **por** o **para**.

CLARA Hice comida ___1___ el picnic. ¿Puedes traer bebidas, ___2___ favor?

IGNACIO ___3___ supuesto. ¿Tal vez unos refrescos?

CLARA Ay, no. No me gustan ___4___ nada.

IGNACIO Pero no quiero pagar $5 ___5___ un jugo natural.

CLARA ___6___ cierto, ¿a qué hora vamos a salir ___7___ la Patagonia?

IGNACIO Pasaré ___8___ ti a las once.

CLARA Estaremos esperándote ___9___ mucho tiempo si vienes a las once. ¿Por qué no vienes más temprano?

IGNACIO Es que tengo que trabajar ___10___ la mañana.

19 Preparaciones para el viaje ⟍ FL.A.2.2.7

Leamos/Escribamos Estás planeando un viaje con tu familia a las cataratas del Iguazú. Pregunta quién puede hacer cada tarea, reemplazando las frases subrayadas con **por** o **para**.

> **MODELO** pasar a recoger los boletos
> **¿Quién puede pasar por los boletos?**

1. llenar los papeles <u>que necesitamos entregar</u> mañana
2. comprarle un regalo <u>a</u> nuestro guía
3. comprar un boleto <u>que cuesta menos de $500</u>
4. averiguar si se puede ir <u>en</u> autobús o <u>en</u> tren?
5. pasar <u>a buscar a</u> Elena el día del viaje
6. averiguar el costo de acampar en el parque <u>durante</u> una semana

Comunicación

20 Un intercambio ⟍ FL.A.1.3.1

Hablemos En parejas, dramaticen una conversación entre un(a) profesor(a) de español y un(a) estudiante de intercambio de otro país. Usen las preguntas del cuadro.

> ¿Por qué quisiste ser estudiante de intercambio?
> Para ti, ¿qué significa hacer amigos de otro país?
> ¿Por cuánto tiempo vas a estar en el país?
> ¿Qué consejos tienes para otros estudiantes de intercambio?
> ¿Qué piensas hacer para conocer mejor este país?

Nota cultural

El Parque Nacional Iguazú de Argentina es un lugar espectacular. Se llama Iguazú por las famosas cataratas que están en la frontera entre Argentina y Brasil. La palabra **iguazú** significa *great waters* en guaraní. Hay varias leyendas de los guaraníes sobre una serpiente monstruosa que vivía en las cataratas del Iguazú.

¿Sabes de otras leyendas basadas en fenómenos naturales? ⟍ FL.D.2.4.4

Vista de las cataratas, Parque Nacional Iguazú

Gramática 1

Benchmark Focus

FL.A.1.3.1 Exchange information orally and in writing about topics of common interest and about the target culture

Cultura

VideoCultura

Comparaciones

Las muchas leyendas que existen entre los pescadores chilenos son, en algunos casos, la fuente de los nombres y símbolos para sus botes.

Ahora que tenemos tiempo, cuéntame un cuento

FL.B.1.3.5, FL.D.2.4.4

En muchas partes de Hispanoamérica hay leyendas de los pueblos indígenas (incas, aztecas, mayas) que explican el origen de la vida y del hombre. También hay leyendas que se refieren a elementos naturales, como montañas, ríos, valles, la luna o el sol. Y muchos cuentos populares hablan de animales y les dan características humanas, como la astucia (el zorro) o la valentía (el puma). También se pueden referir a personajes de la historia, como bandidos o exploradores, o imaginarios, como fantasmas. ¿Sabes tú de alguna leyenda de tu región? ¿algún "cuento de viejas" al que no le hayas hecho nunca caso?

Héctor
Santiago, Chile

Vamos a hablar sobre las leyendas de Chile. ¿Te sabes una leyenda de aquí?

Sí, claro. Ésta es la leyenda, es una leyenda del sur de Chile, de la isla de Chiloé. Habla sobre una mujer, mitad pez, mitad hembra, la Pincoya. Dice la leyenda que esta mujer, cuando se encuentra mirando hacia el mar, la pesca estará buena. Pero en cambio, cuando se encuentra mirando hacia la tierra, quiere decir que la pesca estará mala, incluso peligrosa, para las embarcaciones y para los pescadores.

Cultura

☀ Miguel
Lima, Perú

¿Te sabes alguna leyenda de aquí?

Sí, me sé una, la de Manco Cápac y Mama Ocllo.

¿Nos la puedes contar?

Sí. Cuenta la historia que hace mucho tiempo, el dios sol y la diosa luna mandaron [a] dos hijos, los cuales iban a formar un imperio. Ellos se llamaban Manco Cápac y Mama Ocllo. Ellos poseían una barra de oro, la cual donde se hundiese, ahí iban a formar [el] imperio incaico. Viajaron mucho, mucho

tiempo en unas nubes. Cierto día, la barra de oro se hundió en una inmensa roca. Y ahí supieron que era el lugar indicado. Formaron el imperio incaico, el cual lo llamaron Cuzco, el ombligo del mundo. Es la historia del imperio incaico.

Para comprender ⏴FL.B.1.3.5

1. ¿Dónde se encuentra y cómo se llama la isla donde se originó la leyenda que cuenta Héctor? ¿Quién es la Pincoya?

2. ¿Qué dice la leyenda que pasará si la Pincoya se encuentra mirando hacia el mar?

3. ¿De qué imperio habla la leyenda de Perú? ¿Quiénes enviaron a sus hijos y qué les mandaron hacer?

4. ¿Quiénes son Manco Cápac y Mama Ocllo?

5. ¿Cómo supieron los hijos que era el lugar que buscaban? ¿Cómo llamaron el lugar?

Para pensar y hablar

¿Por qué son importantes las leyendas? ¿Qué crees que enseñan estas dos leyendas? ¿Qué otras lecciones puede enseñar una leyenda? ⏴FL.B.1.3.5, FL.C.2.3.2

 # Comunidad en la Florida ⏴FL.D.2.4.4

La historia española de la Florida

La historia española en la Florida comienza con la llegada de los exploradores Juan Ponce de León en 1513, Álvar Núñez Cabeza de Vaca en 1528 y Hernando de Soto en 1539. Lugares como San Agustín y la misión San Luis son testimonio de la vida de los primeros habitantes europeos de la Florida. El monumento nacional De Soto cerca de Bradenton contiene una restauración del campamento de De Soto, representaciones de la vida diaria de los soldados y los colonos y un camino que sigue parte de la ruta original de De Soto. Investiga lugares en tu área que preserven la antigua historia española de la Florida. Comparte tus hallazgos con tus compañeros de clase.

Escena de la restauración del campamento de De Soto

Vocabulario *en acción* 2

Objetivos
- Talking about your hopes and wishes
- Expressing regret and gratitude

Los eventos históricos

Los eventos históricos son parte de lo que somos hoy en día. Vamos a ver algunos.

Hace más de quinientos años, llegaron **los exploradores** españoles a América y establecieron **un imperio.**

Después de trescientos años de un gobierno colonial, Argentina, como todos los países de Latinoamérica, decidió luchar por **la independencia** y **declaró la guerra** para **liberar** el país. En las guerras, siempre hay **víctimas.**

Estos **valientes soldados** esperaban ver **la derrota** de sus **enemigos** en **la batalla**. Fueron al **campo de batalla** para luchar por su **libertad**.

Para Impr. lith. de Jacomme et Cⁱᵉ r de Lancry 12

Después de **la victoria** de **las tropas** argentinas contra los españoles, el gran libertador José de San Martín **acordó la paz** con España. Todo el país **se regocijó** y a San Martín lo declararon **un héroe**.

Claro, hubo problemas después de la independencia. Algunos países latinoamericanos tuvieron **dictadores** que no respetaban **la justicia**. A veces fueron removidos del poder por **una revolución**.

Más vocabulario...

la bandera	*flag*	lamentar	*to regret*
cobarde	*cowardly*	la mujer soldado	*female soldier*
la heroína	*heroine*	sufrir	*to suffer*
honrar	*to honor*	vencer	*to defeat*

¡Exprésate!

Interactive TUTOR

To talk about your hopes and wishes

El sueño de mi vida es vencer a... *My life-long dream is to overcome (defeat) . . .*	**Es de esperar que...** *Hopefully . . .*
Ojalá que los países aún en guerra lleguen a un acuerdo. *I hope that the countries still at war can reach an agreement.*	**Tenía muchas esperanzas de...** *I had many hopes of . . .*

Vocabulario y gramática, pp. 103–105

Online workbooks

▶ **Vocabulario adicional** — Eventos históricos, p. R19

21 Los eventos importantes ⬚ FL.A.2.3.2

🔊 **Escuchemos** Escucha las conversaciones y escoge la foto que corresponde a cada una.

A	B	C	D

Nota cultural

La derrota del gobierno de Salvador Allende en Chile ocurrió en 1973 cuando el dictador Augusto Pinochet tomó el poder. Pinochet gobernó el país hasta 1990 pero por fin cedió el poder a Patricio Aylwin Azócar (abajo), el presidente que había sido elegido por el pueblo. Desde entonces, Chile ha mantenido un gobierno democrático.

¿Qué sabes de la política actual de los otros países del Cono Sur? ⬚ FL.C.1.3.1

22 La palabra definida ⬚ FL.A.2.3.1

Leamos/Hablemos Lee las definiciones y escoge la palabra del cuadro que corresponde a cada una.

los exploradores	valiente	la libertad
acordar la paz	el imperio	la bandera

1. Es rectangular y tiene símbolos que representan una nación.
2. Cuando una persona tiene derecho a hacer o a decir lo que quiere.
3. Lo contrario de cobarde.
4. Un territorio extenso gobernado por un rey o un emperador.
5. Las personas que viajan a lugares desconocidos.
6. Una manera de terminar una guerra entre dos naciones.

23 Los héroes ⬚ FL.A.2.3.1

Leamos Completa las oraciones con la palabra correcta.

1. Fuimos al monumento para ▧▧▧ (honrar/liberar) a los que participaron en la batalla.
2. Lamentablemente hubo muchas ▧▧▧ (banderas/víctimas) en la guerra.
3. Todos los años, ▧▧▧ (conmemoramos/nos regocijamos) las fechas importantes de nuestra historia.
4. También recordamos a los ▧▧▧ (héroes/dictadores) de nuestro país.
5. Los héroes son personas muy ▧▧▧ (valientes/cobardes).
6. Nuestra ▧▧▧ (libertad/revolución) se la debemos a los soldados que lucharon por nosotros.

24 Algo de historia ⟍FL.A.2.3.1

✎ **Escribamos** Usa las frases para escribir oraciones completas sobre algunos eventos históricos. Sigue el modelo.

> **MODELO** los soldados/llevar/la bandera a la batalla.
> **Los soldados llevaron la bandera a la batalla.**

1. los exploradores/llegar/América en 1492
2. los países de Latinoamérica/comenzar/la guerra de la independencia
3. los españoles/vencer/los incas
4. San Martín/ser/héroe de la guerra de independencia
5. la gente/regocijarse de/la victoria
6. los líderes/conmemorar/la fecha de la batalla
7. los soldados/luchar/por la libertad
8. los ciudadanos/honrar/la heroína

Esta estatua en Quito conmemora a José de San Martín, el libertador de Argentina, Chile y Perú.

25 Eventos históricos ⟍FL.A.3.3.2

✎ **Escribamos/Hablemos** Usa una palabra o expresión de cada columna para escribir seis oraciones sobre los eventos históricos. Añade tus propios detalles y sé creativo.

> **MODELO** **Los exploradores descubrieron una isla muy grande y en ella establecieron su imperio.**

los soldados	acordarse (ue)	la victoria
el héroe/la heroína	descubrir	la batalla
el dictador	vencer	las víctimas
el enemigo	honrar	la paz
los exploradores	liberar	el imperio
la gente	declarar la guerra	la independencia

Comunicación

HOLT SoundBooth ONLINE RECORDING

26 Hablando de la historia ⟍FL.A.1.2.3

Hablemos Con un(a) compañero(a), creen un diálogo sobre algunos eventos históricos que conozcan. Usen las expresiones de **Exprésate** y las palabras de **Vocabulario**. Sigan el modelo.

> **MODELO** —**Lamento que hubiera tantas víctimas en la Segunda Guerra Mundial.**
> —**Ojalá que no haya otra guerra igual en el futuro.**

Benchmark Focus
FL.A.1.2.3 Recognize and appropriately use oral syntax and inflection in spoken target language

▶ **Vocabulario adicional** — Eventos históricos, p. R19

Un editorial sobre la guerra

La cara fea de la guerra

A través de la historia de la civilización humana, ha habido guerras. Cuando un país está en guerra con otro, alguna gente sólo quiere ver su cara bonita, o sea la victoria. Pero la guerra no es nada bonita, en realidad es una de las peores pesadillas que podemos sufrir. En pocas palabras: es lamentable que los líderes mundiales piensen a veces que no tienen otra opción. Ojalá que no sea así siempre. Hay varias razones o pretextos para mandar tropas al campo de batalla; puede ser para defender la patria, para lograr la derrota de un dictador, por la independencia o por la justicia. Las víctimas civiles son la cara fea de la guerra y es lógico que la gente se regocije cuando por fin se acuerda la paz. Luego, la gente conmemora el fin de la guerra y honra a los soldados que perdieron sus vidas en el conflicto. Generaciones de valientes del mundo entero se han sacrificado en defensa de sus países, pero ojalá que un día podamos lograr la paz sin sacrificar ni una sola vida.

¡Exprésate!

To express regret and gratitude

Se arrepiente de que...
He/she regrets that . . .

Es lamentable que...
It's too bad that . . .

Les agradecieron a...
They thanked . . .

Vocabulario y gramática, pp. 103–105

Online workbooks

27 **¿Qué opina la autora?** FL.A.2.3.1

Leamos Basándote en el editorial, decide si cada oración es **cierta** o **falsa.** Corrige las falsas.

1. Ha habido muchas guerras en el pasado.
2. La gente sólo quiere ver los aspectos positivos de la guerra.
3. La periodista piensa que la guerra es una pesadilla.
4. Los líderes mundiales piensan que la guerra no es necesaria.
5. Una razón para mandar tropas a la guerra es defender la patria.
6. No hay víctimas civiles en la guerra.
7. La gente se regocija cuando se acuerda la paz.
8. La periodista piensa que no se puede lograr la paz sin la guerra.

28 **Los eventos en imágenes** FL.A.3.3.2

Escribamos Mira las imágenes y escribe una oración sobre lo que está ocurriendo. Usa las palabras de **Vocabulario** y las expresiones de **Exprésate** en tus oraciones.

Comunicación

HOLT **SoundBooth** ONLINE RECORDING

29 **A crear una nación** FL.A.3.3.2

Hablemos En grupos de tres, preparen una historia de un país ficticio. Por ejemplo, pueden hablar de los exploradores que descubrieron el país y lo que pasó después. Usen las palabras de **Vocabulario** y ¡sean creativos!

♻ **¿Se te olvidó?** Preterite and imperfect in storytelling, pp. 374–375

MODELO —**Verdelandia fue descubierto por exploradores de otro mundo. La gente de Verdelandia tenía muchas esperanzas de...**

Benchmark Focus

FL.A.3.3.2 Provide information in spoken and written form on a variety of topics of personal, academic, and cultural interest

Objetivos
• Uses of subjunctive
• Sequence of tenses

Gramática
en acción 2

GramaVisión

Interactive TUTOR

Repaso   Uses of subjunctive

1 You've used verbs in both the **indicative mood** and the **subjunctive mood,** and you've learned that the **subjunctive mood** is used in the clause after **que:**

- with expressions of hope, wish, or recommendation

  Te sugiero que no **creas** ni una palabra de sus cuentos.

- with expressions of feelings, emotions, or judgment

  Me sorprende que no **conozcas** esa leyenda.

- with descriptions of people, places, or things that are not personally known to the speaker (unknown) or that do not exist according to the speaker (nonexistent)

  No hay guerra que no **tenga** víctimas.

- with expressions of doubt or denial

  Los exploradores **dudan que** la zona **sea** segura para entrar.

2 Use the **subjunctive** after certain adverbial conjunctions such as **a menos (de) que, antes de que, con tal (de) que, en caso de que,** and **para que;** also with **en cuanto, cuando, después de que,** and **tan pronto como** when they indicate future events.

Tenemos que ser valientes **cuando empiece** la batalla.

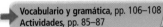 Vocabulario y gramática, pp. 106–108
Actividades, pp. 85–87

 Online workbooks

30 **El discurso**   FL.A.2.2.7

Leamos   Completa las oraciones con el verbo correcto.

1. Quiero decirles que (tengo/tenga) muy buenas noticias.
2. Liberaron a los soldados después de que (vencimos/venzamos) al enemigo.
3. Cuando (llega/llegue) una ocasión como ésta, hay que celebrar.
4. Es dudoso que pronto (se resuelvan/se resuelvan) los problemas.
5. Por eso es importante que (nos esforzamos/nos esforcemos) siempre para mejorar la vida.
6. Y sobre todo, ojalá que (podemos/podamos) conseguir la paz.

31 **Batalla de opiniones** ⬦ FL.A.2.2.7

Leamos/Escribamos Completa el diálogo con la forma correcta de los verbos en paréntesis.

— No me gusta este videojuego. Quiero que mi personaje ___1___ (ser) malo, pero sólo juega como héroe.

— Pues yo prefiero que mi personaje ___2___ (luchar) por la justicia, así que debemos cambiar.

— Tu soldado no ___3___ (poder) lograr la victoria a menos que ___4___ (haber) un traidor entre mis tropas.

— Estás equivocado. No vamos a terminar el juego hasta que el héroe ___5___ (sufrir) la derrota a manos del malvado.

— Es triste que tú siempre ___6___ (perder) cuando juegas conmigo.

— Sé que casi siempre ganas cuando juegas conmigo, pero dudo que ___7___ (ganar) esta vez.

Benchmark Focus

FL.A.2.2.7 Recognize the multiple ways in which an idea may be expressed in the target language and use them appropriately

Gramática 2

32 **Una batalla** ⬦ FL.A.3.3.1

Leamos/Escribamos Maribel está leyendo una historia sobre una batalla. Completa sus reacciones basándote en los dibujos.

1. Estoy triste porque...
2. Un soldado cobarde teme que...
3. Van a liberar a los soldados tan pronto como...
4. Todos se regocijaron después de que...

Comunicación

HOLT **SoundBooth** ONLINE RECORDING

33 **En el futuro...** ⬦ FL.A.1.3.1

Hablemos En parejas, expresen sus opiniones sobre algunos problemas en su colegio o en su comunidad. Hablen de lo que ha ocurrido en el pasado y lo que esperan que ocurra en el futuro.

MODELO —**Cuando llegué aquí, no había ningún club de español.**
—**Espero que ahora podamos empezar un club.**

Sequence of tenses

1 The phrase **sequence of tenses** describes the agreement between the verb in the **main clause** and the verb in the **subordinate clause.** The verb tense in the **subordinate clause** is determined by the verb tense in the **main clause.**

Ana dice que quiere ir.	Ana dijo que quería ir.
Ana dice que irá.	Ana dijo que iría.
Ana dice que ya ha ido.	Ana dijo que ya había ido.
Ana dice que vayas tú.	Ana dijo que fueras tú.
Ana irá en cuanto llegues.	Ana iba a ir en cuanto llegaras.
Ana duda que haya ido.	Ana dudaba que hubiera ido.

2 If the main clause is in the **present, present perfect, future,** or is a **command,** and if there is no expression requiring the subjunctive, the subordinate clause will be in the **indicative,** and can be in the past, present, or future.

Main clause		Subordinate clause
Dice		**va** al cine.
Ha dicho	**que**	**irá** al cine mañana.
		había mucha gente.
Dirá		**ha ido** al cine ya.
Dile		**fue** al cine ayer.

3 If the main clause is in the **present, present perfect, future,** or is a **command,** the subordinate clause may also be in the **present subjunctive.**

Main clause		Subordinate clause
Quiere		
Diles	**que**	**vayan** ellos también.
Les he dicho		

Vocabulario y gramática, pp. 106–108
Actividades, pp. 85–87

Online workbooks

Este póster de Chile anuncia una película clásica del cine chileno.

34 **¿Pasado, presente o futuro?** 🔖 FL.A.2.3.2

Escuchemos Escucha los comentarios y decide si la cláusula subordinada está en el **pasado, presente** o **futuro.**

35 La heroína ⟍ FL.A.2.2.7

Leamos Completa las oraciones con el verbo correcto.

1. La mujer soldado cree que la guerra no (va/vaya) a terminar nunca.
2. Le sorprenderá que (ha/haya) terminado ya.
3. Los líderes dijeron que (acordaron/acordarán) la paz ayer.
4. Dile a la mujer soldado que (venga/viene) al palacio.
5. Es cierto que ella (fue/sea) muy valiente.
6. Será importante que la (honramos/honremos) como heroína.

36 Tiempos de valor ⟍ FL.A.2.2.7

Leamos/Escribamos Completa el párrafo con las formas correctas de los verbos en paréntesis.

El soldado sube la montaña. Dice que ___1___ (colocar) una bandera chilena en la cima *(top)* esta tarde. Quiere que todo el mundo ___2___ (recordar) a las víctimas de la guerra. Sabe que el dictador ___3___ (escaparse) anoche. Todo el mundo espera que no ___4___ (regresar). El soldado piensa que la guerra ___5___ (ser) necesaria a veces, pero lamenta que tantas personas ___6___ (sufrir).

37 Mis opiniones sobre la historia ⟍ FL.A.3.3.2

Leamos/Escribamos Completa las oraciones basándote en lo que has aprendido sobre los exploradores.

1. He aprendido que los exploradores...
2. Mis profesores dicen que Pizarro...
3. No he estudiado ningún imperio que...
4. Me sorprende que muchos grupos indígenas...
5. Nunca he dudado que los exploradores...
6. Cristóbal Colón es recordado porque...
7. Nos han enseñado que en el Nuevo Mundo...
8. Mañana nos dirán que otras civilizaciones...

Gramática 2

Comunicación

HOLT SoundBooth ONLINE RECORDING

38 Mis sueños para mi país ⟍ FL.A.1.3.1

Hablemos Imagina que tú y tu compañero(a) son políticos. Túrnense para explicar lo que quieren para su país ahora y lo que les dirán a sus hijos sobre su país.

MODELO —Quiero que dejemos de tener guerras.
—Les diré que nuestro país ha logrado mucho.

Benchmark Focus

FL.A.1.3.1 Exchange information orally and in writing about topics of common interest and about the target culture

More on sequence of tenses

Interactive TUTOR

1 As you know, **sequence of tenses** describes the agreement between the verb in the **main clause** and the verb in the **subordinate clause**. The verb tense in the **subordinate clause** is determined by the verb in the **main clause.**

Sé que quieres ir.　　　　Sabía que querías ir.

2 If the main clause is in the **preterite, imperfect, past perfect,** or **conditional,** and if there is no expression requiring the subjunctive, the subordinate clause will be in the **indicative**, and generally in the past.

Main clause		Subordinate clause
Dijo		**fue** al cine.
Decía	**que**	**iba** al cine mañana.
Había dicho		**iría** al día siguiente.
Diría		**había ido** a pie.

3 In some cases, if the main clause is in the past and contains an expression requiring the subjunctive, the subordinate clause will be in the **past subjunctive.**

Main clause		Subordinate clause
Quería	**que**	**fuéramos** al cine hoy.

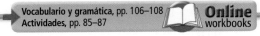

Vocabulario y gramática, pp. 106–108
Actividades, pp. 85–87

Online workbooks

39 Un nuevo mundo ⚑ FL.A.2.2.7

Leamos Completa cada oración con el verbo correcto.

1. Cristóbal Colón decidió que (buscaría/buscara) una nueva ruta a las Indias.
2. Él ya le había pedido al rey de Portugal que (pagó/ pagara) su viaje.
3. El rey no creía que (fuera/fue) una buena idea.
4. Pero la reina Isabel de Castilla dijo que le (ayudaría/ayudó) con el viaje si le diera más información sobre sus exploraciones.
5. Sería bueno que todos (fuimos/fuéramos) a ver el monumento a Colón en Barcelona.
6. Mi papá me enseñó fotos del monumento para que (pudiera/pueda) reconocerlo.
7. Me dijo que él (fuera/había ido) solamente una vez a Barcelona.

Una lección de historia FL.A.2.2.7

Benchmark Focus

FL.A.2.2.7 Recognize the multiple ways in which an idea may be expressed in the target language and use them appropriately

Leamos/Escribamos   Completa las oraciones con la forma correcta del verbo en paréntesis.

1. El profesor de historia sugirió que nosotros ═══ (estudiar) la revolución para el examen.

2. También nos había pedido que ═══ (entrevistar) a alguien de esa época.

3. El profesor me recomendó que ═══ (visitar) un campo de batalla.

4. A mí me interesó mucho lo que mi abuelo me ═══ (contar) de la revolución.

5. Él siempre decía que la revolución ═══ (ser) importante para nuestro país.

6. Me sorprendió que mi abuelo ═══ (recordar) todos los detalles como si fuera ayer.

41 Del presente al pasado FL.A.2.2.7

Leamos/Escribamos   Vuelve a escribir cada oración en el pasado y reemplaza el verbo subrayado con el verbo en paréntesis.

MODELO   Ellos **piensan** que la película es buena. (pensaron)
Ellos pensaron que la película era buena.

Jóvenes chilenos hablan de las películas que han visto.

1. Marisa prefiere que vayamos a una película de fantasía. (prefería)

2. Blanca dice que ya la ha visto. (dijo)

3. Creo que ha salido la nueva película. (Creía)

4. El profesor ha pedido que veamos esta película. (había pedido)

5. Me extraña que Blanca la quiera ver. (extrañó)

6. Marisa nos recomienda que hagamos otra actividad. (había recomendado)

Comunicación

HOLT SoundBooth
ONLINE RECORDING

42 Un cuento de encuentros FL.A.1.3.1, FL.A.3.3.2

Hablemos   Con un(a) compañero(a), cuenten una historia sobre lo que pasa. Primero, cuéntenla en el presente y luego vuelvan a contarla en el pasado.

Gramática 2

Benchmark Focus

FL.A.2.3.2 Comprehend and interpret the main ideas and details from television, movies, videos, radio, or live presentations produced in the target language

Novela en vídeo

Clara perspectiva
Episodio 9

ESTRATEGIA

FL.A.2.3.2

Predicting As you near the end of a story, you naturally start making predictions about what is going to happen. Based on what you know, make a prediction about the following people regarding each of their situations: 1) Clara and her job at *Chile en la Mira;* 2) Clara and her search for the professor; 3) the professor and his environmental studies; 4) the professor and his safety; 5) the president of *MaderaCorp* and his bid to buy the land in **Magallanes**; 6) the ecologists and their attempt to stop *MaderaCorp.*

En la oficina del señor Ortega

Sr. Ortega Señor Medina, como su colega todavía no se ha presentado, usted va a estar a cargo de una investigación que necesitamos hacer para un artículo sobre la Isla de Pascua. Hay muchos mitos y leyendas asociados con la isla.

Octavio Sí, Rapa Nui.

Sr. Ortega Sí, es su nombre polinésico.

Octavio ¿De qué se trata el artículo?

Sr. Ortega Queremos explicar la historia de la isla y cómo llegó a ser gobernada por Chile. Según tengo entendido, los primeros habitantes llegaron a la isla entre los años 400–600 después de Cristo.

Octavio ¿Y se sabe de dónde eran?

Sr. Ortega Hay muchas teorías—la más aceptada es que vinieron de Polinesia. Pero también hay los que creen que es posible que hayan venido de Perú.

Octavio Muy bien. Pero el enfoque se debe quedar ¿sobre qué?

Sr. Ortega La Isla de Pascua tiene una historia larga y llena de tragedia, de guerras civiles, de explotación de las tierras, de culturas intentando sobrevivir. También hay una leyenda muy interesante sobre los hombres pájaros.

Octavio Y los gigantescos monumentos, los moais, ¿vamos a escribir algo sobre el misterio de su existencia?

Sr. Ortega Sí, los moais. Se cuenta que los moais representaban a los dioses sagrados. Lo que no se sabe es cómo pudieron las enormes esculturas llegar a situarse en donde hoy se encuentran.

Sr. Ortega Quiero que leas todo lo que puedas, libros, artículos y también lo que puedas encontrar en Internet. Queremos resolver el misterio de la Isla de Pascua, aquí en las páginas de *Chile en la Mira.*

Octavio Sí, Señor Ortega. Manos a la obra.

Sr. Ortega Y si te encuentras con la señorita de la Rosa, por favor, mándale mis saludos.

En *MaderaCorp*

Profesor Luna Señor Reyes, si examina la propuesta de los ecologistas, verá que contiene ideas que no serían difíciles de implementar.

Señor Reyes Bueno, tendré que pensarlo. Y claro es imprescindible que consulte con los inversionistas.

Ecologista 2 ¿Qué te dije? Nunca van a aceptar nuestras condiciones.

Ecologista 1 Tranquila, Sarita, déjalo leer primero.

En la comisaría

Clara Al final, me di cuenta que los documentos que imprimí eran los estudios de impacto ambiental que el profesor Luna iba a presentar.

Sargento Pero, ¿por qué quería que usted los imprimiera?

Clara No sé. Quizás pensaba que alguien los iba a destruir. Y quería tener una copia antes de que eso pasara.

Sargento ¿El profesor estará recibiendo dinero?

Clara No, imposible. Nunca trataría de abusar de su posición.

Sargento No podemos especular. Tenemos que encontrarlo.

Detective ¿Por dónde empezamos?

Clara En las oficinas de *MaderaCorp*. Es lógico, ¿no?

Sargento Muy bien. Vamos.

Detective Un auto… sí… y dos carabineros. No sabemos qué vamos a encontrar.

En *MaderaCorp*

Clara ¡Profesor Luna! ¡Está bien!

Profesor Luna ¡Clara! ¿Qué estás haciendo acá?

Sargento Profesor Luna, ¿no ha visto las noticias? Pensábamos que estaba secuestrado.

Profesor Luna Por Dios. Estaba tan involucrado en la situación, que olvidé llamar a Mercedes.

Señor Reyes Bienvenidos. Pasen. Estamos a punto de resolver nuestras diferencias.

¿COMPRENDES?

1. ¿Qué cosas sobre la historia de Rapa Nui tiene que investigar Octavio? ¿Dónde tiene que buscar?

2. ¿Qué leyenda le interesa al señor Ortega? ¿Qué cosas misteriosas le interesan a Octavio?

3. ¿Está enojado el señor Ortega con Clara? ¿Qué puedes predecir sobre el futuro de Clara en *Chile en la Mira*?

4. ¿Dónde deciden empezar a buscar al profesor? ¿Es lógico empezar ahí? ¿Por qué sí o por qué no?

5. ¿Está interesado el presidente de *MaderaCorp* en la propuesta de los ecologistas? ¿A quiénes tiene que consultar? ¿Qué puedes predecir sobre el acuerdo entre los ecologistas y MaderaCorp? **FL.A.2.3.2**

Próximo episodio
¿Sobre qué crees que se va a tratar el próximo artículo de Clara y Octavio? ¿Por qué crees eso?
PÁGINAS 436–437 ▶

Benchmark Focus

FL.C.2.3.3 Use films or texts produced in the target language to gain knowledge and understanding of various aspects of the arts, music, literature, history, or economics of the target culture

Un territorio con historia

La historia de las Islas Malvinas

Las Islas Malvinas, ubicadas en el océano Atlántico al este de la costa de Argentina, tienen una larga historia colonial. Aunque las Islas Malvinas están cerca de Argentina, son gobernadas por Inglaterra. Algunos historiadores creen que las islas fueron descubiertas por el español Esteban Gómez en 1520. Otros afirman que el explorador John Davis las descubrió en 1592. Las islas han sido ocupadas por España, Francia, Inglaterra y Argentina en diferentes momentos de su historia.

Las Islas Malvinas están al este de la costa de Argentina.

Países europeos reclaman las islas

España fue el primer país en reclamar las Malvinas para su imperio, poco después de su descubrimiento. En 1764 llegaron los franceses y ocuparon una parte de las islas donde estable-cieron un puerto. Ellos le dieron el nombre de *Malouines* a las islas. Poco después los españoles tomaron control de las islas y convirtieron el nombre francés en *Malvinas*. En 1765 llegó una expedición inglesa a las islas y las nombró *Falkland Islands,* que hoy es el nombre reconocido por el gobierno de Inglaterra. España sacó a los ingleses en 1770 y mantuvo control sobre las islas hasta que Argentina consiguió su independencia en 1816.

Lectura informativa

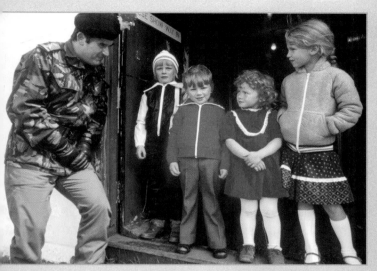

Hoy en día Inglaterra gobierna las Islas Malvinas.

El debate de las Malvinas sigue

La nueva nación de Argentina dio permiso a Luis Vernet en 1828 para establecer una colonia y mandó a cien gauchos e indígenas para desarrollar la cría de ganado[1]. En 1833, el gobierno de Inglaterra expulsó[2] a las autoridades argentinas y tomó el control de las islas. En 1982, más de cien años después, el gobierno de Argentina tomó las islas por la fuerza y las ocupó durante 10 semanas. Los ingleses enviaron sus tropas y expulsaron a los argentinos de las islas en una guerra sangrienta[3]. El debate sobre quién debe gobernar las Islas Malvinas sigue hoy en día. Los gobiernos de Argentina e Inglaterra han establecido relaciones diplomáticas de nuevo y las dos naciones quieren llegar a un acuerdo. Sin embargo, los dos países se mantienen firmes en sus posiciones en cuanto a las Islas Malvinas. El gobierno de Gran Bretaña no quiere retirarse[4] de las islas y Argentina afirma que tiene soberanía[5] sobre las Malvinas. ■

1 livestock 2 expelled 3 bloody 4 withdraw 5 sovereignty

Comprensión

A **Detalles de la historia**   Indica si cada oración es **cierta** o **falsa**. Corrige las oraciones falsas.   FL.C.2.3.3

1. Cristóbal Colón descubrió las Islas Malvinas en 1500.

2. Los franceses dieron el nombre *Malouines* a estas islas.

3. Los ingleses llegaron a las islas en 1765 y las llamaron "Islas Malvinas".

4. El gobierno de Inglaterra expulsó a las autoridades argentinas y tomó las islas en 1833.

5. Hoy en día las Islas Malvinas son gobernadas por Argentina.

B **¿Comprendiste?**   Contesta las preguntas.   FL.C.2.3.3

1. ¿Dónde están las Islas Malvinas?

2. ¿Cuántos países han ocupado las islas?

3. ¿Qué hizo el gobierno de Argentina para desarrollar la cría de ganado en las islas?

4. ¿Durante cuánto tiempo ocuparon las islas las tropas argentinas?

5. ¿Cuál es la posición de Inglaterra y de Argentina en cuanto a las Malvinas?

Actividad   FL.A.3.3.2

Tu opinión   ¿Cuál es tu opinión sobre la historia de las Islas Malvinas? Si fueras diplomático *(diplomat)*, ¿qué sugerirías para resolver el conflicto?

Leamos y escribamos

ESTRATEGIA

para leer In order to understand a text, it's best to try and determine the main idea first. To do this, focus on the first sentence in each paragraph as you read. Don't worry about unknown words the first time you read the text. Take notes on information you find in each paragraph. When finished, look over your notes and determine the main idea.

Antes de leer ✎ FL.A.2.3.3

A *El Caleuche* es una leyenda chilena que trata de un barco fantasma que navega los mares entre las islas de la costa chilena. Los marineros le tienen mucho miedo al barco fantasma porque piensan que si lo ven, morirán en circunstancias misteriosas. Antes de leer esta leyenda, prepara una hoja de papel con el título de la leyenda. Escribe *Párrafo 1* en la hoja. Deja un espacio para cada párrafo hasta el 24. Mientras lees, vas a llenar los espacios con los detalles de la leyenda, para así determinar la idea principal.

EL CALEUCHE

Adaptación de Carlos Ducci Claro

No era un pueblo, no podía serlo, se trataba sólo de un pequeño número de casas agrupadas a la orilla del mar, como si quisieran protegerse del clima tormentoso, de la lluvia constante y de las acechanzas[1] que pudieran venir de la tierra o del mar.

En la pieza[2] grande de la casa de don Pedro se habían reunido casi todos los hombres del caserío. El tema de su charla era la próxima faena[3]. Saldrían a pescar de anochecida y sería una tarea larga y de riesgo; pensaban llegar lejos, quizá hasta la isla Chulín, en busca de jurel, róbalo y corvina[4].

Deseaban salir porque la pesca sería buena. Durante la noche anterior estaban seguros de haber visto a la bella Pincoya[5] que, saliendo de las aguas con su maravilloso traje de algas, había bailado frenéticamente en la playa mirando hacia el mar. Todo esto presagiaba una pesca abundante y los hombres estaban contentos.

No todos saldrían, porque, como siempre, don Segundo, el hombre mayor, se quedaría en tierra.

Uno de los jóvenes le preguntó: "Usted, don Segundo, ¿por qué no se embarca[6]? Usted conoce más que cualquiera las variaciones del tiempo, el ritmo de las mareas[7], los cambios del viento y, sin embargo, permanece siempre en tierra sin adentrarse en el mar". Se hizo un silencio, todos miraron al joven, extrañados de su insolencia, y el mismo joven abismado de su osadía[8], inclinó silencioso la cabeza sin explicarse por qué se había atrevido a preguntar.

---

1 ambushes   **2** room   **3** task (in this case, a fishing expedition)   **4** *jurel...* saurel, sea bass, and corbina (types of fish)
5 a mythical mermaid   **6** go aboard   **7** tides   **8** *abismado...* absorbed in his boldness

Don Segundo, sin embargo, parecía perdido en un ensueño[9] y contestó automáticamente: "Porque yo he visto el Caleuche".

Dicho esto pareció salir de su ensueño y, ante la mirada interrogante de todos exclamó: "Algún día les contestaré".

Meses después estaban todos reunidos en la misma pieza. Era de noche, y nadie había podido salir a pescar, llovía en forma feroz, como si toda el agua del mundo cayera sobre aquella casa, el viento huracanado parecía arrancar las tejuelas[10] del techo y las paredes y el mar no eran un ruido lejano y armonioso, sino un bramido[11] sordo y amenazador.

Don Segundo habló de improviso y dijo: "Ahora les contaré...". Su relato contenido durante muchos años cobró una realidad mágica para los que le escuchaban curiosos y atemorizados[12].

Hace mucho tiempo había salido navegando desde Ancud con el propósito de llegar hasta Quellón. No se trataba de una embarcación pequeña, sino de una lancha grande de alto bordo[13] y sin embargo fácil de conducir, con dos velas[14] que permitían aprovechar al máximo un viento favorable. Era una lancha buena para el mar y que había desafiado con éxito muchas tempestades[15].

La tripulaban[16] cinco hombres, además de don Segundo, y el capitán era un chilote recio[17], bajo y musculoso, que conocía todas las islas y canales del archipiélago, y de quien se decía que había navegado hasta los estrechos del sur y había cruzado el Paso del Indio y el Canal Messier.

La segunda noche de navegación se desató la tempestad. "Peor que la de ahora", dijo don Segundo. Era una noche negra en que el cielo y el mar se confundían, en que el viento huracanado levantaba el mar y en que los marineros aterrorizados usaban los remos para tratar de dirigir la lancha y embestir[18] de frente a las olas enfurecidas.

Habían perdido la noción del tiempo y empapados y rendidos encomendaban[19] su alma, seguros de morir.

No obstante, la tormenta pareció calmarse y divisaron[20] a lo lejos una luz que avanzaba sobre las aguas. Fue acercándose y la luz se transformó en un barco, un hermoso y gran velero[21], curiosamente iluminado, del que salían cantos y

---

9 daydream   10 shingles   11 howling   12 terrified   13 *lancha*...large vessel   14 sails   15 storms   16 *La*... It was manned by
17 big, strong Chilean   18 attack   19 *empapados*... drenched and exhausted, they entrusted   20 they saw   21 sailing vessel

voces. Irradiaba una extraña luminosidad en medio de la noche, lo que permitía que se destacaran[22] su casco[23] y velas oscuras. Si no fuera por su velamen[24], si no fuera por los cantos, habríase dicho un inmenso monstruo marino.

Al verlo acercarse los marinos gritaron alborozados[25], pues, no obstante lo irreal de su presencia, parecía un refugio tangible frente a la cierta y constante amenaza del mar.

El capitán no participó de esa alegría. Lo vieron y mortalmente pálido exclamó: "¡¡No es la salvación, es el Caleuche!! Nuestros huesos, como los de todos los que lo han visto, estarán esta noche en el fondo del mar".

El Caleuche ya estaba casi encima de la lancha cuando repentinamente desapareció. Se fue la luz y volvió la densa sombra en que se confundían el cielo y el agua.

Al mismo tiempo, volvió la tempestad, tal vez con más fuerza, y la fatiga de los hombres les impidió dirigir la lancha en el embravecido mar, hasta que una ola gigantesca la volcó[26]. Algo debió golpearlo, porque su último recuerdo fue la gran ola negra en la oscuridad de la noche.

Despertó arrojado en una playa en que gentes bondadosas y extrañas trataban de reanimarlo. Dijo que había naufragado[27] y contó todo respecto del viaje y la tempestad, menos las circunstancias del naufragio y la visión del Caleuche. De sus compañeros no se supo más, y ésta es la primera vez en que la totalidad de la historia salía de sus labios.

---

22 highlighted   **23** hull   **24** ship sails   **25** with joy   **26** *la…* overturned it   **27** shipwrecked

Comprensión   ⤷ FL.A.2.3.3

B Basándote en lo que leíste, contesta las preguntas.

1. ¿De qué hablaban los pescadores en la casa de don Pedro?
2. ¿Qué le pregunta el joven a don Segundo?
3. ¿Por qué no va don Segundo a pescar con sus compañeros?
4. ¿Cuántas personas tripulaban la lancha en que iba don Segundo?
5. ¿Qué pasó después de que desapareció el Caleuche?
6. ¿Quién encontró a don Segundo? ¿Qué les pasó a sus compañeros?

Pasó así   ⤷ FL.A.2.3.3

C Decide si cada oración es **cierta** o **falsa**.

1. Los protagonistas en la leyenda son pescadores.
2. Don Segundo es un hombre joven y no sabe pescar.
3. Don Segundo tiene mucho miedo de salir al mar.
4. Un joven le pregunta a don Segundo por qué no quiere embarcarse.
5. Don Segundo dice que el Caleuche es un monstruo.
6. El Caleuche no deja que los hombres lo vean.

Después de leer   ⤷ FL.C.2.2.1

D ¿Qué significa el Caleuche para don Segundo? ¿Has escuchado alguna vez una leyenda parecida a ésta? ¿Hay alguna leyenda famosa en la región donde vives?

Interactive TUTOR

Taller del escritor

ESTRATEGIA   FL.A.3.4.2

para escribir Legends can be a way to explain a natural event like the eruption of a volcano, or to tell the story of a person who may have done extraordinary things during his or her lifetime. Think of a mysterious person, event, or thing (real or fictitious) and write a legend about it, using detailed descriptions.

Una buena descripción

Una manera de dar vida propia a tus escritos es incluir buenas descripciones. Hay que considerar varios elementos que hacen que una descripción sea completa. Por ejemplo, si describes un árbol, tienes que tomar en cuenta su color, su tamaño, etc. Al describir algo, decide qué le puede ayudar al lector a tener una imagen viva y precisa del objeto.

1 Antes de escribir

Haz una lista de personas, lugares, sucesos u objetos que quieres describir. De esta lista, escoge la cosa que más te interese y apunta las características y los hechos asociados con ese suceso o persona.

hecho o característica #1

hecho o característica #2

suceso o persona

hecho o característica #3

hecho o característica #4

2 Escribir un borrador

Empieza tu borrador con la lista que hiciste. Puedes poner las características y los hechos en distintos párrafos. No nombres lo que decidiste describir en tu borrador.

3 Revisar

Revisa tu borrador y corrige los errores de gramática y ortografía, si los hay. Lee tu borrador para verificar que tu descripción sea precisa y completa. Considera otras características que te puedan ayudar a completar la imagen.

4 Publicar

Intercambia tu descripción con la de un(a) compañero(a) y trata de adivinar lo que él/ella describe. Luego, pueden juntar todas las descripciones de la clase y adivinar qué fue lo que describió cada persona.

Leamos y escribamos

Prepárate para el examen

Interactive TUTOR

1 Mira los dibujos y usa palabras de **Vocabulario** para describir cada uno. ☙ FL.A.3.3.2

1 Vocabulario 1
• setting the scene for a story
• continuing and ending a story
pp. 368–373

2 Gramática 1
• preterite and imperfect in storytelling
• preterite and imperfect contrasted
• **por** and **para**
pp. 374–379

3 Vocabulario 2
• talking about your hopes and wishes
• expressing regret and gratitude
pp. 382–387

☙ FL.A.2.2.7

2 Completa el párrafo con la forma correcta del verbo en paréntesis.

Ivania ____1____ (tener) once años cuando ____2____ (conocer) al hechicero. ____3____ (Ser) las tres de la tarde, y ella ____4____ (tener) que estar en la casa a las tres y media. Ella ____5____ (estar) caminando muy rápido cuando de pronto ____6____ (aparecer) un hombre muy gracioso. ____7____ (Llevar) un sombrero negro. Ivania ____8____ (asustarse) y él también. Él le ____9____ (preguntar) una dirección y ____10____ (irse) corriendo. Pero se le ____11____ (caer) su varita mágica. Ivania la guardó ____12____ (por/para) regalársela a su mejor amiga.

3 Completa cada oración con las formas correctas de las palabras del cuadro. ☙ FL.A.2.3.1

conmemorar	bandera	dictador	imperio	regocijarse	cobarde

1. Cuando vencieron al enemigo, los soldados ═══ en la calle.
2. Este traidor es un ═══ que le tiene miedo a todo.
3. Cada año nosotros ═══ la fecha en que ganamos la libertad.
4. El ═══ gobernó sin justicia y nos quitó nuestra libertad.
5. La ═══ es un símbolo importante de cualquier país.
6. Los incas tenían un gran ═══.

4 Completa las oraciones con la forma correcta del verbo.

1. La profesora dijo que nosotros ===== (ir) a estudiar las civilizaciones precolombinas.
2. Me gusta que nosotros ===== (tener) la oportunidad de aprender más sobre ellas.
3. Es curioso que los expertos no ===== (saber) qué les pasó a varias civilizaciones antiguas.
4. Parece mentira que el imperio inca ===== (haber) desaparecido.
5. Era imposible que los incas ===== (continuar) su imperio.
6. Laura me dijo que ===== (haber) un documental anoche sobre este tema.

5 Contesta las preguntas. FL.C.1.3.1, FL.C.2.3.3

1. ¿Qué significan los tres colores de la bandera chilena?
2. ¿Qué país gobierna las Islas Malvinas?
3. ¿Quién fue el dictador de Chile desde 1973 hasta 1990?
4. ¿Dónde están las cataratas del Iguazú?

6 Escucha los fragmentos de varios cuentos de hadas y determina si se refieren **al presente, al pasado** o **al futuro.** FL.A.2.3.2

7 Mira los dibujos y escribe un cuento. FL.A.3.3.2

Visit Holt Online

go.hrw.com

KEYWORD: EXP3 CH9

Chapter Self-test

4 **Gramática 2**
• uses of subjunctive
• sequence of tenses
pp. 388–393

5 **Cultura**
• **Comparaciones**
pp. 380–381
• **Lectura informativa**
pp. 396–397
• **Notas culturales**
pp. 370, 379, 384, 391

Prepárate para el examen

Gramática 1
- preterite and imperfect in storytelling
  pp. 374–375
- preterite and imperfect contrasted
  pp. 376–377
- **por** and **para**
  pp. 378–379

Repaso de Gramática 1

In storytelling, the **imperfect** is used to describe the setting or background of a story and the **preterite** is used to express the events that occurred at specific moments in the story's plot. For specific uses of the **imperfect** and the **preterite,** see page 374.

> **Hacía** sol cuando **apareció** el sabio.

The **preterite** is used to refer to completed past actions with a clear beginning or end. It is also used to give special meanings to certain verbs. For more information on contrasting the **imperfect** and the **preterite,** see page 376.

> El rey **salió** del palacio.

The **imperfect** is used to describe habitual, ongoing past actions, to describe ongoing past mental or physical states, to indicate time in the past, and to indicate age in the past.

> La princesa siempre **caminaba** por el jardín.

For specific uses of **por** and **para,** see page 378.

Gramática 2
- uses of subjunctive
  pp. 388–389
- sequence of tenses
  pp. 390–393

Repaso de Gramática 2

The **subjunctive mood** is used with expressions of:

hope, wish, recommendation:	Ojalá que se **enamoren.**
feelings, emotions or judgment:	Me entristece que no pueda **trabajar.**
unknown or nonexistent people, places, or things:	Busco un soldado que **sea** valiente.
doubt or denial:	Dudo que **construyan** el templo.

It is also used with certain adverbial conjunctions: **a menos (de) que, antes de que, con tal (de) que, en caso de que, para que, en cuanto, cuando, después de que, tan pronto como,** when they refer to the future.

The phrase **sequence of tenses** describes the agreement between the verb in the **main clause** and the verb in the **subordinate clause.** For more information on sequence of tenses, see page 390.

For specific uses of sequence of tenses, see page 392.

Repaso de Vocabulario 1

Setting the scene for a story

ahora bien	well, nevertheless
aunque	although
castigar	to punish
el castigo	punishment
la creación	creation
el cuento (de hadas)	(fairy) tale
desaparecer	to disappear
desconocido(a)	unknown
el (la) dios(a)	god/goddess
enamorarse	to fall in love
encantado(a)	enchanted
Érase una vez, en un lugar muy lejano...	Once upon a time, in a faraway place, there was . . .
el fantasma	ghost
Hace muchos años,...	Many years ago, . . .
el (la) hechicero(a)	sorcerer, sorceress
el hecho	fact, event, deed
la leyenda	legend
mágico(a)	magic
el (la) malvado(a)	villain
misterioso(a)	mysterious
el mito	myth
el palacio	palace
los poderes	powers
la princesa	princess
el príncipe	prince
la reina	queen
el rey	king
el (la) sabio(a)	wise man, wise woman
Se cuenta que de pronto...	The story goes that all of a sudden . . .
Según nos dicen, el malvado...	From what they tell us, the villain . . .
el templo	temple
traicionar	to betray
el (la) traidor(a)	traitor

Continuing and ending a story

A causa de esto...	Because of this . . .
Al final, nos dimos cuenta de...	In the end, we realized . . .
A partir de entonces, vivieron siempre felices.	From then on, they lived happily ever after.
Hace tiempo, vino un desconocido...	Some time ago, a stranger came . . .
Tan pronto como llegó...	As soon as he/she arrived . . .

Repaso de Vocabulario 2

Talking about your hopes and wishes

acordar (ue) la paz	to make peace
la bandera	flag
la batalla	battle
el campo de batalla	battlefield
cobarde	cowardly
declarar la guerra	to declare war
la derrota	defeat
el (la) dictador(a)	dictator
El sueño de mi vida es vencer a...	My life-long dream is to overcome (defeat) . . .
Es de esperar que...	Hopefully . . .
el (la) enemigo(a)	enemy
los exploradores	explorers
el héroe, la heroína	hero, heroine
honrar	to honor
el imperio	empire
la independencia	independence
la justicia	justice
lamentar	to lament
liberar	to liberate
la libertad	liberty
la mujer soldado	female soldier
Ojalá que los países aún en guerra lleguen a un acuerdo.	I hope that the countries still at war can reach an agreement.
regocijarse	to rejoice
la revolución	revolution
el soldado	soldier
sufrir	to suffer
Tenía muchas esperanzas de...	I had many hopes of . . .
las tropas	troops
valiente	brave
vencer	to defeat
la víctima	victim
la victoria	victory

Expressing regret and gratitude

Es lamentable que...	It's too bad that . . .
Les agradecieron a...	They thanked . . .
Se arrepiente de que...	He/She regrets that . . .

Integración

capítulos 1–9

1 Explica lo que haría cada persona si pudiera. FL.A.3.3.2

FL.A.2.3.1

2 Lee el comentario de Celia sobre lo que aprendió en la clase de historia. Luego contesta **cierto** o **falso** a las siguientes preguntas.

Me fascina la leyenda de Quetzalcóatl. Aunque algunas partes de la leyenda están basadas en hechos reales, otras están basadas en mitos. Se dice que Quetzalcóatl era un hombre alto, rubio y blanco. Según nos dicen, después de su muerte, se convirtió en dios para muchos grupos indígenas. Ellos creían que él iba a regresar a México un día como rey. Un día un hombre alto y rubio llegó a México con sus soldados, y todos los indígenas pensaron que él era Quetzalcóatl. Pero no era cierto. ¡Era el explorador Hernán Cortés! Es lamentable que Cortés les mintiera a los indígenas, pero eso fue lo que hizo. La historia es muy interesante. Si yo pudiera, viajaría a México para ver las ruinas del templo dedicado a Quetzalcóatl. Este año no puedo ir pero en cuanto tenga el dinero, iré.

1. Ninguna parte de la leyenda de Quetzalcóatl está basada en hechos reales.
2. Se dice que Quetzalcóatl era un hombre rubio.
3. Quetzalcóatl regresó a México con sus soldados.
4. Cortés era un hombre honesto y les dijo la verdad a los indígenas.
5. Hay un templo dedicado a Quetzalcóatl en Tenochtitlán.
6. Celia va a viajar a Tenochtitlán este año.

3 En grupos de tres, inventen una leyenda sobre un hecho que pasó en tu pueblo hace mucho tiempo. Imaginen que un reportero ha llegado para investigar el asunto. Cada persona en el grupo contará una parte de la leyenda y lo que espera que encuentre el reportero. ⬟FL.A.1.3.1

4 Describe lo que ves en esta pintura. Comenta el contraste entre los soldados y las otras personas. ⬟FL.A.3.3.2

Benchmark Focus

FL.A.3.3.2 Provide information in spoken and written form on a variety of topics of personal, academic, and cultural interest

Soldiers at Attention from the work *José de San Martín Reviewing His Troops at Rancagua*, 1820 (detail) by Juan Manuel Blanes. Location: Museo Histórico Nacional de Buenos Aires. ©Museo Histórico Nacional de Buenos Aires/Dagli Orti/Art Archive

La revista de Rancagua de Juan Manuel Blanes

5 Acabas de regresar de un viaje a un templo antiguo en México. Escribe una carta a un(a) amigo(a) para contarle algo interesante que te pasó en el viaje. Describe la escena y los acontecimientos en detalle. ⬟FL.A.3.3.2

6 **Situación** Tú y un(a) amigo(a) van a ver una obra de teatro sobre un mito. A tu amigo(a) no le gustan los mitos y tiene muchas ideas negativas sobre cómo será la obra. Tú no estás de acuerdo y expresas tus ideas positivas. ⬟FL.A.1.3.1

Repaso cumulativo

10

El mundo en que vivimos

OBJETIVOS

In this chapter you will learn to
- talk about past events
- express and support a point of view
- make predictions and give warnings
- express assumptions

And you will use
- present and past progressive
- **haber**
- expressions of time
- future tense
- subjunctive with doubt, denial, and feelings
- subjunctive and indicative with adverbial clauses

¿Qué ves en la foto?

- ¿Qué están haciendo estas personas?

- ¿Cómo son los edificios que ves en la plaza?

- ¿Has visto edificios similares a éstos alguna vez?

 Look for the next to each activity and the **Benchmark Focus** to help you achieve the goals of the **Florida Sunshine State Standards**, found on pages FL14–FL16.

En la Plaza de Los Dos Congresos, Buenos Aires, Argentina

Objetivos
- Talking about past events
- Expressing and supporting a point of view

Vocabulario en acción 1

Del pasado al presente

Es necesario estudiar la historia de nuestro país, así como la del resto del mundo, para saber lo que sucedió en el pasado y cómo estos **acontecimientos** influyen en el presente.

Los exploradores **descubrieron** los restos de esta **nave hundida,** que se perdió en el mar hace años.

El gobierno demuestra **compasión** al recibir a **los refugiados** en tiempos difíciles.

Las manifestaciones de las madres de la Plaza de Mayo son muy **conmovedoras.** La gente se reúne allí para mostrar su **solidaridad** con las madres de hijos desaparecidos y para recordar los acontecimientos **trágicos** de la «guerra sucia».

La Copa Mundial es un **campeonato** de fútbol muy importante. En 1994 alguien amenazó con hacer **estallar una bomba** durante los partidos. **La cooperación** entre diferentes autoridades es necesaria para garantizar la seguridad en estos eventos.

Un **desastre** natural, como **la erupción de un volcán**, puede ser **aterrador** y causar mucha **destrucción.** La erupción de un volcán causa **pánico** entre la población.

No sabía que iban a **estrenar** la nueva película sobre la Plaza de Mayo esta semana. Mis amigos fueron al **estreno** anoche.

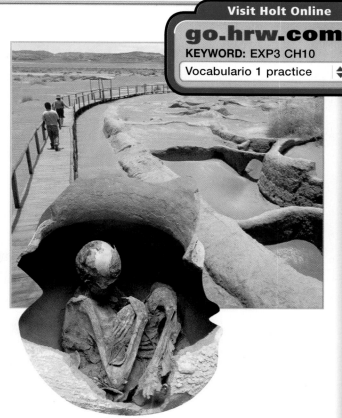

El descubrimiento de momias antiguas en el desierto de Atacama, Chile fue una experiencia **emocionante** para los arqueólogos, ya que las momias son unas de las más antiguas del **planeta.**

Más vocabulario...

el accidente	*accident*
las elecciones	*elections*
espantoso(a)	*terrible, frightening*
la indiferencia	*indifference*
los inmigrantes	*immigrants*
el invento	*invention*

¡Exprésate!

To ask about a past event	To respond
¿Te acuerdas (de) cuando sucedió...? *Do you remember when . . . happened?*	**Lo recuerdo como si fuera ayer./ No, no me acuerdo para nada.** *I remember it like it was yesterday./ No, I don't remember at all.*
¿Dónde estabas y qué hacías cuando...? *Where were you and what were you doing when . . . ?*	**Estaba en casa cuando...** *I was at home when . . .*

Interactive
TUTOR

Vocabulario y gramática, pp. 109–111

Online workbooks

1 Las noticias del día FL.A.2.3.2

Escuchemos Escucha el noticiero y escoge la palabra que corresponde a cada noticia.

a. el pánico
b. el invento
c. las manifestaciones
d. el estreno
e. un accidente
f. la indiferencia

2 Acontecimientos históricos FL.A.2.3.1

Leamos Indica qué oración corresponde a cada foto.

1. Los arqueólogos celebran el descubrimiento de artefactos *(artifacts)* en Argentina.
2. La erupción del volcán Villarica en Chile en 1971 causó mucha destrucción.
3. Argentina celebra su victoria en el campeonato de fútbol de 1978.
4. El descubrimiento de la nave hundida fue un momento emocionante.

3 Definiciones FL.A.2.3.1

Leamos/Hablemos Decide qué palabra de **Vocabulario** corresponde a cada definición.

1. Un producto que no existía antes.
2. Las personas que buscan un lugar seguro.
3. Las personas que se van de su país y se establecen en otro.
4. El sentimiento de pena o lástima por alguien que sufre.
5. Un suceso involuntario que causa daño.
6. Una ruina o pérdida grande.
7. El proceso de votar por la persona que va a ocupar un puesto importante.
8. Presentar por primera vez.

Raúl Pateras de Pescara, un inventor argentino, pone a prueba su helicóptero en 1924.

4 **Hablando del pasado** ⟍FL.A.2.3.1

Leamos/Escribamos   Completa la conversación con las palabras del cuadro.

sucedió	aterradora	trágico
estalló	solidaridad	pánico

—¿Te acuerdas cuando ___1___ una bomba en los Juegos Olímpicos?

—Sí, lo recuerdo. Fue una explosión ___2___ y estaba muy asustado.

—¿Dónde estabas cuando ___3___?

—Estaba entrando al estadio cuando sentí algo como un terremoto y todo el mundo sintió ___4___.

—Fue ___5___, pero me impresionó la ___6___ entre todos los países que se apoyaron para que continuaran los Juegos.

5 **Me acuerdo...** ⟍FL.A.3.3.1

Leamos/Escribamos   Completa las oraciones según tus experiencias. Da tantos detalles como puedas.

1. Fui al estreno de...
2. En las últimas elecciones...
3. Me acuerdo cuando sucedió...
4. Un acontecimiento trágico del año pasado fue...
5. Fue emocionante el descubrimiento de...
6. Muchos refugiados vinieron a Estados Unidos porque...

Comunicación

HOLT **SoundBooth** ONLINE RECORDING

6 **¿Dónde estabas cuando...?** ⟍FL.A.1.3.1

Hablemos   Con un(a) compañero(a), hablen de las cosas emocionantes que han pasado en el colegio este año. Pregúntense si recuerdan el acontecimiento y dónde estaban cuando sucedió. Usen las palabras de **Vocabulario** y las expresiones de **Exprésate**.

MODELO —¿Te acuerdas cuando nuestro equipo de básquetbol ganó el campeonato?

—Lo recuerdo como si fuera ayer. ¡Qué emocionante!

Benchmark Focus

FL.A.1.3.1 Exchange information orally and in writing about topics of common interest and about the target culture

Memorias de un acontecimiento trágico

En un parque de Buenos Aires

JOSÉ   Abuelo, ¿te acuerdas cuando sucedió el accidente en la mina de cobre?

ABUELO   Sí, lo recuerdo como si fuera ayer, a pesar de que han pasado muchos años. Fue algo aterrador que creó pánico entre los mineros, desesperados por salir.

JOSÉ   ¿Dónde estabas cuando supiste lo del desastre?

ABUELO   Precisamente estaba muy cerca trabajando en mi jardín cuando oí un ruido espantoso. Todos corrimos hacia la mina para ayudar. Fue conmovedor ver la solidaridad de la gente ante aquel trágico evento.

JOSÉ   ¿Es cierto que la muerte de muchos mineros pudo haberse evitado?

ABUELO   Quizás tengas razón, pero ten en cuenta que en aquella época no teníamos el equipo de rescate que existe actualmente.

JOSÉ   Aunque estoy de acuerdo, yo creo que no pudo evitarse porque no había las medidas de seguridad necesarias.

ABUELO   Claro, por eso creo que vale la pena analizar las causas que provocan este tipo de accidente para evitar que ocurran en el futuro.

¡Exprésate!

To express and support a point of view

Interactive TUTOR

Me parece que... *It seems to me that . . .*	**Aunque estoy de acuerdo..., creo que...** *Although I agree . . . , I think that . . .*
Creo que vale la pena acordarse de... *I think it's worth remembering . . .*	**Lo que noto es que...** *What I notice is that . . .*
Ten en cuenta que... *Keep in mind that . . .*	**A pesar de que hubo..., por otro lado...** *Although there was/were . . . , on the other hand . . .*

→ Vocabulario y gramática, pp. 109–111   **Online workbooks**

7 ¿Cierto o falso? FL.A.2.3.1

Leamos/Escribamos   Decide si cada oración es **cierta** o **falsa.** Corrige las oraciones falsas.

1. El abuelo no se acuerda del accidente en la mina de cobre.
2. Los mineros reaccionaron con indiferencia.
3. El abuelo estaba en la mina cuando ocurrió el derrumbe.
4. En aquella época no tenían el mismo equipo de rescate que existe hoy en día.
5. El abuelo piensa que vale la pena analizar las causas de este tipo de accidente.

8 Del pasado al presente   FL.A.2.3.2

Escuchemos/Leamos   Bárbara y Alejo están hablando de la vida moderna. Escucha su conversación y determina quién estará de acuerdo con las siguientes ideas: **Bárbara, Alejo** o **ambos.**

1. Creo que la vida moderna es muy complicada.
2. Creo que ahora hay más solidaridad entre los países.
3. Me parece que los países no pueden ser independientes ahora.
4. Lo que noto es que hay muchas guerras hoy en día.
5. Vale la pena acordarse de los acontecimientos que muestran solidaridad entre los países.
6. La vida era mejor cuando había menos tecnología.
7. Aunque había menos tecnología en el pasado, también había conflictos.
8. Los adelantos van a crear un mundo más unido.

Nota cultural

A la gente de Buenos Aires se le conoce como *porteños*. Esta ciudad es el puerto principal de Argentina y uno de los puertos más importantes del mundo. Está ubicado en la orilla sur del estuario del Río de la Plata donde éste llega al Atlántico. Da otros ejemplos de ciudades principales en otros países que también sean puertos.

FL.C.1.3.1

9 ¿Qué opinas?   FL.A.1.3.1

Hablemos   En grupos, comenten sus puntos de vista sobre los siguientes temas. Expresen y apoyen sus opiniones usando las expresiones de **Exprésate.**

1. El campeonato mundial de golf es el evento deportivo más emocionante de todos.
2. Las manifestaciones políticas deberían ser ilegales.
3. El teléfono celular es el mejor invento del siglo XX.
4. Parece mentira que no descubrieran el *Titanic* hasta 1985.
5. No vale la pena ir al estreno de una película. Es mejor verla en video.

Benchmark Focus

FL.A.1.3.1 Exchange information orally and in writing about topics of common interest and about the target culture

Vocabulario 1

Objetivos
- Present and past progressive
- **Haber**
- Expressions of time

Gramática
en acción **1**

GramaVisión

Interactive
TUTOR

Repaso **Present and past progressive**

1 As you know, the **progressive tenses** indicate an action in progress.

2 To indicate actions occurring right now, use the present progressive. This is formed with the **present tense of estar, andar,** or **seguir** + **present participle.**

> **Estoy viendo** el noticiero.
>
> José **anda haciendo** entrevistas.
>
> **Siguen investigando** el asunto.

3 To indicate actions that were in progress in the past, use the past progressive. This is formed with **imperfect tense of estar, andar,** or **seguir** + **present participle.**

> **Estaba viendo** el noticiero.
> *I was watching the news.*
>
> José **andaba haciendo** entrevistas.
> *José was (going around) doing interviews.*
>
> Victoria **seguía llegando** tarde aunque al jefe no le gustaba.
> *Victoria kept coming in late even though the boss didn't like it.*

4 The past progressive is often used to tell what was happening in the past when an interrupting event occurred.

> **Estaba viendo** el noticiero cuando me enteré del accidente.
> *I was watching the news when I found out about the accident.*

Vocabulario y gramática, pp. 112–114
Actividades, pp. 91–93

Online workbooks

¿Te acuerdas?

The present participle is formed by dropping the ending and adding **-ando** for **-ar** verbs and **-iendo** for **-er** and **-ir** verbs.

estren**ar** → estren**ando**

hac**er** → hac**iendo**

ocurr**ir** → ocurr**iendo**

10 **¿Cuándo pasó?** FL.A.2.3.2

Escuchemos Escucha las siguientes conversaciones y di si se habla de algo que **a)** estaba ocurriendo en el pasado o **b)** está ocurriendo ahora.

1. ver el estreno
2. trabajar con los refugiados
3. celebrar en la Plaza de Mayo
4. prepararse para las elecciones
5. leer el artículo
6. cuidar al hermano

11 **Queremos ayudar** 🏷FL.A.3.3.1

Escribamos Contesta las siguientes preguntas según tus experiencias.

1. ¿Qué anda haciendo tu mejor amigo(a)?
2. ¿Qué estaba diciendo tu profesor(a) cuando entraste hoy?
3. ¿Sigues practicando los deportes que practicabas de niño(a)?
4. ¿Qué estaban desayunando todos en tu casa cuando te levantaste?
5. ¿Qué estás estudiando este año?

Benchmark Focus 🏷

FL.A.3.3.1 Write various types of texts for a defined audience about topics of personal interest or experience

12 **¿Qué estabas haciendo?** 🏷FL.A.3.3.2

Escribamos/Hablemos Mira las fotos y explica qué estaban haciendo todos cuando ocurrió el terremoto.

1. Carmen y Lola

2. Sebastián

3. Susana y yo

4. Melisa

Comunicación

HOLT **SoundBooth** ONLINE RECORDING

13 **¿Qué estaba haciendo cuando...?** 🏷FL.A.3.3.2

Hablemos Ana siempre se pierde los acontecimientos emocionantes, como los desfiles *(parades)*. Mira los dibujos y, con un(a) compañero(a), cuenta lo que estaba haciendo Ana cuando sucedieron las cosas hoy y lo que está haciendo ahora.

♻ *¿Se te olvidó?* Preterite and imperfect contrasted, pp. 376–377

Esta mañana

Esta tarde

Ahora

Gramática 1

Repaso Haber

Interactive TUTOR

1 As you know, the verb **haber** in the third-person singular indicates existence or non-existence of something.

> No **hubo** víctimas en el terremoto.
>
> Creo que **habrá** otro terremoto muy pronto.
>
> Los científicos negaron que **hubiera** señales del terremoto.

2 To express the present perfect indicative or subjunctive, use the present indicative or present subjunctive forms of **haber** + **past participle**. To express past perfect indicative or subjunctive, use the imperfect or past subjunctive forms of **haber** + **past participle**. To express future or conditional perfect, use the future or conditional forms of **haber** + **past participle**.

present perfect indicative	**He** hecho muchos sacrificios.
past perfect indicative	Mis papás **habían** hecho muchos sacrificios en el pasado.
present perfect subjunctive	Me alegro de que **hayan** ganado el campeonato.
future perfect	**Habré** hecho muchos sacrificios cuando llegue a su edad.
conditional perfect	**Habríamos** ido al estreno, pero se vendieron las entradas.

➤ Vocabulario y gramática, pp. 112–114
Actividades, pp. 91–93

Online workbooks

Vocabulario y gramática, pp. 112–114
Actividades, pp. 91–93

Nota cultural

Chile enfrenta la amenaza constante de desastres naturales como terremotos, erupción de volcanes y maremotos *(tidal waves)*. El terremoto más grande del siglo veinte ocurrió en Chile en 1960, con una magnitud de 9.5 en la escala de Richter. El terremoto causó maremotos que llegaron hasta Japón y las Filipinas. Causó también desprendimientos de tierras *(landslides)* en los Andes que dieron origen a un lago.

¿Qué relación hay entre la geografía de Chile, su ubicación y los desastres naturales que ocurren allí?
➤ **FL.C.1.3.1**

Edificios destruidos tras el terremoto de 1960, Valdivia, Chile

---

⑭ Una excursión ➤ **FL.A.2.2.7**

Leamos/Escribamos   Completa el diálogo con la forma correcta de **haber.**

—¿Supiste que ___1___ un accidente ayer en las montañas de Patagonia?

—Sí, es terrible. Desafortunadamente, creo que ___2___ más accidentes. A veces la gente hace senderismo sin el equipo necesario.

—Me sorprende que no ___3___ guías aquí ahora para ayudar a la gente.

—Usualmente ___4___ muchos guías pero parece que ayer no ___5___ nadie cuando empezaron la excursión.

—Me extraña que no ___6___ nadie ayer. Eso nunca pasa.

—Pues, José, no ___7___ nadie aquí ahora. Así que pasa a veces.

⑮ Las playas más bonitas ⟍ FL.A.2.2.7

Leamos/Escribamos Completa las oraciones con la forma correcta de **haber** y el verbo entre paréntesis.

1. En dos horas, mis amigos ≡≡≡ (llegar) a Las Grutas.
2. Yo ≡≡≡ (ir) con ellos pero tengo que trabajar.
3. Yo nunca ≡≡≡ (poder) ir a esas playas.
4. Tomás me dijo que él nunca ≡≡≡ (ver) una arena tan blanca hasta que llegó a Las Grutas.
5. Me alegra que ellos ≡≡≡ (tomar) sus vacaciones.
6. Este verano ≡≡≡ (ser) muy difícil para mí.

Las playas bonitas de Viña del Mar, Chile

⑯ Con el tiempo ⟍ FL.A.2.2.7

Hablemos/Escribamos Imagina que estamos en junio. Escribe cinco oraciones sobre cuántos estrenos ha habido hasta ahora y cuántos habrá el resto del año.

MODELO En marzo hubo seis estrenos.

Los estrenos del año

⑰ En el colegio ⟍ FL.A.3.3.1

Hablemos/Escribamos Completa las oraciones.

♻ *¿Se te olvidó?* Present perfect, pp. 148–149

1. Cuando empecé a asistir a este colegio, yo ya había...
2. El día que me gradúe, habrá...
3. En el club de teatro hubo...
4. Este año, mis amigos y yo hemos...
5. En mi colegio, hay mucha...
6. No estoy de acuerdo con que haya...

Comunicación

HOLT SoundBooth ONLINE RECORDING

⑱ El futuro ⟍ FL.A.1.4.1

Hablemos Habla con un(a) compañero(a) de cómo ha cambiado tu comunidad en los últimos diez años. ¿Qué había antes que no hay ahora? ¿Qué cosas hay ahora? Comenten sobre cómo creen que habrá cambiado para el año 2040.

> **Benchmark Focus**
> **FL.A.1.4.1** Interact in the target language in a number of true-life situations chosen from a variety of contexts

Repaso — Expressions of time

1 The construction **hace** + **amount of time** + **que** + verb in the **present tense** is used to tell *for how long* an action has been going on.

> **Hace tres meses que vivimos** en este país.
> *We have been living in this country for three months.*

2 The construction **hace** + **amount of time** + **(que +)** verb in the **past tense** is used to tell *how long ago* something happened.

> **Hace diez años, vivía** en Chile.
> *Ten years ago, I lived in Chile.*

> **Hace dos meses que vine** a Chile.
> *I came to Chile two months ago.*

3 The phrase **desde que** followed by a verb in the past tense expresses *(ever) since.*

> **Desde que** ocurrió el accidente, somos más cuidadosos.
> *Since the accident happened, we are more careful.*

4 **Ordinal numbers** can be used with **vez** to explain how many times something has occurred.

> Es la **tercera** vez que hemos ganado el campeonato.
> *This is the third time we've won the championship.*

Vocabulario y gramática, pp. 112–114
Actividades, pp. 91–93
Online workbooks

¿Te acuerdas?

The **ordinal numbers** from one to ten are:

primero(a)	sexto(a)
segundo(a)	séptimo(a)
tercero(a)	octavo(a)
cuarto(a)	noveno(a)
quinto(a)	décimo(a)

19 Dos opiniones ⟍ FL.A.2.3.2

Escuchemos/Leamos Escucha la conversación entre David y Nora y contesta las preguntas.

1. ¿Cuánto tiempo hace que el nuevo presidente está gobernando?
2. ¿Desde cuándo hay muy poca cooperación entre los políticos?
3. ¿Cuándo sucedió un acontecimiento trágico en la capital?
4. ¿Cuántas veces ha salido el presidente en la televisión?
5. ¿Cuánto tiempo hace que David vive en este país?

20 Las elecciones ⟍ FL.A.2.2.7

Leamos/Escribamos Completa las oraciones con **hace** o **desde**.

—¿Te acuerdas de las últimas elecciones?

—Claro. ___1___ tres años que tenemos un alcalde que me gusta.

— ___2___ que ganó las elecciones, nuestra vida ha mejorado.

—Pero ___3___ poco tiempo, descubrieron que él había mentido.

— ___4___ que salió la noticia, todos creen que no es fiable.

—Y con razón. ___5___ que lo supe, ya no confío en él.

La Plaza de Mayo, frente a La Casa Rosada, Buenos Aires

21 **¿Cuántas veces?** ⬎FL.A.2.2.7

Leamos/Escribamos   Usa las frases y números ordinales para formar oraciones completas.

MODELO   **nueve veces/suceder un accidente en esta carretera**
Es la novena vez que sucede un accidente en esta carretera.

1. tres veces/nosotros/ganar el campeonato
2. cinco veces/yo/ver un estreno en este teatro
3. seis veces/tú/escribirle una carta al presidente
4. diez veces/los arqueólogos/descubrir algo tan antiguo
5. una vez/mis amigos/ver la erupción de un volcán
6. ocho veces/los refugiados/tratar de regresar a su país

22 **Antes y ahora** ⬎FL.A.3.3.2

Escribamos   Escribe seis oraciones para explicar cuánto tiempo hace que se hicieron cambios en este barrio.

MODELO   **Hace diez años, no había árboles.**

Comunicación   HOLT **SoundBooth** ONLINE RECORDING

23 **Acontecimientos del pasado** ⬎FL.A.1.3.1

Hablemos   Con un(a) compañero(a), comenta los siguientes acontecimientos. Para cada uno, digan cuánto tiempo hace que pasó.

1. las últimas elecciones presidenciales
2. el estreno de tu película favorita
3. el campeonato mundial de tu deporte preferido
4. el descubrimiento de algo increíble
5. el lanzamiento de un invento tecnológico

Benchmark Focus
FL.A.1.3.1 Exchange information orally and in writing about topics of common interest and about the target culture

Cultura

Benchmark Focus
FL.E.1.4.1 Understand that knowing more than one language allows people to function effectively in multilingual communities

VideoCultura

Comparaciones Interactive TUTOR

El ataque en La Moneda, el palacio presidencial en Santiago, Chile, 11 de septiembre de 1973

FL.C.1.3.1

Al mal tiempo, buena cara

Algunos eventos quedan grabados para siempre en la memoria de la gente. A veces es la fuerza destructora de la naturaleza: huracanes, terremotos, tornados, inundaciones, incendios. Otra vez es, por desgracia, la acción violenta del hombre: atentados, guerras, asesinatos. Pero en general, la gente reacciona a estos acontecimientos uniéndose más con sus vecinos, y estrechando relaciones con sus amigos y conocidos. ¿Recuerdas tú algún evento trágico en tu ciudad o región? ¿Cuál fue el efecto inmediato? ¿Cómo reaccionó la gente a largo plazo?

Laura
Santiago, Chile

¿Hay un evento grabado en tu memoria?

Sí, el 11 de septiembre del 73, el golpe militar.

¿Dónde estabas y qué estabas haciendo cuando pasó?

Yo vivía al frente del colegio donde estudiaba. Entonces se empezaba a sentir como mucho ruido, mucha gente que hablaba, algo que estaba pasando extraño. Y cuando nos dejaron ir, los compañeros nos fuimos a mi casa. Entonces era una situación entre juego, cosas dramáticas.

Para ti, ¿cuál fue el momento más conmovedor?

Bueno después, llegó una tía con mis primos. Estaba muy afectada porque habían tomado su esposo, o sea mi tío. Lo habían tomado prisionero y no sabía qué hacer, no sabía si estaba vivo. Entonces fue como también tomar la opción de protegerla a ella, de dejarla en la casa como de asumir lo que estaba sucediendo con mi familia.

¿Crees que vale la pena recordar los eventos del pasado?

Creo que darle vueltas es un poco insano. Hay [que] sanar estos acontecimientos, sobre todo si han sido dolorosos o si han marcado tu vida en tu futuro.

Héctor
El Paso, Texas

¿Hay un evento grabado en tu memoria?

Sí, hay muchos eventos que recordar, pero uno en específico tendría que ser el ataque terrorista del 11 de septiembre de 2001.

¿Dónde estabas y qué estabas haciendo cuando te enteraste?

Recuerdo que estaba en la clase, acababa de entrar en las clases, y los estudiantes me empezaron a comentar y los maestros prendieron el televisor.

Para ti, ¿cuál fue el momento más conmovedor?

Tendría que ser cuando las personas se estaban tirando de las torres gemelas. Fue algo muy trágico.

¿Crees que vale la pena recordar los eventos trágicos del pasado?

En este caso, sí. Muchas personas fallecieron y es bueno recordar a las personas.

Cultura

Para comprender ⟍FL.C.1.3.1

1. ¿Qué pasó el 11 de septiembre de 1973 en Chile? ¿Cómo lo describe Laura?
2. ¿Dónde estaba Laura cuando sucedió? ¿Qué le pasó a su tío aquel día?
3. ¿De qué evento habla Héctor?
4. ¿Dónde estaba él cuando supo del evento? ¿Cómo describe el evento?
5. ¿Cómo respondieron los dos a la última pregunta? ¿Estás de acuerdo con las respuestas? ¿Por qué sí o por qué no? ¿Cómo responderías tú a la pregunta?

Para pensar y hablar ⟍FL.A.3.3.2

Suceden tragedias por todo el mundo: guerras, desastres naturales, atentados, muertes inesperadas. ¿Crees que puede surgir algo bueno en la reacción de la gente ante sucesos trágicos? Explica.

Comunidad en la Florida ⟍FL.E.1.4.1

Recursos en español para hispanohablantes

En la Florida se cuenta con una variedad de recursos gubernamentales y privados para los 1.5 millones de hispanohablantes que viven en el estado. *El Paracaidista*, por ejemplo, es una organización que ofrece servicios de todo tipo a los recién llegados a Miami: atención médica, clases de inglés e información sobre pólizas de inmigración. Investiga qué recursos hay en tu área para los hispanohablantes que solamente hablan español. Averigua también qué medidas se han implementado para comunicarse con estas personas en casos de emergencias o desastres naturales, como huracanes, inundaciones o incendios. Comenta tu información con otros estudiantes.

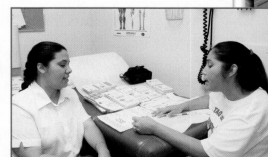

Asistente hispanohablante atiende a una paciente en una clínica de Miami.

Vocabulario en acción 2

Del presente al futuro

Nosotros somos los responsables del **futuro.** Queremos **desarrollar** un plan para **conservar el medio ambiente** para las futuras generaciones.

Otros problemas como **el crimen, la drogadicción, el desempleo** y **el hambre** necesitan soluciones. ¿Qué se puede hacer para resolver estos problemas?

Tenemos que dejar de **desperdiciar** nuestros recursos. Muchas veces, tiramos cosas al **basurero** que podemos **reciclar.**

Es cada vez más importante usar **los recursos naturales** con inteligencia. Algunos recursos como los bosques son **renovables** pero otros, como **los combustibles,** son **no renovables.**

Más vocabulario...

el carro eléctrico/híbrido	electric/hybrid car
cometer (un crimen, un error)	to commit (a crime), to make (a mistake)
contaminado(a)	contaminated, polluted
innovador(a)	innovative
la ley (en contra/a favor de)	law (against/in favor of)
los programas (de)	programs (for)

Hay que **sembrar** productos **de cultivo biológico** en vez de usar **pesticidas**, que causan **la contaminación** del agua.

Hay mucho que podemos hacer hoy para que nuestros hijos **crezcan** saludables y para protegerlos contra **las enfermedades.**

La calidad del aire es un tema importante. **La energía solar** es una **alternativa a las fuentes de energía** tradicionales, y es posible que **la fusión nuclear** lo sea algún día.

También se puede decir...

In Florida, you may hear Cubans use **el latón de basura** instead **of el basurero**, while some Puerto Ricans may prefer **el zafacón.** Some Latin Americans may say **malgastar** instead of **desperdiciar.**

¡Exprésate!

To make predictions and give warnings

A que no va a bajar la tasa de... *I bet that the rate of . . . won't go down.*	**Es muy posible que el tráfico aumente con...** *It's quite possible that traffic will increase with . . .*
Calculo que van a implementar... *I predict that they are going to implement . . .*	**Te apuesto que...** *I bet you that . . .*
Ya verás que van a promover... *You'll see that they're going to promote . . .*	**Se advierte que...** *They warn/advise that . . .*

Interactive TUTOR

Vocabulario y gramática, pp. 115–117

Online workbooks

▶ **Vocabulario adicional** — El medio ambiente, p. R19

24 **¿Qué pasa en el mundo?** ⟍FL.A.2.3.2

Escuchemos/Leamos Lee los siguientes titulares antes de escuchar los comentarios. Luego escoge el titular que corresponde a cada comentario.

a. La energía solar: una alternativa para conservar energía
b. Se desarrollan programas contra la drogadicción
c. Los trabajadores se quejan del tráfico
d. Los productos orgánicos son más saludables
e. La contaminación del agua causa problemas
f. Aumenta la tasa de desempleo

25 **¿Cómo protegemos el medio ambiente?** ⟍FL.A.2.3.1

Leamos Completa las oraciones con una palabra del cuadro.

innovador	desperdiciar	sembrar	conservar
fusión	promover	híbrido	combustible

1. Tenemos que ═══ el medio ambiente para futuras generaciones.
2. No debemos ═══ recursos naturales como el agua.
3. En el futuro, es posible que la ═══ nuclear sea una fuente de energía.
4. El carro ═══ combina elementos del carro tradicional y del carro eléctrico.
5. Si los sistemas actuales no funcionan, necesitamos un programa ═══ para bajar los niveles de contaminación.
6. El petróleo es un ═══ que puede empeorar la calidad del aire.
7. Debemos ═══ los árboles para proteger los bosques del planeta.
8. Es muy importante ═══ programas de reciclaje.

26 **Tu opinión del medio ambiente** ⟍FL.A.2.3.1

Leamos/Escribamos Lee las oraciones y decide si estás de acuerdo o no. Si no estás de acuerdo, escribe otra oración con tu opinión.

1. Mucha gente piensa que los carros eléctricos contaminan el aire.
2. Todo el mundo debe reciclar porque esto ayuda a conservar los recursos naturales.
3. Las leyes contra la contaminación del medio ambiente no son necesarias.
4. No hay que buscar fuentes de energía alternativas porque el petróleo abunda.
5. Los productos orgánicos se cultivan sin pesticidas.
6. Todos los recursos naturales son renovables y no hace falta protegerlos.

Nota cultural

Argentina tiene muchos recursos naturales. La mayoría de su riqueza natural se encuentra en la zona de las Pampas, donde la tierra es buena para cultivar granos y cereales. Sus recursos minerales incluyen depósitos de petróleo y de gas natural y, en cantidades más pequeñas, aluminio, cobre, hierro, oro, plata, plomo, uranio, zinc y mica. El nombre Argentina viene del latín *argentum,* que significa *plata,* porque el explorador Sebastian Cabot recibió regalos de plata de la gente indígena.

¿Sabes el origen del nombre de tu estado?
⟍FL.C.1.3.1

Artesanías de plata, Buenos Aires

27 ¿Cuáles son los problemas? ⟍FL.A.3.3.2

Escribamos/Hablemos Describe los problemas que ves en cada dibujo y sus posibles consecuencias.

Benchmark Focus
FL.A.3.3.2 Provide information in spoken and written form on a variety of topics of personal, academic, and cultural interest

A

B

C

D

28 Mis predicciones ⟍FL.A.3.3.2

Leamos/Escribamos Haz una predicción o una advertencia *(warning)* para el futuro sobre los siguientes temas. Usa las expresiones de **Exprésate**.

> **MODELO** **Ya verás que los carros eléctricos serán muy importantes en el futuro.**

1. los productos de cultivo biológico
2. las alternativas a los combustibles
3. la contaminación del aire
4. el hambre
5. la energía solar
6. las leyes contra los pesticidas
7. el crimen

Contaminación de aire,
Santiago, Chile

Comunicación

29 ¿Qué pasará? ⟍FL.A.1.4.1

Hablemos En parejas, hablen de por lo menos tres problemas que afectan a su comunidad. Hagan predicciones sobre lo que pasará en el futuro si no se resuelven esos problemas, y digan lo que harían Uds. para resolverlos.

> **MODELO** —**Se advierte que habrá problemas con la calidad del aire.**
> —**Tenemos que ayudar a conservar la calidad del aire.**

▶ **Vocabulario adicional** — El medio ambiente, p. R19

El club de ecología

Grupo de voluntarios limpiando
un parque de Buenos Aires

RAÚL   ¡Hola, Diana! Como presidenta del club de ecología de nuestro colegio, seguro que nos puedes hablar sobre cómo conservar nuestros recursos naturales y proteger el medio ambiente.

DIANA   Claro que sí, Raúl, con mucho gusto.

RAÚL   Bueno, con tantos automóviles y fábricas que usan combustibles, ¿qué podemos hacer para mejorar la calidad del aire?

DIANA   Podríamos utilizar alternativas a los combustibles, por ejemplo la energía solar y la fusión nuclear.

RAÚL   Diana, háblame un poco sobre el programa de reciclaje que promueves en nuestro colegio.

DIANA   Pues, noté que los estudiantes tiran muchas cosas a la basura que se pueden reciclar, y por eso me dediqué a desarrollar este programa. Hemos logrado bajar la tasa de desperdicios no sólo en el colegio sino en todo el vecindario.

RAÚL   Y ahora cambiando de tema, ¿tú crees que el comer frutas y verduras de cultivo biológico puede ayudar a combatir la contaminación?

DIANA   ¡Claro! Todo producto de cultivo biológico beneficia al medio ambiente porque no se usan pesticidas ni otros productos químicos en el cultivo de las frutas y verduras.

RAÚL   ¿Cómo ves el futuro de nuestra comunidad en cuanto a la ecología?

DIANA   Bueno, Raúl, es de suponer que el futuro será mejor que el presente. Así que, me imagino que para el año 2020 veremos mucho menos desperdicio, contaminación y enfermedades. En cuanto a la contaminación del aire, creo que nos va a ayudar mucho el carro eléctrico. Ya verás que van a promover este tipo de carro en el futuro. ¡A que sí se hará!

¡Exprésate!

To express assumptions

Es de suponer que... *I suppose that . . .*	**Supongo que sí.** *I suppose so.*
Me imagino que para el año... habrá... *I imagine that by the year . . . there will be . . .*	**A lo mejor habrá...** *Maybe there will be . . .*

Interactive
TUTOR

Vocabulario y gramática,
pp. 115–117

Online
workbooks

30 La entrevista FL.A.2.3.1

Leamos Basándote en la entrevista, decide si Diana **a)** estaría de acuerdo o **b)** no estaría de acuerdo con los siguientes comentarios.

1. Prefiero las fuentes de energía tradicionales a la energía solar.
2. El programa de reciclaje ha ayudado a bajar la tasa de desperdicios.
3. Los productos de cultivo biológico no benefician al medio ambiente.
4. A lo mejor en el futuro veamos menos desperdicio.
5. Es de suponer que el carro eléctrico ayudará a bajar el nivel de contaminación.

31 ¿Qué crees? FL.A.2.3.1

Escribamos Usa una palabra o expresión de cada columna para formar seis oraciones sobre lo que puede pasar en el futuro.

Es posible que	aumentar	los recursos renovables
Me imagino que	bajar	el tráfico en las ciudades
Es de suponer que	sembrar	programas innovadores de reciclaje
A lo mejor	promover	árboles en las ciudades y en los bosques
Ya verás que	reciclar	los recursos naturales

32 En veinte años FL.A.3.3.2

Leamos/Escribamos En veinte años, ¿cómo será el mundo? Contesta las preguntas. Usa las expresiones de **Exprésate.**

1. ¿Habrá leyes contra el uso de productos que no sean de cultivo biológico?
2. ¿El gobierno promoverá el uso de la energía solar?
3. ¿Qué pasará con la tasa de desempleo?
4. ¿Bajará la cantidad de recursos naturales?
5. ¿Habrá tanto crimen como hoy en día?

Comunicación

33 El club de ecología FL.A.1.3.1, FL.A.3.3.2

Hablemos Tus compañeros y tú van a empezar un club de ecología en su colegio. ¿Qué tipo de programas implementarán? ¿Cómo ayudarán a mejorar la comunidad? Usen las palabras de **Vocabulario** y las expresiones de **Exprésate.** Luego presenten sus ideas a la clase.

> **Benchmark Focus**
> **FL.A.3.3.2** Provide information in spoken and written form on a variety of topics of personal, academic, and cultural interest

▶ **Vocabulario adicional** — El medio ambiente, p. R19

El Cono Sur

cuatrocientos veintinueve **429**

Vocabulario 2

Objetivos
- **Future tense**
- **Subjunctive with doubt, denial, and feelings**
- **Subjunctive and indicative with adverbial clauses**

Gramática
en acción 2

GramaVisión

Interactive TUTOR

Repaso   Future tense

1 You have learned that **ir a** + **infinitive** is used to express future actions.

Voy a reciclar estas botellas.
I am going to recycle these bottles.

Vamos a promover el programa de reciclaje.
We are going to promote the recycling program.

2 As you already know, the **future tense** is also used to talk about future events.

Reciclaré estas botellas mañana.
I will recycle these bottles tomorrow.

Este año, **promoveremos** el programa de reciclaje.
This year, we will promote the recycling program.

3 You have also learned that the **future tense** is used to express probability of something happening or being true.

—¿Qué es eso?   —**Será** el nuevo centro de reciclaje, supongo.

4 The **future** endings are added to the infinitive form of regular verbs:

yo conservar**é**	nosotros conservar**emos**
tú conservar**ás**	vosotros conservar**éis**
Ud., él, ella conservar**á**	Uds., ellos, ellas conservar**án**

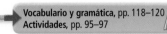 Vocabulario y gramática, pp. 118–120
Actividades, pp. 95–97

 Online workbooks

¿Te acuerdas?

These verbs are irregular in the future:

decir: **dir-**	saber: **sabr-**
haber: **habr-**	salir: **saldr-**
hacer: **har-**	tener: **tendr-**
poder: **podr-**	valer: **valdr-**
poner: **pondr-**	venir: **vendr-**
querer: **querr-**	

34 **Nuestra comunidad**   FL.A.2.3.2

Escuchemos/Leamos   Escucha la conversación y di si cada acontecimiento o situación **a)** ya pasó o **b)** pasará en el futuro.

1. bajar la tasa de desempleo
2. desarrollar programas para combatir la drogadicción
3. poner más camas en los refugios
4. haber menos gente con hambre en la ciudad
5. haber menos crimen
6. venir el presidente

35 ¿Qué van a hacer? FL.A.2.2.7

✏️ **Escribamos** Forma oraciones para decir lo que harán las siguientes personas en el futuro.

1. Yo/hacer un esfuerzo para reciclar
2. Mis compañeros/estudiar las fuentes de energía alternativas
3. Mis papás/comprar un carro híbrido
4. Tú/comer más productos orgánicos
5. Mis amigos y yo/poner basureros en el parque
6. El gobierno/promover el uso de recursos renovables

36 ¿Qué pasará? FL.A.3.3.2

Hablemos Mira las fotos y di lo que estas personas harán para conservar el medio ambiente.

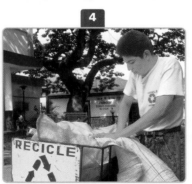

Visit Holt Online
go.hrw.com
KEYWORD: EXP3 CH10
Gramática 2 practice

Gramática 2

Nota cultural

Aunque Argentina tiene los típicos problemas ambientales de una economía industrial, como la deforestación, la degradación del suelo *(soil)* y la contaminación del agua y del aire, sigue siendo un líder mundial en establecer controles voluntarios sobre los gases que causan el efecto invernadero *(greenhouse effect).*

¿Qué problemas ambientales enfrentan los otros países del Cono Sur? FL.C.1.3.1

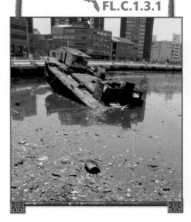

Puerto contaminado, Buenos Aires

Comunicación

🎧 **HOLT SoundBooth** ONLINE RECORDING

37 Crearemos un programa FL.A.1.3.1, FL.A.3.3.2

Hablemos Un(a) compañero(a) y tú van a desarrollar un programa de actividades para combatir los problemas de la drogadicción y el crimen. ¿Cómo será su programa? ¿Qué tipo de actividades tendrán? Comenten sus ideas y luego los grupos se turnarán para explicar a la clase qué van a hacer.

Benchmark Focus
FL.A.1.3.1 Exchange information with peers and familiar adults orally and in writing about topics of common interest and about the target culture

Repaso — Subjunctive with doubt, denial, and feelings

1 As you know, main clauses containing expressions of **doubt, denial,** or **feelings** require the **subjunctive** in the subordinate clause.

> **Dudo que** el río **esté** contaminado.
>
> **No es cierto que** la tasa de desempleo **haya** aumentado.
>
> **Me alegra que reciclas.**

2 Expressions of **doubt** and **denial** you have learned include:

dudar que	**no estar seguro(a) que**
no creer que	**no es verdad que**
no es cierto que	**negar que**
no estar de acuerdo que	**parece mentira que**

3 Expressions of **feelings** you have learned include:

es triste que	**me (te, le...) gusta que**
es una lástima que	**me (te, le...) molesta que**
me (te, le...) alegra que	**me (te, le...) preocupa que**
me (te, le...) frustra que	**me (te, le...) sorprende que**

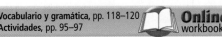
Vocabulario y gramática, pp. 118–120
Actividades, pp. 95–97

Online workbooks

Vocabulario y gramática, pp. 118–120
Actividades, pp. 95–97

38 **Cada persona puede ayudar** **FL.A.2.2.7**

Leamos/Escribamos Completa el diálogo con el presente del indicativo o del subjuntivo de los verbos en paréntesis.

—Me preocupa que la gente ____**1**___ (tirar) productos reciclables a la basura.

—Tienes razón, es una lástima que la gente en esta ciudad no ____**2**___ (reciclar) más pero, ¿qué podemos hacer?

—Hay mucho que se puede hacer. Me sorprende que no ____**3**___ (haber) nadie preocupado por desarrollar un programa de reciclaje.

—Pues, dudo que alguien lo ____**4**___ (hacer) pronto.

—Estoy de acuerdo. Con tantos problemas, no creo que el gobierno ____**5**___ (enfocarse) en esto ahora.

—Pero al menos tú siempre ____**6**___ (reciclar) y compras productos orgánicos.

—Bueno, es cierto que ambas cosas ____**7**___ (ayudar).

Gramática 2

39 ¿Cómo te hace sentir? ⟍ FL.A.3.3.1

Escribamos Mira las fotos y escribe una oración con tu opinión sobre lo que ves.

40 No estoy de acuerdo ⟍ FL.A.3.3.1

Leamos/Escribamos Responde a cada comentario con una frase de duda o negación.

1. Nadie está a favor de la energía solar y los carros híbridos.
2. No es necesario conservar los recursos naturales.
3. El tráfico ayuda a combatir la contaminación.
4. Vamos a dejar de reciclar en el futuro.
5. Aumentará el uso de combustibles en los próximos años.
6. El hambre no es un problema en el mundo.

Comunicación

41 El futuro del planeta ⟍ FL.A.1.3.1

Hablemos Con un(a) compañero(a), comenten lo que han escuchado sobre el medio ambiente y el futuro del planeta. Hablen de las predicciones en las que no creen y en las que sí creen. Luego, hablen de los problemas del medio ambiente que les afectan más y cómo les hacen sentir.

Interactive
TUTOR

Nota cultural

La contaminación, la destrucción de hábitats y la invasión de plantas no nativas son todos problemas ambientales que la Florida enfrenta. Las emisiones de mercurio han contaminado los hábitats de peces y los manglares están siendo desplazados por el arbusto pimienta del Brasil. Los manatíes continúan disminuyendo debido a la destrucción del hábitat, las mareas rojas y los accidentes marítimos. Las tortuguitas mordedoras recién nacidas, que salen de noche para buscar el mar, se desorientan debido a las luces de las urbanizaciones en las playas del Atlántico. Sólo en la playa Juno, los nidos tortugueros han disminuido en más de 4,000 desde 1995. ¿Qué sabes de los problemas ambientales en tu área?

FL.B.1.3.4

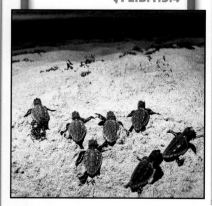

Tortuguitas mordedoras, Juno Beach

Repaso | **Subjunctive and indicative with adverbial clauses**

1 Adverbial clauses with **a menos (de) que, antes de que, con tal (de) que, en caso de que, para que,** and **sin que** always contain the **subjunctive**.

followed by subjunctive

Iré en carro **a menos (de) que haya** tráfico.

followed by subjunctive

Tengo que sembrar las flores **antes de que llueva.**

followed by subjunctive

Desarrollaré el programa **con tal de que** tú lo **implementes.**

2 Adverbial clauses with **cuando, en cuanto, después de que, hasta que,** and **tan pronto como** contain the **subjunctive** when they refer to a future action. These clauses are followed by the **indicative** when they refer to a past action, or an action that occurs habitually or on a regular basis.

future action	past or habitual action
Compraré un carro cuando **tenga** el dinero. *I'll buy a car when I have the money.*	Compré un carro cuando **tuve** el dinero. *I bought a car when I got the money.*
Voy a leer el periódico en cuanto **tenga** tiempo. *I'm going to read the paper as soon as I have time.*	Leo el periódico en cuanto **tengo** tiempo. *I read the paper as soon as I have time.*
Reciclaré esta botella después de que **termine** de usarla. *I will recycle this bottle after I finish using it.*	Reciclo las botellas después de que **termino** de usarlas. *I recycle the bottles after I finish using them.*
La calidad del aire no mejorará hasta que **dejemos** de contaminar. *Air quality won't improve until we stop polluting.*	La calidad del aire no mejoró hasta que **dejamos** de contaminar. *Air quality didn't improve until we stopped polluting.*

Vocabulario y gramática, pp. 118–120
Actividades, pp. 95–97

Online workbooks

42 ¿Cierta o falsa? ⟍FL.A.2.3.2

Escuchemos/Leamos   Escucha la conversación entre Sara y Pedro y decide si cada oración es **cierta** o **falsa.**

1. Pedro ya votó por Laura Rodríguez.
2. Laura Rodríguez implementó un programa de reciclaje.
3. Ella no va a promover las fuentes de energía alternativas hasta que tenga más información.
4. Los científicos todavía no han terminado su estudio sobre las fuentes de energía alternativas.
5. Sara va a decidir antes de que vea el debate.
6. Pedro dijo que no le interesa ver el debate.

43 Los pesticidas ⟍FL.A.2.2.7

Leamos/Escribamos   Completa el párrafo con las formas correctas de los verbos.

Mi abuelo vive en Chile. Él nació antes de que los agricultores ___1___ (empezar) a usar pesticidas. Empezaron a usarlos para que los cultivos de frutas ___2___ (ser) más productivos. Sin embargo, leí que muchas mujeres chilenas sufrieron de enfermedades después de que ___3___ (recoger) la cosecha. Por eso hay personas que sólo comen productos biológicos con tal de que no se ___4___ (usar) pesticidas en los cultivos. De hecho, el gobierno de Canadá está trabajando con el de Chile para desarrollar nuevas técnicas de cultivo, pero los agricultores no adoptarán esas técnicas hasta que ___5___ (aprender) a implementarlas. Ya veremos que bajará el uso de pesticidas tan pronto como los chilenos ___6___ (tener) alternativas.

Nota cultural

En junio de 2003, Chile y Estados Unidos firmaron un tratado de libre comercio. Chile es el primer país latinoamericano que se ha hecho socio comercial de Estados Unidos. Estados Unidos reconoció que Chile tiene una de las economías más liberales y competitivas de Latinoamérica y el acuerdo fue una señal del éxito económico del país.

Investiga qué productos exporta Chile a Estados Unidos.   ⟍**FL.D.2.3.4**

Mina de sal, Chile

HOLT **SoundBooth**
ONLINE RECORDING

44 Mis planes para el futuro ⟍FL.A.1.3.1

Hablemos   Con un(a) compañero(a), hablen de qué han hecho para mejorar el medio ambiente y qué piensan hacer en el futuro.

MODELO —**Reciclo mucho para que no haya tanta contaminación.**

—**Todos tenemos que hacerlo antes de que le hagamos más daño al medio ambiente.**

Clara perspectiva
Episodio 10

Benchmark Focus

FL.A.2.3.2 **Comprehend
and interpret the main
ideas and details from
television, movies, videos,
radio, or live presentations
produced in the target
language**

ESTRATEGIA

Putting the pieces together In the finale, all the pieces of the puzzle are put together. Pretend you are Octavio or Clara and must write a magazine article about what happened to Professor Luna. If you need to, go back to each episode and write down all the pertinent details of his story. Make sure you tie together all the events and that you draw a conclusion about Professor Luna's role in preserving the forests of **Magallanes**. Feel free to add or change the details in your article after you have watched the finale. Try to write a factual report that fairly describes the viewpoints of all sides. **FL.A.2.3.2**

En la oficina del profesor Luna

Clara ¡Profesor! ¡Explíquenos todo en detalle, desde el principio!

Octavio Sí. Quizás podamos escribir un artículo para la revista.

Profesor Luna Todo empezó cuando el Congreso me contrató para hacer unos estudios de impacto ambiental. Sólo tenía que averiguar si los bosques nativos de la región de Magallanes podrían soportar el desarrollo que quería intentar la empresa *MaderaCorp.*

1

Un día, un hombre vino a la universidad y me pidió que le diera una copia de los estudios. Claro que le dije que no.

2

3

Luego, dos personas, un hombre y una mujer, se me presentaron y me dieron un documento. No sabía quiénes eran, ni qué querían. Cuando por fin pude leer el documento que me habían entregado, me di cuenta que eran ecologistas tratando de preservar el bosque.

La situación se complicó. El primer hombre volvió con otro hombre. Me dijeron que iban a conseguir los estudios antes de que los finalizara, con o sin mi cooperación.

4

5

Luego, se me hizo claro que había varias personas tratando de infiltrar mi computadora para conseguir esos mismos estudios. Querían saber los resultados antes de que se los presentara al Congreso. Con esa información podrían tratar de influir en el voto o alterar los datos.

6

Clara Cuando vi el artículo, supe que usted estaba en peligro. Fue cuando lo llamé y me pidió que fuera a su oficina e imprimiera todos los documentos bajo el título "Recomendaciones". Luego fui a las autoridades.

7

Profesor Luna Sí, y yo estaba con los ecologistas y *MaderaCorp* tratando de llegar a un acuerdo.

Y, al final, ¿cuál fue el acuerdo al que llegaron?

MaderaCorp puede crear empleos para toda la comunidad. Además un 25% de los bosques se preservarían para una zona de biodiversidad inviolable. *MaderaCorp* promete no realizar talas rasas, no sustituir el bosque nativo por especies exóticas y no exportar astillas.

8

En *Chile en la Mira*

Octavio Espero que le vaya a gustar el artículo al señor Ortega. Nunca he trabajado tan duro. El medio ambiente me interesa mucho más que el crimen, la drogadicción, el desempleo y la fusión nuclear.

Clara Yo creo que para el año 2030 viviremos en una Tierra que utiliza todos sus elementos sin abusar de ellos.

9

10

Sr. Ortega Han hecho un trabajo admirable.

Clara Gracias, Señor Ortega.

Sr. Ortega No se relaje tanto, Señorita de la Rosa, usted tiene mucho que compensar todavía.

Octavio Pero, Señor Ortega, ¿no cree que lo que hizo Clara fue muy valiente?

Sr. Ortega Vamos a hablar de eso otro día. Ahora tengo sus nuevas tareas.

¿COMPRENDES?

1. ¿Cómo empezó todo, según el profesor Luna?

2. ¿Quiénes vinieron a ver al profesor Luna? ¿cuántas personas en total? ¿Cómo se complicó la situación?

3. ¿Qué hizo Clara en un momento oportuno? ¿Por qué fue oportuno?
   FL.A.2.3.2

4. ¿Con quiénes estaba el profesor cuando Clara imprimía los documentos? Entonces, ¿qué pasó?

5. ¿Cuál fue el acuerdo que resolvió el problema?

6. ¿Está feliz el señor Ortega al ver a Clara? ¿Cree él que fue valiente lo que hizo ella? ¿Qué crees tú?

Episodio final
¿Te sorprendió el final? ¿Por qué sí o por qué no?

Lectura informativa

Benchmark Focus

FL.C.2.3.2 Use the target language to gain access to information and perspectives that are only available through the target language or within the target culture

Chile y el medio ambiente

Un tema importante para CORFO hoy en día es el medio ambiente.

Buscan métodos para usar energía solar del desierto

Chile paga el precio por sus productos exportados

¿Quién se hace cargo de la basura de Santiago?

CORFO

La Corporación de Fomento de la Producción (CORFO) fue creada en 1939 en Chile para mejorar la actividad productiva nacional. Un propósito[1] de la organización es generar más empleos y oportunidades para la modernización productiva. Una manera de lograr su meta es a través de la innovación y el desarrollo tecnológico. Hoy en día, un tema importante en sus proyectos es el medio ambiente.

El reciclaje

Como resultado de un acuerdo mediado por CORFO en 2002, empezó un esfuerzo nacional para aumentar el reciclaje y disminuir la cantidad de basura producida en Chile. Los ministerios de economía, salud y educación y la Comisión Nacional del Medio Ambiente (CONAMA) apoyaron el acuerdo, que es parte del programa de producción más limpia[2] de CORFO. La meta del programa es incorporar tecnologías más limpias a los procesos de producción para que haya menos basura.

La energía solar

En abril de 2003, un grupo de empresarios[3] chilenos, apoyados por CORFO, asistieron a una conferencia en Alemania sobre nuevas tecnologías para aprovechar[4] fuentes renovables de energía. Algunos de ellos creen que en el futuro cercano, se podrían utilizar paneles solares para "cosechar" la energía del sol en el desierto de Atacama en el norte de Chile. Creen que esta energía, que no se usa en el norte, se podría utilizar en el sur del país.

Los pesticidas

En la década de los noventa, con el aumento de los productos cultivados en Chile para la exportación, en especial las frutas,

---

1 purpose **2** cleaner production **3** businessmen **4** to utilize

Paneles solares en el desierto

aumentó el uso de los pesticidas. Con la presión[5] de exportar grandes cantidades de uvas, manzanas, peras, kiwis, melocotones y ciruelas, Chile usaba pesticidas muy tóxicos y peligrosos que ya eran ilegales en otros países. CORFO está trabajando para establecer acuerdos de producción limpia con la agroindustria para que usen pesticidas que no dañen el medio ambiente.

La colaboración con otros países

El grupo CONAMA ha desarrollado una colaboración[6] con varios grupos prestigiosos de Estados Unidos como la Universidad de Harvard, la Universidad de California, el Departamento de la Gestión de Calidad del Aire del Sur de California y el Instituto Tecnológico de Massachusetts. Con el apoyo de estos grupos, Chile espera educar y capacitar[7] a profesionales ligados[8] a temas ambientales como la calidad del aire. Otro objetivo de esta cooperación es el establecimiento de un grupo que ayudará al gobierno chileno a implementar los proyectos y acuerdos de cooperación ambiental asociados al Tratado de Libre Comercio[9] con Estados Unidos y la alianza con la Unión Europea.

---

5 pressure **6** working relationship, collaboration
7 to train **8** connected to **9** Free Trade Agreement

Comprensión

A **¿Comprendiste?** Contesta las preguntas. FL.C.2.3.2

1. ¿Cómo quiere CORFO mejorar la actividad productiva nacional?
2. ¿Cuál es el programa de producción más limpio?
3. ¿Qué creen algunos empresarios chilenos que se puede "cosechar" en el desierto?
4. Menciona uno de los productos principales exportados por Chile.
5. ¿Cuál fue el resultado de la presión de tener que cultivar grandes cantidades de productos para la exportación?

B **¿Cómo protegen el medio ambiente?** FL.C.2.3.2 Indica si cada oración es **cierta** o **falsa**. Corrige las oraciones falsas.

1. El reciclaje reducirá la cantidad de basura.
2. La Comisión Nacional del Medio Ambiente no está de acuerdo con el programa de producción más limpio.
3. Los chilenos asistieron a una conferencia sobre la energía solar.
4. CORFO quiere ayudar a la agroindustria a usar pesticidas que no hagan daño.

Actividad

Tu opinión Con un(a) compañero(a), comenten sus respuestas a las siguientes preguntas: ¿Estás de acuerdo con los programas de CORFO? ¿Qué otros temas son importantes para proteger el medio ambiente? ¿Tenemos organizaciones parecidas en este país? ¿Crees que la protección del medio ambiente es un tema global? FL.A.3.3.2, FL.C.2.3.2

Leamos y escribamos

ESTRATEGIA

para leer Sometimes authors play with language in order to convey how characters speak and to give readers a better picture of character and setting. The author of this poem modified the spelling of some words to convey the speech of gauchos in mid-1800s Argentina. When you see words you don't recognize, think of words that are spelled similarly.

Antes de leer

A El poema *El Gaucho Martín Fierro* fue escrito por el argentino José Hernández en 1872. Martín Fierro es un gaucho que vive feliz con su familia hasta que las autoridades lo mandan a la frontera. Cuando vuelve a su casa, su rancho está en ruinas y su familia ha desaparecido. Mientras lees, busca las palabras que el autor ha modificado para darnos una idea de cómo hablaban los gauchos. Haz una lista de estas palabras y busca sus significados. **FL.D.1.3.1**

de *El Gaucho Martín Fierro*

de José Hernández

Aquí me pongo a cantar
al compás° de la vigüela°,
que el hombre que lo desvela°
una pena extrordinaria,
5 como la ave solitaria
con el cantar se consuela.

Pido a los santos del Cielo
que ayuden mi pensamiento;
les pido en este momento
10 que voy a cantar mi historia
me refresquen la memoria
y aclaren mi entendimiento.

Vengan santos milagrosos,
vengan todos en mi ayuda,
15 que la lengua se me añuda°

y se me turba la vista°;
pido a mi Dios que me asista
en una ocasión tan ruda.

Yo he visto muchos cantores,
20 con famas bien obtenidas,
y que después de adquiridas
no las quieren sustentar°:
parece que sin largar
se cansaron en partidas.

25 Mas° ande otro criollo pasa
Martín Fierro ha de pasar:
nada lo hace recular°
ni los fantasmas lo espantan;
y dende° que todos cantan
30 yo también quiero cantar.

---

2 to the rhythm of   **2** type of guitar with six strings   **3** keep awake   **15** gets tied in knots
16 I can't see clearly   **22** to support   **25** but   **27** to go back   **29** *desde*

Cantando me he de morir,
cantando me han de enterrar,
y cantando he de llegar
al pie del Eterno padre:
35 dende el vientre° de mi madre
vine a este mundo a cantar.

Que no se trabe mi lengua
ni me falte la palabra:
el cantar mi gloria labra°
40 y poniéndome a cantar,
cantando me han de encontrar
aunque la tierra se abra.

Me siento en el plan de un bajo
a cantar un argumento;
45 como si soplara el viento
hago tiritar° los pastos°.
Con oros, copas y bastos°
juega allí mi pensamiento.

Yo no soy cantor letrao°,
50 mas si me pongo a cantar
no tengo cuándo acabar
y me envejezco cantando:
las coplas me van brotando°
como agua de manantial°.

55 Con la guitarra en la mano
ni las moscas se me arriman°,
naides° me pone el pie encima,
y cuando el pecho se entona°,
hago gemir° a la prima
60 y llorar a la bordona°.

Yo soy toro en mi rodeo
y torazo en rodeo ajeno;
siempre me tuve por güeno°

y si me quieren probar,
65 salgan otros a cantar y
veremos quién es menos.

No me hago al lao de la güeya°
aunque vengan degollando°,
con los blandos yo soy blando
70 y soy duro con los duros,
y ninguno en un apuro
me ha visto andar tutubiando°.

En el peligro, ¡qué Cristos!
el corazón se me enancha°,
75 pues toda la tierra es cancha°,
y de esto naides se asombre:
el que se tiene por hombre
donde quiera hace pata ancha.

Soy gaucho, y entiendaló°
80 como mi lengua lo esplica°:
para mí la tierra es chica
y pudiera ser mayor;
ni la víbora° me pica
ni quema mi frente el sol.

85 Nací como nace el peje°
en el fondo de la mar;
naides me puede quitar
aquello que Dios me dió:
lo que al mundo truje° yo
90 del mundo lo he de llevar.

Mi gloria es vivir tan libre
como el pájaro del cielo;
no hago nido en este suelo
ande hay tanto que sufrir,
95 y naides me ha de seguir
cuando yo remuento el vuelo°.

---

35 womb 39 builds 46 shiver, shake 46 pastures 47 *oros,...* playing cards 49 learned 53 gushing forth 54 spring 56 come close
57 *nadie* 58 gets in tune 59 to wail 60 6th guitar string 63 *bueno* 67 *huella* 68 to cut someone's throat 72 to shy away from
74 to enlarge 75 playing field, court 79 *entiéndalo* 80 *explica* 83 snake 85 fish 89 *traje* 96 when I begin to soar

Yo no tengo en el amor
quien me venga con querellas°;
como esas aves tan bellas
100 que saltan de rama en rama,
yo hago en el trébol mi cama,
y me cubren las estrellas.

Y sepan cuantos escuchan
de mis penas el relato,
105 que nunca peleo ni mato

sino por necesidá°,
y que a tanta alversidá°
sólo me arrojó el mal trato°.

Y atiendan la relación
110 que hace un gaucho perseguido,
que padre y marido ha sido
empeñoso y diligente,
y sin embargo la gente
lo tiene por un bandido.

---

98 *complaints*   **106** *necesidad*   **107** *adversidad*   **108** *me arrojó… treated me badly*

Comprensión   ⟍ FL.A.2.3.3

B Contesta las preguntas.
1. ¿Cómo se siente Martín Fierro al principio del poema?
2. ¿Qué hace para consolarse?
3. ¿Con qué compara su creación poética en la novena estrofa *(stanza)*?
4. ¿Qué es la gloria para el gaucho, según Martín Fierro?
5. ¿Qué quiere decir con «no hago nido»?
6. ¿Cree Martín Fierro que la gente tiene una impresión equivocada de los gauchos? Explica.

C El autor usa metáforas en sus descripciones. Completa las siguientes metáforas según las descripciones del autor.

> toro   manta   agua   ave   soplara

1. El hombre se consuela con su música como un ═══ solitaria.
2. Las coplas salen de su boca como ═══ de manantial.
3. Las estrellas son la ═══ del gaucho.
4. Hace tiritar los pastos como si ═══ el viento.
5. Él es ═══ en su rodeo.

Después de leer   ⟍ FL.C.2.3.2, FL.D.1.3.1

D El autor usa un dialecto rural para describir mejor al personaje del gaucho. ¿Cómo es el gaucho? ¿Qué tipo de personaje es? ¿Cómo es su vida? ¿Con quién se podría comparar en el folclor de Estados Unidos? Describe la imagen que te dio el poema.

FCAT Writing Focus

LA.B.1.4.2 Draft and revise writing that uses creative writing strategies as appropriate to the purposes of the paper

Taller del escritor

Leamos y escribamos

ESTRATEGIA ⟍ FL.A.3.4.2

para escribir An excellent way to create images in the minds of your readers is to use rhetorical devices such as metaphors and similes. These techniques are especially useful in poetry, which uses fewer words to convey ideas.

Un personaje folclórico

Vas a describir a un personaje folclórico de tu país, como un famoso vaquero *(cowboy)* del oeste. Tienes que inventar al personaje y escribir un poema corto, al estilo del poema *Martín Fierro*. Escribe el poema desde el punto de vista del personaje que vas a inventar.

① Antes de escribir

Escoge a un personaje y piensa en sus características. ¿Qué tipo de persona es? ¿Qué hace? ¿Cómo se siente? Haz una lista de palabras para describirlo.

② Escribir un borrador

Piensa en las características más importantes de tu personaje y con qué lo puedes comparar. Por ejemplo, si le gusta pelear, ¿es como un soldado? Si es independiente y fuerte, ¿es como un caballo salvaje? Haz una lista de cosas con las cuales se puede comparar al personaje o sus acciones. Usa la lista para escribir versos con metáforas o símiles.

③ Revisar

Lee tu borrador y decide si las figuras retóricas expresan lo que quieres comunicar. Si es necesario, añade versos para completar la descripción. Revisa tu poema para ver si contiene errores de ortografía y puntuación.

④ Publicar

Con un(a) compañero(a), túrnense para leer sus poemas en voz alta. Descríbanse las imágenes que les vienen a la mente al escuchar los poemas. ¿Son las imágenes que tenía en su mente el escritor? Juntos, piensen en otras comparaciones que también expresen las ideas que querían comunicar.

Prepárate para el examen

Interactive
TUTOR

1 Escucha los comentarios y escoge la foto que corresponde a cada uno. ⬤ **FL.A.2.3.2**

A

B

C

D

1 Vocabulario 1
- talking about past events
- expressing and supporting a point of view
  pp. 410 – 415

2 Completa el párrafo con las palabras del cuadro. ⬤ **FL.A.2.3.1**

había	hay	estaba	hasta que
hace	primera	desde que	protestando

   La Plaza de Mayo de Buenos Aires se construyó ___1___ más de tres siglos. En el pasado ___2___ muchos mercados en la plaza, pero hoy en día no ___3___ ni uno. En 1977, las madres de hijos desaparecidos que estaban ___4___ en silencio se reunieron en la plaza por ___5___ vez. La Plaza se ha convertido en un símbolo de justicia ___6___ ellas empezaron a hacer sus manifestaciones allí. Por ejemplo, en 2001 mucha gente ___7___ en La Plaza gritándole al presidente que renunciara. La gente no pensaba irse ___8___ él lo hiciera.

2 Gramática 1
- present and past progressive
- haber
- expressions of time
  pp. 416 – 421

3 Empareja cada palabra con la definición correcta. ⬤ **FL.A.2.2.7**

1. desperdiciar	a. cultivado de forma natural
2. biológico	b. algo nuevo
3. implementar	c. las reglas del gobierno
4. leyes	d. no usar bien
5. reciclar	e. poner en funcionamiento
6. innovador	f. usar otra vez

3 Vocabulario 2
- making predictions and giving warnings
- expressing assumptions
  pp. 424 – 429

4 Completa las oraciones con las formas correctas de los verbos.

1. Se están promoviendo fuentes de energía renovables para que la gente no ═══ (desperdiciar) los recursos naturales.

2. Calculo que ═══ (venderse) más carros eléctricos en el futuro.

3. Dudo que el presidente ═══ (haber) implementado el programa de reciclaje.

4. Nosotros siempre comprábamos productos biológicos a menos que no los ═══ (encontrar) en el mercado.

5. Voy a buscar trabajo en cuanto la tasa de desempleo ═══ (bajar).

6. Hay que controlar el nivel de contaminación antes de que nosotros ═══ (destruir) el medio ambiente.

4 **Gramática 2**
• future tense
• subjunctive with doubt, denial, and feelings
• subjunctive and indicative with adverbial clauses
pp. 430 – 435

5 Contesta las preguntas. FL.C.1.3.1, FL.D.2.3.4

1. ¿Qué pasó en Chile en 1960?

2. ¿En qué parte de Chile quieren "cosechar" la energía solar?

3. ¿En qué parte de Argentina hay recursos naturales?

4. ¿Cuál ha sido el primer país latinoamericano en convertirse en socio comercial de Estados Unidos?

5 **Cultura**
• **Comparaciones**
pp. 422 – 423
• **Lectura informativa**
pp. 438 – 439
• **Notas culturales**
pp. 413, 415, 418, 426, 431, 432, 435

6 Escucha la conversación y haz una lista de los problemas que se mencionan. FL.A.2.3.2

7 Mira los dibujos y describe lo que ves. FL.A.3.3.2

Visit Holt Online
go.hrw.com
KEYWORD: EXP3 CH10
Chapter Self-test

Prepárate para el examen

Gramática 1
- present and
  past progressive
  pp. 416–417
- haber
  pp. 418–419
- expressions of time
  pp. 420–421

Repaso de Gramática 1

The **progressive tenses** describe present and past actions in progress.

Marta **está desarrollando** un programa.

Haber in the third-person singular indicates existence. The construction **haber + past participle** is used to form the present and past perfect indicative or subjunctive tenses.

Hay mucho tráfico en la ciudad.

Útimamente, **hemos visto** más carros eléctricos.

For specific uses of **haber,** see page 418.

The construction **hace + amount of time + que + present tense** is used to tell *for how long* an action has been going on. The construction **hace + amount of time + past tense** is used to tell *how long ago* something happened. The phrase **desde que** is used to express *since*.

For more information on expressions of time, see page 420.

Gramática 2
- future tense
  pp. 430–431
- subjunctive with doubt,
  denial, and feelings
  pp. 432–433
- subjunctive and
  indicative with
  adverbial clauses
  pp. 434–435

Repaso de Gramática 2

Future actions can be expressed by using the construction **ir a + infinitive** or the **future tense.**

Voy a sembrar unas flores.   Las flores **crecerán** rápido.

Main clauses containing expressions of **doubt, denial,** or **feelings** require the **subjunctive** in the subordinate clause.

Dudo que **podamos** comprar frutas biológicas aquí.

For uses of the **subjunctive** with expressions of **doubt, denial,** or **feelings,** see page 432.

Adverbial clauses with **a menos (de) que, antes de que, con tal (de) que, en caso de que, para que,** and **sin que** always contain the **subjunctive.**

No tomaremos el agua **en caso de que** el lago **esté** contaminado.

Adverbial clauses with **cuando, en cuanto, después de que, hasta que,** and **tan pronto como** contain the **subjunctive** when referring to a future action and the **indicative** when referring to a past action or an action that occurs habitually or on a regular basis.

Voy a leer el periódico en cuanto **llegue** a casa.

For uses of the **subjunctive** and **indicative** with adverbial clauses, see page 434.

Repaso de Vocabulario 1

Talking about past events

el accidente	accident
el acontecimiento	event
aterrador(a)	terrifying
la bomba	bomb
el campeonato	championship
la compasión	compassion
conmovedor(a)	touching, moving
la cooperación	cooperation
el desastre	disaster
el descubrimiento (de)	discovery (of)
descubrir	to discover
la destrucción	destruction
¿Dónde estabas y qué hacías cuando...?	Where were you and what were you doing when . . . ?
las elecciones	elections
emocionante	exciting, moving
la erupción (de un volcán)	eruption (of a volcano)
espantoso(a)	terrible, frightening
Estaba en casa cuando...	I was at home when . . .
estallar	to explode
estrenar (una película)	to open/premiere (a movie)
el estreno	opening/premiere
la indiferencia	indifference
los inmigrantes	immigrants
el invento	invention
Lo recuerdo como si fuera ayer./No, no me acuerdo para nada.	I remember it like it was yesterday./No, I don't remember at all.
las manifestaciones	demonstrations
la nave hundida	sunken ship
el pánico	panic
el planeta	planet
los refugiados	refugees
la solidaridad	solidarity
¿Te acuerdas (de) cuando sucedió...?	Do you remember when . . . happened?
trágico(a)	tragic

Expressing and supporting a point of view

A pesar de que hubo..., por otro lado...	Although there was/were . . ., on the other hand . . .
Aunque estoy de acuerdo..., creo que...	Although I agree . . ., I think that . . .
Creo que vale la pena acordarse de...	I think it's worth remembering . . .
Lo que noto es que...	What I notice is that . . .
Me parece que...	It seems to me that . . .
Ten en cuenta que...	Keep in mind that . . .

Repaso de Vocabulario 2

Making predictions and giving warnings

A que no va a bajar la tasa de...	I bet that the rate of . . . won't go down.
las alternativas (a)	alternatives (to)
el basurero	garbage can
biológico(a)	organic
Calculo que van a implementar...	I predict that they are going to implement . . .
la calidad del aire/agua	air/water quality
el carro eléctrico/híbrido	electric/hybrid car
los combustibles	fuels
cometer (un crimen, un error)	to commit (a crime), to make (a mistake)
conservar	to conserve
la contaminación	contamination/pollution
contaminado(a)	contaminated/polluted
crecer (zc)	to grow
el crimen	crime
de cultivo biológico	organic (products)
desarrollar	to develop
el desempleo	unemployment
desperdiciar	to waste
la drogadicción	drug addiction
la energía solar	solar energy
la enfermedad	sickness, disease
Es muy posible que el tráfico aumente con...	It's quite possible that traffic will increase with . . .
las fuentes de energía	sources of energy
la fusión nuclear	nuclear fusion
el futuro	future
el hambre	hunger
innovador(a)	innovative
la ley (en contra/a favor de)	law (against/in favor of)
el medio ambiente	environment
los pesticidas	pesticides
los programas (de)	programs (for)
reciclar	to recycle
los recursos naturales	natural resources
renovable/no renovable	renewable/non-renewable
Se advierte que...	They warn/advise that . . .
sembrar	to plant
Te apuesto que...	I bet you that . . .
Ya verás que van a promover...	You will see that they're going to promote . . .

Expressing assumptions . . . . See p. 428.

Integración
capítulos 1–10

 1 Escucha las conversaciones y escoge la foto que corresponde a cada una. ◥**FL.A.2.3.2**

A

B

C

D

2 Lee el artículo que escribió Olga y decide si cada oración es **cierta** o **falsa**. Corrige las oraciones falsas. ◥**FL.A.2.3.1**

El futuro del medio ambiente

¿Quieren Uds. vivir en un mundo sucio y contaminado? Pues, yo no. Nosotros podemos actuar hoy para conservar el medio ambiente para el futuro. Podemos ayudar a bajar el nivel de desperdicios aquí mismo en nuestro colegio. Y empezaremos con el desarrollo de un programa de reciclaje. Recomiendo que coloquemos cajas para el reciclaje al lado de los basureros. En vez de echar papeles, botellas de vidrio y de plástico y demás productos a la basura, podríamos reciclarlos, y ¡hasta ahorraríamos dinero para el colegio! Piénsenlo un poco, podremos ahorrar dinero y combatir la contaminación al mismo tiempo.

1. Olga piensa que el mundo no está contaminado.
2. Los estudiantes pueden ayudar a conservar el medio ambiente.
3. Ella propone el desarrollo de un programa de reciclaje.
4. No hay basureros en el colegio.
5. Todos los productos que se tiran a la basura se pueden reciclar.
6. El colegio podría ahorrar dinero con el programa de reciclaje.

Repaso cumulativo

3 En grupos, piensen en algunos problemas del medio ambiente y para cada uno, digan cómo cambiaría el medio ambiente en el futuro si todos empezaran a cuidarlo. ¿Qué quieren hacer Uds. para ayudar? **FL.A.1.3.1**

4 Mira la pintura y escribe por lo menos seis oraciones sobre lo que ves. ¿Qué inventos o avances tecnológicos ves en la pintura? ¿Qué crees que piensa la artista de ellos? Explica. **FL.A.3.3.2**

Mirando un paracaídas II de Patricia Figueroa

Mirando un paracaídas II, 1985 (Diptych) by Patricia Figueroa. Acrylic and pastel on paper, 160 × 240 cm. © Colección Museo Nacional de Bellas Artes, Chile/Museo Nacional de Bellas Artes, Chile

5 Imagina que tienes que preparar un ensayo para los arqueólogos del futuro que explique cómo es el mundo hoy en día. Incluye algunos eventos históricos importantes y cómo han cambiado el mundo actual. También puedes incluir algunos avances tecnológicos y explicar cómo piensas que éstos cambiarán el mundo en el futuro. **FL.A.3.3.2**

Benchmark Focus

FL.A.3.3.2 Provide information in spoken and written form on a variety of topics of personal, academic, and cultural interest

6 **FL.C.1.3.1**

Situación Conviertan el salón de clases en una exposición de nuevas tecnologías que ayuden a bajar los niveles de contaminación del medio ambiente. Uds. pueden trabajar en grupos para presentar sus ideas a la clase. Pueden elegir dos o tres personas para escoger las mejores ideas.

449

Páginas de referencia

El mundo

OCÉANO ÁRTICO

GROENLANDIA (DINAMARCA)

ALASKA (EE.UU.)

CANADÁ

AMÉRICA DEL NORTE

OCÉANO ATLÁNTICO

EU

Ottawa

ESTADOS UNIDOS DE AMÉRICA

Nueva York
Washington, D.C.

BERMUDA (R.U.)

Islas Canarias (Esp.)

MARRUECOS

ARGELIA

SAHARA OCCIDENTAL

Á

ISLAS HAWAII (EE.UU.)

MÉXICO

La Habana

BAHAMAS

CUBA

REP. DOMINICANA

PUERTO RICO (EE.UU.)

CABO VERDE

MAURITANIA

MALÍ

Ciudad de México

JAMAICA

BELICE

HAITÍ

San Juan

SENEGAL

GAMBIA

BURKINO FASO

GUATEMALA

HONDURAS

EL SALVADOR

NICARAGUA

TRINIDAD Y TOBAGO

GUINEA-BISSAU

GUINEA

BENÍN

TOGO

GHANA

COSTA DE MARFIL

OCÉANO PACÍFICO

COSTA RICA

PANAMÁ

Caracas

GUAYANA

VENEZUELA

SURINAM

SIERRA LEONA

LIBERIA

GUAYANA FRANCESA

Bogotá

GUINEA ECUATORIAL

SANTO TOMÉ Y PRÍNCIPE

GAB

Ecuador

Islas Galápagos (Ecuador)

COLOMBIA

ECUADOR

AMÉRICA DEL SUR

KIRIBATI

PERÚ

BRASIL

Lima

OCÉANO ATLÁNTICO

BOLIVIA

PARAGUAY

Río de Janeiro

ARGENTINA

CHILE

Santiago

URUGUAY

Buenos Aires

Ciud

Islas Malvinas (R.U.)

N

0   1.000   2.000 Kilómetros

0   1.000   2.000 Millas

A N T

RUSIA

KAZAJSTÁN

MONGOLIA

ASIA

Ankara
GEORGIA
ARMENIA
TURQUÍA
LÍBANO SIRIA
Damasco
ISRAEL IRAQ
El Cairo Bagdad
JORDANIA Kuwait
EGIPTO
ARABIA
SAUDITA
BAHREIN
UNIÓN DE
EMIRATOS
ÁRABES
OMÁN

UZBEKISTÁN
AZERBAIYÁN
TURKMENISTÁN
Teherán
IRÁN
QATAR
YEMEN
YIBUTI

KIRGUIZISTÁN
TAJIKISTÁN
AFGANISTÁN
PAKISTÁN
Nueva
Delhi
INDIA
NEPAL
BHUTÁN
BANGLADESH

CHINA

Pekín

MYANMAR
LAOS
TAILANDIA
CAMBOYA

VIETNAM

COREA
DEL NORTE
Seúl
COREA
DEL SUR

JAPÓN
Tokio

Taipei
TAIWAN

OCÉANO PACÍFICO

SUDÁN
ERITREA
REPÚBLICA
TROAFRICANA
ETIOPÍA
SOMALIA

SRI
LANKA

Manila
FILIPINAS

GUAM
(EE.UU.)

MALASIA

Ecuador

KIRIBATI
NAURÚ

UGANDA
RUANDA
BURUNDI
REPÚBLICA
DEL CONGO
KENIA
Nairobi
TANZANIA
MALAWI
ZAMBIA
ZIMBABWE
MADAGASCAR
MOZAMBIQUE
Pretoria
SWAZILANDIA
LESOTHO
OTSWANA
ÁFRICA

SEYCHELLES

COMORES

MAURICIO

OCÉANO
ÍNDICO

INDONESIA

PAPÚA
NUEVA GUINEA

ISLAS
SALOMÓN

ISLAS
TUVALU

VANUATU

ISLAS
FIDJI

NUEVA
CALEDONIA
(Fr.)

AUSTRALIA

Canberra

Wellington
NUEVA
ZELANDA

TIDA

	PAÍS	CAPITAL
1	REPÚBLICA CHECA	Praga
2	REPÚBLICA ESLOVACA	Bratislava
3	ESLOVENIA	Liubliana
4	CROACIA	Zagreb
5	BOSNIA Y HERZEGOVINA	Sarajevo
6	MACEDONIA	Skopje
7	YUGOSLAVIA	Belgrado
8	LITUANIA	Vilna
9	LETONIA	Riga
10	ESTONIA	Tallin
11	LIECHTENSTEIN	Vaduz
12	LUXEMBURGO	Luxemburgo

Europa

OCÉANO ÁRTICO

ISLANDIA
Reikiavik

NORUEGA
SUECIA
FINLANDIA
Helsinki
Oslo
Estocolmo
10
9
8
San Petersburgo
RUSIA
Minsk
Moscú
BIELORRUSIA

REINO
UNIDO
DINAMARCA
Copenhague
Varsovia

Dublín
HOLANDA
Berlín
Kiev
IRLANDA
Londres
Amsterdam
ALEMANIA
POLONIA
UCRANIA
BÉLGICA
Bruselas
12
Kishinev
MOLDAVIA
OCÉANO
ATLÁNTICO
París
Viena
1
2
RUMANIA
SUIZA
AUSTRIA
HUNGRÍA
Bucarest
FRANCIA
Berna
11
3
4
5
Sofía
MAR NEGRO
Madrid
ANDORRA
Roma
Tirana
6
BULGARIA
PORTUGAL
ITALIA
ALBANIA
Atenas
TURQUÍA
Lisboa
ESPAÑA
GRECIA
MAR MEDITERRÁNEO
CHIPRE
MALTA

La Península Ibérica

FRANCIA

ANDORRA

MAR MEDITERRÁNEO

Menorca

Mallorca
Palma

Islas Baleares

Ibiza

Islas Canarias

MARRUECOS

Fuenteventura

La Palma

Tenerife
Santa Cruz
de Tenerife

Las Palmas

Gran Canaria

OCÉANO ATLÁNTICO

MAR CANTÁBRICO

Los Pirineos

Gerona

Cataluña

Barcelona

Huesca

Zaragoza

Aragón

Comunidad
Valenciana

Valencia

Alicante

Murcia

Cartagena

Murcia

San
Sebastián
Bilbao

Pamplona

País
Vasco

Navarra

Río

Ebro

San

Santander

Cantabria

La Rioja
Logroño

Cordillera Cantábrica

Río Duero

Río Tajo

ESPAÑA

Castilla-La Mancha

Melilla (Esp.)

Asturias
Oviedo

León

Castilla y León

Valladolid

Madrid
Madrid

Sierra de Guadarrama

Toledo

Granada

Sierra Nevada

Andalucía

Córdoba

Río Guadalquivir

Gibraltar (R.U.)

MARRUECOS

Galicia

La Coruña

Salamanca

Cáceres

Extremadura

Río Guadiana

Badajoz

Sevilla

Málaga

Ceuta (Esp.)

Estrecho de Gibraltar

PORTUGAL

Lisboa

OCÉANO ATLÁNTICO

N

100 Kilómetros

100 Millas

50

50

0

0

México

ESTADOS UNIDOS DE AMÉRICA

San Diego
Tijuana
Mexicali
Nogales
Tucson
Nogales
SONORA
Hermosillo
BAJA CALIFORNIA
BAJA CALIFORNIA SUR
La Paz
Trópico de Cáncer

El Paso
Ciudad Juárez
CHIHUAHUA
Chihuahua
Río Conchos
Río Grande

Del Río
COAHUILA
Torreón
DURANGO
Durango
Sierra Madre Occidental
Culiacán
SINALOA
Mazatlán

MÉXICO
Río Bravo del Norte

San Antonio
Laredo
Nuevo Laredo
McAllen
Reynosa
Monterrey
Matamoros
Brownsville

Puerto Arturo
Galveston
Houston

Baton Rouge

Nueva Orléans

Golfo de México

N

TAMAULIPAS
Ciudad Victoria
Sierra Madre Oriental
San Luis Potosí
ZACATECAS
Zacatecas
Guanajuato
Aguascalientes
Tepic
Guadalajara
JALISCO
Puerto Vallarta
Colima

OCÉANO
PACÍFICO

VERACRUZ
Pachuca
México, D.F.
Tlaxcala
Puebla
Toluca
Taxco
MICHOACÁN
Morelia
Río Lerma
Río Balsas
GUERRERO
Acapulco
Golfo de Tehuantepec

Veracruz

OAXACA
Oaxaca

Cozumel
Mérida
YUCATÁN
Campeche
CAMPECHE
Chetumal
QUINTANA ROO
BELICE
Río Usumacinta
Villahermosa
San Cristóbal de Las Casas
CHIAPAS
GUATEMALA
HONDURAS

CLAVE DE ESTADOS
1 NAYARIT
2 COLIMA
3 AGUASCALIENTES
4 GUANAJUATO
5 QUERÉTARO
6 HIDALGO
7 MÉXICO
8 DISTRITO FEDERAL
9 MORELOS
10 PUEBLA
11 TLAXCALA
12 NUEVO LEÓN
13 SAN LUIS POTOSÍ
14 TABASCO

0   125   250 Kilómetros
0   125   250 Millas

R5

Estados Unidos de América

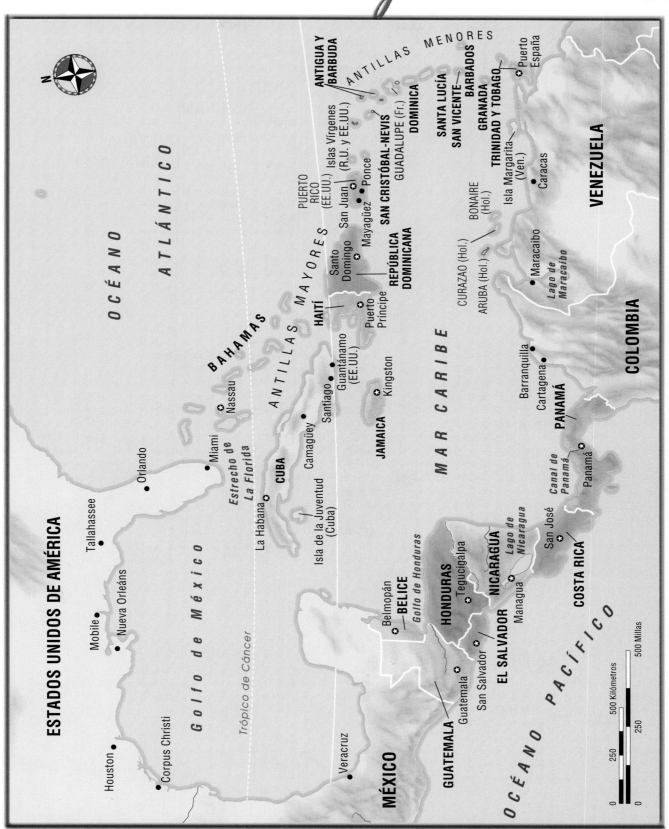

América Central y las Antillas

N

OCÉANO ATLÁNTICO

ESTADOS UNIDOS DE AMÉRICA

Houston
Corpus Christi
Mobile
Nueva Orleáns
Tallahassee
Orlando
Miami

Golfo de México

Veracruz

MÉXICO

GUATEMALA
Guatemala
San Salvador
EL SALVADOR

Trópico de Cáncer

Estrecho de La Florida

La Habana
Isla de la Juventud (Cuba)
CUBA
Camagüey
Santiago

BAHAMAS
Nassau

ANTILLAS MAYORES

JAMAICA
Kingston
Guantánamo (EE.UU.)

Belmopán
BELICE
Golfo de Honduras
Tegucigalpa
HONDURAS
NICARAGUA
Managua
Lago de Nicaragua
COSTA RICA
San José

OCÉANO PACÍFICO

500 Kilómetros
500 Millas
250
0

HAITÍ
Puerto Príncipe
Santo Domingo
REPÚBLICA DOMINICANA

PUERTO RICO (EE.UU.)
San Juan
Mayagüez Ponce
Islas Vírgenes (R.U. y EE.UU.)
SAN CRISTÓBAL-NEVIS
GUADALUPE (Fr.)
DOMINICA

ANTILLAS MENORES

ANTIGUA Y BARBUDA

SANTA LUCÍA
SAN VICENTE
BARBADOS
GRANADA
TRINIDAD Y TOBAGO

Puerto España

MAR CARIBE

BONAIRE (Hol.)
CURAZAO (Hol.)
ARUBA (Hol.)

Isla Margarita (Ven.)
Caracas

VENEZUELA

Barranquilla
Cartagena
PANAMÁ
Canal de Panamá
Panamá

Maracaibo
Lago de Maracaibo

COLOMBIA

R7

América del Sur

MAR DE LAS ANTILLAS

OCÉANO ATLÁNTICO

América Central

Cartagena
Maracaibo
Caracas
VENEZUELA
Orinoco
Ciudad Bolívar
Medellín
COLOMBIA
Bogotá
GUYANA
SURINAM
Georgetown
Paramaribo
Cayena
GUAYANA FRANCESA

Islas Galápagos (Ecuador)
Quito
ECUADOR
Guayaquil
Cuenca
Río Putumayo
Ecuador

Río
Manaus
Amazonas
Belén

PERÚ
Cordillera de los
Andes
Lima
Cuzco

B R A S I L
Recife
Salvador
Brasilia

Lago Titicaca
La Paz
BOLIVIA
Sucre

Río Paraná

OCÉANO
PACÍFICO

Trópico de Capricornio

PARAGUAY
Asunción
San Pablo
Río de Janeiro

CHILE
Tucumán
ARGENTINA
Córdoba
Mendoza
Valparaíso
Santiago
Buenos Aires
URUGUAY
Montevideo
Río de la Plata

Cordillera de los Andes

N

0   500   1.000 Kilómetros
0   500   1.000 Millas

Bariloche

OCÉANO
ATLÁNTICO

Estrecho de Magallanes
Islas Malvinas (R.U.)

Punta Arenas
Tierra del Fuego

Cabo de Hornos

Repaso de vocabulario

This list includes words introduced in *¡Exprésate!* Level 2. If you can't find the words you need here, try the Spanish–English and English–Spanish vocabulary sections beginning on page R47.

Descripciones *(Descriptions)*

activo(a)	active
alto(a)	tall
amable	friendly
atlético(a)	athletic
aventurero(a)	adventuresome
bajo(a)	short
bondadoso(a)	generous
bonito(a)	pretty
callado(a)	quiet
cariñoso(a)	affectionate
chismoso(a)	gossipy
chistoso(a)	funny
cómico(a)	funny
consentido(a)	spoiled
conversador(a)	talkative
curioso(a)	curious
egoísta	selfish
estricto(a)	strict
extrovertido(a)	outgoing
impaciente	impatient
juguetón/juguetona	playful
moreno(a)	dark-haired, dark-skinned
obediente	obedient
paciente	patient
rubio(a)	blond(e)
serio(a)	serious
simpático(a)	friendly
solitario(a)	solitary

Los quehaceres *(Chores)*

barrer	to sweep
cortar el césped	to mow the lawn
darles de comer a los animales	to feed the animals
hacer diligencias	to run errands
limpiar el baño	to clean the bathroom
regar las plantas	to water the plants
sacar la basura	to take out the trash
sacudir los muebles	to dust the furniture

Actividades *(Activities)*

andar	to walk
coleccionar estampillas (monedas, pósters)	to collect stamps (coins, posters)
conocer el centro	to get to know downtown
conversar	to talk, to have a conversation
cortarse el pelo	to get a haircut
coser	to sew
crear un álbum	to create an album, scrapbook
crear/grabar CDs	to burn CDs
cuidar a una mascota	to take care of a pet
dar una vuelta	to go for a walk
diseñar páginas Web	to design Web pages
disfrutar de	to enjoy
hacer crucigramas	to do crossword puzzles
hacer diseño por computadora	to do computer design
hacer ejercicios aeróbicos	to do aerobics
intercambiar	to exchange, to trade
ir al zoológico	to go to the zoo
ir de compras al mercado	to go shopping at the market
jugar (ue) naipes	to play cards
llamarle la atención (algo)	to interest
participar	to participate
pasear en bote	to go boating
pasear	to go for a walk
practicar las artes marciales	to do martial arts
tejer	to knit
tocar la guitarra (el violín)	to play the guitar (violin)
tomar clases de...	to take . . . lessons
trabajar en mecánica	to work on cars
trotar	to jog
visitar un museo	to visit a museum

Los oficios (Jobs)

el (la) abogado(a)	lawyer
el (la) astronauta	astronaut
el (la) banquero(a) internacional	international banker
el (la) bombero(a)	firefighter
el (la) carpintero(a)	carpenter
el (la mujer) cartero	mail carrier
el (la) cocinero(a)	cook
el (la) comerciante	merchant
el (la) conductor(a)	driver
el (la) dentista	dentist
el (la) enfermero(a)	nurse
el (la) farmacéutico(a)	pharmacist
el (la) ingeniero(a)	engineer
el (la) mecánico	mechanic
el (la) médico(a)	doctor
el (la) peluquero(a)	hairstylist
el (la) periodista	journalist
el (la) policía	police officer
el (la) programador(a)	programmer
el (la) secretario(a)	secretary
el (la) trabajador(a) social	social worker

En la casa (At home)

Spanish	English
la alfombra	carpet, rug
la bañera	bathtub
la cómoda	chest of drawers, armoire
el cuadro	painting
la ducha	shower
el estante	bookcase
la estufa	stove
el fregadero	(kitchen) sink
el inodoro	toilet
la lámpara	lamp
el lavabo	(bathroom) sink
la lavadora	washing machine
el lavaplatos	dishwasher
la mesita de noche	bedside table
la pared	wall
el piso	floor
la secadora	dryer
el sillón	armchair
el techo	ceiling, roof
el televisor	TV set

En el pueblo (Around town)

Spanish	English
la acera	sidewalk
el acuario	aquarium
la avenida	avenue
la autopista	freeway, highway
el ayuntamiento	town hall
la banca	park bench
el banco	bank
la carnicería	butcher shop
la clínica	clinic
el café	café
la catedral	cathedral
la carretera	road
el cementerio	cemetery
el centro recreativo	recreation center
la comisaría	police department
el cruce	intersection
la cuadra	(city) block
la embajada	embassy
la esquina	corner
el estacionamiento	parking lot
la estación de autobuses	bus station
la estación de bomberos	fire station
la estación de tren	train station
la fábrica	factory
la floristería	flower shop
la frutería	fruit shop
la fuente	fountain
la heladería	ice cream shop
el hospital	hospital
el mercado	market
el monumento	monument
la mueblería	furniture store
la oficina	office
la panadería	bakery
la parada del metro	subway stop
la pastelería	pastry shop
la peluquería	hair salon
la pescadería	fish market
la plaza	town square, plaza
el puerto	port
el quiosco	stand, kiosk
la sala de emergencias	emergency room
seguir (i, i)	to keep going
seguir (i, i) adelante/derecho	to go straight
el semáforo	traffic light

el supermercado	supermarket
la tienda de comestibles	grocery store
la zona peatonal	pedestrian zone
la zona verde	green belt, park

Después del colegio (After school)

el (la) animador(a)	cheerleader
animar	to cheer
el atletismo	track and field
la banda escolar	school band
la competencia	competition
el debate	debate
empatar	to tie a game
el (la) entrenador(a)	coach
el equipo	team
la equitación	horseback riding
el esquí acuático	water skiing
el éxito	success
el fracaso	failure
ganar	to win
la gimnasia	gymnastics
el golf	golf
el (la) jugador(a)	player
la lucha libre	wrestling
montar a caballo	to ride a horse
la natación	swimming
la oratoria	speech, public speaking
el patinaje sobre hielo	ice skating
el patinaje en línea	in-line skating
perder (ie)	to lose
el puntaje	score
el trofeo	trophy

Reacciones (Reactions)

la alegría	happiness
gritar	to shout
llorar	to cry
la rabia	anger
reaccionar	to react
reírse (i, i)	to laugh
la tristeza	sadness
la vergüenza	embarrassment

El cuerpo (The body)

| las cejas | eyebrows |
| el cerebro | brain |

el codo	elbow
el corazón	heart
cortarse	to cut oneself
darse un golpe en...	to bump one's . . .
el dedo del pie	toe
enfermarse	to get sick
la enfermedad	illness
estar mal	to be sick
estar resfriado(a)	to have a cold
estornudar	to sneeze
hinchado(a)	swollen
el hueso	bone
los labios	lips
lastimarse	to injure/hurt oneself
la mejilla	cheek
la muñeca	wrist
el muslo	thigh
la oreja	ear
la piel	skin
los pulmones	lungs
quemarse	to get a sunburn, to get burned
resfriarse	to catch a cold
la rodilla	knee
romperse	to break
tener (ie) tos	to have a cough
tener (ie) un calambre	to have a cramp
el tobillo	ankle
torcerse (ue)	to sprain
la uña	nail

Por la mañana (In the morning)

acabar de	to have just
acordarse (ue) de	to remember
agarrar	to get, to hold
apagar la luz (las luces)	to turn off the light(s)
arreglarse	to get ready, to get dressed
cepillarse	to brush
cerrar (ie) la puerta con llave	to lock the door
la crema	cream
darle de comer al perro	to feed the dog
darse prisa	to hurry
ducharse	to take a shower
el impermeable	raincoat
irse	to leave

el lápiz labial	lipstick
los lentes de contacto	contact lenses
la llave	key
el paraguas	umbrella
peinarse	to comb one's hair
pintar	to paint
pintarse las uñas	to paint one's nails
ponerse	to put something on
recoger	to pick up
tardar	to take long, to be late
el teléfono celular	cell phone

De pequeño (As a child)

los animales de peluche	stuffed animals
columpiarse	to swing (on a swing)
compartir los juguetes	to share toys
los dibujos animados	cartoons
echar carreras	to run races
hacer travesuras	to play tricks
jugar (ue) a la casita	to play house
jugar (ue) a las damas	to play checkers
jugar (ue) al escondite	to play hide and seek
jugar (ue) con bloques	to play with blocks
las láminas	sports cards
las muñecas	dolls
sacar buenas/malas notas	to get good/ bad grades
saltar a la cuerda	to jump rope
trepar a los árboles	to climb trees

En el restaurante (At the restaurant)

el aceite de oliva	olive oil
el agua mineral	mineral water
aguado(a)	watery, weak
el ají	chili pepper
al gusto	to one's taste
la almendra	almond
añadir	to add
el azúcar	sugar
las bebidas	drinks
el bistec a la parrilla	grilled steak
el bistec encebollado	steak with onions
los bocadillos	finger food
el caldo de pollo	chicken soup
los carbohidratos	carbohydrates

la carne asada	roast meat
la cebolla	onion
las chuletas de cerdo con habichuelas	pork chops with beans
cocido(a)	cooked
la comida rápida	fast food
congelado(a)	frozen
crudo(a)	raw
cubrir	to cover
la cucharada	tablespoon
la cucharadita	teaspoon
dejar la propina	to leave the tip
derretido(a)	melted
derretir (i, i)	to melt
la dieta balanceada	balanced diet
echar	to put in, to add
la ensalada mixta	mixed salad
los entremeses	appetizers
las especias	spices
evitar	to avoid
el flan de vainilla	vanilla flan
freír (i, i)	to fry
las fresas con crema	strawberries and cream
frito(a)	fried
el gazpacho	cold tomato soup
hervir (ie, i)	to boil
hornear	to bake
los huevos revueltos	scrambled eggs
los ingredientes	ingredients
la lata de salsa de tomate	can of tomato sauce
la lechuga	lettuce
la mantequilla	butter
los mariscos	seafood
la mayonesa	mayonnaise
la mostaza	mustard
nutritivo(a)	nutritious
la pera	pear
picado(a)	diced
picar	to dice
la pimienta	black pepper
la piña	pineapple
el plátano	plantain, banana
el plato del día	daily special
el plato principal	main dish
el pollo asado con gandules	roasted chicken with peas
las proteínas	proteins
la receta	recipe

rico(a)	*tasty, delicious*
sabroso(a)	*tasty*
la sal	*salt*
la sopa de ajo (de fideos)	*garlic (noodle) soup*
el surtido de frutas frescas	*assorted fresh fruit*
la taza de medir	*measuring cup*
el té	*tea*
tostado(a)	*toasted*
el trozo	*piece, chunk*
los vegetales	*vegetables*
vegetariano(a)	*vegetarian*
el vinagre	*vinegar*
las vitaminas	*vitamins*

La ropa (Clothing)

ancho(a)	*wide*
apretado(a)	*tight*
la bufanda	*scarf*
el cinturón	*belt*
la corbata	*tie*
el espejo	*mirror*
la etiqueta	*price tag*
la falda a media pierna	*mid-length skirt*
flojo(a)	*baggy, loose*
los guantes	*gloves*
hacer juego	*to match, to go with*
la minifalda	*miniskirt*
el probador	*fitting room*
probarse (ue)	*to try on*
el traje	*suit*
la venta de liquidación	*clearance sale*

En el mercado (At the market)

el acero	*steel*
los adornos	*decorations, ornaments*
los artículos de cuero	*leather goods*
el barro	*clay*
la cadena	*chain*
la cerámica	*ceramic*
la cesta	*basket*
el collar	*necklace*
el encaje	*lace*
estar bordado(a)	*to be embroidered*
la figura tallada	*carved figure*
el gran surtido	*wide assortment*

la hamaca	*hammock*
hecho(a) a mano	*handmade*
las joyas	*jewelry*
la madera	*wood*
el mantel	*tablecloth*
la máscara	*mask*
el oro	*gold*
la paja	*straw*
las pinturas	*paintings*
el plástico	*plastic*
la plata	*silver*
el plato hondo	*bowl*
el puesto de mercado	*market stand*
rebajar	*to lower*
los tejidos	*woven cloth, textiles*
la última oferta	*last offer*
el vidrio	*glass*

El mundo y el clima (The world and the weather)

árido(a)	*arid, dry*
el bosque	*forest*
la brisa	*breeze*
el clima	*climate, weather*
el desierto	*desert*
el granizo	*hail*
las hojas	*leaves*
húmedo(a)	*humid*
el huracán	*hurricane*
llover (ue) (a cántaros)	*to rain (cats and dogs)*
lloviznar	*to drizzle*
la montaña	*mountain*
la naturaleza	*nature*
nevar (ie)	*to snow*
la niebla	*fog*
la nieve	*snow*
la piedra	*stone, rock*
el relámpago	*lightning*
el río	*river*
seco(a)	*dry*
soleado(a)	*sunny*
la temperatura	*temperature*
el terremoto	*earthquake*
la tormenta	*storm*
el tornado	*tornado*
el trueno	*thunder*

Durante el verano (In the summer)

las aguas termales	hot springs
la arena	sand
el balón de playa	beachball
bañarse en el mar	to swim in the sea
los binóculos	binoculars
bucear	to scuba dive
la caña de pescar	fishing rod
la catarata	waterfall
coleccionar caracoles	to collect seashells
la costa	coast
la crema protectora	sunblock
el desierto	desert
el ecoturismo	ecotourism
explorar cuevas	to explore caves, to go spelunking
explorar la selva	to explore the jungle
la fogata	campfire
las gafas de sol	sunglasses
hacer camping	to go camping
hacer senderismo	to go hiking
hacer un tour	to take a guided tour
hacer windsurf	to windsurf
la isla tropical	tropical island
el lago	lake
la linterna	lantern, flashlight
el mar	sea
la marea (baja/alta)	(low/high) tide
observar la naturaleza	to observe nature
la orilla del lago/ del río	lakeshore/riverbank

las olas	waves
remar	to row
la tienda de campaña	tent
tirarse al agua	to dive in the water
el viento	wind
volar (ue) con ala delta	to go hang gliding

De viaje (Traveling)

el albergue juvenil	youth hostel
los aseos	public restrooms
el billete	bill, money
la cabina telefónica	phone booth
el castillo	castle
los cheques de viajero	travelers' checks
comprar recuerdos	to buy souvenirs
el efectivo	cash
firmar	to sign
la guía turística	guide book
hacer una llamada por cobrar	to make a collect call
hacer una reservación	to make a reservation
hacerse amigo(a) de alguien	to make friends with someone
hospedarse en...	to stay at . . .
ir a cafés	to go to cafés
ir a un cibercafé	to go to a cybercafé
la oficina de turismo	tourism office

el parque nacional	national park
pedir (i, i) información	to ask for information
la pensión	boarding house, inn
el plano de la ciudad	city map
quedarse con parientes	to stay with relatives
el (la) recepcionista	receptionist
recomendarle (ie) (a alguien)	to recommend (to someone)
el rollo de película	roll of film
saltar en paracaídas	to go skydiving
sugerirle (ie, i) (a alguien)	to recommend (for someone)
la tarjeta de crédito	credit card
el (la) taxista	taxi driver
tomar un taxi	to take a taxi
el (la) turista	tourist
el volcán	volcano

Vocabulario adicional

This list includes additional vocabulary that you may want to use to personalize activities.
If you can't find the words you need here, try the Spanish–English and English–Spanish
vocabulary sections beginning on page R47.

Los viajes

a tiempo	*on time*
el (la) aduanero(a)	*customs agent*
el andén	*(train) platform*
el asiento	*seat*
atrasado(a)	*delayed*
la azafata	*flight attendant*
la demora	*delay*
el equipaje	*luggage*
el folleto	*brochure, pamphlet*
hacer una parada	*to make a stop*
el pasillo	*aisle, hallway*
el recuerdo	*souvenir*
revelar	*to develop (film)*
el rollo (de película)	*roll (of film)*
tardar una hora/ dos días en…	*to take an hour/ two days to…*
la tarjeta postal	*postcard*
el viaje de ida y vuelta	*round-trip voyage*
el visado	*visa*

Los deportes

andar en patineta	*to skateboard*
el (la) árbitro	*umpire, referee*
el bate	*bat*
el (la) bateador(a)	*batter*
el billar	*pool, billiards*
el (la) boxeador(a)	*boxer*
boxear	*to box*
la cancha	*court*
la carrera de autos	*auto racing*
el casco	*helmet*
el cesto	*basket*
el deporte extremo	*extreme sport*
disparar el balón (al gol)	*to shoot/kick the ball (at the goal)*

el hoyo	*(golf) hole*
ir de cacería	*to go hunting*
ir en balsa en aguas blancas	*to go whitewater rafting*
el jonrón	*home run*
el kayac	*kayak*

lanzar/tirar	*to throw*
la liga	*league*
el (la) luchador(a)	*wrestler*
el maratón	*marathon*
el palo	*golf club*
la patineta	*skateboard*
la pelota	*ball*
la pista	*track, rink*
la plancha de nieve	*snowboard*
la plataforma, la tabla	*diving board*
el (la) portero(a)	*goalie*
la raqueta	*racket*
rebotar	*to bounce*
la red	*net*
el salto con cuerda elástica	*bungee jumping*
servir (i, i)/sacar la pelota	*to serve the ball*
el surf sobre nieve	*snowboarding*
la telesilla	*chairlift*
el uniforme	*uniform*
el yoga	*yoga*
zambullirse	*to dive*

Los estudios

la administración de empresas	*business administration*
la anatomía	*anatomy*
la antropología	*anthropology*
el árabe	*Arabic*
el chino	*Chinese*
la ciencia del hogar	*home economics*
dominar una materia	*to master a subject*
el examen de sorpresa	*pop quiz*
el examen de ubicación	*placement test*
faltar (una clase)	*to miss (a class)*
la filosofía	*philosophy*
el globo terráqueo	*globe*
el griego	*Greek*
el hebreo	*Hebrew*
la hora de entrada	*(the time when) school begins*
la hora de salida	*(the time when) school ends*
el japonés	*Japanese*
el latín	*Latin*
presentar (un examen)	*to take (a test)*

el (la) profesor(a) suplente	*substitute teacher*
el proyecto	*project*
el ruso	*Russian*
el taller	*workshop*
la tesis	*thesis (paper)*
tomar lista	*to take attendance*
la trigonometría	*trigonometry*

La familia

la ahijada	*goddaughter*
el ahijado	*godson*
la bisabuela	*great grandmother*
el bisabuelo	*great grandfather*
la bisnieta	*great granddaughter*
el bisnieto	*great grandson*
la familia política	*in-laws*
la madrina	*godmother*
la tatarabuela	*great-great grandmother*
el tatarabuelo	*great-great grandfather*
la tataranieta	*great-great granddaughter*
el tataranieto	*great-great grandson*
la nuera	*daughter-in-law*
el padrino	*godfather*
el (la) primo(a) segundo(a)	*second cousin*
el yerno	*son-in-law*

Las artes y la arquitectura

abstracto(a)	*abstract*
la arcilla	*clay*
el arco	*arch*
el atril	*easel*
el bosquejo	*sketch*
la cerámica	*ceramics*
el cianotipo	*blueprint*
el cincel	*chisel*
el enfoque	*focus*
garabatear	*to scribble, doodle*
gótico(a)	*Gothic*
impresionista	*impressionist*
el lienzo	*canvas*
el marco	*frame*
el mármol	*marble*
el martillo	*hammer*
montar (un cuadro)	*to hang (a picture)*
la naturaleza muerta	*still life*
la obra maestra	*masterpiece*
el óleo	*oil (paint)*
el paisaje	*landscape*
el pilar	*pillar*
el pincel	*paint brush*
raspar	*to scrape*
surrealista	*surreal*
tallar	*to carve*
el taller	*workshop*
el trasfondo	*background*
el yeso	*plaster*

En las noticias

el boletín	*bulletin*
la bolsa (de valores)	*stock market*
la cadena	*network*
el canal	*channel*
el (la) comentarista	*commentator*
el (la) corresponsal	*correspondent*
el (la) crítico(a)	*critic*
el debate	*debate*
el déficit	*deficit*
los derechos civiles	*civil rights*
la difamación	*libel*
el discurso	*speech*
en directo/en vivo	*live*
el ejemplar	*issue (of a newspaper/ magazine)*
el escándalo	*scandal*
la huelga	*(workers') strike*
el partido político	*political party*
la polémica	*controversy*
el pronóstico (del clima)	*(weather) forecast*
las relaciones internacionales	*international relations*

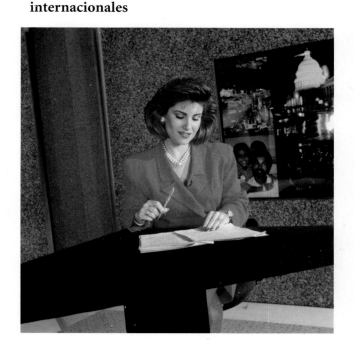

Empleos y carreras

el (la) agente de aduana	*customs agent*
el (la) agente de viajes	*travel agent*
el (la) agricultor(a)	*farmer*
el (la) albañil	*mason, bricklayer*
el ama de casa	*homemaker*
el (la) aprendiz	*apprentice*
el (la) camionero(a)	*truck driver*
el (la) chofer	*driver*
el (la) científico(a)	*scientist*

el (la) constructor(a)	*construction worker, builder*
el (la) contador(a)	*accountant*
el (la) corredor(a) de bolsa	*stockbroker*
la costurera	*seamstress*
el (la) dentista	*dentist*
el (la) economista	*economist*
el (la) electricista	*electrician*
el (la) físico	*physicist*
el (la) fisioterapeuta	*physical therapist*
el (la) intérprete	*interpreter*
el (la) investigador(a)	*researcher*
el (la) juez	*judge*
la modista	*dressmaker, designer*
el (la) piloto(a)	*pilot*
el (la) plomero(a)	*plumber*
el (la) político	*politician*
el (la) repostero(a)	*baker*
el sastre	*tailor*
el (la) senador(a)	*senator*
el (la) supervisor(a)	*supervisor*
el (la) técnico	*technician*
el (la) traductor(a)	*translator*
el (la) veterinario(a)	*veterinarian*

La tecnología

el archivo	*file*
arrastrar y soltar (ue)	*to drag and drop*
los audífonos	*headphones*
bajar/subir archivos	*to download/upload files*
las bocinas	*speakers*
la búsqueda	*search*
el canal de chat	*chat room*
charlar	*to chat*
la computadora portátil	*laptop computer*
la conexión de banda ancha	*broadband connection*
la contraseña, el código	*password*
la copia de respaldo	*backup*
el correo de voz	*voicemail*
el cursor	*cursor*
el DVD	*DVD*
el diskette	*floppy disk, diskette*
el doble pulso	*double click*
las gráficas	*graphics*
la guía	*prompt*
el ícono	*icon*
la ingeniería genética	*genetic engineering*
la inteligencia artificial	*artificial intelligence*
el menú de cortina	*pull-down menu*
la página inicial	*homepage*
el procesamiento de textos	*word processing*

pulsar	*to click*
el puntero	*pointer*
el quemador (de CDs)	*(CD) burner*
el ratón	*mouse*
la realidad virtual	*virtual reality*
la robótica	*robotics*
la tecla de aceptación	*return/enter key*
la tecla de borrar	*delete key*
la tecla de mayúsculas	*shift key*
la ventana	*window*
el vínculo	*link*

Eventos históricos

a.C.	*antes de Cristo*
el asesinato	*assassination*
la civilización	*civilization*
d.C.	*después de Cristo*
los derechos civiles	*civil rights*
el desarrollo	*development*
el dominio	*rule, dominion*
la Edad Media	*Middle Ages*
el ejército	*army*
En la época de...	*In the time of…*
la esclavitud	*slavery*
los esclavos	*slaves*
la exploración	*exploration*
la fuerza aérea	*air force*
las fuerzas armadas	*armed forces*
el golpe de estado	*coup d'etat*
el (la) historiador(a)	*historian*
la inauguración	*inauguration*
la invasión	*invasion*
la invención	*invention (act of inventing)*
la liberación femenina	*women's liberation*
la marina	*navy*
el milenio	*millennium*
el nacimiento	*birth*
el reino	*kingdom*
el siglo	*century*
el Siglo de las Luces	*Age of Enlightenment*

El medio ambiente

la capa de ozono	*ozone layer*
los combustibles fósiles	*fossil fuels*
consumir	*to consume*
la deforestación	*deforestation*
deforestar	*to deforest*
el (la) ecólogo(a)	*ecologist*
el efecto invernadero	*greenhouse effect*
la erosión	*erosion*

extinto(a)	*extinct*
los fertilizantes orgánicos (químicos)	*organic (chemical) fertilizers*
industrializado(a)	*industrialized*
el insecticida	*insecticide*
malgastar los recursos naturales	*to waste natural resources*
minar	*to mine*
la superpoblación	*overpopulation*

Expresiones de ¡Exprésate!

Functions are probably best defined as the ways in which you use a language for particular purposes. When you find yourself in specific situations, such as in a restaurant, in a grocery store, or at school, you will want to communicate with those around you. In order to do that, you have to "function" in Spanish: you place an order, make a purchase, or talk about your class schedule.

Here is a list of the functions presented in this book and the Spanish expressions you'll need to communicate in a wide range of situations. Following each function is the chapter and page number where it is introduced.

Socializing

Inviting someone to do something
Ch. 2, p. 54

¿Te gustaría…? Yo te invito.
No, gracias. Iba a…
No vayamos… No aguanto…
Como quieras. Me da lo mismo.

Turning down an invitation
Ch. 5, p. 206

¿Quieres ir a ver…?
Gracias por invitarme, pero ya lo/la he visto.
¿Te interesa ir a…?
Lo siento, pero ya tengo otros planes/otro compromiso.
¿Me acompañas a…?
Gracias, pero tengo mucho que hacer. La próxima vez iré.
¿Por qué no vamos a…?
Hoy no, gracias. ¿Por qué no lo dejamos para la próxima semana?

Exchanging Information

Asking about someone's plans and talking about your own
Ch. 8, p. 338

¿Qué te gustaría hacer?
Me gustaría ser un(a)…
Me interesaría estudiar para ser un(a)…
Siempre he querido ser un(a)…
Si tuvieras la oportunidad, ¿adónde irías?
Si pudiera, iría a… a estudiar…

Setting the scene for a story
Ch. 9, p. 369

Érase una vez, en un lugar muy lejano…
Hace muchos años…
Según nos dicen, el malvado…
Se cuenta que de pronto…

Continuing and ending a story
Ch. 9, p. 372

Hace tiempo, vino un desconocido…
Tan pronto como llegó…
A causa de esto…
Al final, nos dimos cuenta de…
A partir de entonces, vivieron siempre felices.

Asking about a past event
Ch. 10, p. 411

¿Te acuerdas (de) cuando sucedió…?
Lo recuerdo como si fuera ayer./No, no me acuerdo para nada.
¿Dónde estabas y qué hacías cuando…?
Estaba en casa cuando…

Talking about the past
Ch. 1, p. 9

¿Qué hiciste el verano pasado?
Viajé a España.
¿Qué tal lo pasaste?
Lo pasé de película/de maravilla.
¿Adónde fuiste?
Fui a las montañas.
¿Qué te pareció…?
Lo encontré muy interesante.

Saying what you liked and used to do
Ch. 1, p. 12

De niño(a), me gustaba…

Cuando era joven, solía…

De pequeño, me lo pasaba bomba…

Cuando tenía diez años, me encantaba…

Siempre disfrutaba de…

Lo encontraba genial…

Talking about the future
Ch. 1, p. 26

¿Qué vas a hacer…?

Voy a estudiar…

¿Adónde piensas ir…?

Pienso ir…

¿Cómo vas a mantenerte en forma?

Voy a practicar…

¿Qué cambios vas a hacer?

De hoy en adelante participaré en…

Describing the ideal friend
Ch. 2, p. 65

¿Cómo debe ser un(a) buen(a) amigo(a)?

Un buen amigo debe apoyarme y… No debe…

¿Qué buscas en un(a) novio(a)?

Busco a alguien a quien le guste(n)… y que sepa algo de…

Getting the latest news
Ch. 4, p. 141

¿Qué sabes de…?

Pues, sigue trabajando…

¿Qué me cuentas de…?

Según tengo entendido,…

¿Qué anda haciendo…?

Fíjate que se ha casado.

Explaining and giving excuses
Ch. 4, p. 158

Se me fue la mano con…

Es que se me olvidó ponerle…

Es que se me acabó…

Introducing and changing a topic of conversation
Ch. 5, p. 192

Eso me hace pensar en…

A propósito, ¿qué has oído del/de la…?

Cambiando de tema, ¿qué me dices de…?

Hablando de arte, ¿qué me cuentas de…?

Asking about information and explaining where you found it
Ch. 6, p. 245

¿Cómo supiste el resultado?

Lo leí en la sección deportiva.

¿Cómo te enteraste de…?

Estaba en primera plana.

Talking about what you know and don't know
Ch. 6, p. 248

Entiendo algo de…, pero nada de…

No tengo la menor idea si…

Que yo sepa, (no) hay…

¿Qué sé yo de…? No entiendo ni jota de…

Talking about challenges
Ch. 7, p. 279

Había muchos desafíos en…

Mis… enfrentaron obstáculos cuando…

Nos costó trabajo acostumbrarnos a…

Poco a poco se adaptaron a…

Tuvimos que hacer un gran esfuerzo para…

Talking about accomplishments
Ch. 7, p. 282

Con el tiempo pude asimilar…

Gracias al apoyo de… he podido superar…

Nos esforzamos en…

Por fin… logró…

Trabajo duro… y por eso…

Talking about future plans
Ch. 7, p. 293

Antes de que empiecen las clases, quiero…

Cuando sea mayor, me gustaría…

En cuanto cumpla los… años, voy a…

Tan pronto como… pienso…

Tengo la intención de…

Voy a… con la idea de…

Expressing cause and effect
Ch. 7, p. 296

Hablamos del tema; por consiguiente…

Mi éxito en… se debe a…

No estudié, así que…

Soy bilingüe; por lo tanto, tengo muchas oportunidades…

Saying what you can and cannot do
Ch. 8, p. 321

Está fuera de/a mi alcance.
Eso me resulta fácil/bastante difícil.
No me es nada difícil.
Soy capaz de (hacer)…
Lo puedo hacer.
Me cuesta trabajo (hacer)…

Talking about what you do and do not understand
Ch. 8, p. 324

Hay algo que se me escapa.
No logro entender…
No me cabe en la cabeza.
¡Vaya! Por fin capto la idea.
¡Ya caigo! Está más claro ahora.

Writing a formal letter
Ch. 8, p. 335

Muy estimado(a) Sr./Sra./Srta.:
Por medio de la presente…
Le/Les adjunto un(a)…
Reciba un cordial saludo,
Muy atentamente,

Expressing Attitudes and Opinions

Expressing interest and displeasure
Ch. 2, p. 51

Soy un(a) gran aficionado(a) a… ¿Qué deporte te gusta a ti?
Pues, la verdad es que…
Eres muy bueno(a) para…, ¿verdad?
Sí, me la paso… Estoy loco(a) por…
Los/Las… me dejan frío(a).
¿Ah, sí? Pues, yo creo que son…

Complaining
Ch. 3, p. 99

Me choca la actitud de… hacia… ¡No aguanto más!
El (La) consejero(a) insiste en que tome… ¡No me gusta para nada!
¿Mañana vamos a tener otra prueba en…? ¡Esto es el colmo!

Expressing an opinion and disagreeing
Ch. 3, p. 102

A mi parecer, no hay igualdad entre…
¡Qué va! Eso no es cierto.
No me parece que sea justo.
¡Al contrario! No estoy de acuerdo.

Commenting on food
Ch. 4, pp. 155, 158

Está para chuparse los dedos.
Se me hace la boca agua.
Sabe delicioso(a).
Al (A la)… le falta sabor, pero no sé qué le falta.
Está pasada la leche.
¡Qué asco!
El/La… está salado(a)/picante.
El/La… no sabe a nada.
El/La… está seco(a)/no está muy dulce.

Describing art and giving opinions
Ch. 5, p. 189

Este retrato fue pintado por… ¿Qué te parece?
A decir verdad, me parece…
¿Cuál de estas pinturas te gusta más, la de… o la de…?
En realidad, admiro…
¿Qué opinas de…?
Lo/La encuentro muy…

Expressing certainty
Ch. 6, p. 231

Estoy convencido(a) de que…
Estoy seguro(a) (de) que…
Es evidente que…

Expressing doubt and disbelief
Ch. 6, p. 234

Dudo que estés bien informado(a) sobre…/que sepas…
No creo que los periodistas/los noticieros sean…
Parece mentira que haya…/que digan…
No estoy seguro(a) (de) que tengas razón sobre…

Talking about your hopes and wishes
Ch. 9, p. 383

Es de esperar que…
El sueño de mi vida es vencer a…
Ojalá que los países aún en guerra lleguen a un acuerdo.
Tenía muchas esperanzas de…

Expressing and supporting a point of view
Ch. 10, p. 414

Me parece que…
Creo que vale la pena acordarse de…
Ten en cuenta que…
Aunque estoy de acuerdo…, creo que…
Lo que noto es que…
A pesar de que hubo…, por otro lado…

Making predictions and giving warnings
Ch. 10, p. 425

A que no va a bajar la tasa de…
Calculo que van a implementar…
Ya verás que van a promover…
Es muy posible que el tráfico aumente con…
Te apuesto que…
Se advierte que…

Expressing assumptions
Ch. 10, p. 428

Es de suponer que…
Me imagino que para el año… habrá…
Supongo que sí.
A lo mejor habrá…

Expressing Feelings and Emotions

Expressing happiness and unhappiness
Ch. 2, p. 68

¿Qué te pasa? ¿Estás dolido(a)?
Sí, estoy decepcionado(a) porque…
Me dan ganas de llorar.
Te veo de buen humor.
Sí, estoy entusiasmado(a) porque…

Apologizing
Ch. 3, p. 116

Te juro que no lo volveré a hacer.
Perdóname. No sé en qué estaba pensando.
Créeme que fue sin querer.
No lo hice a propósito.
No quise hacerte daño.
No quise ofenderte.

Reacting to news
Ch. 4, p. 144

¡Qué sorpresa que se hayan…!
Qué pena que se hayan…
¡No me lo puedo creer!
¡No me digas!
Me has dejado boquiabierto(a).

Expressing regret and gratitude
Ch. 9, p. 386

Se arrepiente de que…
Es lamentable que…
Les agradecieron a…

Persuading

Asking for and giving advice
Ch. 1, p. 23

¿Qué consejos tienes?
Te aconsejo que…
¿Puedes darme algún consejo?
Hay que…
¿Qué debo hacer?
Debes…
¿Qué me recomiendas?
Te recomiendo que…

Making suggestions
Ch. 3, p. 113

No te olvides de…
¿Has pensado en…?
Sería una buena/mala idea romper con…
Sugiero que no hagas caso a los rumores.
No te conviene…
Date tiempo para pensarlo.

Making suggestions and recommendations
Ch. 5, p. 203

Te aconsejo que vayas a la presentación de baile
    folclórico. Es muy…
No te olvides de ir al ensayo de la banda.
Es mejor que veas la ópera. Es formidable.
Sería buena idea ir al concierto de la sinfónica.

Síntesis gramatical

NOUNS AND ARTICLES

Gender of Nouns

In Spanish, nouns (words that name a person, place, or thing) are grouped into two classes or genders: masculine and feminine. All nouns, both persons and things, fall into one of these groups. Nouns that end in -**o, -aje, -al, -és, -ín,** and -**ma,** as well as compound nouns, are typically masculine, although some nouns ending in -**o** are feminine (**la mano**). Nouns that end in -**a, -ad, -ión, -z, -is, -ie,** and -**umbre** are typically feminine, although there are exceptions (**el mapa, el lápiz**). Nouns ending in -**l, -n,** and -**r** can be masculine or feminine, and many nouns referring to people (**el/la cliente, el/la artista, el/la modelo**) have one form that is used with both masculine and feminine articles. Some nouns have different meanings depending on the article used (**el/la orden, el/la radio**).

Masculine Nouns		Feminine Nouns	
libro	paisaje	mesa	libertad
corral	inglés	situación	actriz
botiquín	problema	crisis	serie
		costumbre	

FORMATION OF PLURAL NOUNS

	Add -**s** to nouns that end in a vowel.		Add -**es** to nouns that end in a consonant.		With nouns that end in -**z,** the -**z** changes to a -**c.**	
SINGULAR	libro	casa	profesor	papel	vez	lápiz
PLURAL	libro**s**	casa**s**	profesor**es**	papel**es**	ve**ces**	lápi**ces**

Definite Articles

There are words that signal the gender of the noun. The *definite articles* are one such group. In English, there is one definite article: *the*. In Spanish, there are four: **el, la, los, las.**

SUMMARY OF DEFINITE ARTICLES

	Masculine	Feminine
SINGULAR	**el** chico	**la** chica
PLURAL	**los** chicos	**las** chicas

CONTRACTIONS

a + el → **al**
de + el → **del**

Indefinite Articles

Another group of words used with nouns are the *indefinite articles:* **un, una,** (*a* or *an*) and **unos, unas** (*some* or *a few*).

	Masculine	Feminine
SINGULAR	**un** chico	**una** chica
PLURAL	**unos** chicos	**unas** chicas

Pronouns

	Subject Pronouns	Direct Object Pronouns	Indirect Object Pronouns	Objects of Prepositions	Reflexive Pronouns
yo	me	me	mí	me
tú	te	te	ti	te
usted, él, ella	lo, la	le	usted, él, ella	se
nosotros, nosotras	nos	nos	nosotros, nosotras	nos
vosotros, vosotras	os	os	vosotros, vosotras	os
ellos, ellas, ustedes	los, las	les	ellos, ellas, ustedes	se

Double Object Pronouns

When used together, the indirect object pronoun always comes before the direct object pronoun: **¿Me la puedes traer?**

Se replaces **le** and **les** before the direct object pronouns **lo, la, los,** and **las.**

> **Se lo di al director.**

Demonstrative Pronouns

Demonstrative pronouns are used to say *this one, that one, these,* and *those.* They agree with the noun they stand for: **éste, éstos, ésta, éstas, ése, ésos, ésa, ésas, aquél, aquéllos, aquélla, aquéllas.**

Reflexive Pronouns

Reflexive pronouns indicate that the subject both performs and receives the action of the verb: **Carlos se levantó temprano.**

Here are some verbs used with reflexive pronouns:

acostarse	bañarse	despertarse	lavarse	peinarse
afeitarse	cepillarse	ducharse	levantarse	pintarse
arreglarse	darse prisa	estirarse	maquillarse	secarse

Some verbs take a reflexive pronoun but their action is not directed back on the subject. These include **criarse, expresarse, graduarse, preocuparse, casarse, comunicarse, acostumbrarse, esforzarse, mudarse, enojarse, quejarse, burlarse,** and **quedarse.**

The verbs **hacerse, volverse, ponerse, convertirse en, quedarse,** and **llegar a ser** can be used to imply a process *(to get, to become)* that results in a change in the subject's state or status.

> **Voy a volverme loca con tanto trabajo.**
>
> **Sergio se pone furioso cuando la gente no llega a tiempo.**

The Pronoun *se*

A form of the pronoun **se** is used:

1. with verbs that are used reflexively or reciprocally (**Pepe se lava la cara. Ellos se saludan.**)
2. to indicate unintentional events (**Se me rompió el vaso.**)
3. to replace **le** or **les** when they appear together with the direct objects **lo, los, la,** or **las** (**Yo le doy los libros a Juan. Yo se los doy.**)
4. in impersonal sentences (**Se vive bien en esa ciudad.**)
5. to express the passive voice (**El edificio se construyó en 1857.**)
6. with certain "process" verbs (**Adela se graduó de la universidad.**)
7. with verbs that mean "to become" (**Julia se hizo doctora.**)

Indefinite Pronouns

The indefinite pronoun **lo** can be used with an adjective to express the idea of the *(adjective) thing* or *that which is (adjective)*.

> **Tenemos que ver lo bueno de la situación.**

It can also be used with a verb to express the idea of *the thing that*, or *what*.

> **Lo que más me preocupa es el examen de geografía.**

Indefinite Expressions

Indefinite pronouns can be used in affirmative or negative expressions depending on whether an affirmative or negative adverb is used. You will often see **no** paired with a negative expression.

Affirmative	Negative
algo	**nada**
alguien	**nadie**
algún, alguna	**ningún, ninguna**
alguno(a), algunos(as)	**ninguno(a), ningunos(as)**
también	**tampoco**
siempre	**nunca, jamás**
o (o…o)	**ni (ni…ni)**

The words **o…o** and **ni…ni** mean *either…or* and *neither…nor*, respectively. The indefinite expressions **alguno(a)**, **algunos(as)**, **ninguno(a)**, **ningunos(as)** must agree with the nouns they modify or represent. When a negative word precedes the verb, **no** is left out:

> **No vino nadie.**

> **Nadie vino.**

Ordinal Numbers

Ordinal numbers are used to express ordered sequences. When used as adjectives, they agree in number and gender with the noun they modify. The ordinal numbers **primero** and **tercero** drop the final **o** before a singular, masculine noun. Ordinal numbers are seldom used after 10. Cardinal numbers are used instead: **Alfonso XIII, Alfonso Trece.**

1st **primero/a**	3rd **tercero/a**	5th **quinto/a**	7th **séptimo/a**	9th **noveno/a**
2nd **segundo/a**	4th **cuarto/a**	6th **sexto/a**	8th **octavo/a**	10th **décimo/a**

ADJECTIVES

Adjectives are words that describe nouns. The adjective must agree in gender (masculine or feminine) and number (singular or plural) with the noun it modifies. Adjectives that end in -**e** or a consonant only agree in number.

		Masculine	Feminine
Adjectives that end in **-o** or **-a**	SINGULAR	el chico alt**o**	la chica alt**a**
	PLURAL	los chicos alt**os**	las chicas alt**as**
Adjectives that end in **-e**	SINGULAR	el chico inteligent**e**	la chica inteligent**e**
	PLURAL	los chicos inteligent**es**	las chicas inteligent**es**
Adjectives that end in a consonant	SINGULAR	el examen difíc**il**	la clase difíc**il**
	PLURAL	los exámenes difíc**iles**	las clases difíc**iles**

Demonstrative Adjectives

Demonstrative adjectives are used to point out things with their relationship to the speaker. They correspond to the English demonstrative adjectives *this, that, these,* and *those.*

	Masculine	Feminine		Masculine	Feminine
SINGULAR	**este** chico	**esta** chica	**SINGULAR**	**ese** chico	**esa** chica
PLURAL	**estos** chicos	**estas** chicas	**PLURAL**	**esos** chicos	**esas** chicas

	Masculine	Feminine
SINGULAR	**aquel** chico	**aquella** chica
PLURAL	**aquellos** chicos	**aquellas** chicas

Possessive Adjectives

These words also modify nouns and show ownership or relationship between people (*my* car, *his* book, *her* mother).

Singular		Plural	
Masculine	Feminine	Masculine	Feminine
mi libro	**mi** casa	**mis** libros	**mis** casas
tu libro	**tu** casa	**tus** libros	**tus** casas
su libro	**su** casa	**sus** libros	**sus** casas
nuestro libro	**nuestra** casa	**nuestros** libros	**nuestras** casas
vuestro libro	**vuestra** casa	**vuestros** libros	**vuestras** casas

Stressed Possessive Adjectives

Stressed possessive adjectives are used for emphasis and always follow the noun they modify: **Ellos son amigos míos.** Stressed possessive adjectives may be used as pronouns by using the definite article and the adjective and simply dropping the noun: **Tus zapatos son más caros que los míos.**

Singular		Plural	
Masculine	Feminine	Masculine	Feminine
mío	**mía**	**míos**	**mías**
tuyo	**tuya**	**tuyos**	**tuyas**
suyo	**suya**	**suyos**	**suyas**
nuestro	**nuestra**	**nuestros**	**nuestras**
vuestro	**vuestra**	**vuestros**	**vuestras**
suyo	**suya**	**suyos**	**suyas**

Comparisons

Comparisons are used to compare people or things. With comparisons of inequality, the same structure is used with adjectives, adverbs, or nouns. With comparisons of equality, **tan** is used with adjectives and adverbs, and **tanto/a/os/as** with nouns.

COMPARISONS OF INEQUALITY

COMPARISONS OF EQUALITY

tan + adjective or adverb + **como**
tanto/a/os/as + noun + **como**

These adjectives have irregular comparative forms.

bueno(a) *good*	malo(a) *bad*	joven *young*	viejo(a) *old*
mejor(es) *better*	**peor(es)** *worse*	**menor(es)** *younger*	**mayor(es)** *older*

Superlatives

To single something out as *the most* or *the least*, use **el/la/los/las** + (noun) + **más/menos** + adjective (+ **de**): **Es la película más divertida del año.**

The suffix **-ísimo** added to the stem of the adjective is a way to say *very* or *extremely* in Spanish: **grande: grandísimo, guapa: guapísima.**

Interrogative Words

¿Adónde?	**¿Cuándo?**	**¿De dónde?**	**¿Qué?**
¿Cómo?	**¿Cuánto?**	**¿Dónde?**	**¿Quién(es)?**
¿Cuál(es)?	**¿Cuánto(a)(s)?**	**¿Por qué?**	

Adverbs

Adverbs make the meaning of a verb, an adjective, or another adverb more definite. Adverbs do not show agreement.

siempre	*always*	**a veces**	*sometimes*
nunca	*never*	**muy**	*very*
todos los días	*every day*	**mucho**	*a lot*
casi nunca	*almost never*	**poco**	*a little*

Other adverbs can be formed by adding **-mente** to the feminine singular form of adjectives. This is the equivalent of adding *-ly* to an adjective in English.

Adjectives ending with an **-o** change **o** to **a** and add **-mente:**	**claro: claramente**
Adjectives ending with an **-a,** an **-e,** or with a consonant, just add **-mente:**	**general: generalmente** **horrible: horriblemente** **feliz: felizmente**

Prepositions

Prepositions are words or groups of words that show the relationship of a noun or pronoun to another word. These are common prepositions in Spanish, many of which are used with adverbs.

a	*to*	**desde**	*from*	**entre**	*between*
al lado de	*next to*	**después de**	*after*	**hacia**	*toward*
antes de	*before*	**detrás de**	*behind*	**hasta**	*until*
con	*with*	**en**	*in, on*	**para**	*for, in order to*
de	*of, from*	**encima de**	*over, on top of*	**por**	*for, by*
debajo de	*under*	**enfrente de**	*in front of, facing*	**sin**	*without*
delante de	*in front of*				

Por vs. *Para*

Even though the English preposition *for* translates into Spanish as both **por** and **para,** they cannot be used interchangeably:

PARA	POR
Expresses purpose: **Estudio para aprender.**	Expresses *through* or *by*: **Caminamos por el parque.**
Indicates a recipient: **El regalo es para papá.**	Expresses mode of transportation: **Carlos fue por autobús.**
Indicates destination: **Salieron para Perú.**	Indicates a period of time: **Estudié por tres horas.**
Indicates employment: **Trabaja para el señor López.**	Expresses *in exchange for*: **Pagué $20.000 por mi carro.**
Indicates a deadline: **Completen la tarea para mañana.**	Expresses *per*: **La gasolina cuesta $2,45 por galón.**
Indicates a person's opinion: **Para mí, esa novela es excelente.**	Indicates the agent of an action: **Fue construido por los romanos.**

COMMON EXPRESSIONS

Expressions with *tener*

tener... años	*to be . . . years old*	**tener (mucha) prisa**	*to be in a (big) hurry*
tener (mucho) calor	*to be (very) hot*	**tener que...**	*to have to . . .*
tener ganas de...	*to feel like . . .*	**tener (la) razón**	*to be right*
tener (mucho) frío	*to be (very) cold*	**tener (mucha) sed**	*to be (very) thirsty*
tener (mucha) hambre	*to be (very) hungry*	**tener (mucho) sueño**	*to be (very) sleepy*
tener (mucho) miedo	*to be (very) afraid*	**tener (mucha) suerte**	*to be (very) lucky*

Weather Expressions

Hace muy buen tiempo.	*The weather is very nice.*
Hace mucho calor.	*It's very hot.*
Hace fresco.	*It's cool.*
Hace mucho frío.	*It's very cold.*
Hace muy mal tiempo.	*The weather is very bad.*
Hace mucho sol.	*It's very sunny.*
Hace mucho viento.	*It's very windy.*
But:	
Está lloviendo mucho.	*It's raining a lot.*
Hay mucha neblina.	*It's very foggy.*
Está nevando.	*It's snowing.*
Está nublado.	*It's overcast.*

Expressions of Time

To ask how long someone has been doing something, use:
   ¿Cuánto tiempo hace que + present tense?

To say how long someone has been doing something, use:
   Hace + quantity of time + **que** + present tense.
   Hace **seis meses** que **vivo en Los Ángeles.**
You can also use:
   present tense + **desde hace** + quantity of time
   Vivo en Los Ángeles desde hace **seis meses.**

VERBS

Verbs are the basic elements of a sentence. They tell us about the subject, the speaker's perception of an event or situation, and when the event or situation took place. Much of this information is found in the verb ending. For example, **llegarás** tells us that the subject is *you* (singular, familiar), that the action is *to arrive,* and that the speaker is referring to an action that will take place in the future.

Person, Number, Tense, and Mood

Spanish assigns an ending to each verb according to person, number, tense, and mood.

There are three PERSONS: first, second, and third. For each person, there are two NUMBERS: singular and plural.

Singular	Plural
yo	nosotros/as
tú	vosotros/as
usted, él, ella	ustedes, ellos, ellas

There are three basic TENSES:

past
present
future

Moods express a speaker's attitude toward or perception of an event or situation. The speaker may report (indicative); request or express doubt, disbelief, or denial (subjunctive); or give an order (imperative). The three MOODS are called:

indicative
subjunctive
imperative

There are other forms of the verbs that do not reflect the subject or the attitude of the speaker. One of the forms is the infinitive. Dictionaries list verbs as infinitives, which end in **-ar, -er,** or **-ir.** The other two forms, present and past participles, often appear in dictionaries as well.

Infinitive		Present Participle		Past Participle	
hablar	to speak	**hablando**	speaking	**hablado**	spoken
comer	to eat	**comiendo**	eating	**comido**	eaten
vivir	to live	**viviendo**	living	**vivido**	lived

INDICATIVE MOOD

Present Tense

The present tense is used for an action taking place in the present or in general.

Regular Verbs

To conjugate a regular verb, drop the **-ar, -er,** or **-ir** ending and add the endings in the following chart.

-ar	-er	-ir
habl**o**	com**o**	viv**o**
habl**as**	com**es**	viv**es**
habl**a**	com**e**	viv**e**
habl**amos**	com**emos**	viv**imos**
habl**áis**	com**éis**	viv**ís**
habl**an**	com**en**	viv**en**

Verbs with Irregular *yo* Forms

hacer		poner		saber		salir		traer	
hago	hacemos	**pongo**	ponemos	**sé**	sabemos	**salgo**	salimos	**traigo**	traemos
haces	hacéis	pones	ponéis	sabes	sabéis	sales	salís	traes	traéis
hace	hacen	pone	ponen	sabe	saben	sale	salen	trae	traen

tener		venir		ver		conocer	
tengo	tenemos	**vengo**	venimos	**veo**	vemos	**conozco**	conocemos
tienes	tenéis	vienes	venís	ves	veis	conoces	conocéis
tiene	tienen	viene	vienen	ve	ven	conoce	conocen

Progressive Tenses

If you want to show that an action is or was in progress, use the present or past progressive. To do this, use the present or the imperfect or preterite indicative of the auxiliary verb **estar** with the present participle of the main verb: **hablando, comiendo, viviendo.** The present or past progressive can also be formed with the auxiliary verbs **andar** and **seguir.**

Estábamos comiendo cuando llegó Tomás.

¿Sigues estudiando en México?

Maribel anda buscando trabajo.

Present Perfect

If the action has been completed, but still affects the present, use the present perfect. Form the present perfect by using the auxiliary form **haber (he, has, ha, hemos, habéis, han)** with the past participle of the main verb: **hablado, comido, vivido.**

Some verbs have irregular past participles:

abrir	**abierto**	freír	**frito**	poner	**puesto**	ver	**visto**
decir	**dicho**	hacer	**hecho**	revolver	**revuelto**	volver	**vuelto**
escribir	**escrito**	morir	**muerto**	romper	**roto**		

Pronouns are always placed before the form of **haber** in the present perfect.

El entrenador nos ha puesto a correr todos los días.

Past Perfect

The past perfect is used to talk about something that happened before a past action. It is formed by using the imperfect of the auxiliary verb **haber** with the past participle of the main verb. The past perfect is frequently used with words such as **cuando, ya, aún no,** or **todavía no.**

Imperfect

The imperfect is used for ongoing or habitual actions in the past. It also describes the way things were, what used to happen or was going on, and mental and physical states in the past including age, clock time, and the way people felt in general. Only the verbs **ir, ser,** and **ver** are irregular in the imperfect.

-ar	-er	-ir
hablaba	comía	vivía
hablabas	comías	vivías
hablaba	comía	vivía
hablábamos	comíamos	vivíamos
hablabais	comíais	vivíais
hablaban	comían	vivían

ir	ser	ver
iba	era	veía
ibas	eras	veías
iba	era	veía
íbamos	éramos	veíamos
ibais	erais	veíais
iban	eran	veían

Preterite

The preterite is used to show that events began or were completed in the past and to view past actions as a completed whole. It also describes how a person reacted to a particular event.

-ar	-er	-ir
hablé	comí	viví
hablaste	comiste	viviste
habló	comió	vivió
hablamos	comimos	vivimos
hablasteis	comisteis	vivisteis
hablaron	comieron	vivieron

The preterite also gives special meaning to certain verbs:

Verb	Preterite	Imperfect
conocer	met saw for the first time	knew (had familiarity with or knowledge of)
estar	was, were (for a specified period of time)	was, were (for an unspecified period of time)
poder	could (and did)	could (and may or may not have done)
no poder	couldn't (and didn't)	couldn't (was having trouble and may or may not have done)
querer	wanted (for the first time or for a specific length of time) tried (sought to, meant to)	already wanted (when something else happened)
no querer	refused, wouldn't	already didn't want (when something else happened)
saber	knew (for the first time) found out first realized	already knew (when something else happened)
no saber	didn't find out (until something happened)	was already unaware (when something else happened) didn't know (as a reaction to something)
ser	was (sums up a situation or event)	was (for an unspecified period of time)
tener	had or got (for the first time)	already had (when something else happened)
tener que	had to (and did) had to (as a reaction to something)	had to (on a regular basis), already had to (when something else happened)

The following verbs are irregular in the preterite:

andar	anduv-	
estar	estuv-	
poder	pud-	
poner	pus-	-e, -iste, -o
querer	quis-	-imos, -isteis
saber	sup-	-ieron
tener	tuv-	
venir	vin-	

decir	dij-	-e, -iste, -o
traer	traj-	-imos, -isteis
		-eron

Dar, hacer, ser, and **ir** are also irregular in the preterite.

dar	hacer	ser/ir
di	**hice**	**fui**
diste	**hiciste**	**fuiste**
dio	**hizo**	**fue**
dimos	**hicimos**	**fuimos**
disteis	**hicisteis**	**fuisteis**
dieron	**hicieron**	**fueron**

Future

The future tense is used to describe what will take place. It can also be used to indicate probability about what's going on in the present. It is formed by adding the following endings to the future stem of the verb. The infinitive serves as the future stem for most verbs.

REGULAR		
-ar	**-er**	**-ir**
hablar**é**	comer**é**	vivir**é**
hablar**ás**	comer**ás**	vivir**ás**
hablar**á**	comer**á**	vivir**á**
hablar**emos**	comer**emos**	vivir**emos**
hablar**éis**	comer**éis**	vivir**éis**
hablar**án**	comer**án**	vivir**án**

Some verbs have irregular stems in the future tense:

haber	**habr-**	tener	**tendr-**
poder	**podr-**	valer	**valdr-**
querer	**querr-**	venir	**vendr-**
poner	**pondr-**	decir	**dir-**
salir	**saldr-**	hacer	**har-**

Future actions can also be expressed with **ir a** + infinitive: **Voy a hablar con mi jefa.** You can also use **ir a** + infinitive in the **imperfect** to say what someone was going to do: **Yo iba a salir pero estaba cansada.**

Conditional

The conditional is used to describe what *would happen* or what someone *would do* under certain circumstances. It is also used in expressions that tell what you *would like* or *not like,* and can be used to show probability about the past. It is formed by adding the following endings to the future stem of the verb. The infinitive serves as the future stem for most verbs.

REGULAR		
-ar	-er	-ir
hablar**ía**	comer**ía**	vivir**ía**
hablar**ías**	comer**ías**	vivir**ías**
hablar**ía**	comer**ía**	vivir**ía**
hablar**íamos**	comer**íamos**	vivir**íamos**
hablar**íais**	comer**íais**	vivir**íais**
hablar**ían**	comer**ían**	vivir**ían**

The same verbs have irregular stems in the conditional as in the future tense.

SUBJUNCTIVE MOOD

Uses of the Subjunctive

The subjunctive is used in some sentences that have a main clause and a subordinate clause. The main clause has a subject and a verb and can stand on its own as a complete thought, while the subordinate clause cannot stand on its own and depends upon the main clause to give it meaning. The subjunctive is used in the following cases when there is a change in subject between the main and subordinate clauses:

1. when the main clause expresses hope, will, or wish

    Yo quiero que Elena cante en el coro.

2. when the person or thing being referred to is unknown or nonexistent

    Busco un profesor que sepa inglés.

3. with expressions that convey feelings or emotions such as **me alegra que, temo que, es triste que.**

    Es triste que Paula esté enferma.

4. when the main clause expresses uncertainty, negation, or denial

    No es cierto que Roberto sea el hombre ideal.

5. when the main clause expresses a suggestion or recommendation

    Dámaso recomienda que practiquemos todos los días.

6. when the main clause expresses doubt or disbelief

    No creo que llueva hoy.

The subjunctive is also used after the adverbial conjunctions **a menos (de) que, antes de que, con tal (de) que, en caso de que, para que,** and **sin que.** It is used after the adverbial conjunctions **en cuanto, hasta que, cuando, tan pronto como,** and **después de que** only when the sentence refers to an action that has not happened yet. When the sentence refers to habitual actions or actions in the past, use the indicative.

En cuanto llego a casa siempre hago la tarea.

Juanito, en cuanto llegues a casa, haz tu tarea.

Tan pronto como llegaron a la playa empezó a llover.

Tan pronto como lleguen a la playa, llámenme.

A fixed expression that always takes the subjunctive is **Ojalá que.**

When there is no change in subject between the main and subordinate clauses, omit **que** and use the infinitive.

> **Yo quiero cantar en el coro.**

When the main clause expresses certainty or something that the speaker believes to be true, use the indicative.

> **Me parece que Ángela tiene mucho trabajo.**

Present Subjunctive

When the verb in the main clause of a sentence that requires the subjunctive is in the present or future, the present subjunctive is used in the subordinate clause. It is formed by adding the following endings to the first person singular form of the verb after removing **-o.**

-ar	-er	-ir
habl**e**	com**a**	viv**a**
habl**es**	com**as**	viv**as**
habl**e**	com**a**	viv**a**
habl**emos**	com**amos**	viv**amos**
habl**éis**	com**áis**	viv**áis**
habl**en**	com**an**	viv**an**

The following verbs are irregular in the subjunctive:

> **dar: dé, des, dé, demos, deis, den**
> **estar: esté, estés, esté, estemos, estéis, estén**
> **haber: haya, hayas, haya, hayamos, hayáis, hayan**
> **ir: vaya, vayas, vaya, vayamos, vayáis, vayan**
> **saber: sepa, sepas, sepa, sepamos, sepáis, sepan**
> **ser: sea, seas, sea, seamos, seáis, sean**

Present Perfect Subjunctive

Use the present perfect subjunctive to express an emotion, judgment, doubt, or hope about something that has happened. It is formed with the subjunctive of **haber** (**haya, hayas, haya, hayamos, hayáis, hayan**) and the past participle of the main verb.

> **Dudo que el avión haya llegado.**
>
> **Es interesante que no hayan dicho nada.**

Past Subjunctive

When the verb in the main clause of a sentence that requires the subjunctive is in the past or conditional, the past subjunctive is used in the subordinate clause. It is formed by adding the following endings to the third person plural preterite form of the verb after removing **-on.**

-ar	-er	-ir
hablar**a**	comier**a**	vivier**a**
hablar**as**	comier**as**	vivier**as**
hablar**a**	comier**a**	vivier**a**
hablár**amos**	comiér**amos**	viviér**amos**
hablar**ais**	comier**ais**	vivier**ais**
hablar**an**	comier**an**	vivier**an**

IMPERATIVE MOOD

The imperative is used to get people to do things. Its forms are also called *commands*.

	-ar		-er		-ir	
tú	habla	no hables	come	no comas	vive	no vivas
Ud.	hable	no hable	coma	no coma	viva	no viva
nosotros	hablemos	no hablemos	comamos	no comamos	vivamos	no vivamos
vosotros	hablad	no habléis	comed	no comáis	vivid	no viváis
Uds.	hablen	no hablen	coman	no coman	vivan	no vivan

Several verbs have irregular **tú** imperative forms:

decir	**di**	**no digas**
hacer	**haz**	**no hagas**
ir	**ve**	**no vayas**

poner	**pon**	**no pongas**
salir	**sal**	**no salgas**
ser	**sé**	**no seas**

tener	**ten**	**no tengas**
venir	**ven**	**no vengas**
dar	**dé**	**no des**

Negative **tú** and **vosotros(as)** commands are formed with the present subjunctive:

No compres ese carro.   **No salgáis sin abrigo.**

Regular **nosotros** commands are also formed with the present subjunctive.

The verb **ir** has an irregular affirmative **nosotros** imperative form (**vamos**) and a regular negative form (**vayamos**).

Vamos a la playa.   **No vayamos al cine.**

Another way to get a group of people to do something is to use **vamos a** + infinitive:

¡Vamos a jugar!

Pronouns are always connected to affirmative commands. When attaching pronouns to an affirmative command, regular rules of accentuation may call for written accents over the stressed syllable. Pronouns always come right before the verb in negative commands.

¡Tráemelo!   **No me lo traigas.**

MORE ABOUT VERBS

Stem-changing Verbs

Stem-changing verbs have a spelling change in the stem's stressed syllable.

THE -AR AND -ER STEM-CHANGING VERBS

Some verbs ending in **-ar** and **-er** change from **e** to **ie, u** to **ue,** and **o** to **ue.**
These changes occur in all persons except the **nosotros** and **vosotros** forms.

Infinitive	Present Indicative	Imperative	Present Subjunctive
querer (ie) *(to want)*	quiero quieres quiere queremos queréis quieren	 quiere (no quieras) quiera (no quiera) queramos (no queramos) quered (no queráis) quieran (no quieran)	quiera quieras quiera queramos queráis quieran
pensar (ie) *(to think)*	pienso piensas piensa pensamos pensáis piensan	 piensa (no pienses) piense (no piense) pensemos (no pensemos) pensad (no penséis) piensen (no piensen)	piense pienses piense pensemos penséis piensen
probar (ue) *(to try)*	pruebo pruebas prueba probamos probáis prueban	 prueba (no pruebes) pruebe (no pruebe) probemos (no probemos) probad (no probéis) prueben (no prueben)	pruebe pruebes pruebe probemos probéis prueben
volver (ue) *(to return)*	vuelvo vuelves vuelve volvemos volvéis vuelven	 vuelve (no vuelvas) vuelva (no vuelva) volvamos (no volvamos) volved (no volváis) vuelvan (no vuelvan)	vuelva vuelvas vuelva volvamos volváis vuelvan

Verbs that follow the same pattern:

acordar(se)	comenzar	doler	jugar	poder
acostarse	costar	empezar	llover	querer
almorzar	despertarse	encontrar	merendar	sentar

THE -IR STEM-CHANGING VERBS

Stem-changing verbs ending in **-ir** may change from **e** to **ie,** from **e** to **i,** or from **o** to **ue** or **u.**

Such verbs also undergo a stem change in the preterite for the third persons singular and plural. The same stem change occurs in the **-ndo** form. For example:
pedir ⟶ **pidió, pidieron, pidiendo; dormir** ⟶ **durmió, durmieron, durmiendo.**

Infinitive	Indicative		Imperative	Subjunctive	
	Present	**Preterite**		**Present**	**Past**
sentir (ie)(i)	siento	sentí		sienta	sintiera
(to feel)	sientes	sentiste	siente (no sientas)	sientas	sintieras
	siente	sintió	sienta (no sienta)	sienta	sintiera
-ndo FORM	sentimos	sentimos	sintamos (no sintamos)	sintamos	sintiéramos
sintiendo	sentís	sentisteis	sentid (no sintáis)	sintáis	sintierais
	sienten	sintieron	sientan (no sientan)	sientan	sintieran
dormir (ue)(u)	duermo	dormí		duerma	durmiera
(to sleep)	duermes	dormiste	duerme (no duermas)	duermas	durmieras
	duerme	durmió	duerma (no duerma)	duerma	durmiera
-ndo FORM	dormimos	dormimos	durmamos (no durmamos)	durmamos	durmiéramos
durmiendo	dormís	dormisteis	dormid (no durmáis)	durmáis	durmierais
	duermen	durmieron	duerman (no duerman)	duerman	durmieran

Other verbs that follow this pattern are **mentir, morir,** and **preferir.**

The verbs below are irregular in the same tenses as those above. The only difference is that they only have one change: **e** ⟶ **i.**

Infinitive	Indicative		Imperative	Subjunctive	
	Present	**Preterite**		**Present**	**Past**
pedir (i)	pido	pedí		pida	pidiera
(to ask for,	pides	pediste	pide (no pidas)	pidas	pidieras
request)	pide	pidió	pida (no pida)	pida	pidiera
	pedimos	pedimos	pidamos (no pidamos)	pidamos	pidiéramos
-ndo FORM	pedís	pedisteis	pedid (no pidáis)	pidáis	pidierais
pidiendo	piden	pidieron	pidan (no pidan)	pidan	pidieran

Other verbs that follow this pattern are **seguir, servir, vestirse, repetir,** and **reír.**

Gustar and Verbs Like It

Gustar, encantar, fascinar, fastidiar, interesar, faltar, and **tocar** are used to talk about things you like, love, dislike, are interested in, lack, or must do. The verb endings for **gustar** and verbs like it always agree with what is liked or disliked. The indirect object pronouns always precede the verb forms.

If one thing is liked:	If more than one thing is liked:
me **te** **le** **nos** **os** **les** } **gusta**	**me** **te** **le** **nos** **os** **les** } **gustan**

Saber and Conocer

For the English verb *to know*, there are two verbs in Spanish, **saber** and **conocer**. See page R34 for how they are used in the preterite.

> **Saber** means *to know* something or *to know how to* do something.
> **¿Sabes que mañana no hay clase?** *Do you know that there is no school tomorrow?*
> **¿Sabes chino?** *Do you know Chinese?*
> **¿Sabes patinar?** *Do you know how to skate?*
>
> **Conocer** means *to be acquainted with* somebody or something:
> **¿Conoces a Alicia?** *Do you know Alicia?*
> **¿Conoces Madrid?** *Do you know Madrid?*
> **Conocer** is followed by the personal **a** when it takes a person as an object.

The Verbs Ser and Estar

Both **ser** and **estar** mean *to be*, but they differ in their uses.

> Use **ser**:
> 1. with nouns to identify and define the subject
>   **La mejor estudiante de la clase es Katia.**
> 2. with **de** to indicate place of origin, ownership, or material
>   **Carmen es de Venezuela.**
>   **Este libro es de mi abuela.**
>   **La blusa es de algodón.**
> 3. to describe identifying characteristics, such as physical and personality traits, nationality, religion, and profession
>   **Mi tío es profesor. Es simpático e inteligente.**
> 4. to express the time, date, season, or where an event is taking place
>   **Hoy es sábado y la fiesta es a las ocho en casa de Ana.**

> Use **estar**:
> 1. to indicate location or position of the subject (except for events)
>   **Lima está en Perú.**
> 2. to describe a condition that is subject to change
>   **Maricarmen está triste.**
> 3. with the present participle (**-ndo** form) to describe an action in progress
>   **Mario está escribiendo un poema.**
> 4. to convey the idea of *to look, to feel, to seem, to taste*
>   **Tu hermano está muy guapo hoy.**
>   **La sopa está deliciosa.**

Passive

The passive voice is used to say that something *is done* or *has been done* to someone or something. There are two ways to express the passive voice in Spanish. The first way you can form it is with the pronoun **se** plus a verb in the third person singular or plural. The recipient of the action must agree in number with the verb.

> **Se escribió la ópera en 1778.**
> *The opera was written in 1778.*
> **Se construyeron las torres en el siglo pasado.**
> *The towers were built in the last century.*

You can also form the passive voice with **ser** plus the past participle. Both **ser** and the participle must agree in gender and number with the recipient of the action.

> **La ópera fue escrita en 1778.**
> **Las torres fueron construidas en el siglo pasado.**

Haber

The verb **haber** is used in an impersonal form to mean *there is* or *there are*. It is always in the third person singular no matter how many items it refers to. The impersonal forms of **haber** are used in the present (**hay**), preterite (**hubo**), imperfect (**había**), and present subjunctive (**haya**).

Verbs with Spelling Changes

Some verbs have a spelling change in some tenses in order to maintain the sound of the final consonant of the stem. The most common ones are those with stems ending in the consonants **g** and **c.** Remember that **g** and **c** have a soft sound in front of **e** or **i,** but a hard sound in front of **a, o,** or **u.** In order to maintain the soft sound in front of **a, o,** or **u,** the letters **g** and **c** change to **j** and **z,** respectively. In order to maintain the hard sound of **g** or **c** in front of **e** and **i, u** is added to the **g** (**gu**) and the **c** changes to **qu.**

1. Verbs ending in -gar change from **g** to **gu** before **e** in the first person of the preterite, in all persons of the present subjunctive, and in some persons of the imperative. Some verbs that follow the same pattern are **llegar** and **jugar.**

   pagar *to pay*
   Preterite: pa**gu**é, pagaste, pagó, etc.
   Pres. Subj.: pa**gu**e, pa**gu**es, pa**gu**e, pa**gu**emos, pa**gu**éis, pa**gu**en
   Imperative: paga (no pa**gu**es), pa**gu**e, pa**gu**emos, pagad (no pa**gu**éis), pa**gu**en

2. Verbs ending in -ger change from **g** to **j** before **o** and **a** in the first person of the present indicative, in all the persons of the present subjunctive, and in some persons of the imperative. Some verbs that follow the same pattern are **recoger** and **escoger.**

   proteger *to protect*
   Pres. Ind.: prote**j**o, proteges, protege, etc.
   Pres. Subj.: prote**j**a, prote**j**as, prote**j**a, prote**j**amos, prote**j**áis, prote**j**an
   Imperative: protege (no prote**j**as), prote**j**a, prote**j**amos, proteged (no prote**j**áis), prote**j**an

3. Verbs ending in -guir change from **gu** to **g** before **o** and **a** in the first person of the present indicative, in all persons of the present subjunctive, and in some persons of the imperative.

   seguir *to follow*
   Pres. Ind.: si**g**o, sigues, sigue, etc.
   Pres. Subj.: si**g**a, si**g**as, si**g**a, si**g**amos, si**g**áis, si**g**an
   Imperative: sigue (no si**g**as), si**g**a, si**g**amos, seguid (no si**g**áis), si**g**an

4. Verbs ending in -**car** change from **c** to **qu** before **e** in the first person of the preterite, in all persons of the present subjunctive, and in some persons in the imperative. Some verbs that follow the same pattern are **buscar, practicar, sacar,** and **tocar.**

> **explicar** *to explain*
> Preterite: expliqué, explicaste, explicó, etc.
> Pres. Subj.: explique, expliques, explique, expliquemos, expliquéis, expliquen
> Imperative: explica (no expliques), explique, expliquemos, explicad (no expliquéis), expliquen

5. Verbs that end in -**cer** or -**cir** and are preceded by a consonant change from **c** to **zc** before **o** and **a.** This change occurs in the first person of the present indicative and in all persons of the present subjunctive. Some verbs that follow the same pattern are **parecer, pertenecer,** and **producir.**

> **conocer** *to know, to be acquainted with*
> Pres. Ind.: conozco, conoces, conoce, etc.
> Pres. Subj.: conozca, conozcas, conozca, conozcamos, conozcáis, conozcan

6. Verbs ending in -**zar** change from **z** to **c** before **e** in the first person of the preterite and in all persons of the present subjunctive. Some verbs that follow the same pattern are **almorzar** and **empezar.**

> **comenzar** *to start*
> Preterite: comencé, comenzaste, comenzó, etc.
> Pres. Subj.: comience, comiences, comience, comencemos, comencéis, comiencen

7. Verbs ending in -**aer** or -**eer** change from the unstressed **i** to **y** between vowels in the preterite third persons singular and plural, in all persons of the past subjunctive, and in the -**ndo** form. Note the accent marks over **i** in the **tú, nosotros,** and **vosotros** forms in the preterite. Some verbs that follow the same pattern are **leer** and **caer.**

> **creer** *to believe*
> Preterite: creí, creíste, creyó, creímos, creísteis, creyeron
> Past Subj.: creyera, creyeras, creyera, creyéramos, creyerais, creyeran
> -**ndo** form: creyendo
> Past Part.: creído

8. Verbs ending in -**uir** (except -**guir** and -**quir**) change from the unstressed **i** to **y** between vowels.

> **construir** *to build*
> Pres. Part.: construyendo
> Pres. Ind.: construyo, construyes, construye, construimos, construís, construyen
> Preterite: construí, construiste, construyó, construimos, construisteis, construyeron
> Pres. Subj.: construya, construyas, construya, construyamos, construyais, construyan
> Past. Subj.: construyera, construyeras, construyera, construyéramos, construyerais, construyeran
> Imperative: construye (no construyas), construya, construyamos, construid (no construyáis), construyan

Irregular Verbs

These verbs have irregular forms in some tenses.

abrir *to open*
> Past. Part.: abierto

dar *to give*
> Pres. Ind.: doy, das, da, damos, dais, dan
> Preterite: di, diste, dio, dimos, disteis, dieron

Imperative: da (no des), dé, demos, dad (no deis), den
Pres. Subj.: dé, des, dé, demos, deis, den
Past Subj.: diera, dieras, diera, diéramos, dierais, dieran

decir *to say, to tell*
Pres. Ind.: digo, dices, dice, decimos, decís, dicen
Preterite: dije, dijiste, dijo, dijimos, dijisteis, dijeron
Future: diré, dirás, dirá, diremos, diréis, dirán
Conditional: diría, dirías, diría, diríamos, diríais, dirían
Imperative: di (no digas), diga, digamos, decid (no digáis), digan
Pres. Subj.: diga, digas, diga, digamos, digáis, digan
Past Subj.: dijera, dijeras, dijera, dijéramos, dijerais, dijeran
Past Part.: dicho
-ndo Form: diciendo

escribir *to write*
Past Part.: escrito

estar *to be*
Pres. Ind.: estoy, estás, está, estamos, estáis, están
Preterite: estuve, estuviste, estuvo, estuvimos, estuvisteis, estuvieron
Imperative: está (no estés), esté, estemos, estad (no estéis), estén
Pres. Subj.: esté, estés, esté, estemos, estéis, estén
Past Subj.: estuviera, estuvieras, estuviera, estuviéramos, estuvierais, estuvieran

haber *to have*
Pres. Ind.: he, has, ha, hemos, habéis, han
Preterite: hube, hubiste, hubo, hubimos, hubisteis, hubieron
Future: habré, habrás, habrá, habremos, habréis, habrán
Conditional: habría, habrías, habría, habríamos, habríais, habrían
Pres. Subj.: haya, hayas, haya, hayamos, hayáis, hayan
Past Subj.: hubiera, hubieras, hubiera, hubiéramos, hubierais, hubieran

hacer *to do, to make*
Pres. Ind.: hago, haces, hace, hacemos, hacéis, hacen
Preterite: hice, hiciste, hizo, hicimos, hicisteis, hicieron
Future: haré, harás, hará, haremos, haréis, harán
Conditional: haría, harías, haría, haríamos, haríais, harían
Imperative: haz (no hagas), haga, hagamos, haced (no hagáis), hagan
Pres. Subj.: haga, hagas, haga, hagamos, hagáis, hagan
Past Part.: hecho

ir *to go*
Pres. Ind.: voy, vas, va, vamos, vais, van
Imp. Ind.: iba, ibas, iba, íbamos, ibais, iban
Preterite: fui, fuiste, fue, fuimos, fuisteis, fueron
Imperative: ve (no vayas), vaya, vamos, id (no vayáis), vayan
Pres. Subj.: vaya, vayas, vaya, vayamos, vayáis, vayan
Past Subj.: fuera, fueras, fuera, fuéramos, fuerais, fueran
-ndo Form: yendo

mantener *to maintain, to keep*
(See **tener** for pattern to follow.)

poder *to be able to, can*
Pres. Ind.: puedo, puedes, puede, podemos, podéis, pueden
Preterite: pude, pudiste, pudo, pudimos, pudisteis, pudieron
Future: podré, podrás, podrá, podremos, podréis, podrán

Conditional: podría, podrías, podría, podríamos, podríais, podrían
Pres. Subj.: pueda, puedas, pueda, podamos, podáis, puedan
Past Subj.: pudiera, pudieras, pudiera, pudiéramos, pudierais, pudieran

poner *to put, to set, to place*
Pres. Ind.: pongo, pones, pone, ponemos, ponéis, ponen
Preterite: puse, pusiste, puso, pusimos, pusisteis, pusieron
Future: pondré, pondrás, pondrá, pondremos, pondréis, pondrán
Conditional: pondría, pondrías, pondría, pondríamos, pondríais, pondrían
Imperative: pon (no pongas), ponga, pongamos, poned (no pongáis), pongan
Pres. Subj.: ponga, pongas, ponga, pongamos, pongáis, pongan
Past Part.: puesto

romper(se) *to break*
Past Part.: roto

saber *to know*
Pres. Ind.: sé, sabes, sabe, sabemos, sabéis, saben
Preterite: supe, supiste, supo, supimos, supisteis, supieron
Future: sabré, sabrás, sabrá, sabremos, sabréis, sabrán
Conditional: sabría, sabrías, sabría, sabríamos, sabríais, sabrían
Imperative: sabe (no sepas), sepa, sepamos, sabed (no sepáis), sepan
Pres. Subj.: sepa, sepas, sepa, sepamos, sepáis, sepan
Past Subj.: supiera, supieras, supiera, supiéramos, supierais, supieran

salir *to leave, to go out*
Pres. Ind.: salgo, sales, sale, salimos, salís, salen
Future: saldré, saldrás, saldrá, saldremos, saldréis, saldrán
Conditional: saldría, saldrías, saldría, saldríamos, saldríais, saldrían
Imperative: sal (no salgas), salga, salgamos, salid (no salgáis), salgan
Pres. Subj.: salga, salgas, salga, salgamos, salgáis, salgan

ser *to be*
Pres. Ind.: soy, eres, es, somos, sois, son
Imp. Ind.: era, eras, era, éramos, erais, eran
Preterite: fui, fuiste, fue, fuimos, fuisteis, fueron
Imperative: sé (no seas), sea, seamos, sed (no seáis), sean
Pres. Subj.: sea, seas, sea, seamos, seáis, sean
Past Subj.: fuera, fueras, fuera, fuéramos, fuerais, fueran

tener *to have*
Pres. Ind.: tengo, tienes, tiene, tenemos, tenéis, tienen
Preterite: tuve, tuviste, tuvo, tuvimos, tuvisteis, tuvieron
Future: tendré, tendrás, tendrá, tendremos, tendréis, tendrán
Conditional: tendría, tendrías, tendría, tendríamos, tendríais, tendrían
Imperative: ten (no tengas), tenga, tengamos, tened (no tengáis), tengan
Pres. Subj.: tenga, tengas, tenga, tengamos, tengáis, tengan
Past Subj.: tuviera, tuvieras, tuviera, tuviéramos, tuvierais, tuvieran

traer *to bring*
Pres. Ind.: traigo, traes, trae, traemos, traéis, traen
Preterite: traje, trajiste, trajo, trajimos, trajisteis, trajeron
Imperative: trae (no traigas), traiga, traigamos, traed (no traigáis), traigan
Pres. Subj.: traiga, traigas, traiga, traigamos, traigáis, traigan
Past Subj.: trajera, trajeras, trajera, trajéramos, trajerais, trajeran
Past Part.: traído
-ndo Form: trayendo

valer *to be worth*

Pres. Ind.: valgo, vales, vale, valemos, valéis, valen

Future: valdré, valdrás, valdrá, valdremos, valdréis, valdrán

Conditional: valdría, valdrías, valdría, valdríamos, valdríais, valdrían

Pres. Subj.: valga, valgas, valga, valgamos, valgáis, valgan

venir *to come*

Pres. Ind.: vengo, vienes, viene, venimos, venís, vienen

Preterite: vine, viniste, vino, vinimos, vinisteis, vinieron

Future: vendré, vendrás, vendrá, vendremos, vendréis, vendrán

Conditional: vendría, vendrías, vendría, vendríamos, vendríais, vendrían

Imperative: ven (no vengas), venga, vengamos, venid (no vengáis), vengan

Pres. Subj.: venga, vengas, venga, vengamos, vengáis, vengan

Past Subj.: viniera, vinieras, viniera, viniéramos, vinierais, vinieran

-ndo Form: viniendo

ver *to see*

Pres. Ind.: veo, ves, ve, vemos, veis, ven

Imp. Ind.: veía, veías, veía, veíamos, veíais, veían

Preterite: vi, viste, vio, vimos, visteis, vieron

Imperative: ve (no veas), vea, veamos, ved (no veáis), vean

Pres. Subj.: vea, veas, vea, veamos, veáis, vean

Past Subj.: viera, vieras, viera, viéramos, vierais, vieran

Past Part.: visto

Vocabulario español-inglés

This vocabulary includes almost all words in the textbook, both active (for production) and passive (for recognition only). An entry in **boldface** type indicates that the word or phrase is active. Active words and phrases are practiced in the chapter and are listed on the **Repaso de gramática** and **Repaso de vocabulario** pages at the end of each chapter. You are expected to know and be able to use active vocabulary.

All other words are for recognition only. These words are found in exercises, in optional and visual material, in **Geocultura, Comparaciones, Lectura cultural/informativa, Leamos y escribamos, Novela en video,** and **También se puede decir.** You can usually understand the meaning of these words and phrases from the context or you can look them up in this vocabulary index. Many words have more than one definition; the definitions given here correspond to the way the words are used in *¡Exprésate!*

Nouns are listed with definite articles and plural forms when the plural forms aren't formed according to general rules. The number after each entry refers to the chapter where the word or phrase first appears or where it becomes an active vocabulary word. Active words and phrases from Level I are indicated by the Roman numeral I; active words and phrases from Level II are indicated by the Roman numeral II. This vocabulary index follows the rules of the **Real Academia,** with **ch** and **ll** in the same sequence as in the English alphabet.

Stem changes are indicated in parentheses after the verb: **poder (ue).**

a to, on, at, I; *for, from,* II; a cada rato *every so often,* II; a fin de cuentas *in the end,* II; **a la derecha (de)** to the right (of), II; **a la izquierda (de)** to the left (of), II; **a la parrilla** grilled, II; **a la (última) moda** in the (latest) style, I; **a la vuelta** around the corner, I; a manera *in the manner of,* II; **a menudo** often, I; a partir de *as of, starting on,* II; **¿A qué se dedica...?** What does... do?, II; a solas *alone,* II; **a tiempo** on time, I; **a veces** sometimes, I; **llover a cántaros** to rain cats and dogs, I; a escondidas *hidden, secretly,* 4; **a todo dar** great, I; *flat-out,* 6; a menos (de) que *unless,* 7; **A mi parecer, no hay igualdad entre...** The way I see it, there's no equality between..., 3; a propósito *on purpose,* 4, **A decir verdad, me parece...** To tell the truth, it strikes me as..., 5; **A propósito, ¿qué has oído del/de la...?** By the way, what have you heard about the...?, 5; a la vez at the same time, 8; **A causa de esto...** Because of this..., 9; **A pesar de que hubo..., por otro**

lado... *Although there was/were..., on the other hand...,* 10; **A que no va a bajar la tasa de...** *I bet that the rate of... won't go down.,* 10; **A lo mejor habrá** *Maybe there will be,* 10
abajo *below,* 1
abarcar *to include, to encompass,* II
abierto(a) *open,* II, 2
el abogado, la abogada *lawyer,* II
abogar *to advocate,* II
abordar *to board,* I
abrazar *to hug,* II
el abrazo *hug,* II; **Un abrazo de...** *A big hug from...,* II
el abrelatas *can opener,* 6
el abrigo (over)coat, I
abril *April,* I
abrir *to open,* I
absurdo(a) *absurd,* 6
la abuela *grandmother,* I
el abuelo *grandfather,* I
los abuelos *grandparents,* I
abundante *abundant,* 5, 9
aburrido(a) *bored, boring,* I
aburrir *to bore,* 2
aburrirse *to get bored,* II
acá *over here,* II; **¡Ven acá!** *Come over here!,* II
acabar *to end up,* 4
acabar de *to have just done something,* I
acampar *to camp,* I
el acceso *access,* 8
el accidente *accident,* 10

la acción *action;* **el Día de Acción de Gracias** *Thanksgiving Day,* I
el aceite *oil,* II; **el aceite de oliva** *olive oil,* II
la acera *sidewalk,* II
acerca de *about,* II
el acero *steel,* II
aclarar *to clarify,* II
acompañar *to accompany, to go with,* II
aconsejar *to advise;* **aconsejarle (a alguien)** *to advise (someone),* II
el acontecimiento *event,* 10
acordarse (ue) de *to remember,* II; **¿Te acordaste de...?** *Did you remember to...?,* II
acordar (ue) la paz *to make peace,* 9
el acordeón *accordion,* 5
acostarse (ue) *to go to bed,* I
acostumbrarse *to get accustomed to,* 7
la actitud *attitude,* II
activo(a) *active,* I
el acto *the act, action,* 4
el actor *actor,* II
los actores *actors,* 5
la actriz *actress,* II
actualizar *to update,* 8
actualmente *currently,* II
la acuarela *watercolor,* 5
el acuario *aquarium,* II
acuático(a) *aquatic,* II; **el esquí acuático** *water skiing,* II
el acueducto *aqueduct,* II

el acuerdo *agreement;* de acuerdo a *according to,* II; **Estoy de acuerdo.** *I agree.,* I

acuñar *to coin, to mint,* II

acusar *to accuse,* 3; acusar recibo de *to acknowledge receipt of,* 8

adecuado(a) *adequate, appropriate,* II

adelante *forward,* II; **seguir (i,i) adelante** *to go straight,* II

los **adelantos** *advances,* 8

adentrarse *to go deep into,* 9

adentro *inside,* II

además *besides,* I

adicionales *additional,* 5

Adiós. *Goodbye.,* I

adivinar *to guess,* II

adjunto *attached,* 8

admitir un error *to admit a mistake,* 3

la administración de empresas *business administration,* 7

el (la) adolescente *adolescent,* 3

¿adónde? *where?,* I; **¿Adónde fuiste?** *Where did you go?,* 1

adornado(a) *decorated, adorned,* 10

los **adornos** *decorations, ornaments,* II

adquirir (ie, i) *to acquire,* II

la **aduana** *customs,* I

la advertencia *warning,* 10

aéreo(a) *aerial,* II

los **aeróbicos** *aerobics,* II

el **aeropuerto** *airport,* I

afectar *to affect, to have an effect on,* II

afeitarse *to shave,* I

los aficionados *fans,* II

la afirmación *affirmation,* 3

afirmar *to affirm, to announce,* 6

afortunadamente *luckily,* II

afuera *outside,* II

las **afueras** *suburbs,* I; *outskirts,* II

agarrar *to get, to hold,* II

la **agenda electrónica** *electronic planner,* 8

el **agente, la agente** *agent,* I

agosto *August,* I

agradecer (zc) *to thank,* II

agregar *to add,* 8

agrícola *agricultural,* II

el agricultor *farmer,* 10

la agroindustria *agriculture industry,* 10

el **agua** (f.) *water,* I; **el agua** (f.) **mineral** *mineral water,* II; el agua potable *drinking water,* II; **tirarse al agua** *to dive in the water,* II; el agua (f.) de manantial *spring water,* 10

el **aguacate** *avocado,* 4

aguado(a) *watery, weak,* II

aguantar *to stand, to tolerate,* 2

las **aguas termales** *hot springs,* II

agudo(a) *acute,* II

el **águila** (f.) *eagle,* II

¿Ah, sí? Pues, yo creo que son... *Really? Well, I think . . .,* 2

ahí *there,* I

ahora *now,* I

ahora bien *nevertheless, well,* 9

ahorrar *to save money,* I; ahorrar tiempo *to save time,* 8

el aire *air;* **al aire libre** *open-air, outdoor,* II

el **ajedrez** *chess,* I

ajeno(a) *belonging to other people,* 10

el **ají** *chili pepper,* II

al (a + el) *to, to the,* I; **¡Al contrario!** *Not at all! As a matter of fact . . .,* II; *on the contrary,* II; **al final** *in the end,* II; **al gusto** *to (one's) taste,* II; **al lado de** *next to,* I; al vapor *steamed;* cocer al vapor *to steam,* II; al compás de *to the rhythm of,* 10; **¡Al contrario! No estoy de acuerdo.** *On the contrary! I disagree.,* 3; **Al (A la)... le falta sabor, pero no sé qué le falta.** *The . . . lacks flavor, but I don't know what's missing.,* 4; **Al final nos dimos cuenta de...** *In the end we realized . . .,* 9

el ala (f. las alas) *wing,* 6

el ala delta *hang-glider;* **volar (ue) con ala delta** *to go hang-gliding,* II

alabar *to praise,* 4

albergar *to put up,* II; *to shelter,* 5

el **albergue juvenil** *youth hostel,* II

el **álbum** *album, scrapbook,* II

la alcachofa *artichoke,* 2

el alcance *reach,* 3

alcanzar *to reach,* 7

la aldea *village,* 4

alegrar *to make happy,* 2

la alegría *happiness,* II; **Me dio (mucha) alegría.** *It made me (very) happy.,* II

la alergia *allergy,* 3 tener alergia a *to be allergic to,* 3

alérgico(a) *allergic,* 3

el **alemán** *German,* I

el **alfabeto** *alphabet,* I

la **alfombra** *carpet, rug,* II

el alga (f.) *alga, seaweed,* 9

el **álgebra** (f.) *algebra,* 3

algo *something, anything,* I; **¿Algo más?** *Anything else?,* II; **Es algo divertido.** *It's kind of fun.,* I

el **algodón** *cotton,* I; **de algodón** *made of cotton,* I

alguien *someone,* II; **hacerse amigo(a) de alguien** *to make friends with someone,* II

algún, alguna *some,* 1

algún día *some day,* I

alguno(a) que otro(a) (cosa) *the occasional (thing),* 6

la alianza *alliance,* 10

alimenticio(a) *pertaining to food,* II

el alimento *food, nourishment,* II

aliviar *to relieve,* II

allá *there (general area),* II

allí *there (specific place),* I; de allí *from there,* II

el **almacén** *department store,* I

las **almendras** *almonds,* II

almorzar (ue) *to have lunch,* I

el **almuerzo** *lunch,* I

Aló. *Hello. (telephone greeting),* I

alojar *to house,* II

alquilar *to rent,* I

alrededor de *around,* II

las **alternativas (a)** *alternatives (to),* 10; el altiplano *high plateau of the Andes,* 7

alto(a) *tall,* I

la altura *height,* II

alumbrar *to light up,* 4

amable *nice,* II

amablemente *nicely,* II

amar *to love,* II

amarillo(a) *yellow,* I

ambicioso(a) *ambitious,* 5

ambiental *environmental,* 10

el **ambiente** *environment,* 8; **el ambiente de trabajo** *work environment,* 8

amenazar *to threaten,* 10

americano(a) *American;* **el fútbol americano** *football,* I

amerindio *Amerindian,* 7

la **amiga, el amigo** *friend,* I

amigable *friendly,* 2

la **amistad** *friendship,* 2

el amor *love,* II; **de amor** *romance,* I

ampliar *to extend,* 3

amplio(a) *wide,* II; *spacious,* II

la analogía *analogy,* II

analizar *to analyze,* 2

anaranjado(a) *orange,* I

los ancianos *elderly,* II

andar *to walk,* II; **No, ando planeando...** *No, I'm planning on . . .,* II

el andén *sidewalk (Honduras),* II

andino(a) *of the Andes,* 7

el anfiteatro *amphitheater,* II

el **anillo** *ring,* I; **el (anillo de) compromiso** *engagement (ring),* 4

animado(a) *animated;* **los dibujos animados** *cartoons,* II

el **animador, la animadora** *cheerleader,* II

el **animal** *animal,* I; el animal de carga *pack animal,* II

los **animales de peluche** *stuffed animals,* II

animar *to cheer,* II; *to encourage,* 2

el **aniversario** *anniversary,* I

anoche *last night,* I

anotar *to jot down,* II

anteayer *day before yesterday,* I

los anteojos *glasses,* II

los **antepasados** *ancestors,* 7

anterior *previous,* II

antes de *before,* I; **Antes de que empiecen las clases quiero...** *Before classes start, I want to . . .,* 7

antiguo(a) *antique,* 5
antipático(a) *unfriendly,* I
antojarse *to take a fancy to something, to want something,* II
anunciar *to announce,* II
los anuncios clasificados *classified ads,* 6
añadir *to add,* I
el año *year;* el Año Nuevo *New Year's Day,* I; el año pasado *last year,* I; el año que viene *next year,* II; Hace unos (muchos, cinco...) años *A few (many, five . . .) years ago,* II; los meses del año *months of the year,* I; todos los años *every year,* II
apagar *to turn off,* II; *to put out,* II; apagar incendios *to put out fires,* II; apagar la luz/las luces *to turn off the light(s),* II
aparecer *to appear,* II
aparentemente *apparently,* II
el apartamento *apartment,* I
aparte *separate;* en una hoja aparte *on a separate sheet of paper,* II
el apellido *last name,* II; el apellido de soltera *maiden name,* 6
apetecer *to crave for,* 6
el apio *celery,* 4
aplaudir *to clap,* 5
aplicado(a) *applied, dedicated,* 4
apoderarse de *to seize,* II
el aporte *contribution,* 7
apoyar *to support,* 2, 7
el apoyo *support,* 7
aprender (a) *to learn (to),* II
el aprendizaje *learning,* 3
apretado(a) *tight,* II
aprobar *to pass,* 3; *to approve,* 6
apropiado(a) *appropriate,* II
aprovechar *to profit from,* 7
aproximadamente *approximately,* II
apuntar *to aim, to jot down,* 2
los apuntes *notes,* II; tomar apuntes *to take notes,* II
el apuro *difficult situation, tight spot,* 10
aquél *that (farther away)* (dem. pron.), II
aquel *that (farther away)* (dem. adj.), II; en aquel entonces *back then,* II; *in those days,* II
aquella *that (farther away),* II
aquellas, aquellos *those (farther away),* II
aquí *(right) here,* II; por aquí *around here,* II; ¡Ven aquí! *Come (right) here!,* II
la araña *spider,* II
arar *to plough,* II
el árbol *tree,* II; trepar a los árboles *to climb trees,* II
el archipiélago *archipelago,* 9
arder *to burn,* 5
arduo(a) *arduous, tireless,* 3
la arena *sand,* II
argentino(a) *Argentine,* II

árido(a) *arid, dry,* II
el arqueólogo *archaeologist,* 10
la arquitectura *architecture,* 5
la armonía *harmony,* II
armonioso(a) *harmonious,* 9
arrancar *to pull out, tear off,* 9
el arrecife *reef,* II
arreglar *to clean up,* I; *to fix,* II
arreglarse *to get ready, to dress up,* II
arriba *up,* II
arrimarse *to come close, approach,* 10
la arroba *@,* I
la arrogancia *arrogance,* 3
arrojado(a) *thrown overboard,* 9
el arroz *rice,* I
el arte (f. las artes) *art,* I
el artefacto *artifact,* 7
las artes dramáticas *dramatic arts,* 5
las artes marciales *martial arts,* II, 2
las artes plásticas *plastic arts (sculpture, painting, architecture),* 5
la artesanía *crafts, artisanry,* II
el artesano *artisan, craftsman,* 7
el artículo *article,* 6; el artículo definido *definite article,* II
los artículos de cuero *leather goods,* II
artificial *artificial;* los fuegos artificiales *fireworks,* I
el artista, la artista *artist*
artístico(a) *artistic,* 5
las arvejas *peas,* 4
asado(a) *roasted,* II; el lechón asado *roast pork,* II; el pollo asado *roast chicken,* II; la carne asada *roast beef,* II; el puerco asado *roast pork,* 4
asar *to roast,* 2
la ascendencia *ancestry, descent,* II
el ascensor *elevator,* II
asegurar *to make sure,* 5
asentir *to agree,* 3
los aseos *public restrooms,* II
así fue que *so that's how,* II
así que *so,* II
asiático(a) *Asian,* 3
el asiento *seat,* II
asignar *to assign,* 3
asimilar *to assimilate,* 7
asimismo *likewise, also,* 6
asistir a *to attend,* I
el aspecto físico *physical appearance,* II; *side,* 9
las aspiraciones *aspirations,* 7
la aspiradora *vacuum cleaner,* II; pasar la aspiradora *to vacuum,* I
aspirar *to aspire,* 3
la aspirina *aspirin,* II
el astronauta, la astronauta *astronaut,* II
la astucia *cleverness, astuteness,* 9
el asunto *issue, matter,* 6
asustar *to scare,* 2
atar *to tie,* 2
la atención *attention:* llamarle la atención *to be interested in,* II
atender *to assist,* II

atento(a) *helpful,* 2; *courteous,* 8
aterrador(a) *terrifying,* 10
el atleta *athlete,* II
atlético(a) *athletic,* I
el atletismo *track and field,* II, 2
la atracción *attraction;* la atracción turística *tourist attraction,* II; el parque de atracciones *amusement park,* II
atraer *to attract,* II
atrapar *to catch,* II; *to trap,* 6
atravesar(ie) *to go through,* II
atreverse *to dare,* II
atrevido(a) *daring,* 2
atrevimiento *dare,* 2
el atún *tuna,* I
la audición *audition,* 5
los audífonos *headphones,* I
el auditorio *auditorium,* I
aumentar *to increase,* II
aún *still, yet,* II
aunque *although,* 9; Aunque estoy de acuerdo..., creo que... *Although I agree…, I think that…,* 10
la ausencia *absence*
auténtico(a) *authentic,* 4
el auto *car,* 10
el autobús *bus,* I; la estación de autobuses *bus station,* II
automático(a) *automatic:* el cajero automático *automatic teller machine,* I
el automóvil *car,* 10
la autopista *freeway, highway,* II
la autoridad *authority,* 9
el autorretrato *self-portrait,* II
el (la) auxiliar administrativo(a)/ médico(a)/de laboratorio *administrative/medical/laboratory assistant,* 8
el auxilio *help, aid:* los primeros auxilios *first aid,* II
los avances *advances,* 8
avanzar *to advance,* 4
el ave (f.) *bird,* II
la avenida *avenue,* II
la aventura *adventure,* I
aventurero(a) *adventurous,* II
averiguar *to find out,* II
la aviación *aviation,* 6
el avión *airplane,* I; el boleto de avión *plane ticket,* I
¡Ay, no! *Oh, no!,* I
¡Ay, qué pesado! *Oh, what a drag!,* II
ayer *yesterday,* I
el aymara *indigenous language of the Andes,* 7; los aymaras *indigenous people of the Andes,* 7
la ayuda *help,* I; gritar por ayuda *to yell for help,* II
el (la) ayudante *helper,* 8
ayudar *to help,* I; *to assist,* II
ayudarse *to help each other,* II
el azúcar *sugar,* II
azul *blue,* I
el ayuntamiento *town hall,* II
azotar *to whip,* 2

la bahía *bay,* II
el (la) bailador(a) *dancer,* 7
bailar *to dance,* I
el baile *dance,* I
bajar *to walk down (a street),* II;
bajar... hasta llegar a... *to go down . . . until you get to . . .,* II
bajar de peso *to lose weight,* I
bajarse de... *to get off of . . .,* II
bajo(a) *short,* I; **la marea baja** *low tide,* II
balanceado(a) *balanced,* II; **llevar una dieta balanceada** *to eat a balanced diet,* II
el balazo *bullet,* 2
el balido *bleating,* 2
las ballenas *whales,* II
el ballet *ballet,* 5
el balón de playa *beachball,* II
el bambú *bamboo,* 5
la banca *park bench,* II
el banco *bank,* II
la banda *band,* II; **la banda escolar** *school band,* II
el (la) bandido(a) *bandit,* 9
el (la) banquero(a) internacional *international banker,* II
bañarse *to bathe,* I; **bañarse en el mar** *to swim in the sea,* II
la bandera *flag,* 9
la bañera *bathtub,* II
el baño *bathroom, restroom,* I; **el traje de baño** *swimsuit,* I
barato(a) *inexpensive,* I
el barco *boat,* I
la barraca *barrack,* II
barrer *to sweep,* II
el barril *barrel,* 6
el barrio *neighborhood,* II
el barro *clay,* II
barroco(a) *Baroque,* II
la base *base, basis:* con base en *based on,* II
basarse en *to be based on,* II
el básquetbol *basketball,* I
bastante + adj. *quite + adj.,* I; **bastante pequeño** *quite small,* I
la basura *trash,* I; *garbage,* II
el basurero *garbage can,* 10
la batalla *battle,* 5, 9
el batido *milkshake,* I
batir *to beat,* II; *to mix, to whisk,* II
el bautizo *baptism,* II
bebé *baby,* **tener un bebé,** *to have a baby,* 4
beber (algo) *to drink (something),* I
las bebidas *drinks,* II
la beca *scholarship,* II
el béisbol *baseball,* I
bellaco(a) *cunning,* 4
la belleza *beauty:* **el salón de belleza** *beauty parlor,* II

bello(a) *beautiful,* II
el benefactor *benefactor,* 3
beneficiado(a) *benefited,* 3
beneficiar *to benefit,* II
los beneficios *benefits,* 8
beneficioso(a) *beneficial,* II
besar *to kiss,* 3
la biblioteca *library,* I
la bicicleta *bike,* I; **montar en bicicleta** *to ride a bike,* I
bien *all right, fine,* I; *really,* I; **Espero que estés bien.** *I hope you're doing well.,* II; **Está bien.** *All right.,* I; **llevarse bien** *to get along well,* II; **Me caía muy bien.** *I really liked him/her.,* II; **Me fue muy bien.** *I did very well.,* II; **No te sienta bien.** *It doesn't look good on you.,* II; **Que te vaya bien.** *Hope things go well for you.,* I; **quedar bien** *to fit well,* I; **¡Te ves super bien!** *You look wonderful!,* II; **¿Vamos bien para...?** *Are we going the right way to . . .?,* II
los bienes raíces *real estate,* II
bifurcar *to split in two,* 2
bilingüe: ser bilingüe *to be bilingual,* 7
el billete *bill, money,* II
la billetera *wallet,* I
los binóculos *binoculars,* II
la biología *biology,* I
biológico(a) *organic,* 10
la bisnieta *great-granddaughter,* II
el bistec *steak,* II; **el bistec a la parrilla** *grilled steak,* II; **el bistec encebollado** *steak with onions,* II
el bizcocho de chocolate *chocolate cake,* 4
blanco(a) *white,* I; **en blanco** *blank,* I
blando(a) *soft, weak,* 10
el bloque *block,* II; **jugar con bloques** *to play with blocks,* II
el bloqueador *sunblock,* II
la blusa *blouse,* I
la boca *mouth,* I
los bocadillos *finger food,* II
la boda *wedding,* I
el boletín *bulletin,* 6
el boleto de avión *plane ticket,* I
el boliche (jugar al boliche) *bowling (to bowl),* 2
el bolígrafo *pen,* I
la bolsa *purse, bag,* I; *travel bag,* I
la bomba *bomb,* 10
el bombero, la bombera *firefighter,* II; **el camión de bomberos** *fire truck,* II; **la estación de bomberos** *fire station,* II
el bombón *bonbon,* 2
bondadoso(a) *generous,* 9
bonito(a) *pretty,* I
el borde *edge, border;* al borde *on the brink,* II
la bordona *sixth guitar string,* 10
el borrador *rough draft,* 3
el bosque *woods/forest,* II
las botas *boots,* I

el bote *boat,* II; **el bote de vela** *sailboat,* I; **pasear en bote** *to go boating,* II; **pasear en bote de vela** *to go out in a sailboat,* I
el botones *bellhop,* II
la brasa *hot coal,* 2
bravo(a) *brave, angry,* 2
el brazo *arm,* II
breve *short, brief,* II
brillante *bright,* II
brindar *to offer,* 6
la brisa *breeze,* II
la brocheta *skewer,* 7
el brócoli *broccoli,* I
la broma *joke,* 2
brotar *to bloom,* 10
bruto(a) *dumb,* II
bucear *to scuba dive,* II
buen *good,* I; **Hace buen tiempo.** *The weather is nice.,* I
buenísimo(a) *great,* II
bueno(a) *good,* I; **buena gente** *nice (person),* II; **Bueno,...** *Well/Okay, . . .,* II; **Es buena idea que...** *It's a good idea for . . . to . . .,* II; **Bueno.** *Hello. (telephone greeting),* I; **sacar buenas notas** *to get good grades,* II
el buey *ox,* II
la bufanda *scarf,* II
el búho *owl,* II
el buitre *vulture,* II
burlarse *to make fun of,* 7
el burro *burro, mule,* 2
buscar *to look for,* I; **buscar un pasatiempo** *to find a hobby,* I
Busco a alguien a quien le guste(n)... y que sepa algo de... *I'm looking for someone who likes . . . and knows something about . . .,* 2
la búsqueda *search,* II

la caballeriza *horse stable,* 2
el caballo *horse,* II; **montar a caballo** *to ride a horse,* II
la cabellera *head of hair,* 6
caber *to fit,* II; **No me cabe en la cabeza.** *I can't understand it.,* 8
la cabeza *head,* I; **un dolor de cabeza** *headache,* II
la cabina telefónica *phone booth,* II
el cachorro *cub,* 2
el cactus *cactus,* II
cada *each:* **cada uno(a)** *each, each one,* II; **a cada rato** *every so often,* II; **cada noche** *each night,* II
la cadena *chain,* II
caer(se) (yo caigo) *to fall (down),* II; **caerle bien/mal (a alguien)** *to make a good/bad impression*

(on someone), II; *to like/dislike (someone)*, II; **Me caía muy bien.** *I really liked him/her.*, II

el café *coffee*, I; *café, 2*; **el café con leche** *coffee with milk*, I; **de color café** *brown*, I; **tener los ojos de color café** *to have brown eyes*, II

el café (Internet) *(Internet) café*, II

el cafetal *coffee plantation*, II

la cafetería *cafeteria*, I; *coffee shop*, I

la caja *cash register*, II

el cajero, la cajera *cashier*, II

el cajero automático *automatic teller machine*, I

el calabacín *zucchini, 4*

la calabacita *squash, 4*

el calambre *cramp*, II; **darle un calambre** *to get a cramp*, II; **tener un calambre** *to have a cramp*, II

los calcetines *socks*, I; **un par de calcetines** *a pair of socks*, I

la calculadora *calculator*, I

Calculo que van a implementar... *I predict that they are going to implement . . .*, 10

el cálculo *calculus, 3*

el caldo de pollo *chicken soup*, II

calentar (ie) *to heat up*, I

calentarse (ie) *to warm up*, II

la calidad del aire/agua *air quality/water quality, 10*

caliente *hot*, I

callado(a) *quiet*, I

la calle *street*, II; **ir por la calle...** *to take . . . street*, II

calmar *to calm, 2*

el calor *heat*; **Hace calor.** *It's hot.*, I; **tener calor** *to be hot*, I

caluroso(a) *hot*, II

la cama *bed*, I; **quedarse en cama** *to stay in bed*, II

la cámara *camera*, I; **la Cámara de Comercio** *Chamber of Commerce*, II; **la cámara desechable** *disposable camera*, I

los camareros *waiters*, II

el camarón, los camarones *shrimp, 4*

cambiar *to change, 8*; **cambiar (por)** *to exchange (for)*, II; **Cambiando de tema, ¿qué me dices de...?** *Changing the subject, what do you have to say about . . .?, 5*

caminar *to walk*, I

la caminata *walk, hike*: **dar una caminata** *to go on a hike*, II

el camión de bomberos *fire truck*, II

la camisa *shirt*, I

la camiseta *T-shirt*, I

el campeonato *championship, 10*

los campesinos *peasants*, II

el camping *camping*, II; **hacer camping** *to go camping*, II

el campo *countryside*, I; *field (of work), 8*; **el campo de batalla** *battlefield, 9*

los campos *agricultural fields, 7*

canadiense *Canadian*, II

la cancha *court*, II; *playing field, 10*

la canción *song*, II

la canela *cinnamon*, II

el cántaro: llover a cántaros *to rain cats and dogs*, II

el canto *song*, II

la canoa *canoe*, I

canoso(a) *gray-haired*, I

cansado(a) *tired*, I

cansarse de *to get tired of, 1*

los cantantes *singers*, II

cantar *to sing*, I

la cantidad *amount*, II; *quantity*, II

el (la) cantor(a) *singer, 10*

la caña de azúcar *sugar cane, 7*

la caña de pescar *fishing rod*, II

el cáñamo *cattail reeds, 7*

el cañón (pl. los cañones) *canyon*, II

el caos *chaos, 10*

la capa de ozono *the ozone layer, 6*

capaz *capable, 8*

la capilla *chapel*, II

el capital *money, 6*

la capital *government capital, 6*

el capitán *captain, 2*

captar *to understand, to grasp, 8*

la cara *face*, I

el caracol *seashell*, II

el carácter (pl. los caracteres) *character, personality, 4*

la característica *characteristic, 2*

los carbohidratos *carbohydrates*, II

la cárcel *prison*, II

cargado(a) *loaded*

cargar *to carry, 6*

caribeño(a) *Caribbean*, II

las caricaturas *cartoons (Mexico)*, II

el cariño *tenderness, affection*; **Con cariño,...** *Love, . . .*, II

cariñoso(a) *tender, affectionate*, II

la carne *meat, beef*, I; **la carne asada** *roast meat*, II

el carnet de identidad *ID*, I

la carnicería *butcher shop*, II

caro(a) *expensive*, I

la carpeta *folder*, I

el carpintero, la carpintera *carpenter*, II

la carrera *career, 8*; *race*, II; **echar carreras** *to run races*, II

la carretera *road*, II

el carril *lane*, II

el carro *car*, I; **el carro eléctrico/híbrido** *electric/hybrid car, 10*; **jugar con carritos** *to play with toy cars*, II

la carta *letter*, I; **la carta de recomendación** *letter of recommendation, 8*

los carteles *posters, 5*

la cartera *wallet*, II

el cartero, la mujer cartero *mail carrier*, II

la casa *house*, I; **la casa natal** *house where someone was born*, II; **jugar a la casita** *to play house*, II

el casabe *cassava bread, 4*

casarse con *to marry, 4*; **Fíjate que se ha casado.** *Get this: he/she got married, 4*

el caserío *hamlet, small village, 9*

casi *almost*, I; **casi nunca** *almost never*, I; **casi siempre** *almost always*, I

castaño(a) *dark brown*, I

el castellano *Castilian Spanish, 1*

castigar *to punish, 9*

el castigo *punishment, 9*

el castillo *castle*, II

la catarata *waterfall*, II

el catarro *cold*, I; **tener catarro** *to have a cold*, I

la catedral *cathedral*, II

catorce *fourteen*, I

el CD *CD*, II; **crear/grabar CDs** *to burn CDs*, II

la cebolla *onion*, II

las cejas *eyebrows*, II

celebrar *to celebrate*, I

el celo *zeal, 3*

celoso(a) *jealous, 2*

celular *cellular, cell*, I; **el teléfono celular** *cell phone*, II

el cementerio *cemetery*, II

la cena *dinner*, I

cenar *to eat dinner*, I

la censura *censorship, 6*

el centavo *cent, 3*

centígrados *Centigrade*, II

el centro *downtown*, I

el centro comercial *mall*, I

el centro recreativo *recreation center*, II

cepillarse *to brush*, II

el cepillo de dientes *toothbrush*, I

la cerámica *ceramic*, II

la cerbatana *hollow reed, blowgun, 6*

cerca de *close to, near*, I

el cerdo *pig*, I; **las chuletas de cerdo** *pork chops*, II

los cereales *cereal*, II

el cerebro *brain*, II

la ceremonia *ceremony, 4*

la cereza *cherry, 4*

cernerse *to hover, 6*

cero *zero*, I

cerrar (ie) *to close*, I; **cerrar la puerta con llave** *to lock the door*, II

la certeza *certainty, 6*

el césped *grass*, I

la cesta *basket*, II

el ceviche *raw fish marinated in lemon juice, chopped onions, salt and chili peppers, 4*

las chancletas *flip-flops*, II

Chao. *Bye.*, II

la chaqueta *jacket*, I

charlar *to talk, to chat*, I

los cheques de viajero *travelers' checks*, II

los chícharos *peas, 4*

el chico *boy*, II

el chile *pepper*, II

chileno(a) *Chilean*, II
la **chimenea** *chimney, hearth*, 2
chino(a) *Chinese:* **la comida china** *Chinese food*, I
el **chisme** *piece of gossip*, 2
chismear *to gossip*, 2
el(la) chismoso(a) *a gossip*, II, 2; **¡Qué chismoso(a)!** *What a gossip!*, II
el **chiste** *joke*, I; **contar(se) (ue) chistes** *to tell (each other) jokes*, II
chistoso(a) *funny*, II
chocar *to shock, to astonish*, 3
el **choclo** *corn*, 7
el **chocolate** *chocolate*, I; *hot chocolate*, I
las **chuletas de cerdo** *pork chops*, II
el **cibercafé** *cybercafé*, II
el **ciclismo (practicar ciclismo)** *biking (to bike)*, 2
el **ciclo** *cycle*, II
ciego(a) *blind*, I
el **cielo** *sky*, I
cien *one hundred*, I
la **ciencia ficción** *science fiction*, I
las **ciencias** *science*, I; **las ciencias sociales** *social sciences*, 3
los **científicos** *scientists*, II
ciento un(o) *one hundred one*, I
cierto *true*, 1
ciertos(as) *certain*, II; **hasta cierto punto** *to some extent, in a way*, II
cinco *five*, I
cincuenta *fifty*, I
el **cine** *movie theater*, I
la **cinematografía** *cinematography*, 5
el **cinturón** *belt*, II; **el cinturón de fuego** *Ring of Fire*, II
el **círculo** *circle*, II
las **circunstancias** *circumstances*, 9
la **ciruela** *plum*, 10
la **cirugía** *surgery*, II
la **cita** *date*, II; *quote*, II
citar *to cite*, 3
la **ciudad** *city*, I; **la ciudad natal** *city where someone was born*, II; **el plano de la ciudad** *city map*, II
los **ciudadanos** *citizens*, II
la **civilización** *civilization*, 9
claro *of course*, II; **¡Claro que sí!** *Of course!*, I; **Sí, claro.** *Yes, of course.*, II
claro(a) *clear*, 6
la **clase** *kind, sort;* **¿Qué clase de trabajo realiza...?** *What kind of work does . . . do?*, II
la **clase** *class*, II; **el salón de clase** *classroom*, I; **tomar clases de...** *to take . . . lessons*, II
clásico(a) *classic*, 5; **la música clásica** *classical music*, II
clasificado(a) *classified;* **los anuncios clasificados** *classified ads*, II
la **cláusula principal** *main clause*, 9
la **cláusula subordinada** *subordinate clause*, 9

clave *key;* **la palabra clave** *key word*, II
el **cliente, la cliente** *client*, I
el **clima** *climate, weather*, II; **¿Cómo será el clima en...?** *I wonder what the weather is like at (in) . . .?*, II; **¡Qué clima tan seco!** *What a dry climate!*, II
la **clínica** *clinic*, II
el **club de debate** *debate club*, I
el **cobalto** *cobalt*, 10
cobarde *cowardly*, 9
cobrar *to charge*, II; **hacer una llamada por cobrar** *to make a collect call*, II
el **cobre** *copper*, II
la **cocción** *cooking time*, II
cocer(ue) *to cook*, II; **cocer al vapor** *to steam*, II
el **coche** *car*, 10
el **cochinillo** *pork*, II
cocido(a) *cooked*, II
la **cocina** *kitchen*, I
cocinar *to cook*, I
el **cocinero, la cocinera** *cook*, II
el **coco** *coconut*, II
el **cocodrilo** *crocodile*, II
el **códice** *codex, writing*, 3
el **codo** *elbow*, II
la **cola** *line*, I; *tail*, 6; **hacer cola** *to wait in line*, I
la **colaboración** *collaboration*
coleccionar estampillas/ pósters/monedas *to collect stamps/posters/coins*, II
el **colega** *colleague*, II
el **colegio** *school*, I; **después del colegio** *after school*, II
colgar (ue) *to hang*, I
el **colibrí cometa** *red-tailed comet hummingbird*, 9
el **coliflor** *cauliflower*, 4
la **colina** *hill*, II
el **collar** *necklace*, II
colocar *to put, to place*, 6
colombiano(a) *Colombian*, II
el **color** *color*, II; **de color café** *brown*, I; **¿Qué te parece este color?** *What do you think of this color?*, II
la **columna de consejos** *advice column*, 3
columpiarse *to swing (on a swing)*, II
combatir *to combat*, 3
los **combustibles** *fuels*, 10
la **comedia** *comedy or play*, 5
el **comedor** *dining room*, I
comentar *to comment*, 6
el **comentario** *commentary*, 6
el (la) comentarista *commentator*, 6
comenzar (ie) *to start*, I
comer *to eat*, I; **darle de comer al perro** *to feed the dog*, II; **¿Ha comido en...?** *Have you eaten at . . .?*, II
comercializado(a) *commercialized*, 7

el **comerciante, la comerciante** *merchant*, II
el **comercio** *trade*, II; *commerce*, II; **la Cámara de Comercio** *Chamber of Commerce*, II
los **comestibles** *food products, groceries*, II; **la tienda de comestibles** *grocery store*, II
cometer (un crimen, un error) *to commit (a crime), to make (a mistake)*, 10
cómico(a) *funny*, I; **la revista de tiras cómicas** *comic book*, I; **las revistas cómicas** *comic books*, II
la **comida** *food, lunch*, I; *meal*, II; **la comida rápida** *fast food*, II; **la plaza de comida** *food court in a mall*, I
el **comienzo** *beginning*, 3
la **comisaría** *police department*, II
como *like, as*, II; **como resultado** *as a result*, II; **como siempre** *as always*, I; **tan... como** *as . . . as*, I; **tanto(a/os/as)... como...** *as much . . . as . . .*, II; **Como quieras.** *Whatever you want.*, 2
¿cómo? *how?, what?*, I; **¿Cómo eres (tú)?** *What are you like?*, I; **¿Cómo son...?** *What are . . . like?*, II; **¿Cómo eras?** *What were you like?*, II; **¿Cómo debe ser un(a) buen(a) amigo(a)?** *What should a good friend be like?*, 2; **¿Cómo supiste el resultado?** *How did you find out the score?*, 6; **¿Cómo te enteraste de...?** *How did you find out about . . .?*, 6; **¿Cómo te fue en...?** *How did you do in . . .*, II
Cómo no. *Of course.*, II
la **cómoda** *chest of drawers, armoire*, II
cómodo(a) *comfortable*, II
el **compañero, la compañera** *friend, pal*, II
el **compañero de clase, la compañera de clase** *classmate*, I
los **compañeros de trabajo** *colleagues*, 8
la **compañía** *company*, 6
la **comparación** *comparison*, II
comparar *to compare*, II
compartir *to share*, II
la **compasión** *compassion*, 10
la **competencia** *competition*, II
competente *competent*, 8
competir (i, i) *to compete*, II
competitivo(a) *competitive*, 10
complejo(a) *complex*, II
el **complemento directo** *direct object*, II
el **complemento indirecto** *indirect object*, II
completar *to complete*, II
completo *complete*, II; **Se me olvidó por completo.** *I totally forgot.*, II
complicar *to complicate*, II
los **compradores** *buyers*, II

comprar *to buy*, I; **comprarle un regalo** *to buy (someone) a gift*, 3
las **compras** *purchases*, II; **ir de compras** *to go shopping*, II
comprobar *to verify, to check*, 8
comprometerse *to get engaged*, 4
comprometido(a) *engaged*, II
el **compromiso** *engagement*, 4; *commitment, obligation*, 7
compuesto(a) *composed*, II
la **computación** *computer science*, I
la **computadora** *computer*, I; **hacer diseño por computadora** *to do computer design*, II
común *common*, II
la **comunicación** *communication*, 3
comunicarse *to communicate*, 3
la comunidad *community*, II
con *with*, I; **con base en** *based on*, II; **Con cariño,...** *Love, . . .*, II; **¿Con qué frecuencia?** *How often?*, I; con razón *naturally*, II; contar con *to count on, to depend on*, II; **conmigo** *with me*, I; **contigo** *with you*, I; **con tal (de) que** *provided that*, 7; **Con el tiempo pude asimilar...** *With time I was able to assimilate . . .*, 7
concentrarse *to concentrate*, 5, 8
el **concierto** *concert*, I
el **concurso** *game show*, 6
el **condado** *county*, II
el **cóndor** *condor (bird)*, 7
conducir *to drive*, II; **la licencia de conducir** *driver's license*, II
el **conductor, la conductora** *driver*, II
conectado(a) *connected*, II
el conejo *rabbit*, II
confeccionar *to make*, II
conferir (ie, i) *to confer upon, to give*, 3
confesar (ie) *to confess*
confiable *reliable*, 2
confiar en *to trust*, 2
la confianza *trust*, 2
confrontar *to confront*, 2
confundirse *to become confused*, 7
confuso(a) *mixed up*, 3
congelado(a) *frozen*, II
el congrí *rice and black beans*, 4
conjugar *to conjugate*, II
el conjunto *group*, II
conmovedor(a) *moving, touching*, 10
conocer (zc) *to know (someone) or be familiar with a place*, I; **conocer el centro** *to get to know downtown*, II; **¿Conoces a...?** *Do you know . . .?*, II; dar a conocer *to introduce, to present*, II; **Quiero conocer...** *I want to see . . .*, I
un(a) **conocido(a)** *acquaintance*, 2
el conocimiento *knowledge*, II
el conquistador *conqueror*, 2
conquistar *to conquer*, II

la consecuencia *consequence*, 7
conseguir (i, i) *to obtain*, 7, 8
el (la) **consejero(a)** *guidance counselor*, 3; **El (La) consejero(a) insiste en que tome... ¡No me gusta para nada!** *The guidance counselor insists that I take . . . I don't like it at all!*, 3
los **consejos** *advice*, 3; **dar consejos** *to give advice*, II
consentido(a) *babied, spoiled*, II
el (la) conserje *janitor*, 8
conservador(a) *conservative*, 8
el conservador *curator*, II
conservar *to conserve*, 10
considerado(a) *respected, esteemed*, II
considerarse *to consider oneself*, 6
constantemente *constantly*, II
construir *to build*, II
el consultorio *doctor's office*, II
los consumidores *consumers*, II
el consumo *consumption*, II
el contacto *contact, touch*: **los lentes de contacto** *contact lenses*, II; ponerse en contacto *to contact, to get in touch*, II
contagioso(a) *contagious*, II
la **contaminación** *contamination/pollution*, 10
contaminado(a) *contaminated/polluted*, 10
contar (ue) con *to count on (someone)*, 2
contarse (ue) *to tell each other*, II; **contar(se) (ue) chistes** *to tell (each other) jokes*, II
el contenido *content*, II
contemplar *to contemplate*, 2
contemporáneo(a) *contemporary*, 5
contener *to contain*, 2
contento(a) *happy*, I; **estar contento(a)** *to be happy*, I
el **contestador automático** *answering machine*, 8
contestar *to answer*, II
el contexto *context*, 1
contra *against*, 10
contradecir *to contradict*, 6
contraer *to enter into (marriage)*, 4
contrario(a) *contrary*; **¡Al contrario!** *Not at all! As a matter of fact . . .*, II; *on the contrary*, II; el equipo contrario *opposing team*, II; lo contrario *opposite*, II
contratar *to hire*, 8
contribuir *to contribute*, 7
el **control de seguridad** *security checkpoint*, I
convencer *to convince*, II
conveniente *convenient*, 8
conversador(a) *talkative*, II
conversar *to converse*, 1
convertirse en + noun *to change into + noun, to turn into + noun*, 8

la **cooperación** *cooperation*, 10
copiar *to copy*, II
el **corazón** *heart*, II
la **corbata** *necktie*, II
la cordillera *mountain range*, 9
el coro *chorus*, 5
coronado(a) *crowned*, II
corporativo(a) *corporate*, 8
el corral *corral*, 6
el correcaminos *roadrunner*, II
corregir *to correct*, II
el **correo** *post office*, I; *mail*, I; **la oficina de correos** *post office*, I
el **correo electrónico** *e-mail (address)*, I
correr *to run*, I
correspondiente *corresponding*, II
cortado(a) *cut*, II
cortar *to cut, to mow*, I
cortarse *to cut oneself*, II; **cortarse el pelo** *to get a haircut*, II
corto(a) *short (in length)*, I; **los pantalones cortos** *shorts*, I
la **cosa** *thing*, I; **No es gran cosa.** *It's not a big deal.*, I
la cosecha *crop*
coser *to sew*, II
la **costa** *coast*, II
el costado *side*, 8
costar (ue) *to cost*, I
costarricense *Costa Rican*, II
la **costumbre** *custom*, II; *habit*, 7
la **creación** *creation*, 6, 9
crear *to create*, 5; **crear (quemar) CDs** *to make (burn) CDs*, II; **crear un álbum** *to create an album, scrapbook*, II
creativo(a) *creative*, 5
crecer (zc) *to grow*, 10
el crecimiento *growth*, II
el **crédito** *credit*; **la tarjeta de crédito** *credit card*, II
Créeme que fue sin querer. *Believe me, I didn't mean to do it.*, 3
creer *to believe, to think*, II; **Creo que sí.** *I think so.*, II; **¡No me lo puedo creer!** *I can't believe it!*, 4; **Creo que vale la pena acordarse de...** *I think it's worth remembering . . .*, 10
creído(a) *arrogant*, 2
la **crema** *cream*, II; **la crema protectora** *sunblock*, II; **la crema agria** *sour cream*, 4
la cría *breeding*, 9
los criadores *breeders*, 9
criarse (en) *to grow up (in)*, 7
el **crimen** *crime*, 10
la **crisis ambiental/económica/ política** *environmental/ economic/political crisis*, 6
cristalino(a) *crystalline*, 4
criticar *to criticize*, 4
criticón, criticona *critical, judgmental*, 2

el cruce *intersection*, II; **el cruce de... con...** *the intersection of . . . and . . .,* II

el crucero *cruise*, II; **tomar un crucero** *to go on a cruise*, II

el crucigrama *crossword puzzle*, II; **hacer crucigramas** *to do crossword puzzles*, II

crudo(a) *raw*, II

cruzar *to cross*, II

el cuaderno *notebook*, I

la cuadra *block*, II

el cuadro *painting*, II; *box*, II

cual: lo cual *which*, II

cuál *which*, II

¿cuál? *what?, which?*, I; **¿Cuál de estas pinturas te gusta más, la de... o la de...?** *Which of these paintings do you like better, the one of (by) or the one of (by) . . .?*, 5

¿cuáles? *which (ones)?*, I

las cualidades *(personal) qualities*, 2

cualquier *any*, I

cuando *when*, I; **Cuando me enteré, no lo pude creer.** *When I found out, I couldn't believe it.*, II; **Cuando oí la noticia, no lo quise creer.** *When I heard the news, I didn't want to believe it.*, II; **fue cuando** *that was when*, II; **Cuando sea mayor me gustaría...** *When I'm older, I'd like to . . .*, 7

¿cuándo? *when?*

¿cuánto(a)? *how much?*, I; **¿Cuánto tiempo hace que tú...?** *How long have you been . . .?*, II; **¿Cuánto vale...?** *How much is . . .?*, II

¿cuántos(as)? *how many?*, I; **¿Cuántos años tiene...?** *How old is . . .?*, I

cuarenta *forty*, I

cuarto *quarter*, I; **menos cuarto** *quarter to (the hour)*, I; **y cuarto** *quarter past (the hour)*, I

cuarto(a) *fourth*, II

el cuarto *room*, I

cuatro *four*, I

cuatrocientos(as) *four hundred*, I

cubrir *to cover*, II

la cuchara *spoon*, I

la cucharada *tablespoon*, II

la cucharadita *teaspoon*, II

el cuchillo *knife*, I

el cuello *neck*, I

la cuenta *bill*, I; a fin de cuentas *in the end*, II

el cuento *story*, II, 9; **el cuento (de hadas)** *(fairy) tale*, 9; el cuento de viejas *old wives' tale*, 9

la cuerda *rope*, II; **saltar a la cuerda** *to jump rope*, II

el cuero *hide:* **los artículos de cuero** *leather goods*, II

el cuerpo *body*, 2

cuesta(n)... *costs . . .*, I

la cueva *cave*, II; **explorar cuevas** *to explore caves, to go spelunking*, II

el cuidado *care*, I; **tener cuidado** *to be careful*, II

cuidar *to take care of*, I; **cuidar a los enfermos** *to take care of sick people*, II; **cuidar a una mascota** *to take care of a pet*, II

cuidarse *to take care of oneself*, I; **cuidarse la salud** *to take care of one's health*, I

la culebra *snake*, II

culinario(a) *culinary*, II

la culpa *fault*, II

cultivar *to cultivate*, II

el cultivo *crop*, II

la cumbia *a type of Latin American music*, 5

el cumpleaños *birthday*, I; **la tarjeta de cumpleaños** *birthday card*, I

cumplir *to carry out, to serve*, II; cumplir con los requisitos *to meet the requirements*, 8

la cuñada *sister-in-law*, 4

el cuñada *brother-in-law*, 4

el cura *priest*, 6

la cura *cure*, 6

curar *to cure*, II

curioso(a) *curious*, II

la curita *adhesive bandage*, II

el currículum (vitae) *resume*, 8

los cursos *classes*, 3

cuyo(a) *whose*, II

dado(a) *given*, II

la dama *lady*, II; **jugar a las damas** *to play checkers*, II

la danza *dance*, 5

dañino(a) *harmful*, 6

el daño *harm*, II

dar (yo doy) *to give*, I; **a todo dar** *great*, I; **Dale un saludo a... de mi parte.** *Say hi to . . . for me.*, II; **Me da igual.** *It's all the same to me.*, I; **dar una caminata** *to take a walk*, 1; **Me dio (alegría, tristeza, vergüenza, una rabia).** *It made me (happy, sad, embarrassed, angry).*, II; **dar consejos** *to give advice*, II; **dar permiso** *to give permission*, II; **dar una caminata** *to go for a walk, to hike*, II; **dar una vuelta por...** *to walk/drive around . . .*, II; **darle de comer al perro** *to feed the dog*, II; **Me dieron ganas de** + infinitive *I felt like . . .*, II; **me dieron un descuento** *they gave me a discount*, II; **darle miedo** *to scare*, II; **darle un calambre** *to get a cramp*, II; **darle un abrazo** *to give (someone) a hug*, 3

dar a luz *to give birth*, 4

(no) darse por vencido *to (not) give up*, 7

darse prisa *to hurry*, II

darse un golpe en... *to bump one's . . .,* II; **¡Uf! Me di un golpe en...** *Oh! I hit my . . .,* II

Date tiempo para pensarlo. *Give yourself time to think it over.*, 3

de *of, from, in, by*, I; **de allí** *from there*, II; **de amor** *romance . . .,* I; **de mi parte** *on my behalf, my regards;* **Dale un saludo a... de mi parte.** *Say hi to . . . for me.*, II; **De nada.** *You're welcome.*, II; **de nuevo** *again*, II; **¿De parte de quién?** *Who's calling?*, I; **de paseo** *out for a walk, going for a stroll*, II; **de pequeño(a)** *as a child*, II; **de repente** *suddenly*, II; **De repente, empezó a llover...** *Suddenly, it started to rain . . .,* II; **¿De veras?** *Really?*, II; **de verdad** *honestly*, II; **de vez en cuando** *once in a while*, II; **de hecho,** *actually, in fact*, 3; **de improviso** *unexpectedly, suddenly*, 9; **de buen/mal gusto** *in good/bad taste*, 5; **De hoy en adelante** *from now on*, 1

de cultivo biológico *organic*, 10

de modo... *in a . . . way*, 6

declarar la guerra *to declare war*, 9

debajo de *underneath*, I

el debate *debate*, II

deber *should, ought to*, II; **deber** + infinitive *to need to, to have to do something*, II

debido(a) a *due to, because of*, II; *correct, proper, fitting*, 7

la década *decade*, 3

decidir *to decide*, II; decidirse a + infinitive *to decide to*, 8

décimo(a) *tenth*, II

decir (yo digo) *to say*, II; **¿Me dices dónde está...?** *Can you tell me where . . . is?*, II; **¿Me podría decir...?** *Could you tell me . . .?*, II; **¡No me digas!** *No way! You're kidding!*, II; **¿Puede repetir lo que dijo?** *Can you repeat what you said?*, II

declarar *to declare*, II; **declarar la guerra** *to declare war*, 9

la decoración *decoration*, I

decorar *to decorate*, I

dedicarse a *to devote/dedicate oneself to*, II; **¿A qué se dedica...?** *What does . . . do?*, II

el dedo *finger*, I; **el dedo del pie** *toe*, II

la defensa *defense*, 9

la deforestación *deforestation*, 10

las defunciones *obituaries*, 6

la degradación del suelo *soil degradation*, 10

dejar *to allow*, I; *to leave*, I; *to let*, II; dejar en paz *to leave somebody alone*, II; **dejar la propina** *to leave the tip*, II; **Se los dejo en...** *I'll let you have them for . . .*, II; **dejar plantado(a) a alguien** *to stand someone up*, 2

dejar de + infinitive *to stop doing something*, I; **dejar de hablarse** *to stop speaking to one another*, 3

del (de + el) *of the*, I

delante de *in front of*, I

delgado(a) *thin*, I

delicioso(a) *delicious*, I

demasiado(a) *too much*, I

demostrar (ue) *to demonstrate*, II

el dentista, la dentista *dentist*, II

dentro de *within*, II

el dependiente, la dependiente *salesclerk*, I

los deportes *sports*, I; **practicar deportes** *to play sports*, I

deportivo(a) *sports*; **la escalada deportiva** *rock-climbing*, II

el depósito *deposit*, 10

la derecha *right*, II; **a la derecha (de)** *to the right (of)*, II; **doblar a la derecha en** *to turn right on*, II

derecho *straight*, II; **seguir adelante/derecho** *to go straight*, II; **seguir derecho hasta** *to keep going (straight) to*, II

el derecho *the right to*, 2

derramado(a) *spilled*, 9

derribar *to fell*, 2

derretido(a) *melted*, II

derretir (i, i) *to melt*, II

la derrota *defeat*, 5, 9

derrotar *to defeat*, II

el derrumbe *cave-in*, 10

desafiar *to challenge*, 7

el desafío *challenge*, 7

desafortunadamente *unfortunately*, 8

desaparecer (zc) *to disappear*, 8

desarrollar *to develop*, 10

el desastre *disaster*, 10

desastroso(a) *disastrous*, II

desatarse *to come undone*, 9

desayunar *to eat breakfast*, I

el desayuno *breakfast*, I

descansar *to rest*, I

descargar *to unload*, 2

el (la) descendiente *descendant*, 7

desconocido(a) *unknown*, 9

descortés *rude, discourteous*, 2

describir *to describe*, II

el descubrimiento (de) *discovery (of)*, 10

descubrir *to discover*, 10

el descuento *discount*, II

desde luego *naturally, of course*, II

desde que *since*, 10

el desdén *disdain*, 3

desear *to want, to wish for, to desire*, I

desechable *disposable*; **la cámara desechable** *disposable camera*, I

desembarcar *to disembark, to deplane*, I

desempeñar (el papel de...) *to play (the role of . . .)*, 5

el desempleo *unemployment*, 10

desensillar *to remove a saddle from*, 2

el deseo *desire*, II

desértico(a) *desert-like*, II

la desertificación *desertification*, 6

desesperadamente *frantically*, II

desesperado(a) *desperate*, 10, *exasperated*

el desfile *parade*, II

desgraciadamente *unfortunately*, II

el desierto *desert*, II

desleal *disloyal*, 2

desperdiciar *to waste*, 10

el despertador *alarm clock*, 1

despertarse (ie) *to wake*, I

el desprendimiento de tierras *landslide*, 10

después *after, afterwards*, I; **después de** *after*, I; **después de clases** *after class*, I; **después del colegio** *after school*, II; **que me llame después** *tell him/her to call me later*, I

destacarse *to stand out*, II

desterrado(a) *banished*, II

el destino *destination*, II; *destiny*, 3

las destrezas *skills*, II

la destrucción *destruction*, 10

los destructores *destroyers*, II

destruido(a) *destroyed*, II

destruir *to destroy*, II

la desventaja *disadvantage*, 8

detallado(a) *detailed*, 6

el detalle *detail*, 3

detener *to detain, to stop*, 4

detrás de *behind*, I

devolver (ue) *to return, to give back*, I

di *say, tell*, II

el día *day*, I; **algún día** *some day*, I; **Buenos días.** *Good morning.*, I; **el Día de Acción de Gracias** *Thanksgiving Day*, I; **el Día de la Independencia** *Independence Day*, I; **el Día de la Madre** *Mother's Day*, I; **el día de la semana** *day of the week*, I; **el Día de los Enamorados** *Valentine's Day*, I; **el día de tu santo** *your saint's day*, I; **el Día del Padre** *Father's Day*, I; **el día festivo** *holiday*, I; **el plato del día** *daily special*, II; **hoy en día** *nowadays*, II; **todos los días** *everyday*, II; **un día** *one day*, II; en esos días *in those days*, II; el día festivo *holiday*, 8

el diálogo *dialog*, 2

el diario *diary*, II

diario(a) *daily*; la rutina diaria *daily routine*, II

dibujar *to draw*, I

el dibujo *drawing*, 5

los dibujos animados *cartoons*, II

el diccionario *dictionary*, I

dicho *said (past participle of **decir**)*, II

diciembre *December*, I

el (la) dictador(a) *dictator*, 9

diecinueve *nineteen*, I

dieciocho *eighteen*, I

dieciséis *sixteen*, I

diecisiete *seventeen*, I

los dientes *teeth*, I; **el cepillo de dientes** *toothbrush*, I; **la pasta de dientes** *toothpaste*, I; lavarse los dientes *to brush one's teeth*, II

la dieta *diet*, I; **la dieta balanceada** *balanced diet*, II; **seguir (i, i) una dieta sana** *to eat a balanced diet*, I

diez *ten*, I

difícil *difficult*, I

Diga. *Hello. (telephone greeting)*, I

las diligencias *errands*, II; **hacer diligencias** *to run errands*, II

diligente *diligent*, 10

diminuto(a) *tiny, minute*, II

el dinero *money*, I; ganar dinero *to make money*, II; **sacar el dinero** *to get money*, I

el (la) dios(a) *god, goddess* 9

el (la) diplomático(a) *diplomat*, 7, 9

la dirección *address*, I

el director, la directora *principal*, 3, el/la director(a) de cine, *movie director*, 6

el dirigente de orquesta *orchestra conductor*, 9

dirigido(a) *led*, 9

dirigir *to direct*, 8

dirigirse a *to address*, II

el disco compacto *compact disc*, I

la discriminación *discrimination*, 3

discriminar *to discriminate*, 7

la disculpa *apology*, 3

disculparse *to apologize*, 3

Disculpe. *Excuse me.*, II

el discurso *speech*, 7

discutir *to argue*, 3

diseñado(a) *designed*, 9

los diseñadores *designers*, II

diseñar *to design*, II; **diseñar páginas Web** *to design Web pages*, II

el diseño *design*, II; **hacer diseño por computadora** *to do computer design*, II; el diseño gráfico *graphic design*, 3

disfrutar de *to enjoy*, II

disparar *to shoot*, 2

disponer *to arrange*, 3

disponible *available*, II

distinto(a) *different*, 2

distraer *to distract*, II

distraerse *to entertain oneself, to relax*, II

la **diversidad** *diversity*, II

la **diversión** *amusement*; **el parque de diversiones** *amusement park*, I

diverso(a) *diverse*, II

divertido(a) *fun*, I

divertirse (ie, i) *to have fun*, II

divorciado(a)(s) *divorced*, 4

divorciarse (de) *to divorce*, 4

el **divorcio** *divorce*, 4

doblar *to turn*, II; **doblar a la derecha en** *to turn right on*, II; **doblar a la izquierda en** *to turn left on*, II

doce *twelve*, I

el **documental** *documentary*, 6

doler (ue) *to hurt*, I; **Me duele(n)...** *My . . . hurt(s).*, I; **¿Te duele algo?** *Does something hurt you?*, I

el **dolor de cabeza** *headache*, II

el **domingo** *Sunday*, I; **los domingos** *on Sundays*, I

dominicano(a) *Dominican*, 4

el **dominó** *dominoes*, 2

donar tiempo a una causa *to donate time to a cause*, 8

¿dónde? *where?*, I; **¿Dónde estabas y qué hacías cuando...?** *Where were you and what were you doing when . . .?*, 10

doña *title of respect used before a woman's Christian name*, 4

dorar *to brown*, 4

dormir (ue, u) *to sleep*, I; **dormir lo suficiente** *to get enough sleep*, I

dormirse (ue, u) *to fall asleep*, II

dos *two*, I

dos mil *two thousand*, I

dos millones (de) *two million*, I

doscientos(as) *two hundred*, I

la **dosis** *dose*, 3

el **drama** *drama*, 5

dramático(a) *dramatic*, 5

dramatizar *to role-play*, II

el **dramaturgo** *playwright*, II

la **drogadicción** *drug addiction*, 10

la **ducha** *shower*, II

ducharse *to take a shower*, II

la **duda** *doubt*; **sin duda** *without a doubt*, II

dudar *to doubt*, 6

Dudo que estés bien informado(a) sobre.../que sepas... *I doubt that you're well informed about . . ./that you know . . .*, 6

el **dueño** *owner*, II

dulce *sweet*, I

el **dulce** *candy*, I; **el pan dulce** *pastry*, I; el dulce de leche *milk and sugar candy*, 4

el **dulce de coco** *coconut candy*, 4

durante *during*, I

durar *to last*, 2

el **durazno** *peach*, I

el **DVD** *DVD*, I

e *and*, II

echar *to put in, to add*, II; *to grow, to put out*, 5, **echar carreras** *to run races*, II; **Está echado(a) a perder.** *It's spoiled.*, II; **Te echo mucho de menos.** *I miss you a lot.*, II

el **eclipse** *eclipse*, 3

los **ecologistas** *ecologists*, 9

el **ecoturismo** *ecotourism*, II; **hacer ecoturismo** *to go on an ecotour*, II

la **edad** *age*, II

el **edificio** *building*, I

el **editor** *editor*, 6

los **editoriales** *editorial section*, 6

la **educación física** *physical education*, I

educativo(a) *educational*, 6

efectivamente *actually, in effect*, 6

efectivo: en efectivo *in cash*, II

el **efecto invernadero** *greenhouse effect*, 10

eficaz *efficient*, 6

egoísta *selfish*, II

ejecutivo(a) *executive*, II

el **ejemplo** *example*, 2; **por ejemplo** *for example*, 2

ejercer *to practice*, II

el **ejercicio** *exercise*; **hacer ejercicios** *to exercise*, I; **los ejercicios aeróbicos** *aerobic exercises*, 1

el *the (masc. article)*, I

él *he, him (after preposition)*, I

las **elecciones** *elections*, 10

electrónico(a) *electronic*; **el correo electrónico** *e-mail address*, I

elegante *nice, elegant*, II

elegir *to choose*, 3

elevado(a) *elevated*, II

ella *she, her (after preposition)*, I

ellas *they, them (after preposition)*, I

ellos *they, them (after preposition)*, I

la **embajada** *embassy*, II

el (la) **embajador(a)** *ambassador*, 7

la **embarcación** *boat, craft*, 9

el **embarque** *embarkation*; **la tarjeta de embarque** *boarding pass*, I

embravecido(a) *raging, wild*, 9

la **emisora** *radio/TV station*, 6

emocionante *moving, exciting*, 10

la **empanada** *turnover-like pastry*, I

emparejar *to match*, II

empatar *to tie a game*, II

empeñarse en *to insist on, be determined to*, 7

empeñoso(a) *persevering*, 10

empezar (ie) *to start, to begin*, I

la **emigración** *emigration*, 7

la **emoción** *emotion*, 2

empeorar *to make worse*, 8

el **emperador** *emperor*, 7, 9

el (la) **empleado(a)** *employee*, 8

emplear *to use*, II; *to hire*, II

el **empleo** *job*, II; **el empleo a medio tiempo** *part-time job*, 8; **el empleo a tiempo completo** *full-time job*, 8

la **empresa** *company*, 8

el (la) **empresario(a)** *businessman, businesswoman*, 10

en *on, in, at*, I; **en aquel entonces** *back then*, II; *in those days*, II; **en blanco** *blank*, I; **en efectivo** *cash*, II; en esa época *in those days*, II; en medio de *in the middle of*, II; **en oferta** *on sale*, II; en parejas *in pairs*, II; en particular *especially*, 1; **en punto** *on the dot*, I; **¿En qué le puedo servir?** *How can I help you?*, I; en realidad *in fact, really, actually*, II; en secreto *secretly*, II; **en seguida** *right away*, II; **en su punto** *just right*, II; en una hoja aparte *on a separate sheet of paper*, II; en vez de *instead of*, II; en esos días *in those days*, 2; en absoluto *not at all*, 2; en cuanto a *as to, in regards to*, 2; en vivo *live*, 2; **en tu lugar** *in your place*, 3; **en esa situación** *in that situation*, 3; en caso de que *in case*, 7; **En realidad, admiro...** *Actually, I admire . . .*, 5; **En cuanto cumpla los... años voy a...** *As soon as I turn . . . years old, I'm going to . . .*, 7; **en un santiamén** *instantly*, 8

los **enamorados** *lovers*; **el Día de los Enamorados** *Valentine's Day*, I

enamorarse *to fall in love*, 5, 9

el **enano** *dwarf*, II

encajar (en) *to fit in*, 7

el **encaje** *lace*, II

Encantado(a). *Delighted (to meet you).*, II

encantado(a) *enchanted*, 9

encantar *to really like, to love*, I; **Le encanta(n)...** *He/She/You love(s) . . .*, II

el **encargo** *order, task*, 5

encebollado(a) *cooked with onions*; **el bistec encebollado** *steak with onions*, II

las **enchiladas** *tortillas stuffed with meat or cheese (Mex.)*, II

encima de *on top of, above*, I

la **encina** *oak tree*, 6

el **encinal** *oak grove*, 6

encontrar (ue) *to find*, I

encontrarse (ue) con alguien *to meet up with someone*, I

la **encuesta** *survey*, II

el (la) **enemigo(a)** *enemy*, 8

la **energía solar** *solar energy*, 10

enero *January*, I

enfadarse *to get angry*, II

enfermarse *to get sick*, II

la **enfermedad** *disease, sickness*, II, 10

el **enfermero, la enfermera** *nurse*, II

enfermo(a) *sick*, I; **estar**

enfermo(a) *to be sick*, I

los enfermos *sick people*, II

enfocarse en *to focus on*, 7

el enfoque local/nacional/mundial *local/national/world perspective*, 6

enfrentar *to confront*, II

enfrente de *in front of, facing*, II

enfurecer *to infuriate*, 2

enmarañado(a) *tangled*, II

enojado(a) *angry*, 2

enojarse *to get angry*, II

la ensalada *salad*, I; **la ensalada mixta** *mixed salad*, II

ensangrentado(a) *bloody*, 2

ensayar *to rehearse*, 3

el ensayo *rehearsal*, I, *essay*, 2

enseguida *right away*, II, 8

enseñar *to teach, to show*, II

entender (ie) *to understand*, I

enterarse *to find out*, II

entero(a) *whole*, II; *entire*, II

enterrado(a) *buried*, II

enterrar (ie) *to bury*, 10

Entiendo algo de..., pero nada de... *I understand a little about . . ., but nothing about . . .*, 6

entonces *so, then*, II; **en aquel entonces** *back then*, II; *in those days*, II

la entrada *ticket*, II; *entrée, first course*, II; *entry (in a diary), entrance*, 4

los entrantes *appetizers*, II

las entrañas *entrails*, 2

entre *in between*, II

entregar *to give, to turn in*, II

los entremeses *appetizers*, II

el entrenador, la entrenadora *coach*, II

el entrenamiento *practice*, I

entrenarse *to work out*, I

entretenido(a) *entertaining*, 5

el entretenimiento *entertainment*, II

la entrevista *interview*, 8

entrevistar *to interview*, 6

entristecerse *to grow sad*, II

enumerar *to list*, II

envejecer (zc) *to grow old*, 10

en vivo *live*, 6

enviar *to send*, II

el episodio *episode, chapter*, II

la época: en esa época *in those days*, II

el equilibrio *balance, equilibrium*

el equinoccio *equinox*, 9

el equipaje *luggage*, I

el equipo *equipment*, II; *team*, II; el equipo contrario *opposing team*, II; el equipo de rescate *rescue equipment*, 10

la equitación *riding*, II

equivocado(a) *wrong*, II

equivocarse *to be wrong, to be mistaken*, II

Eran como las dos cuando... *It was around two when . . .*, II

Érase una vez *Once upon a time*, II; **Érase una vez en un lugar muy**

lejano... *Once upon a time in a faraway place . . .*, 9

Eres muy bueno(a) para..., ¿verdad? *You're really good at . . ., aren't you?*, 2

el error *a mistake*, II; cometer un error *to make a mistake*, II

la erupción (de un volcán) *eruption (of a volcano)*, 10

Es... *He/She/It is . . .*, I; **Es buena idea que...** *It's a good idea for . . . to . . .*, II; **Es importante que...** *It's important for . . . to . . .*, II; **¡Es increíble!** *It's incredible!*, II; **Es mejor que...** *It's better for . . . to . . .*, II; **Es que se me acabó...** *It's just that I ran out of . . .*, 4; **Es que se me olvidó ponerle...** *It's just that I forgot to add . . .*, 4; es una lástima *it's a pity/shame*, 4; **Es mejor que veas la ópera. Es formidable.** *It's better for you to see the opera. It's great.*, 5; **Es evidente que...** *It's clear that . . .*, 6; **Es dudoso que...** *It's doubtful that . . .*, 6; **Es de esperar que...** *Hopefully . . .*, 9; **Es lamentable que...** *It's too bad that . . .*, 9; **Es muy posible que el tráfico aumente con...** *It's quite possible that traffic will increase with…*, 10; **Es de suponer que...** *I suppose that . . .*, 10

la escalada deportiva *rock-climbing*, II, 2

escalar *to climb*, 2

la escalera *staircase, stairs*, 9

la escena *scene*, II

el escenario *setting*, II; *stage, scenery*, 5

los esclavos *slaves*, II

la escoba *broom*, 8

escoger *to pick, to choose*, I

escolar *school (adj.)*; **la banda escolar** *school band*, II; **los útiles escolares** *school supplies*, I

esconderse *to hide*, 6

el escondite *hiding place*; **jugar al escondite** *to play hide and seek*, II

escribir *to write*, I; **escribir poemas y cuentos** *to write poems and stories*, I; **Se escribe...** *It's spelled . . .*, I

escrito(a) *written (past participle of escribir)*, II; *writings, manuscripts*, 7

los escritores *writers*, II

el escritorio *desk*, I

escuchar *to listen*, I

la escuela *school*, II

esculpir *to sculpt*, 5

la escultura *sculpture*, 5

ése *that (pron.)*, II

ese(a) *that (adj.)*, I

esforzarse (ue) *to strive, to make an effort*, 7

el esfuerzo *effort*, II

la esgrima *fencing*, 2

esgrimir *to fence*, 2

eso *that*; por eso *that's why*, II; **Eso me hace pensar en...** *That makes me think about . . .*, 5; **Eso me resulta fácil/bastante difícil.** *That's easy/pretty difficult for me.*, 8

esos, esas *those (adj.)*, I

ésos, ésas *those (pron.)*, II

el espacio *space*, II

la espalda *back*, I

espantar *to scare*, 2

espantoso(a) *frightening, terrible*, 10

el español *Spanish*, I

especial *special*: el plato especial *special dish*, II; **Qué hay de especial?** *What's the (daily) special?*, II

las especialidades *specialties*, II

los especialistas *specialists*, II

las especias *spices*, II

la especie *type*, II, *species*, 7

espectacular *spectacular*, 9

el espectáculo *show, performance*, II

los espectadores *spectators*, II

el espejo *mirror*, II

la espera *wait*; **la sala de espera** *waiting room*, I

la esperanza *hope*, 3

esperar *to wait, to hope, to expect*, I; **Espera un momento.** *Hold on a moment*, I; **Espero que el viaje sea divertido.** *I hope the trip is fun.*, II; **Espero que estés bien.** *I hope you're doing well.*, II; **Espero ver...** *I hope to see . . .*, I

las espinacas *spinach*, I

el esposo *husband*, II

el esquema *outline, sketch*, 7

el esquí acuático *water skiing*, II

esquiar *to ski*, I; **esquiar en el agua** *to water-ski*, I

la esquina *corner*, II

esta *this (adj.)*, I

ésta *this (pron.)*, I

establecerse (zc) *to get established*, 7

el establecimiento *establishment*, 2

la estación *station*, II; **la estación de bomberos** *fire station*, II; **la estación de trenes/autobuses** *train/bus station*, 1

las estaciones *seasons*, I

el estacionamiento *parking lot*, II

estacionarse *to park*, 8

el estadio *stadium*, I

las estadísticas *statistics*, II

el estado *state*, II

estadounidense *American*, II

estallar *to explode*, 10

las estampillas *stamps*, II; **coleccionar estampillas** *to collect stamps*, II

el estante *bookcase*, II

estar *to be*, I; **No está.** *He/She is not here.*, I; **Está a la vuelta.** *It's around the corner.*, I; **estar aburrido(a)** *to be bored*, I; **Está echado(a) a perder.** *It's spoiled.*, II; **Está (en su punto, exquisito(a), perfecto(a), quemado(a)).** *It's*

(just right, wonderful, perfect, burned)., II; **Está (un poco) salado(a).** *It's (a little) salty.*, I; **Estoy harto(a) de...** *I'm fed up with . . .*, II; **Estoy loco(a) por...** *I'm crazy about . . .*, II; **¿Qué tal está...?** *How is the . . .?*, II; **Está bien.** *All right.*, I; **estar bien** *to be (doing) fine*, I; **Espero que estés bien.** *I hope you're doing well.*, II; **estar en oferta** *on sale*, II; **(no) estar de acuerdo** *to (not) agree*, I; **estar listo(a)** *to be ready*, I; **estar mal** *to be doing badly*, I; *to be sick*, II; **estar resfriado(a)** *to have a cold*, II; **estoy seguro(a) de** *I'm positive that*, II; **No estoy seguro(a).** *I'm not sure.*, II; **estar loco(a) por** *to be crazy about*, 2; **estar dolido** *to be upset*, 2, **Estoy regular.** *I'm all right.*, I; **estar resentido(a)** *to be resentful*, 3; **estar casado(a)(s)** *to be married*, 4; **Está para chuparse los dedos.** *It's good enough to lick your fingers.*, 4; **Está pasada la leche.** *The milk has gone bad.*, 4; **estar al tanto** *to be up-to-date*, 6; **estar bien/mal informado** *to be well/poorly informed*, 6; **estar actualizado** *to be up to date*, 6; **Está fuera de/a mi alcance** *It's outside/within my reach.*, 8; **Estaba en casa cuando...** *I was at home when . . .*, 10; **Estoy convencido(a) de que...** *I'm convinced that . . .*, 6; **Estoy seguro(a) (de) que...** *I'm sure that . . .*, 6; **Estaba en primera plana** *It was on the front page*, 6; **está claro que...,** *it's clear that . . .*, 6; **estar agradecido(a) por** *to be thankful for*, 7; **Estuvo a todo dar.** *It was great.*, I
estas, estos *these (adj.)*, I
la estatua *statue*, 5
  este(a) *this (adj.)*, I; **Este retrato fue pintado por...** *This portrait was painted by . . .*, 5
  éste *this (pron.)*, I
el este *east*, II
el estereotipo *stereotype*, 3
el estilo *style*, II
el estilo de vida *lifestyle*, 7
  estirarse *to stretch*, I
el estofado *stew*, 4
el estómago *stomach*, I
  estornudar *to sneeze*, II
  estos, estas *these (adj.)*, I
  éstos, éstas *these (pron.)*, II
la estrategia *strategy*, II
  estrecho(a) *narrow*, II; estrechos *straits*, 9
la estrella *star*, II; la estrella solitaria *lone star*, II
  estrenar (una película) *to open/premiere (a movie)*, 10
  el estreno *opening/premiere*, 10

el estrés *stress*, II
  estricto(a) *strict*, II
  estridente *shrill*, 5
la estrofa *stanza*, 10
el estuario *estuary*, 10
el estudiante, la estudiante *student*, I
  estudiantil *related to students*, 5; la orquesta estudiantil *student orchestra*, 5
  estudiar *to study*, I
el estudio *study (room)*, II
los estudios *studies*, II
  la estufa *stove*, II
  estupendo(a) *marvelous*, I, 2
  eterno(a) *eternal*, 2
  la etiqueta *price tag*, II
  europeo(a) *european*, II
  evaluar *to evaluate, assess*, 2
  evidente *obvious*, 6
  evitar *to avoid*, II
  exactamente *exactly*, 1
  el examen *test*, I; **presentar el examen de...** *to take a . . . test*, I
  la excursión *hike*, I; **ir de excursión** *to go on a hike*, I
  la excusa *excuse*, II
  exagerado(a) *exaggerated, dramatic*, 3
  exagerar *to exaggerate*, 5
  el éxito *success*, II
  la expedición *expedition*, 9
  experimentar *to experience*, 2
  el experto *expert*, 6
  la explicación *explanation*, II
  explicar *to explain*, II
los exploradores *explorers*, 9
  explorar *to explore*, II; **explorar cuevas** *to explore caves, to go spelunking*, II; **explorar la selva** *to explore the jungle*, II
  la explotación *commercial use, exploitataion (of farmland)*, 9
  explotar *to exploit*, II
  la exportación *exportation*, 10
  la exposición *exhibit*, 5
  expresarse *to express (yourself)*, 7
  exquisito(a) *wonderful*, II
  extenso(a) *extensive*, 9
  la extinción *extinction*, 9
  el extranjero, la extranjera *foreigner*, II
  extranjero(a) *foreign*, II
  extrañar *to miss*, II
  extraño(a) *strange*, II
  extremo(a) *extreme*, II
  extrovertido(a) *outgoing*, I

la fábrica *factory*, II
la fabricación *manufacture*, 8
los fabricantes *manufacturers*, II
  la fábula *fable*, II
  fácil *easy*, I

facilitar *to facilitate*, 8
fácilmente *easily*, II
facturar *to check*, I; **facturar el equipaje** *to check luggage*, I
la falda *skirt*, I; **la falda a media pierna** *mid-length skirt*, II; la falda de la montaña *the foot of the mountain*, II
fallecer *to pass away, die*, II
falso *false*, 1
la falta de *lack of*, 3
  faltar: Le falta no sé qué. *It's missing something; I don't know what.*, II; **Le falta sabor.** *It's missing flavor.*, II; **Le falta sal.** *It's missing salt.*, II; **¿Qué te falta hacer?** *What do you still have to do?*, I; **Sólo me falta...** *I just need to . . .*, II; faltar el entrenamiento *to miss practice*, 2
la fama *reputation*, 3
la familia *family*, I
  familiar *family-related*, 4; la foto familiar *family photo*, 4; los lazos familiares *family ties*, 4
los familiares *relatives*, II
  famoso(a) *famous*, 2
  fanático(a) *fan*, 2
  el fantasma *ghost*, 9
  fantástico(a) *fantastic*
el farmacéutico, la farmacéutica *pharmacist*, II
la farmacia *drugstore*, II
  fascinar *to love*, II
  fastidiar *to bother*, II
  fatal *awful*, II
el favor *favor;* **Favor de + infinitive** *Please . . .*, II; **Haz el favor de + infinitive** *Please . . .*, II; **por favor** *please*, I
  febrero *February*, I
  la fecha *date*, I
  ¡Felicidades! *Congratulations!*, 2
  feliz (pl. felices): ¡Feliz...! *Happy (Merry) . . .!*, I; **vivieron felices para siempre** *they lived happily ever after*, II
  fenomenal *awesome*, I; *great*, II
  feo(a) *ugly*, I
  la feria *fair*, II
  feroz *ferocious*, II
  la ferretería *hardware store*, II
  el ferrocarril *railroad*, II
  festejar *to celebrate*, I
  el festín *party*, 2
  el festival *festival*, 6
  (poco) fiable *(un)trustworthy*, 6
  la ficción *fiction;* **la ciencia ficción** *science fiction*, I
  ficticio(a) *fictitious*, 9
los fideos *noodles*, II; **la sopa de fideos** *noodle soup*, II
la fiesta *party*, I; **hacer una fiesta** *to have a party*, I; **la fiesta sorpresa** *surprise party*, I; las fiestas *holidays*, II
la figura tallada *carved figure*, II

Fíjate que se ha casado. *Get this: he/she got married.*, 4

el fin *end;* **a fin de cuentas** *in the end,* II; **por fin** *at last,* II; *finally,* II

el fin de semana *weekend,* I

el final *final:* **al final** *in the end,* II

financiar *to finance,* 3

la finca *territory,* II

fines de *the end of,* 2

fino(a) *fine, excellent,* II

firmar *to sign,* II

la física *physics,* 3

el flamenco *flamenco music,* 2

el flan *flan, custard,* I; **el flan de vainilla** *vanilla flan,* II

flojo(a) *baggy, loose,* II; *lazy,* 8

la flor *flower,* II

florecer *to bloom,* II

la floristería *flower shop,* II

fluir *to flow,* 6

la fogata *campfire,* II

el folleto *pamphlet, brochure,* II

el fomento *promotion, fostering,* 10

el fondo del mar *the bottom of the ocean,* 9

la forma *form;* **mantenerse en forma** *to stay in shape,* I

formar *to form,* 6

formidable *great, tremendous,* I, 5

formular *to formulate,* 3

la fortuna *fortune,* I

la foto *photo,* I

la fotocopiadora *photocopier,* 8

la fotografía *photography,* 5

el fracaso *failure,* II

la fragancia *fragrance,* 7

el fraile *friar,* 3

francamente *frankly,* II

el francés *French language,* I

el fray *friar,* 3

la frecuencia *frequency;* **¿Con qué frecuencia?** *How often?,* I

frecuentemente *frequently,* II

el fregadero *kitchen sink,* II

freír (i, i) *to fry,* II; **frito(a)** *fried (past participle of* **freír**), II

frenéticamente *frantically,* 9

frenético(a) *frantic, frenzied,* II

las fresas (con crema) *strawberries (and cream),* II

fresco(a) *cool,* I

la frescura *freshness,* 6

los frijoles *beans,* 4

frío(a) *cold,* I; **tener frío** *to be cold,* II

frito(a) *fried (past participle of* **freír**), II; **las papas fritas** *French fries,* I

la frontera *border,* II

frustrar *to frustrate,* 2

la fruta *fruit,* I; **el surtido de frutas frescas** *assorted fresh fruit,* II

la frutería *fruit shop,* II

fue cuando *that was when,* II

Fue todo un... *It was a total . . .,* II

el fuego *fire,* II

los fuegos artificiales *fireworks,* I

la fuente *fountain,* II; *source,* II; **las**

fuentes de energía *sources of energy,* 10

fuerte *strong,* II

fugaz *fleeting,* 2

fumar *to smoke,* I; **dejar de fumar** *to stop smoking,* I

la función *performance,* 5

funcionar *to work, to function,* 2

el (la) funcionario(a) *civil servant, public official,* 7

el fundador *founder,* II

fundar *to found,* II

fúnebre *mournful,* II

el funeral *funeral,* 4

el funicular *cable railway,* II

furiosamente *furiously,* II; *frantically,* II

la fusión nuclear *nuclear fusion,* 10

el fútbol *soccer,* I

el fútbol americano *football,* I

el futuro *future,* 10

las gafas *glasses:* **las gafas de sol** *sunglasses,* II

gala: los vestidos de gala *fancy dresses, gowns,* II

la galería *gallery,* 5

la galleta *cookie,* I

el gallo *rooster,* II

la gamba *shrimp,* 2

la gana *desire:* **Me dieron ganas de (+ infinitive)** *I felt like . . .,* II; **tener ganas de...** *to feel like. . .,* II

el ganado *livestock,* 2

ganar *to win,* II; ganar dinero *to make money,* II

los gandules *pigeon peas,* II

la ganga *bargain,* I

el garaje *garage,* I

garantizar *to guarantee,* 10

la garganta *throat,* I

la gasolinera *gas station,* II

gastar *to spend,* I

el gato, la gata *cat,* I

el gaucho *Argentine cowboy,* 7, 9

el gazpacho *cold tomato soup,* II

la generación *generation,* 9

generalmente *generally,* II

generar *to generate,* 9

el género *genre,* II

generoso(a) *generous,* 2

genial *great,* II

la gente *people,* II; **ayudar a la gente** *to help/assist people,* II; **buena gente** *nice (person),* II

la geografía *geography,* 3

la geometría *geometry,* 3

el gerente *manager,* 8

el gigante *giant,* II

gigantesco(a) *gigantic,* 5

la gimnasia *gymnastics,* II

el gimnasio *gym,* I

la glorieta *traffic circle,* II

el (la) gobernador(a) *governor,* 3

el gobierno *government,* II

el golf *golf,* II

las golosinas *sweets, treats,* 2

el golpe *hit,* II; *bump,* II; **darse un golpe en...** *to bump one's . . .,* II; **¡Uf! Me di un golpe en...** *Oh! I hit my . . .,* II

golpear *to hit,* 9

gordo(a) *fat, overweight,* I

gótico(a) *gothic,* II

gozar de *to enjoy,* II

la grabación *recording,* II

grabar CDs *to burn CDs,* II

la gracia *humor,* II

gracias *thank you,* I; **el Día de Acción de Gracias** *Thanksgiving Day,* I; **Gracias por invitarme, pero ya lo/la he visto.** *Thanks for inviting me, but I've already seen it.,* 5; **Gracias, pero tengo mucho que hacer. La próxima vez iré.** *Thanks, but I have a lot to do. I'll go next time.,* 5; **Gracias al apoyo de... he podido superar...** *Thanks to the support of . . . I have been able to overcome . . .,* 7

gracioso(a) *witty,* I

los grados Fahrenheit/centígrados *degrees Fahrenheit/centigrade,* 1

la graduación *graduation,* I

graduarse (de) *to graduate (from),* 4

la gráfica *graph, diagram, chart,* II

gran *great, big, wide:* **Tenemos un gran surtido de regalos.** *We have a wide assortment of gifts.,* II; **No es gran cosa.** *It's not a big deal.,* I

la granada *pomegranate,* II

grande *big, large,* I

la grandeza *grandeur,* 2

el granero *granary,* II

el granizo *hail,* II

el grano *seed,* II, los granos, *grain*

la grasa *(dietary) fat,* I

gratis *free of charge,* II

gratuito(a) *free of charge,* 3

grave *serious,* II

el griego *Greek (language),* II

el (la) gringo(a) *American,* 2

gris *gray,* I

gritar *to shout,* II; **gritar por ayuda** *to yell for help,* II

el grito *shout,* II

grosero(a) *rude, vulgar,* 2

el grupero *a type of Mexican music,* 5

el grupo étnico *ethnic group,* 7

la guagua *baby,* 7

los guantes *gloves,* II

guapísimo *very handsome,* II; **¡Te ves guapísimo!** *You look very handsome!,* II

guapo(a) *good-looking,* I

el **guardabosques** *forest ranger*, II
guardar los secretos *to keep secrets*, 2
el **guardia** *guard*; el puesto de guardia *guard post*, II
guatemalteco(a) *Guatemalan*, II
la **guayaba** *guava*, 4
gubernamental *governmental*, 10
la **guerra** *war*, 9; la guerra civil *civil war*, 9
el **guerrero** *warrior*, II
el **guía**, la **guía** *guide*: el guía turístico *tour guide*, II; la guía telefónica *telephone book*, II; **la guía turística** *guide book*, II; la guía de ocio *entertainment guide*
los **guineos** *bananas (Puerto Rico, Dominican Republic)*, II
los **guisantes** *peas*, II
el **guiso** *cooked dish*, II
la **guitarra** *guitar*, I
la **gula** *gluttony*, 4
gustar: ¿Cuáles te gustan más...? *Which do you like better . . ?*, II; **Me gustan más los cortos.** *I like the short ones better.*, II; **Me gustaría...** *I would like . . .*, I; **Me gustaría más...** *I would prefer . . .*, I; **¿Te gustan más... o...?** *Do you like . . . or . . . more?*, II; **¿Qué te gustaba hacer?** *What did you like to do?*, II
el **gusto** *pleasure*, II; **al gusto** *to (one's) taste*, II; **El gusto es mío.** *The pleasure is mine.*, II; **Mucho gusto.** *Pleased/Nice to meet you.*, I; **¡Qué gusto verte!** *It's great to see you!*, I; **Tanto gusto.** *So nice to meet you.*, I
los **gustos** *likes*, II

haber *to have (auxiliary verb)*, II; **¿Ha comido en...?** *Have you eaten at . . .?*, II; haber publicado *having published*, II; **Hay algo que se me escapa.** *There's something I can't quite grasp.*, 8
había *there was, there used to be*, II; **Había una vez...** *There once was . . .*, II; **Había muchos desafíos en...** *There were many challenges in . . .*, 7
las **habichuelas** *beans (Puerto Rico)*, II
la **habilidad** *ability*, 8
la **habitación** *bedroom*, I
el **hábito** *habit*, II
hablador(a) *chatty*, 3
hablar *to talk, to speak*, I; **Habla...** *. . . speaking (on the telephone)*, I; **se habla** *is spoken*, II;

Hablando de arte, ¿qué me cuentas de...? *Speaking of art, what can you tell me about . . .?*, 5; **Hablamos del tema; por consiguiente...** *We discussed the issue; consequently . . .*, 7
¿Habrá...? *(future tense of* **haber**) *Will there be . . .?*, II
hacer (yo hago) *to do, to make*, I; **¿Cuánto tiempo hace que tú...?** *How long have you been . . .?*, II; **Entonces, lo que tengo que hacer es...** *So, what I have to do is . . .*, II; **Hace mucho tiempo que yo...** *I've been . . . for a long time.*, II; **Hace poco tiempo que yo...** *I've been . . . for a little while.*, II; **Hace unos (muchos, cinco...) años** *A few (many, five . . .) years ago*, II; **¿Hará...?** *Will it be . . .?*, II; **Haz el favor de** + infinitive *Please . . .*, II; **hecho** *done (past participle of* **hacer**), II; **No hice nada.** *I didn't do anything.*, II; **¿Qué hacías de niño(a)?** *What did you use to do when you were a little boy/girl?*, II; **¿Qué harán ustedes en la playa?** *What will you do at the beach?*, II; **Se nos hace tarde.** *It's getting late.*, II; **Ya lo hice mil veces.** *I've already done it a thousand times.*, II; *to be (with weather expressions);* **Hace buen (mal) tiempo.** *The weather is nice (bad).*, I; **Hacer (calor, fresco, frío, sol, viento).** *to be (hot, cool, cold, sunny, windy).*, I; **¿Qué tiempo hace?** *What's the weather like?*, I; **hacer camping** *to go camping*, II; **hacer cola** *to wait in line*, I; **hacer crucigramas** *to do crossword puzzles*, II; **hacer diligencias** *to run errands*, II; **hacer diseño por computadora** *to do computer design*, II, 1; **hacer ecoturismo** *to go on an ecotour*, II; **hacer ejercicios aeróbicos** *to do aerobics*, II; **hacer juego** *to match, to go with*, II; **hacer la maleta** *to pack your suitcase*, I; **hacer preguntas** *to ask questions*, II; **hacer los quehaceres** *to do the chores*, I; **hacer senderismo** *to go hiking*, II; **hacer travesuras** *to play tricks*, II; **hacer un tour** *to take a guided tour*, II; **hacer un viaje** *to take a trip*, I; **hacer una fiesta** *to have a party*, I; **hacer una llamada por cobrar** *to make a collect call*, II; **hacer una reservación** *to make a reservation*, II; **hacer gimnasia** *to do gymnastics*, 1; **hacer windsurf** *to windsurf*, II; **hacer las paces** *to make up*, 3; **hacer(le) caso a** *to pay attention to*, 3, **Hace muchos años...**

Many years ago . . ., 9; **Hace tiempo, vino un desconocido...** *Some time ago, a stranger came . . .*, 9
hacerse + adjective/noun *to become through personal effort*, 8
hacerse amigo(a) de alguien *to become friends with someone*, 1; hacerse arquitecto *to become an architect*
el **hacha** (f. las hachas) *hatchet, axe*, 6
hallar *to find*
la **hamaca** *hammock*, II
el **hambre** (f.) *hunger*, I, 10; **tener hambre** *to be hungry*, I
la **hamburguesa** *hamburger*, I
el **Hanukah** *Hanukkah*, I
la **harina** *flour*, II
harto(a) (de) *full (of):* **Estoy harto(a) de...** *I'm fed up with . . .*, II
¿Has pensado en...? *Have you thought about . . .?*, 3
hasta *until, up to*, I; hasta cierto punto *to some extent, in a way*, II; **Hasta luego.** *See you later.*, I; **Hasta mañana.** *See you tomorrow.*, I; **Hasta pronto.** *See you soon.*, I; **seguir derecho hasta** *to keep going (straight) to*, II; **subir/bajar... hasta llegar a** *to go up/down . . . until you get to*, II
hay (present tense of **haber**) *there is, there are*, I; **hay veces** *there are times*, I; **¿Qué hay de especial?** *What's the (daily) special?*, II; **¿Qué hay de nuevo?** *What's new?*, I
hay que... *one has to . . .*, 1; **¿Qué hay que hacer en la cocina?** *What needs to be done in the kitchen?*, II; **¿Y qué hay que hacer por aquí?** *And what is there to do around here?*, II; **Hay algo que se me escapa.** *There's something that I can't quite grasp.*, 8
el (la) **hechicero(a)** *sorcerer, sorceress*, 9
el **hecho** *deed, event, fact*, 9
hecho(a) a mano *handmade*, II
la **heladería** *ice cream shop*, I
helado(a) *frozen*, 2
el **helado** *ice cream*, I
el **helicóptero** *helicopter*, 10
la **hembra** *female*, 9
la **herencia** *heritage*, 7
herido(a) *hurt*, II
herir (ie, i) *to hurt (someone)*, II, 3
la **hermana** *sister*, I
la **hermanastra** *stepsister*, 4
el **hermanastro** *stepbrother*, 4
el **hermano** *brother*, I
los **hermanos** *brothers, brothers and sisters*, I
hermoso(a) *beautiful*, 5
el **héroe** *hero*, 9
la **heroína** *heroine*, 9

las herramientas *tools,* 5
    hervido(a) *boiled,* II
    hervir (ie, i) *to boil,* II
el hielo *ice,* II; **el patinaje sobre hielo**
    ice skating, II
la hierba *grass,* II
el hierro *iron,* 10
la hija *daughter,* I
el hijo *son,* I
los hijos *sons, children,* I
el himno *anthem,* 5
    hinchado(a) *swollen,* II
    hinchar *to swell,* II
    hipotético(a) *hypothetical,* 8
la histeria *hysteria,* 5
la historia *history,* I; *story,* II
los historiadores *historians,* II
    histórico(a) *historical,* 9
el hocico *snout,* 2
el hogar *home, household,* 3
la hoja *sheet;* en una hoja aparte
    on a separate sheet of paper, II
las hojas *leaves,* II
    hojear *to turn the pages of, to leaf*
      through, II
    hola *hi, hello,* I
el hombre *man,* I; el hombre
    de nieve *snowman,* II; **el**
    hombre/la mujer de
    negocios *businessman/*
    businesswoman, 8
el hombro *shoulder,* I
    hondo(a) *deep;* **el plato hondo**
    bowl, I
    hondureño(a) *Honduran,* II
    honesto(a) *honest,* 2
    honrar *to honor,* 9
la hora *hour,* II; **¿A qué hora...?** *At*
    what time...?, I; **¿Qué hora es?**
    What time is it?, I
el horario *schedule,* 3, 8
la hormiga *ant,* 8
    horneado(a) *baked,* II
    hornear *to bake,* II
el horno *oven,* I
    horrible *horrible,* I
    hospedarse en... *to stay at...,* II
el hospital *hospital,* II
    hostelero(a): la industria
      hostelera *hospitality*
      industry, II
el hotel *hotel,* I
    hoy *today,* I; hoy en día *nowadays,*
    II; **¿Qué fecha es hoy?** *What's*
    today's date?, I; **Hoy no, gracias.**
    ¿Por qué no lo dejamos para la
    próxima semana? *Not today,*
    thanks. Why don't we wait and do
    it next week?, 5; **hoy (en) día** *these*
    days, 8; **de hoy en adelante** *from*
    now on, 1
    hubo (preterite tense of **haber**)
    there was, there were, II
    huele (inf. **oler**) **a** *it smells like,* II
las huellas *traces,* II; *tracks,* II
    el hueso *bone,* II

el huésped *guest;* el cuarto de
    huéspedes *guest room,* II
el huevo *egg,* I; **los huevos revueltos**
    scrambled eggs, II
    huir *to flee, run away,* II
    húmedo(a) *humid,* II
    humilde *poor,* II
    hundirse *to sink,* 9
el huracán *hurricane,* II

Iba a... *(I) was going to...,* 2
los iberos *Iberians,* II
la idea *idea,* II; **Es buena idea que...**
    It's a good idea for... to..., II; **Ni**
    idea. *I have no idea.,* I
    ideal *ideal,* 2
la identidad *identity;* **el carnet de**
    identidad *ID,* I
    idílico(a) *idyllic,* 2
los idiomas *languages,* II
la iglesia *church,* I
la ignorancia *ignorance,* 3
    igual *the same,* II; **Me da igual.** *It's*
    all the same to me., I
    Igualmente. *Likewise.,* I
la imagen (positiva/negativa)
    (positive/negative) image, 3
    imaginar *to imagine,* 10; **Me**
    imagino que... *I imagine that...*
    imaginativo(a) *imaginative,* 5
    impaciente *impatient,* II
    imparcial *unbiased, objective,* 6
el imperio *empire,* 7, 9
el impermeable *raincoat,* II
    impreso(a) *printed,* 6
    imponente *impressive,* II
    imponer *to impose,* II
    importante *important,* II; **Es**
    importante que... *It's important*
    for... to..., II
    importar *to be important, to*
    matter; **no importa** *it doesn't*
    matter, II
    imprescindible *indispensable,* II
la impresión equivocada *wrong*
    impression, 3
    impresionante *impressive,* 5
el impuesto *tax,* II
    incaico(a) *Incan,* II
    incansable *tireless,* II
el incendio *fire,* II
la incertidumbre *uncertainty,*
    doubt, II
    inclinado(a) *inclined, sloping,* II
    incluir *to include,* II
    incluso *even, actually,* II
    incómodo(a) *uncomfortable,* II
    incomprensible *incomprehensible,* 5
    incorporarse *to join, become part*
    of, 7

la incredulidad *incredulousness,*
    disbelief, 6
    increíble *incredible,* II
la independencia *independence,* 5, 9;
    el Día de la Independencia
    Independence Day, I
    indicado(a) *indicated,* II
    indicar *to indicate,* II
la indiferencia *indifference,* 10
    indígena *indigenous,* II; *native,* 5
    individualmente *individually,* 1
la industria *industry,* 8; la industria
    hostelera *hospitality industry,* II
    industrial *industrial,* 10
    inesperado(a) *unexpected,* 2
    infectado(a) *infected,* II; **Ahora lo**
    tengo infectado. *Now it's*
    infected., II
    infectar *to infect,* II
    influir *to influence, to have an*
    influence, 10
    informar *to report,* 6
    iniciar *to begin, to start,* 3
la inferencia *inference,* 7
    influyente *influential,* II
la información *information,* II
    informar *to inform,* 6
    informativo(a) *informative,* 6
la ingeniería *engineering,* 7
el ingeniero, la ingeniera
    engineer, II
    ingerir (ie, i) *to consume,* II
el inglés *English (language),* I
los ingredientes *ingredients,* II
    ingresar *to join,* II
    iniciado(a) *initiated, begun,* II
las iniciales *initials,* II
    injusto(a) *unfair,* I; **Me**
    parece injusto. *It seems unfair*
    to me., I
    inmediatamente *immediately,* 8
    inmensa *immense,* II
los inmigrantes *immigrants,* 10
    innovador(a) *innovative,* 10
el inodoro *toilet,* II
    inolvidable *unforgettable,* II
    inscribirse *to sign up,* 3
    inseguro(a) *insecure,* 2
    insistir en *to insist,* 3
la insolencia *insolence,* 9
    inspirado(a) *inspired,* II
    inspirarle confianza *to inspire trust*
    in (someone), 6
las instrucciones *instructions*
    insultar *to insult,* 3
    integrarse *to integrate,* 7
    intelectual *intellectual,* I
    inteligente *intelligent,* I
    intentar *to try,* II
la interacción *interaction,* II
    intercambiar *to exchange, to*
    trade, II
el intercambio *exchange;* los
    programas de intercambio
    exchange programs, II
el interés (*pl.* **los intereses**) *interest,*

II; **los lugares de interés** *places of interest,* I

interesante *interesting,* I

interesar *to interest,* II

internacional *international,* II; **banquero(a) internacional** *international banker,* II

Internet *Internet,* II; **el café Internet** *Internet café,* II

interrogante *interrogating, questioning,* 9

interrumpir *to interrupt,* I

íntimo(a) *intimate,* 3

la inundación *flood,* II

el invento *invention,* 10

el (la) inversionista *investor,* 9

invertir *to invest,* 6

la investigación *research,* II

investigar *to research,* 6

el invierno *winter,* I

la invitación *invitation,* I

el invitado *guest,* I

invitar *to invite,* I

involucrado(a) *involved,* 9

involuntario(a) *involuntary,* 10

ir *to go,* I; **Iré a/al...** *I'll go to . . .,* II; **Que te vaya bien.** *Hope things go well for you.,* I; **Fui a...** *I went to . . .,* 1, **Si todavía no ha ido a/al..., debe ir.** *If you haven't gone to . . . yet, you must go.,* II; **¿Vamos bien para...?** *Are we going the right way to . . .?,* II; **¡Ya voy!** *I'm coming!,* II; **ir a** *+ infinitive to be going to (do something),* I; **ir a cafés** *to go to outdoor cafés,* II; **ir a un cibercafé** *to go to a cybercafé,* II; **ir al zoológico** *to go to the zoo,* II; **ir de compras** *to go shopping,* I; **ir de excursión** *to go hiking,* I; **ir de pesca** *to go fishing,* I; **ir de vacaciones** *to go on vacation,* II; **ir por la calle...** *to take . . . street,* II

irradiar *to irradiate, to radiate,* 9

irrecuperable *unrecoverable, irreversible,* 6

irritar *to irritate,* 2

irse *to leave,* I

la isla *island,* I; **la isla tropical** *tropical island,* II

el islote *isle,* II

italiano(a) *Italian;* **la comida italiana** *Italian food,* I

el itinerario *itinerary,* II

izado(a) *raised,* 9

izquierdo(a) *left,* II; **a la izquierda (de)** *to the left (of),* II; **doblar a la izquierda en** *to turn left on,* II

el jabalí *wild boar,* 6

el jabón *soap,* I

el jai alai *jai-alai,* 2

jamás *never,* 1

el jamón *ham,* I

el japonés *Japanese,* II

el jarabe *cough syrup,* II

el jardín *garden,* I; **trabajar en el jardín** *to work in the garden,* II

el jefe *chief,* II; **el jefe, la jefa** *boss,* 8

el jinete *rider,* II

joven *young,* I

el joven, la joven *young person,* II

los jóvenes *young people,* I

la joya *jewel*

las joyas *jewelry,* II

la joyería *jewelry store,* I

los judíos *Jews,* II

el juego *game,* I; **el juego de mesa** *board game,* I; **hacer juego** *to match, to go with,* II; los Juegos Olímpicos *Olympic Games,* 2; **los juegos de computadora** *computer games,* 2

el jueves *Thursday,* I; **los jueves** *on Thursdays,* I

el(la) juez *judge,* 4

el jugador, la jugadora *player,* II

jugar (ue) *to play,* I; **jugar a la casita** *to play house,* II; **jugar a las damas** *to play checkers,* II; **jugar al ajedrez** *to play chess,* II; **jugar al escondite** *to play hide and seek,* II; **jugar al pilla-pilla** *to play tag,* II; **jugar al tenis** *to play tennis,* II; **jugar con bloques** *to play with blocks,* II; **jugar con carritos** *to play with toy cars,* II; **jugar naipes** *to play cards,* II; **Jugaremos con...** *We'll play with . . .,* II, **jugar al golf** *to play golf,* 1

el jugo *juice,* I; **el jugo de...** *. . . juice,* I

el juguete *toy,* I; **compartir los juguetes** *to share toys,* II

la juguetería *toy store,* I

juguetón, juguetona *playful,* II

julio *July,* I

el junco *reed,* II

junio *June,* I

juntarse *to get together,* 2

juntos(as) *together,* II; **trabajar juntos** *to work together,* II

justamente *precisely, exactly,* II

la justicia *justice,* 9

justo(a) *fair,* II; *right,* II; **¡No es justo!** *It's not fair!,* II

juvenil *youth,* II; **el albergue juvenil** *youth hostel,* II

la juventud *youth, childhood,* 2

juzgar *to judge,* 3

el kárate *karate,* 2

la *the (fem. article),* I

la *you, it, (pron.),* I; **Bueno, se la regalo por..., pero es mi última oferta.** *Okay, I'll give it to you for . . ., but that's my last offer.,* II; **Enseguida se la traigo.** *I'll bring it right away.,* II; **(No) te la recomiendo.** *I (don't) recommend it to you.,* II

el laberinto *labyrinth,* II

los labios *lips,* II

la labor *labor,* 6

labrado(a) *carved,* 6

el lado *side;* al lado *next door,* II; **al lado de** *next to,* I

el ladrillo *brick,* II

el lagarto *lizard,* II

el lago *lake,* I; **la orilla del lago** *lakeshore,* II

lamentar *to regret,* 9

las **láminas** *trading cards,* II

la lámpara *lamp,* II

la lana *wool,* I; **de lana** *made of wool,* I

la lancha *motorboat,* I; **pasear en lancha** *to go out in a motorboat,* I

la langosta *lobster,* 4

lanzar(se) *to throw,* II

el lanzamiento *launching,* 10

el lápiz *(pl.* **los lápices)** *pencil,* I; **el lápiz labial** *lipstick,* II

largo(a) *long,* I

las *the (pl. fem. article),* I

las *you, them (pron.),* I

la lástima *pity, compassion;* **¡Qué lástima!** *What a shame!,* I

lastimarse *to injure/hurt oneself,* II

la lata *can,* II; *nuisance;* **la lata de salsa de tomate** *can of tomato sauce,* II; **¡Qué lata!** *What a pain!,* I

el lavabo *bathroom sink,* II

el lavadero *kitchen sink (Peru),* II

la lavadora *washing machine,* II

el lavamanos *bathroom sink,* II

la lavandería *laundromat,* II

el lavaplatos *dishwasher,* II

lavar *to wash,* I; **lavar los platos** *to do the dishes,* I

lavarse *to wash,* I; lavarse los dientes *to brush one's teeth,* II el lavatorio *bathroom sink (Peru, Texas)*, II

le *to/for him, her, you (sing.)*, I; **¿En qué le puedo servir?** *How can I help you?*, I; **Le aconsejo que...** *I recommend that you . . .*, II; **Le encanta(n)...** *He/she/you love(s) . . .*, II; **Le falta no sé qué.** *It's missing something; I don't know what.*, II; **Le falta sabor.** *It's missing flavor.*, II; **Le falta sal.** *It's missing salt.*, II; **Le gusta** + infinitive *He/She/It likes (to) . . .*, I; **Le presento a...** *This is (formal) . . .*, II; **Le voy a dar un precio especial.** *I'm going to give you a special price.*, II

leal *loyal*, 2

la leche *milk*, I; **el café con leche** *coffee with milk*, I

el lechón *piglet, pork*, II; **el lechón asado** *roasted pork*, II

la lechuga *lettuce*, II

la lechuza *owl*, II

el lector *reader*, 8

la lectura *reading*, II

leer *to read*, I

lejano(a) *far away, distant*, 5

lejos *far*; **lejos de** *far from*, I

el lema *motto*, II

la lengua *language*, II; *tongue*, II

lentamente *slowly*, II

los lentes *glasses*, I; **los lentes de contacto** *contact lenses*, II; **usar lentes** *to wear glasses*, I

les *to/for them, you*, I; **A ellos/ellas les gusta** + infinitive *They like to . . .*, I; **A ellos/ellas/ustedes les gusta(n)** + noun *They (emphatic) like . . .*, I; **Les presento a...** *I'd like you (pl.) to meet . . .*, II; **¿Se les ofrece algo más?** *Would you like anything else?*, II; **Le/Les adjunto un(a)...** *I'm enclosing a . . .*, 8; **les agradecieron a...** *they thanked them, you. . .*, 9

la letra *lyrics*, 5, *handwriting*, 8

el letrero *sign*, II

levantar *to lift*, I; **levantar pesas** *to lift weights*, I

levantarse *to get up*, I

la ley (en contra/a favor de) *law (against/in favor of)*, 10

la leyenda *legend*, 9

liberar *to liberate*, 9

la libertad *liberty*, 9

el libertador *liberator*, 9

la libra *pound*, II

libre *free*; **al aire libre** *open-air, outdoor*, II; **el rato libre** *free time*, II; **la lucha libre** *wrestling*, II

la librería *bookstore*, I

el libro *book*, I; **el libro de amor** *romance book*, I; **el libro de aventuras** *adventure book*, I

la licencia *license*, II; **la licencia de conducir** *driver's license*, II; **la licencia de maternidad** *maternity leave*, 8

la licenciatura *bachelor's degree*, 8

el líder *leader*, 5, 9

la liebre *hare*, II

el lienzo *artist's canvas*, 5

la liga *league*, II

la lima *lime*, 4

limpiar *to clean*, I

la limpieza *cleaning*, 8

el limón *lemon*, 4

lindo(a) *pretty*, II; **lindísimo(a)** *really beautiful*, II

la línea *line*; **el patinaje en línea** *in-line skating*, II

la linterna *lantern, flashlight*, II

el lío *mess*, II

la liquidación *liquidation*; **la venta de liquidación** *clearance sale*, II

la lista *list*, II

listo(a) *ready*, I

listo(a)(s) *smart*, 1

la literatura *literature*, 3

la llama *flame*, II

la llamada *telephone call*, II; **hacer una llamada por cobrar** *to make a collect call*, II

llamar *to call*, I; **que me llame después** *tell him/her to call me later*, I

llamarle la atención *to be interested in*, II

llamar la atención *to attract one's attention*, 5

llamarse *to be named*, II

llamativo(a) *striking, attention-grabbing*, 5

el llano *plain, flat ground*, II

la llave *key*, II; **cerrar la puerta con llave** *to lock the door*, II

la llegada *arrival*, I

llegar *to arrive, to get there*, I; **¿Cómo puedo llegar a...?** *How can I get to . . .*, II; **subir/bajar... hasta llegar a** *to go up/down . . . until you get to*, II; **llegar a un acuerdo** *to reach an agreement*, 9

llegar a ser *to become*, 7; **llegar a ser** + adjective/noun *to become or to get to be (after a series of events or after a long time)*, 7

llenar de *to fill up with*, II

lleno(a) *full*, II

llevar *to wear*, I; *to take*, I; *to take, to carry*, II; **llevar (a alguien)** *to take (someone)*, II; **llevar a cabo** *to carry out*, II; **llevar una dieta balanceada** *to eat a balanced diet*, II; **¿Qué lleva el (la)...?** *What's in the . . .?*, II

llevarse *to carry off, to take away*; **llevarse bien** *to get along well*, II; **llevarse mal** *to get along badly*, II; llevarse una sorpresa *to have a surprise*

llorar *to cry*, II; **ponerse a llorar** *to start to cry*, II

llover (ue) *to rain*, I; **De repente, empezó a llover...** *Suddenly, it started to rain . . .*, II; **llover a cántaros** *to pour rain*, II

la llovizna *drizzle*, 1

lloviznar *to drizzle*, II

la lluvia de ideas *brainstorm*, 5

lo *him, it*, I; *you*, I; **Cuando me enteré, no lo pude creer.** *When I found out, I couldn't believe it.*, II; **No lo vas a creer, pero...** *You won't believe it, but . . .*, II; **Ya lo hice mil veces.** *I've already done it a thousand times.*, II; **Lo/La encontré muy interesante.** *I found it very interesting.*, 1; **Lo leí en la sección deportiva** *I read it in the sports section.*, 6; **Lo que le cuesta trabajo...**, *What is difficult . . .*, 7; **Lo puedo hacer.** *I can do it.*, 8; **Lo recuerdo como si fuera ayer...** *I remember it like it was yesterday.*, 10

lo contrario *opposite*, II

lo de *that matter of, that business about*; **¿Cómo te sentiste cuando supiste lo de...?** *How did you feel when you heard about . . .?*, II

lo de siempre *same as usual*, I

lo que *what*, II; *the thing that*, 10; **Cuéntame lo que pasó el día que...** *Tell me what happened the day that . . .*, II; **¿Encontraste lo que buscabas en...?** *Did you find what you were looking for at . . .?*, II; **Entonces, lo que tengo que hacer es...** *So, what I have to do is . . .*, II; lo que pasa *what is happening*, II; **¿Puede repetir lo que dijo?** *Can you repeat what you said?*, II, 2; **Lo que noto es que...** *What I notice is that . . .*, 10

Lo siento. *I'm sorry*, I

lo siguiente *the following*, I

lo suficiente *enough*, II; **dormir lo suficiente** *to get enough sleep*, I

el lobo *wolf*, II

localizado(a) *located*, II

loco(a) *crazy*, II; **Estoy loco(a) por...** *I'm crazy about . . .*, II

el (la) locutor(a) *announcer, newscaster*, 6

el lodo *mud*, 5

lograr *to achieve, to manage (to do something)*, 7

el loro *parrot*, 9

los *the (pl. masc.)*, I; **Los/Las... me dejan frío(a).** *The . . . don't do anything for me (you, him, her).*, 2

los *you, them (pron.)*, I; **Enseguida se los traigo.** *I'll bring them to you right away.*, II; **Se los dejo en...** *I'll let you have them for . . .*, II

los cuales *which*, II

lozano(a) *leafy, robust,* 2
la lucha libre *wrestling,* II
lucir (zc) *to shine,* II; *to display,* 9
luchar por *to fight for,* 7
luego *then, later,* I; **Hasta luego.**
See you later., I; desde luego
naturally, of course, II
el **lugar** *place,* II
los lugares de interés *places of interest,* I
la **luminosidad** *luminosity,* 9
luminoso(a) *bright, luminous,* II
la **luna** *moon,* II
el lunes *Monday,* I; **los lunes** *on
Mondays,* I
la luz (*pl.* **las luces**) *light,* II; **apagar la
luz/las luces** *to turn off the
light(s),* II

la madera *wood,* II
la madrastra *stepmother,* 4
la madre *mother,* I; **el Día de la
Madre** *Mother's Day,* I
la **madrina** *godmother,* II
la **madrugada** *dusk,* 6
la **maestra** *teacher,* II
mágico(a) *magic,* 9
el **maíz** *corn,* I
majado(a) *mashed,* II
mal *bad;* **estar mal** *to be (doing)
badly,* I; *to be sick,* II; **llevarse mal**
to get along badly, II; **Me fue muy
mal.** *I did very badly.,* II; **quedar
mal** *to fit badly,* I; **Te veo mal.** *You
don't look well.,* I
maleducado(a) *rude, ill-bred,* 2
la maleta *suitcase,* I; **hacer la maleta**
to pack your suitcase, I
maliciosamente *maliciously,* 8
malo(a) *bad,* I; **sacar malas notas**
to get bad grades, II
malsano(a) *unhealthy,* II
maltratar *to mistreat,* 3
el (la) malvado(a) *villain,* 9
la **mamá** *mom,* I
mandar *to send,* I
el **mandato** *command,* II
manejar *to drive,* II
la **manera** *way,* II; **a manera** *in the
manner of,* II
las **mangas** *sleeves,* II
las manifestaciones *demonstrations,* 10
la mano *hand,* I; **hecho(a) a mano**
handmade, II; pedir la mano *to ask
for her hand in marriage,* II
el mantel *tablecloth,* II
la mantequilla *butter,* II
mantener (ie) *to maintain,* 7;
to support, 7; mantener en
equilibrio *to keep (something)
balanced,* II

mantenerse (me mantengo, ie) *to
maintain,* I; **mantenerse en forma**
to stay in shape, I
la manzana *apple,* I; *block (Spain,
Dominican Republic),* II
el mañana *tomorrow,* I; **Hasta
mañana.** *See you tomorrow.,* I;
pasado mañana *day after
tomorrow,* I; **¿Mañana vamos a
tener otra prueba en...?** **¡Esto es
el colmo!** *Tomorrow we're going
to have another test in . . . This is
the last straw!,* 3
la mañana *morning,* I; **de la mañana**
in the morning, A.M., I; **por la
mañana** *in the morning,* I
el **mapa** *map,* I
el **maquillaje** *makeup,* I
maquillarse *to put on makeup,* I
la **máquina** *car,* 10
el mar *sea,* II; **bañarse en el mar** *to
swim in the sea,* II
la **maravilla** *wonder, marvel,* II
maravilloso(a) *marvelous,* 5
la **marca** *make, brand,* II
marcharse *to leave,* 6
marcial *martial;* **las artes marciales**
martial arts, II
el **maremoto** *tidal wave, sea
earthquake,* 10
el **marinero** *sailor,* 9
los mariscos *seafood,* II
marítimo(a) *maritime,* 6
el martes *Tuesday,* I; **los martes** *on
Tuesdays,* I
marzo *March,* I
más *more,* I; **¿Algo más?** *Anything
else?,* II; **¿Cuáles te gustan más, ...
o ...?** *Which do you like better, . . .
or . . .?,* II; **Esa corbata es la más
elegante de todas.** *That tie is the
nicest one.,* II; **Más o menos.** *So-
so.,* I; *more or less,* II; **Me gustaría
más...** *I would prefer to . . .,* I;
¿Qué más tengo que hacer? *What
else do I need to do?,* II; **¿Se les
ofrece algo más?** *Would you like
anything else?,* II; **más...que**
more . . . than, 1
la **masa** *mass,* II
el **masaje** *massage,* II
la **máscara** *mask,* II
la **mascota** *pet,* II; **cuidar a una
mascota** *to take care of a pet,* II
las matemáticas *mathematics,* I
la materia *school subject,* I; *material,* II
matricularse *to register, to enroll,* II
el **matrimonio** *wedding,* II
mayo *May,* I
la mayonesa *mayonnaise,* II
mayor *older,* I; *greatest,* 7
la **mayoría** *majority,* II
me *me, to/for me,* I; **A mí (no) me
gusta(n)** + noun *I (emphatic)
(don't) like . . .,* II; **Me caía muy
bien.** *I really liked him/her.,* II; **Me
da igual.** *It's all the same to me.,* I;

Me di un golpe en... *I hit my . . .,*
II; **¿Me dices dónde está...?** *Can
you tell me where . . . is?,* II; **Me
dieron ganas de** + infinitive *I felt
like . . .,* II; **Me dio (alegría,
tristeza, vergüenza, una rabia).** *It
made me (happy, sad, embarrassed,
angry).,* II; **Me duele la garganta**
My throat hurts., II; **Me fue muy
bien (mal).** *I did very well
(badly).,* II; **Me gustaría...** *I would
like . . .,* I; **Me gustaría más...** *I
would prefer to . . .,* I; **Me levanto,
me baño...** *I get up, I bathe . . .,* I;
¿Me podría decir...? *Could you tell
me . . .?,* II; **¿Me puede rebajar el
precio de ese/esa...?** *Can you
lower the price on that . . .?,* II; **Me
puse** + adj. *I felt/became . . .,* II;
Me puse a + infinitive *I started
to . . .,* II; **Me quedan...** *They're . . .,*
II; **Me reí mucho.** *I laughed a lot.,*
II; **Me da lo mismo.** *It's all the
same to me.,* 2; **Me choca la
actitud de... hacia... ¡No aguanto
más!** *I can't stand the attitude
of . . . towards . . . I can't take it
anymore!,* 3; me parece bien *it
sounds good to me,* 4; me da gusto
it pleases me, 4; **Me has dejado
boquiabierto(a).** *You've left me
speechless.,* 4; **¿Me acompañas a...?**
*Do you want to come to . . . with
me?,* 5; **Me cuesta trabajo
(hacer)...** *It takes a lot of work for
me (to do) . . .,* 8; **Me gustaría
ser un(a)...** *I would like to be
a . . .,* 8; **Me interesaría estudiar
para ser un(a)** *I would be
interested in studying to be a . . .,* 8;
Me parece que... *It seems to me
that . . .,* 10; **Me imagino que
para el año ... habrá...,** *I imagine
that by the year . . . there will
be . . .,* 10
la **mecánica** *mechanics;* **trabajar
en mecánica** *to work on cars,* II
el mecánico, la mecánica *mechanic,* II
la **medalla** *medal,* II
mediado(a) *mediated,* 10; a
mediados de *in the middle of,* II
la medianoche *midnight,* I
mediante *through,* II
el médico, la médica *doctor,* II
las **medidas necesarias** *the necessary
steps,* 10
medio(a) *half;* el Oriente Medio
Middle East, II; en medio de *in the
middle of,* II; **la falda a media
pierna** *mid-length skirt,* II; **y
media** *half past,* I
el medio ambiente *environment,* 10
la medio hermana *half sister,* 4
el medio hermano *half brother,* 4
el mediodía *midday, noon,* I
los medios de transporte *means of
transportation,* I

medir (i, i) *to measure,* II; **la taza de medir** *measuring cup,* II

la mejilla *cheek,* II

mejor *better, best,* I; **A lo mejor habrá...** *Maybe there will be . . . ,* 10; **Es mejor que...** *It's better for . . . to,* II; **mejor que nadie** *better than anyone*

mejorar *to improve,* 8

la melodía *melody,* 5

melodioso(a) *melodic,* 5

mencionar *to mention,* II

menor *younger,* I

menos *less,* I; **Más o menos.** *So-so.,* I; *more or less,* II; **...menos cuarto** *quarter to (the hour),* I; **por/a lo menos** *at least,* II; **Te echo mucho de menos.** *I miss you a lot.,* II, **menos... que** *less . . . than,* 1

el **mensaje** *message,* 6

mensual *monthly,* II

la **mente** *mind,* II

mentir (ie, i) *to lie,* 2

la **mentira** *lie,* II

el **menú** *menu,* II

el **mercado** *market,* II; **el puesto del mercado** *market stand,* II; **ir de compras al mercado** *to go shopping at the market,* II

la **mercancía** *merchandise,* II

merendar (ie) *to have a snack,* I

la **mesa** *table,* I; **el juego de mesa** *board game,* I

la **meseta** *highlands,* 2

el **mesero, la mesera** *server,* II

los **meses del año** *months of the year,* I

la **mesita de noche** *bedside table,* II

mestizo(a) *half-Caucasian, half-indigenous,* 7

la **meta** *goal,* 7

el **método** *method,* II

el **metro** *subway,* I; **la parada del metro** *subway stop,* II

mexicano(a) *Mexican,* II; **la comida mexicana** *Mexican food,* I

la **mezcla** *mixture,* II

mezclar *to mix,* II

mí *me (emphatic),* I; **A mí me gusta** + infinitive *I like to . . . ,* I; **A mí siempre me toca...** *I always have to . . . ,* I; **A mí (no) me gusta(n)** + noun *I (emphatic) (don't) like . . . ,* II

mi(s) *my,* I; **Dale un saludo a... de mi parte.** *Say hi to . . . for me.,* II; **¿Dónde estará(n) mi(s)...?** *Where could my . . . be?,* II; **Mis... enfrentaron obstáculos cuando...** *My . . . faced obstacles when . . . ,* 7; **Mi éxito en... se debe a...** *My success in . . . is due to . . . ,* 7

el **miedo** *fear,* I; **darle miedo** *to scare,* II; **tener miedo** *to be scared,* I

la **miel** *honey,* II

los **miembros** *members,* II

mientras *while,* II

el **miércoles** *Wednesday,* I; **los miércoles** *on Wednesdays,* I

mil *one thousand,* I; **dos mil** *two thousand,* I; **Ya lo hice mil veces.** *I've already done it a thousand times.,* II

milagroso(a) *miraculous,* 10

el **militar** *military man,* 9

un millón (de) *one million,* I; **dos millones (de)** *two million,* I

el **mimbre** *willow,* II

la **mina de cobre** *copper mine,* 10

el **mineral** *mineral;* **el agua** *(f.)* **mineral** *mineral water,* II

el **minero** *miner,* 10

la **minifalda** *miniskirt,* II

mío(a) *mine,* II; **El gusto es mío.** *The pleasure is mine.,* II

míos, mías *mine,* II

mirar *to look;* **Nada más estoy mirando.** *I'm just looking.,* I; **mirar las vitrinas** *to window shop,* I

mi(s) *my,* I

la **misa** *Mass,* I

la **misión** *mission,* 3

los **misioneros** *missionaries,* II

mismo(a) *same,* II

el **misterio** *mystery,* I; **la película de misterio** *mystery movie,* I; **las novelas de misterio** *mystery novels,* II

misterioso(a) *mysterious,* 9

el **mito** *myth,* 9

mixto(a) *mixed,* II; **la ensalada mixta** *mixed salad,* II

la **mochila** *backpack,* I

la **moda** *style, fashion,* I; **a la (última) moda** *in the (latest) style,* I; **pasado(a) de moda** *out of style,* I

el **modelo, la modelo** *model,* II

moderno(a) *modern,* 5

el **modo** *way,* II; **el modo de ser** *way of being,* 7

el **mojo** *a type of sauce,* 4

moler (ue) *to grind,* 4

molestar *to bother,* II

el **molino** *mill,* 2; **el molino de viento** *windmill,* 2

el **momento** *moment;* **Espera un momento.** *Hold on a moment.,* I; **en otro momento** *at another time,* 2

la **momia** *mummy,* 10

las **monedas** *coins,* II; **coleccionar monedas** *to collect coins,* II

los **monitos** *comic strips (Texas),* 6

el **mono** *monkey,* I

monstruoso(a) *monstrous,* 9

las **montañas** *mountains,* I; la falda de la montaña *the foot of the mountain,* II;

subir a la montaña *to go up a mountain,* I

montañoso(a) *mountainous,* II

montar *to set up,* 7; **montar a caballo** *(to go) horseback riding,* II; **montar en bicicleta** *to ride a bike,* II

un montón *a ton,* I

la **montura** *saddle,* II

los **monumentos** *monuments,* II

morado(a) *purple,* I

moreno(a) *dark-haired; dark-skinned,* I

morirse (ue, u) *to die,* II

los **moros** *Moors,* II

el **mortero** *mortar,* II

la **mosca** *fly,* 10

la **mostaza** *mustard,* II

el **mostrador** *counter,* I

mostrar (ue) *to show,* II

la **movida** *night life, moving around,* 2

el **movimiento** *movement,* II

la **muchacha** *girl,* I

el **muchacho** *boy,* I

mucho(a) *a lot (of), much,* I; **Hace mucho tiempo que...** *I've been . . . for a long time.,* II; **llueve mucho** *it rains a lot,* I; **Me reí mucho.** *I laughed a lot.,* II; **Mucho gusto.** *Pleased/Nice to meet you.,* I; **pasar mucho tiempo** *to spend a lot of time,* II; **Te echo mucho de menos.** *I miss you a lot.,* II

muchos(as) *a lot of, many,* I; muchas veces *often,* II

mudarse *to move (houses),* 2

la **mueblería** *furniture store,* II

los **muebles** *furniture,* II; **sacudir los muebles** *to dust the furniture,* II

la **muerte** *death,* II

muerto(a) *dead,* II

la **mujer** *woman,* I; **la mujer cartero** *mail carrier (f.),* II; **la mujer policía** *policewoman,* II; **para mujeres** *for women,* I; **la mujer de negocios** *businesswoman,* 8, **la mujer soldado** *female soldier,* 9

la **multa** *fine,* II

el **mundo** *world,* II

la **muñeca** *wrist,* II

las **muñecas** *dolls,* II

la **muralla** *wall,* II

el **mural** *mural,* 5

el **muro** *wall,* II

musculoso(a) *muscular,* 9

el **museo** *museum,* I; **visitar un museo** *to visit a museum,* II

la **música** *music,* I; **la música clásica** *classical music,* II; la música norteña *a type of Mexican music,* 5

los **músicos** *musicians,* II

el **muslo** *thigh,* II

mutuamente *mutually,* 8

muy + adjective *very*, I; **Me caía muy bien.** *I really liked him/her.*, II; **Me fue muy bien (mal).** *I did very well (badly).*, II; **Muy atentamente** *Most sincerely*, 8; **Muy estimado(a) Sr./Sra./Srta.:** *Dear Sir/Madam/Miss:*, 8

nacer (zc) *to be born*, 4
nacido(a) *born*, II; recién nacido(a) *newborn*, II
el nacimiento *birth*, II
la nación *nation*, 6
nacional *national*, II; **el parque nacional** *national park*, II
nada *nothing, not anything*, I; **Nada más estoy mirando.** *I'm just looking.*, I; De nada. *You're welcome.*, II; **No hice nada.** *I didn't do anything.*, II; **para nada** *not at all*, II
nadar *to swim*, I
nadie *nobody, not anybody*, I; **mejor que nadie** *better than anyone*, II
los naipes *cards*, II; **jugar naipes** *to play cards*, II
la naranja *orange*, I
la nariz *nose*, I
narrado(a) *narrated*, II
la natación *swimming*, II
natal *native*; la casa natal *house where someone was born*, II; la ciudad natal *city where someone was born*, II
la naturaleza *nature*, II; **observar la naturaleza** *to nature watch*, II
la navaja *razor*, I
la nave *ship, vessel*, II; la nave espacial *space ship*, 6; **la nave hundida** *sunken ship*, 10
navegable *navigable*, 7
navegar *to sail, to navigate*; **navegar por Internet** *to surf the Internet*, I
la Navidad *Christmas*, I
las necesidades *needs*, II
necesitar *to need*, I; **¿Necesitas algo?** *Do you need anything?*, I
la negación *negation*, 3
negar (ie) *to deny*, 3
el negocio *business*, II; el hombre/la mujer de negocios *businessman/businesswoman*, I
negro(a) *black*, I
neoclásico(a) *neoclassical*, 10
nervioso(a) *nervous*, I
nerviosamente *nervously*, II
nevar (ie) *to snow*, I

ni *neither, nor*, I; **Ni idea.** *I have no idea.*, I
nicaragüense *Nicaraguan*, II
la niebla *fog*, II
la nieta *granddaughter*, I
el nieto *grandson*, I
los nietos *grandsons, grandchildren*, I
nieva *it snows*, I
la nieve *snow*, II; el hombre de nieve *snowman*, II
ningún *none, not (a single) one*, II
ninguno(a) *none, not (a single) one*, II; **No va a ninguna parte.** *He/She doesn't go anywhere.*, I
la niña *girl*, II; **¿Qué hacías de niña?** *What did you use to do when you were a little girl?*, II
la niñez *childhood*, II
el niño *boy*, II; **¿Qué hacías de niño?** *What did you use to do when you were a little boy?*, II
los niños *children*, I
el nivel *level*, 10
no *no*, I; *not, do not*, I; **Cómo no.** *Of course.*, II; **Ya no.** *Not anymore.*, II; **No, ando planeando...** *No, I'm planning . . .*, II; **¡No es justo!** *It's not fair!*, II; **No estoy seguro(a).** *I'm not sure.*, II; **No hice nada.** *I didn't do anything.*, II; **No lo vas a creer, pero...** *You won't believe it, but . . .*, II; **nomás** *just, only*, I; **¡No me digas!** *No way! You're kidding!*, II; **no sólo... sino... también** *not only . . . but . . . as well*, II; **No te lo/la recomiendo.** *I don't recommend it to you.*, II; **No te olvides de...** *Don't forget to . . .*, II; **No te preocupes.** *Don't worry.*, II; **¿no?** *right?*, I; **No cabe duda que...** *There's no doubt that . . .*, 6; no es cierto que... *it's not true that . . .*, 6; no intencional *unintentional*, 8; **No vayamos...** *Let's not go . . .*, 2; **No aguanto...** *I can't stand . . .*, 2; **No me parece que sea justo.** *I don't think it's fair.*, 3; **No te conviene...** *It's not good for you . . .*, 3; **No te olvides de...** *Don't forget to . . .*, 3; **No lo hice a propósito.** *I didn't do it on purpose.*, 3; **No quise hacerte daño/ofenderte.** *I didn't mean to hurt/offend you.*, 3; **¡No me digas!** *You don't say!*, 4; **¡No me lo puedo creer!** *I can't believe it!*, 4; **No te olvides de ir al ensayo de la banda.** *Don't forget to go to band practice.*, 5; **No creo que los periodistas/los noticieros sean...** *I don't think that journalists/newscasts are . . .*, 6; **No estoy seguro(a) (de) que tengas razón sobre...** *I'm not sure that you're right about . . .*, 6; **No tengo**

la menor idea si... *I don't have the slightest idea if . . .*, 6; **No estudié así que...** *I didn't study, so . . .*, 7; **No logro entender...** *I can't seem to understand . . .*, 8; **No me cabe en la cabeza.** *I can't understand it.*, 8; **No me es nada difícil.** *It's not hard for me at all.*, 8; **No, no me acuerdo para nada.** *No, I don't remember at all.*, 10
la noche *night*, II; **esta noche** *tonight*, II; cada noche *each night*, II; **de la noche** *at night, P.M.*, I; **la mesita de noche** *bedside table*, II; **por la noche** *at night, in the evening*, I
la Nochebuena *Christmas Eve*, I
la Nochevieja *New Year's Eve*, I
la noción *notion, idea*, 3
nocturno(a) *night*, II
nombrado(a) *named*, II
el norte *north*, II
nos *to/for us*, I; **Nos peleábamos** *We fought (would fight)*, II; **¿Nos trae...?** *Would you bring us . . .?*, II; **¿Qué nos recomienda?** *What do you recommend?*, II; **Se nos hace tarde.** *It's getting late.*, II; **Nos costó trabajo acostumbrarnos a...** *It took a lot of work for us to get used to . . .*, 7; **Nos esforzamos en...** *We made a big effort at . . .*, 7
nosotros(as) *we, us (after preposition)*, I
la nota *grade*, II; **sacar (buenas, malas) notas** *to get (good, bad) grades*, II
notar *to notice*, 2
la noticia *news*, II; **Cuando oí la noticia no lo quise creer.** *When I heard the news, I didn't want to believe it.*, II
las noticias *news*, II; **¿Qué noticias tienes de...?** *What news do you have of . . .?*, II; **las noticias (en línea)** *news (online)*, 6
el noticiero *newscast*, 6
novecientos(as) *nine hundred*, I
la novela *novel*, I
noveno(a) *ninth*, II
noventa *ninety*, I
noviembre *November*, I
la novia *girlfriend*, II; *bride*, 4
el novio *boyfriend*, II; *groom*, 4
los novios *the bride and groom*, 4
las nubes *clouds*, II
nublado(a) *cloudy*, I; **Está nublado.** *It's cloudy.*, I
la nuca *nape of the neck*, 2
nuestro(a) *our*, I
nueve *nine*, I
nuevo(a) *new*, II; **el Año Nuevo** *New Year's Day*, I; de nuevo *again*, II; **¿Qué hay de nuevo?** *What's new?*, I

las nueces *nut(s)*, I
el número *number*, I; *shoe size*, I
nunca *never*, I
nutritivo(a) *nutritious*, II

o *or*, I
obedecer (zc) *to obey*, 7
obediente *obedient*, II
los **obituarios** *obituaries*, 6
el objetivo *objective*, 7
el objeto *object*, II
obligatorio(a) *obligatory*, 3
la obra *work*, 5; *(de teatro)*, *play*, 5,
  la obra maestra *masterpiece*, 2
observar *to observe*; **observar
  la naturaleza** *to observe
  nature*, 1
obtener (-go, ie) *to obtain*, II
obvio(a) *obvious*, 6; Es obvio que
  It's obvious that . . ., 6
ochenta *eighty*, I
ocho *eight*, I
ochocientos (as) *eight
  hundred*, I
ocio *leisure, spare time*, 2; guía de
  ocio *entertainment guide*, 2
octavo(a) *eighth*, II
octubre *October*, I
ocupado(a) *busy*, II
ocupar *to occupy, fill, take up*, II
ocurrir *to occur*, II
odiar *to hate*, II
el oeste *west*, II
la oferta *special offer*; **estar en oferta**
  to be on sale, II; **la última oferta**
  last offer, II
ofender *to offend*, 3
la oficina de... *office of . . .*, II; **la
  oficina de cambio** *money
  exchange*, I; **la oficina de correos**
  post office, I; **la oficina de
  turismo** *tourism office*, II
el oficio *job, profession,
  occupation*, II
ofrecer (zc) *to offer*, II; **¿Se les
  ofrece algo más?** *Would you like
  anything else?*, II
el oído *(inner) ear*, I
  oír *to hear*, II; **Cuando oí la noticia
  no lo quise creer.** *When I heard
  the news, I didn't want to believe
  it.*, II
  Ojalá que... *I hope that . . .*, II;
  **Ojalá que los países aún en
  guerra...** *I hope that the countries
  still at war . . .*, 9
  ¡ojo! *careful!, look out!*, II

los ojos *eyes*, I; **tener los ojos azules**
  to have blue eyes, I; **tener ojos
  de color café** *to have brown
  eyes*, II
las **olas** *waves*, II
  oler (ue) *to smell*, II; **huele a** *it
  smells like*, II
  olímpico(a) *Olympic*, 2; los Juegos
  Olímpicos *Olympic Games*, 2
la oliva: **el aceite de oliva** *olive oil*, II
las **ollas** *pots, pans*, II
  la ollita *little pot*, 2
  el olor *odor, smell*, 2
  oloroso(a) *good-smelling*, 2
  olvidar *to forget*, 3
  olvidarse (de) *to forget (about), to
  forget (to)*, II; **No te olvides de...**
  Don't forget to . . ., II; **Se me
  olvidó por completo.** *I totally
  forgot.*, II
  once *eleven*, I
la onda *wave*, 6; de onda corta
  shortwave, 6
  ondular *to wave, to undulate*, 5
la opción *option, choice*, II
  opinar *to think, to be of the
  opinion*, 6
la oportunidad *opportunity*, II
el opresor *oppressor*, 3
opuesto(a) *opposite*, 2
la oración *sentence*, II
la oratoria *speech (class)*, 1
el orden *order, organization*, 6
la orden *command*, 6
el ordenador *computer*, II
ordinario(a) *ordinary*, 2
la oreja *(outer) ear*, II
  organizar *to organize*, I; *to tidy
  up*, II
el orgullo *pride*, 7
el origen *origin*, 7
  original *original*, 5
la orilla *edge, border*; **la orilla del lago**
  lakeshore, II; **la orilla del río**
  riverbank, II
el oro *gold*, II; el Siglo de Oro *Golden
  Age*, II; oros, copas y bastos
  playing cards, 10
  orondo(a) *conceited*, 4
la orquesta *orchestra*, 5; el dirigente
  de orquesta *orchestra
  conductor*, II
la ortografía *spelling*, 2
os *to/for you (pl., Spain)*, I
el oso *bear*, II
el otoño *autumn*, I
  otro(a) *other, another*: **¿Otra vez,
  por favor?** *One more time,
  please?*, II
  otros(as) *other, others*, II
la oveja *sheep*, 2
  Oye *Hey*, II

el pabellón *pavilion*, II; el pabellón
  nacional *flag*, 9
pacer (zc) *to graze on*, 2
la paciencia *patience*, II
paciente *patient*, II
el paciente, la paciente *patient*, II
el padrastro *stepfather*, 4
el padre *father*, I; *priest*, 5; **el Día del
  Padre** *Father's Day*, I
los padres *parents*, I
  padrísimo(a) *really great,
  awesome*, 5
  pagar *to pay*, I; **pagar con cheques
  de viajero** *to pay with traveler's
  checks*, II; **pagar con tarjeta de
  crédito** *to pay with a credit card*,
  II; **pagar en efectivo** *to pay cash*,
  II; **pagar la cuenta** *to pay the
  bill*, II
la página *page*, II; **páginas Web** *Web
  pages*, II
el país *country*, I
el paisaje *landscape*, 2
la paja *straw*, II
el pájaro *bird*, II
la palabra *word*, II; la palabra clave
  key word, II
el palacio *palace*, II
  pálido(a) *pale*, 9
el pan *bread*, I; **el pan dulce** *pastry*, I;
  el pan tostado *toast*, I
la panadería *bakery*, II
el pánico *panic*, 10
la pantalla *monitor, screen*, I
los pantalones (vaqueros) *pants
  (jeans)*, I; **los pantalones cortos**
  shorts, I
el panteón *cemetery*, II
la pantorrilla *calf*, II
el paño *cloth*, 8
el papá *dad*, I
la papa *potato*, I; **las papas fritas**
  French fries, I
el papel *paper*, I; *role*, II; hoja de papel
  sheet of paper, II
la papelería *stationer's shop*, II
el par *pair*, I
  para *for, to, in order to*, I; **Estoy
  buscando un regalo para mi...**
  I'm looking for a gift for my . . .,
  II; **para nada** *not . . . a bit/at
  all*, II; Para servirle. *At your
  service.* **¿Tienes planes para el...?**
  Do you have plans for . . .?, II;
  ¿Vamos bien para...? *Are we going
  the right way to . . .?*, II; para que
  in order, 7
el paracaídas *parachute*; **saltar en
  paracaídas** *to go skydiving*, II

la parada del metro *subway stop,* II
el paraguas *umbrella,* II
   paraguayo(a) *Paraguayan,* II
el paraíso *paradise,* II
parar *to stop,* II
   pararse *to stand up,* 2
parcial *biased,* 6
Parece mentira que haya.../que digan... *It's hard to believe that there are . . ./that they say . . .,* 6
   parecer *to seem, to think,* I; **Me parece bien.** *It's all right with me,* I; **Me parece injusto.** *It seems unfair to me.,* I; **¿Qué te parece este color?** *What do you think of this color?,* II; *to resemble,* 4; **parecer que** *in one's opinion,* 6
   parecido(a) *similar,* II
la pared *wall,* II
la pareja *couple,* II; **en parejas** *in pairs,* II
los parientes *relatives,* II, **el pariente lejano** *distant relative,* 4
el parque *park,* I; **el parque de atracciones** *amusement park,* II; **el parque de diversiones** *amusement park,* I; **el parque nacional** *national park,* II
el párrafo *paragraph,* II
la parrilla *grill;* **el bistec a la parrilla** *grilled steak,* II
la parte *part;* **Dale un saludo a... de mi parte.** *Say hi to . . . for me.,* II
   participar *to participate,* II
el participio pasado *past participle,* II
la partida *departure,* II
el partido de... *the . . . game,* I
   partir *to start out on, to set off on;* a partir de *as of, starting on,* II; **A partir de entonces vivieron siempre felices.** *From then on they lived happily ever after.,* 9
el pasaboca *appetizer,* II
el pasadizo *corridor,* II
   pasado(a) *last,* I; *past,* 10; **el año pasado** *last year,* I; **pasado(a) de moda** *out of style,* I; **pasado mañana** *day after tomorrow,* I
el pasaje *passage,* 3
   pasajero(a) *temporary,* 6
el pasajero, la pasajera *passenger,* I
el pasaporte *passport,* I
   pasar *to spend (time, occasion),* I; *to come in;* **Cuéntame lo que pasó el día que...** *Tell me what happened the day that . . .,* II; **pasar el rato solo** *to spend time alone,* I; **pasar mucho tiempo** *to spend a lot of time,* II; **¿Qué te pasó?** *What happened to you?,* II; **pasarlo bien/mal** *to have a good/bad time,* 2, **lo pasé de película/de**

maravilla *I had a great time,* 1; **pasárselo bomba** *to have a great time,* 1; **pasar la aspiradora** *to vacuum,* I; **pasar por** *to stop at/by,* I; *to go through,* I; **pasar por alto** *to overlook,* 6; **pasártelo(la)** *to get someone for a telephone call,* I
las pasas *raisins,* 4
el pasatiempo *hobby,* I; **buscar un pasatiempo** *to look for a hobby,* I
el(la) paseante *walker, stroller,* II
   pasear *to go for a walk,* I; **pasear en bote** *to go boating,* II; **pasear en bote de vela** *to go out in a sailboat,* I; **pasear en lancha** *to go out in a motorboat,* I
   pasearse *to stroll, to take a walk,* II
el pasillo *hallway,* 5
   pasivo(a) *passive,* 8
la pasta de dientes *toothpaste,* I
el pastel *cake,* I
la pastelería *pastry shop,* II
el(la) pastelero(a)(a) *pastry cook,* 4
la pastilla *pill,* II; **tomarse unas pastillas** *to take some pills,* II
el pasto *pasture,* 2
el patinaje *skating,* II; **el patinaje (en línea)** *(inline) skating,* II; **el patinaje sobre hielo** *ice-skating,* II
   patinar *to skate,* I
el patio *patio, yard,* I
la patria *homeland, mother country,* 9
   patrocinar *to sponsor,* II
el patrón *(pl. los patrones) pattern,* II; *master,* II
el pavo (con relleno) *turkey (with stuffing),* 4
la paz *peace;* **dejar en paz** *to leave somebody alone,* II
   peatonal *pedestrian,* II; **la zona peatonal** *pedestrian zone,* II
los peatones *pedestrians,* II
el pecho *chest,* I
el pedazo *piece,* II
   pedir (i, i) *to ask for, to order,* I; **pedir información** *to ask for information,* II; pedir la mano *to ask for her hand in marriage,* II; **pedir perdón** *to ask for forgiveness,* II
   peinarse *to comb your hair,* I; *to brush one's hair,* II
el peine *comb,* I
   pelado(a) *peeled,* II
   pelearse *to fight,* II, 3
la película *film, movie,* I; **(de ciencia ficción, de terror, de misterio)** *(science fiction, horror, mystery),* I; **el rollo de película** *roll of film,* II
el peligro *danger,* II
   peligroso(a) *dangerous,* 2

pelirrojo(a) *red-headed,* I
el pelo *hair,* I; **cortarse el pelo** *to get a haircut,* I
la pelota *ball,* II
el peluche *felt;* **los animales de peluche** *stuffed animals,* II
la peluquería *hair salon,* II
el peluquero, la peluquera *hairstylist,* II
la pena *sorrow, grief,* 10
   pendiente *pending,* 6
los pensamientos *thoughts,* II
   pensar (ie) *to think,* I; **pensar + infinitive** *to plan to,* I; **pensar en** *to think about,* II
la pensión *boarding house, inn,* II
   peor(es) *worse,* II
el pepino *cucumber,* 4
la pepita *kernel,* 4
   pequeño(a) *small,* I; **de pequeño(a)** *as a child,* II
la pera *pear,* II
   perder (ie) *to lose, to miss,* I; *to lose,* II; **Está echado(a) a perder.** *It's spoiled.,* II
   perderse (ie) *to get lost,* II
el perdón *forgiveness,* II
   Perdón. *Excuse me.,* *Pardon me.,* II
   Perdóname. No sé en qué estaba pensando. *Forgive me. I don't know what I was thinking.,* 3
   perdonar *to forgive,* 3
   perezoso(a) *lazy,* I
   perfecto(a) *perfect,* II; **Está perfecto.** *It's perfect.,* II
el periódico *newspaper,* II; **el periódico sensacionalista** *tabloid newspaper,* 6
el periodismo *journalism,* 8
el periodista, la periodista *journalist,* 6
la perla *pearl,* II
   permanecer (zc) *to stay, to remain,* II
el permiso *permission;* dar permiso *to give permission,* II
   permitir *to allow,* II; **se permite** *is allowed,* II
   pero *but, nevertheless,* I
el perro, la perra *dog,* I; **darle de comer al perro** *to feed the dog,* II
   perseguido(a) *pursued,* 10
   perseguir (i, i) *to chase,* 6
la persona *person,* I
el personaje *character,* 2
el personal *personnel, staff,* II
   pertenecer (zc) a *to belong to,* 7
   peruano(a) *Peruvian,* II
la pesadilla *nightmare,* 9
   pesado(a): ¡Ay, qué pesado! *Oh, what a drag!,* II; **¡Qué pesado!** *How boring!,* II
las pesas *weights,* I
la pesca *fishing,* I
la pescadería *fish market,* II

el **pescado** *fish,* I;
pescar *to fish,* I; **la caña de pescar** *fishing rod,* II
pésimo(a) *terrible,* I, 5
el **peso** *weight,* I
los **pesticidas** *pesticides,* 10
el **petróleo** *petroleum, oil,* 6
el **pez** (*pl.* **peces**) *fish (live),* II
picado(a) *diced,* II
picante *spicy,* I; **la salsa picante** *hot sauce,* I
el **picadillo** *dish of ground beef and vegetables,* 4
picar *to dice,* II; *to snack,* 2; *to sting,* 10; **algo de picar** *something to snack on*
el **picnic** *picnic,* I
el **pie** *foot,* I; **el dedo del pie** *toe,* II
la **piedra** *stone, rock,* II
la **piel** *skin,* II
la **pierna** *leg,* I; **la falda a media pierna** *mid-length skirt,* II
la **pieza** *piece,* II
la **pila de heno** *haystack,* 2
pilla-pilla: jugar al pilla-pilla *to play tag,* II
la **pimienta** *black pepper,* II
pintar *to paint,* II
pintarse las uñas *to paint one's nails,* II
las **pinturas** *paintings,* II
la **piña** *pineapple,* II
la **piñata** *piñata,* I
la **pirámide** *pyramid,* I; **la pirámide alimenticia** *food pyramid,* II
la **piscina** *swimming pool,* I
el **piso** *floor,* I; **el edificio de... pisos** *...story building,* I
el **pisote** *raccoon-like animal,* 6
la **pista** *clue,* II; *runway,* II
el **piyama** *pajamas,* I
la **pizca** *pinch,* II
la **pizza** *pizza,* I
la **pizzería** *pizza parlor,* 3
planchar *to iron*
planear *to plan,* II; **No, ando planeando...** *No, I'm planning...,* II
los **planes** *plans,* I; **¿Tienes planes para el...?** *Do you have plans for...?,* II
el **planeta** *planet,* 10
el **plano** *floorplan,* II; **el plano de la ciudad** *city map,* II
la **planta** *floor,* II
la **planta hidroeléctrica** *hydroelectric plant,* 8
la **plantación bananera** *banana plantation,* II
las **plantas** *plants,* I; **regar las plantas** *to water the plants,* II
el **plástico** *plastic,* II

la **plata** *silver,* II
el **plátano** *banana,* II
platicar *to chat,* II
el **platillo** *dish,* II
el **plato** *dish, plate,* I; **el plato del día** *daily special,* II; **el plato especial** *special dish,* II; **el plato hondo** *bowl,* I; **el plato principal** *main dish,* II; **lavar los platos** *to do the dishes,* I
la **playa** *beach,* I; **el balón de playa** *beachball,* II; **¿Qué harán ustedes en la playa?** *What will you all do at the beach?,* II
la **plaza** *town square, plaza,* II; **la plaza de comida** *food court in a mall,* I
el **pluscuamperfecto** *pluperfect, past perfect,* 5
la **población** *population,* II
pobre *poor,* II
¡Pobrecito(a)! *Poor thing!,* II
poco(a) *few, little, not much,* I; **Hace poco tiempo que yo...** *I've been... for a little while.,* II; **un poco** *a little,* I; **Poco a poco se adaptaron a...** *Little by little they adapted to...,* 7
poco fiable *untrustworthy,* 6
pocos(as) *few, not many,* I
poder (ue, u) *to be able to, can,* I;
¿Puedes dárme algún consejo? *Can you give me some advice?,* 1; **Cómo puedo llegar a...?** *How can I get to...?,* II; **Cuando me enteré, no lo pude creer.** *When I found out, I couldn't believe it.,* II; **¿Me podría decir...?** *Could you tell me...?,* II; **¿Me puede rebajar el precio de ese/esa...?** *Can you lower the price on that...?,* II; **¿Puede repetir lo que dijo?** *Can you repeat what you said?,* II; **¿Puedo ayudarte?** *Can I help you?,* II; **¿Sabe usted dónde se puede...?** *Do you know where I can...?,* II; **¡No me lo puedo creer!** *I can't believe it!,*
los **poderes** *powers,* II
poderoso *powerful,* II
podrido(a) *rotten,* 6
el **poema** *poem,* II
la **poesía** *poetry,* II
el **policía** *police officer,* I; *policeman,* II; **la mujer policía** *policewoman,* II
el **político** *politician,* 6
la **política** *politics,* II
el **pollo** *chicken,* I; **el caldo de pollo** *chicken soup,* II; **el pollo asado** *roast chicken,* II; **el pollo frito** *fried chicken,* 4
el **polvo** *dust:* **quitar el polvo** *to dust the furniture,* II

el **ponche** *punch,* I
poner (pongo) *to put,* I; **poner la mesa** *to set the table,* I
ponerse (me pongo) *to put on,* I; *to put something on,* II; **Me puse** + adjective *I got/became...,* II; **Me puse a** + infinitive *I started to...,* II; **ponerse a llorar** *to start to cry,* II; **ponerse en contacto** *to contact, to get in touch,* II; **ponerse** + adjective *to become (change in physical or mental state),* 8
popular *popular,* 2
por *in, by,* I; **cambiar (por)** *to exchange (for),* II; **dar una vuelta por...** *to walk/drive around,* II; **Estoy loco(a) por...** *I'm crazy about...,* II; **gritar por ayuda** *to yell for help,* II; **por el estilo** *of that sort,* I; **por la mañana** *in the morning,* I; **por la tarde** *in the afternoon,* I; **hablar por teléfono** *to talk on the phone,* I; **hacer diseño por computadora** *to do computer design,* II; **hacer una llamada por cobrar** *to make a collect call,* II; **ir por la calle...** *to take... street,* II; **llamar por teléfono** *to make a phone call,* I; **por aquí** *around here,* II; **¿Y qué hay que hacer por aquí?** *And what is there to do around here?,* II; **Se me olvidó por completo.** *I totally forgot.,* II; **por eso** *that's why,* II; **por favor** *please,* I; **por fin** *at last,* II; *finally,* II; **por lo general** *generally,* II; **por lo menos** *at least,* II; **por primera vez** *for the first time,* II; **por ejemplo** *for example,* 2; **por medio de** *by means of,* 2; **por digna de** *thanks to,* 3; **Por fin... logré...** *Finally... I managed to...,* 7; **Por medio de la presente...** *The purpose of this letter is...,* 8
¿por qué? *why?,* I; **¿Por qué no vamos a...?** *Why don't we go to...?,* 5
Por supuesto. *Of course.,* II
el **porcentaje** *percentage,* II
la **porción** *portion,* II
la **porfía** *persistence, struggle,* 4
los **porotos** *beans,* 7
porque *because,* I
el **porteño** *nickname given to people from Buenos Aires because of the port,* 10
poseer *to possess,* 9
el **posgrado** *postgraduate (program),* II
postal *postal;* **la tarjeta postal** *post card,* II

posteriormente *later, subsequently*, II

los pósters *posters*, II; **coleccionar pósters** *to collect posters*, II

el postre *dessert*, I

potable *drinkable;* **el agua potable** *drinking water*, II

practicar *to practice*, II; *to play (a sport)*, II; **practicar atletismo** *to do track and field*, 1; **¿Sigues practicando...?** *Are you still practicing . . .?*, II; **practicar deportes** *to play sports*, I

práctico(a) *practical*, II

el precio *price*, II; **Le voy a dar un precio especial.** *I'm going to give you a special price.*, II; **¿Me puede rebajar el precio de ese/esa...?** *Can you lower the price on that . . .?*, II

preciso(a) *precise*, II

la predicción *prediction*, II

preferible *preferable*, 2

preferido(a) *favorite*, I

preferir (ie, i) *to prefer*, I

la pregunta *question*, II

preguntar *to ask*, II

preguntarle a alguien *ask someone*, II

el prejuicio *prejudice*, 3

premiado(a) *award-winning*, II

el premio *prize*, II

las prendas *jewelry*, II

la prensa *the press*, 6

preocupar *to worry:* **preocupar(le) (algo)** *to worry (about something)*, 2; **preocuparse** *to worry*, I; **No te preocupes.** *Don't worry.*, I

preparar *to prepare*, I; **¿Cómo se prepara...?** *How do you make . . .? (How is . . . prepared?)*, II

los preparativos *preparations*, I

presagiar *to forebode*, 9

la presencia *presence*, 4

presentar *to introduce*, II; *to present*, 5; **presentar el examen de...** *to take a . . . test*, I

el presidente *president*, 6

las prestaciones *benefits*, 8

prestar *to lend*, II

prever *to foresee*, 3

previo(a) *previous;* **la experiencia previa** *previous experience*, II

la primavera *spring*, I

la primera plana *front page*, 6

el primero *first*, I

primero(a) *first*, I

los primeros auxilios *first aid*, II

el primo, la prima *cousin*, I

los primos *cousins*, I

la princesa *princess*, 9

principal: el plato principal *main dish*, II

principalmente *mainly*, II

el príncipe *prince*, 9

la prisa: darse prisa *to hurry*, II; **tener prisa** *to be in a hurry*, I

probablemente *probably*, II

el probador *fitting room*, II

probar (ue) *to try, to taste*, I; **¿Probaste...?** *Did you try . . .?*, II

probarse (ue) *to try on*, II

el problema *problem*, 6

el proceso *process*, 10

la proclamación *proclamation*, 9

producido(a) *produced*, II

los productos lácteos *dairy products*, 4

el profesor, la profesora *teacher*, I

profundo(a) *deep*, II

el programa: los programas de intercambio *exchange programs*, II; **los programas (de)** *programs (for)*, 10

el programador, la programadora *programmer*, II

programar *to program*, II

prohibir *to prohibit;* **se prohíbe** *is prohibited*, II

prometer *to promise*, II

promocionar *to promote*, II

promover (ue) *to promote*, II

el pronombre: el pronombre de complemento directo *direct object pronoun*, II; el pronombre de complemento indirecto *indirect object pronoun*, II; el pronombre del objeto directo *direct object pronoun*, II; el pronombre posesivo *possessive pronoun*, II; el pronombre reflexivo *reflexive pronoun*, II; el pronombre demostrativo *demonstrative pronoun*, 1

pronosticar *to forecast*, II

pronto *soon;* **Hasta pronto.** *See you soon.*, I

la propina *tip*, II; **dejar la propina** *to leave the tip*, II

propio(a) *own*, II

proponer (-go) *to propose*, 2

el propósito *purpose*, II

la propuesta *proposal*, 8

la prosa *prose*, 3

próspero(a) *prosperous*

los (las) protagonistas *protagonists*, 9

protector(a): **la crema protectora** *sunblock*, II

proteger *to protect*, II

las proteínas *protein*, II

el proveedor *provider*, 6

la provincia *province*, 2

provocar *to provoke*, 10

próximo(a) *next*, I; **la próxima semana** *next week*, I; **el** (day of the week) **próximo** *next (day of the week)*, I

el proyecto *project*, II

publicar *to publish*, II; **haber publicado** *having published*, II

la publicidad *publicity*, II

el público *audience*, 5

el pueblo *town, village*, II; **el pueblo natal** *home town*, 7

el puente *bridge*, 5

el puerco asado *roast pork*, 4

la puerta *door*, I; **cerrar (ie) la puerta con llave** *to lock the door*, II

el puerto *port*, II

puertorriqueño(a) *Puerto Rican*, 3

Pues,... *Well, . . .*, II; **Pues, la verdad es que...** *Well, the truth is that . . .*, 2; **Pues, sigue trabajando...** *Well, he's/she's still working . . .*, 4

el puesto de guardia *guard post*, II

el puesto del mercado *market stand*, II

el puesto (de trabajo) *position (for work)*, 8

el pulmón (pl. los pulmones) *lung*, II

la pulpería *grocery store (Costa Rica)*, II

la pulsera *bracelet*, I

la punta de lanza *spearhead*, 7

el puntaje *score*, II

el punto *dot*, I; *point*, II; **en punto** *on the dot*, I; **Está en su punto.** *It's just right.*, II; **hasta cierto punto** *to some extent, in a way*, II

que: que me llame después *(tell him/her to) call me later*, I; **Que te vaya bien.** *Hope things go well for you.*, I; **Que yo sepa, (no) hay...** *That I know of, there's (no) . . .*, 6

¡Qué...!: **¡Ay, qué pesado!** *Oh, what a drag!*, II; **¡Qué bien!** *How great!*, I; **¡Qué chismoso(a)!** *What a gossip!*, II; **¡Qué clima tan seco!** *What a dry climate!*, II; **¡Qué divertido!** *What fun!*, I; **¡Qué fantástico!** *How fantastic!*, I; **¡Qué gusto verte!** *It's great to see you!*, I; **¡Qué lástima!** *What a shame!*, I; **¡Qué lata!** *What a pain!*, I; **¡Qué lleva el (la)...?** *What's in the . . .?*, II; **¡Qué mala suerte!** *What bad luck!*, I; **¡Qué pesado!** *How boring!*, II; *What a drag.*, II; Qué raro. *That's strange.*, II; **¡Qué rico(a)!** *How delicious!*, II; **¡Qué ridículo!** *How ridiculous!*, II; **¡Qué va! Eso no es cierto.** *No way! That's not true.*, 3; **Qué**

pena que se hayan... *What a shame that they have . . . ,* 4; **¡Qué sorpresa que se hayan...!** *What a surprise that they have . . . !,* 4; **¡Qué asco!** *That's disgusting!,* 4 **¿qué?** *what?,* I; **¿Qué hora es?** *What time is it?,* I; **¿A qué hora vas a...?** *What time are you going to . . . ?,* I; **¿Qué me recomiendas?** *What do you recommend?,* 1; **¿Qué hiciste el verano pasado?** *What did you do last summer?,* 1; **¿A qué se dedica...?** *What does . . . do?,* II; **¿Qué clase de trabajo realiza...?** *What kind of work does . . . do?,* II; **¿Qué tal?** *How's it going?,* I; **¿Qué tal...?** *How is . . . ?,* I; **¿Qué tal si...?** *How about if . . . ?,* I; **¿Qué te parece...?** *What do you think of . . . ?,* I; **¿Qué te pasa?** *What's wrong with you?,* I; **¿Qué te pasó?** *What happened to you?,* II; **¿Qué tiempo hace?** *What's the weather like?,* I; **¿Qué buscas en un(a) novio(a)?** *What do you look for in a boyfriend/ girlfriend?,* 2; **¿Qué te pasa? ¿Estás dolida?** *What's the matter? Are you upset?,* 2; **¿Qué anda haciendo...?** *What's . . . up to?,* 4; **¿Qué me cuentas de...?** *What can you tell me about . . . ?,* 4; **¿Qué sabes de...?** *What do you know about . . . !,* 4; **¿Qué opinas de...?** *What do you think of . . . ?,* 5; **¿Qué sé yo de...? No entiendo ni jota de...** *What do I know about . . . ? I don't understand a thing about . . . ,* 6; **Que yo sepa, (no) hay...** *That I know of, there is/are (isn't/aren't),* 6; **¿Qué te gustaría hacer?** *What would you like to do?,* 8; **¿Qué tal lo pasaste?** *Did you have a good time?,* 1; **¿Qué te pareció...?** *How was . . . ?,* 1; **¿Qué vas a hacer?** *What are you going to do?,* 1
quebrar (ie) *to break,* II
el quechua *indigenous language of the Andes,* 7; los quechuas *indigenous people of the Andes*
quedar *to fit, to look,* I; *to turn out (as in cooking),* 4; **quedar bien/mal** *to fit well/poorly,* I
quedarse *to stay,* II; **quedarse + adjective** *to end up, to wind up, to be left a certain way,* 8
los quehaceres *household chores,* I; **hacer los quehaceres** *to do the chores,* I
la queja *complaint,* II
quejarse *to complain,* 7
quemado(a) *burned,* II; **Está quemado(a).** *It's burned.,* II
quemar *to burn,* II
quemarse *to get a sunburn, to get burned,* II

querer (ie) a *to love (someone),* 2; **querer + infinitive** *to want to,* II; **¿Quieres ir a ver...?** *Do you want to go see...?,* 5
querer (ie) que *to want someone else to do something,* II
el (la) querido(a) *sweetheart,* 4
Querido(a)..., *Dear . . . ,* II
el queso *cheese,* I
¿quién? *who?,* I; **¿De parte de quién?** *Who's calling?,* I
¿quiénes? *who? (pl.),* I
la química *chemistry,* I
quince *fifteen,* I
la quinceañera *girl's fifteenth birthday,* I
quinientos(as) *five hundred,* I
quinto(a) *fifth,* II
el quiosco de... *. . . stand,* II
Quisiera... *I would like (to). . . ,* I
quitar *to take away, remove*
quitarse *to take off,* I; **...que no se me quita** *. . . that won't go away,* II
quizás *perhaps, maybe,* II

la rabia *anger:* **Me dio una rabia.** *It made me angry.,* II
la radio *radio (as a medium),* 6
el radio *radio apparatus,* 6
las raíces *roots,* 7; **bienes raíces** *real estate,* II
la rama *branch,* 2
rápidamente *quickly,* II
rápido(a) *fast,* II; **la comida rápida** *fast food,* II
raro(a): Qué raro. *That's strange.,* II; *rare,* II
el rastro *trace,* II
el rato *time,* I; a cada rato *every so often,* II; **el rato libre** *free time,* II; **pasar el rato solo(a)** *to spend time alone,* I
el ratón *mouse,* II
la razón *reason,* I; **tener razón** *to be right,* I; con razón *naturally,* II
la reacción *reaction,* II
reaccionar *to react,* II
la realidad *reality:* En realidad, admiro *Actually, I admire . . . ,* II
realista *realistic,* 5
realizar (un sueño) *to fulfill (a dream)* 7; **¿Qué clase de trabajo realiza...?** *What kind of work does . . . do?,* II
realmente *really,* 4
reanudar *to resume,* 2
la rebaja *discount,* II

rebajar *to lower,* II
el recado *message,* I; **dejar un recado** *to leave a message,* I
el recepcionista, la recepcionista *receptionist,* II
la receta *recipe,* I
recetar *to prescribe,* II
rechazar *to reject, turn down,* 2
Reciba un cordial saludo *Kind regards,* 8
recibir *to receive,* I
recién *just, recently;* recién nacido(a) *newborn,* II
recientemente *recently,* II
el recibo *receipt,* II
reciclable *recyclable,* 10
reciclar *to recycle,* 10
el recipiente *bowl,* II
reclamar *to claim,* 9
el reclamo de equipaje *baggage claim,* I
recoger (a alguien) *to pick up (someone),* I
recomendar (ie) *to recommend,* II; **recomendarle (a alguien) que...** *to recommend that (someone) . . . ,* II
la recompensa *payment,* 3
la reconciliación *reconciliation,* 3
reconciliarse *to reconcile,* 3
reconocer (zc) *to recognize,* II
recordar (ue) *to remind,* II; *to remember,* 3
recorrer *to tour,* I; *to go over, to look through,* II
el recorte *clipping,* 3
recreativo: el centro recreativo *recreation center,* II
el recuerdo *memory,* II; **comprar recuerdos** *to buy souvenirs,* II
recuperar *to retrieve,* II
los recursos *resources,* II; **los recursos naturales** *natural resources,* 10
la red *grid,* 2
reemplazar *to replace,* 2
referir (ie, i) *to refer;* se refiere a *refers to,* II
reflejar *to reflect,* II
refrescar *to refresh,* II
el refresco *soft drink,* I
el refrigerador *refrigerator,* I
los refugiados *refugees,* 10
refugiarse *to flee,* II; *to take refuge,* 10
los refugios *homeless shelters,* 10
regalar *to give,* II; **Bueno, se la regalo por..., pero es mi última oferta.** *Okay, I'll give it to you for . . . , but that's my last offer.,* II
el regalo *gift,* I
regular *to regulate,* 6
regar (ie) *to water,* II; **regar las plantas** *to water the plants,* II
regatear *to bargain,* II
registrarse para *to register for,* 7

la **regla** *ruler*, I
regocijarse *to rejoice*, 9
regresar *to return, to go back*, I
regular *all right*, I
la **reina** *queen*, 9
reírse (i, i) *to laugh*, II; **Me reí mucho.** *I laughed a lot.*, II
la **relación** *relationship*, II
relacionar *to relate*, II
relajarse *to relax*, I
el **relámpago** *lightning*, II
el **relicario** *locket*, II
religioso(a) *religious*, II
el **reloj** *watch, clock*, I
el **remo (remar)** *rowing (to row)*, 2
los **remos** *oars*, 9
remolinar *to move around*, 2
el **renacimiento** *Renaissance*, II
renovable/no renovable *renewable/non-renewable*, 10
renunciar *to renounce, to reject*, 4
repartir *to deliver*, 7
repente: de repente *suddenly*, II; **De repente, empezó a llover...** *Suddenly, it started to rain . . .*, II
repentinamente *suddenly*, 9
el **repertorio** *repertoire*, II
repetir (i, i) *to repeat*, II; **¿Puede repetir lo que dijo?** *Can you repeat what you said?*, II
el **reportaje** *news report*, 6
reportar *to report*, 6
el **(la) reportero(a)** *reporter*, 6
la **repostería** *pastry shop (Dominican Republic)*, II
la **represa** *dam*, II
representados *represented*, II
requerir (ie, i) *to require*, 8
los **requisitos** *requirements*, 8
la **res** *beef*, II
resbalar *to slide*, 7
la **reseña** *(critical) review*, 5
reseñar *to review, critique*, 6
la **reserva natural** *nature preserve*, 2
la **reservación** *reservation*, II; **hacer una reservación** *to make a reservation*, II
resfriado(a) *sick with a cold*, II; **estar resfriado(a)** *to have a cold*, II
resfriarse *to catch a cold*, II
la **residencia** *residence*, II
la **resolución** *solution (of a problem)*, II
resolver (ue) *to solve*; **resolver (ue) un problema** *to resolve a problem*, 2
respetado(a) *respected*, II
respetar (a alguien) *to respect (someone)*, 3
respetar los sentimientos de otros *to respect others' feelings*, 2
respetarse *to respect each other*, II

el **respeto** *respect*, 3
responder *to answer, to reply, to respond*, II
el **responsable** *the one responsible for something*, 10
la **respuesta** *answer*, II
el **restaurante** *restaurant*, I
los **restos** *remains*, II
restringir *to restrict*, 6
el **resultado: como resultado** *as a result*, II
el **resumen** *summary*, 2
resumir *to summarize*, II
el **reto** *challenge*, 9
el **retorno** *return*, II
retumbar *to resound*, 2
la **reunión** *meeting*, I; *reunion*, I; **la reunión familiar** *family reunion*, 4; **la reunión escolar**, *class reunion*, 4
reunirse *to get together*, I
revelar *to reveal*, II
revisar *to examine*, II
la **revisión** *checking*, II
la **revista** *magazine*, I; **la revista de tiras cómicas** *comic book*, I; **las revistas cómicas** *comic books*, II
la **revolución** *revolution*, 5, 9
revolver (ue) *to stir*, II
revuelto(a) *stirred, scrambled, (past participle of **revolver**)*, II; **los huevos revueltos** *scrambled eggs*, II
el **rey** *king*, 9
la **ribera** *bank, shore*, 7
rico(a) *rich*, II; *tasty, delicious*, II; **¡Qué rico(a)!** *How delicious!*, II
ridículo(a): ¡Qué ridículo! *How ridiculous!*, II
la **rima** *rhyme*, 5
rimar *to rhyme*, 5
el **río** *river*, II; **la orilla del río** *riverbank*, II
la **riqueza** *richness*, 4
riquísimo(a) *delicious*, I
la **risa** *laughter*, 2
el **ritmo** *rhythm*, II, 5
robar *to steal*, 5; *to hold up*, 6
el **robo** *rip-off*, I; **¡Es un robo!** *It's a rip-off!*, I
el **robot** *robot*, 8
rociar *to baste, to sprinkle*, 4
el **rococó** *rococo (style)*, 10
rocoso(a) *rocky*, II
rodear *to surround*, II
la **rodilla** *knee*, II
rogar (ue) *to beg*, II
rojo(a) *red*, I
el **rollo de película** *roll of film*, II
romántico(a) *romantic*, I
el **rompecabezas** *puzzle*, 2
romper *to break*, II; **roto** *broken (past participle of **romper**)*, II; **romper con** *to break up with*, 2

romperse + *a body part to break (one's body part)*, II
la **ropa** *clothes*, I; **la ropa vieja** *a kind of beef stew*, 4
la **rosa** *rose*, 3
el **rostro** *face*, 3
roto(a) *broken (past participle of **romper**)*, II
rubicundo(a) *reddish*, 4
rubio(a) *blond*, I
rudo(a) *rough*, II
el **ruido** *noise*, II
las **ruinas** *ruins*, I; **la ruina** *decline, downfall*, 10
la **runa** *word used by the Quechua people to refer to themselves, the people*, 7
el **ruso** *Russian*, 5
la **ruta** *route*, II
la **rutina** *routine*; **la rutina diaria** *daily routine*, II

el **sábado** *Saturday*, I; **los sábados** *on Saturdays*, I
Sabe a... *It tastes like . . .*, II; **Sabe delicioso(a).** *It tastes delicious!*, 4; **no sabe a nada** *doesn't taste like anything*, 4
saber *to know*, I; **No sé.** *I don't know.*, I; **saber de** *to know about*, I; **¿Sabes qué?** *You know what?*, I; **¿Sabe usted dónde se puede...?** *Do you know where I can . . .?*, II; **¿Ya sabías que...?** *Did you already know that . . .?*, II
Que yo sepa, (no) hay... *That I know, there is/are (isn't/aren't)*, 6
el **(la) sabio(a)** *wise man/wise woman*, 9
el **sabor** *flavor*, II; **Le falta sabor.** *It's missing flavor.*, II
saborear *to savour*, II
sabroso(a) *tasty*, II
sacar *to take out*, I; **sacar buenas notas** *to get good grades*, II; **sacar el dinero** *to get money*, I; **sacar fotos** *to take photos*, I; **sacar malas notas** *to get bad grades*, II
el **saco** *jacket*, I
el **sacrificio** *sacrifice*, 7
sacudir *to dust*, II; **sacudir los muebles** *to dust the furniture*, II
sagrado(a) *sacred*, 4
sal *go out, leave*, I
la **sal** *salt*, II; **Le falta sal.** *It's missing salt.*, II

la sala *living room,* I
la sala de computadoras *computer
    room,* 6
la sala de emergencias *emergency
    room,* II
la sala de espera *waiting room,* I
salado(a) *salty,* I
el salario *salary,* 8
la salchicha *sausage,* 4
la salida *departure,* I; *exit,* I
    salir (salgo) *to go out, to leave,* I;
    ¿Cómo salió la competencia de...?
    *How did the . . . competition turn
    out?,* II; salir caro(a) *to end up
    costing a lot,* II; salir con alguien *to
    go out with someone;* salir mal *to
    turn out badly,* 8
el salón *room,* II; **el salón de belleza**
    beauty parlor, II; **el salón de clase**
    classroom, I
la salsa *sauce, gravy,* I; **la lata de salsa
    de tomate** *can of tomato sauce,* II;
    la salsa picante *hot sauce,* I
saltar: saltar a la cuerda *to jump
    rope,* II; **saltar en paracaídas** *to go
    skydiving,* II
el salto de altura *high jump,* 2
la salud *health,* I; **cuidarse la salud** *to
    take care of one's health,* I
el saludo *greeting:* **Dale un saludo a...
    de mi parte.** *Say hi to . . . for me.,*
    II; **Un saludo de,...** *Yours
    sincerely, . . .,* II
    salvadoreño(a) *Salvadoran,* II
    salvar *to save,* 9
el sancocho *Dominican vegetable and
    beef stew,* 4
las sandalias *sandals,* I
la sandía *watermelon,* 4
el sándwich de... *. . . sandwich,* I
la sangre *blood,* II
    sano(a) *healthy:* **seguir (i, i) una
    dieta sana** *to eat a balanced diet,* I
el santo, la santa *saint,* II; **el día de tu
    santo** *your saint's day,* I; **la
    Semana Santa** *Holy Week,* I
la sardina *sardine,* 2
la sartén *frying pan,* 4
    satisfacer *to satisfy,* 5
    sazonar *to season,* 4
    se se acostumbra *it is customary,*
    II; **Se escribe...** *It's spelled . . .,* I; se
    habla *is spoken,* II; **¿Se les ofrece
    algo más?** *Would you like anything
    else?,* II; **Se los dejo en...** *I'll let you
    have them for . . .,* II; **Se me olvidó
    por completo.** *I totally forgot.,* II;
    Se nos hace tarde. *It's getting late.,*
    II; **se permite** *is allowed,* II; **se
    prohíbe** *is prohibited,* II; **se puede**
    one can, II; **¿Dónde se puede...?**
    Where can I . . .?, I; **¿Sabe usted
    dónde se puede...?** *Do you know
    where I can . . .?,* II; se refiere a
    refers to, II; **se trabaja** *one works,*
    II; **se vive** *one lives,* II; **Se me hace**

la boca agua. *It makes my mouth
    water.,* 4; **Se me fue la mano con...**
    I got carried away with . . ., 4; **Se
    arrepiente de que...** *He/She regrets
    that. . .,* 9; **Se cuenta que de
    pronto...** *The story goes that all of
    a sudden . . .,* 9; **Se advierte que...**
    They warn/advise that . . ., 10
la secadora *dryer,* II; **la secadora de
    pelo** *hair dryer,* I
    secarse *to dry oneself,* I; secarse el
    pelo *to dry one's hair,* II
la sección: la sección de cocina
    cooking section, 6; **la sección de
    moda** *fashion section,* 6; **la
    sección de ocio** *entertainment
    section,* 6; **la sección de sociedad**
    society section, 6; **la sección
    deportiva** *sports section,* 6; **la
    sección financiera** *finance
    section,* 6
    seco(a) *cold, unfriendly (person),* 2;
    dry; **¡Qué clima tan seco!** *What a
    dry climate!,* II
el secretario, la secretaria
    secretary, II
el secreto *secret,* II; en secreto
    secretly, II
    secuestrado(a) *kidnapped,* 9
la secundaria *high school,* 2
la sed *thirst,* I; **tener (tengo, ie)
    sed** *to be thirsty,* I
la seda *silk,* I; **de seda** *made of silk,* I
la sede *headquarters,* II
    seguido(a) *continuous, straight:* **en
    seguida** *right away,* II
    seguir (i, i) *to follow,* I; *to keep
    going,* II; **seguir** + gerund *to keep
    on doing something,* II; **seguir
    adelante/derecho** *to go straight,*
    II; **seguir derecho hasta** *to keep
    going (straight) to,* II; **seguir una
    dieta sana** *to eat well,* I; **¿Sigues
    pensando en...?** *Are you still
    thinking about . . .?,* II; **¿Sigues
    practicando...?** *Are you still
    practicing . . .?,* II; **seguir
    adelante** *to move forward,* 7;
    to keep going, II
    según *according to,* II; **Según tengo
    entendido, ...** *From what I
    understand, . . .,* 4; **Según nos
    dicen, el malvado...** *From what
    they tell us, the villain . . .,* 9
el segundo *second,* II
segundo(a) *second,* II
la seguridad *security;* **el control
    de seguridad** *security
    checkpoint,* I
    seguro *for sure, for certain,* II; de
    seguro *surely,* II; *safe,* 8; **estar
    seguro(a)** *to be sure,* II; **No estoy
    seguro(a).** *I'm not sure.,* II
el seguro *insurance,* 8; **el seguro
    (médico)** *(medical) insurance,* 8;
    seguro(a) *sure,* 9

seis *six,* I
    seiscientos(as) *six hundred,* I
    seleccionar *to select,* II
la selva *jungle,* II; **explorar la selva
    tropical** *to explore the tropical
    jungle,* II
el semáforo *traffic-light,* II
la semana *week,* I; **el día de la semana**
    day of the week, I; **esta semana**
    this week, I; **la próxima semana**
    next week, I
la Semana Santa *Holy Week,* I
    sembrar (ie) *to plant,* 8, 10
    semejante a *like, similar to,* II
la semejanza *similarity,* II
el semestre *semester,* 3
    sencillez *simplicity,* II
    sencillo(a) *simple,* II
el senado *senate,* 7
el (la) senador(a) *senator,* 6
el senderismo (hacer senderismo)
    hiking (to hike), II, 2
el sendero *path, track,* II
    sensible *sensitive,* II
el sentido *meaning,* 2
los sentimientos *feelings,* 2
la señal *signal,* II
el señor *sir, Mr.,* I
la señora *ma'am, Mrs.,* I
la señorita *young lady, Miss,* I
la sensación *sensation, feeling,* II
    sentado(a) *seated,* 2
    sentar (ie): **De verdad, no te sienta
    bien.** *Honestly, it doesn't look good
    on you.,* II
    sentarse (ie) *to sit down,* I
    sentido del humor *sense of humor,* 3
los sentimientos *feelings,* II
    sentir (ie, i) *to regret,* 2; **Lo siento,
    pero ya tengo otros planes/otro
    compromiso.** *I'm sorry, but I
    already have other plans/another
    engagement.,* 5
    sentirse (ie, i) *to feel,* I; **¿Cómo te
    sentiste cuando...?** *How did you
    feel when . . .?,* II; **¿Cómo te
    sentiste cuando supiste lo de...?**
    *How did you feel when you heard
    about . . .?,* II
    separado(a) *separated,* 4
    separarse (de) *to separate,* 4
    septiembre *September,* I
    séptimo(a) *seventh,* II
la sequía *drought,* II
    ser *to be,* I; **ser un rollo** *to be dead
    boring,* II; **somos... personas** *there
    are . . . people,* I; **Son...** *They
    are . . .,* II; **Son las...** *It's . . . o'clock.,*
    I; lo que sea *whatever it may be,* 2;
    ser de ascendencia... *to be of . . .
    descent,* 7; **ser (in)fiel** *to be
    (un)faithful,* 3
la serie *series,* 6
    **Sería una buena/mala idea romper
    con...** *It would be a good/bad idea
    ta break up with . . .,* 3

Sería buena idea ir al concierto de la sinfónica. *It would be a good idea to go to the symphony.*, 5
serio(a) *serious*, I
la serpiente *snake*, II
el servicio *restroom*, I
la servilleta *napkin*, I
servir (i, i) *to serve*, I; **¿En qué le puedo servir?** *How can I help you?*, I
servir (i, i) para *to be used for*, II
sesenta *sixty*, I
setecientos(as) *seven hundred*, I
setenta *seventy*, I
sexto(a) *sixth*, II
si *if*, II; **si tengo suerte...** *if I'm lucky . . .*, I; **Si todavía no ha ido a/al..., debe ir.** *If you haven't gone to . . . yet, you must.*, II; **Si pudiera, iría a... a estudiar...** *If I could, I would go to . . . to study . . .*, 8; **Si tuvieras la oportunidad, ¿adónde irías?** *If you had the chance, where would you go?*, 8
sí *yes*, I; **¡Claro que sí!** *Of course!*, I; **Creo que sí.** *I think so.*, II; **Sí, claro.** *Yes, of course.*, II; **Sí, me la paso... Estoy loco(a) por...** *Yes, I'm always doing . . . I'm crazy about . . .*, 2; **Sí, estoy decepcionado(a) porque... Me dan ganas de llorar.** *Yes, I'm disappointed because . . . It makes me feel like crying.*, 2; **Sí, estoy entusiasmado(a) porque...** *Yes, I'm excited because . . .*, 2
sí mismo *him/herself*, II
siempre *always*, I; **casi siempre** *almost always*, I; **como siempre** *as always*, I; **Siempre he querido ser un(a)...** *I have always wanted to be a . . .*, 8
la siesta *nap*, 2
siete *seven*, I
el siglo *century*, 10; **el Siglo de Oro** *Golden Age*, II
el significado *meaning*, II
significar *to mean*, II
siguiente *following*; **lo siguiente** *the following*, I
silencioso(a) *silent*, 5
la silla *chair*, I
la silla de ruedas *wheelchair*, I; **estar en una silla de ruedas** *to be in a wheelchair*, I
el sillón *armchair*, II
el símbolo *symbol*, II
simpático(a) *friendly*, I
simplemente *simply*, 2
sin *without*, II; **¡Tanto tiempo sin verte!** *Long time, no see!*, I; **sin que** *without*, 7
sin duda *without a doubt*, II
sin embargo *however, nevertheless*, II

la sinfonía *symphony*, II
sinfónico(a) *symphonic*, II; **el concierto de la sinfónica** *concert symphony*, 5
siniestro(a) *sinister, evil*, II; *disaster, catastrophe*, II
sino *but (as in "Not this, but that instead.")*, II; **no sólo... sino... también** *not only . . . but . . . as well*, II
la sinagoga *synagogue*, I
sincero(a) *sincere*, II
los movimientos sindicalistas *labor union movements*, 5
los síntomas *symptoms*, II
el sistema *system*, 7
el sitio *place*, II
los sitios de Internet *Internet sites*, 6
situado(a) *situated, located*, 10
la situación *circumstances*, 1
la soberanía *sovereignty*, 9
sobre *on top of, above, about*, 1; **el patinaje sobre hielo** *ice-skating*, II
sobre todo *especially*, II
sobresaliente *excellent*, II; *outstanding*, 5
sobrevivir *to survive*, II
la sobrina *niece*, I
el sobrino *nephew*, I
los sobrinos *nephews, nieces and nephews*, I
socializar *to socialize*, 2
la sociedad *society*, 7
el socio *partner, associate*, 10
el sofá *couch, sofa*, I
el sofrito *sautee of garlic, tomato, onion and other ingredients*, 4
el sol *sun*, II; **Hace sol.** *It's sunny.*, I; **las gafas de sol** *sunglasses*, II; **tomar el sol** *to sunbathe*, I
solamente *only*, II
el soldado *soldier*, 7, 9
soleado(a) *sunny*, II
soler (ue) + infinitive *to usually do something, to tend to do something*, II; **Solíamos + infinitive** *We usually + infinitive*, II
Solía... *I used to . . .*, II
solicitar *to apply*, 8
la solicitud *application*, 8
la solidaridad *solidarity*, 10
solidario(a) *supportive*, 2
solitario(a) *likes to be alone*, II; *lonely*, 1, **la estrella solitaria** *lone star*, II
sólo *only*; **no sólo... sino... también** *not only . . . but . . . as well*, II; **Sólo me falta...** *I just need to . . .*, II
solo(a) *alone*, I; **a solas** *alone*, II; **pasar el rato solo(a)** *to spend time alone*, I
la sombra *shadow*, 9
el sombrero *hat*, I

sonar *to ring*, 1
el sonido *sound*, II
soñar (ue) con *to dream of*, II; **Soñaba con ser...** *I dreamed of being . . .*, 7
la sopa *soup*, I; **la sopa de ajo** *garlic soup*, II; **la sopa de fideos** *noodle soup*, II; **la sopa de verduras** *vegetable soup*, I
soplar *to blow*, 10
soportar *to endure*, 10
sordo(a) *deaf*, I; *muffled*, 9
el soroche *altitude sickness*, 7
sorprender(le) *to surprise*, 2
la sorpresa: la fiesta sorpresa *surprise party*, I
sos: vos sos *you (informal) are*, II
sostenible *sustainable*, 6
el sótano *cellar*, II
Soy bilingüe; por lo tanto tengo muchas oportunidades... *I'm bilingual; therefore, I have many opportunities . . .*, 7
Soy capaz de (hacer)... *I'm capable of (doing) . . .*, 8
Soy un(a) gran aficionado(a) a... ¿Qué deporte te gusta a ti? *I'm a big . . . fan. What sport do you like?*, 2
su(s) *your, his, her, its, their*, I; **Está en su punto.** *It's just right.*, II
subir *to go up*, I; **subir a la montaña** *to go up the mountain*, I; **subir de peso** *to gain weight*, I; **subir... hasta llegar a** *to go up . . . until you get to*, II
subirse a... *to get on . . .*, II
subrayados(as) *underlined*, 9
subterráneo(a) *underground*, II
el subtexto *subtext*
suceder *to occur*, 1
el suceso *event*
sucio(a) *dirty*, II
la sucursal *branch*, II
la suegra *mother-in-law*, 4
el suegro *father-in-law*, 4
el sueldo *salary*, 8
el sueño *sleep*, I; **tener sueño** *to be sleepy*, I
El sueño de mi vida es conmemorar a.... *My life-long dream is to commemorate . . .*, 9
la suerte *luck*, I; **¡Qué mala suerte!** *What bad luck!*, I; **Si tengo suerte...** *If I'm lucky . . .*, I; **¡Suerte!** *Good luck!*, II; **tener suerte** *to be lucky*, I; **tuviste suerte** *you were lucky*, I
el suéter *sweater*, I
suficiente *enough*, I; **dormir (ue, u) lo suficiente** *to get enough sleep*, I
sufrir *to suffer*, 9
la sugerencia *suggestion*, 6
sugerirle (ie, i) (a alguien) que... *to suggest that (someone) . . .*, II

Sugiero que no hagas caso a los rumores. *I suggest that you not pay attention to rumors.*, 3
sujetar *to secure, to fasten, to hold*, 7
el **sujeto** *subject*, II
super *super;* **¡Te ves super bien!** *You look wonderful!*, II
superar *to exceed, to overcome*, 7
superficial *superficial*, 5
el **supermercado** *supermarket*, II
supervisar *to supervise*, 8
suponer *to suppose:* **Es de suponer que...** *I suppose that...*, 10; **Supongo que sí.** *I suppose so.*, 10
supuesto *supposed:* **Por supuesto.** *Of course.*, II
el **sur** *south*, 6
el **suroeste** *southwest*, 5
surtido(a) *assorted*, II; **el surtido de frutas frescas** *assorted fresh fruit*, II; **un gran surtido** *wide assortment*, II
suscitar *to awaken*, 4
suscribirse a *to subscribe to*, 6
suspender *to fail*, 3
el **sustantivo** *noun*, 2
sustituir *to substitute*, II
suyo(a) *yours (formal), his, hers, its, theirs*, II
suyos(as) *yours (formal), his, hers, its, theirs*, II

la **tabla** *table, list, chart*, II
tachar *to cross off*, 4
tal *such:* **¿Qué tal?** *How's it going?*, I; **¿Qué tal...?** *How is...?*, I; **¿Qué tal está...?** *How is the...?*, II; **¿Qué tal estuvo?** *How was it?*, 1; **¿Qué tal si...?** *How about if...?*, I; tal vez *perhaps, maybe*, II
el **talento** *talent*, 8
la **talla** *(clothing) size*, I
tallar en madera *to do woodcarving*, 5
tallado(a) *carved, sculpted*, II; **la figura tallada** *carved figure*, II
el **taller** *shop (class), workshop*, I
los **tamales** *tamales*, I
también *also*, I; **no sólo... sino... también** *not only... but... as well*, II
el **tambor** *drum*, II
tampoco *neither, not either*, I
tan... como *as... as*, I
Tan pronto como llegó... *As soon as he/she arrived...*, 9
Tan pronto como... pienso... *As soon as... I plan on...*, 7

tanto *so long; so much*, II
tantos(as) *so many*, I; *so much*, II; **tantos(as)... como...** *as many... as...*, II
las **tapas** *Spanish finger food*, 2
el **tapiz** *tapestry*, 7
tardar *to take long, to be late*, II
tardarse en + infinitive *to take a long time (to)*, II
tarde *late*, I; **Se nos hace tarde.** *It's getting late.*, II
la **tarde** *afternoon, evening* I; **Buenas tardes.** *Good afternoon*, I; **de la tarde** *in the afternoon, evening, P.M.*, I; **esta tarde** *this afternoon*, I; **por la tarde** *in the afternoon*, I
la **tarea** *homework*, II; **hacer la tarea** *to do homework*, I
la **tarjeta** *greeting card, card*, I; **la tarjeta de crédito** *credit card*, II; **la tarjeta de cumpleaños** *birthday card*, I; **la tarjeta de embarque** *boarding pass*, I; la tarjeta postal *post card*, II
el **taxi** *taxi*, I; **tomar un taxi** *to take a taxi*, II
el **taxista, la taxista** *taxi driver*, II
la **taza de medir** *measuring cup*, II
te *to/for you*, I; **¿Te acordaste de...?** *Did you remember to...?*, II; **Te conocí** *I met you;* **Te echo mucho de menos.** *I miss you a lot.*, II; Te importa si...? *Do you mind if...?*, II; **Te presento a...** *I'd like you to meet...*, I; **Te aconsejo que...** *I advise you to...*, 1; **Te recomiendo que...** *I recommend that you...*, 1, **Te veo mal.** *You don't look well.*, I; **¡Te ves guapísimo!** *You look very handsome!*, II; **¡Te ves super bien!** *You look wonderful!*, II; **Te veo de buen humor.** *I see you're in a good mood.*, 2; **Te juro que no lo volveré a hacer.** *I swear I'll never do it again.*, 3; **Te aconsejo que vayas a la presentación de baile folclórico. Es muy...** *I recommend that you go to the folk dance performance. It's very...*, 5; **¿Te interesa ir a...?** *Are you interested in going to...?*, 5
¿Te acuerdas (de) cuando sucedió...? *Do you remember when... happened?*, 10; **Te apuesto que...** *I bet you that...*, 10
teatral *theatrical*, II
el **teatro** *theatre*, II
el **techo** *roof, ceiling*, II
la **técnica** *technique*, 5, 10
el **(la) técnico** *technician*, 5
la **tecnología** *technology*, 8
tejano(a) *Texan*, 10
tejer *to knit*, II; *to weave*, II
los **tejidos** *woven cloth, textiles*, II
la **tejuela** *shingle*, 9

la **tela** *fabric*, II
la **tele** *television (TV)*, II
las **telecomunicaciones** *telecommunications*, 8
el **teleférico** *ski lift*, II
telefónico(a) *telephone;* **la cabina telefónica** *phone booth*, II; la guía telefónica *telephone book*, II
el **teléfono** *telephone number*, I; *telephone*, I; **hablar por teléfono** *to talk on the phone*, I; **llamar por teléfono** *to make a phone call*, I
el **teléfono celular** *cell phone*, II
la **telenovela** *soap opera*, 6
el **televidente** *TV viewer*, 6
la **televisión** *television (TV)*, I; **ver televisión** *to watch TV*, I
el **televisor** *TV set*, II
el **tema** *theme, topic*, 6
temblar (ie) *to shake, to tremble*, 2
temer *to fear*, 2
el **temor** *fear*, 3
la **temperatura** *temperature*, II
el **templo** *temple*, I, 9
la **temporada** *season*, II
temprano *early*, I
ten *have*, I; **Ten en cuenta que...** *Keep in mind that...*, 10
las **tendencias** *tendencies*, II
el **tenedor** *fork*, I
tener (tengo, ie) *to have*, I; **tener... años** *to be... years old*, II; **tener (calor, frío, hambre, miedo, prisa, razón, sed, suerte, sueño)** *to be (hot, cold, hungry, afraid, in a hurry, right, thirsty, lucky, sleepy)*, I; **tener catarro** *to have a cold*, I; **tener cuidado** *to be careful*, II; **tener el pelo...** *to have... hair*, II; **tener ganas de (hacer...)** *to feel like (doing)...*, I; **tener que** + infinitive *to have to (do something)*, I; **tener tos** *to have a cough*, II; **tener un calambre** *to have a cramp*, II; **tener celos de** *to be jealous of*, 2; **tener fama de ser** *to be known to be*, 2; **tener un malentendido** *to have a misunderstanding*, 2; **tener mucho/algo/nada en común** *to have much/something/nothing in common*, 2; **tener éxito** *to be successful*, 7; **Tuvimos que hacer un gran esfuerzo para...** *We had to make a big effort to...*, 7; **Tengo la intención de...** *I intend to...*, 7; Tener el gusto de... *to have the pleasure of...*, 8; **Tenía muchas esperanzas de...** *I had many hopes of...*, 9
el **tenis** *tennis*, I; **los zapatos de tenis** *tennis shoes*, I
teñir (i, i) *to tint, to stain*, 9
tercero(a) *third*, II
terco(a) *stubborn*, 2

termal *thermal;* **las aguas termales** *hot springs,* II

la terminación *ending*

terminar *to finish,* I

los **términos** *words, expressions,* 3

la terraza *terrace,* II

el **terremoto** *earthquake,* II

el **terreno** *land,* II

el **territorio** *territory,* 9

el **terror** *horror,* I; **...de terror** *horror . . .,* I; **la película de terror** *horror film,* I

la tesis *thesis,* 8

el tesoro *treasure,* 2

el (la) testigo *witness,* 6

el testimonio *testimony,* II

ti *you (emphatic),* I

ti mismo *yourself,* II

la **tía** *aunt,* I

tibio(a) *lukewarm,* 4

el **tiburón** *shark,* II

el **tiempo** *weather,* I; *time,* II; **a tiempo** *on time,* I; **¿Cuánto tiempo hace que tú...?** *How long have you been . . .?,* II; **Hace buen (mal) tiempo.** *The weather is nice (bad).,* I; **Hace mucho tiempo que yo...** *I've been . . . for a long time.,* II; **Hace poco tiempo que yo...** *I've been . . . for a little while.,* II; **pasar mucho tiempo** *to spend a lot of time,* II; **¿Qué tiempo hace?** *What's the weather like?,* I; **¡Tanto tiempo sin verte!** *Long time, no see!,* I

la **tienda de...** *. . . store,* I; **la tienda de comestibles** *grocery store,* II

la **tienda de campaña** *tent,* II

el tiento *leather strap on a saddle,* 2

la tierra *land,* II

tímido(a) *shy,* I

el **tío** *uncle,* I

los **tíos** *uncles, uncles and aunts,* I

típicamente *typically,* II

típico(a) *typical,* II

el tipo *type,* II

tirar *to pull,* II; tirar a los leones, *to betray,* 9

tirarse al agua *to dive into the water,* II

las **tiras cómicas** *comic strips,* 6

el **tiro con arco** *archery,* 2

los **titulares** *headlines,* II

el título *degree, title,* 8; el título universitario *college degree,* 3; el título académico *college degree,* 8

la **toalla** *towel,* I

el **tobillo** *ankle,* II

el tocadiscos *record player,* 6

tocar *to play (an instrument),* I; *to touch,* I; **tocarle (a alguien)** + infinitive *what someone has to do,* II

el **tocino** *bacon,* I

todavía *yet,* I; **todavía no** *not yet,* I; **¿Todavía no estás listo(a)?** *Aren't you ready yet?,* II

todo(a) *whole,* I; *all, every,* I; **a todo dar** *great,* I; **sobre todo** *especially,* II; todo el mundo *everybody,* 6

todos(as) *whole,* I; *all, every,* I; **todos los días** *every day,* I

tolerante *tolerant,* 2

tomar *to drink,* I; *to eat,* I; *to take,* I; *to accept,* I; **tomar clases de...** *to take . . . lessons,* II; **tomar el sol** *to sunbathe,* I; **tomar un batido** *to have a milkshake,* I; **tomar un crucero** *to go on a cruise,* II; **tomar un taxi** *to take a taxi,* II; **tomar apuntes** *to take notes,* 3; **tomar la iniciativa** *to take the initiative,* 7

tomarse unas pastillas *to take some pills,* II

el **tomate** *tomato,* I; **la lata de salsa de tomate** *can of tomato sauce,* II

el tono *tone,* II

tonto(a) *dumb,* I

topar *to run into,* 2

torcer (ue) *to twist,* II

torcerse (ue) + a body part *to sprain, to twist (one's body part),* II

torcido(a) *twisted,* II

la **tormenta** *storm,* II

tormentoso(a) *stormy,* 9

el **tornado** *tornado,* II

la **toronja** *grapefruit,* 4

la **torre** *tower,* 5

la **torta** *cake,* 4

la **tos** *cough,* II; **tener tos** *to have a cough,* II

tostado(a) *toasted,* II; **el pan tostado** *toast,* I

tostar (ue) *to toast,* II

el **tour** *guided tour,* II; **hacer un tour** *to take a guided tour,* II

trabajador(a) *hard-working,* I

el **trabajador social, la trabajadora social** *social worker,* II

trabajar *to work,* I; **trabajar en mecánica** *to work on cars,* II; **Pues, sigue trabajando...** *Well, he's/she's still working . . .,* 4; **Trabajo duro... y por eso...** *I work hard . . . and for that reason . . .,* 7

el **trabajo** *job, work,* I; **¿Qué clase de trabajo realiza...?** *What kind of work does . . . do?,* II

trabarse la lengua *to get tongue-tied,* 10

la **tradición** *tradition,* 7

traer (traigo) *to bring,* I

la **tragedia** *tragedy,* 5

trágico(a) *tragic,* 10

traicionar *to betray,* 7, 9

el (la) **traidor(a)** *traitor,* 9

el **traje** *suit,* II; **el traje de baño** *swimsuit,* I

la **trama** *plot (of a play),* II

la **trampa** *trap,* II

tranquilamente *calmly,* II

la **tranquilidad** *tranquility, peacefulness,* II

Tranquilo(a). *Relax.,* II; **dejar tranquilo(a)** *to leave (somebody) alone,* II

transcurrir *to take place,* II

el **tránsito** *traffic,* II

el **transporte** *transportation;* **los medios de transporte** *means of transportation,* I

trasero(a) *back, rear,* 8

trasladado(a) *moved,* II

tratar *to try,* II; *to be about,* II; **tratar de** + infinitive *to try to,* II

tratar un tema a fondo *to cover a topic in depth,* 6

través: a través de *through,* II

las **travesuras** *antics, mischief,* II; **hacer travesuras** *to play tricks,* II

travieso(a) *mischievous,* I

trazarse *to trace,* II

el **trébol** *clover,* 10

trece *thirteen,* I

treinta *thirty,* I

treinta y cinco *thirty-five,* I

treinta y dos *thirty-two,* I

treinta y uno *thirty-one,* I

el **tren** *train,* I; **la estación de tren** *train station,* II

trepar *to climb,* II

tres *three,* I

trescientos(as) *three hundred,* I

las **tribus** *tribes,* II

el **trigo** *wheat,* II

triste *sad,* I; **estar triste** *to be sad,* I

la **tristeza** *sadness:* **Me dio (mucha) tristeza.** *It made me (very) sad.,* II

triunfar *to triumph,* 7

el **trofeo** *trophy,* II

el **tronco** *trunk,* II

las **tropas** *troops,* 5, 9

tropical *tropical,* II; **explorar la selva tropical** *to explore the tropical jungle,* II; **la isla tropical** *tropical island,* II

trotar *to jog,* II

el **trozo** *passage,* II; *piece, chunk,* II

el **trueno** *thunder,* II

tú *you,* I

tu(s) *your (informal),* I

la **tumba** *tomb,* II

la **tuna** *traditional Spanish music group,* 2

turbar *to disturb,* 10

el **turismo** *tourism,* II; **la oficina de turismo** *tourism office,* II

el **turista, la turista** *tourist,* II

turístico(a) *tourist;* el guía turístico *tour guide,* II; la atracción turística *tourist attraction,* II; **la guía turística** *guide book,* II

turnarse *to take turns,* II

tuyo(a) *yours,* II

ubicado(a) *located,* 9
¡Uf! Me di un golpe en... *Oh! I hit my . . . ,* II
últimamente *lately,* 4
último(a) *latest,* I; *most remote,* 6; **a la (última) moda** *in the (latest) style,* I; **la última oferta** *last offer,* II
un(a) *a, an,* I; **un rato** *a while,* II; **Un(a) buen(a) amigo(a) debe apoyarme y... No debe...** *A good friend should support me and . . . He/She shouldn't . . . ,* 2
el ungüento *ointment,* II
único(a) *only,* II
la unidad *unity,* 5
unir *to unite,* II
la universidad *university,* 3
uno(a) *one,* I; **Es la una.** *It is one o'clock.,* I
unos(as) *some,* I
la uña *nail,* II
uruguayo(a) *Uruguayan,* II
usar *to use, to wear,* I; **usar el/la...** *to wear size . . . in shoes/clothes,* I; **usar lentes** *to wear glasses,* I
usted (Ud.) *you (formal),* I
ustedes (Uds.) *you (pl.),* I
los usuarios *users,* II
útil *useful,* II
los útiles escolares *school supplies,* I
utilizar *utilize,* 8
las uvas *grapes,* II
¡Uy! *Oh!,* I

las vacaciones *vacation,* II; **ir de vacaciones** *to go on vacation,* II
la vacante *vacancy,* 8
la vainilla *vanilla,* II; **el flan de vainilla** *vanilla flan,* II
Vale. *Okay.,* I
la valentía *courage, valour,* 9
valer (-go) *to cost, to be priced at;* **¿Cuánto vale(n)...?** *How much is (are) . . .?,* II; **(no) valer la pena** *to (not) be worth it,* 2
valerse (-go) de *to avail oneself of,* 3
valiente *brave,* 9
valioso(a) *valuable,* 3
el valle *valley,* 9
vamos *we are going,* II; **¿Vamos bien para...?** *Are we going the right way to . . .?,* II

cocer al vapor *to steam,* II
los vaqueros *jeans,* I
variar *to vary,* II
la variedad *variety,* II
varios(as) *various,* 1
la varita mágica *magic wand,* 9
el varón *male,* 4
las vasijas *containers,* II
el vaso *glass,* I
¡Vaya! Por fin capto la idea. *Aha! I finally get the idea.,* 8
la vecindad *area, neighborhood,* 5
el vecindario *neighborhood,* II
el vecino, la vecina *neighbor,* II
los vegetales *vegetables,* II; **el aceite vegetal** *vegetable oil,* II
vegetariano(a) *vegetarian,* II
veinte *twenty,* I
veintiún *twenty-one,* I
la vela *candle,* II; *sail;* **el bote de vela** *sailboat,* I; **pasear en bote de vela** *to go out in a sailboat,* I
¡Ven acá! *Come over here!,* II; **¡Ven aquí!** *Come (right) here!,* II
vencer *to defeat,* 9
vendado(a) *bandaged, wrapped,* II
vendar *to bandage, to wrap,* II
vendarse *to bandage, to wrap,* II
el vendedor *seller,* II
vender *to sell,* I; **vender de todo** *to sell everything,* I
venezolano(a) *Venezuelan,* II
venir (vengo, ie) *to come,* I; **¡Ven acá!** *Come over here!,* II; **¡Ven aquí!** *Come (right) here!,* II
la venta *sale,* II; **la venta de liquidación** *clearance sale,* II
la ventaja *advantage,* 8
la ventana *window,* I
ver *to watch, to see,* I; **Nos vemos.** *See you.,* I; **¡Qué gusto verte!** *It's great to see you!,* I; **¡Tanto tiempo sin verte!** *Long time, no see!,* I; **Te veo mal.** *You don't look well.,* I; **¿Cómo me veo con...?** *How do I look in . . .?,* II; **¡Te ves guapísimo!** *You look very handsome!,* II; **¡Te ves super bien!** *You look wonderful!,* II; *nada que ver con* *nothing to do with;* *algo que ver con* *something to do with,* 1
el verano *summer,* I
la verdad *truth,* II; **de verdad** *honestly,* II; **¿verdad?** *right?,* I
verdadero(a) *true,* II
verde *green,* I; **la zona verde** *green belt, park,* II
las verduras *vegetables,* I; **la sopa de verduras** *vegetable soup,* I
la vereda *sidewalk (Bolivia),* II
la vergüenza *embarrassment;* **Me dio (mucha) vergüenza.** *It made me (very) embarrassed.,* II
el verso *verse,* II
el vestido *dress,* I

el vestidor *fitting room,* II
los vestidos de gala *fancy dresses, gowns,* II
vestirse (i, i) *to get dressed,* I
la vez *(pl. veces) time;* **a veces** *sometimes,* I; **en vez de** *instead of,* II; **Érase una vez** *Once upon a time,* II; **Había una vez...** *There once was . . . ,* II; **hay veces** *there are times,* I; **tal vez** *perhaps, maybe,* II; **Ya lo hice mil veces.** *I've already done it a thousand times.,* II
viajar *to travel,* 1; **viajé a...** *I traveled to . . . ,* 1
el viaje *trip,* I; **Espero que el viaje sea divertido.** *I hope the trip is fun.,* II; **hacer un viaje** *to take a trip,* I
el viajero *traveler,* II; **los cheques de viajero** *travelers' checks,* II
la víctima *victim,* 9
la victoria *victory,* 5, 9
la vida *life,* II; **la vida cotidiana** *daily life,* 8; **la vida diaria** *daily life,* 8
el video *video,* I
los videojuegos *video games,* I
el vidrio *glass,* II
viejo(a) *old,* I
el vino *wine,* II
el violín *violin,* II
el viento *wind,* II; **Hace viento.** *It's windy.,* I
el viernes *Friday,* I
el vinagre *vinegar,* II
el visitante, la visitante *visitor,* II
visitar *to visit,* II
la víspera *eve,* II
la vista *view,* 2
el vistazo *glance,* II
visto(a) *seen (past participle of ver),* II
las vitaminas *vitamins,* II
la vitrina *shop window,* I; **mirar las vitrinas** *to window-shop,* I
vivir *to live,* I; **vivieron felices para siempre** *they lived happily ever after,* II
la vocación *vocation, calling,* 3
volar (ue) *to fly,* 6
volar (ue) con ala delta *to go hang gliding,* II
el volcán *volcano,* II
el volibol *volleyball,* I
voltearse *to turn around,* 8
el voluntario *volunteer,* 8
volver (ue) *to go/come back,* I; **vuelto** *returned (past participle of volver),* II
volverse (ue) + adjective *to become, to turn into (a gradual change),* 8; *Me estoy volviendo loca.* *I'm going crazy.,* 8
vos *you (informal),* II

vosotros(as) *you (pl., informal)*, I
votar *to vote*, 7
Voy a... con la idea de... *I'm going to . . . with the intention of . . .*, 7
la voz *voice*, 6
el vuelo *flight*, I; **perder el vuelo** *to miss the flight*, I
la vuelta *turn;* **a la vuelta** *around the corner*, I; **dar una vuelta por...** *to walk/drive around . . .*, II; **Está a la vuelta.** *It's around the corner.*, I
vuestro(a) *your (pl.)*, I
vuestros(as) *your (pl.)*, I

el wáter *toilet (Peru)*, II
el Web *World Wide Web*, II; **diseñar páginas Web** *to design Web pages*, II; **páginas Web** *Web pages*, II

el windsurf *windsurf*, II; **hacer windsurf** *to windsurf*, II

y *and*, I
ya *already*, I; **Ya encontré mi(s)...** *I've already found my . . .*, II; **Ya lo hice mil veces.** *I've already done it a thousand times.*, II; **Ya no.** *Not anymore.*, II; **¿Ya sabías que...?** *Did you already know that . . .?*, II; **Ya te lo (la) paso.** *I'll get him/her.*, I; **¡Ya voy!** *I'm coming!*, II; **¡Ya caigo! Está más claro ahora.** *I get it! It's clearer now.*, 8; **Ya verás que van a promover...** *You'll see that they're going to promote . . .*, 10
la yapa *a small amount given in addition*, 7
el yeso *plaster*, II
yo *I*, I; **Yo que tú** *If I were you*, 3;

Yo te invito. *My treat.*, 2
el yoga *yoga;* **hacer yoga** *to do yoga*, I
el yogur *yogurt*, 4
la yuca *yucca plant*, 4

la zanahoria *carrot*, I
la zapatería *shoe store*, I
los zapatos *shoes*, I
zapoteco(a) *related to the Zapotecs (Mexican civilization)*, 5
la zona peatonal *pedestrian zone*, II
la zona verde *green belt, park*, II
el zoológico *zoo*, I
el zopilote *vulture (Mexico, Central America)*, II
el zorro *fox*, 9

Vocabulario inglés-español

This vocabulary includes all of the words presented in the **Vocabulario** sections of the chapters. These words are considered active—you are expected to know them and be able to use them. Expressions are listed under the English word you would be most likely to look up.

Spanish nouns are listed with the definite article and plural forms, when applicable. If a Spanish verb is stem-changing, the change is indicated in parentheses after the verb: **dormir (ue).** The number after each entry refers to the chapter in which the word or phrase is introduced. Words and phrases from Level I are indicated by the Roman numeral I. Words and phrases from Level II are indicated by the Roman numeral II.

To be sure you are using Spanish words and phrases in their correct context, refer to the chapters listed. You may also want to look up Spanish phrases in **Expresiones de ¡Exprésate!,** pp. R21–R24.

a, *un(a),* I
A big hug from, . . . *Un abrazo de,...,* II
A few (many, five . . .) years ago *Hace unos (muchos, cinco...) años,* II
A good friend should support me and . . . He/she shouldn't . . . *Un(a) buen(a) amigo(a) debe apoyarme y... No debe...,* 2
a gossip *chismoso(a),* II; **What a gossip!** *¡Qué chismoso(a)!,* II
a little *un poco,* I
a lot *mucho,* I; **I laughed a lot.** *Me reí mucho.,* II; **I miss you a lot.** *Te echo mucho de menos.,* II; **to spend a lot of time** *pasar mucho tiempo,* II
a lot of *muchos(as),* I
a ton *un montón,* I
to **achieve** *lograr,* 7
accident *el accidente,* 10
accustomed: to get accustomed to *acostumbrarse,* 7
acquaintance *un(a) conocido(a),* 2
active *activo(a),* I
Actually, I admire . . . *En realidad, admiro...,* 5
to **add** *añadir,* I; *echar,* II; **It's just that I forgot to add** . . . *Es que se me olvidó ponerle...,* 4
address *la dirección,* I; **My address is** . . . *Mi dirección es...,* I; **e-mail address** *el correo electrónico,* I
adhesive bandage *una curita,* II
administrative assistant *el (la) auxiliar administrativo(a),* 8
to **admire: Actually, I admire** . . . *En realidad, admiro...,* 5
to **admit a mistake** *admitir un error,* 3
advances *los adelantos,* 8
advantage *la ventaja,* 8; **to take advantage of** *aprovechar,* 7
adventure *la aventura,* I; **adventure book** *el libro de aventura,* I
adventurous *aventurero(a),* II
advice *el consejo,* II; **to give advice** *dar consejos,* II
to **advise** *aconsejar,* II; **They advise that** . . . *Se advierte que...,* 10
to **advise someone** *aconsejarle (a alguien),* II

aerobics *los aeróbicos,* II; **to do aerobics** *hacer ejercicios aeróbicos,* II
affectionate *cariñoso(a),* II
after *después,* I; *después de,* I; **after class** *después de clases,* I; **after school** *después del colegio,* II
afternoon *la tarde,* I; **in the afternoon, P.M.** *de la tarde,* I; **por la tarde,* I; **this afternoon** *esta tarde,* I
afterwards *después,* I
agent *el agente, la agente,* I
agree: I agree. *Estoy de acuerdo,* I; **I don't agree.** *No estoy de acuerdo.,* I
Aha! I finally get the idea. *¡Vaya! Por fin capto la idea.,* 8
airplane *el avión,* I; **by plane** *por avión,* I
airport *el aeropuerto,* I
album *el álbum,* II; **to create an album** *crear un álbum,* II
algebra *el álgebra,* 3
all *todo(a)(os)(as),* I
all right *regular,* I
to **allow** *dejar,* I; *permitir,* II
almonds *las almendras,* II
almost *casi,* I; **almost always** *casi siempre,* I; **almost never** *casi nunca,* I
alone *solo(a),* I
alphabet *el alfabeto,* I
already *ya,* I; **Thanks for inviting me, but I've already seen it.** *Gracias por invitarme, pero ya lo/la he visto.,* 5
also *también,* I
alternatives (to) *las alternativas (a),* 10
although *aunque,* 9; **Although I agree . . . , I think that** . . . *Aunque estoy de acuerdo..., creo que...,* 10; **Although there was/were…, on the other hand** . . . *A pesar de que hubo..., por otro lado...,* 10
always *siempre,* I; **almost always** *casi siempre,* I; **as always** *como siempre,* I; **Yes, I'm always doing . . . I'm crazy about** . . . *Sí, me la paso... Estoy loco(a) por...,* I; **I have always wanted to be a** . . . *Siempre he querido ser un(a)...,* 8
American *estadounidense,* II
amusement park *el parque de diversiones,* I
an *un(a),* I
ancestors *los antepasados,* 7
and *y,* I; *e,* II; **And what is there to do around here?** *¿Y qué hay que hacer por*

aquí?, II; **And your friends, what do they like to do?** *Y a tus amigos, ¿qué les gusta hacer?,* II
ankle *el tobillo,* II
anniversary *el aniversario,* I
announcer *el (la) locutor(a),* 6
answering machine *el contestador automático,* 8
antique *antiguo(a),* 5
any *cualquier,* I
anything *algo,* I; **Anything else?** *¿Algo más?,* II; **Would you like anything else?** *¿Se les ofrece algo más?,* II
apartment *el apartamento,* I
apology *la disculpa,* 3
appetizers *los entremeses,* II
apple *la manzana,* I
application *la solicitud,* 8
to **apply** *solicitar,* 8
April *abril,* I
aquarium *el acuario,* II
archery *el tiro con arco,* 2
architecture *la arquitectura,* 5
Are you . . . ? *¿Eres...?,* I
Are you interested in going to . . . ? *¿Te interesa ir a...?,* 5
Are you still . . . ? *¿Sigues...?,* II; **Are you still practicing . . . ?** *¿Sigues practicando...?,* II
Aren't you ready yet? *¿Todavía no estás listo(a)?,* II
Argentine *argentino(a),* II
to **argue** *discutir,* 3
arid *árido(a),* II
arm *el brazo,* I
armchair *el sillón,* II
armoire *la cómoda,* II
around here *por aquí,* II
around the corner *a la vuelta,* I
arrival *la llegada,* I
to **arrive** *llegar,* I; **As soon as he/she arrived** . . . *Tan pronto como llegó...,* 9
arrogant *creído(a),* 2
art *el arte,* I; **plastic arts** *las artes plásticas,* 5; **dramatic arts** *las artes dramáticas,* 5; **Speaking of art, what can you tell me about . . . ?** *Hablando de arte, ¿qué me cuentas de...?,* 5
article *el artículo,* 4
artistic *artístico(a),* 5
as *como,* II
as . . . as *tan...como,* I

as a child *de pequeño(a)*, II
as always *como siempre*, I
as much/many . . . as . . . *tanto(a)/ tantos(as)... como...*, II
As soon as . . . I plan on . . . *Tan pronto como... pienso...*, 7
As soon as he/she arrived . . . *Tan pronto como llegó...*, 9
As soon as I turn . . . years old, I'm going to . . . *En cuanto cumpla los... años, voy a...*, 7
to ask for *pedir (i, i)*, I; *solicitar*, 8; to ask for information *pedir información*, II; to ask for forgiveness *pedir perdón*, 3
to ask questions *hacer preguntas*, II
to ask someone *preguntarle a alguien*, II
aspirations *las aspiraciones*, 7
aspirin *la aspirina*, II
to assimilate *asimilar*, 7; With time I was able to assimilate . . . *Con el tiempo pude asimilar...*, 7
assorted *surtido(a)*, II; assorted fresh fruit *el surtido de frutas frescas*, II
astronaut *el astronauta, la astronauta*, II
at *a(l)*, I; @ *la arroba*, I
at all *para nada*, II
at last *por fin*, II
at the same time *a la vez*, 8
athletic *atlético(a)*, I
to attend *asistir (a)*, I
attitude: I can't stand the attitude of . . . towards . . . I can't take it anymore! *Me choca la actitud de... hacia... ¡No aguanto más!*, 3
to attract one's attention *llamar la atención*, 5
audience *el público*, 5
auditorium *el auditorio*, I
August *agosto*, I
aunt *la tía*, I
automatic teller machine *el cajero automático*, I
avocado *el aguacate*, 4
avenue *la avenida*, II
to avoid *evitar*, II
awesome *fenomenal*, I
awful *fatal*, II

babied *consentido(a)*, II
back *la espalda*, I
back then *en aquel entonces*, II
backpack *la mochila*, I
bacon *el tocino*, I
bad *malo(a)*, I; to get bad grades *sacar malas notas*, II; in good/bad taste *de buen/mal gusto*, 5; It's too bad that . . . *Es lamentable que...*, 9; It would be a good/bad idea to break up with... *Sería una buena/mala idea romper con...*, 3; The milk has gone bad. *Está pasada la leche.*, 4
bag *la bolsa*, I
baggage *el equipaje*, I; baggage claim *el reclamo de equipaje*, I
baggy *flojo(a)*, II
to bake *hornear*, II
baked *horneado(a)*, II
bakery *la panadería*, II
balanced *balanceado(a)*, II; balanced diet *la dieta balanceada*, II; to eat a

balanced diet *llevar una dieta balanceada*, II; *seguir (i, i) una dieta sana*, I
ballet *el ballet*, 5
banana *el plátano*, II
band: Don't forget to go to band practice. *No te olvides de ir al ensayo de la banda.*, 5
to bandage *vendarse*, II
bandaged *vendado(a)*, II
bank *el banco*, II
baptism *el bautizo*, II
bargain *la ganga*, I
to bargain *regatear*, II
baseball *el béisbol*, I
basket *la cesta*, II
basketball *el básquetbol*, I
to bathe *bañarse*, I
bathroom *el baño*, I
bathroom sink *el lavabo*, II
bathtub *la bañera*, II
battle *la batalla*, 9
battlefield *el campo de batalla*, 9
be *sé*, I
to be *ser, estar*, I; How are you? *¿Cómo está(s)?*, I; to be all right *estar regular*, I; to be bored *estar aburrido(a)* I; to be careful *tener cuidado*, II; to be dead boring *ser un rollo*, II; to be embroidered *estar bordado(a)*, II; to be familiar with (a place) *conocer*, I; to be fine *estar bien*, I; to be happy *estar contento(a)* I; to be hungry *tener hambre*, I; to be in a hurry *tener prisa*, I; to be in a wheelchair *estar en una silla de ruedas*, I; to be lucky *tener suerte*, I; to be nervous *estar nervioso(a)* I; to be ready *estar listo(a)*, I; to be right *tener razón*, I; to be sad *estar triste*, I; to be scared *tener miedo*, I; to be sick *estar enfermo(a)* I; *estar mal*, II; to be sleepy *tener sueño*, I; to be sure *estar seguro(a)*, II; to be thirsty *tener sed*, I; to be tired *estar cansado(a)*, I; to be . . . years old *tener... años*, II; What did you want to be? *¿Qué querías ser?*, II; to be crazy about *estar loco(a) por*, 2; to be a fanatic *ser un(a) fanático(a)*, 2; to be jealous of *tener celos de*, 2; to be known to be *tener fama de ser*, 2; to (not) be worth it *(no) valer la pena*, 2; to be resentful *estar resentido(a)*, 3; to be (un)faithful *ser (in)fiel*, 3; to be married *estar casado(a)*, 4; to be born *nacer*, 4; to be up-to-date *estar al tanto*, 6; to be of the opinion *opinar*, 6; to be of . . . descent *ser de ascendencia...*, 7; to be thankful for *estar agradecido(a) por*, 7; to insist on, be determined to *empeñarse en*, 7
to be able to *poder (ue, u)*, I; With time I was able to assimilate . . . *Con el tiempo pude asimilar...*, 7; I can do it. *Lo puedo hacer.*, 8
to be going to (do something) *ir + a + infinitive*, I; I'm going to give you a special price. *Le voy a dar un precio especial.*, II; I wasn't going to buy . . ., but they gave me a discount. *No iba a comprar..., pero me dieron un descuento.*, II; We're going to clean the rooms. *Vamos a limpiar los cuartos.*, II; We're going to go . . . *Vamos a ir a/al...*, II
to be interested in *llamarle la atención*, II

to be late *tardar*, II
to be named *llamarse*, II; His/Her name is . . . *Se llama...*, II; My . . .'s name is . . . *Mi... se llama...*, II;
beach *la playa*, I
beachball *el balón de playa*, II
beans *las habichuelas*, II; *los frijoles*, 4
bear *el oso*, II
beautiful *hermoso(a)*, 5
beauty parlor *el salón de belleza*, II
because *porque*, I; Because of this . . . *A causa de esto...*, 9
to become *llegar a ser*, 7
bed *la cama*, I; to go to bed *acostarse*, I; to make the bed *hacer la cama*, I; to stay in bed *quedarse en cama*, II
bedroom *la habitación*, I
bedside table *la mesita de noche*, II
beef *la carne*, I
before *antes de*, I; Before classes start, I want to . . . *Antes de que empiecen las clases, quiero...*, 7
to start crying *ponerse a llorar*, II
behind *detrás de*, I
to believe *creer*, II; When I found out, I couldn't believe it. *Cuando me enteré, no lo pude creer.*, II; When I heard the news, I didn't want to believe it. *Cuando oí la noticia no lo quise creer.*, II; Believe me, I didn't mean to do it. *Créeme que fue sin querer.*, 3; I can't believe it! *¡No me lo puedo creer!*, 4; It's hard to believe that there are . . ./that they say . . . *Parece mentira que haya.../que digan...*, 6
bellhop *el botones*, II
to belong to *pertenecer(zc) a*, 7
belt *el cinturón*, II
benefits *los beneficios*, 8
besides *además*, I
best *mejor(es)*, I
to bet: I bet that the rate of . . . won't go down. *A que no va a bajar la tasa de...*, 10; I bet you that . . . *Te apuesto que...*, 10
better *mejor(es)*, I; better than anyone *mejor que nadie*, II; It's better that . . . *Es mejor que...*, II; Which of these paintings do you like better, the one of (by) . . . or the one of (by) . . .? *¿Cuál de estas pinturas te gusta más, la de... o la de...?*, 5
to betray *traicionar*, 9
biased *parcial*, 4
big *grande*, I; I'm a big . . . fan. What sport do you like? *Soy un(a) gran aficionado(a) a... ¿Qué deporte te gusta a ti?*, 2
bike *la bicicleta*, I; to ride a bike *montar en bicicleta*, I, to bike *practicar ciclismo*, 2
biking *el ciclismo*, 2
bilingual: I'm bilingual; therefore, I have many opportunities . . . *Soy bilingüe, por lo tanto, tengo muchas oportunidades...*, 7
bill *la cuenta*, I; *el billete*, II; to pay the bill *pagar la cuenta*, II
binoculars *los binóculos*, II
biology *la biología*, I
bird *el pájaro*, II
birth *el nacimiento*, II; to give birth *dar a luz*, 4
birthday *el cumpleaños*, I; birthday card *la tarjeta de cumpleaños*, I; birthday of *el cumpleaños de...*, I
black *negro(a)*, I

blank *en blanco*, I
blind *ciego(a)*, I
block *la cuadra*, II; *el bloque*, II; **to play with blocks** *jugar (ue) con bloques*, II
blond *rubio(a)*, I
blouse *la blusa*, I
blue *azul*, I
to board *abordar*, I
board game *el juego de mesa*, I
boarding house *la pensión*, II
boarding pass *la tarjeta de embarque*, I
boat *el barco*, I; *el bote*, II; **to go boating** *pasear en bote*, I
to boil *hervir (ie, i)*, II
boiled *hervido(a)*, II
bomb *la bomba*, 10
bone *el hueso*, II
book *el libro*, I; **adventure book** *el libro de aventura*, I; **romance book** *el libro de amor*, I
bookcase *el estante*, II
bookstore *la librería*, I
boots *las botas*, I
boring *aburrido(a)*, I; **to be bored** *estar aburrido*, I
boss *el jefe, la jefa*, 8
to bother *fastidiar, molestar*, II
bowl *el plato hondo*, I
to bowl *jugar al boliche*, 2
bowling *el boliche*, 2
boy *el muchacho*, I; *el niño*, II
boyfriend: What do you look for in a boyfriend/girlfriend? *¿Qué buscas en un(a) novio(a)?*, 2
bracelet *la pulsera*, I
brain *el cerebro*, II
brave *valiente*, 9
bread *el pan*, I
to break *romper*, II; **broken** *roto(a) (past participle of* **romper**), II
to break (one's body part) *romperse + a body part*, II
to break up with *romper con*, 2; **It would be a good/bad idea to break up with . . .** *Sería una buena/mala idea romper con...*, 3
breakfast *el desayuno*, I
breeze *la brisa*, II
bridge *el puente*, 5
to bring *traer (-igo)*, I; **Bring us the bill, please.** *Tráiganos la cuenta, por favor.*, II; **Did you bring your . . . ?** *¿Trajiste tu...?*, II; **I'll bring it (them) right away.** *Enseguida se lo/la (los/las) traigo.*, II; **They bring movies to my house.** *Traen películas a mi casa.*, II; **Would you bring us . . . ?** *¿Nos trae...?*, II
broccoli *el brócoli*, I
broken *roto(a) (past participle of* **romper**), II
brother *el hermano*, I
brothers, brothers and sisters *los hermanos*, I
brother-in-law *el cuñado*, 4
brown *castaño(a)*, I; *de color café*, I
to brush *cepillarse*, II
to brush one's hair *peinarse*, II
to build *construir*, II
building *el edificio*, I; **. . . story building** *el edificio de... pisos*, I
bump *el golpe*, II; **to bump one's . . .** *darse un golpe en...*, II
to bump one's . . . *darse un golpe en...*, II
to burn *quemar*, II; **to burn CDs** *crear/grabar CDs*, II

burned *quemado(a)*, II; **It's burned.** *Está quemado(a).*, II
bus *el autobús*, I
businessman *el hombre de negocios*, 8
businesswoman *la mujer de negocios*, 8
busy *ocupado(a)*, II
but *pero*, I; **but (as in "Not this, but that instead.")** *sino*, II; **not only . . . but . . . as well** *no sólo... sino... también*, II
butcher shop *la carnicería*, II
butter *la mantequilla*, II
to buy *comprar*, I; **buy** *compre*, II; **don't buy** *no compre*, II; **I saw that . . . was (were) on sale, so I bought . . .** *Vi que... estaba(n) en oferta, así que compré...*, II; **I wasn't going to buy . . ., but they gave me a discount.** *No iba a comprar..., pero me dieron un descuento.*, II; **to buy souvenirs** *comprar recuerdos*, II; **you would buy** *comprarías*, I; **to buy (someone) a gift** *comprarle un regalo*, 3
by plane *por avion*, I
By the way, what have you heard about the . . . ? *A propósito, ¿qué has oído de el/la...?*, 5
Bye. *Chao.* I

cactus *el cactus*, II
café *el café*, II; **Internet café** *el café Internet*, II; **to get together at an Internet café** *reunirse en un café Internet*, II; **to go to outdoor cafés** *ir a cafés*, II
cafeteria *la cafetería*, I
cake *el pastel*, I
calculator *la calculadora*, I
calculus *el cálculo*, 3
calf (of leg) *la pantorrilla*, I
to call *llamar*, I; **I'll call back later.** *Llamo más tarde.*, I
calmly *tranquilamente*, II
camera *la cámara*, I; **disposable camera** *la cámara desechable*, I
to camp *acampar*, I
campfire *la fogata*, II
camping *camping*, II; **to go camping** *hacer camping*, II
can *la lata*, II; **can of tomato sauce** *la lata de salsa de tomate*, II
can *poder (ue, u)*, I; **Do you know where I can . . . ?** *¿Sabe usted dónde se puede...?*, II; **How can I get to . . . ?** *¿Cómo puedo llegar a...?*, II; **one can** *se puede*, II; **Can I . . . ?** *¿Puedo...?*, I; **Can I help you?** *¿En qué le puedo servir?*, I; *¿Puedo ayudarte?*, II; **Can you lower the price on that . . . ?** *¿Me puede rebajar el precio de ese/esa...?*, II; **Can you repeat what you said?** *¿Puede repetir lo que dijo?*, II; **Can you tell me where . . . is?** *¿Me dices dónde está...?*, II; **I can do it.** *Lo puedo hacer.*, 8
Canadian *canadiense*, II
candy *el dulce*, I
canoe *la canoa*, I
capable: I am capable of (doing) . . . *Soy capaz de (hacer)...*, 8

car *el carro*, I; **toy car** *el carrito*, II; **to work on cars** *trabaja en mecánica*, II
carbohydrates *los carbohidratos*, II
card *la tarjeta*, I
cards *los naipes*, II; **to play cards** *jugar naipes*, II
career *la carrera*, 8
carpenter *el carpintero, la carpintera*, II
carpet *la alfombra*, II
carrot *la zanahoria*, I
to carry *llevar*, II; **I got carried away with . . .** *Se me fue la mano con...*, 4
cartoons *los dibujos animados*, II
carved figure *la figura tallada*, II
carving: to do woodcarving *tallar en madera*, 5
cash *en efectivo*, II
cash register *la caja*, II
cashier *el cajero, la cajera*, II
castle *el castillo*, II
cat *el gato, la gata*, I; **to rain cats and dogs** *llover a cántaros*, II
to catch a cold *resfriarse*, II
cathedral *la catedral*, II
cauliflower *la coliflor*, 4
cave *la cueva*, II; **to explore caves, to go spelunking** *explorar cuevas*, II
CD *el CD*, II; **to burn CDs** *crear/grabar CDs*, II
ceiling *el techo*, II
to celebrate *celebrar, festejar*, I; **Tonight we're going to celebrate . . .** *Esta noche vamos a celebrar...*, II
celery *el apio*, 4
cell phone *el teléfono celular*, II
cemetery *el cementerio*, II
censorship *la censura*, 6
Centigrade *centígrados*, II
ceramic *la cerámica*, II
cereal *los cereales*, I
chain *la cadena*, II
chair *la silla*, I; **wheelchair** *la silla de ruedas*, I
challenge *el desafío*, 7; **There were many challenges in . . .** *Había muchos desafíos en...*, 7
championship *el campeonato*, 10
chance: If you had the chance, where would you go? *Si tuvieras la oportunidad, ¿adónde irías?*, 8
to change *cambiar*, 8; **Changing the subject, what do you have to say about . . . ?** *Cambiando de tema, ¿qué me dices de...?*, 5
channel *el canal*, 6
to charge *cobrar*, II
to chat *charlar*, I
to check luggage *facturar el equipaje*, I
cheek *la mejilla*, II
to cheer *animar*, II
cheerleader *el animador, la animadora*, II
cheese *el queso*, I
chemistry *la química*, I
cherry *la cereza*, 4
chess *el ajedrez*, I; **to play chess** *jugar al ajedrez*, II
chest *el pecho*, I
chest of drawers *la cómoda*, II
chicken *el pollo*, I; **roasted chicken** *el pollo asado*, II; **fried chicken** *el pollo frito*, 4
chicken soup *el caldo de pollo*, II
children *los hijos*, I
chili pepper *el ají*, II
Chilean *chileno(a)*, II

chocolate *el chocolate*, I; **chocolate cake** *el bizcocho de chocolate*, 4
chores *los quehaceres*, I
Christmas *la Navidad*, I
Christmas Eve *la Nochebuena*, I
chunk *el trozo*, II
church *la iglesia*, I
cinematography *la cinematografía*, 5
city *la ciudad*, I; **city map** *el plano de la ciudad*, II
class *la clase*, I; *el curso*, 3; **after class** *después de clases*, I
classic *clásico(a)*, 5
classified ads *los anuncios clasificados*, 6
classmate *el compañero de clase*, I; *la compañera de clase*, I
clay *el barro*, II
to clean *limpiar*, I
to clean the room *arreglar el cuarto*, I; **We're going to clean the rooms.** *Vamos a limpiar los cuartos.*, II
clear: I get it! It's clearer now. *¡Ya caigo! Está más claro ahora.*, 8
clearance sale *la venta de liquidación*, II
client *el cliente, la cliente*, I
climate *el clima*, II; **What a dry climate!** *¡Qué clima tan seco!*, II
to climb *subir*, I; *trepar*, II; *escalar*, 2; **to climb trees** *trepar a los árboles*, II
clinic *la clínica*, II
to close *cerrar (ie)*, I
close to *cerca de*, I
clothes *la ropa*, I
cloudy *nublado(a)*, I
club *el club de...*, I
coach *el entrenador, la entrenadora*, II
coast *la costa*, II
coat *el abrigo*, I
coconut candy *el dulce de coco*, 4
coffee *el café*, I; **coffee with milk** *el café con leche*, I
coffee shop *la cafetería*, I
coins *las monedas*, II; **to collect coins** *coleccionar monedas*, II
cold *frío(a)*, I; **It's cold.** *Hace frío.*, I; **to be cold** *tener frío*, I; **to have a cold** *tener catarro*, I; **cold, unfriendly** *seco(a)*, 2
cold tomato soup *el gazpacho*, II
colleagues *los compañeros de trabajo*, 8
to collect *coleccionar*, II; **to collect coins** *coleccionar monedas*, II; **to collect posters** *coleccionar pósters*, II; **to collect stamps** *coleccionar estampillas*, II
color *el color*, II
Colombian *colombiano(a)*, II
comb *el peine*, I
to comb your hair *peinarse*, I
to combat *combatir*, 3
to come *venir (-go, ie)*, I; **come** *ven*, I; **Come over here!** *¡Ven acá!*, II; **Come (right) here!** *¡Ven aquí!*, II; **don't come** *no vengas*, I; **to come back** *volver*, I; **you're coming with me...** *vienes conmigo a...*, I; **Do you want to come to... with me?** *¿Me acompañas a...?*, 5
comedy *la comedia*, 5
comic book *la revista de tiras cómicas*, I
comic books *las revistas cómicas*, II
comic strips *las tiras cómicas*, 6
commemorate: My life-long dream is to commemorate... *El sueño de mi vida es conmemorar a....*, 9
commentary *el comentario*, 6
to commit (a crime) *cometer (un crimen)*, 10

commitment *el compromiso*, 7
common: to have much/something/nothing in common *tener mucho/algo/nada en común*, 2
to communicate *comunicarse*, 3
communication *la comunicación*, 3
compact disc *el disco compacto*, I
company *la empresa*, 8
compassion *la compasión*, 10
competent *competente*, 8
competition *la competencia*, II
completely *por completo*, II; **to cover a topic completely** *tratar un tema a fondo*, 6
computer *la computadora*, I; **to do computer design** *hacer diseño por computadora*, II; **computer games** *los juegos de computadora*, 2
computer science *la computación*, I
concert *el concierto*, I
to confront *enfrentar*, II
consequently: We talked about the issue; consequently... *Hablamos del tema; por consiguiente...*, 7
to conserve *conservar*, 10
consider: to consider oneself *considerarse*, 6
constantly *constantemente*, II
contact lenses *los lentes de contacto*, II
contaminated/polluted *contaminado(a)*, 10
contamination/pollution *la contaminación*, 10
contemporary *contemporáneo(a)*, 5
contrary: On the contrary! I disagree. *¡Al contrario! No estoy de acuerdo.*, 3
to contribute *contribuir*, 7
contribution *el aporte*, 7
controversial *controvertido(a)*, 6
convinced: I'm convinced that... *Estoy convencido(a) de que...*, 6
cook *el cocinero, la cocinera*, II
to cook *cocinar*, I
cooked *cocido(a)*, II
cookie *la galleta*, I
cooking section *la sección de cocina*, 6
cool *fresco(a)*, I; **It's cool.** *Hace fresco.*, I
cooperation *la cooperación*, 10
corn *el maíz*, II
corner *la esquina*, II
to cost *costar (ue)*, I; **it will cost** *costará*, I
cotton *el algodón*, I; **made of cotton** *de algodón*, I
cough *la tos*, II; **to have a cough** *tener tos*, II
cough syrup *el jarabe*, II
Could you tell me...? *¿Me podría decir...?*, II
counselor: guidance counselor *el (la) consejero(a)*, 3
to count *contar (ue)*, II
to count on *contar (ue) con*, 2
counter *el mostrador*, I
country *el país*, I
countryside *el campo*, I
cousin *el primo, la prima*, I
to cover *cubrir*, II; **to cover a topic completely** *tratar un tema a fondo*, 6
cowardly *cobarde*, 9
coyote *el coyote*, II
cramp *el calambre*, II; **for someone to get a cramp** *darle un calambre*, II; **to have a cramp** *tener un calambre*, II
crazy *loco(a)*, II; **I'm crazy about...** *Estoy loco(a) por...*, II

cream *la crema*, II; *la crema*, II; **strawberries (and cream)** *las fresas (con crema)*, II; **sour cream** *la crema agria*, 4
to create *crear*, 5
to create an album, scrapbook *crear un álbum*, II
creative *creativo(a)*, 5
credit card *la tarjeta de crédito*, II
creation *la creación*, 9
crime *el crimen*, 10
crisis: environmental/economic/political crisis *la crisis ambiental/económica/política*, 6
critical *criticón, criticona*, 2; **critical review** *la reseña*, 5
to critique *reseñar*, 6
crossword puzzle *el crucigrama*, II; **to do crossword puzzles** *hacer crucigramas*, II
to cry *llorar*, II; **to start crying** *ponerse a llorar*, II; **Yes, I'm disappointed because... It makes me feel like crying.** *Sí, estoy decepcionado(a) porque... Me dan ganas de llorar.*, 2
cucumber *el pepino*, 4
curious *curioso(a)*, II
custard *el flan*, I
customs (airport) *la aduana*, I
customs (cultural) *las costumbres*, 7
cut *cortado(a)*, II
to cut *cortar*, I; **to cut the grass** *cortar el césped*, I
to cut oneself *cortarse*, II
cybercafé *el cibercafé*, II; **to go to a cybercafé** *ir a un cibercafé*, II

dad *el papá*, I
daily life *la vida diaria*, 8
daily special *el plato del día*, II
dance *el baile*, I; **I recommend that you go to the folk dance performance. It's very...** *Te aconsejo que vayas a la presentación de baile folclórico. Es muy...*, 5
to dance *bailar*, I; **dancing** *bailando*, I; **to start dancing** *ponerse a bailar*, I
dark-skinned; dark-haired *moreno(a)*, I
date *la fecha*, I
daughter *la hija*, I
day *el día*, I; **day of the week** *el día de la semana*, I; **Father's Day** *el Día del Padre*, I; **holiday** *el día festivo*, I; **Independence Day** *el Día de la Independencia*, I; **Mother's Day** *el Día de la Madre*, I; **some day** *algún día*, I; **Thanksgiving Day** *el Día de Acción de Gracias*, I; **Valentine's Day** *el Día de los Enamorados*, I; **What day is today?** *¿Qué día es hoy?*, I; **your saint's day** *el día de tu santo*, I; **these days** *hoy (en) día*, 8
day after tomorrow *pasado mañana*, I
day before yesterday *anteayer*, I
deaf *sordo(a)*, I
Dear..., *Querido(a)...*, II
Dear Sir/Madam/Miss: *Muy estimado(a) Sr./Sra./Srta.:*, 8
death *la muerte*, II
debate *el debate*, II

December *diciembre*, I
to decide *decidir*, II
to decide to *decidirse a* + infinitive, 8
to declare war *declarar la guerra*, 9
to decorate *decorar*, I; **to decorate the patio.** *decorar el patio.*, II
decoration *la decoración*, I
decorations *los adornos*, II
deed *el hecho*, 9
defeat *la derrota*, 9
to defeat *vencer*, 9
degrees Fahrenheit *los grados Fahrenheit*, I
delicious *delicioso(a)*, I; *riquísimo(a)*, I; *rico(a)*, II; **How delicious!** *¡Qué rico(a)!*, II; **It tastes delicious.** *Sabe delicioso(a).*, 4
to delight *encantar*, I
Delighted (to meet you) . . . *Encantado(a).*, II
demonstrations *las manifestaciones*, 10
dentist *el dentista, la dentista*, II
department store *el almacén*, I
departure *la salida*, I; *la partida*, II
descent: to be of (nationality) descent *ser de ascendencia*, 7
to describe *describir*, II; **Describe . . . to me.** *Descríbeme...*, II
desert *el desierto*, II
to design *diseñar*, II; **to design Web pages** *diseñar páginas Web*, II
design *el diseño*, II; **to do computer design** *hacer diseño por computadora*, II
desire *la gana*, I; **to desire** *desear*, I
desk *el escritorio*, I
dessert *el postre*, I
destination *el destino*, I
destined *destinado(a)*, I
destruction *la destrucción*, 10
detail *el detalle*, I
detailed *detallado(a)*, 6
to determine *determinar*, I
determined: to insist on, be determined to *empeñarse en*, 7
to develop *desarrollar*, 10
to dice *picar*, II
diced *picado(a)*, II
dictator *el (la) dictador(a)*, 9
dictionary *el diccionario*, I
Did you remember to . . .? *¿Te acordaste de...?*, II
Did you try . . .? *¿Probaste...?*, II
to die *morirse (ue, u)*, II
diet *la dieta*, I; **to eat a balanced diet** *llevar una dieta balanceada*, II; *seguir (i, i) una dieta sana*, I
difficult *difícil*, I; **That's easy/pretty difficult for me.** *Eso me resulta fácil/bastante difícil*, 8
dining room *el comedor*, I
dinner *la cena*, I
to direct *dirigir*, 8
disadvantage *la desventaja*, 8
disagree: On the contrary! I disagree. *¡Al contrario! No estoy de acuerdo.*, 3
to disappear *desaparecer (zc)*, II
disappointed: Yes, I'm disappointed because . . . It makes me feel like crying. *Sí, estoy decepcionado(a) porque... Me dan ganas de llorar.*, 2
disaster *el desastre*, 10
discount *el descuento*, II
to discover *descubrir*, 10
discovery (of) *el descubrimiento (de)*, 10
to discriminate *discriminar*, 7

discrimination *la discriminación*, 3
disease *la enfermedad*, 10
disgusting: That's disgusting! *¡Qué asco!*, 4
dish *el plato*, I
dishwasher *el lavaplatos*, II
disloyal *desleal*, 2
disposable *desechable*, I
to dive in the water *tirarse al agua*, II
divorce *el divorcio*, 4
to divorce *divorciarse (de)*, 4
divorced *divorciado(a)*, 4
to do *hacer (-go)*, I; **And what is there to do around here?** *¿Y qué hay que hacer por aquí?*, II; **And your friends, what do they like to do?** *Y a tus amigos, ¿qué les gusta hacer?*, II; **do** *haz*, I; **doing** *haciendo*, II; **done** *hecho (past participle of* **hacer**)*, II; **don't do** *no hagas*, I; **I didn't do anything.** *No hice nada.*, II; **I've already done it a thousand times.** *Ya lo hice mil veces.*, II; **So, what I have to do is . . .** *Entonces, lo que tengo que hacer es...*, II; **we are doing** *estamos haciendo*, I; **What did you do?** *¿Qué hiciste?*, I; **What did you like to do when you were . . . years old?** *¿Qué te gustaba hacer cuando tenías...?*, II; **What did you use to do when you were a little boy/girl?** *¿Qué hacías de niño(a)?*, II; **What do you do every morning?** *¿Qué haces todas las mañanas?*, II; **What do you like to do on weekends?** *¿Qué te gusta hacer los fines de semana?*, II; **What do you want to do this afternoon?** *¿Qué quieres hacer esta tarde?*, II; **What do your friends do on weekends?** *¿Qué hacen tus amigos los fines de semana?*, II; **What else do I need to do?** *¿Qué más tengo que hacer?*, II; **What needs to be done in the kitchen?** *¿Qué hay que hacer en la cocina?*, II; **What will you all do at the beach?** *¿Qué harán ustedes en la playa?*, II; **to do aerobics** *hacer ejercicios aeróbicos*, II; **to do the chores** *hacer los quehaceres*, I; **to do computer design** *hacer diseño por computadora*, II; **to do crossword puzzles** *hacer crucigramas*, II; **to do homework** *hacer la tarea*, I; **to do woodcarving** *tallar en madera*, 5; **to do yoga** *hacer yoga*, I; **The . . . don't do anything for me.** *Los/Las... me dejan frío(a).*, 2; **Yes, I'm always doing . . . I'm crazy about . . .** *Sí, me la paso... Estoy loco(a) por...*, 2; **I can do it.** *Lo puedo hacer.*, 8; **What would you like to do?** *¿Qué te gustaría hacer?*, 8; **Where were you and what were you doing when . . .?** *¿Dónde estabas y qué hacías cuando...?*, 10
Do you like . . .? *¿Te gusta(n)...?*, I
Do you remember when . . . happened? *¿Te acuerdas cuando sucedió...?*, 10
Do you want to come to . . . with me? *¿Me acompañas a...?*, 5
Do you want to go see . . . *¿Quieres ir a ver...?*, 5
doctor *el médico, la médica*, II
documentary *el documental*, 6
dog *el perro, la perra*, I; **to feed the dog** *darle de comer al perro*, II
dolls *las muñecas*, I
dominoes *el dominó*, 2
Don't forget to . . . *No te olvides de...*, II,

3; **Don't forget to go to band practice.** *No te olvides de ir al ensayo de la banda.*, 5
Don't worry. *No te preocupes.*, II
to donate time to a cause *donar tiempo a una causa*, 8
done *hecho(a) (past participle of* **hacer**)*, II
door *la puerta*, I; **to lock the door** *cerrar (ie) la puerta con llave*, II
dot *el punto*, I
doubt: I doubt that you're well-informed about . . ./that you know . . . *Dudo que estés bien informado(a) sobre.../que sepas...*, 6
doubtful: It's doubtful that . . . *Es dudoso que...*, 5
downtown *el centro*, I; **to get to know downtown** *conocer el centro*, II
drama *el drama*, 5
dramatic arts *las artes dramáticas*, 5
to draw *dibujar*, I
drawing *el dibujo*, 5
dream: My life-long dream is to commemorate . . . *El sueño de mi vida es conmemorar a...*, 9
to dream *soñar(ue)*, II; **I dreamed of being . . .** *Soñaba con ser...*, II; **to dream of** *soñar (ue) con*, 7
dress *el vestido*, I
to dress up *arreglarse*, II
to drink (something) *beber (algo)*, II; *tomar (algo)*, I
drinks *las bebidas*, II
to drive *conducir(zc)*, II
to drive around . . . *dar una vuelta por...*, II
driver *el conductor, la conductora*, II
driver's license *la licencia de conducir*, II
to drizzle *lloviznar*, II
drug addiction *la drogadicción*, 10
dry *árido(a)*, II; *seco(a)*, II; **What a dry climate!** *¡Qué clima tan seco!*, II; **The . . . is dry/isn't very sweet.** *El/La... está seco(a)/no está muy dulce.*, 4
to dry *secarse*, I
dryer *la secadora*, II
dumb *tonto(a)*, I
during *durante*, I
to dust *sacudir*, II; **to dust the furniture** *sacudir los muebles*, II
DVD *el DVD*, I; **blank DVD** *el DVD en blanco*, I

each *cada:* **each, each one** *cada uno(a)*, II
eagle *el águila (f.)*, II
ear (inner) *el oído*, I; **ear (outer)** *la oreja*, II
early *temprano(a)*, I
earphones *los audífonos*, I
earrings *los aretes*, I
earthquake *el terremoto*, II
easily *fácilmente*, II
easy *fácil*, I; **That's easy for me.** *Eso me resulta fácil*, 8
to eat *comer*, I; *tomar*, I; **don't eat** *no coma*, II; *no comas*, II; **eat** *coma, come*, II; **Have you eaten at . . .?** *¿Ha comido en...?*, II; **to eat a balanced diet** *seguir (i, i) una dieta sana*, I; *llevar una dieta*

Vocabulario inglés-español

balanceada, II; **to eat breakfast** *desayunar*, I; **to eat dinner** *cenar*, I; **to eat lunch** *almorzar (ue)*, I

economic crisis *la crisis económica*, 6

ecotourism *el ecoturismo*, II; **to go on an ecotour** *hacer ecoturismo*, II

editorial section *los editoriales*, 6

educational *educativo(a)*, 6

effort: to make an effort to *esforzarse (ue) por*, 7; **We had to make a big effort to . . .** *Tuvimos que hacer un gran esfuerzo para...*, 7; **We made a big effort at . . .** *Nos esforzamos en...*, 7

egg *el huevo*, I; **scrambled eggs** *los huevos revueltos*, II

eight *ocho*, I

eight hundred *ochocientos*, I

eighteen *dieciocho*, I

eighth *octavo(a)*, II

eighty *ochenta*, I

elbow *el codo*, II

elections *las elecciones*, 10

electric/hybrid car *el carro eléctrico/híbrido*, 10

electronic planner *la agenda electrónica*, 8

elegant *elegante*, II

eleven *once*, I

e-mail address *el correo electrónico*, I

embassy *la embajada*, II

embroidered *bordado(a)*, II; **to be embroidered** *estar bordado(a)*, II

emergency room *la sala de emergencias*, II

empire *el imperio*, 9

employee *el (la) empleado(a)*, 8

enchanted *encantado(a)*, 9

to enclose: I'm enclosing a . . . *Le/Les adjunto un(a)...*, 8

enemy *el (la) enemigo(a)*, 9

energy: solar energy *la energía solar*, 10

engaged: to get engaged *comprometerse*, 4

engagement *el compromiso*, 4; **engagement ring** *el anillo de compromiso*, 4; **I'm sorry, but I already have other plans/another engagement.** *Lo siento, pero ya tengo otros planes/otro compromiso.*, 5

engineer *el ingeniero, la ingeniera*, II

English *el inglés*, I

to enjoy *disfrutar de*, II

enough *suficiente*, I; **to get enough sleep** *dormir (ue, u) lo suficiente*, I

entertaining *entretenido(a)*, 5

entertainment section *la sección de ocio*, 6

environment *el medio ambiente*, 10; **work environment** *el ambiente de trabajo*, 8

environmental crisis *la crisis ambiental*, 6

equality: The way I see it, there's no equality between . . . *A mi parecer, no hay igualdad entre...*, 3

errands *las diligencias*, II; **to run errands** *hacer diligencias*, II

eruption (of a volcano) *la erupción (de un volcán)*, 10

established: to get established *establecerse*, 7

ethnic group *el grupo étnico*, 7

evening *la tarde*, I; **in the evening,** P.M. *de la tarde*, I

event *el hecho*, 9; *el acontecimiento*, 10

every day *todos los días*, I

every morning *todas las mañanas*, II

every year *todos los años*, II

everybody *todos(as)*, I

everything *todo*, I

evident: It's evident that . . . *Es evidente que...*, 6

to exchange *intercambiar*, II; **to exchange (for)** *cambiar (por)*, II

excited: Yes, I'm excited because . . . *Sí, estoy entusiasmado(a) porque...*, 2

exciting *emocionante*, 10

Excuse me. *Perdón., Disculpe.*, II; **Excuse me, is there a . . . around here?** *Disculpe, ¿hay un(a)... por aquí?*, II

to exercise *hacer ejercicios*, I

exhibit *la exposición*, 5

to expect *esperar*, I

expensive *caro(a)*, I

explode *estallar*, 10

to explore *explorar*, II; **to explore caves** *explorar cuevas*, II; **to explore the tropical jungle** *explorar la selva tropical*, II

explorers *los exploradores*, 9

to express (yourself) *expresarse*, 7

eyebrows *las cejas*, II

eyes *los ojos*, I; **to have blue eyes** *tener ojos azules*, I; **to have brown eyes** *tener ojos de color café*, II

face *la cara*, I

to face: My . . . faced obstacles when . . . *Mis... enfrentaron obstáculos cuando...*, 7

to facilitate *facilitar*, 8

facing *enfrente de*, II

fact *el hecho*, 9

factory *la fábrica*, II

to fail (a test, a class) *suspender*, 3

failure *el fracaso*, II

fair *justo(a)*, II; **It's not fair!** *¡No es justo!*, II; **I don't think it's fair.** *No me parece que sea justo.*, 3

fairy tale *el cuento de hadas*, 9

faithful: to be (un)faithful *ser (in)fiel*, 3

to fall *caer(se) (-igo)*, II; **to fall asleep** *dormirse (ue)*, II; **to fall in love** *enamorarse*, 9

fall *el otoño*, I

family *la familia*, I; **There are . . . people in my family.** *En mi familia somos...*, I

family reunion *la reunión familiar*, 4

fan *fanático(a)*, 2

fancy dresses *los vestidos de gala*, II

fantastic: How fantastic! *¡Qué fantástico(a)!*, I

fashion section *la sección de moda*, 6

fast food *la comida rápida*, II

fat *gordo(a)*, I; *la grasa*, I

father *el padre*, I; **Father's Day** *el Día del Padre*, I

father-in-law *el suegro*, 4

favorite *preferido(a)*, I

February *febrero*, I

to feed the dog *darle de comer al perro*, II

to feel *sentirse (ie, i)*, I; **to feel like doing something** *tener ganas de + infinitive*, I; **How did you feel when . . .?** *¿Cómo te sentiste cuando...?*, II; **How did you feel when you heard about . . .?** *¿Cómo te sentiste cuando supiste lo de...?*, II

feelings *los sentimientos*, 2

to feel like *querer (ie) + infinitive*, II; **Yes, I'm disappointed because . . . It makes me feel like crying.** *Sí, estoy decepcionado(a) porque... Me dan ganas de llorar.*, 2

female soldier *la mujer soldado*, 9

to fence *esgrimir*, 2

fencing *la esgrima*, 2

few *poco(a), pocos(as)*, I

fifteen *quince*, I

fifth *quinto(a)*, II

fifty *cincuenta*, I

to fight *pelearse*, 3; **to fight for** *luchar por*, 7

film *la película*, I

finally *por fin*, II; **Finally . . . managed to . . .** *Por fin... logró...*, 7

financial section *la sección financiera*, 6

to find *encontrar (ue)*, I; **Did you find what you were looking for at . . .?** *¿Encontraste lo que buscabas en...?*, II; **to find a hobby** *buscar un pasatiempo*, I; **I've already found my . . .** *Ya encontré mi(s)...*, II; **I find it to be very . . .** *Lo/La encuentro muy...*, 5

to find out *enterarse*, II; *averiguar*, II; **When I found out, I couldn't believe it.** *Cuando me enteré, no lo pude creer.*, II; **How did you find out about . . .?** *¿Cómo te enteraste de...?*, 6; **How did you find out the score?** *¿Cómo supiste el resultado?*, 6

fine *bien*, I

finger *el dedo*, I

finger food *los bocadillos*, II

finish *terminar*, I

fire *incendio*, II; **to put out fires** *apagar incendios*, II; **fire station** *la estación de bomberos*, II; **fire truck** *el camión de bomberos*, II; **firefighter** *el bombero, la bombera*, II; **fireworks** *los fuegos artificiales*, I

first *el primero*, I; *primero(a)*, I

fish *el pescado*, I; **fish (live)** *el pez*, II

to fish *pescar*, I

fish market *la pescadería*, II

fishing *la pesca*, I; **to go fishing** *ir de pesca*, I

fishing rod *la caña de pescar*, II

to fit *quedar*, I; **How do the . . . fit?** *¿Cómo te quedan...?*, II

to fit in *encajar (en)*, 7

fitting room *el probador*, II

five *cinco*, I

five hundred *quinientos*, I

to fix *arreglar*, I

flag *la bandera*, 9

flan *el flan*, I

flashlight *la linterna*, II

flavor *el sabor*, II; **It's missing flavor.** *Le falta sabor.*, II; **The . . . lacks flavor, but I don't know what's missing.** *Al (A la)... le falta sabor, pero no sé qué le falta.*, 4

to flee *huir*, II

flight *el vuelo*, I

floor *el piso*, I

flower shop *la floristería*, II

to focus on *enfocarse en*, 7

fog *la niebla*, II

folder *la carpeta*, I

folk: I recommend that you go to the folk dance performance. It's very . . . *Te aconsejo que vayas a la presentación de baile folclórico. Es muy...*, 5

to follow *seguir (i, i)*, I

R84

Vocabulario inglés-español

food *la comida*, I; **Chinese (Italian, Mexican) food** *la comida china (italiana, mexicana)*, I; **food court in a mall** *la plaza de comida*, I; **food products** *los comestibles*, II; **fast food** *la comida rápida*, II; **finger food** *los bocadillos*, II
foot *el pie*, I
football *el fútbol americano*, I
for *para*, I
forest *el bosque*, II
to forget (about), to forget (to) *olvidarse (de)*, II; **Don't forget to . . .** *No te olvides de...*, II; **I totally forgot.** *Se me olvidó por completo.*, II; **It's just that I forgot to add . . . .** *Es que se me olvidó ponerle...*, 4
to forgive *disculpar, perdonar*, 3; **Forgive me. I don't know what I was thinking.** *Perdóname. No sé en qué estaba pensando.*, 3
forgiveness: to ask for forgiveness *pedir perdón*, 3
fork *el tenedor*, I
formidable *formidable*, I
fortune *la fortuna*, I
forty *cuarenta*, I
forward: to move forward *seguir adelante*, 7
fountain *la fuente*, II
four *cuatro*, I
four hundred *cuatrocientos*, I
fourteen *catorce*, I
fourth *cuarto(a)*, II
frankly *francamente*, II
frantically *desesperadamente*, II
free of charge *gratis*, II
free time *el rato libre*, II
freeway *la autopista*, II
French *el francés*, I
French fries *las papas fritas*, I
frequency *la frecuencia*, I
frequently *frecuentemente*, II
Friday *el viernes*, I; **on Fridays** *los viernes*, I
fried *frito(a)*, II; **fried chicken** *el pollo frito*, 4
friend *el amigo, la amiga*, I; **to go out with his/her/their friends** *salir con sus amigos*, II; **to make friends with someone** *hacerse amigo(a) de alguien*, II; **A good friend should support me and . . . He/she shouldn't . . .** *Un(a) buen(a) amigo(a) debe apoyarme y... No debe...*, 2; **What should a good friend be like?** *¿Cómo debe ser un(a) buen(a) amigo(a)?*, 2
friendly *amigable*, 2
friendship *la amistad*, 2
frightening *espantoso(a)*, 10
from *de*, I
From then on, they lived happily ever after. *A partir de entonces, vivieron siempre felices.*, 9
From what I understand . . . *Según tengo entendido,...*, 4
From what we've been told, the villain... *Según nos dicen, el malvado...*, 9
from where *de dónde*, I
front page *la primera plana*, 6; **It was on the front page.** *Estaba en la primera plana.*, 6
frozen *congelado(a)*, II
fruit *la fruta*, I; **assorted fresh fruit** *el surtido de frutas frescas*, II

fruit shop *la frutería*, II
to frustrate *frustrar*, 2
to fry *freír (i, i)*, II; **fried** *frito (past participle of* **freír***)*, II
fuels *los combustibles*, 10
to fulfill (a dream) *realizar (un sueño)*, 7
full-time job *el empleo a tiempo completo*, 8
fun *divertido(a)*, I; **to have fun** *divertirse (ie, i)*, II
funeral *el funeral*, 4
funny *chistoso(a)*, II; *cómico(a)*, I
furiously *furiosamente*, II
furniture *los muebles*, II; **to dust the furniture** *sacudir los muebles*, II
furniture store *la mueblería*, II
future *el futuro*, 10

to gain weight *subir de peso*, I
gallery *la galería*, 5
game show *el concurso*, 6
garage *el garaje*, I
garbage *la basura*, II
garbage can *el basurero*, 10
garden *el jardín*, I; **to work in the garden** *trabajar en el jardín*, II
garlic *el ajo*, II; **garlic soup** *la sopa de ajo*, II
generally *generalmente*, II
generous *bondadoso(a)*, II; *generoso(a)*, 2
geography *la geografía*, II
geometry *la geometría*, 3
German *el alemán*, I
to get *conseguir (i, i)*, I; *agarrar*, II; **to get a haircut** *cortarse el pelo*, II; **to get a sunburn** *quemarse*, II; **to get along badly** *llevarse mal*, II; **to get along well** *llevarse bien*, II; **to get angry** *enojarse*, I; **to get bored** *aburrirse*, II; **to get burned** *quemarse*, II; **to get dressed** *vestirse (i, i)*, I; **to get lost** *perderse (ie)*, II; **to get off of . . .** *bajarse de...*, II; **to get on . . .** *subirse a...*, II; **to get ready** *arreglarse*, II; **to get sick** *enfermarse*, II; **to get someone for a telephone call** *pasártelo(la)*, I; **to get there** *llegar*, I; **How can I get to . . .** *¿Cómo puedo llegar a...?*, II; **to go up/down . . . until you get to** *subir/bajar... hasta llegar a*, II; **to get tired** *cansarse*, II; **to get together at an Internet café** *reunirse en un café Internet*, II; **to get up** *levantarse*, I; **to get engaged** *comprometerse*, 4; **to get accustomed to** *acostumbrarse*, 7; **to get established** *establecerse*, 7; **Aha! I finally get the idea.** *¡Vaya! Por fin capto la idea.*, 8; **I get it! It's clearer now.** *¡Ya caigo! Está más claro ahora.*, 8; **Get this: he/she got married.** *Fíjate que se ha casado.*, 4
ghost *el fantasma*, 9
gift *el regalo*, I; **to buy (someone) a gift** *comprarle un regalo*, 3
girl *la muchacha*, I; *la niña*, II
girl's fifteenth birthday *la quinceañera*, I
girlfriend: What do you look for in a boyfriend/girlfriend? *¿Qué buscas en un(a) novio(a)?*, 2
to give *dar*, I; *regalar*, II; **don't give** *no des*, I; *no dé, no den*, II; **give** *da, dé, den*, II;

I'm going to give you a special price. *Le voy a dar un precio especial.*, II; **I wasn't going to buy . . ., but they gave me a discount.** *No iba a comprar..., pero me dieron un descuento.*, II; **Okay, I'll give it to you for . . ., but that's my last offer.** *Bueno, se la regalo por..., pero es mi última oferta.*, II; **to give advice** *dar consejos*, II; **to give (someone) a hug** *darle un abrazo*, 3; **to give birth** *dar a luz*, 4; **to (not) give up** *(no) darse por vencido*, 7; **Give yourself time to think it over.** *Date tiempo para pensarlo.*, 3
glass *el vaso*, I; *el vidrio*, II
glasses *los lentes*, I; **to wear glasses** *usar lentes*, I
gloves *los guantes*, II
to go *ir*, I; **Are we going the right way to . . .?** *¿Vamos bien para...?*, II; **don't go** *no vayas*, I; *no vaya, no vayan*, II; **go ve**, I; *vaya, vayan*, II; *siga, sigue*, II; **gone** *ido (past participle of* **ir***)*, II; **He/She doesn't go anywhere.** *No va a ninguna parte.*, I; **If you haven't gone to . . . yet, you must.** *Si todavía no ha ido a/al..., debe ir.*, II; **I prefer to go to . . .** *Prefiero ir a/al...*, II; **I'll go to . . .** *Iré a/al...*, II; **I want to go to . . .** *Quiero ir a...*, II; **Tomorrow I'm going to . . .** *Mañana voy a...*, II; **Tonight we're going to celebrate . . .** *Esta noche vamos a celebrar...*, II; **Where do you intend to go tonight?** *¿Adónde piensan ir esta noche?*, II; **Where will you go this summer?** *¿Adónde irás este verano?*, II; **to go bad: The milk has gone bad.** *Está pasada la leche.*, 4; **to go boating** *pasear en bote*, II; **to go camping** *hacer camping*, II; **to go down . . . until you get to** *bajar... hasta llegar a*, II; **to go for a walk** *pasear*, I; *dar una caminata*, II; **to go hang gliding** *volar (ue) con ala delta*, II; **to go hiking** *ir de excursión*, I; *hacer senderismo*, II; **to go on a cruise** *tomar un crucero*, II; **to go on a hike** *dar una caminata*, II; **to go on an ecotour** *hacer ecoturismo*, II; **to go on vacation** *ir de vacaciones*, II; **to go shopping at the market** *ir de compras al mercado*, II; **to go skydiving** *saltar en paracaídas*, II; **to go spelunking** *explorar cuevas*, II; **to go straight** *seguir (i,i) adelante/derecho*, II; **to go to a cybercafé** *ir a un cibercafé*, II; **to go to bed** *acostarse (ue)*, I; **to go to outdoor cafés** *ir a cafés*, II; **to go to the zoo** *ir al zoológico*, II; **to go up** *subirse*, II; **to go up . . . until you get to** *subir... hasta llegar a*, II; **to go with** *hacer juego*, II; **I was going to . . .** *Iba a...*, 2; **Let's not go . . .** *No vayamos...*, 2; **I'm going to . . . with the intention of . . .** *Voy a... con la idea de...*, 7; **Why don't we go to . . .?** *¿Por qué no vamos a...?*, 5
to go back *regresar, volver (ue)*, I; **gone back** *vuelto (past participle of* **volver***)*, II
go out *sal*, I
to go out *salir (-go)*, I; **to go out with his/her/their friends** *salir con sus amigos*, II; **to go out in a sailboat (motorboat)** *pasear en bote de vela (lancha)*, II
goal *la meta*, 7

god *el dios*, 9
goddess *la diosa*, 9
gold *el oro*, II
golf *el golf*, II
gone *ido (past participle of **ir**)*, II
good *bien*, II; **Honestly, it doesn't look good on you.** *De verdad, no te sienta bien*, II
good *bueno(a)*, I; **It's a good idea that . . .** *Es buena idea que...*, II; **to get good grades** *sacar buenas notas*, II; **You're really good at . . . aren't you?** *Eres muy bueno(a) para... ¿verdad?*, 2; **in good/bad taste** *de buen/mal gusto*, 5; **I see you're in a good mood.** *Te veo de buen humor.*, 2; **It would be a good/bad idea to break up with...** *Sería una buena/mala idea romper con...*, 3; **It's good enough to lick your fingers.** *Está para chuparse los dedos.*, 4; **It's not good for you . . .** *No te conviene...*, 3; **What should a good friend be like?** *¿Cómo debe ser un(a) buen(a) amigo(a)?*, 2
Goodbye. *Adiós.*, I
good-looking *guapo(a)*, I
to gossip *chismear*, 2
gossip: What a gossip! *¡Qué chismoso(a)!*, II
gossipy *chismoso(a)*, 2
gowns *los vestidos de gala*, II
grade *la nota*, II; **to get good grades** *sacar buenas notas*, II; **to get bad grades** *sacar malas notas*, II
to graduate (from) *graduarse (de)*, 4
graduation *la graduación*, I
grandchildren *los nietos*, I
granddaughter *la nieta*, I
grandfather *el abuelo*, I
grandmother *la abuela*, I
grandparents *los abuelos*, I
grandson *el nieto*, I
grandsons *los nietos*, I
grapefruit *la toronja*, 4
grass *el césped*, I
gray *gris*, I
gray-haired *canoso(a)*, I
great *estupendo(a)*, I; *a todo dar*, I; *buenísimo(a)*, II; *fenomenal*, II; *genial*, 2; *formidable*, 5; **It's better for you to see the opera. It's great.** *Es mejor que veas la ópera. Es formidable.*, 5
green *verde*, I
green belt *la zona verde*, II
greeting card *la tarjeta*, II
grilled *a la parrilla*, II; **grilled steak** *el bistec a la parrilla*, II
groceries *los comestibles*, II
grocery store *la tienda de comestibles*, II
to grow *crecer (zc)*, 10
to grow up (in) *criarse (en)*, 7
group: ethnic group *el grupo étnico*, 7
Guatemalan *guatemalteco(a)*, II
guest *el (la) invitado(a)*, I
guidance counselor *el (la) consejero(a)*, 3; **The guidance counselor insists that I take . . . I don't like it at all!** *El/La consejero(a) insiste en que tome... ¡No me gusta para nada!*, 3
guide book *la guía turística*, II
guided tour *el tour*, II; **to take a guided tour** *hacer un tour*, II
guitar *la guitarra*, I
gym *el gimnasio*, I
gymnastics *la gimnasia*, II

hail *el granizo*, II
hair *el pelo*, I; **to comb your hair** *peinarse*, I; **to have . . . hair** *tener el pelo...*, I
hair dryer *la secadora de pelo*, I
hair salon *la peluquería*, II
hairstylist *el peluquero, la peluquera*, II
half *medio*, I; **half past** *y media*, I
half brother *el medio hermano*, 4
half sister *la medio hermana*, 4
ham *el jamón*, I
hamburger *la hamburguesa*, I
hammock *la hamaca*, II
hand *la mano*, I
handmade *hecho(a) a mano*, II
to hang *colgar (ue)*, I
Hanukkah *el Hanukah*, I
happy *contento(a)*, I; **to be happy** *estar contento(a)*, I
Happy (Merry) . . . *¡Feliz...!*, I
hard *difícil*, I; **I work hard . . . and for that reason . . .** *Trabajo duro... y por eso...*, 7; **It's not hard for me at all.** *No me es nada difícil.*, 8
hardware store *la ferretería*, II
hard-working *trabajador(a)*, I
hat *el sombrero*, I
to hate *odiar*, II
have *haber (auxiliary verb)*, II; **Have you eaten at . . .?** *¿Ha comido en...?*, II; *haya (present subjunctive of haber)*, II; **If you haven't gone to . . . yet, you must.** *Si todavía no ha ido a/al..., debe ir.*, II; **Have you thought about . . .?** *¿Has pensado en...?*, 3
to have *tener (-go, ie)*, I; **have** *ten*, I; **don't have** *no tengas*, I; **Do you have plans for . . .?** *¿Tienes planes para el...?*, II; **I always have to . . .** *A mí siempre me toca...*, I; **We have a wide assortment of gifts.** *Tenemos un gran surtido de regalos.*, II; **What news do you have of . . .?** *¿Qué noticias tienes de...?*, II; **to have . . . hair** *tener el pelo...*, II; **to have a cold** *tener catarro*, I; *estar resfriado(a)*, II; **to have a conversation** *conversar*, II; **to have a cough** *tener tos*, II; **to have a cramp** *tener un calambre*, II; **to have a milkshake** *tomar un batido*, I; **to have a party** *hacer una fiesta*, I; **to have a picnic** *tener un picnic*, I; **to have a snack** *merendar*, I; **to have brown eyes** *tener ojos de color café*, II; **to have fun** *divertirse (ie, i)*, II; **to have lunch** *almorzar*, I; **to have to (do something)** *tener que + infinitive*, I; *Deber + infinitive*, II; **So, what I have to do is . . .** *Entonces, lo que tengo que hacer es...*, II; **We have to put the dessert/the drinks in the refrigerator.** *Tenemos que poner el postre/los refrescos en el refrigerador.*, II; **We all have to help her.** *Todos tenemos que ayudarla.*, II; **to have a misunderstanding** *tener un malentendido*, 2; **to have much/something/nothing in common** *tener mucho/algo/nada en común*, 2; **I don't have the slightest idea if . . .** *No tengo la menor idea si...*, 6; **to have success** *tener éxito*, 7; **I had many hopes of . . .** *Tenía muchas esperanzas de...*, 9

he *él*, I; **He is . . .,** *Él es...,* I; **He (emphatic) likes . . .** *A él le gusta(n) + noun*, II
He/She regrets that . . . *Se arrepiente de que...*, 9
He/She/You (emphatic) like(s) . . . *A él/ella/usted le gusta(n) + noun*, II
He/She/You like(s) to watch television. *Le gusta ver la televisión.*, II
He/She/You love(s) . . . *Le encanta(n)...,* II
head *la cabeza*, II
headache *un dolor de cabeza*, II
headlines *los titulares*, 6
health *la salud*, I
to hear *oír(-go)*, II; **When I heard the news, I didn't want to believe it.** *Cuando oí la noticia no lo quise creer.*, II; **By the way, what have you heard about the . . .?** *A propósito, ¿qué has oído de el/la...?*, 5
heart *el corazón*, II
heat *el calor*, I
to heat *calentar (ie)*, I
Hello. *Aló., Bueno., Diga.*, I
help *la ayuda*, I; **to yell for help** *gritar por ayuda*, II
to help *ayudar*, I; **Can I help you?** *¿Puedo ayudarte?*, II; **We all have to help her.** *Todos tenemos que ayudarla.*, II; **to help at home** *ayudar en casa*, I; **to help each other** *ayudarse*, II; **to help people** *ayudar a la gente*, II
helpful *atento(a)*, 2
here *aquí*, II; **around here** *por aquí*, II; **Come (right) here!** *¡Ven aquí!*, II
heritage *la herencia*, 7
hero *el héroe*, 9
heroine *la heroína*, 9
Hey *Oye*, II
Hi *Hola*, I
high jump *el salto de altura*, 2
highway *la autopista*, II
to hike *dar una caminata*, II
hiking *el senderismo*, II; **to go hiking** *hacer senderismo*, II
his *su(s)*, I
history *la historia*, I
hit *el golpe*, II; **Oh! I hit my . . .** *¡Uf! Me di un golpe en...*, II
hobby *el pasatiempo*, I; **to look for a hobby** *buscar un pasatiempo*, I
to hold *agarrar*, II; **Hold on a moment.** *Espera un momento.*, II
holiday *el día festivo*, I
Holy Week *la Semana Santa*, I
home: I was at home when . . . *Estaba en casa cuando...*, 10
homework *la tarea*, I
Honduran *hondureño(a)*, II
honest *honesto(a)*, 2
Honestly, it doesn't look good on you. *De verdad, no te sienta bien.*, II
to honor *honrar*, 9
hope: I had many hopes of . . . *Tenía muchas esperanzas de...*, 9
to hope (that) . . . *esperar que + subj.*, II; **I hope the trip is fun.** *Espero que el viaje sea divertido.*, II; **I hope to see . . .** *Espero ver...*, I; **I hope you're doing well.** *Espero que estés bien.*, II; **I hope that . . .** *Ojalá que...*, II; **Hope things go well for you.** *Que te vaya bien.*, I
Hopefully . . . *Es de esperar que...*, 9

to imagine: I imagine that by the year . . . there will be . . . *Me imagino que para el año... habrá...,* 10
immediately *inmediatamente,* II, 8
immigrants *los inmigrantes,* 10
impatient *impaciente,* II
implement: I predict that they are going to implement . . . *Calculo que van a implementar...,* 10
important *importante,* II; **It's important for . . . to . . .** *Es importante que...,* II
impression: wrong impression *la impresión equivocada,* 3
impressive *impresionante,* 5
to improve *mejorar,* 8
in a . . . way *de modo...,* 6
in between *entre,* II
in front of *delante de,* I; *enfrente de,* II
in the (latest) fashion *a la (última) moda,* I
in the end *al final,* II; **In the end, we realized . . .** *Al final, nos dimos cuenta de...,* 9
in those days *en aquel entonces,* II
in, by *por,* I
incomprehensible *incomprensible,* 5
to include *incluir,* II
incredible *increíble,* II; **It's incredible!** *¡Es increíble!,* II
independence *la independencia,* 9
Independence Day *el Día de la Independencia,* I
indifference *la indiferencia,* 10
inexpensive *barato(a),* I
to infect *infectar,* II
infected *infectado(a),* II; **Now it's infected.** *Ahora lo tengo infectado.,* II
to inform *informar,* 6
information *la información,* II; **to ask for information** *pedir (i) información,* II
informative *informativo(a),* 6
informed: to be well/poorly informed *estar bien/mal informado,* 6; **I doubt that you're well-informed about . . . /that you know . . .** *Dudo que estés bien informado(a) sobre.../que sepas...,* 6
ingredients *los ingredientes,* II
initiative: to take the initiative *tomar la iniciativa,* 7
to increase: It's quite possible that traffic will increase with . . . *Es muy posible que el tráfico aumente con...,* 10
to injure *herir (ie, i),* II
to injure oneself *lastimarse,* II
inn *la pensión,* II
innovative *innovador(a),* 10
insecure *inseguro(a),* 2
inside *adentro,* II
to insist: The guidance counselor insists that I take . . . I don't like it at all! *El/La consejero(a) insiste en que tome... ¡No me gusta para nada!,* 3
to insist on *empeñarse en,* 7;
to inspire trust in (someone) *inspirarle confianza,* 6
instantly *en un santiamén,* 8
to insult *insultar,* 3
insurance *el seguro,* 8
intellectual *intelectual,* I
intelligent *inteligente,* I
intend: I intend to . . . *Tengo la intención de...,* I
intention: I'm going to . . . with the intention of . . . *Voy a... con la idea de...,* 7

to interest *interesar,* II; **I would be interested in studying to be a . . .** *Me interesaría estudiar para ser un(a),* 8; **Are you interested in going to . . .?** *¿Te interesa ir a...?,* 5
interest *el interés,* I
interesting *interesante,* I
international banker *el (la) banquero(a) internacional,* II
Internet *el Internet,* II; **Internet café** *el café Internet,* II; **to get together at an Internet café** *reunirse en un café Internet,* II
to interrupt *interrumpir,* I
intersection *el cruce,* II
interview *la entrevista,* 8
to interview *entrevistar,* 6
to introduce *presentar,* I; **I want to introduce you to . . .** *Quiero presentarte a...,* II
invention *el invento,* 10
invitation *la invitación,* I
to invite *invitar,* I; **Thanks for inviting me, but I've already seen it.** *Gracias por invitarme, pero ya lo/la he visto.,* 5
to irritate *irritar,* 2
is allowed *se permite,* II
is prohibited *se prohíbe,* II
is spoken *se habla,* II
island *la isla,* I; **tropical island** *la isla tropical,* II
issue: We talked about the issue; consequently . . . *Hablamos del tema; por consiguiente...,* 7
it *lo, la,* I; **it: It made me (very) embarrassed.** *Me dio (mucha) vergüenza.,* II; **It made me (very) happy.** *Me dio (mucha) alegría.,* II; **It made me (very) sad.** *Me dio (mucha) tristeza.,* II; **It made me angry.** *Me dio una rabia.,* II; **It's all right with me.** *Me parece bien.,* I; **It seems unfair to me** *Me parece injusto,* I; **it snows** *nieva,* I; **It started to rain.** *Empezó a llover.,* II **It tastes like . . .** *Sabe a...,* II; **It was a total . . .** *Fue todo un... ,* II; **It was around two when . . .** *Eran como las dos cuando...,* II; **It took a lot of work for us to get used to . . .** *Nos costó trabajo acostumbrarnos a...,* 7; **It seems to me that . . .** *Me parece que...,* 10; **It takes a lot of work for me (to do) . . .** *Me cuesta trabajo (hacer)...,* 8; **It makes my mouth water.** *Se me hace la boca agua.,* 4; **It tastes delicious.** *Sabe delicioso(a).,* 4; **It was on the front page.** *Estaba en la primera plana.,* 6; **It would be a good idea to go to the symphony.** *Sería buena idea ir al concierto de la sinfónica.,* 5; **It would be a good/bad idea to break up with . . .** *Sería una buena/mala idea romper con...,* 3
It's: It's a good idea for . . . to . . . *Es buena idea que...,* II; **It's (a little) salty.** *Está (un poco) salado(a).,* I; **It's a rip-off!** *¡Es un robo!,* I; **It's all the same to me.** *Me da igual.,* I; **It's around the corner.** *Está a la vuelta.,* I; **It's awful.** *Es pésimo(a).,* II; **It's better for . . . to . . .** *Es mejor que...,* II; **It's clear that . . .** *está claro que...,* 6; **It's cold.** *Hace frío.,* I; **It's cool.** *Hace fresco.,* I; **It's delicious.** *Es delicioso(a).,* I; **It's getting late.** *Se nos hace tarde.,* II; **It's great to see you!** *¡Qué gusto verte!,* I; **It's hot.**

Hace calor., I; **It's important for . . . to . . .** *Es importante que...,* II; **It's incredible!** *¡Es increíble!,* II; **It's kind of fun.** *Es algo divertido.,* I; **It's missing flavor.** *Le falta sabor.,* II; **It's missing salt.** *Le falta sal.,* II; **It's missing something; I don't know what.** *Le falta no sé qué.,* II; **It's necessary to . . .** *Hay que + infinitive,* II; **It's not a big deal.** *No es gran cosa,* I; **It's not fair!** *¡No es justo!,* II; **It's okay.** *Está bien.,* I; **It's rather good.** *Es bastante bueno.,* I; **It's spelled . . .** *Se escribe...,* I; **It's spoiled.** *Está echado(a) a perder.,* II; **It's sunny.** *Hace sol.,* I; **It's windy.** *Hace viento.,* I; **It's all the same to me.** *Me da lo mismo.,* 2; **It's not hard for me at all.** *No me es nada difícil.,* 8; **It's outside/within my reach.** *Está fuera de/a mi alcance,* 8; **It's quite possible that traffic will increase with. . .** *Es muy posible que el tráfico aumente con...,* 10; **It's told that all of a sudden . . .** *Se cuenta que de pronto...,* 9; **It's too bad that . . .** *Es lamentable que...,* 9; **It's evident that . . .** *Es evidente que...,* 6; **It's good enough to lick your fingers.** *Está para chuparse los dedos.,* 4; **It's better for you to see the opera. It's great.** *Es mejor que veas la ópera. Es formidable.,* 5; **It's hard to believe that there are . . ./that they say . . .** *Parece mentira que haya.../que digan...,* 6; **It's just that I forgot to add . . . .** *Es que se me olvidó ponerle...,* 4; **It's just that I ran out of . . .** *Es que se me acabó...,* 4; **It's not good for you . . .** *No te conviene...,* 3

jacket *la chaqueta,* I; *el saco,* I
jai-alai *el jai-alai,* 2
January *enero,* I
jealous *celoso(a),* 2; **to be jealous of** *tener (ie) celos de,* 2
jeans *los vaqueros,* I
jewelry *las joyas,* II
jewelry store *la joyería,* I
job *el trabajo,* I; *el oficio,* II; **full-time job** *el empleo a tiempo completo,* 8; **part-time job** *el empleo a medio tiempo,* 8
to jog *trotar,* II
joke *el chiste,* I; **to tell each other jokes** *contarse (ue) chistes,* II
journalist *el periodista, la periodista,* II; **I don't think that journalists/newscasts are . . .** *No creo que los periodistas/los noticieros sean...,* 6
to judge *juzgar,* 3
judgmental *criticón, criticona,* 2
juice *el jugo,* I
July *julio,* I
to jump rope *saltar a la cuerda,* II
June *junio,* I
jungle *la selva,* II
just *no más,* I; *sólo,* II; **I just need to . . .** *Sólo me falta...,* II; **to just have done something** *acabar de,* I; **just right** *en su punto,* II
justice *la justicia,* 9

karate *el kárate,* 2
Keep in mind that . . . *Ten en cuenta que...,* 10
to **keep going** *seguir (i, i),* II; **don't go/keep going** *no siga, no sigas,* II; **keep going** *siga, sigue,* II
to **keep going straight to** *seguir derecho hasta,* II
to **keep on doing something** *seguir + gerund,* II
to **(not) keep secrets** *(no) guardar los secretos,* 2
key *la llave,* II
Kind of : It's kind of fun. *Es algo divertido.,* I; **What kind of work does . . . do?** *¿Qué clase de trabajo realiza...?,* II
Kind regards, *Reciba un cordial saludo,* 8
king *el rey,* 9
to **kiss** *besar,* 3
kitchen *la cocina,* I
kitchen sink *el fregadero,* II
knee *la rodilla,* I
knife *el cuchillo,* I
to **knit** *tejer,* II
to **know** *saber,* I; **I don't know.** *No sé.,* I; **Did you already know that . . .?** *¿Ya sabías que...?,* II; **Do you know where I can . . .?** *¿Sabe usted dónde se puede...?,* II; **It needs something; I don't know what.** *Le falta no sé que.,* II; **to be known to be** *tener fama de ser;* **I doubt that you're well-informed about . . ./that you know . . .** *Dudo que estés bien informado(a) sobre.../que sepas...,* 6; **That I know of, there is/are (isn't/aren't) . . .** *Que yo sepa, (no) hay...,* 6; **The . . . lacks flavor, but I don't know what's missing.** *Al (A la)... le falta sabor, pero no sé qué le falta.,* 4; **What do I know about . . .? I don't understand a thing about . . .** *¿Qué sé yo de...? No entiendo ni jota de...?,* 6; **What do you know about . . .?** *¿Qué sabes de...?,* 4
to **know (someone) or be familiar with a place** *conocer (zc),* I; **Do you know . . .?** *¿Conoces a...?,* II; **to get to know downtown** *conocer el centro,* II

laboratory assistant *el (la) auxiliar de laboratorio,* 8
lace *el encaje,* II
lack of *la falta de,* 3
to **lack: The . . . lacks flavor, but I don't know what's missing.** *Al (A la)... le falta sabor, pero no sé qué le falta.,* 4
lake *el lago,* I
lakeshore *la orilla del lago,* II
to **lament** *lamentar,* 9
lamp *la lámpara,* I
languages *los idiomas,* II
lantern *la linterna,* II
large *grande,* I
last *pasado(a),* I; **at last** *por fin,* II; **last night** *anoche,* I; **last offer** *la última oferta,* II

late *tarde,* I; **later** *más tarde,* I; **It's getting late.** *Se nos hace tarde.,* II
latest *último(a),* I
to **laugh** *reírse (i, i),* II; **I laughed a lot.** *Me reí mucho.,* II
law (against/in favor of) *la ley (en contra/a favor de),* 10
lawyer *el abogado, la abogada,* II
lazy *perezoso(a),* II
to **learn (to)** *aprender (a),* II
leather goods *los artículos de cuero,* II
to **leave** *irse,* I; *dejar,* I; **don't leave** *no salgas,* I; **leave** *salir,* I; *sal,* I; **to leave a message** *dejar un recado,* I; **to leave the tip** *dejar la propina,* II
leaves *las hojas,* II
left *la izquierda,* II; **to the left (of)** *a la izquierda (de),* II; **to turn left on** *doblar a la izquierda en,* II
leg *la pierna,* II
legend *la leyenda,* 9
lemon *el limón,* 4
to **lend** *prestar,* II
letter *la carta,* I; **The purpose of this letter is . . .** *Por medio de la presente...,* 8
lettuce *la lechuga,* II
to **liberate** *liberar,* 9
liberty *la libertad,* 9
library *la biblioteca,* I
license *la licencia,* II; **driver's license** *la licencia de conducir,* II
to **lie** *mentir (ie, i),* 2
lifestyle *el estilo de vida,* 7
lift *levantar,* I; **to lift weights** *levantar pesas,* I
light *la luz,* II; **to turn off the light(s)** *apagar la luz/las luces,* II; **traffic light** *el semáforo,* II
lightning *el relámpago,* II
like *como,* II
to **like** *gustar,* I; **to like/dislike (someone)** *caerle bien/mal (a alguien);* **I really liked him/her.** *Me caía muy bien.,* II; **And your friends, what do they like to do?** *Y a tus amigos, ¿qué les gusta hacer?,* II; **He/she/you (emphatic) like . . .** *A él/ella/usted le gusta(n) + noun,* II; **I would like . . .,** *Me gustaría...,* I; **What did you like to do when you were . . . years old?** *¿Qué te gustaba hacer cuando tenías...?,* II; **I'm a big . . . fan. What sport do you like?** *Soy un(a) gran aficionado(a) a... ¿Qué deporte te gusta a ti?,* 2; **When I'm older, I'd like to . . .** *Cuando sea mayor, me gustaría...,* 7; **I would like to be a . . .** *Me gustaría ser un(a)...,* 8; **What would you like to do?** *¿Qué te gustaría hacer?,* 8; **The guidance counselor insists that I take . . . I don't like it at all!** *El/La consejero(a) insiste en que tome... ¡No me gusta para nada!,* 3
likes to be alone *solitario(a),* II
Likewise. *Igualmente.,* I
lime *la lima,* 4
line *la cola,* I; **to wait in line** *hacer cola,* I
lips *los labios,* II
lipstick *el lápiz labial,* II
to **listen** *escuchar,* I; **to listen to music** *escuchar música,* I
literature *la literatura,* 3
little (adv.) *poco,* I
Little by little they adapted to . . . *Poco a poco se adaptaron a...,* 7
to **live** *vivir,* I; **one lives** *se vive,* II; **they**

lived happily ever after *vivieron felices para siempre,* II; **From then on, they lived happily ever after.** *A partir de entonces, vivieron siempre felices.,* 9
living room *la sala,* I
lizard *el lagarto,* II
lobster *la langosta,* 4
local perspective *enfoque local,* 6
to **lock the door** *cerrar la puerta con llave,* II
long *largo(a),* I; **Long time no see.** *¡Tanto tiempo sin verte!,* I
to **look** *mirar,* I; **How do I look in . . .?** *¿Cómo me veo en...?,* II; **It doesn't look good on you.** *No te sienta bien.,* II; **You look wonderful!** *¡Te ves super bien!,* II
to **look for** *buscar,* I; **Did you find what you were looking for at . . .?** *¿Encontraste lo que buscabas en...?,* II; **don't look** *no busques,* II; **I'm looking for a gift for my . . .** *Estoy buscando un regalo para mi...,* II; **look** *busca,* II; **What do you look for in a boyfriend/girlfriend?** *¿Qué buscas en un(a) novio(a)?,* 2
loose *flojo(a),* II
to **lose** *perder (ie),* I; **to lose a game** *perder,* II
to **lose weight** *bajar de peso,* I
to **love** *encantar,* I; *fascinar,* II; **He/she/ you love(s) . . .** *Le encanta(n)...,* II; **to love (someone)** *querer a,* 2
to **love each other** *quererse (ie),* II
Love, . . . *Con cariño,...,* II
low tide *la marea baja,* II
to **lower** *rebajar,* II; **Can you lower the price on that . . .?** *¿Me puede rebajar el precio de ese/esa...?,* II
loyal *leal,* 2
luck *la suerte,* I
luckily *afortunadamente,* II
luggage *el equipaje,* I
lunch *el almuerzo,* I; *la comida,* I; **to have lunch** *almorzar(ue),* I
lung *el pulmón,* II
lyrics *la letra,* 5

ma'am; Mrs. *la señora, Sra.,* I
made *hecho (past participle of* **hacer***),* II
magazine *la revista,* I
magic *mágico(a),* 9
mail *el correo,* I
mail carrier (f.) *la mujer cartero,* II
mail carrier (m.) *el cartero,* II
main dish *el plato principal,* II
to **maintain** *mantenerse (ie),* I, 7
to **make** *hacer (-go),* I; **make** *haz,* I; **making** *haciendo,* II; **to make a (collect) call** *hacer una llamada (por cobrar),* II; **to make a good/bad impression (on someone)** *caerle bien/mal a alguien,* II; **to make a reservation** *hacer una reservación,* II; **to make friends with someone** *hacerse amigo(a) de alguien,* II; **to make happy** *alegrar,* 2; **to make up** *hacer las paces,* 3; **to make a mistake** *cometer un error,* 3, 10; **to make an effort to** *esforzarse (ue) por,* 7; **to make worse** *empeorar,* 8; **to make peace** *acordar(ue) la paz,* 9
makeup *el maquillaje,* I

mall *el centro comercial*, I

man *el hombre*, I; **for men** *para hombres*, I

to manage (to do something) *lograr*, 7

manager *el (la) gerente*, 8

many *muchos(as)*, I; **many years ago** *hace muchos años*, II; **not many** *pocos(as)*, I; **Many years ago, . . .** *Hace muchos años,...*, 9

map *el mapa*, I

March *marzo*, I

market *el mercado*, II; **to go shopping at the market** *ir de compras al mercado*, II

market stand *el puesto del mercado*, II

to marry *casarse (con)*, 4; **to be married** *estar casado(a)*, 4; **Get this: he/she got married.** *Fíjate que se ha casado.*, 4

martial arts *las artes marciales*, II

marvelous *estupendo(a)*, 2; *maravilloso*, 5

mask *la máscara*, II

Mass *la misa*, I

to match *hacer juego*, II

mathematics *las matemáticas*, I

matter: What's the matter? Are you upset? *¿Qué te pasa? ¿Estas dolido(a)?*, 2

May *mayo*, I

maybe: Maybe there will be . . . *A lo mejor habrá...*, 10

mayonnaise *la mayonesa*, II

me *mí*, I; *me*, I; **I (emphatic) (don't) like . . .** *A mí (no) me gusta(n)* + noun, II

meal *la comida*, I

measuring cup *la taza de medir*, II

meat *la carne*, I

mechanic *el mecánico, la mecánica*, II

medical assistant *el (la) auxiliar médico(a)*, 8

medical insurance *el seguro médico*, 8

to meet *encontrarse (ue)*, I

meeting *la reunión*, I

melodic *melodioso(a)*, 5

melody *la melodía*, 5

to melt *derretir (i, i)*, II

melted *derretido(a)*, II

memory *el recuerdo*, II

merchant *el comerciante, la comerciante*, II

Merry . . . *¡Feliz...!*, I

message *el recado*, II

Mexican *mexicano(a)*, II; **Mexican food** *la comida mexicana*, I

midday *el mediodía*, I

mid-length skirt *la falda a media pierna*, II

midnight *la medianoche*, I

milk *la leche*, I; **The milk has gone bad.** *Está pasada la leche.*, 4

milkshake *el batido*, II

million *un millón (de)*, I

mine *mío(a), míos(as)*, II; **The pleasure is mine.** *El gusto es mío.*, II

mineral water *el agua (f.) mineral*, II

miniskirt *la minifalda*, II

mirror *el espejo*, II

mischievous *travieso(a)*, I

Miss *la señorita, Srta.*, I

to miss *perder(ie)*, I; **The . . . lacks flavor, but I don't know what's missing.** *Al (A la)... le falta sabor, pero no sé qué le falta.*, 4

mistake: to admit a mistake *admitir un error*, 3; **to make a mistake** *cometer un error*, 3

to mistreat *maltratar*, 3

misunderstanding: to have a

misunderstanding *tener un malentendido*, 2

to mix *mezclar*, I: **mixed** *mixto(a)*, II; **mixed salad** *la ensalada mixta*, II

modern *moderno(a)*, 5

mom *la mamá*, I

moment *un momento*, I

Monday *el lunes*, I; **on Mondays** *los lunes*, I

money *el dinero*, I; *el billete*, II

money exchange *la oficina de cambio*, I

monitor *la pantalla*, I

month *el mes*, I

months of the year *los meses del año*, I

monument *el monumento*, II

mood: I see you're in a good mood. *Te veo de buen humor.*, 2

more *más*, I; **Not anymore.** *Ya no.*, II; **More or less.** *Más o menos.*,

morning *la mañana*, I; **in the morning, A.M.** *de la mañana*, I; *por la mañana*, I

Most sincerely, *Muy atentamente*, 8

mother *la madre*, I; **Mother's Day** *El Día de la Madre*, I

mother-in-law *la suegra*, 4

motorboat *la lancha*, I; **to go out in a motorboat** *pasear en lancha*, I

mountain *la montaña*, I

mouth *la boca*, I; **It makes my mouth water.** *Se me hace la boca agua.*, 4

to move forward *seguir adelante*, 7

movie *la película*, I

movie theater *el cine*, I

moving *conmovedor(a), emocionante*, 10

museum *el museo*, I; **to visit a museum** *visitar un museo*, II

music *la música*, I; **classical music** *la música clásica*, II; **music by . . .** *la música de*, I

mustard *la mostaza*, II

my *mi(s)*, I; **My treat.** *Yo te invito*, 2; **My success in . . . is owed to . . .** *Mi éxito en... se debe a...*, 7; **My . . . faced obstacles when...** *Mis... enfrentaron obstáculos cuando...*, 7; **My life-long dream is to commemorate . . .** *El sueño de mi vida es conmemorar a....*, 9

mystery *el misterio*, II; **mystery novels** *novelas de misterio*, II

mysterious *misterioso(a)*, 9

myth *el mito*, 9

nail *la uña*, II

napkin *la servilleta*, I

national park *el parque nacional*, II

national perspective *enfoque nacional*, 6

natural resources *los recursos naturales*, 10

nature *la naturaleza*, II

to nature watch *observar la naturaleza*, II

near *cerca de*, I

neck *el cuello*, I

necklace *el collar*, II

need *necesitar*, I

to need to *deber* + infinitive, II; **You need to (should) . . .** *Debes* + infinitive, II; **You should wash the dishes/take out the garbage.** *Debes lavar los platos/sacar la basura.*, II

neighbor *el vecino, la vecina*, II

neighborhood *el vecindario, el barrio*, II

neither, not either *tampoco*, I; *ni*, I

nephew *el sobrino*, I

nervous *nervioso(a)*, I

nervously *nerviosamente*, II

never *nunca*, I; **almost never** *casi nunca*, I; **I swear I'll never do it again.** *Te juro que no lo volveré a hacer.*, 3

nevertheless *ahora bien*, 9

new *nuevo(a)*, II

New Year's Eve *la Nochevieja*, I

news *la noticia*, II; *las noticias*, II; **What news do you have of . . .?** *¿Qué noticias tienes de...?*, II; **When I heard the news, I didn't want to believe it.** *Cuando oí la noticia no lo quise creer.*, II; **news (online)** *las noticias (en línea)*, 6; **news report** *el reportaje*, 6; **newscast** *el noticiero*, 4; **I don't think that journalists/newscasts are . . .** *No creo que los periodistas/los noticieros sean...*, 6

newscaster *el (la) locutor(a)*, 6

newspaper *el periódico*, II

next *próximo(a)*, I; **next to** *al lado de*, I; **Not today, thanks. Why don't we wait and do it next week?** *Hoy no, gracias. ¿Por qué no lo dejamos para la próxima semana?*, 5; **Thanks, but I have a lot to do. I'll go next time.** *Gracias, pero tengo mucho que hacer. La próxima vez iré.*, 5

Nicaraguan *nicaragüense*, II

nice *simpático(a)*, I; *amable*, II; *elegante*, II; **nice (person)** *buena gente*, II; **Nice to meet you.** *Encantado(a)*, I; *Mucho gusto.*, I

nicely *amablemente*, II

niece *la sobrina*, I

night *la noche*, II; **at night, P.M.** *de la noche*, I; *por la noche*, I

nine *nueve*, I

nine hundred *novecientos*, I

nineteen *diecinueve*, I

ninety *noventa*, I

ninth *noveno(a)*, II

no *no*, I

No way! *¡Al contrario!; ¡No me digas!*, II; **No way! That's not true.** *¡Qué va! Eso no es cierto.*, 3

nobody, not anybody *nadie*, I

none, not (a single) one *ningún, ninguno(a)*, II

non-renewable *no renovable*, 10

noodle soup *la sopa de fideos*, II

noodles *los fideos*, II

noon *mediodía*, I

nor *ni*, I

nose *la nariz*, I

Not anymore. *Ya no.*, II

Not at all! As a matter of fact . . . *¡Al contrario!*, II

not only . . . but . . . as well *no sólo... sino... también*, II

Not today, thanks. Why don't we wait and do it next week? *Hoy no, gracias. ¿Por qué no lo dejamos para la próxima semana?*, 5

not yet *todavía no*, I

notes: to take notes *tomar apuntes*, 3

notebook *el cuaderno*, I

nothing *nada*, I; **to have much/something/nothing in common** *tener mucho/algo/nada en común*, 2

notice: What I notice is that . . . *Lo que noto es que...*, 10

novel *la novela*, I
November *noviembre*, I
now *ahora*, I
nowhere *ninguna parte*, I
nuclear fusion *la fusión nuclear*, 10
number *el número*, I
nurse *el enfermero, la enfermera*, II
nutritious *nutritivo(a)*, II

obituaries *los obituarios*, 6
objective *imparcial*, 6
objective *el objetivo*, 7
obligation *el compromiso*, 7
obstacles: My . . . faced obstacles when . . . *Mis... enfrentaron obstáculos cuando...*, 7
to obtain *conseguir (i, i)*, 8
occasional: the occasional (thing) *alguno(a) que otro(a) (cosa)*, 6
occupation *el oficio*, II
October *octubre*, I
of *de*, I
of course *claro*, II; Of course! *¡Claro que sí!*, I; Of course. *Cómo no.*, II, *Por supuesto.*, II; Yes, of course. *Sí, claro.*, II
of the *del, de la*, I
to offend *ofender*, 3; I didn't mean to hurt/offend you. *No quise hacerte daño/ofenderte.*, 3
office of . . . *la oficina de...*, II
often *a menudo*, I
Oh! I hit my . . . *¡Uf! Me di un golpe en...*, II
Oh, no! *¡Ay, no!*, I
Oh, what a drag! *¡Ay, qué pesado!*, II
oil *el aceite*, II; olive oil *el aceite de oliva*, II
ointment *el ungüento*, II
Okay, I'll give it to you for . . ., but that's my last offer. *Bueno, se la regalo por..., pero es mi última oferta.*, II
Okay. *Vale.*, I
old *viejo(a)*, I
older *mayor(es)*, I; When I'm older, I'd like to . . . *Cuando sea mayor, me gustaría...*, 7
olive: olive oil *el aceite de oliva*, II
on *en*, I; on sale *estar en oferta*, II; I saw that . . . was (were) on sale, so I bought . . . *Vi que... estaba(n) en oferta, así que compré...*, II; on the dot *en punto*, I; on time *a tiempo*, I; on top of, above *encima de*, I
Once upon a time *Érase una vez*, II; Once upon a time, in a faraway place . . . *Érase una vez, en un lugar muy lejano...*, 9
one *uno*, I
one can *se puede*, II
one day *un día*, II
one hundred *cien*, I
one hundred one *ciento uno*, I
one lives *se vive*, II
one million *un millón (de)*, I
One more time, please? *¿Otra vez, por favor?*, II
one must . . . *hay que...*, II
one thousand *mil*, I; I've already done it a thousand times. *Ya lo hice mil veces.*, II

one works *se trabaja*, II
onion *la cebolla*, II
only *solo*, I; *no más*, I; *solamente*, II
to open *abrir*, I; don't open *no abra*, II; open *abra*, II; open *abierto (past participle of abrir)*, II; to open gifts *abrir regalos*, I; to open (a movie) *estrenar (una película)*, 10
open *abierto (past participle of abrir)*, II
open-air *al aire libre*, II
opening *el estreno*, 10
opera: It's better for you to see the opera. It's great. *Es mejor que veas la ópera. Es formidable.*, 5
opinion: to be of the opinion *opinar*, 6
opportunities: I'm bilingual; therefore, I have many opportunities *Soy bilingüe, por lo tanto, tengo muchas oportunidades...*, 7
or *o*, I
orange *la naranja*, I; *anaranjado(a)*, I
orchestra *la orquesta*, 5
to order *pedir (i, i)*, I
organic *orgánico(a)*, 10
to organize *organizar*, I; don't organize *no organice, no organices*, II; organize *organice, organiza*, II
origin *el origen*, 7
original *original*, 5
ornaments *los adornos*, II
ought to *deber*, II
our *nuestro(a), nuestros(as)*, I
out of style *pasado(a) de moda*, I
outdoor *al aire libre*, II
outgoing *extrovertido(a)*, I
outside *afuera*, II
oven *el horno*, I
over here *acá*, II; Come over here! *¡Ven acá!*, II
overcoat *el abrigo*, I
overcome: Thanks to the support of . . . I have been able to overcome . . . *Gracias al apoyo de..., he podido superar...*, 7
to overlook *pasar por alto*, 6
owe: My success in . . . is owed to . . . *Mi éxito en... se debe a...*, 7
owl *el búho*, II

to pack your suitcase *hacer la maleta*, I
page *la página*, II; to design Web pages *diseñar páginas Web*, II; Web pages *páginas Web*, II; front page *la primera plana*, 6
pain: What a pain! *¡Qué lata!*, I
to paint *pintar*, II; This portrait was painted by . . . What do you think of it? *Este retrato fue pintado por... ¿Qué te parece?*, 5
to paint one's nails *pintarse las uñas*, II
painting *el cuadro*, II;
paintings *las pinturas*, II; Which of these paintings do you like better, the one of (by) . . . or the one of (by) . . .? *¿Cuál de estas pinturas te gusta más, la de... o la de...?*, 5
pair *el par*, I
pajamas *el piyama*, I

palace *el palacio*, 9
panic *el pánico*, 10
pants (jeans) *los pantalones (vaqueros)*, I
paper *el papel*, I
Paraguayan *paraguayo(a)*, II
Pardon me. *Perdón.*, II
parents *los padres*, I
park *el parque*, I; *la zona verde*, II; amusement park *el parque de diversiones*, I; national park *el parque nacional*, II
park bench *la banca*, II
parking lot *el estacionamiento*, II
part-time job *el empleo a medio tiempo*, 8
to participate *participar*, II
party, to have a *hacer una fiesta*, I; surprise party *la fiesta sorpresa*, I
pass *boarding pass*
to pass (a test, class) *aprobar (ue)*, 3
passenger *el pasajero, la pasajera*, I
passport *el pasaporte*, I
pastry *el pan dulce*, I
pastry shop *la pastelería*, II
patient *paciente*, II
patio *el patio*, I
to pay *pagar*, I; to pay the bill *pagar la cuenta*, II
to pay attention: I suggest that you not pay attention to rumors. *Sugiero que no hagas caso a los rumores.*, 3
peach *el durazno*, I
pear *la pera*, I
peas *los chícharos*, 4
pedestrian *peatonal*, II; pedestrian zone *la zona peatonal*, II
pen *el bolígrafo*, I
pencil *el lápiz*, I
people *la gente*, II; to help/assist people *ayudar a la gente*, II
pepper *la pimienta*, II
perfect *perfecto(a)*, II; It's perfect. *Está perfecto.*, II
performance *la función*, 5; I recommend that you go to the folk dance performance. It's very . . . *Te aconsejo que vayas a la presentación de baile folclórico. Es muy...*, 5
person *la persona*, I
perspective: local/national/world perspective *enfoque local/nacional/mundial*, 6
Peruvian *peruano(a)*, II
pesticides *los pesticidas*, 10
pet *la mascota*, II; to take care of a pet *cuidar a una mascota*, II
pharmacist *el farmacéutico, la farmacéutica*, II
phone booth *la cabina telefónica*, II
photo *la foto*, I; to show photos *enseñar fotos*, I; to take photos *sacar fotos*, I
photocopier *la fotocopiadora*, 8
photography *la fotografía*, 5
physical education *la educación física*, I
physics *la física*, 3
to pick up (someone) *recoger (a alguien)*, I; don't pick up *no recoja, no recojas*, II; pick up *recoge, recoja*, II; to pick someone up *recoger a alguien*, II
picnic *el picnic*, I
piece *el trozo*, II
pill *la pastilla*, II; to take some pills *tomarse unas pastillas*, II
pineapple *la piña*, II
piñata *la piñata*, I
pizza *la pizza*, I

place *el lugar*, I; **Once upon a time, in a faraway place . . .** *Érase una vez, en un lugar muy lejano...*, 9

to plan *planear*, II; **No, I'm planning on . . .** *No, ando planeando...*, II

plane ticket *el boleto de avión*, I

planet *el planeta*, 10

plans *los planes*, I; **Do you have plans for . . .?** *¿Tienes planes para el...?*, II; **I'm sorry, but I already have other plans/another engagement.** *Lo siento, pero ya tengo otros planes/otro compromiso.*, 5

to plant *sembrar (ie)*, 8, 10

plantain *el plátano*, II

plants *las plantas*, I; **to water the plants** *regar las plantas*, II

plastic *el plástico*, II; **plastic arts** *las artes plásticas*, 5

plate *el plato*, I

play *la obra (de teatro)*, 5

to play: **to play a game or sport** *jugar (ue) (a)*, I; **to play cards** *jugar naipes*, II; **to play checkers** *jugar a las damas*, II; **to play chess** *jugar al ajedrez*, II; **to play hide and seek** *jugar al escondite*, II; **to play house** *jugar a la casita*, II; **to play tag** *jugar al pilla-pilla*, II; **to play tennis** *jugar al tenis*, II; **to play with blocks** *jugar con bloques*, II; **to play with toy cars** *jugar con carritos*, II; **We'll play with . . .** *Jugaremos con...*, II; **to play (an instrument)** *tocar*, I; **don't play** *no toques*, II; **play it** *tócalo*, II; **to play the piano** *tocar el piano*, I; **to play sports** *practicar deportes*, I; **to play tricks** *hacer travesuras*, II; **to play (the role of . . .)** *desempeñar el papel de...*, 5

player *el jugador, la jugadora*, II

playful *juguetón, juguetona*, II

plaza *la plaza*, II

please *por favor*, I; **Please . . .** *Favor de + infinitive, Haz el favor de + infinitive*, II

Pleased to meet you. *Encantado(a).*, I; *Mucho gusto.*, I

pleasure *el gusto*, II; **The pleasure is mine.** *El gusto es mío.*, II

poem *el poema*, I

police department *la comisaría*, II

police officer *el policía*, I

policeman *el policía*, II

policewoman *la mujer policía*, II

political crisis *la crisis política*, 6

pool *la piscina*, I

poor *pobre*, II

Poor thing! *¡Pobrecito(a)!*, II

poorly: **to be poorly-informed** *estar mal informado(a)*, 6

porch *el patio*, I

pork *el lechón*, II; **roasted pork** *el lechón asado*, II; *el puerco asado*, 4

pork chops *las chuletas de cerdo*, II

port *el puerto*, II

portrait: **This portrait was painted by . . . What do you think of it?** *Este retrato fue pintado por... ¿Qué te parece?*, 5

position (for work) *el puesto (de trabajo)*, 8

positive: **I'm positive that . . .** *Estoy seguro(a) (de) que...*, 6

possible: **It's quite possible that traffic will increase with . . .** *Es muy posible que el tráfico aumente con...*, 10

post office *la oficina de correos*, I

posters *los pósters*, I; **to collect posters** *coleccionar pósters*, II

potato *la papa*, I; **potato chips** *las papitas*, I

powers *los poderes*, 9

to practice *practicar*, II; **Are you still practicing . . .?** *¿Sigues practicando...?*, II

practice *el entrenamiento*, I; **Don't forget to go to band practice.** *No te olvides de ir al ensayo de la banda.*, 5

to predict: **I predict that they are going to implement . . .** *Calculo que van a implementar...*, 10

to prefer *preferir (ie, i)*, I

prejudice *el prejuicio*, 3

premiere *el estreno*, 10

to premiere (a movie) *estrenar (una película)*, 10

preparations *los preparativos*, I

to prepare *preparar*, I; **How is . . . prepared?** *¿Cómo se prepara...?*, II

to present *presentar*, 5

the press *la prensa*, 6

pretty *bonito(a)*, I; *lindo(a)*, II

price *el precio*, II

price tag *la etiqueta*, II

pride *el orgullo*, 7

prince *el príncipe*, 9

princess *la princesa*, 9

principal *el (la) director(a)*, 3

profession *el oficio*, II

to program *programar*, II

programmer *el programador, la programadora*, II

programs for *los programas de*, 10

to promote: **You will see that they're going to promote . . .** *Ya verás que van a promover (ue)...*, 10

protein *las proteínas*, II

public restrooms *los aseos, los baños*, II

public speaking *la oratoria*, II

punch *el ponche*, I

to punish *castigar*, 9

punishment *el castigo*, 9

purple *morado(a)*, I

purpose: **I didn't do it on purpose.** *No lo hice a propósito.*, 3; **The purpose of this letter is . . .** *Por medio de la presente...*, 8

purse *la bolsa*, I

to put *puesto (past participle of poner)*, II

to put *poner (-go)*, I; **don't put** *no pongas*, I; **put** *pon*, I; **put** *puesto (past participle of poner)*, II

to put in *echar*, II

to put on *ponerse*, I

to put on makeup *maquillarse*, I

to put out *apagar*, II; **to put out fires** *apagar incendios*, II

to put something on *ponerse*, II

puzzle *el rompecabezas*, 2

pyramid *la pirámide*, I

air quality/water quality *la calidad del aire/agua*, 10

quarter past (the hour) *y cuarto*, I

quarter to (the hour) *menos cuarto*, I

queen *la reina*, 9

quickly *rápidamente*, II

quiet *callado(a)*, I

quite + adjective *bastante + adjective*, I

radio (as a medium) *la radio*, 6; **radio station** *la emisora*, 6

to rain *llover (ue)*, I; **it rains a lot** *llueve mucho*, I; **to rain cats and dogs** *llover a cántaros*, II; **Suddenly, it started to rain . . .** *De repente, empezó a llover...*, II

raincoat *el impermeable*, II

raisins *las pasas*, 4

rate: **I bet that the rate of . . . won't go down.** *A que no va a bajar la tasa de...*, 10;

rather *bastante + adjective*, I

raw *crudo(a)*, II

razor *la navaja*, I

reach: **It's outside/within my reach.** *Está fuera de/a mi alcance*, 8

to reach *alcanzar*, 7

to react *reaccionar*, II; **How did you react when . . .?** *¿Cómo reaccionaste cuando...?*, II

to read *leer*, I; **reading** *leyendo*, II; **I read it in the sports section.** *Lo leí en la sección deportiva.*, 6

ready *listo(a)*, I; **to be ready** *estar listo(a)*, I; **Aren't you ready yet?** *¿Todavía no estás listo(a)?*, II

realistic *realista*, 5

to realize: **In the end, we realized . . .** *Al final, nos dimos cuenta de...*, 9

Really? Well, I think . . . *¿Ah, sí? Pues, yo creo que...*, 2

really beautiful *lindísimo(a)*, II

reason: **I work hard . . . and for that reason . . .** *Trabajo duro... y por eso...*, 7

receipt *el recibo*, II

to receive *recibir*, I; **to receive gifts** *recibir regalos*, I

recently *recientemente*, II

receptionist *el recepcionista, la recepcionista*, II

recipe *la receta*, II

to recommend *recomendar (ie)*, II; **I (don't) recommend it to you.** *(No) la recomiendo.*, II; **I recommend that you . . .** *Le aconsejo que...*, II; **What do you recommend?** *¿Qué nos recomienda?*, II; **What restaurant do you recommend to me?** *¿Qué restaurante me recomienda usted?*, II; **I recommend that you go to the folk dance performance. It's very . . .** *Te aconsejo que vayas a la presentación de baile folclórico. Es muy...*, 5

to recommend that someone . . . *recomendarle (a alguien) que...*, II

to reconcile *reconciliarse*, 3

reconciliation *la reconciliación*, 3

recreation center *el centro recreativo*, II

to recycle *reciclar*, 10

red *rojo(a)*, I

red-headed *pelirrojo(a)*, I

refrigerator *el refrigerador*, I

refugees *los refugiados*, 10

regret: **He/She regrets that . . .** *Se arrepiente de que...*, 9

rehearsal *el ensayo*, I
to **rejoice** *regocijarse*, 9
relatives *los parientes*, II; **to stay with relatives** *quedarse con parientes*, II
relax *relajarse*, I; **Relax.** *Tranquilo(a).*, II
reliable *confiable*, 2
to **remember** *acordarse (ue) de*, II; **Did you remember to . . .?** *¿Te acordaste de...?*, II; **Do you remember when . . . happened?** *¿Te acuerdas (de) cuando sucedió...?*, 10; **I remember it like it was yesterday.** *Lo recuerdo como si fuera ayer.*, 10; **I think it's worth remembering . . .** *Creo que vale la pena acordarse de...*, 10; **No, I don't remember it at all.** *No, no me acuerdo para nada.*, 10
renewable *renovable*, 10
to **rent** *alquilar*, I; **to rent videos** *alquilar videos*, I
to **repeat** *repetir (i, i)*, II; **Can you repeat what you said?** *¿Puede repetir lo que dijo?*, I
reporter *el (la) reportero(a)*, 6
reputation *la fama*, 3
to **require** *requerir (ie, i)*, 8
requirements *los requisitos*, 8
resentful: to be resentful *estar resentido(a)*, 3
reservation *la reservación*, II; **to make a reservation** *hacer una reservación*, II
to **resolve a problem** *resolver (ue) un problema*, 2
resource: natural resources *los recursos naturales*, 10
respect *el respeto*, 3
to **respect (someone)** *respetar (a alguien)*, 3
to **respect each other** *respetarse*, II
to **respect others' feelings** *respetar los sentimientos de otros*, 2
to **research** *investigar*, 6
to **rest** *descansar*, I
restaurant *el restaurante*, II; **What restaurant do you recommend to me?** *¿Qué restaurante me recomienda usted?*, II
restroom *el baño, el servicio*, I
resume *el currículum (vitae)*, 8
to **return, to go back** *regresar*, I
returned, gone back *vuelto (past participle of volver)*, II
reunion: family reunion *la reunión familiar*, 4
review *la reseña*, 5
to **review** *reseñar*, 6
revolution *la revolución*, 9
rhythm *el ritmo*, 5
rice *el arroz*, I
to **ride horseback** *montar a caballo*, II
to **ride a bike** *montar en bicicleta*, I
riding *la equitación*, II
right *la derecha*, II; **to the right (of)** *a la derecha (de)*, I; **to turn right on** *doblar a la derecha en*, II
right away *en seguida*, II, 8
right? *¿no?*, I; *¿verdad?*, I; **to be right** *tener razón*, I
ring *el anillo*, I
rip off *el robo*, II
river *el río*, II
riverbank *la orilla del río*, II
road *la carretera*, II
roast beef *la carne asada*, II
roast meat *la carne asada*, II
roasted *asado(a)*, II; **roasted chicken** *el pollo asado*, II; **roasted pork** *el lechón*

asado, II; *el puerco asado*, 4
robot *el robot*, 8
rock *la piedra*, II
rock-climbing *la escalada deportiva*, II
roll of film *el rollo de película*, II
romance book *el libro de amor*, I
romantic *romántico(a)*, I
roof *el techo*, II
room *el cuarto*, I
roots *las raíces*, 7
rope *la cuerda*, II; **to jump rope** *saltar a la cuerda*, II
to **row** *remar*, II
rowing *el remo*, 2
rude *grosero(a)*, 2
rug *la alfombra*, II
ruins *las ruinas*, I
ruler *la regla*, I
rumor: I suggest that you not pay attention to rumors. *Sugiero que no hagas caso a los rumores.*, 3
to **run** *correr*, I; **to run away** *huir*, II; **to run errands** *hacer diligencias*, II; **to run races** *echar carreras*, II
to **run out of: It's just that I ran out of . . .** *Es que se me acabó...*, 4

sacrifice *el sacrificio*, 7
sad *triste*, I
sailboat *el bote de vela*, I; **to go out in a sailboat** *pasear en bote de vela*, I
salad *la ensalada*, I
salary *el salario*, I
sale *la venta*, II; **clearance sale** *la venta de liquidación*, II
salesclerk *el dependiente, la dependiente*, I
salt *la sal*, II; **It's missing salt.** *Le falta sal.*, I
salty *salado(a)*, I; **The… is salty/spicy.** *El/La... está salado(a)/picante.*, 4
Salvadoran *salvadoreño(a)*, II
same: It's all the same to me. *Me da lo mismo.*, 2
same as usual *lo de siempre*, I
sand *la arena*, II
sandals *las sandalias*, I
sandwich *el sándwich*, I
Saturday *el sábado*, I; **on Saturdays** *los sábados*, I
sauce, gravy *la salsa*, I; **tomato sauce** *la salsa de tomate*, II; **hot sauce** *la salsa picante*, I
sausage *la salchicha*, 4
to **save money** *ahorrar*, I
to **say** *decir (yo digo)*, II; **Can you repeat what you said?** *¿Puede repetir lo que dijo?*, II; **said** *dicho (past participle of decir)*, II; **say** *di*, II; **You don't say!** *¡No me digas!*, II, 4; **Changing the subject, what do you have to say about . . .?** *Cambiando de tema, ¿qué me dices de...?*, 2
Say hi to . . . for me. *Dale un saludo a... de mi parte.*, II
to **scare** *darle miedo*, II
scarf *la bufanda*, II
scenery *el escenario*, 5
schedule *el horario*, 3, 8
school *el colegio*, I; **after school** *después*

del colegio, II; **school band** *la banda escolar*, II; **school supplies** *los útiles escolares*, I
science *las ciencias*, I; **science fiction** *la ciencia ficción*, I; **computer science** *la computación*, I; **social sciences** *las ciencias sociales*, 3
score *el puntaje*, II
scrambled *revuelto(a)*, II; **scrambled eggs** *los huevos revueltos*, II
scrapbook *el álbum*, II; **to create a scrapbook** *crear un álbum*, II
to **scuba dive** *bucear*, II
to **sculpt** *esculpir*, 5
sea *el mar*, II; **to swim in the sea** *bañarse en el mar*, II
seafood *los mariscos*, II
second *segundo(a)*, II
secretary *el secretario, la secretaria*, II
secrets: to (not) keep secrets *(no) guardar los secretos*, 2
security checkpoint *el control de seguridad*, I
to **see** *ver*, I; **I saw that . . . was (were) on sale, so I bought . . .** *Vi que... estaba(n) en oferta, así que compré...*, II; **seen** *visto (past participle of ver)*, II; **See you tomorrow.** *Hasta mañana.*, I; **See you.** *Nos vemos.*, I; **Do you want to go see . . .** *¿Quieres ir a ver...?*, 5; **I see you're in a good mood.** *Te veo de buen humor.*, 2; **The way I see it, there's no equality between . . .** *A mi parecer, no hay igualdad entre...*, 3
to **seem** *parecer (zc)*, I; **It seems to be that . . .** *Me parece que...*, 10
seen *visto(a) (past participle of ver)*, II
selfish *egoísta*, II
to **sell** *vender*, I
semester *el semestre*, 3
to **send** *mandar*, I
separated *separado(a)*, 4
September *septiembre*, I
serious *serio(a)*, I
to **serve** *servir (i, i)*, I
server *el mesero, la mesera*, II
to **set** *poner (-go)*, I; **to set the table** *poner la mesa*, I
seven *siete*, I
seven hundred *setecientos*, I
seventeen *diecisiete*, I
seventh *séptimo(a)*, II
seventy *setenta*, I
to **sew** *coser*, II
shame: What a shame that they have . . . *Qué pena que se hayan...*, 4
to **share** *compartir*, II; **to share toys** *compartir los juguetes*, II
to **shave** *afeitarse*, I
she *ella*, I; **She (emphatic) likes . . .** *A ella le gusta(n) + noun*, II
shell *el caracol*, II
ship: sunken ship *la nave hundida*, 10
shirt *la camisa*, I
shoe size *el número*, I
shoe store *la zapatería*, I
shoes *los zapatos*, I; **tennis shoes** *los zapatos de tenis*, I
shop window *la vitrina*, I; **to window shop** *mirar las vitrinas*, I;
shopping *las compras*, II; **I like to go shopping.** *Me gusta ir de compras.*, II; **to go shopping at the market** *ir de compras al mercado*, II
short *(height) bajo(a)*, I; *(length) corto(a)*, I

shorts *los pantalones cortos,* I

should *deber,* I; **A good friend should support me and . . . He/she shouldn't . . .** *Un(a) buen(a) amigo(a) debe apoyarme y... No debe...,* 2

shoulder *el hombro,* I

to shout *gritar,* II

show: **game show** *el concurso,* 4

to show *enseñar,* I; **Show me . . .** *Enséñame...,* II; **to show photos** *enseñar fotos,* I

shower *la ducha,* II

shrill *estridente,* 5

shrimp *el camarón, los camarones,* 4

shy *tímido(a),* I

sick people *los enfermos,* II; **to take care of sick people** *cuidar a los enfermos,* II

sick with a cold *resfriado(a),* II

sick: to be sick *estar enfermo(a),* I; *estar mal,* II

sickness *la enfermedad,* II, 10

sidewalk *la acera,* II

to sign *firmar,* II

silk *la seda,* I

silly *tonto(a)*

silver *la plata,* II

to sing *cantar,* I

sink: **bathroom sink** *el lavabo,* II; **kitchen sink** *el fregadero,* II

sir, Mr. *el señor, Sr.,* I

sister *la hermana,* I

sister-in-law *la cuñada,* 4

to sit down *sentarse (ie),* I

six *seis,* I

six hundred *seiscientos,* I

sixteen *dieciséis,* I

sixth *sexto(a),* II

sixty *sesenta,* I

size *la talla,* I

to skate *patinar,* I

skating *el patinaje,* II; **in-line skating** *el patinaje en línea,* II; **ice-skating** *el patinaje sobre hielo,* II

to ski *esquiar,* I; **to water ski** *esquiar en el agua,* I

skin *la piel,* II

skirt *la falda,* I

to sleep *dormir (ue, u),* I; **sleeping** *durmiendo,* II; **to get enough sleep** *dormir lo suficiente,* I

slowly *lentamente,* II

small *pequeño(a),* I; **pretty small** *bastante pequeño,* I

to smell *oler(ue),* II

smells like *huele a,* II

to smoke *fumar,* I; **to stop smoking** *dejar de fumar,* I

to snack *merendar (ie),* I

snake *la serpiente,* II

to sneeze *estornudar,* II

to snow *nevar (ie),* I

snow *la nieve,* II

so *así que,* II

so *entonces,* II; **So, what I have to do is . . .** *Entonces, lo que tengo que hacer es...,* II

so much; so many *tanto,* I; *tanto(a), tantos(as),* II

so that's how *así fue que,* II

soap *el jabón,* I

soap opera *la telenovela,* 6

society section *la sección de sociedad,* 6

soccer *el fútbol,* I

social sciences *las ciencias sociales,* 3

social worker *el trabajador social, la trabajadora social,* II

socks *los calcetines,* I; **a pair of socks** *un par de calcetines,* I

sofa *el sofá,* I

soft drink *el refresco,* I

solar energy *la energía solar,* 10

soldier *el soldado,* 9

solidarity *la solidaridad,* 10

some *unos(as),* I

some day *algún día,* I

Some time ago, a stranger came . . . *Hace tiempo, vino un desconocido...,* 9

someone *alguien,* II; **to advise someone to . . .** *aconsejarle (a alguien) que...,* II; **to ask someone** *preguntarle a alguien,* II; **to pick someone up** *recoger a alguien,* II; **to recommend that someone . . .** *recomendarle (a alguien) que...,* II; **to suggest that someone . . .** *sugerirle (a alguien) que...,* II; **to take someone** *llevar a alguien,* II

something *algo,* I; **to have much/something/nothing in common** *tener mucho/algo/nada en común,* 2; **There's something I can't quite grasp.** *Hay algo que se me escapa.,* 8

sometimes *a veces,* I

son *el hijo,* I

sorcerer, sorceress *el (la) hechicero(a),* 9

sorry: **I'm sorry, but I already have other plans/another engagement.** *Lo siento, pero ya tengo otros planes/otro compromiso.,* 5

so-so *más o menos,* I

soup *la sopa,* I; **garlic soup** *la sopa de ajo,* II; **noodle soup** *la sopa de fideos,* II; **vegetable soup** *la sopa de verduras,* I

sources of energy *las fuentes de energía,* 10

Spanish *el español,* I

to speak *hablar,* I; **is spoken** *se habla,* II; **to stop speaking to one another** *dejar de hablarse,* 3; **Speaking of art, what can you tell me about . . .?** *Hablando de arte, ¿qué me cuentas de...?,* 5

specialties *las especialidades,* II

speech *la oratoria,* II

speechless: **You've left me speechless.** *Me has dejado boquiabierto(a).,* 4

to spend *(money) gastar,* I; *(time) pasar,* I; **to spend a lot of time** *pasar mucho tiempo,* II; **to spend time alone** *pasar el rato solo(a),* I

spices *las especias,* II

spicy *picante,* I; **The . . . is salty/spicy.** *El/La... está salado(a)/picante.,* 4

spinach *las espinacas,* I

split peas *los gandules,* II

spoiled *consentido(a),* II

spoon *la cuchara,* I

sports *los deportes,* I; **I'm a big . . . fan. What sport do you like?** *Soy un(a) gran aficionado(a) a... ¿Qué deporte te gusta a ti?,* 2

sports cards *las láminas,* II

sports section *la sección deportiva,* 6; **I read it in the sports section.** *Lo leí en la sección deportiva.,* 6

to sprain (one's body part) *torcerse (ue)* + a body part, II

spring *la primavera,* I

stadium *el estadio,* I

stage *el escenario,* 5

stamps *las estampillas,* II; **to collect stamps** *coleccionar estampillas,* II

stand *el quiosco de...,* II

to stand *aguantar,* 2

to stand someone up *dejar plantado(a) a alguien,* 2

to start *empezar (ie),* I; *comenzar (ie),* I; **don't start** *no empieces,* II; **Suddenly, it started to rain . . .** *De repente, empezó a llover...,* II; **to start crying** *ponerse a llorar,* II

station *la estación,* II; **fire station** *la estación de bomberos,* II; **train station** *la estación de tren,* II

statue *la estatua,* 5

to stay *quedarse,* I; **to stay in bed** *quedarse en cama,* II; **to stay with relatives** *quedarse con parientes,* II; **to stay at . . .** *hospedarse en...,* II; **to stay in shape** *mantenerse (mantengo, ie) en forma,* I

steak *el bistec,* I; **grilled steak** *el bistec a la parrilla,* II; **steak with onions** *el bistec encebollado,* II

steel *el acero,* II

stepbrother *el hermanastro,* 4

stepfather *el padrastro,* 4

stepsister *la hermanastra,* 4

stepmother *la madrastra,* 4

stereotype *el estereotipo,* 3

still: **Well, he's/she's still working . . .** *Pues, sigue trabajando...,* 3

to stir *revolver(ue),* II; **stirred** *revuelto (past participle of revolver),* II

stirred *revuelto (past participle of revolver),* II

stomach *el estómago,* I

stone *la piedra,* II

to stop *parar,* II; **to stop doing something** *dejar de + infinitive,* I; **to stop speaking to one another** *dejar de hablarse,* 3

store *la tienda de...,* I; **grocery store** *la tienda de comestibles,* II

storm *la tormenta,* II

story *el piso,* I; **. . . story building** *el edificio de . . .pisos,* I

story *el cuento,* II; **to tell each other stories** *contarse cuentos,* II

stove *la estufa,* II

straight *derecho,* II; **to go straight** *seguir (i, i) adelante/derecho,* II; **to keep going (straight) to** *seguir derecho hasta,* II

stranger: **Some time ago, a stranger came . . .** *Hace tiempo, vino un desconocido...,* 9

straw *la paja,* II; **We're going to have another test in . . . tomorrow? This is the last straw!** *¿Mañana vamos a tener otra prueba en...? ¡Esto es el colmo!,* 3

strawberries (and cream) *las fresas (con crema),* II

to stretch *estirarse,* I

strict *estricto(a),* II

strike: **To tell the truth, it strikes me as . . .** *A decir verdad, me parece...,* 5

to stroll *pasearse,* II

stubborn *terco(a),* 2

student *el estudiante, la estudiante,* I

to study *estudiar,* I; **I didn't study, so . . .** *No estudié, así que...,* 7; **I would be interested in studying to be a . . .** *Me interesaría estudiar para ser un(a),* 8; **If I could, I would go to . . . to study . . .** *Si pudiera, iría a... para estudiar...,* 8

stuffed animals *los animales de peluche,* II

style *la moda,* I; **in the latest style** *a la última moda,* I; **out of style** *pasado de moda,* I

subject *la materia*, I; **Changing the subject, what do you have to say about ...?** *Cambiando de tema, ¿qué me dices de...?*, 5

success: to have success *tener éxito*, 7; **My success in ... is owed to ...** *Mi éxito en... se debe a...*, 7

to subscribe to *suscribirse a*, 6

suburbs *las afueras*, I

subway *el metro*, I

subway stop *la parada del metro*, II

success *el éxito*, II

suddenly *de repente*, II; **Suddenly, it started to rain ...** *De repente, empezó a llover...*, II; **It's told that all of a sudden ...** *Se cuenta que de pronto...*, 9

to suffer *sufrir*, 9

sugar *el azúcar*, II

to suggest: I suggest that you not pay attention to rumors. *Sugiero que no hagas caso a los rumores.*, 3

to suggest that someone ... *sugerirle (ie, i) (a alguien) que...*, II

suit *el traje*, II

suitcase *la maleta*, I

summer *el verano*, I

sun *el sol*, II

to sunbathe *tomar el sol*, I

sunblock *la crema protectora*, II

Sunday *el domingo*, I; **on Sundays** *los domingos*, I

sunglasses *las gafas de sol*, II

sunken ship *la nave hundida*, 10

sunny *soleado(a)*, II

superficial *superficial*, 5

supermarket *el supermercado*, II

to supervise *supervisar*, 8

to suppose: I suppose that ... *Es de suponer que...*, 10; **I suppose so.** *Supongo que sí*, 10

support *el apoyo*, 7; **Thanks to the support of ... I have been able to overcome ...** *Gracias al apoyo de..., he podido superar...*, 7; **A good friend should support me and ... He/She shouldn't ...** *Un(a) buen(a) amigo(a) debe apoyarme y... No debe...*, 2

to support *apoyar*, 2, 7

supportive *solidario(a)*, 2

sure: I'm not sure that you're right about ... *No estoy seguro(a) (de) que tengas razón sobre...*, 6

to surf the Internet *navegar por Internet*, I

to surprise *sorprender*, 2; **surprise: What a surprise that they have ...!** *¡Qué sorpresa que se hayan...!*, 4

surprise party *la fiesta sorpresa*, I

to swear: I swear I'll never do it again. *Te juro que no lo volveré a hacer.*, 3

sweater *el suéter*, I

to sweep *barrer*, II

sweet *dulce*, I; **The ... is dry/isn't very sweet.** *El/La... está seco(a)/no está muy dulce.*, 4

to swell *hinchar*, II

to swim *nadar*, I; **to swim in the sea** *bañarse en el mar*, II

swimming (swim class) *la natación*, II

swimsuit *el traje de baño*, II

to swing (on a swing) *columpiarse*, II

swollen *hinchado(a)*, II

symphony: It would be a good idea to go to the symphony. *Sería buena idea ir al concierto de la sinfónica.*, 5

synagogue *la sinagoga*, I

table *la mesa*, I

tablecloth *el mantel*, II

tablespoon *la cucharada*, II

to take: to take ... lessons *tomar clases de...*, II; **to take a taxi** *tomar un taxi*, II; **to take a test** *presentar el examen*, I; **to take photos** *sacar photos*, I; **to take (someone)** *llevar (a alguien)*, II; **to take ... street** *ir por la calle...*, II; **to take a guided tour** *hacer un tour*, II; **to take a long time (to)** *tardarse en + infinitive*, II; **to take a shower** *ducharse*, II; **to take a walk** *pasearse*, II; **to take notes** *tomar apuntes*, 3; **It took a lot of work for us to get used to ...** *Nos costó trabajo acostumbrarnos a...*, 7; **to take advantage of** *aprovechar*, 7; **to take the initiative** *tomar la iniciativa*, 7; **I can't stand the attitude of ... towards ... I can't take it anymore!** *Me choca la actitud de... hacia... ¡No aguanto más!*, 3; **to take care of** *cuidar*, I; **Take care.** *Cuídate.*, I; **to take care of a pet** *cuidar a una mascota*, II; **to take care of oneself** *cuidarse*, I; **to take care of sick people** *cuidar a los enfermos*, II; **to take long** *tardar*, II; **The guidance counselor insists that I take ... I don't like it at all!** *El/La consejero(a) insiste en que tome... ¡No me gusta para nada!*, 3

to take off *quitarse*, I

to take out *sacar*, I; **don't take out** *no saque*, II; **take out** *saque*, II; **You should take out the garbage.** *Debes sacar la basura.*, II

to take some pills *tomarse unas pastillas*, II

tale *el cuento*, 9

talent *el talento*, 8

to talk *hablar*, I; *charlar, conversar*, II; **don't talk** *no hables*, II; **talking** *hablando*, II; **We talked about the issue; consequently...** *Hablamos del tema; por consiguiente...*, 7

talkative *conversador(a)*, II

tall *alto(a)*, I

tamales *los tamales*, I

to taste *probar (ue)*, I; *al gusto*, II; **It tastes delicious.** *Sabe delicioso(a).*, 4; **The ... doesn't taste like anything.** *El/La... no sabe a nada.*, 4

taste *el gusto*, II; **to taste** *al gusto*, II; **in good/bad taste** *de buen/mal gusto*, 5

tasty *rico(a), sabroso(a)*, II

tax *el impuesto*, II

taxi *el taxi*, I; **to take a taxi** *tomar un taxi*, II

taxi driver *el taxista, la taxista*, II

tea *el té*, II

to teach *enseñar*, II

teacher *la profesora, el profesor*, I

team *el equipo*, II

teaspoon *la cucharadita*, II

technology *la tecnología*, 8

teeth *los dientes*, I

telephone number *el teléfono*, I

telephones *los teléfonos*, II

television *la televisión*, I; **to watch television** *ver la televisión*, I; **TV** *la tele*, II; **TV station** *la emisora*, 6

to tell *contar (ue)*, II; **Tell me what happened the day that ...** *Cuéntame lo que pasó el día que...*, II; **to tell jokes** *contar chistes*, I; **It's told that all of a sudden ...** *Se cuenta que de pronto...*, 9; **Speaking of art, what can you tell me about ...?** *Hablando de arte, ¿qué me cuentas de...?*, 5; **What can you tell me about ...?** *¿Qué me cuentas de...?*, 4

to tell *decir (yo digo)*, II; **don't tell** *no digas*, II; **Can you tell me where ... is?** *¿Me dices dónde está...?*, II; **Could you tell me ...?** *¿Me podría decir...?*, II; **tell** *di*, II; **To tell the truth, it strikes me as ...** *A decir verdad, me parece...*, 5

to tell each other *contarse (ue)*, II; **to tell each other jokes** *contarse chistes*, II; **to tell each other stories** *contarse cuentos*, II

temperature *la temperatura*, II

temple *el templo*, I, 9

ten *diez*, I

tender *cariñoso(a)*, II

tennis *el tenis*, I; **tennis shoes** *los zapatos de tenis*, I; **to play tennis** *jugar al tenis*, II

tent *la tienda de campaña*, II

tenth *décimo(a)*, II

terrible *pésimo(a)*, 5; *espantoso(a)*, 10

terrifying *aterrador(a)*, 10

test *el examen*, I; **to take a ... test** *presentar el examen de...*, I; **We're going to have another test in ... tomorrow? This is the last straw!** *¿Mañana vamos a tener otra prueba en...? ¡Esto es el colmo!*, 3

textiles *los tejidos*, II

to thank: They thanked ... *Les agradecieron a...*, 9

thank you *gracias*, I

thankful: to be thankful for *estar agradecido(a) por*, 7

thanks: Thanks to the support of ... I have been able to overcome ... *Gracias al apoyo de..., he podido superar...*, 7; **Not today, thanks. Why don't we wait and do it next week?** *Hoy no, gracias. ¿Por qué no lo dejamos para la próxima semana?*, 5; **Thanks for inviting me, but I've already seen it.** *Gracias por invitarme, pero ya lo/la he visto.*, 5; **Thanks, but I have a lot to do. I'll go next time.** *Gracias, pero tengo mucho que hacer. La próxima vez iré.*, 5

Thanksgiving Day *el Día de Acción de Gracias*, I

that *ese(a)*, I; *ése*, II; **that (farther away)** *aquél, aquel, aquella*, II; **that was when** *fue cuando*, II; **that won't go away** *...que no se me quita ...*, II; **That I know of, there's (no) ...** *Que yo sepa, (no) hay...*, 6; **That makes me think about ...** *Eso me hace pensar en...*, 5

That's disgusting! *¡Qué asco!*, 4

That's easy/pretty difficult for me. *Eso me resulta fácil/bastante difícil.*, 8

the *el, la, los, las*, I; **The pleasure is mine.** *El gusto es mío.*, I; **The purpose of this letter is ...** *Por medio de la presente...*, 8; **The milk has gone bad.** *Está pasada la leche.*, 4; **The way I see it, there's no equality between ...** *A mi parecer, no hay igualdad entre...*, 3; **The ... doesn't taste like anything.** *El/La... no sabe a nada.*, 4; **The ... is**

dry/isn't very sweet. *El/La... está seco(a)/no está muy dulce.*, 4; **The . . . is salty/spicy.** *El/La... está salado(a)/picante.*, 4; **The . . . lacks flavor, but I don't know what's missing.** *Al (A la)... le falta sabor, pero no sé qué le falta.*, 4
to the left of *a la izquierda (de)*, II
to the right of *a la derecha (de)*, II
theatre *el teatro*, II
their *su(s)*, I
them *los, las*, I
then *entonces*, II; **back then** *en aquel entonces*, II
then *luego*, I
there *allí*, I; **there (general area)** *allá*, II; **there is, there are** *hay*, I; **there used to be** *había*, II; **there was** *había*, II; **There once was . . .** *Había una vez...*, II; **There were many challenges in . . .** *Había muchos desafíos en...*, 7; **I imagine that by the year . . . there will be . . .** *Me imagino que para el año... habrá...*, 10; **There's something I can't quite grasp.** *Hay algo que se me escapa.*, 8
these *éstos, éstas, estos, estas*, I; **these days** *hoy (en) día*, 8
they *ellas, ellos*, I; **They (emphatic) like . . .** *A ellos/ellas/ustedes les gusta(n)* + noun, II; **they lived happily ever after** *vivieron felices*, II; **They're . . .** *Me quedan...*, II; **They advise that . . .** *Se advierte que...*, 10; **They thanked . . .** *Les agradecieron a...*, 9
thigh *el muslo*, II
thin *delgado(a)*, I
thing *la cosa*, I; **the occasional (thing)** *alguno(a) que otro(a) (cosa)*, 6
to think *pensar (ie)*, I; **don't think** *no pienses*, II; **think** *piensa*, II; *creer*, II; **I think so.** *Creo que sí.*, II; **What do you think of this color?** *¿Qué te parece este color?*, II; **Really? Well, I think . . .** *¿Ah, sí? Pues, yo creo que son...*, 2; **Forgive me. I don't know what I was thinking.** *Perdóname. No sé en qué estaba pensando.*, 3; **Give yourself time to think it over.** *Date tiempo para pensarlo.*, 3; **Have you thought about . . .?** *¿Has pensado en...?*, 3; **I don't think it's fair.** *No me parece que sea justo.*, 3; **I don't think that journalists/newscasts are . . .** *No creo que los periodistas/ los noticieros sean...*, 6; **to think, to be of the opinion** *opinar*, 6; **I think it's worth remembering . . .** *Creo que vale la pena acordarse de...*, 10; **That makes me think about. . .** *Eso me hace pensar en...*, 5; **This portrait was painted by . . . What do you think of it?** *Este retrato fue pintado por... ¿Qué te parece?*, 5; **What do you think of . . .?** *¿Qué opinas de...?*, 5
third *tercero(a)*, II
thirst *la sed*, I
thirteen *trece*, I
thirty *treinta*, I
this *ésta, éste, este(a)*, I; **This is . . .** *Le presento a... (formal)*, II; *Te presento a... (informal)*, II; **This portrait was painted by . . . What do you think of it?** *Este retrato fue pintado por... ¿Qué te parece?*, 5
those *ésos, ésas, esos, esas*, I; **those**

(farther away) *aquellos, aquellas, aquéllos, aquéllas*, II
three *tres*, I
three hundred *trescientos*, I
throat *la garganta*, I
thunder *el trueno*, II
Thursday *el jueves*, I; **on Thursdays** *los jueves*, I
ticket *el boleto*, I
ticket *la entrada*, II
tide *la marea*, II; **low tide** *la marea baja*, II
tie *la corbata*, II
to tie a game *empatar*, II
tight *apretado(a), estrecho(a)*, II
time: I've been . . . for a long time. *Hace mucho tiempo que...*, II; **to spend a lot of time** *pasar mucho tiempo*, II; **free time** *el rato libre*, II; **time(s)** *vez (pl. veces)*, II; **Once upon a time** *Érase una vez*, II; **One more time, please?** *¿Otra vez, por favor?*, II; **I've already done it a thousand times.** *Ya lo hice mil veces.*, II; **at the same time** *a la vez*, 8; **Once upon a time, in a faraway place . . .** *Érase una vez, en un lugar muy lejano...*, 9; **Some time ago, a stranger came . . .** *Hace tiempo, vino un desconocido...*, 9; **Give yourself time to think it over.** *Date tiempo para pensarlo.*, 3; **Thanks, but I have a lot to do. I'll go next time.** *Gracias, pero tengo mucho que hacer. La próxima vez iré.*, 5
tip *la propina*, II; **to leave the tip** *dejar la propina*, II
tired *cansado(a)*, I
to/for me *me*, I; **you** *te*, I; **us** *nos*, I; **him, her, you, them** *le(s)*, I
toast *el pan tostado*, I
toasted *tostado(a)*, II
today *hoy*, I; **Not today, thanks. Why don't we wait and do it next week?** *Hoy no, gracias. ¿Por qué no lo dejamos para la próxima semana?*, 5
toe *el dedo del pie*, II
together *juntos(as)*, II; **to work together** *trabajar juntos*, II
toilet *el inodoro*, II
tolerant *tolerante*, 2
to tolerate *aguantar*, 2
tomato *el tomate*, I; **can of tomato sauce** *la lata de salsa de tomate*, II
tomorrow *mañana*, I; **We're going to have another test in . . . tomorrow? This is the last straw!** *¿Mañana vamos a tener otra prueba en...? ¡Esto es el colmo!*, 3
tonight *esta noche*, II
too much *demasiado(a)*, I
toothbrush *el cepillo de dientes*, I
toothpaste *la pasta de dientes*, I
topic: to cover a topic completely *tratar un tema a fondo*, 6
tornado *el tornado*, II
totally *por completo*, II; **I totally forgot.** *Se me olvidó por completo.*, II
touching *conmovedor(a)*, 10
to tour *recorrer*, I
tourism *el turismo*, II; **tourism office** *la oficina de turismo*, II
tourism office *la oficina de turismo*, II
tourist *el turista, la turista*, II
towel *la toalla*, I
tower *la torre*, 5
town *el pueblo*, II; **town hall** *el*

---

ayuntamiento, II; **town square** *la plaza*, II
toy *el juguete*, I; **to share toys** *compartir los juguetes*, II; **toy car** *el carrito*, II; **to play with toy cars** *jugar (ue) con carritos*, II; **toy store** *la juguetería*, I
track and field *el atletismo*, II
to trade *intercambiar*, II
tradition *la tradición*, 7
traffic: It's quite possible that traffic will increase with . . . *Es muy posible que el tráfico aumente con...*, 10
traffic light *el semáforo*, II
tragedy *la tragedia*, 5
tragic *trágico(a)*, 10
train station *la estación de tren*, II
traitor *el (la) traidor(a)*, 9
trash *la basura*, I
traveler's checks *los cheques de viajero*, II
treat: My treat. *Yo te invito*, 2
tree *el árbol*, II; **to climb trees** *trepar a los árboles*, II
tricks *las travesuras*, II; **to play tricks** *hacer travesuras*, II
trip *el viaje*, I
to triumph *triunfar*, 7
troops *las tropas*, 9
trophy *el trofeo*, II
tropical *tropical*, II; **to explore the tropical jungle** *explorar la selva tropical*, II; **tropical island** *la isla tropical*, II
true: No way! That's not true. *¡Qué va! Eso no es cierto.*, 3
trust: to inspire trust in *inspirarle confianza*, 6
to trust *confiar en*, 2
trustworthy *fiable*, 6
truth: To tell the truth, it strikes me as . . . *A decir verdad, me parece...*, 5
to try on *probarse (ue)*, II
to try, taste *probar (ue)*, I
to try to *tratar de* + *infinitive*, 8
T-shirt *la camiseta*, I
Tuesday *el martes*, I; **on Tuesdays** *los martes*, I
tuna fish *el atún*, I
turkey (with stuffing) *el pavo (con relleno)*, 4
to turn *doblar*, II
to turn left on *doblar a la izquierda en*, II
to turn off *apagar*, II; **to turn off the light(s)** *apagar la luz/las luces*, II
to turn right on *doblar a la derecha en*, II
turnover-like pastry *la empanada*, I
TV set *el televisor*, II
twelve *doce*, I
twenty *veinte*, I
to twist (one's body part) *torcer (ue)* + *a body part*, II
twisted *torcido(a)*, II
two *dos*, I
two hundred *doscientos*, I
two thousand *dos mil*, I
typically *típicamente*, II

ugly *feo(a)*, I
umbrella *el paraguas*, II
unbiased *imparcial*, 6
uncle *el tío*, I

under, underneath *debajo (de)*, I
to understand: I can't seem to understand . . . *No logro entender...*, 8; **I can't understand it.** *No me cabe en la cabeza.*, 8; **From what I understand . . .** *Según tengo entendido...*, 4; **I understand a little about . . .**, **but nothing about . . .** *Entiendo algo de..., pero nada de...*, 6; **What do I know about . . .? I don't understand a thing about . . .** *¿Qué sé yo de...? No entiendo ni jota de...?*, 6
unemployment *el desempleo*, 10
unfair *injusto(a)*, I
unfaithful: to be (un)faithful *ser (in)fiel*, 3
unfortunately *desgraciadamente*, II
unfriendly *antipático(a)*, I; *seco(a)*, 2
university *la universidad*, 3
unknown *desconocido(a)*, 9
until *hasta*, I; **See you later.** *Hasta luego.*, I; **See you tomorrow.** *Hasta mañana.*, I; **See you soon.** *Hasta pronto.*, I
untrustworthy *poco fiable*, 6
up to *hasta*, I; **What's . . . up to?** *¿Qué anda haciendo...?*, 4
up-to-date: to be up-to-date *estar al tanto*, 6
to update *actualizar*, 8
upset: What's the matter? Are you upset? *¿Qué te pasa? ¿Estás dolido(a)?*, 2
Uruguayan *uruguayo(a)*, II
us *nos*, I
usually: to usually do something, to tend to do something *soler (ue) + infinitive*, II; **We usually** + infinitive *Solíamos + infinitive*, II
to utilize *utilizar*, 8

vacation *las vacaciones*, II; **to go on vacation** *ir de vacaciones*, II
to vacuum *pasar la aspiradora*, I; **vacuum cleaner** *la aspiradora*, II
Valentine's Day *el Día de los Enamorados*, I
vanilla *la vainilla*, II; **vanilla flan** *el flan de vainilla*, II
vegetables *las verduras*, I; *los vegetales*, II; **vegetable soup** *la sopa de verduras*, I
vegetarian *vegetariano(a)*, II
Venezuelan *venezolano(a)*, II
very *muy + adjective*, I; **I did very well (badly).** *Me fue muy bien (mal).*, II; **very bad** *pésimo(a)*, I; **very handsome** *guapísimo*, II
victim *la víctima*, 9
victory *la victoria*, 9
video *el video*, I
video games *los videojuegos*, I
village *el pueblo*, I
villain *el (la) malvado(a)*, 9; **From what they tell us, the villain . . .** *Según nos dicen, el malvado...*, 9
vinegar *vinagre*, II
violin *el violín*, II
to visit *visitar*, II; **to visit a museum** *visitar un museo*, II
vitamins *las vitaminas*, II
volcano *el volcán*, II
volleyball *el volibol*, I

volunteer *el (la) voluntario(a)*, 8
vulture *el buitre*, II

to wait *esperar*, I; **Not today, thanks. Why don't we wait and do it next week?** *Hoy no, gracias. ¿Por qué no lo dejamos para la próxima semana?*, 5
waiting room *la sala de espera*, I
to wake *despertarse (ie)*, I
to walk *caminar*, I; *andar*, II; **to go for a walk** *pasear*, I
to walk . . . *dar una vuelta por...*, II
to walk down (a street) *bajar*, II; **to go down . . . until you get to** *bajar... hasta llegar a*, II
wall *la pared*, II
wallet *la billetera*, I; *la cartera*, II
to want *querer (ie)*, I; **I want to go to . . .** *Quiero ir a...*, II; **I want to introduce you to . . .** *Quiero presentarte a...*, II; **I want to see . . .** *Quiero conocer...*, I; **I wanted . . ., but there weren't any in my size.** *Quería..., pero no había en mi número.*, II; **What did you want to be?** *¿Qué querías ser?*, II; **What do you want to do this afternoon?** *¿Qué quieres hacer esta tarde?*, II; **When I heard the news, I didn't want to believe it.** *Cuando oí la noticia no lo quise creer.*, II; **Whatever you want.** *Como quieras.*, 2; **I have always wanted to be a . . .** *Siempre he querido ser un(a)...*, 8; **Do you want to come to . . . with me?** *¿Me acompañas a...?*, 5; **Do you want to go see . . .** *¿Quieres ir a ver...?*, 5
to want someone else to do something *querer que*, II
to warm up *calentarse (ie)*, II
to warn: They warn that . . . *Se advierte que...*, 10
to wash *lavar*, I; **to wash the dishes** *lavar los platos*, I; *lavarse*, I
washing machine *la lavadora*, II
to waste *desperdiciar*, 10
to watch *ver*, I; **to watch television** *ver televisión*, I
watch, clock *el reloj*, I
to water *regar (ie)*, II; **to water the plants** *regar las plantas*, II; **It makes my mouth water.** *Se me hace la boca agua.*, 4
water *el agua (f.)*, I; **mineral water** *el agua (f.) mineral*, II; **to dive in the water** *tirarse al agua*, II
water skiing *el esquí acuático*, II
watercolor *la acuarela*, 5
waterfall *la catarata*, II
watermelon *la sandía*, 4
watery *aguado(a)*, II
waves *las olas*, II
way: in a . . . way *de modo...*, 6; **way of being** *el modo de ser*, 7; **No way! That's not true.** *¡Qué va! Eso no es cierto.*, 3; **The way I see it, there's no equality between . . .** *A mi parecer, no hay igualdad entre...*, 3
we *nosotros(as)*, I; **We (emphatic) like . . .** *A nosotros nos gusta(n) + noun*, II; **We had to make a big effort to . . .** *Tuvimos que hacer un gran esfuerzo*

para..., 7; **We made a big effort at . . .** *Nos esforzamos en...*, 7; **We talked about the issue; consequently . . .** *Hablamos del tema; por consiguiente...*, 7
we are going *vamos*, II; **We're going to . . .** *Vamos a ir a/al...*, II; **Are we going the right way to . . .?** *¿Vamos bien para...?*, II
we fought (would fight) *nos peleábamos*, II
weak *aguado(a)*, II
to wear *llevar*, I; **to wear glasses** *usar lentes*, I
weather *el tiempo*, I; **The weather is nice (bad).** *Hace buen (mal) tiempo.*, I; *el clima*, II; **I wonder what the weather is like at (in) . . .?** *¿Cómo será el clima en...?*, II
wedding *la boda*, I
Wednesday *el miércoles*, I; **on Wednesdays** *los miércoles*, I
week *la semana*, I; **Not today, thanks. Why don't we wait and do it next week?** *Hoy no, gracias. ¿Por qué no lo dejamos para la próxima semana?*, 5
weekend *el fin de semana*, I; **weekends** *los fines de semana*, I
weight *el peso*, I
weights *las pesas*, I; **to lift weights** *levantar pesas*, I
well *bien*, II; *ahora bien*, 9; **I did very well.** *Me fue muy bien.*, II; **I hope you're doing well.** *Espero que estés bien.*, II; **to get along well** *llevarse bien*, II; **to be well-informed** *estar bien informado*, 6
Well, . . . *Bueno,... ,* II; **Really? Well, I think . . .** *¿Ah, sí? Pues, yo creo que son...*, 2; **Well, the truth is that . . .** *Pues, la verdad es que....* 2; **Well, he's/she's still working . . .** *Pues, sigue trabajando...*, 4
We're going to have another test in . . . tomorrow? This is the last straw! *¿Mañana vamos a tener otra prueba en...? ¡Esto es el colmo!*, 3
whales *las ballenas*, II
what *lo que*, II; **So, what I have to do is . . .** *Entonces, lo que tengo que hacer es...*, II; **What I notice is that . . .** *Lo que noto es que...*, 10
What . . .! *¡Qué...!*, II; **What a dry climate!** *¡Qué clima tan seco!*, II; **What a gossip!** *¡Qué chismoso(a)!*, II; **What a pain!** *¡Qué lata!*, I; **What a shame!** *¡Qué lástima!*, I; **What bad luck!** *¡Qué mala suerte!*, I; **What a shame that they have . . .** *Qué pena que se hayan...*, 4; **What a surprise that they have . . .!** *¡Qué sorpresa que se hayan...!*, 4
What . . .? *¿Qué...?*, II; **What are you like?** *¿Cómo eres tú?*, I; **What are your parents/brothers and sisters/ friends like?** *¿Cómo son tus padres/ hermanos/amigos?*, II; **What did you like to do when you were . . . years old?** *¿Qué te gustaba hacer cuando tenías...?*, II; **What did you use to do when you were a little boy/girl?** *¿Qué hacías de niño(a)?*, II; **What did you want to be?** *¿Qué querías ser?*, II; **What do you do every morning?** *¿Qué haces todas las mañanas?*, II; **What do you like to do on weekends?** *¿Qué te gusta hacer los*

fines de semana?, II; **What do you recommend?** *¿Qué nos recomienda?*, II; **What do you still have to do?** *¿Qué te falta hacer?*, I; **What do you think of this color?** *¿Qué te parece este color?*, II; **What do you want to do this afternoon?** *¿Qué quieres hacer esta tarde?*, I; **What do your friends do on weekends?** *¿Qué hacen tus amigos los fines de semana?*, II; **What does . . . do?** *¿A qué se dedica...?*, II; **What else do I need to do?** *¿Qué más tengo que hacer?*, II; **What happened to you?** *¿Qué te pasó?*, II; **What kind of work does . . . do?** *¿Qué clase de trabajo realiza...?*, II; **What needs to be done in the kitchen?** *¿Qué hay que hacer en la cocina?*, II; **What news do you have of . . . ?** *¿Qué noticias tienes de...?*, II; **What restaurant do you recommend to me?** *¿Qué restaurante me recomienda usted?*, II; **what someone has to do (me/te/le/nos/les)** *toca + infinitive*, II; **What were you like . . . ?** *¿Cómo eras...?*, II; **What will you all do at the beach?** *¿Qué harán ustedes en la playa?*, II; **What's in the . . . ?** *¿Qué lleva el (la)...?*, II; **What's new?** *¿Qué hay de nuevo?*, I; **What's the (daily) special?** *¿Qué hay de especial?*, II; **What's wrong with you?** *¿Qué te pasa?*, I; **What would you like to do?** *¿Qué te gustaría hacer?*, 8; **Where were you and what were you doing when . . . ?** *¿Dónde estabas y qué hacías cuando...?*, 10; **What can you tell me about . . . ?** *¿Qué me cuentas de...?*, 4; **What do I know about . . . ? I don't understand a thing about . . .** *¿Qué sé yo de...? No entiendo ni jota de...?*, 6; **What do you know about . . . ?** *¿Qué sabes de...?*, 4; **What do you look for in a boyfriend/girlfriend?** *¿Qué buscas en un(a) novio(a)?*, 2; **What do you think of . . . ?** *¿Qué opinas de...?*, 5; **What should a good friend be like?** *¿Cómo debe ser un(a) buen(a) amigo(a)?*, 2
What! *¿Cómo?, ¿Qué?*, I
what, which? *¿cuál?*, I
What's the matter? Are you upset? *¿Qué te pasa? ¿Estás dolido(a)?*, 2
What's . . . up to? *¿Qué anda haciendo...?*, 4
Whatever you want. *Como quieras.*, 2
wheelchair *la silla de ruedas*, I; **I use a wheelchair.** *Estoy en una silla de ruedas.*, II
when *cuando*, I; **When I found out, I couldn't believe it.** *Cuando me enteré, no lo pude creer.*, II; **When I heard the news, I didn't want to believe it.** *Cuando oí la noticia no lo quise creer.*, II; **that was when** *fue cuando*, II; **When I'm older, I'd like to . . .** *Cuando sea mayor, me gustaría...*, 7
when? *¿cuándo?*, I
where? *¿adónde?, ¿dónde?*, I; **Where did you go on vacation during the winter?** *¿Adónde fuiste de vacaciones durante el invierno?*, II; **Where will you go this summer?** *¿Adónde irás este verano?*, I; **Where do you intend to go tonight?** *¿Adónde piensan ir esta noche?*, II; **Can you tell me where . . . is?** *¿Me dices dónde está...?*, II; **Do you know where I can . . . ?** *¿Sabe usted dónde se puede...?*,

II; **Where could my . . . be?** *¿Dónde estará(n) mi(s)...?*, II; **Where were you and what were you doing when . . . ?** *¿Dónde estabas y qué hacías cuando...?*, 10
which? *¿cuál?, ¿cuáles?*, I; **Which of these paintings do you like better, the one of (by) . . . or the one of (by) . . . ?** *¿Cuál de estas pinturas te gusta más, la de... o la de...?*, 5
while *mientras*, II
white *blanco(a)*, I
Who's calling? *¿De parte de quién?*, I
whole *todo(a)*, I; *entero(a)*, II
why *¿por qué?*, I; **Why don't we go to . . . ?** *¿Por qué no vamos a...?*, 5
wide assortment *un gran surtido*, II
Will it be . . . ? *¿Hará...?*, II
Will there be . . . ? *¿Habrá...?*, II
to win *ganar*, II
wind *el viento*, II
window *la ventana*, I; **to window shop** *mirar las vitrinas*, I
windsurf *el windsurf*, II; **to windsurf** *hacer windsurf*, II
winter *el invierno*, I
wise man/woman *el (la) sabio(a)*, 9
to wish for *desear*, I
with *con*, I; **with me** *conmigo*, I; **with you** *contigo*, I; **With time I was able to assimilate . . .** *Con el tiempo pude asimilar...*, 7
witty *gracioso(a)*, I
wolf *el lobo*, II
woman *la mujer*, I
wood *la madera*, II; **to do woodcarving** *tallar en madera*, 5
wool *la lana*, I
to work *trabajar*, I; **one works** *se trabaja*, II; **to work in the garden** *trabajar en el jardín*, II; **to work on cars** *trabajar en mecánica*, II; **to work together** *trabajar juntos*, II; **I work hard . . . and for that reason . . .** *Trabajo duro... y por eso...*, 7; **Well, he's/she's still working . . .** *Pues, sigue trabajando...*, 4
work *el trabajo*, I; **It took a lot of work for us to get used to . . .** *Nos costó trabajo acostumbrarnos a...*, 7; **It takes a lot of work for me (to do) . . .** *Me cuesta trabajo (hacer)...*, 8
work environment *el ambiente de trabajo*, 8
to work out *entrenarse*, I
workshop *el taller*, I
world perspective *el enfoque mundial*, 6
World Wide Web *el Web*, II; **Web pages** *páginas Web*, II
to worry *preocuparse*, I; **Don't worry.** *No te preocupes.*, I; **to worry**, 2
worse *peor(es)*, I; **to make worse** *empeorar*, 8
worth: to (not) be worth it *(no) valer la pena*, 2; **I think it's worth remembering . . .** *Creo que vale la pena acordarse de...*, 10
Would you bring us . . . ? *¿Nos trae...?*, II
Would you like anything else? *¿Se les ofrece algo más?*, II
woven cloth *los tejidos*, II
to wrap *vendarse*, II
wrapped *vendado(a)*, II
wrestling *la lucha libre*, II
wrist *la muñeca*, II
to write *escribir*, I; **don't write** *no escribas*, II;

II; **write** *escribe*, II; **writing** *escribiendo*, II; **written** *escrito (past participle of escribir)*, II
wrong impression *la impresión equivocada*, 3

yard *el patio*, I
year *el año*, I; **A few (many, five . . .) years ago** *Hace unos (muchos, cinco...) años*, II; **every year** *todos los años*, II; **last year** *el año pasado*, I; **New Year** *el Año Nuevo* I; **Many years ago, . . .** *Hace muchos años,...*, 9; **I imagine that by the year . . . there will be . . .** *Me imagino que para el año... habrá...*, 10
to yell for help *gritar por ayuda*, II
yellow *amarillo(a)*, I
yes *sí*, I; **Yes, of course.** *Sí, claro.*, II; **Yes, I'm disappointed because . . . It makes me feel like crying.** *Sí, estoy decepcionado(a) porque... Me dan ganas de llorar.*, 2; **Yes, I'm excited because . . .** *Sí, estoy entusiasmado(a) porque...*, 2
yesterday *ayer*, I; **I remember it like it was yesterday.** *Lo recuerdo como si fuera ayer.*, 10
yoga: to do yoga *hacer yoga*, I
yogurt *el yogur*, 4
you *usted, (Ud.) ustedes, (Uds.) (formal)* I; *tú, vosotros(as), (informal)* I; **You were lucky!** *Ah, ¡tuviste suerte!*, II; **You're kidding** *No me digas*, II; **You're really good at . . . aren't you?** *Eres muy bueno(a) para... ¿verdad?*, 2; **You've left me speechless.** *Me has dejado boquiabierto(a).*, 4;
You (emphatic) like . . . *A ti te gusta(n) + noun*, II; *A vosotros os gusta(n) + noun, (pl., informal)*, II
You don't say! *¡No me digas!*, II, 4
You look great! *¡Te ves super bien!*, II
You look very handsome! *¡Te ves guapísimo!*, II
You will see that they're going to promote . . . *Ya verás que van a promover...*, 10
You won't believe it, but . . . *No lo vas a creer, pero...*, II
young *joven*, I
young people *los jóvenes*, I
young person *el joven, la joven*, II
younger *menor(es)*, I
your *tu(s), su(s), vuestro(a)(s)*, I
Yours sincerely, . . . *Un saludo de,...*, I
yours *tuyo(a), tuyos(as)*, II
yours (formal), his, hers, its, theirs *suyo(a), suyos(as)*, II
youth hostel *el albergue juvenil*, II

zero *cero*, I
zoo *el zoológico*, I; **to go to the zoo** *ir al zoológico*, II
zucchini *el calabacín*, 4

Índice gramatical

Page numbers in boldface type refer to the first presentation of the topic. Other page numbers refer to the grammar topic in subsequent presentations or in the *¡Exprésate!* features. The Roman numeral I preceding page numbers indicates Level 1; the Roman numeral II indicates Level 2; the Roman numeral III indicates Level 3. Page numbers beginning with R refer to the **Síntesis gramatical** in this Reference Section (pages R25–R46).

a: before **gustar** pronouns I: **62,** 88; II: **10;** after **ir** or **jugar** I: **100;** II: **24,** 292; after **conocer** II: **52,** 76; with time I: **128;** with **empezar** I: **166;** with infinitives I: **290;** personal I: **328;** before object pronouns I: **88;** II: **10;** before indirect objects II: **50;** after **ponerse** II: **130;** before **nadie** II: **182**

abrir: all preterite tense forms I: **352;** past participle II: **144,** 372; III: R33

acabar de: I: **240**

acostarse: all present tense forms I: **242;** present **yo** form: II: **14**

accent marks: I: **26,** 254; in preterite of **reírse** II: **132;** in preterite of verbs like **caer** II: **146,** 226; in -**mente** adverbs II: **254;** demonstrative pronouns II: **306;** III: **30**

adjectives: agreement—masculine and feminine, singular and plural I: **50;** II: **10,** R25; with **ser** or **estar** II: **54,** 62, 134, 222, 224, 382; of nationality II: **54;** with **ponerse** II: **130,** 224; ordinal numbers: III: **420;** demonstrative adjectives all forms I: **278;** II: **304;** III: **30,** R28; possessive adjectives I: **162;** II: **174;** III: R28; irregular comparative forms I: **278;** II: **294;** with **quedar** I: **280;** past participles used as adjectives II: **144,** 266; III: **16;** -**ísimo/a** II: **294;** III: **194;** adjectives as nouns II: **306,** 330; with **lo** III: **288**

-**ado:** II: **144,** 266, 370; III: **148;** see also past participle, present perfect

adónde: I: **100;** II: **22;** see also question words

adverbial conjunctions: **a menos (de) que, antes de que, con tal (de) que, en caso de que, para que, sin que** III: **298;** followed by subjunctive III: **298,** 388, 434; indicative after III: **302,** 434

adverbs: II: **254;** 332, 334; III: R29; with impersonal **se** II: **90;** with **caerle** II: **226;** in comparisons II: **294;** III: **28;** -**mente** adverbs II: **254; aquí/acá, allí/allá** II: **304**

affirmative expressions: III: **250,** R27

algo: III: **250,** R27

alguien: III: **250,** R27

algún, alguna: III: **250,** R27

alguno(a), algunos(as): III: **250,** R27

almorzar: present tense II: **12;** see also stem-changing verbs; see also spelling-change verbs

agreement of adjectives: I: **50,** 162; II: **10;** see also adjectives

al: I: **100,** 328; II: **24; al** + infinitive III: **160**

andar: all preterite tense forms II: **94;** with present participle II: **384;** III: **146,** 416; see also verbs

-**ando:** II: **24,** 384; III: **146,** 416, R33; see also present participle

antes de: I: **240;** see also prepositions

aquel(la/los/las): III: **30,** R28; see demonstrative adjectives

aquél(aquélla/os/as): III: **30,** 194, R26; see also demonstrative pronouns

-**ar** verbs: present tense I: **98,** 164; II: **12;** preterite tense I: **288;** II: **66,** 132; present participle II: **24;** III: **146,** 416; informal commands I: **252;** II: **26,** 106; formal commands II: **102;** past participles: **144,** 266, 370; imperfect tense II: **210;** III: **56;** present subjunctive II: **342;** III: **18,** 72; future tense II: **346;** III: **430;** see also irregular verbs, stem-changing verbs, verbs

arreglar: all preterite forms II: **66**

articles: **el, la, los, las** I: **60;** II: **10;** with parts of the body II: **142,** 144; with possessive pronouns II: **174;** in superlatives II: **294;** III: **194; un, una, unos, unas** I: **124;** II: **54;** R23; III: R25; (not) indicating gender of nouns III: **252**

asistir: all present tense forms II: **12**

ayudar: with reciprocal pronouns II: **214**

barrer: all preterite forms II: **66**

buscar: preterite II: **92;** informal commands II: **106**

caerse: all preterite forms II: **146,** 226; see also irregular verbs

caber: future tense III: **118**

clauses: main III: **18;** subordinate III: **18;** in sequence of tenses III: **390,** 392

comer: all preterite tense forms I: **316;** all present tense forms II: **12;** with commands II: **26;** all imperfect tense forms II: **210**

commands (imperatives): I: **214,** 252, 254, 364, 366; II: **26,** 102; III: **60,** R38; informal commands I: **252;** II: **26,** 106; negative informal spelling-change -**car, -gar, -zar** verbs II: **26;** III: **60;** -**car, -gar, -zar, -ger, -guir** I: **364;** II: **106;** irregular informal II: **26,** 106; regular formal commands II: **102;** irregular formal commands II: **104; nosotros** commands III: **60;** irregular **nosotros** commands III: **60; ustedes** commands II: **102;** irregular **ustedes** commands **104;** spelling change in formal commands -**car, -gar, -zar, -ger, -guir** II: **102;** with object pronouns I: **216,** 366; II: **26,** 50, 106; with reflexive pronouns II: **106,** 142, 172; with object + reflexive pronouns II: **172,** 252; with double object pronouns II: **252**

cómo: I: **52;** II: **22;** see also question words

comparisons: with adjectives using **más... que, menos... que, tan... como** I: **278;** II: **294;** III: **30,** 194, R29; irregular comparative adjectives II: **294;** III: **30,** R29; **tanto(a)... como, tantos(as) ... como** I: **278;** with

favor: + de II: **64**

formal commands: regular II: **102;** spelling change **-car, -gar, -zar, -ger, -guir** II: **102;** irregular II: **104**

future with **ir a** + infinitive: expressions in the present tense I: **136,** 318; II: **24;** III: **58,** R35; expressions in the past III: **58,** 104

future tense: all **-ar, -er, -ir** endings II: **346;** III: **118,** 430, R35; irregular stem verbs II: **346;** III: **118,** 430, R35; for what is likely true (conjecture) in the present II: **384;** III: **118,** 240, 430, R35; + present participle II: **384;** III: **118;** see also verbs, irregular verbs

gender of nouns: I: **50;** II: **10;** III: **252,** R25

gerund: see present participle

grammatical reflexives: III: **286;** and **se** III: **330**

gustar: likes and dislikes I: **62,** 178; III: R40; **gustaría** I: **368;** all present tense forms I: **62,** 280; II: **10; gustar** + infinitive I: **86;** II: **22;** with **a** + pronouns I: **88;** II: **10;** with indirect object pronouns II: **10,** 64

haber: **hay** + **que** II: **64,** 104; like impersonal **se** II: **90;** imperfect tense II: **222;** with the present perfect II: **370;** III: **16,** 148, 418; future tense II: **346;** III: **118;** subjunctive forms III: **108,** 150, R37; with present perfect subjunctive III: **150,** 418; with past perfect III: **212,** 418; uses of III: **240,** 418; impersonal forms III: **240,** 418; with future and conditional perfect III: **418;** see also **hay**

hablar: all present tense forms II: **12;** with impersonal **se** II: **90;** all present perfect forms III: **148**

hacer: present tense **yo** form II: **14;** informal commands II: **26,** 106; with weather I: **102;** all preterite tense forms I: **356;** II: **66,** 94; **hace:** + amount of time + **que** + present tense to say how long someone has been doing something II: **184;** III: **32,** 420; future tense II: **346;** III: **118,** 430, R35; past participle II: **372;** see also verbs

hasta: I: **164**

hay: + **que** II: **64,** 104; like impersonal **se** II: **90**

-ido: II: **144,** 266, 370; III: **148;** see also past participle, see also present perfect

-iendo: II: **24;** III: **146,** 416; see also present participle

imperatives (commands): see commands

imperfect (past tense): regular verbs II: **210;** III: **56,** 164, R34; of **soler** + infinitive II: **210;** with often used expressions **muchas veces, a veces, (casi) siempre, todos los años** II: **210;** III: **56; haber** II: **222;** III: **240;** irregular verbs **ir, ver** II: **212;** III: **56; ser, haber** II: **222;** imperfect with preterite of **decir** + **que** II: **262;** with **mientras** II: **262;** describing people and things II: **262;** uses of imperfect II: **264,** 332, 382; III: **56;** imperfect vs. preterite II: **290;** III: **14,** 240, 284, 376, R34; of **ir a** + infinitive II: **292;** III: **58;** to begin a story II: **332;** III: **374;** to continue and end a story II: **334;** III: **374;** after **ir a** + infinitive III: **58;** after past progressive III: **164;** meaning changes of **estar, poder, tener, tener que** III: **284;** see also verbs

impersonal **se** + verb: **se habla, se trabaja** + adverb, **se vive** + adverb, **se puede** + infinitive, **se permite** + infinitive, **se prohíbe** + infinitive II: **90**

indefinite articles: **un, una, unos, unas** I: **124;** III: R25; with professions II: **54**

indefinite expressions: **algo, alguien, algún, alguna, alguno(a/os/as), también, siempre, o, nada, nadie, ningún, ninguna, ninguno(a/os/as), tampoco, nunca, jamás, ni** III: **250,** R27

indirect object pronouns: **me, te, le, nos, os, les** I: **178;** II: **50,** 250; III: **28,** 70, 326, R26; with **gustar** II: **10;** with **tocar** II: **64;** with **dar, decir** II: **50,** 130; III: **70;** placement of II: **50;** III: **70,** 164; with commands II: **106,** 252; + direct object pronoun II: **250;** III: **70; le/les ⟶ se** II: **250;** III: **70,** 162, 330; see also pronouns

indirect objects: II: **50;** III: **70;** after **a** II: **50;** with **dar, decir** II: **50,** 130; with **recomendar, dejar, poder, servir, traer, llevar** II: **250**

infinitives: I: **86,** 90, 98; III: **104;** after **gustar** I: **86;** after **querer** I: **90;** III: **104;** after **saber** II: **52;** after **favor de** II: **64;** after **poder** I: **204;** II: **170;** after **ponerse a** II: **130;** after **darle ganas de** II: **130;** with reflexive pronouns I: **240;** II: **142,** 172; after **soler** II: **210; ir a** + infinitive II: **24,** 292; III: **58;** after **pensar** I: **318;** III: **104;** verbs followed by infinitives I: **368;** II: **22,** 64, 90; III: **104;** with direct object pronouns II: **24;** III: **70;** in place of subjunctive II: **342,** 344; III: **208,** 210; **ir a** + infinitive followed by imperfect and preterite III: **58**

informal commands: I: **214,** 252, 254, 364, 366; II: **26,** 106; spelling-change **-car, -gar, -zar, -ger, -guir** I: **364; -car, -gar, -zar** II: **26;** irregular verbs **dar, ir, ser, hacer, poner, salir, tener, venir** II: **26;** with object pronouns I: **216,** 366; II: **26,** 106; with reflexive pronouns II: **142,** 172, 252; see also commands

interrogatives (question words): see question words

-ir verbs: all present tense forms I: **138;** II: **12;** present participle II: **24;** III: **146,** 416; regular preterite tense forms I: **314,** 316, 352; II: **66;** stem-changing verbs in preterite II: **132;** informal commands I: **252;** II: **26,** 106; formal commands II: **102;** past participles II: **144,** 266, 370; imperfect tense forms II: **210;** III: **56;** subjunctive forms II: **342;** III: **18,** 70; stem-changing subjunctive II: **344;** see also irregular verbs, stem-changing verbs, verbs

ir: all present tense forms I: **100;** II: **24;** present tense to mean "going" II: **24; ir a** + infinitive I: **136;** II: **24;** III: **58;** informal commands II: **26,** 106; formal commands II: **104; ustedes** commands II: **104; nosotros** commands III: **60; ir** contrasted with **irse** II: **172;** all preterite tense forms I: **290,** 316, 352; II: **66,** 94; imperfect tense II: **212;** III: **56;** imperfect **ir a** + infinitive II: **292;** III: **58;** all present subjunctive forms II: **342;** III: **72,** R37; all future tense forms II: **346;** III: **118; ir a** + infinitive followed by imperfect and preterite III: **58;** see also verbs

irregular verbs: I: **140;** irregular **yo** forms in present **salir, poner, hacer, traer, saber, venir, tener** II: **14;** III: R33; **conocer** II: **52;** irregular verbs in present **ir** II: **24; dar, decir** II: **50; oír** II: **226;** irregular informal commands II: **26,** 106; irregular formal commands II: **104;** irregular **nosotros** commands III: **60;** preterite irregular forms **hacer, ir** II: **66,** 94; **andar, tener, venir** II: **94; dar** II: **94,** 130; **ponerse** II: **130,** 224; **decir** II: **130,** 170; **estar** II: **134,** 224; **traer, poder** II: **170;** **querer, saber** II: **224;** imperfect irregular verbs **ir, ver** II: **212;** III: **56; ser** II: **222;** III: **56;** future irregular stem II: **346;** III: **118,** 430; irregular past participles II: **144,** 266, 372; III: **16,** 148, 212; irregular **yo** forms in subjunctive II: **342;** irregular subjunctive forms **ir, ser, volver** II: **342; estar, dar, haber, saber** II: **344; estar, ir, saber, haber, dar** III: **72;** irregular future tense forms **decir, hacer, haber, poder, poner, querer, salir, tener,**

Agradecimientos

STAFF CREDITS

Editorial
Priscilla Blanton, Barbara Kristof, Amber P. Nichols, Douglas Ward

Editorial Development Team
Marion Bermondy, Konstanze Alex Brown, Lynda Cortez, Janet Welsh Crossley, Zahydée González, Jean Miller, Beatriz Malo Pojman, Paul Provence, Jaishree Venkatesan, J. Elisabeth Wright

Editorial Staff
Sara Anbari, Hubert W. Bays, Yamilé Dewailly, Milagros Escamilla, Rita Ricardo, Glenna Scott, Géraldine Touzeau-Patrick

Editorial Permissions
Ann B. Farrar, Yuri Muñoz

Book Design
Kay Selke, Marta Kimball, Robin Bouvette, José Garza, Sally Bess, Bruce Albrecht, Liann Lech, Lana Kaupp

Image Acquisitions
Curtis Riker, Jeannie Taylor, Cindy Verheyden, Michelle Dike, Sam Dudgeon, Victoria Smith

Media Design
Richard Metzger, Chris Smith

Cover Design
Marc Cooper, Kay Selke

eMedia
Edwin Blake, Kimberly Cammerata, Grant Davidson, Nina Degollado, Lydia Doty, Cathy Kuhles, Jamie Lane, Sean McCormick, Robert Moorhead, Beth Sample, Annette Saunders, Dakota Smith, Kenneth Whiteside

Production, Manufacturing, and Inventory
Marleis Roberts, Diana Rodriguez, Rose Degollado, Jeffrey Atkins, Jevara Jackson, Rhonda Fariss

ACKNOWLEDGMENTS

HOLT, ¡EXPRÉSATE!, and the **"Owl Design"** are trademarks licensed to Holt, Rinehart and Winston, registered in the United States of America and/or other jurisdictions.

GramaVisión is a trademark of Holt, Rinehart and Winston.

For permission to reprint copyrighted material, grateful acknowledgment is made to the following sources:

Agencia Literaria Carmen Balcells: "Oda al presente" from *Nuevas odas elementales* by Pablo Neruda. Copyright © 2003 by Random House Mondadori, S.A.

Agencia Literaria Carmen Balcells, S.A.: "El árbol de oro" from *Historias de la Artámila* by Ana María Matute. Copyright © 1961 by Ana María Matute.

BBC World Service: From "Educación sin fronteras" from *BBC Mundo* web site, November 14, 2002, accessed October 2, 2003, at http://news.bbc.co.uk/hi/spanish/specials/newsid_2411517.stm. Copyright © 2002 BBC World Service.

Bilingual Press/Editorial Bilingüe, Arizona State University: "Un oso y un amor" from *Primeros encuentros* by Sabine Ulibarrí. Copyright © 1982 by Bilingual Press/Editorial Bilingüe.

Editorial de la Universidad de Puerto Rico: "Danza Negra" by Luis Palés Matos from *Aproximaciones al estudio de la literatura hispánica* by Carmelo Virgillo, L. Teresa Valdivieso, and Edward H. Friedman. Copyright © by Editorial de la Universidad de Puerto Rico.

Fondo de Cultura Económica: From "Epístola" from *Donde nacen las aguas: Antología* by Nicolás Guillén. Copyright © 2002 by Fondo de Cultura Económica. Chapter 11 from *Popol Vuh: Las antiguas historias del Quiché,* translated by Adrián Recinos. Copyright © 1952, 1986 by Fondo de Cultura Económica.

Houghton Mifflin Company: From "Senderos fronterizos" from *Senderos fronterizos: Continuación de Cajas de cartón* by Francisco Jiménez. Copyright © 2001 by Francisco Jiménez; Spanish translation copyright © 2002 by Francisco Jiménez. All rights reserved.

International Editors Agency: "El eclipse" from *Obras Completas (y otros cuentos)* by Augusto Monterroso. Copyright © 1998 by Editorial Anagrama, S.A. and Augusto Monterroso.

La Insignia: From "Recuperar la Tierra" by María José Atiénzar from *La Insignia* web site, accessed January 5, 2004, at http://www.lainsignia.org/2003/junio/ecol_003.htm. Copyright © 2003 by La Insignia.

Medios Digitales Copesa: "El Caleuche" adapted by Carlos Ducci Claro from *Fiestas Patrias 2001* web site; accessed January 14, 2004, at http://docs.tercera.cl/especiales/2001/fonda2001/tradiciones/LEYENDAS/sur.html. Copyright © 2001 by Medio Digitales Copesa. All rights reserved.

PHOTOGRAPHY CREDITS

COVER PHOTOGRAPHY CREDITS
FRONT COVER (from top left to bottom right): ©Creatas/Photolibrary.com; John Langford/HRW; ©Darrell Gulin/ CORBIS; ©Jose Fuste Raga/CORBIS; ©Tom Bean/CORBIS; ©Bill Ross/CORBIS; ©Ace Stock Limited/Alamy; ©Blaine Harrington III; Hanne and Jens Eriksen/Nature Picture Library.
BACK COVER: Don Couch/HRW.
Abbreviations used: c-center, b-bottom, t-top, l-left, r-right, bkgd-background. Others indicate image label.
AUTHORS: Page iii (Humbach) courtesy Nancy Humbach; (Madrigal Velasco) courtesy Sylvia Madrigal.
TABLE OF CONTENTS: Page vi (cr) ©Zefa Visual Media-Germany/Index Stock Imagery; vii (cr) ©Owen Franken/CORBIS; viii (cr) ©Art Wolfe/Getty Images; ix (cr) ©Jerry Alexander/Lonely Planet Images; x (cr) ©D. Boone/CORBIS; xi (cr) ©Bruce Dale/National Geographic Image Collection; xii (cr) ©Paul Harris/Getty Images; xiii (condor) ©Harvey Lloyd/Getty Images/Taxi; (tr) ©Grant Dixon/Lonely Planet Images; xiv (cr) Don Couch/HRW; xv (cr) ©Hubert Stadler/CORBIS; xvi (tr) Don Couch/HRW; xvii (cl) John Langford/HRW; (tr) Don Couch/HRW.
CAPÍTULO 1 All photos by Don Couch/HRW except: Page xviii (b) Álvaro Ortiz/HRW; xvii (t) ©Robert Frerck/Odyssey Productions; 1

(ave) ©Sincronia Audiovisuals; (b) ©Zefa Visual Media-Germany/Index Stock Imagery; (Daimiel) ©Sincronia Audiovisuals; (flor, tl, tr) ©Owen Franken/CORBIS; (Yebes) ©Centro Astronómico de Yebes; 2 (bl) ©Index Fototeca; (br) ©Cathedral of Santiago de Compostela/Dagli Orti/Art Archive; (tl) ©Giraudon/Art Resource, NY; (tr) ©Robert Frerck/Odyssey Productions; 3 (bc) ©AP/Wide World Photos; (bl) PhotoDisc/gettyimages; (tl) ©AKG Images; (tr) ©The Stapleton Collection/Bridgeman Art Library; 4 (bl, tl) Álvaro Ortiz/ HRW; (br) ©Francesc Muntada/CORBIS; (tr) ©Robert Frerck/Odyssey Productions; 5 (b) ©Metropolitan Museum of Art, New York, USA/Bridgeman Art Library; (tc) ©Museum of Fine Arts, Budapest, Hungary/Bridgeman Art Library; (tl) ©Hermitage, St. Petersburg, Russia/Bridgeman Art Library; (tr) ©Robert Frerck/Odyssey Productions; (br) ©Royalty-Free/CORBIS; 9 (c) Álvaro Ortiz/HRW; (r) ©Robert Frerck/Odyssey Productions, Chicago; 10 (A) PhotoDisc/gettyimages; (B) ©Bob Krist/CORBIS; (bl) ©Francesc Muntada/CORBIS; (C) Victoria Smith/HRW; (D) ©Archivo Iconográfico, S.A./CORBIS; (bl) © O. Alamany & E. Vicens/CORBIS; 11 (bl) Nancy Black/Mercury Press International; (br) ©David Young-Wolff/PhotoEdit; (c) Álvaro Ortiz/HRW; (cl) Heinz Hebeisen/Iberimage; (cr, t) ©Robert Frerck/Odyssey Productions; 12 (cl) Álvaro Ortiz/HRW; 13 (r) ©Archivo Iconográfico, S.A./CORBIS; 15

(1) ©Michael Keller/Index Stock Imagery; (2) ©David Young-Wolff/PhotoEdit; (3) ©Bob Winsett/Index Stock Imagery; (Adriana) ©Tom Rosenthal/SuperStock; 17 (1, 2) PhotoDisc/gettyimages; (3) ©Comstock Images; (4) Royalty-Free/Brand X Pictures; 18 (l) John Langford/HRW; 19 (t) © Carrie Boretz/CORBIS; 20 (t) ©Gonzalez/Laif/Aurora Photos; 21 (br) Courtesy of Florida Keys Tourism Council/www.fla-keys.com; 22 (l) ©Ellen Sensei/Photo Researchers, Inc.; (r) PhotoDisc/gettyimages; 23 (tr) PhotoDisc/gettyimages; 24 (cl) ©Robert Frerck/Odyssey Productions; 25 (1) Victoria Smith/HRW; (2, 3, 4) Sam Dudgeon/HRW; 26 (all) Álvaro Ortiz/HRW; 27 (2) Victoria Smith/HRW; (3) Sam Dudgeon/HRW; (4) PhotoDisc/gettyimages; (golf bag) ©Royalty Free/CORBIS; (tr) ©Siglo de Oro festival/Chamizal National Memorial, El Paso's National Park; 29 (cl) ©Royalty-Free Rubberball Productions; (cr, l) PhotoDisc/gettyimages; (r) Victoria Smith/HRW; 30 (l) John Langford/HRW; 31 (r) ©Bob Daemmrich/PhotoEdit; 32 (l) Sam Dudgeon/HRW; 33 (bc) ©SW Productions/Brand X Pictures/PictureQuest; (bl) ©John A. Rizzo/Photodisc/PictureQuest; (br, tr) ©Royalty-Free/CORBIS; (c, cl, cr) PhotoDisc/gettyimages; 36 (b) ©Mark Antman/The Image Works, Inc.; (t) ©Owen Franken/CORBIS; 37 (tl) ©Godo-Foto; 41 © Chris Collins/zefa/CORBIS; 42 (cl) PhotoDisc/gettyimages; (cr) ©Image Ideas; (l) ©Steve Timewell/Iberianimage/Iberian Image; (r) ©Royalty-Free/CORBIS; 46 (cl, cr, r) ©Royalty-Free/CORBIS; (l) ©Image Source/PictureQuest.

CAPÍTULO 2 All photos by Don Couch/HRW except: Page 48–49 Álvaro Ortiz/HRW; 50 (bl) ©Elena Rooraid/The Image Works, Inc; (br) Álvaro Ortiz/HRW; (tc) ©Valentí Zapater - V&W/The Image Works, Inc.; (tr) ©Michael S Yamashita/Corbis; 51 (br, l, r) Álvaro Ortiz/HRW; (cl) ©Ingram Publishing; (r) PhotoDisc/gettyimages; (tl) ©Jeff Greenberg/PhotoEdit; (tr) ©Corbis; 52 (A) ©Werran/Ochsner/ImageState; (B) ©Pablo Corral Vega/CORBIS; (bl) ©Francesc Muntada/Getty Images; (C) ©Dann Tardif/CORBIS; (D) ©Rachel Epstein/PhotoEdit; (E) Randy M. Ury/CORBIS; (F, G) PhotoDisc/gettyimages; (H) ©Brooke Slezak/Getty Images; 54 (r) Álvaro Ortiz/HRW; 55 (r) ©AP/Wide World Photos; 56 (l) John Langford/HRW; 60 (l) Sam Dudgeon/HRW; 61 (r) ©Owen Franken/CORBIS; 62 (t) ©Enrique Carrascal/Alfaqui Fotografía; 63 (b) Florida Marlins/Robert Vigon; (t) John Langford/HRW; 64–65 (all) Álvaro Ortiz/HRW; 66 (tl) ©Robert Fried Photography; 67 (cr) ©by Josiah Davidson; 68 (tl) Álvaro Ortiz/HRW; 69 Don Couch Photography; 71 (r) ©Stuart Cohen/The Image Works, Inc.; 72 (l) Gary Russ/HRW; 74 (bl) PhotoDisc/gettyimages; 78 (bl) ©Enrique Carrascal/Alfaqui Fotografía; 79 (tl) ©Eising/StockFood America; 83 © Lawrence Manning/CORBIS; 84 (c) ©George D. Lepp/CORBIS; (l) ©Lawrence Manning/CORBIS; (r) ©Darama/CORBIS; 88 (cl, l) PhotoDisc/gettyimages; (cr) ©Mike Powell/Allsport Concepts/Getty Images; (r) Royalty-Free/CORBIS.

CAPÍTULO 3 All photos by John Langford/HRW except: Page 90 (b) ©H. Rodgers/Art Directors & TRIP Photo Library; (c) ©Art Wolfe/Getty Images; (t) ©David Parker/Science Photo Library/Photo Researchers, Inc.; 91 (bc) ©NOAA; (bl) ©AP/Wide World Photos; (br) ©Jerry Alexander/Lonely Planet Images; (c) ©Martjan Lammertink; 92 (br, tr) ©North Wind Picture Archives; (cl) ©Ayuntamiento de La Coruña, Spain/Bridgeman Art Library; (cr) ©Ira Block/National Geographic Image Collection; (tl) ©Robert Fried Photography ; 93 (bl) ©U.S. Naval Historical Center; (br) Catalog # 16399, Object #5162 in the Collection of the San Juan National Historic Site, San Juan, Puerto Rico. Photograph courtesy of the National Park Service; (tl) ©Bernard Boutrit/Woodfin Camp & Associates; (tr) ©Getty Images Editorial; 94 (b) From the collection of the Museum of History, Anthropology and Art of the University of Puerto Rico; (cr) ©Christie's Images; (t) ©AKG Images; 95 (bc, br) ©AP/Wide World Photos; (bl) ©The Solomon R. Guggenheim Foundation, New York/Guggenheim Museum; (c) ©Nicole Marie Sanchez/Courtesy of Fundación Ramón Oviedo; 5 (tl) The Cock, 1941 by Mariano (Mariano Rodríguez). Oil on canvas, 29 1/4 X 25 1/8". Gift of the Comisión Cubana de Cooperación Intelectual. Digital Image ©The Museum of Modern Art/Licensed by SCALA/Art Resource, NY; (tr) Cuatro vientos, 2000 by Ramón Oviedo. Acrylic on canvas, 50 x 70 inches. Private collection of Antonio Ocaña; 98 (all) Nathan Keay/HRW; 99 (r) Sam Dudgeon/HRW; 100 (bl) ©Robert Fried Photography; 103 (bc) Mary Kate Denny/PhotoEdit; (c) ©David Young-Wolff/PhotoEdit; (l) ©Sean Murphy/Getty Images; (r) ©David White/Index Stock Imagery; 104 (l) Sam Dudgeon/HRW; 105 (all) Sam Dudgeon/HRW; 107 (cr) ©P. Treanor/Art Directors & TRIP Photo Library; 110 (t) ©Jeff Greenberg/PhotoEdit; 111 (b) Courtesy of The Miami-Dade Area Health Education Center; (t) Don Couch/HRW; 114 (A, B, D, E, F) Sam Dudgeon/HRW; (C) Nathan Keay/HRW; 115 (tr) ©Robert Fried Photography; 117 (tr) ©Keith Dannemiller/CORBIS/SABA; 119 (all) Sam Dudgeon/HRW; 120 (l) Sam Dudgeon/HRW; 122 (A, B, C, E) Sam Dudgeon/HRW; (D, F) Victoria Smith/HRW; (tl) ©Phil Schermeister/

CORBIS; 123 © Jeff Greenberg/PhotoEdit; 126 (r) ©Michael Newman/PhotoEdit; (tr) PhotoDisc/gettyimages; 127 (tl) ©Ariel Skelley/CORBIS; 131 © David Young-Wolff/PhotoEdit; 136 (all) Sam Dudgeon/HRW.

CAPÍTULO 4 All photos by John Langford/HRW except: Page 140–141 (all) David Pou/HRW; 143 (cr) ©Tom Bean/CORBIS; (cr) ©Martha Cooper/Viesti Associates, Inc.; 145 (1) Michael Newman/PhotoEdit; (2) ©David Lok/SuperStock; (3) Royalty-Free/CORBIS; (4) Don Couch/HRW; (tr) Rudi Von Briel/PhotoEdit; 149 (1) David Pou/HRW; (3) David Pou/HRW; (4) David Pou/HRW; (yo) ©Michael Newman/PhotoEdit; 150 (cl) David Pou/HRW; 151 (cr) Don Couch/HRW; 152 (t) ©Rob Lewine/CORBIS; 153 (b) Gonzalo Cruz/KORPA/ZUMA Press/NewsCom; (t) Sam Dudgeon/HRW; 154 (all) David Pou/HRW; 155 (bl) William Koechling/HRW; (cl, cr) David Pou/HRW; (tl) Victoria Smith/HRW; 156 (a., c., d.) David Pou/HRW; (b.) Victoria Smith/HRW; (e., f.) William Koechling/HRW; 157 (cr) David Pou/HRW; 158 (tl) David Pou/HRW; 159 (a–b, d–f) William Koechling/HRW; (c.) Sam Dudgeon/HRW; (cr) Sam Dudgeon/HRW; (br) Don Couch Photography; 160 (l) Gary Russ/HRW; 163 (1–3, 5–6) William Koechling/HRW; (4.) Sam Dudgeon/HRW; 164 (l) Don Couch/HRW; 168–169 (all) David Pou/HRW; 170–171 (all) William Koechling/HRW; 172 (1) Mary Ellen Bartley/Foodpix; (2) Dorling Kindersley LTD Picture Library; (3) PhotoDisc/gettyimages; (4) ©Royalty Free/CORBIS; (5) Scott Vallance/VIP Photo/HRW; (6) PhotoDisc; (tr) William Koechling/HRW; 173 © Jeff Greenberg/Alamy Photos; 174 (tc) ©Chuck Savage/CORBIS; (tl) ©Stockbyte/SuperStock; (tr) ©David Young-Wolff/PhotoEdit; 178 (all) William Koechling/HRW.

CAPÍTULO 5 All photos by Don Couch/HRW except: Page 180–181 (t) ©David Muench/GETTY; 180 (br) ©Raymond Watt/Albuquerque International Balloon Fiesta, Inc.; (c) ©NASA Human Space Flight Gallery; 181 (bl) ©Anthony Cooper, Ecoscene/CORBIS; (br) ©Royalty-Free/CORBIS; (c) ©Bettmann/CORBIS; (tl) ©Goldberg Diego/CORBIS/Sygma; (tr) ©Bruce Dale/National Geographic Image Collection; 182 (bl) ©Collection of Moody Medical Library, The University of Texas Medical Branch, Galveston/Adair Margo Gallery; (br) ©José Luis Soto/Museum of National Independence, Dolores Hidalgo, Mexico; ©Doranne Jacobson/International Images; (tl) ©David Frazier/Getty Images; (tr) ©Philip James Corwin/CORBIS; 183 (b) ©D. Boone/CORBIS; (c) ©CORBIS; (tl) ©North Wind Picture Archives; 184 (bl) ©Robert Frerck/Getty Images; (br) ©John Loengard/Time Life Pictures/Getty Images Editorial; (tl) ©Dewitt Jones/CORBIS; (tr) ©PlaceStock Photo; 185 (alfombra) ©George H. H. Huey/CORBIS; (b) ©Mario Torero; (cl) Sandía/Watermelon ©1986 by Carmen Lomas Garza. Gouache painting on paper, 20 x 28 inches. Collection of Dudley D. Brooks & Tomas Ybarra-Frausto, New York, NY./Courtesy of Carmen Lomas Garza; (cr) ©David W. Hamilton/Getty Images; (tl) ©David Tineo; 186–187 Gary Russ/HRW; 188 (br) Martha Granger/Edge Video Productions/HRW; (tl) Victoria Smith/HRW; (tr) Gary Russ/HRW; 189 (c) Gary Russ/HRW; 190 (A) ©Robert Emmett Bright/Photo Researchers, Inc.; (B) ©Robert Fried Photography; (C) ©Virginia Historical Society, Richmond, Virginia; (D) ©Albright-Knox Art Gallery/CORBIS; (E) ©New York Historical Society; (F) ©Mary Heller/Mira; 191 (bc) ©Marilee Whitehouse-Holm/SuperStock; (bl) ©Dennie Cody/Getty Images; (br) ©National Anthropological Museum Mexico/Dagli Orti/Art Archive; 193 (r) ©Robert Frerck/Odyssey Productions; 194 (l) Sam Dudgeon/HRW; (r) © Jeff Greenberg/Alamy Photos; 195 (1) PhotoDisc/gettyimages; (2) ©SuperStock; (3) ©Steve Vidler/SuperStock; (4) ©ARS, NY/©The Museum of Modern Art/Licensed by SCALA/Art Resource, NY; (t) ©Royalty-Free/CORBIS; 196 The Florida Center for Instructional Technology, University of South Florida/ http://fcit.usf.edu/florida; 197 (r) ©Bob Daemmrich Photography; 198, (l) Sam Dudgeon/HRW; 199 (tr) ©Joel Salcido/Bob Daemmrich Photography; 200 (tl) painting ©2004 Banco de México Diego Rivera & Frida Kahlo Museums Trust. Av. Cinco de Mayo No. 2, Col. Centro, Del. Cuauhtémoc 06059, México, D. F.; photo source ©Robert Frerck/Odyssey Productions; Reproduction Authorized by the National Institute of Fine Arts and Literature, Mexico City; 201 (b) Don Couch Photography; 202 (l) Gary Russ/HRW; 204 (A) ©A. Tovy/Art Directors & TRIP Photo Library; (B) ©BSIP Agency/Index Stock Imagery; (C) ©AP/Wide World Photos; (D) PhotoDisc/gettyimages; (E) ©Odile Noel/Lebrecht Collection; (F) ©Wolfgang Kaehler Photography; 205 (cr) ©Bob Daemmrich/Stock Boston; 207 (cr) ©Danny Lehman/Corbis; (r) Leonel Monroy/Latin Focus; 209 © Richard Hutchings/PhotoEdit; 212 (l) John Langford/HRW; 216 (l) ©Bettmann/Corbis; 221 © David Young-Wolff/PhotoEdit; 222 (c) ©Susan Ruggles/Index Stock Imagery; (l) ©Michael S. Yamashita/Corbis; (r) ©Michael Newman/PhotoEdit; 226 (A) ©Greg Williams/Latin Focus; (B) ©Robert Fried/DDB Stock Photography; (C) ©Jeff Greenberg/PhotoEdit; (D) ©Jay Syverson/Corbis.

Agradecimientos

R107

CAPÍTULO 6 All photos by Sam Dudgeon/HRW except: Page 228–229 Gary Russ/HRW; 230 (bc) ©Shelley Gazin/Corbis; (bl) ©Larry Kolvoord/The Image Works, Inc.; (br) ©Wesley Boxce/Getty Images Editorial; 231 (cl) ©Spencer Grant/PhotoEdit; (cr) Keith Dannemiller/Corbis/SABA; (tl) ©Luis Diez Solano/COVER/The Image Works, Inc.; (tr) STR/AFP/Getty Images; 232 (desierto) Paul Mccormick/Image Bank/Getty Images; (tv) PhotoDisc/gettyimages; 233 (tr) Don Couch/HRW; 234 (t) Don Couch/HRW; 235 (cr) ©Robert Frerck/Odyssey Productions; 236 (cl) ©Robert Fried Photography; 237 (cr) ©Bob Daemmrich/The Image Works, Inc.; 238 (l) John Langford/HRW; 240 (l) John Langford/HRW; 241 (cr) ©Robert Frerck/Odyssey Productions; 242 (b) Gary Russ/HRW; (t) ©Robert Fried Photography; 243 (b) © Dynamic Graphics Group/Creatas/Alamy Photos; (t) Don Couch/HRW; 244–245 (all) Victoria Smith/HRW; 246 (bl) ©Bob Daemmrich Photography; (tl) ©Action Images/Icon Sports Media; 247 (1, 2, 4, 6, 7,8) Victoria Smith/HRW; 248 (tl) Victoria Smith/HRW; 249 (cr) ©Robert Frerck/Odyssey Productions; 251 (cr) ©Royalty-Free/CORBIS; 252 (bl) ©Despotovic Dusko/Corbis/Sygma; 253 (cr) ©DigitalVision; 258 (t) ©Reuters NewMedia Inc./CORBIS; 259 (b) ©Reuters NewMedia Inc./CORBIS; (tl) ©AFP/CORBIS; 263 Bob Daemmrich Photo, Inc; 264 (bc) ©José Luis Pelaez, Inc./CORBIS; (bl) ©Quin Llenas/Cover/The Image Works, Inc.; (tc) ©Larry Kolvoord/The Image Works, Inc.; (tr) ©Robert E. Daemmrich/Getty Images; 268 (cl) ©STL/Icon Sports Media; (cr) ©Davis Barber/PhotoEdit; (l) ©Peter Beck/CORBIS; (r) ©Len Kaufman.

CAPÍTULO 7: All photos by Don Couch/HRW except: Page 270 (t) PhotoDisc/gettyimages; 271 (b) ©Francois Gohier/Photo Researchers, Inc.; (condor) ©Frank Schreider/Photo Researchers, Inc.; (tr) ©Grant Dixon/Lonely Planet Images; 272 (b) ©North Wind Picture Archives; (tl) Atahualpa, Fourteenth Inca, 1 of 14 Portraits of Inca Kings, Colonial Period, mid 18th century, Peru, South America. Oil on canvas, 23 5/8 x 21 3/4 in., ©Brooklyn Museum of Art. 1995.29.14; (tr) ©Pablo Corral Vega/CORBIS; 273 (b) ©AP/Wide World Photos; (cl) ©Hippenmeyer/AFP/Getty Images; (cr) ©Bettmann/CORBIS; (tl) ©Museo Nacional de Bellas Artes/Kactus Foto/SuperStock; 274 (bl) ©Paul Harris/Getty Images; (br) La Santusa 1928, José Sabogal, Cajabamba, Cajamarca, 1888 - Lima, 1956, óleo sobre lienzo sobre nórdex, 65 x 56 cm. Museo de Arte de Lima, donación Manuel Cisneros Sánchez, cód. V-2.0-401./©Museo de Arte de Lima; (tl) ©Ronald Sheridan/Ancient Art & Architecture Collection, Ltd.; (tr) ©Photo by Paul Maeyaert/Cuzco Cathedral, Cuzco, Peru/Bridgeman Art Library; 275 (br) Columbine Galleries, Loveland CO; (c) ©Miguel Andrango; (tl) ©Guayasamín Foundation Collection/Fundacion Guayasamín; 279 (tl) ©Robert Fried Photography; 282 (t) ©Todd Wolf; 284 (l) John Langford/HRW; 285 (r) ©Jeremy Horner/CORBIS; 287 (cl, cr) ©David Young-Wolff/PhotoEdit; (r) ©A. Ramey/PhotoEdit; (r) ©Vanessa Vick/Photo Researchers, Inc.; 288 (cl) ©David Young-Wolff/PhotoEdit; (cr) ©Kindra Clineff/Index Stock Imagery; (l) ©Bob Daemmrich/PhotoEdit; (r) ©Bill Aron/PhotoEdit; 289 (r) ©Robert Frerck/Odyssey Productions: 291 (b) Photograph of the IFE-ILE Afro-Cuban Dance Company: Ochun and Chango duet; 293 (tl) ©Mark Scott/Alamy; 294 (bl) ©AP/Wide World Photos; (cl) ©SuperStock; (cr) ©Bob Daemmrich Photography; (l) ©Rob Lewine/CORBIS; (r) ©Michelle D. Bridwell/PhotoEdit; 297 (cr) ©Robert Frerck/Odyssey Productions; 298 (bl) ©Robert Frerck/Odyssey Productions; 300 David Adame/AP/Wide World Photos; 302 (cl) ©Loren McIntyre/Woodfin Camp & Associates; 306 (b) ©Len Kaufman; (t) ©Steve Vidler/SuperStock; 307 (b, t) ©Robert Frerck/Odyssey Productions; 311 © Tibor Bognár/CORBIS; 312 (cl) ©Myrleen Ferguson Cate/PhotoEdit; (cr) ©Charles Gupton/CORBIS; (l) ©Daniel Zheng/CORBIS; (r) ©ImageState; 316 (bl) ©Susan Van Etten/PhotoEdit; (br) ©Anton Vengo/SuperStock; (tl) ©J. Highet/Art Directors & TRIP Photo Library; (tr) ©Michelle D. Bridwell/PhotoEdit.

CAPÍTULO 8 All photos by Don Couch/HRW except: Page 320 (tl) Sam Dudgeon/HRW; 321 (c) ©Fujifotos/The Image Works, Inc.; 322 Don Couch Photography; 323 (1) Peter Van Steen/HRW; (2) Victoria Smith/HRW; (2-screen, 3, 4-boy) Sam Dudgeon/HRW; (4-robot) ©Fujifotos/The Image Works, Inc.; 325 (r) ©Robert Fried Photography; 326 (l) Sam Dudgeon/HRW; 328 (cl) ©Robert Frerck/Odyssey Productions; 331 (bc, bl, br, tc, tr) Sam Dudgeon/HRW; (tl) Victoria Smith/HRW; 332 (t) ©Bob Daemmrich/Bob Daemmrich Photography; 333 (b) Courtesy Conchita Espinosa, Fru-Veg Marketing, Inc.; 336 Don Couch/HRW Photo; 340 (l) John Langford/HRW; 341 (r) John Langford/HRW; 343 (1) Sam Dudgeon/HRW; (2) ©Digital Vision; (3, yo) PhotoDisc/gettyimages; (4) ©G.K. & Vikki Hart/PhotoDisc/gettyimages; 344 (l) John Langford/HRW; 345 (tr) ©Marcel & Eva Malherbe/The Image Works, Inc.; 348 (l) ©Jeff Greenberg/The Image Works, Inc.; (r) ©Patrick Zachmann/Magnum Photos; 349 (tl) ©Melanie Carr/ImageState; 353 (r) David Young-Wolff/PhotoEdit; 354 (a., b., c.) PhotoDisc/gettyimages;

(d.) ©Fujifotos/The Image Works, Inc.; 358 (all) Sam Dudgeon/HRW.

CAPÍTULO 9 All photos by Don Couch/HRW except: Page 360 (t) ©Victor Englebert Photography; 361 (b) ©Hubert Stadler/CORBIS; (chaco) ©R. Cinti/Focus; (Houssay, Leloir) ©Mary Evans Picture Library; (Montevideo) ©Daniel Rivademar/Odyssey Productions; 362 (b) ©Museo Nacional de Bellas Artes Buenos Aires/Dagli Orti/Art Archive; (tl) Biblioteca Nacional de Chile; 363 (b) ©AFP/CORBIS; (c) ©Norman Tomalin/Alamy; (tl) ©Bettmann/CORBIS; (tr) ©Peter Marlow/Magnum Photos; 364 (br) ©Museo Histórico Nacional, Buenos Aires, Argentina/Index/Bridgeman Art Library; (tl) ©Chris Sharp/DDB Stock Photography; (tr) ©Hubert Stadler/CORBIS; 365 (cl) ©ARS, NY/Giraudon/Art Resource, NY; (tr) ©Mercedes Ulloa; 370 (bl) ©AP/Wide World Photos; 374 (bl) ©Kenneth W. Fink/Photo Researchers, Inc.; 376 (l) Gary Russ/HRW; 377 (b) ©John Gefrom/Latin Focus; 379 ©Robert Holmes/Robert Holmes Photography; 381 (b) The Florida Center for Instructional Technology, University of South Florida /http://fcit.usf.edu/florida; 382 (br) ©Index/Bridgeman Art Library; (tr) ©SuperStock; 383 (b) ©Museo Nacional de Historia Lima/Dagli Orti/Art Archive; (tl) ©CORBIS; (tr) ©Mary Evans Picture Library; 384 (A) ©Digital Vision; (B) ©Robert Fried Photography; (bl) ©Bettmann/CORBIS; (C) ©Steve Casimiro/Getty Images; (D) ©Clarin/CORBIS/Sygma; 385 (tr) ©Robert Frerck/Odyssey Productions; 387 (cl) ©AP/Wide World Photos; (cr) ©Pablo Corral Vega/CORBIS; (l) ©Bettmann/CORBIS; (r) ©Daniel Aguilar/Reuters/Time Life Pictures/Getty Images; 388 (l) Sam Dudgeon/HRW; 390 (l) Azul y Blanco afiche gentileza del director Sebastián Araya, Chile; 391 (cr) PhotoDisc/gettyimages; 392 © Patrick Ward/CORBIS; 397 (tl) Peter Marlow/Magnum Photos; 401 © Felix Stenson/f1online /Alamy Photos; 406 (cl) Victoria Smith/HRW; (cr) Sam Dudgeon/HRW; (l, r) Peter Van Steen/HRW.

CAPÍTULO 10 All photos by Don Couch/HRW except: Page 410 (b) ©Nik Wheeler/CORBIS; (c, cr) ©AP/Wide World Photos; (cl) ©Stephen Frink/Getty Images; 411 (tl) ©Victor Englebert Photography; (tr) Rogerio Reis/Tyba/BrazilPhotos; (tr-inset) Francois Gohier/Photo Researchers, Inc; 412 (A) ©Vo Trung Dung/CORBIS/Sygma; (B) ©Stephen Frink/Index Stock Imagery; (bl) ©Topical Press Agency/Hulton Archive/Getty Images; (C) ©Popperfoto/Alamy; (D) ©G. H. Harrison/Bruce Coleman Inc.; 413 (cr) ©AFP/CORBIS; 415 (cr) ©Walter Bibikow/Index Stock Imagery; 416 (bl) Sam Dudgeon/HRW; 417 (cl, cr, r) Sam Dudgeon/HRW; (l) Victoria Smith/HRW; 418 (bl) ©Topham/The Image Works, Inc.; (r) David Phillips/HRW; 420 (b) ©Robert Frerck/Odyssey Productions; (cl) John Langford/HRW; 422 (t) ©AFP/CORBIS; 423 (b) © Jeff Greenberg/Alamy Photos; 424 (bl) ©Tony Freeman/PhotoEdit; (br) ©Alex Ocampo/The Photoworks/DDB Stock Photography; (cl) ©Francesc Muntada/CORBIS; (cr) ©Neil Beer/CORBIS; 425 (bl) ©Joseph Sohm, Visions of America/CORBIS; (tl) ©Rob Crandall/The Image Works, Inc.; (tr) ©Photographer 9074/ImageState; 426 (bl) ©Carlos Goldin/DDB Stock Photography; 429 (cr) Eric Potter/Bureau of Economic Geology, University of Texas, Austin; 431 (1, 2) Sam Dudgeon/HRW; (3) Peter Van Steen/HRW; (4) Peter Chartrand/DDB Stock Photography; (cr) ©Bruce Clarke/Index Stock Imagery; 432 (l) ©Jeremy Woodhouse/Pixelchrome; 433 (1) ©SuperStock; (2) ©WP Wittman Photography; (3) ©Carlos Reyes-Manzo/Andes Press Agency; (4) ©Inga Spence/Visuals Unlimited; (5) ©Bill Varie/CORBIS; (6) Charles Philip/Photri-Microstock; 434 © Doug Perrine/SeaPics.com; 435 (r) ©Luis Padilla/Getty Images; 439 (tl) ©Frank Kletschkus/ImageState; 443 (r) Strauss/Curtis/CORBIS; 444 (A) ©Ian Cartwright/PhotoDisc/gettyimages; (B) ©Bettmann/CORBIS; (C) ©Reuters NewMedia Inc./CORBIS; (D) ©AFP/CORBIS; 448 (cl, cr) Sam Dudgeon/HRW; (l, r) Victoria Smith/HRW.

REPASO DE VOCABULARIO: Page R9 (br) ©David Young-Wolff/PhotoEdit; (cl) PhotoDisc/gettyimages; R10 (bl) PhotoDisc/gettyimages; (br) ©Robert Fried Photography; (br-screen) Paul Mccormick/Image Bank/Getty Images; (cr, tr) Don Couch/HRW; (tl) John Langford/HRW; R11 (bl) ©Stockbyte; (cl) ©Royalty Free/CORBIS; (cr) David Pou/HRW; R12 (bl, br) William Koechling/HRW; (cr) David Pou/HRW; (tl) ©Ingram Publishing; R13 (br) ©Victor Englebert Photography; (cl) PhotoDisc/gettyimages; (cr) Don Couch/HRW; (tl) William Koechling/HRW; R14 (l) ©Bob Winsett/Index Stock Imagery; (r) ©Jeff Greenberg/PhotoEdit.

VOCABULARIO ADICIONAL: Page R15 (all) PhotoDisc/gettyimages; R16 (bl) PhotoDisc/gettyimages; (br) John Langford/HRW; (tl) Don Couch/HRW; R17 (bl) PhotoDisc/gettyimages; (br, tl) ©Royalty-Free/CORBIS; R18 (Chac Mool) ©Royalty-Free/CORBIS; (computer) ©Thinkstock; (llamas, windmills) Don Couch/HRW; (tl) Ryan McVay/PhotoDisc/gettyimages; R19 (r) PhotoDisc/gettyimages.

NOVELA STILL PHOTOS and ¿TE ACUERDAS? ICON KIDS: Puerto Rico - John Langford/HRW; Spain, Mexico, Costa Rica, Peru, Chile, Argentina - Don Couch/HRW